ANTONIO CARLOS JOBIM

SÉRGIO CABRAL

UMA BIOGRAFIA

ANTONIO CARLOS JOBIM

SÉRGIO CABRAL

UMA BIOGRAFIA

Lazuli editora
Companhia Editora Nacional

Agradecimentos

Aqui estão as pessoas e instituições que contribuíram de alguma forma na elaboração deste livro. Para elas, a mais sincera gratidão do autor.

Abel Silva, Alberico Campana, Alceu Bocchino, Alfredo Brito, Almir Chediak, Aloísio Didier, Ana Jobim, Analei, Antônio Pedro, Antônio Vasco Castro Barbosa, Beatriz Horta, Beth Carvalho, Biblioteca Nacional, Billy Blanco, Brandino Melo Ribeiro, Carlos Alberto Vizeu, Carlos Didier, Carlos Madeira, Carlos Rodolfo Tinoco Cabral, Cláudio Murilo, Danilo Caymmi, Dóris Monteiro, Edgar Flexa Ribeiro, Eduardo Ataíde, Eduardo Sued, Eliane Jobim, Eliete Maria Barbosa Seide, Eni França, Eulícia Esteves, Fernanda Chaves Canaud, Fernando Barbosa Lima, Fernando Pamplona, Francisco Telmo Rodrigues da Silva, Fundação Casa de Rui Barbosa, Gilda Matoso, Gutemberg Guarabira, Haroldo Costa, Jairo Severiano, João Araújo, João Máximo, Joélle Rouchou, José Messias, José Lewgoy, Juca Stockler, Lúcia Blanc, Lúcia Monte Alto Silva, Marco Antônio Bompet, Marcos Konder Neto, Mário Dias Costa, Mário Saliva Rocha, Moacir Bueno Torres da Cunha, Museu da Imagem e do Som do Rio de Janeiro, Noemi Flores, Norival Reis, Norma Pereira Rego, Paulo Jobim, Regina Werneck, Régis França, Renato Rocha, Rildo Hora, Sílvia Gandelman, Simone Caymmy, Teresa Hermanny, Tiago de Melo, Tião Neto, Toca do Vinicius, TV Manchete, Vera Alencar, Vera de Lima Lustosa e Zany Roxo.

Companhia Editora Nacional

diretor editorial Antonio Nicolau Youssef
coordenação editorial Célia de Assis
produção editorial Lisete Rotemberg Levinbook

Lazuli editora

direção editorial Miguel de Almeida
direção de arte Werner Schulz
edição e discografia Max Welcman
diagramação Edinei Gonçalves
Bóris Fatigati
preparação de texto Regina Célia Baptista e Juliana Akemy Sugiura
foto da contracapa Tom Jobim durante gravação de disco de Frank Sinatra; foto de Sherman Labby/ Arquivo Sérgio Cabral

Dados Internacionais de Catalogação na Publicação (CIP)
(Câmara Brasileira do Livro, SP, Brasil)

Cabral, Sérgio
Antonio Carlos Jobim : uma biografia / Sérgio Cabral. —
São Paulo : Lazuli Editora : Companhia Editora Nacional, 2008.

ISBN 978-85-7865-011-7

1. Bossa Nova (Música) 2. Compositores - Brasil - Biografia 3. Jobim, Tom, 1927-1994 4. Músicos - Brasil I. Título.

08-06560 CDD-780.092

Índices para catálogo sistemático:
1. Brasil : Compositores : Biografia e obra 780.092

1ª edição – São Paulo – 2008

Companhia Editora Nacional
Av. Alexandre Mackenzie, 619 • Jaguaré • São Paulo • SP • 05322-000
Tel.: (11) 2799-7799 www.ibep-nacional.com.br editoras@ibep-nacional.com.br

Índice

Introdução

Ele traçou o melhor rumo para a música popular brasileira, a partir da década de 1950. Pra lá de um magnífico criador, foi um inovador. Se somarmos a essas virtudes o personagem encantador das mesas de bar, o lutador pioneiro e insistente na defesa da ecologia, o apaixonado pelo Rio de Janeiro e pelo Brasil, o criador de frases, o homem bonito e charmoso, o declamador de poesias e o cidadão do mundo, o resultado será Antonio Carlos Jobim.

Escrever a biografia de alguém tantas vezes apontado como o melhor compositor de música popular do mundo, sem esquecer de que estamos diante de um ser tão rico em humanidade, foi o maior desafio que encontrei no decorrer deste trabalho. Caberá ao leitor aprovar ou não o resultado, mas, qualquer que seja ele, não poderei alegar que me faltaram tempo e recursos para fazer um livro melhor. Afinal, durante 25 anos ele foi tema de trabalhos que realizei. Em 1972, escrevi uma grande reportagem para a revista Realidade, sob o título "Antônio Carlos Brasileiro de Almeida Jobim", e creio ter sido essa a primeira vez em que ele foi assim chamado na imprensa. Três, quatro anos depois, a TV Globo incumbiu-me de escrever o roteiro de um programa especial sobre ele. O programa não foi feito por razões contratuais (apresentado somente na década de 1980, sem a minha participação), mas serviu como um excelente pretexto para que eu passasse a conhecê-lo melhor. Chegava ao requinte de, nas longas tardes – e bota longas nisso – de bebericagem no Antonio's ou na Churrascaria Carreta, deixar um gravador ligado, sem que ele soubesse, para registrar cada frase dita por ele.

Em 1987, quando Tom Jobim completou 60 anos, Vera Alencar e Jairo Severiano encomendaram-me uma biografia dele para um brinde de fim de ano da Companhia Brasileira de Projetos e Obras – CBPO –, subsidiária da Norberto Odebrecht, que seria acompanhada de um disco produzido por Jairo. Foi um livro muito bonito graficamente, com texto em português e inglês. Com muitas fotografias e com versões nas duas línguas, tive de limitar-me ao número de páginas estabelecido pela editora, razão pela qual optei por uma narrativa breve e linear. De qualquer maneira, o livro trouxe algumas novidades, inclusive para o biografado, como a de que o médico que fizera o parto de Tom fora o mesmo que, 17 anos antes, ajudara a trazer Noel Rosa para o mundo. Além disso, serviu para organizar toda a papelada relativa à biografia do compositor.

Estimulado pelo saudoso amigo Almir Chediak, decidi escrever uma biografia de Antonio Carlos Jobim bem mais ampla do que a feita para a Norberto Odebrecht. Mas não esperava que fosse tão difícil tocar no assunto com Tom, que, apesar de chamar de "meu biógrafo", não fazia o menor esforço para ajudar-me a cumprir a tarefa. Como era difícil falar de compromissos com ele! Gilda Matoso, responsável pela programação dos seus shows, que o diga.

Com a morte de Tom, em dezembro de 1994, voltei a dedicar-me à biografia, mas no meio do trabalho, li no jornal que Helena Jobim, irmã de Tom, já estava escrevendo um livro sobre ele. Triste pelo sonho desfeito e por tanto trabalho realizado em vão, pensei em desistir. Não poderia competir com Helena, excelente escritora, com livros publicados e premiados. Além disso, irmã do homem! Ninguém mais autorizado. Por via das dúvidas, telefonei para ela e, ao saber que, de fato, o livro iria sair, comuniquei minha resolução de não mais escrever. "Que é isso, Sérgio? Um livro nada tem a ver com o outro", disse-me ela, sugerindo que fosse em frente. Em seguida, recebi um telefonema de Paulinho Jobim, filho de Tom, repetindo o que Helena dissera. Voltei ao trabalho, mas com calma para que os dois livros não fossem lançados ao mesmo tempo. Além do mais, primeiramente as damas. O livro dela saiu, é lindo e emocionante, mas, de fato, nada tem a ver com o meu.

Sou muito grato à família de Antonio Carlos Jobim, que me ajudou muito. Teresa, sua primeira mulher, sempre foi gentil e generosa. Ana Jobim, casada com ele desde 1977, colocou o arquivo de Tom inteiramente à minha disposição e jamais deixou de atender-me. Paulinho foi outro que nunca me deixou em falta. Na verdade, encontrei boa vontade em todos que procurei como fontes de informações, desde os amigos de infância aos músicos que trabalharam com Tom Jobim até o final. Relacionei os nomes de todos para registrá-los no livro. Meus agradecimentos especiais a Magali, minha mulher, como sempre impecável nas críticas e sugestões, e ao meu querido amigo Fernando Bueno Guimarães, poeta e conselheiro do Tribunal do Município do Rio de Janeiro, que interrompeu várias vezes suas atividades para fazer, graciosamente, inúmeras traduções do inglês que me foram extremamente úteis.

Sou também muito grato a três instituições públicas, pela imensa boa vontade dos seus diretores e, principalmente, dos seus funcionários: o Museu da Imagem e do Som do Rio de Janeiro, a Biblioteca Nacional e o Arquivo-Museu de Literatura Brasileira da Fundação Casa de Rui Barbosa, que me permitiu – com a autorização da família do poeta, à qual agradeço – o acesso ao arquivo de Vinicius de Moraes.

Seria injusto concluir esta introdução sem confessar que os trabalhos anteriormente realizados por Jairo Severiano, Vera Alencar e Paulo Jobim foram fundamentais para a elaboração da musicografia que ocupa as últimas páginas deste livro. Assim como não posso encerrar estas linhas sem registrar os meus agradecimentos às meninas que me ajudaram nas pesquisas: Cátia Perez, Eulícia Esteves (na musicografia), Fátima Macedo, Lótus Dutra e Zilmar Borges Basílio.

Sérgio Cabral

1

Da Tijuca a Ipanema (via Copacabana)

A figura do pai desconhecido fascinava Antonio Carlos Jobim. Cada descoberta de um texto assinado por Jorge Jobim ou mesmo de um episódio vivido por ele constituía para Tom um passo importante para a montagem de um quebra-cabeça que parecia ser a integridade da sua própria alma. "Sérgio Buarque de Holanda me deu uma carta do meu pai escrita para ele. Isso é um conforto para quem, como eu, não teve pai", disse Tom numa entrevista de 1980. Sérgio Buarque e Jorge conheceram-se na Livraria Garnier e chegaram a ter alguma relação de amizade, apesar das divergências de caráter intelectual: Jorge, pai do principal modernizador da música popular brasileira, cultivava as velhas escolas literárias, em especial o parnasianismo, enquanto Sérgio estava muito comprometido com o movimento modernista.

Jorge de Oliveira Jobim, gaúcho de São Gabriel, filho de Francisco Martins de Oliveira Jobim e de Antônia Cândida da Trindade Jobim, nascido em 23 de abril de 1889, escritor e diplomata, viveu pouco tempo com Nilza Brasileiro de Almeida Jobim, com quem se casara em 1926. Foi uma convivência em duas etapas. Viu o filho Antônio Carlos nascer e ainda convivia com a família no primeiro aniversário do menino, mas, pouco depois, abandonou a casa, indo morar em Petrópolis. Uma tentativa de reconciliação resultou no nascimento de mais uma criança, Helena Isaura, em 23 de fevereiro de 1931. Mas o casamento não resistiu às constantes brigas do casal. Em 1935, o pai de Antonio Carlos Jobim morreu na Casa de Saúde Dr. Eiras, em Botafogo, Rio de Janeiro.

Não são muitos os registros no Ministério das Relações Exteriores da sua passagem por lá, onde atuou como diplomata. O *Almanaque do Pessoal*, de 31 de maio de 1920, informa que Jorge Jobim serviu na Secretaria de Estado entre 4 de julho de 1916 e 28 de fevereiro de 1918. Nomeado segundo-secretário de Legação no Equador, no dia 27 de fevereiro de 1918, tomou posse em 18 de maio. Removido depois sucessivamente para o Chile (11 de novembro de 1918), Peru (30 de novembro do mesmo ano) e Argentina (25 de abril de 1919), não tomou posse em nenhum desses postos, mas o *Almanaque* não indicou os motivos. No dia 18 de setembro de 1919, foi classificado como terceiro-oficial. Até 31 de maio de 1920, o seu tempo de serviço era de três anos, cinco meses e 24 dias. No dia 21 de junho de 1923, recebeu da Secretaria de Estado do Ministério a comunicação de que fora assinada uma portaria concedendo-lhe três meses de licença para tratamento de saúde. O último registro do seu nome nos arquivos do Itamaraty aparece no relatório apresentado pelo ministro das Relações Exteriores ao presidente da República, sobre as atividades do órgão no período de 30 de abril de 1923 a 3 de maio de 1924, informando que ele estava de licença.

Da obra literária de Jorge Jobim, a Biblioteca Nacional incorporou quatro coletâneas elaboradas em parceria com o poeta Alberto de Oliveira. Não figuram no mais completo acervo de livros do Brasil duas obras do autor: uma intitulada *Poesias* e outra, em prosa, que ganhou o nome de *Colméia cristã*. A primeira coletânea apresentou uma seleção da obra de Machado de Assis, em prosa e verso, intitulada *Machado de Assis*. Fazia parte da "Coleção Áurea" da Livraria Garnier, destinada à publicação de "páginas escolhidas dos maiores escritores". Uma pequena apresentação feita por Alberto de Oliveira, intitulada *Advertência*, contava de que maneira foi feita a parceria: "Havendo contratado com a Livraria Garnier a publicação deste livro (...), convidei para me auxiliar no trabalho o ilustre escritor e meu amigo Jorge Jobim. As páginas que se seguem, precedendo as tomadas à obra do Mestre, são de exclusiva autoria do meu jovem companheiro, cujos conceitos subscrevo, e o leitor vai admirar a elevação e brilho da forma com que foram escritos".

Nas "páginas que se seguem", datadas de junho de 1920, Jorge Jobim elaborou um pequeno ensaio que, possivelmente, viria influenciar outro escritor gaúcho e, tudo indica, amigo de Jobim, Augusto Meyer, autor, anos depois, de um livro de análise psicológica da vida e da obra de Machado de Assis. Jobim diagnosticou uma "grave nevrose" que o grande Machado combatia com a sua literatura: "É sabida", sentenciou, "a necessidade imperiosa que impele certos nevropatas a fazerem confidências, que às vezes são bastante para tranqüilizá-los em seus acessos de angústia. Os especialistas das enfermidades nervosas observam a sensação de alívio que experimentam esses doentes quando encontram ouvidos benevolentes e atenções interessadas na minudenciosa narração de seus escrúpulos, fobias e obcecações. (...) Desde que uma tortura moral sobressalta as consciências, se sentem elas involuntariamente instigadas a se revelarem. Os místicos, nessas crises, se refugiam na penumbra sedativa dos confessionários; os outros, os enfermos crônicos da alma, socorrem-se dos amigos e dos médicos. Machado de Assis conheceu essa agonia, mas teve o pudor de não confiá-las abertamente aos outros homens – desprezava-os suficientemente para confessar-lhes as fraquezas. Encontrou na forma do romance de psicologia um modo de desabafo". No mesmo texto, Jorge Jobim apontou Machado de Assis como uma das "improvisações milagrosas do gênio", por ter pertencido a uma família sem qualquer relação conhecida com a atividade intelectual sem ter cursado a universidade e sem ter viajado para o exterior. Enalteceu o parnasianismo da poesia de Machado ("a riqueza verbal, a correção métrica, o sentimento de justa medida, a sobriedade, a variedade das rimas, a preocupação flaubertiana de *mot propre*, o invencível enojo à trivialidade e ao lugar-comum"), colocou-se ao lado dos que consideram a personagem Capitu uma adúltera ("já em menina, a sua estouvanice, o ardor de sua seiva, a indisciplina do seu espírito, o desplante da mentira, a astúcia da dissimulação não poderiam deixar dúvidas sobre o colapso moral que a acometeria mais tarde"), abordou a negritude de Machado ("trazia nas veias o sangue de uma raça espezinhada, vítima de injustiças seculares e de humilhações ancestrais") e concluiu afirmando: "Machado de Assis foi um grande, um profundo e um nobre escritor".

A segunda coletânea, *Poetas brasileiros*, em dois volumes, também integrou a "Coleção Áurea" da Livraria Garnier. O primeiro volume – o único a ser conservado na Biblioteca Nacional – contém uma apresentação de Alberto de Oliveira e uma pequena nota biográfica sobre cada poeta selecionado (entre eles Gregório de Matos, Manuel Botelho de Oliveira, José de Santa Rita Durão, Cláudio Manuel da Costa, Álvares de Azevedo, Casimiro de Abreu, Gonçalves Dias e Tobias Barreto). *Poetas brasileiros* foi lançado em 1921.

Em 1922, Jorge Jobim e Alberto de Oliveira reapareceram com mais uma coletânea para a "Coleção Áurea": *Visconde de Taunay*, com uma seleção de textos do militar, escritor, político, deputado, compositor musical, jornalista e autor de ensaios de caráter sociológico. Jorge Jobim, o autor da apresentação do livro, era, sem dúvida, um grande admirador do Visconde de Taunay: "Quando o Brasil vê se fechar o seu primeiro século de vida independente – e a lição da Grande Guerra vem sobrexaltar na consciência dos povos e o sentimento de nacionalidade –, frisa bem prestar-se uma homenagem à memória do soldado e do escritor ilustre, cujo espírito, animado de um nobre liberalismo, na arte pesada da guerra ou na arte elegante da palavra, esteve sempre a serviço de sua terra natal".

A última coletânea – *Ó minha infância*, com "os mais lindos contos para crianças" – foi elaborada exclusivamente por Jorge Jobim na "primavera de 1927", como ele datou na apresentação. Na primeira página, a dedicatória ao filho: "Para o meu Antônio Carlos ler quando tiver oito anos". Teria lido? O que se sabe é que o pai morreu quando Tom estava exatamente com oito anos de idade. Editado pela Livraria Moura, da firma Flores & Mano, o livro apresenta contos de três brasileiros (Coelho Neto, com "Os Vizinhos", Álvaro Moreira, com "Uma História Bem Bonita", e Geraldo Vieira, com "A Primeira Comunhão"), além de histórias japonesas, chinesas e indianas traduzidas por ele do francês, e de vários autores conhecidos, como o dinamarquês Hans Andersen, o russo Leon Tolstoi e o português Eça de Queiroz. Na apresentação, Jorge Jobim pontificou sobre a dificuldade de se escrever para crianças, lembrando que grandes escritores "têm claudicado nas suas tentativas de compor histórias destinadas à infância". Em seguida, relacionou as "qualidades especiais" necessárias a um autor para ingressar na literatura infantil: "Frescura da alma, brilho de imaginação, singeleza de linguagem, sentimento de justa medida, fabulação que desperte o interesse e prenda a atenção, fundo de moralidade, espírito e graça, critério para não descrever cenas que possam provocar emoções demasiadamente violentas, suavidade e ternura, conhecimento da psique infantil".

Somente depois de adulto Tom Jobim recebeu notícias sobre a vida do seu pai após a separação definitiva de Nilza. Algumas dessas notícias chegaram através de um parente, Jobim Kruel, que o procurou quando já era um nome consagrado, levando, entre outras coisas, os recortes de jornais tratando da morte de Jorge Jobim. Ele e a irmã Helena receberam em 1980 a visita do psicanalista Raul Bitencourt, primo de Jorge Jobim, que deu várias informações sobre a família paterna e acabou com a versão, tão assustadora para Tom, de que o pai se suicidara. Na busca de conhecimento do pai e dos ancestrais, Tom descobriu que o trisavô, José Martins da Cruz Jobim, foi amigo de José Bonifácio e fundador da Escola de Medicina do Rio de Janeiro. Através do psicanalista Raul Bitencourt, primo do seu pai, tomou conhecimento de que o sobrenome Jobim era uma adaptação portuguesa de Joubin, da família dos seus ancestrais franceses que desembarcaram no Rio Grande do Sul no século XVIII. Raul presenteou-o, inclusive, com o brasão da família. Quanto a Jorge Jobim, recolheu informações isoladas, como, por exemplo, a de que ele escrevera, em 1925, a letra de uma marcha em homenagem ao Grêmio porto-alegrense, cuja melodia era de autoria de Radamés Gnattali. Tal informação o emocionou muito, pois, como veremos adiante, não haveria qualquer exagero na afirmação de que Radamés foi outro pai – o pai musical – de Antonio Carlos Jobim. O fracasso do casamento de Nilza e Jorge causava-lhe tal sensação de desconforto que só na década de 1970 ele falaria abertamente sobre o assunto. No depoimento para a posteridade prestado ao Museu da Imagem e do Som, em 1967, não falou da separação. Limitou-se a dizer: "Convivi muito pouco com meu pai". Quando esteve em Porto Alegre, em junho de 1986, o compositor revelou que visitara a cidade quando tinha um ano de idade, levado pelo seu pai.

Em casa, a pesquisa da família Jobim não seria muito fácil, pois Nilza casou-se pela segunda vez com Celso Frota Pessoa, quando Tom estava com 10 anos, e a família deu início a uma vida nova. Do primeiro casamento, sobraram apenas os documentos relacionados a Tom e Helena. Um desses documentos foi o álbum *Meu Bebê – o Livro das Mamães*, editado por Bastos Tigre, com ilustrações de Acquarone, utilizado pelo casal para registrar os primeiros anos de vida do filho. Lá está assinalado que Antonio Carlos Jobim nasceu no dia 25 de janeiro de 1927, uma terça-feira, às 23h15 ("23 horas e um quarto"), na

Rua Conde de Bonfim, 634 ("sou do tempo em que se nascia em casa", dizia Tom), Freguesia do Engenho Velho, ou seja, na Tijuca. Antes, a família morava em Copacabana, mas os problemas financeiros forçaram a mudança para a Tijuca, onde o aluguel era mais barato. "Se não fossem essas dificuldades financeiras, eu teria nascido em Copacabana", dizia o compositor. Sobre o seu nascimento, Tom ficou sabendo por Nilza que o parto foi muito demorado e que o médico só queria saber de tomar cafezinho, mas o pó do café havia acabado. Coube à irmã de Nilza, Iolanda, juntar o que restava nas xícaras e requentar, "senão, não tinha parto". Além disso, faltou água na casa, o que obrigou o tio Marcelo Brasileiro de Almeida a recorrer à vizinhança para que o médico dispusesse de, pelo menos, uma bacia d'água. O médico responsável pelo parto e que tanto gostava de cafezinho talvez tenha morrido sem saber de que fora o responsável por trazer ao mundo dois – e não um, como certamente tomou conhecimento – dos maiores compositores de todos os tempos. Em 11 de dezembro de 1910, comandara o nascimento de Noel Rosa. É verdade que com uma perícia um tanto ou quanto discutível, já que, sendo arrancado a fórceps, Noel teve o queixo amassado, o que o levou a conviver com um defeito causador de imensos constrangimentos. Pouco mais de dezesseis anos depois, cuidava do nascimento de Antonio Carlos Jobim, que, por sinal, também teve um problema no queixo não por causa do parto e sim da posição em que o feto se desenvolveu na barriga da mãe. Em poucos meses de vida, o defeito desapareceu. Portanto, não há qualquer outro nome na medicina brasileira que tenha contribuído tanto para a nossa música popular quanto José Rodrigues da Graça Melo.

O *Livro das Mamães* comunica que, no dia 25 de janeiro, a Igreja Católica comemora a conversão de São Paulo e que o signo de Tom era Aguadeiro, mais tarde consagrado pelos astrólogos com o nome de Aquarius (depois de adulto, ele ficou sabendo que tinha ascendente em libra e que, no horóscopo chinês, seu signo era gato). Sua pedra, rubi. Nas páginas seguintes, Nilza narrou o primeiro passeio da criança, em companhia dos pais, no dia 14 de fevereiro: "Tomamos um automóvel, cujo número não guardamos, e levamo-lo à Igreja de Santa Teresinha, na Rua Mariz e Barros. Era um domingo, celebrava-se uma missa e imploramos à milagrosa santa para dar-lhe saúde e fazê-lo feliz. À saída, uma senhora fez-lhe festa, gabou suas graças nascentes e indagou seu nome.

Depois de um breve regresso à casa, foi em visita à morada de Jaime Porciúncula, no Morro da Graça, acompanhado também de seus avós e tios". (O poeta Bastos Tigre advertia no livro: "A criança pode sair a passeio a contar da primeira semana de vida, desde que faça bom tempo".) No dia 12 de agosto, o menino foi vacinado contra a varíola.

As anotações seguintes do livro referem-se ao batizado de Tom e à festa do seu primeiro aniversário. O batizado foi realizado às duas horas da tarde de 25 de janeiro de 1928, na Igreja de São Francisco Xavier, sendo celebrado pelo padre Carlos Gerchsheimur. Os padrinhos foram os tios maternos Iolanda e Marcelo Brasileiro de Almeida. Além dos pais e dos padrinhos, fez-se presente também uma irmã de Jorge, Julieta Jobim. Nilza anotou os nomes dos que compareceram à festa de aniversário e de quem colaborou com presentes para a criança: os avós deram 100 mil-réis; os padrinhos, também 100 mil-réis; Eliezer Jobim, um urso; o avô, uma vaquinha; a mãe, um lençol e uma fronha. Nilza anotara para a tia Julieta uma colcha de crochê, mas riscou e escreveu: "Não foi dada". Ficou em branco o espaço destinado a registrar o presente dado por Jorge Jobim. O lençol e a fronha foram atribuídos apenas à mãe.

A verdade é que o casamento não foi nada bem. A diferença de idade (ele com 37 anos, ela com 16) e a beleza de Nilza Brasileiro de Almeida Jobim alimentaram terríveis manifestações de ciúme por parte de Jorge Jobim, ele próprio um mulherengo. Segundo depoimento do escritor Erico Verissimo ao jornalista Tarso de Castro, Jorge "não era bem-visto nas famílias de filhas moças de Porto Alegre. Tem uma delas, rica, que até hoje esconde manuscritos dele". Com a jovem Nilza, porém, a situação foi diferente. "Meu pai não conseguiu suportar a beleza da minha mãe", diagnosticou Tom. Iolanda, irmã de Nilza, revelou que Jorge não permitia sequer que a esposa fosse à praia com o menino (era "morbidamente ciumento"). E contou o que ocorrera com o autor de um substancial texto sobre a "grave nevrose" de Machado de Assis: "Um dia, Jorge se aborreceu por nada e foi para Petrópolis, onde ficou dois anos. Teve o que chamaram de psicastenia" (neurose caracterizada por temores patológicos, ansiedade, insegurança, indecisão e fadiga psíquica).

– Somos filhos de um lar destroçado – repetiu inúmeras vezes Tom para sua irmã pelo resto da vida.

Conduzido pelo irmão Eliezer de Oliveira Jobim e tendo como psiquiatra responsável o primo Januário Bitencourt, Jorge Jobim foi internado em setembro de 1934 no setor psiquiátrico da Casa de Saúde Dr. Eiras, onde seu quadro clínico foi assim descrito: neurose incoercível, sífilis e dilatação da aorta. Sua ficha, conservada nos arquivos da casa de saúde, revela que ele era acometido periodicamente de crises (os chamados surtos) e que foi cortada a carne vermelha da sua alimentação. Eventualmente, comia frango e peixe. Um dos amigos a visitá-lo foi o pintor acadêmico (e grande adversário dos modernistas, especialmente de Cândido Portinari e Di Cavalcanti) Osvaldo Teixeira, a quem teria confessado: "Estou liquidado. Não posso viver com Nilza nem sem Nilza". O primo Raul Bitencourt foi chamado pelo enfermeiro da casa de saúde quando Jorge agonizava. Chegando lá, verificou que se tratava de uma parada cardíaca, fez as massagens adequadas, mas era tarde demais. No dia 19 de julho de 1935, às 2h30 da madrugada, Jorge de Oliveira Jobim, de 46 anos, morreu, sendo sepultado às 17h do mesmo dia no cemitério São João Batista. Morreu de colapso cardíaco, segundo registram os arquivos da Santa Casa de Misericórdia. Aos oito anos de idade, Tom viu sua mãe chorando, enquanto o avô chamava-o para conversar. "Entendi logo o principal: papai havia morrido. Na hora não senti nada. Mal o conhecia", recordaria Tom muito anos depois. A morte de Jorge Jobim foi registrada pelos jornais *O Radical* e *O Jornal*, ambos chamando a atenção para sua obra de escritor.

(Quando escrevia, em 1987, uma pequena biografia de Antonio Carlos Jobim, que seria incluída no brinde de fim de ano da Companhia Brasileira de Projeto e Obras, empresa subsidiária da Norberto Odebrecht, juntamente com um excelente disco produzido por Jairo Severiano, Helena me fez uma confidência que não usei no livro por falta de confirmação: ao separar-se de Nilza, Jorge Jobim teria vivido um romance com outra mulher, resultando dessa união o nascimento do ator Hélio Souto. É claro que adorei a história e propus uma reunião dos irmãos em minha casa. Tom cobrou algumas vezes o encontro, com aquele seu jeito divertido de falar coisas sérias: "Afinal, quando conhecerei meu irmão bastardo?", carregando toda ironia na palavra bastardo. Tentei encontrar Hélio Souto na sede carioca da TV Globo, mas a novela em que o ator atuava estava inteiramente gravada e ele já havia retornado para sua casa em São Paulo.

Anos depois, ao iniciar a elaboração deste livro, saí à cata de Hélio Souto para tentar entrevistá-lo. Falei com a atriz Irene Ravache, que, por sua vez, me encaminhou à atriz Vida Alves, que me forneceu o endereço do ator. Enviei a ele uma carta escrita com muito cuidado, pois tudo indicava que estava reabrindo velhas feridas. O que Hélio Souto acharia de tudo isso? Como se explicava que o parentesco entre brasileiros tão famosos permanecesse em segredo durante tanto tempo? Tentando demonstrar que não pretendia usar a informação para fazer escândalo, juntei à carta as biografias que escrevi de Ary Barroso e de Elizeth Cardoso. Que ele ficasse tranqüilo, pois não sou homem de fofocas. De qualquer maneira, estava excitado com a possibilidade de publicar uma revelação que fazia algum sentido, até porque, mesmo não sendo tão parecidos, havia um detalhe em comum na aparência física das pessoas envolvidas na história, incluindo-se o próprio Jorge Jobim: todos eram muito bonitos. Alguns dias depois, Hélio me telefonou, confessando em tom de surpresa e frustração:

– Que pena, Sérgio, não sou irmão de Antonio Carlos Jobim!

Esclareceu que seu pai chamava-se Júlio Figueiredo de Almeida Coutinho e acrescentou:

– Eu sou a cara do meu pai.

Mas Tom Jobim levou para o túmulo a suspeita de que tinha um irmão, além de Helena. Pelo menos foi o que revelou numa entrevista que concedeu em 1991, em Recife: "Imaginem que soube que tenho um irmão argentino, só por parte de pai, que eu não conheço".)

Quando o pai morreu, Tom já havia mudado de casa cinco vezes. Permaneceu na Tijuca até alguns meses depois do seu primeiro aniversário, quando a família se mudou para a Rua Barão da Torre, em Ipanema. O menino só conheceria a casa onde nasceu por uma fotografia guardada pela mãe. Anos depois, foi até a Rua Conde de Bonfim para olhar a casa, que tinha "uma ogiva grande na frente, uma espécie de igreja, como há muito não se faz. Durante muito tempo, pensei que tivesse nascido na Tijuca porque era um lugar agradável ou porque era um bairro elegante da época. Nada disso. Nasci na Tijuca porque a situação da família não era boa, e o aluguel mais barato foi encontrado na Tijuca".

A casa na Rua Barão da Torre era a primeira lembrança de Tom Jobim de Ipanema, um bairro muito diferente naquela época. Carlos Madeira, amigo de infância de Tom (e primo de João Lira Madeira, marido de tia Iolanda), deu ao autor destas linhas uma informação que, certamente, ajuda a imaginar o que era Ipanema de então: pouco tempo depois de mudar-se para lá, em 1930, recebeu do pai como presente de aniversário nada menos do que um cavalo. Mas a família de Tom ficou pouco tempo no bairro, mudando-se, com os avós maternos e os tios, para a Rua Constante Ramos, em Copacabana, onde Jorge Jobim viveu ainda algum tempo com Nilza, antes de transferir-se para Petrópolis. Depois, moraram numa pensão na mesma rua. De lá foram para uma casa de vila, na Travessa Trianon, também em Copacabana. Dessa época, Tom Jobim guardou na lembrança os sustos de sua mãe quando ele ameaçava fugir de casa (ela temia que ele corresse pela Rua Barata Ribeiro, onde o trânsito de carros era mais intenso) e as primeiras idas aos cinemas, precisamente ao Cinema Americano, pagando mil e cem réis pelo ingresso para ver os filmes de Tom Mix. Foi também em Copacabana, ainda no tempo da Constante Ramos, que o menino começou a estudar no Colégio Mallet Soares. Sua passagem pelo colégio não foi esquecida por uma de suas professoras, Fabíola Araújo Bitencourt que, em 1977, escreveu o seguinte bilhete para a coluna de Carlos Swann, do jornal *O Globo*: "Li hoje na sua coluna que, no dia 25 de janeiro, Tom Jobim completará 50 anos. Fui professora de Antônio Carlos em 1934 (1935?), no Colégio Mallet Soares, e comigo ele aprendeu a ler e a escrever em apenas três meses! Sempre tive orgulho disso. Nunca esqueci do menino bonito, forte, inteligente, irrequieto que ele era, escrevendo ora com a mão direita, ora com a mão esquerda, sempre tamborilando na carteira, dando às mãos movimentos que já prenunciavam o grande pianista que seria, hoje uma glória do Brasil como músico e compositor. Não sei o seu endereço para lhe mandar, na ocasião, as minhas felicitações. Faça-o por mim, Sr. Swann, e diga-lhe que dona Fabíola, sua professora do primeiro ano primário lá do Mallet Soares lhe manda um beijo e lhe deseja muita felicidade". O repórter Uirapuru Mendes, da revista *Manchete*, tratou de localizar dona Fabíola e promoveu, 43 anos depois, o reencontro da professora com o aluno. Na última vez que se viram, ele tinha sete anos de idade e ela, 20, recém-chegada da cidade de Campanha, Minas Gerais. Os dois se emocionaram muito, abraçaram-se, beijaram-se e coube a dona Fabíola dar início ao diálogo:

– Uma coisa que ficou gravada em minha memória foi aquela sua pasta, você se lembra?

– E como! Era uma pasta preta de carregar nas costa, que mamãe arranjou para eu não andar curvado. Eu saía da Constante Ramos, onde morávamos, e ia caminhando de cabeça bem erguida pela Rua Leopoldo Miguez.

Nesta altura, Teresa, mulher de Tom, entrou na sala e dona Fabíola saudou-a:

– Você é uma moça de sorte. Antônio Carlos não mudou nada, continua um broto. Tem que botar um letreiro pra gente saber que ele está com 50 anos.

– Estou com netos, dona Fabíola – respondeu Tom. – Estou com dois netos de olhos azuis. Se a senhora vir o Daniel, vai se lembrar de como eu era.

Dona Fabíola:

– Eu me lembro direitinho de como você era terrível, sempre pulando, atirando bolinhas de papel nos colegas, tinha de sentar na primeira fileira para ser mais controlado. Você se lembra daquele caderno circular em que a lição de casa era feita cada dia por um aluno?

– Esse tipo de coisa a gente não esquece – disse Tom.

– Eu inventava umas historinhas para os alunos escreverem direito. Como estávamos numa época em que se falava muito em guerra, eu dizia que as linhas do caderno eram trincheiras e que as letras não deveriam ser escritas fora da linha, fora da trincheira, senão levavam tiros de traços vermelhos. Você levou o caderno para casa e, no dia seguinte, apresentou a lição com letras tão pequenas que mal davam para ler. Perguntei o que havia acontecido e você disse que, escrevendo miudinho daquele jeito, as letras escapavam dos tiros.

A luta para fazer o aluno escrever com a mão direita foi outra lembrança de dona Fabíola:

– Embora hoje seja considerado errado, naquela época era uma espécie de norma pedagógica fazer com que as crianças escrevessem sempre com a mão direita. Eu passava o tempo todo chamando a atenção: "Antônio Carlos, olha a mão! Olha a mão!" Mas bastava eu me descuidar para ele voltar a escrever com a mão esquerda. Mas ele escrevia bem tanto com a direita quanto com a esquerda.

– Até hoje, se eu quiser, escrevo com a esquerda – revelou Tom.

Tom ainda morava em Copacabana quando leu o seu primeiro livro, *Juca e Chico*, de Wilhelm Busch, traduzido por Olavo Bilac. Em 1937, Nilza casou-se com Celso Frota Pessoa e, pouco depois, o casal foi morar numa casa em

Ipanema, na Rua Almirante Sadock de Sá, 276 (telefone 27-0757), construída por tia Iolanda e o marido João Lira Madeira. Era uma casa coberta de pó de pedra, altos e baixos, basculantes nas janelas, uma garagem e, nos fundos, um terreno baldio que acabava à beira da Lagoa Rodrigo de Freitas. Iolanda e João moravam no andar de cima e Azor, Nilza, Celso, Tom e Helena no andar de baixo.

Com a mudança de bairro, Tom Jobim mudou também de escola. Ele e Helena passaram a estudar no Colégio Melo e Souza, onde conquistaram uma amizade que durou a vida inteira com Régis França, três anos mais novo do que Tom, morador na Rua Barão de Jaguaripe e colega de turma de Helena. Muitos anos depois, Régis seria o dentista de toda a família Brasileiro de Almeida, incluindo-se Celso Frota Pessoa. "Tratei dos dentes do Tom até ele ficar rico", disse com bom humor, referindo-se à decisão do compositor de entregar, nos últimos anos de sua vida, a sua boca aos cuidados de um dos profissionais prediletos dos brasileiros de altíssimo poder aquisitivo, o dentista Olímpio Faissol.

Ipanema era uma região de baixa densidade populacional. As obras da Igreja Nossa Senhora da Paz arrastavam-se desde 1918 e foram até 1939. O Café e Bar 20 de Novembro, na esquina de Visconde de Pirajá com Avenida Henrique Dumont, estava de pé desde 1920. O Bar Berlim, que teria o nome mudado sucessivamente para Shangri-lá e Bar Lagoa, assim como o Bar Bofetada (Café Nova Lisboa) existiam desde 1934, o mesmo ano em que foi inaugurado o Cine Ipanema, com a apresentação do filme *Escândalos romanos*, com Ed Cantor. Em 1935, foi inaugurado o Bar Rhenania, mais tarde Jangadeiros. Em 1936, ano da inauguração do segundo cinema do bairro, o Pirajá, o português Antônio Morais criou a Sorvetaria Morais, famosa pelos sorvetes de damasco, abacaxi, abacate, banana, cajá, bacuri, cupuaçu, graviola e tamarindo, criados por dona Maria, mulher de seu Morais. Em 1937, instalou-se o Bar Zepelin. Mais tarde, surgiria o Bar Americano, um dos preferidos de Tom e seus companheiros adolescentes de bairro. A partir de 1917, Ipanema teve entre seus moradores um dos maiores nomes de todos os tempos da música brasileira, o compositor e pianista Ernesto Nazaré, que, inicialmente, viveu numa casa da Avenida Vieira Souto e, depois, na Rua Visconde de Pirajá (então chamada de Rua 20 de Novembro). Coube a Nazaré a autoria da primeira música em homenagem ao bairro, a marcha *Ipanema*, gravada em 1928 pela Orquestra Pan Americana. O transporte para o centro da cidade podia ser feito de ônibus (para a Praça Mauá, para a Estrada de Ferro ou para o Castelo) ou por duas linhas de bonde, o de número 13, "Ipanema", ou 14, "G. Osório", apelido de 'Gosório'".

Reinava a paz em Ipanema na época da meninice de Antonio Carlos Jobim, segundo repetiam o próprio compositor e todos os velhos moradores do bairro. Sem dúvida, era bem mais tranqüilo. Mas, como o passado costuma refletir-se através de um filtro extremamente generoso, aqui vai uma nota do *Correio da Manhã* de fevereiro de 1934, revelando que o bairro enfrentava problemas de segurança. A nota abordava a falta de policiamento em Ipanema e no Leblon, região classificada como "paraíso da gatunagem": "À noite, essa falta de policiamento é alarmante e os assaltos e os furtos se repetem freqüentemente. Os criminosos convenceram-se de que é inútil qualquer apelo dos moradores e zombam do desespero dos mesmos".

2

A música

Os Brasileiro de Almeida constituíam uma família unida. Antonio Carlos Jobim recebeu toda a proteção da mãe e do padrasto, dos tios Iolanda e João, do tio Marcelo e dos avós maternos Maria Emília e Azor. Tal proteção, por sinal, ele teria até se tornar adulto, o que levou um dos entrevistados deste livro, o arquiteto Marcos Konder Neto, a defini-lo como um autêntico "filhinho da mamãe". "Ele sempre foi muito paparicado", completou. Azor, nascido em Capivari e criado em Dois Córregos, interior de São Paulo, foi o inventor do sobrenome Brasileiro de Almeida (antes, era Azor de Almeida Leme). Descendente dos Paes Leme, de São Paulo, adotou o novo sobrenome quando já oficial do Exército. Nessa escolha, prevaleceu a influência do positivismo, que recomendava aos seus adeptos uma postura nacionalista em relação aos próprios nomes. Assim, surgiram os Brasílio Itiberê, os Índios do Brasil, os Suassuna e os sobrenomes indígenas – Guarani, Tapajós etc. O compositor paulista Marcelo Tupinambá, por exemplo, chamava-se, na verdade, Fernando Lobo. Ao ingressar no Exército, Azor sentiu-se à vontade não só por conviver com numerosos colegas entusiasmados pelo positivismo, como também por encontrar campo para o seu temperamento rebelde. Depois de integrar as tropas que combateram Antônio Conselheiro, na região de Canudos, participou de todas as escaramuças que marcaram a atuação do Exército (onde chegou ao posto de coronel) na década de 1920.

Foi amigo do marechal Cândido Rondon e professor de militares famosos como o marechal Henrique Teixeira Lott e os generais Sizeno Sarmento e Airton César Lobo (que, por sua vez, foi professor do ex-presidente João Batista Figueiredo). Em 1932, por apoiar a revolução constitucionalista deflagrada em São Paulo, foi preso pelo governo Vargas e recolhido ao porão do navio *Mocanguê*. Azor Brasileiro de Almeida viveu mais de 80 anos e conheceu os bisnetos, os filhos de Antonio Carlos Jobim e de Helena.

A avó de Tom, Maria Emília, tinha em solteira o sobrenome de Pereira da Silva, "gente judia de Pernambuco", dizia o neto, que adorava pesquisar as origens dos seus ancestrais e de descobrir parentescos de amigos. No caso dos Pereira da Silva, soube que o ramo que resultou na sua família foi para o Ceará (seu bisavô materno era da cidade cearense de Aracati e a bisavó, carioca), transferindo-se depois para o Rio de Janeiro. Um outro ramo seguiu para a Bahia, figurando na árvore genealógica de Vinicius de Moraes, cujo pai se chamava Clodoaldo Pereira da Silva de Morais. "Hoje, todos os Pereira da Silva devem estar em Brasília", brincava Tom Jobim. Maria Emília, dona Mimi, morreu quando Tom tinha apenas quatro anos. Cantava muito bem e tocava piano.

O tio e padrinho Marcelo, formado em agronomia, herdou da mãe o gosto pela música e adorava cantar serestas acompanhando-se ao violão. O lado boêmio de Tom Jobim provavelmente foi uma herança de Marcelo Brasileiro de Almeida, que conheceu pessoalmente Noel Rosa e outros grandes nomes da música popular, muitos dos quais convidava para as reuniões musicais da família. Graças a esses convites, Tom conheceu pessoalmente o cantor Luís Barbosa, um dos grandes mitos da música popular brasileira, intérprete dotado de extraordinária bossa para cantar samba (foi um dos inventores do breque) e que morreria em 1938, aos 28 anos de idade. Marcelo era amigo de Luís Barbosa e dos seus irmãos artistas, o compositor Paulo Barbosa (um dos autores prediletos do Bando da Lua) e os radialistas Barbosa Júnior e Henrique Barbosa. O tio João Lira Madeira, professor de matemática, engenheiro e estudioso de astronomia (chegou a presidente da Sociedade Brasileira de Astronomia), também tocava violão, mas preferia o repertório clássico, que ia dos autores espanhóis às obras de Brahms, Bach, Chopin etc. "Me ensinou muita coisa", reconhecia Tom. Nilza também gostava de música e cantava para ninar os filhos. Uma canção francesa que repetia muito

– *Ma vie s'en va ton guerre, ton, ton, ton* – levou Helena a chamar o irmão de Ton Ton, nascendo daí o apelido que o identificaria para o resto da vida.

É bem possível que Tom Jobim tenha recebido do velho Azor, que já o despertara para autores como Olavo Bilac e Monteiro Lobato, as primeiras influências que o tornariam um defensor apaixonado da natureza. Além de ter sido lobinho do mar, ainda bem criança era levado pelo avô a percorrer os morros vizinhos de Ipanema, principalmente o do Cantagalo, de onde Tom se lembrava ter recolhido pedras semipreciosas que Azor cuidava de identificar. Voltava para casa com os bolsos cheios de ametistas e topázios. As subidas ao Morro do Cantagalo passaram a fazer parte da rotina do menino até a adolescência, quando ia sozinho e lá permanecia horas e horas contemplando os passarinhos, os camaleões, os calangos e os lagartos. No alto do Cantagalo havia três palmeiras que funcionavam como uma espécie de Serviço de Meteorologia para Tom, que olhava para elas para saber a direção do vento: a lestada significava bom tempo e o sudoeste era sinal de chuva. Nas férias escolares, o velho Azor levou o neto para a fazenda na cidade de Leme (cidade criada pelos Paes Leme), perto de Águas do Rio Claro, Pirassununga, São Paulo, onde Tom conheceu um personagem que jamais sairia da sua lembrança: um veterano mateiro, cego, que o levava a passear pela fazenda e identificava cada árvore tendo como única referência o canto dos pássaros que nela pousavam. Ao passar para a reserva do Exército, Azor associou-se ao genro João Lira Madeira num curso preparatório para candidatos aos Colégio Militar, do qual Celso Frota Pessoa também atuou como professor.

No mais, era desfrutar as belezas de Ipanema. O compositor, que tanto repetia temas e frases em suas inúmeras entrevistas, tinha um especial apreço pela recordação de Ipanema dos seus tempos de menino, quando brincava na calçada com os amigos disputando quem acertaria a marca do próximo carro a passar pela Rua Barão da Torre, se Ford ou Chevrolet. "Às vezes, esperávamos mais de meia hora para passar um automóvel". Eis alguns depoimentos de Tom sobre a Ipanema de sua infância e adolescência:

"O mar, uma coisa linda, com água limpa, azul, transparente, os peixes passando. Às vezes, a gente ia a pé até o Arpoador e ficava naquelas pedras, vendo os peixes passarem. Havia dias que não caíamos n'água com medo dos peixes. Tinha cação nas sombras das pedras, deitado num canto. Às vezes, uma raia-jamanta, outras, um rubim. A gente jogava pedra pro peixe sair e poder tomar banho. A Lagoa Rodrigo de Freitas era azul. Com maré de seis em seis horas, a água do mar entrava. A praia da lagoa era de areia branca, grossa, com conchas grandes. Tinha muito camarão, muito robalo, muita tainha, porque todos esses peixes entravam com a maré para desovar. Havia também muitos pássaros. Numa época, eu tinha um barquinho de lona, tipo caíque, e ia lá pro meio da lagoa para ver os pássaros. A água era limpíssima".

"Colocávamos tábuas debaixo dos carros para que eles não se atolassem nas ruas. A gente fazia pipa, subia o morro. E havia aquela areia fina de Ipanema, tão fina que cantava no pé. Quando você corria na praia, a areia fazia cuim cuim cuim. Areia finíssima, mar limpo, muito peixe, muito pássaro selvagem: irerê, socó, uma porção deles".

"Ipanema era uma praia deserta, um areal, com aqueles calangos ao sol, aquela cobra-verde, a marreca irerê pousando na Lagoa Rodrigo de Freitas, cujo nome indígena era Socopenapã, que quer dizer bando de socós. Socó é uma ave que fica de pé na beira d'água, com um bicão grande e – pá! – pega um barrigudinho daqueles. A lagoa era a coisa mais piscosa do mundo, cheia de pássaros aquáticos, garças, marrecos. Até pato pousava nela, o carapirá, o joão-grande. O atobá não tanto, porque o atobá gosta mesmo de mar alto. Tinha parati, tinha robalo. Os peixes adoravam a lagoa".

Tom falava também dos jogos de bola de gude com amigos como Rubinho Boneco e Mosca, com os quais travava batalhas na base de caroços de mamona ou de amêndoas, dos morcegos comedores de frutas, que percorriam Ipanema com as asas imensas, da vegetação de restinga, das pitangueiras que nasciam naturalmente à beira do mar e da Lagoa Rodrigo de Freitas, do Zé da Farmácia, uma das figuras mais populares do bairro, e do Sinhozinho, um professor de ginástica que transformou alguns jovens ipanemenses em verdadeiros tarzãs. Certa vez, Tom forneceu ao *Jornal de Ipanema* os nomes e apelidos de alguns companheiros dessa época de rua e de praia: Noca, Cacá, Bisão, Luís Serrão, Isnaldo Cabinha, Jorge Grande, Pacam, Paulinho Bergher, Fred Cordeiro (o Russo), Paulinho Topete, Raul Vovô, Luís Pedral e Tião dos Tremoços. O astro do esporte de "pegar jacaré" (deslizar nas ondas quando elas batiam na praia) era Rubinho Boneco.

Em 1938, Nilza fundou em sua própria casa um jardim de infância para atender os filhos das famílias amigas cujas mães trabalhavam fora de casa. A primeira turma contava com cinco alunos, mas o interesse da vizinhança em deixar os filhos sob os cuidados de Nilza cresceu tão rapidamente que ela acabou criando uma escola, à qual deu nome de Escola Brasileira. Em 1946, quando introduziu o curso ginasial, passou a chamar-se Colégio Brasileiro de Almeida. No ano da fundação da Escola Brasileira, Antonio Carlos Jobim, já com o curso primário completo, fez exame de admissão para ingressar no curso ginasial do Externato Melo e Souza e foi aprovado com folga, tirando 90 em português, 90 em história, 100 em geografia, 55 em matemática e 80 em ciências. Mas faz um péssimo primeiro ano ginasial, como denunciavam as sua notas: 32 em português, 38 em francês, 39 em história, 43 em geografia, 19 em matemática, 32 em ciências físicas e naturais e 37 em desenho. Ou seja: foi reprovado em todas as matérias. A solução encontrada foi a mudança de colégio. O padrasto Celso Frota Pessoa matriculou-o num dos mais respeitados educandários do Rio de Janeiro, o Colégio Andrews, onde teria de pagar uma anuidade de um conto de réis, dividido em quatro prestações de 250 mil-réis, a serem pagas antes do dia 10 dos meses de fevereiro, maio, agosto e novembro, além de uma quota de inspeção no valor de 120 mil-réis, a ser quitada em duas prestações de 60 mil-réis. Curiosamente, Tom não foi matriculado no Colégio Andrews com seu nome de batismo, mas como Antônio Carlos Brasileiro Jobim. Outro detalhe de ficha do aluno a chamar a atenção é o seu endereço: Rua Almirante Sadock de Sá, 128, e não 276, como sempre se soube ser o número da casa em que morava.

Até que Jobim teve um bom desempenho na primeira série do curso ginasial do Colégio Andrews. No final do ano, obteve 75 em português, 63 em francês, 71 em história, 67 em geografia, 61 em matemática, 67 em ciências físicas e naturais e 71 em desenho. Média: 68. Os exames clínico e biométrico realizados no dia 3 de agosto de 1939 acusaram uma hipertrofia das amígdalas, peso de 44,9 quilos e altura de 1,475 metro. No dia 11 de outubro, na prova de educação física, não fez uma apresentação digna do esportista da Praia de Ipanema, de que tanto se vangloriava quando falava da sua infância e adolescência. Na prova de corrida, cumpriu o mínimo exigido, ou seja, nove segundos em 50 metros; no salto em altura, também ficou no mínimo de 90 centímetros. No salto em distância, sua marca (3,20 metros) foi inferior à mínima exigida (3,25 metros). Tom conseguiu transportar um peso de cinco quilos em equilíbrio cumprindo um percurso de 20 metros, mas fracassou na prova em que teria de subir quatro metros em cordas duplas. Na última prova, cumpriu apenas a metade do desafio: ele teria de acertar, em três tentativas, um alvo de um metro quadrado colocado a 10 metros de distância, atirando uma bola de ferro com cada braço. Acertou com o esquerdo, mas errou com o direito. No ano seguinte, quando cursava a segunda série ginasial, não fez prova de educação física porque, 20 dias antes da data marcada, foi operado de apendicite aguda na Casa de Saúde Arnaldo de Morais. Mas os exames clínicos, feitos nos dias 8 de maio e 8 de novembro de 1940, indicavam que ainda continuava com as amígdalas hipertrofiadas. E os exames biométricos, realizados nas mesmas datas, mostravam que ele estava crescendo. No dia 8 de maio de 1940, seu peso era de 47,1 quilos e sua altura de 1,53 metro; no dia 8 de novembro, pesava 49,3 quilos e media 1,57 metro de altura. No final do ano, passou para a terceira série com as seguintes notas: 58 em português, 31 em francês, 53 em inglês, 70 em história, 68 em geografia, 48 em matemática, 61 em ciências físicas e naturais e 71 em desenho.

Com o crescimento da Escola Brasileira, Nilza tratou de equipá-la da melhor forma possível. Entre as providências tomadas, incluiu-se a compra de um piano destinado ao ensino de música e para acompanhar as aulas de ginástica. Era um piano preto, de segunda mão, marca Beckstein, com "um teclado de marfim já meio cariado", como dizia Tom, que Nilza colocou na garagem da casa. Inicialmente, a mãe pensou em fazer da filha Helena uma pianista, já que o irmão parecia preferir as brincadeiras de meninos e os jogos de futebol e de vôlei na praia. "Tocar piano não era coisa de homem", lembrava Tom Jobim, chamando a atenção para um dos aspectos mais ridículos do machismo, a incompatibilidade entre o homem "de verdade" e certas atividades de caráter artístico ou cultural. Vinicius de Moraes contava que, quando jovem, foi severamente interpelado por um companheiro de praia da Zona Sul carioca:

– É verdade que você está escrevendo poesia?

– Eu? – foi a única resposta que lhe ocorreu naquele momento difícil.

Mas quem se interessou pelo piano foi o filho Antônio Carlos, que na época estava com 13 anos e já tinha boas relações com a música. Além de acompanhar as sessões musicais promovidas pelos tios Marcelo e João Lira, conhecia algumas posições do violão e era capaz de solar certas marchinhas carnavalescas na gaita-de-boca. Ele vinha da praia, "comia aquele arroz com feijão e, para a digestão perfeita, deitava no cimento frio da garagem. E ali estava o piano". Sozinho, Tom começou a desvendar os segredos do instrumento, percebendo que alguns sons se harmonizavam e outros se chocavam. O piano, porém, teria de ser entregue a um professor de música, o que foi imediatamente providenciado por Nilza, contratando Hans Joachim Koellreutter, um alemão de 24 anos que fugira do nazismo, regime em franca expansão em seu país. O professor tinha uma boa formação musical. Nascido em Freiburg Breisgrau, cursou a Academia Superior de Música de Berlim, estudou composição com Paul Hindemith e Kurt Thomas e fez os cursos de flauta e regência no Conservatório de Música de Genebra. Numa excursão à América Latina em 1937, atuando como flautista de orquestra, decidiu ficar no Rio de janeiro, já que não via qualquer futuro na Alemanha, onde começava a despertar a atenção da polícia pela sua militância antinazista. De 1938 a 1940, trabalhou como professor do Conservatório de Música do Rio de Janeiro. Na época em que foi convidado para trabalhar no Colégio Brasileiro de Almeida, Koellreutter também escrevia para a Rádio Ministério da Educação e Cultura o programa denominado *Música Viva*, expressão que batizou um movimento musical em defesa do dodecafonismo e uma publicação que passou a editar a partir de 1940.

O professor integrou-se rapidamente ao espírito da escola, revelando habilidade e paciência nas relações com as crianças, mas enfrentava um problema grave: o seu sotaque. Ele sofria para ensinar aos alunos certas músicas folclóricas. Cantarolava: "Quem serrá". E as crianças repetiam: "Quem serrá". Percebia o erro e tentava corrigir, inutilmente: "Não é serrá. É serra!"

Contou Koellreutter num depoimento de fevereiro de 1995 ao jornal *O Estado de S. Paulo*:

"A família Jobim me convidou para lecionar para crianças. Entre elas, estava Tom. Depois, me pediram para dar aulas particulares para ele, para não ensinar só teoria, mas sempre ligar o ensino ao ser humano, à formação da personalidade. O conceito da personalidade é das coisas mais importantes. Pode ter falhas, o que for, mas tem de ter personalidade, porque, senão, não tem nada. E ele tinha".

Koellreutter passou para o aluno noções de harmonia e contraponto clássicos, "quer dizer, modal e tonal, algo mais funcional, Debussy e coisas assim". No instrumento, foram "rudimentos da execução pianística. Ele teve comigo uma instrução muito globalizante", lembrando que o professor não era pianista, mas flautista. "Toco piano, mas toco mal, toco como meio auxiliar, não como pianista". Lembrava-se de Tom como um menino "extremamente vivo e corajoso", acrescentando que "o artista deve ser corajoso em primeiro lugar. Quando você apresenta uma coisa nova precisa ter coragem, porque, se não tiver, vão em cima de você". Depois que o aluno se tornou famoso, o mestre alemão esteve várias vezes com ele na Churrascaria Plataforma. Paulo Jobim, filho de Tom, foi aluno dele, e "o filho do filho, Daniel, todos com talento. Tom era um homem de uma inteligência e um pensar muito profundos sobre tudo que fazia. Eu apreciava muito a sua música. O importante para mim no artista é o estilo. Um artista que não chega a criar um estilo próprio é um imitador. Ele sempre teve personalidade em tudo que fez, conhecia tudo e era uma personalidade rara". Teria sido a obra de Jobim uma ponte entre a música erudita e a popular? "Não sei. Não sei também se era uma opção, mas ele sabia que, no fundo, era um músico popular de altíssimo nível. Há muitos anos a tradição popular do Brasil é maior na música. Caetano Veloso, Tom Jobim, todos eles têm estilos próprios. Quando se ouve uma coisa de Tom Jobim, imediatamente se diz: 'Isso é de Tom Jobim.' Como se fosse uma caligrafia que expressa o caráter, a mentalidade, a ideologia das pessoas. Todas as suas composições tinham essa marca muito forte".

Hans Joachim Koellreutter desempenhou um papel muito importante na música brasileira, mesmo enfrentando os defensores de escolas opostas ao dodecafonismo, além das dificuldades de sobrevivência de um emigrante alemão em plena Segunda Guerra Mundial. Aprendeu a tocar saxofone com o grande Luís Americano para trabalhar no Cabaré Danúbio Azul, na Lapa, e teve, mais tarde, alunos da importância de Guerra Peixe, Cláudio Santoro, Diogo Pacheco, Isaac Karabtchevsky, Tim Rescala, Tato Taborda e Sandra Lobato. Foi flautista da Orquestra Sinfônica Brasileira e, a partir de 1950, desenvolveu durante 10 anos um trabalho de grande repercussão na Escola Livre de Música da Pró-Arte da Bahia. Ele sempre dizia aos alunos: "O compositor só tem um segundo de liberdade. É quando coloca a primeira nota na partitura. A segunda nota já não é mais livre".

Embora as aulas tenham durado pouco mais de um ano, as suas convicções sobre a superioridade do atonalismo não convenceram Tom Jobim mas serviram para despertar nele o que chamava de "grandes problemas filosóficos da música". Em 1974, Tom disse a um dos seus letristas nos Estados Unidos, Gene Lees: "Koellreutter me ajudou muito. Me ensinou as coisas básicas. Mais tarde, me ensinou algo de composição e harmonia. Ele não era o professor burro de piano. Ele abriu meus olhos. Se você só decora pequenas peças e não sabe o que está fazendo, é inútil. Você amedronta o aluno em relação à música". A questão da tonalidade passou a ser uma das grandes preocupações do compositor. A palavra tônica, por exemplo – recordou Teresa, primeira esposa de Tom –, era uma das mais repetidas nas brincadeiras bem-humoradas da dupla Tom Jobim-Newton Mendonça, quando entravam em processo de composição. "Olha a tônica!" "Cadê a tônica?" etc. É possível que, ao dar as primeiras noções de composição ao filho de Nilza, Koellreutter tenha passado um exercício que era uma espécie de desafio para todos os seus alunos da matéria, certamente com o objetivo de desenvolver a criatividade no campo do ritmo e da harmonia: compor algo novo utilizando apenas uma nota. Tim Rescala, quando seu aluno, brincava com o mestre dizendo que, daquele exercício, teria nascido o *Samba de uma nota só*.

Mesmo sem professor, Tom Jobim nunca mais se afastou do piano, embora sem abrir mão da sua vida de jovem em Ipanema. Nos estudos curriculares, apesar de cercado de professores na família, não chegava a ser um aluno brilhante, até porque não era estudioso. Mas tinha um especial prazer com a matemática. Resolver um problema matemático era motivo de grande satisfação pessoal. Mudou muitas vezes de colégio: depois do Melo e Souza, estudou no Andrews, no Paula Freitas, no Rio de Janeiro e, finalmente, no Juruena, onde concluiu o curso científico. De resto, eram o vôlei, o futebol e a peteca na praia e na Lagoa Rodrigo de Freitas. Sua amizade com o futuro parceiro de músicas Newton Mendonça foi fruto não só das afinidades musicais como também da prática dos esportes de praia, principalmente dos jogos de peteca, modalidade esportiva na qual Newton se destacava como um verdadeiro craque. Na Praia de Ipanema, um dos divertimentos prediletos, no fim de tarde, era caçar tatuís – pegando-os pelo rabinho no momento em que tentaram entrar na areia – levá-los para casa para que a cozinheira, uma mulher gorda apelidada de Bolão, os cozinhasse com arroz. Uma das ocupações mais gostosas era a ajuda prestada aos pescadores, puxando as redes que vinham do mar cheias de peixes. Depois de tanto esforço, a garotada era contemplada com uma boa quantidade de peixes frescos que eram levados para as suas casas. A lagoa, por sua vez, com as suas águas mais calmas, era adequada à prática da natação. Em frente ao Corte do Cantagalo, ele e seus amigos pegavam lagostinhas com uma técnica bem rudimentar e que consistia em espetá-las no momento em que tentavam se esconder nas pedras. Pescavam também muito siri, camarão, tainha e mamarreis, peixe que era levado para a frigideira a fim de acompanhar as primeira incursões daqueles jovens no consumo da cerveja. Um dos grandes prazeres de Tom consistia em atravessar a nado a Lagoa Rodrigo de Freitas, saindo da altura da Rua Montenegro (a partir de 1980, Rua Vinicius de Moraes) e indo até a Curva do Calombo.

Sem dúvida, era um menino feliz. Nas festas familiares, o tio Marcelo, sempre de violão em punho, era o mais animado. Dona Nilza, cada vez mais bonita, alternava momentos de carinho com outros em que era extremamente rigorosa em relação à disciplina. Não havia hipótese, por exemplo, de o filho abandonar os estudos de piano antes das 10 horas da manhã. "Quando mamãe me chamava de Antônio Carlos", recordou Tom, "era sinal de que a situação estava muito feia". Celso Frota Pessoa era um típico chefe de família pequeno-burguês, desses que só sabem o caminho do trabalho para casa e de casa para o trabalho. Sobre o seu papel de chefe da casa, gostava de repetir com bom humor que, naquela família, a última palavra era sempre a dele: "Sim, querida". O poeta Tiago de Melo, que a conheceu a partir de fins da década de 1940, classificou dona Nilza de "severíssima e, ao mesmo tempo, doce".

Com 15 anos, ao conhecer na praia a menina paulista Teresa Otero Hermanny, de 12 anos, aluna do Colégio Melo e Souza, moradora na Rua Barão da Torre e descendente de alemães, Tom deu início ao seu primeiro namoro sério. O avô de Teresa era o fundador da Casa de Hermanny, na Praça General Osório, que, anos depois, seria passada para o filho mais velho. O pai, Artur, foi um dos fundadores da filial paulista da seguradora Sul América, onde exerceu por longo tempo a função de gerente. No Rio, Artur abriu a Casa Artur Hermanny, na Avenida Atlântica, em Copacabana, nos mesmos moldes da loja do pai, na Praça General Osório (produtos para presente, perfumaria etc.), mas o negócio entrou em decadência com a decisão da prefeitura carioca de retirar os ônibus da Avenida Atlântica. Durante a guerra, como ocorrera com todos os estabelecimentos administrados por alemães ou por seus descendentes, a Casa Artur Hermanny foi apedrejada, deixando o proprietário em tal estado de depressão que a mulher teve de assumir o comando do estabelecimento até que fosse vendido.

Com tantos problemas para resolver, Artur ainda encontrava tempo para preocupar-se com o namoro da filha. Achava a menina muito nova para ter namorado. Tanto que, ao perceber os meninos da vizinhança circulando em volta da casa, tratou de advertir Teresa: "Você está proibida de namorar". Uma ordem muito difícil de ser respeitada por uma jovem dotada de uma beleza que chamava a atenção da garotada. Tom Jobim esperava-a todos os dias na porta do Colégio Melo e Souza e as despedidas eram sempre na esquina da rua em que morava, onde, um dia, o pai os surpreendeu: "Você está se escondendo de mim!", acusou. "Se eu quisesse me esconder, não ficava na esquina", respondeu a menina. Com tanto rigor, Teresa achava que o pai, na verdade, estava forçando-a a mentir, pois ela não queria abrir mão do namoro. Ao lembra-se das dificuldades para namorar Teresa, Tom citava sempre "o furor do alemão". Aos poucos, porém, o romance foi engrenando e o velho Artur se viu obrigado a aceitá-lo. Os jovens estavam apaixonados. Os eventuais problemas de relacionamento que surgiriam depois – os rompimentos tão comuns num longo período de namoro – ficaram por conta exclusivamente do desentendimento entre os dois.

Um dos personagens que mais fascinava Tom Jobim em Ipanema era Tico (na certidão, Eutíchio) Soledade, campeão de levantamento de peso, professor de educação física da Escola Naval, músico amador e profundo conhecedor das coisas do mato e do mar. Tico, tio do amigo de infância Régis França, solava músicas inteiras soprando a flauta pelo nariz, façanha que deixava Tom embevecido. Foi com ele que aprendeu incontáveis nomes de bichos, de aves, de plantas e de componentes da nossa fauna marítima. "Eu ficava impressionado com os seus conhecimentos, principalmente das coisas do mar", disse o pintor Eduardo Sued, companheiro ipanemense de Tom Jobim naquela época. Eram de Tico Soledade observações que Tom repetiria pelo resto da vida, como a de que não fazem parte da fauna brasileira os "animais de presépio": o boi, o burro, o jumento, a galinha, o carneiro etc. Foi ele que ensinou a Tom a usar as peças que imitavam os cantos dos pássaros. Tico era caçador e filho do médico e caçador Fernando Soledade, o mesmo que, certa vez, fez parte de uma caçada em Mato Grosso, comandada pelo general Cândido Rondon e que contou com a participação do ex-presidente dos Estados Unidos, Theodore Roosevelt. Segundo contava Tico, foi montada uma verdadeira operação de guerra a fim de que o político norte-americano levasse para o seu país o orgulho de ter matado uma onça no Brasil. Eram cerca de trinta cachorros, 10 espingardeiros e muitos cavalos, todo mundo atrás da onça, até que a fera foi encontrada em cima de uma árvore. E "onça em cima de pau", diziam Fernando e Tico, e Tom não se cansava de repetir, "é passarinho". O que atraiu mais Jobim em toda essa história foi o seu desfecho, com a troca de delicadezas entre o general Rondon e Theodore Roosevelt:

– General Rondon, por gentileza, queira atirar na onça.

– Absolutamente. O senhor veio da América para matar a sua oncinha. Por favor.

Depois de tantas cortesias, ficou estabelecido que o tiro caberia a Roosevelt. Este escolheu pacientemente a arma, apontou e atirou exatamente no olho da onça, para não estragar a pele. Imediatamente, os fotógrafos integrantes da caravana registraram o momento histórico em que a fera agonizava aos pés do ex-presidente norte-americano.

Tom Jobim adorava freqüentar o pequeno apartamento de Tico Soledade, na Rua Montenegro, onde passavam horas soprando pecinhas que imitavam os pios dos pássaros. "Os dois se divertiam muito. Mas, para nós outros, aquilo era uma chatice só", recordou Régis França. Em companhia de Tico, Tom passava vários dias na mata caçando macacos, barbados, onças, antas, macucos, nhambus-açus e nhambus-chororós. Uma dessas caçadas foi lembrada pelo compositor no livro *Mata Atlântica – Visão do paraíso*, com texto dele e fotos de Ana Jobim, sua segunda esposa, lançado em 1994, pouco depois de sua morte. Narrou Antonio Carlos Jobim com o estilo que levou alguns acadêmicos a proporem a sua candidatura a uma das vagas da Academia Brasileira de Letras:

"Cruzou a bandoleira no ombro e botou os pios no bolso, de jeito que não chacoalhassem na caminhada. E foi subindo lançante. Fresquito. (...) Manhã redonda, solene. O sol sarapintava o chão. Tico piou macuco. Silêncio. Nada como o tempo para passar. Tico arriscou mais um piado. Dana, nenhuma resposta.

Calada do dia. Na visão periférica de Tico, algo mudou de lugar no colorido das manchas do sol. Tico voltou os olhos para a esquerda e viu a onça. Virou o cano da cartucheira, calibre 20 (para a esquerda), apontou, desfreou, a onça parou imóvel, e disparou. O chumbo bateu na cara da onça, ela deu um pulo pra cima e caiu sentada nos quartos traseiros. Tico disparou o cano direito. A onça com as garras destruía o mato rasteiro à sua volta. Tico recarregou e mandou mais duas cargas de chumbo no pescoço e na pá da suçuarana, que já não se governava nem girava, e escorregava ravina abaixo. Lá embaixo, o grotão. Mais tiros imobilizaram a bichona, que ficou agarrada na vegetação rasteira e no joão-barandi. Tico marcou bem e desceu o espigão, atravessou os grandes salões da floresta encantada, lugares cheios de dignidade e mistério, rente às pedras redondas, grandes como casas, meio embutidas no chão macio da floresta, cobertas de musgo, gravatá e bromélias. E orquídeas, mas Tico descia rápido serra abaixo e logo chegou no rancho das uricanas. Convocou os companheiros, o cozinheiro, o mateiro e lá se foram serra acima, até a felicidade. O espanto foi geral, onça morta no pio do macuco. Amarraram as patas, duas a duas, e passaram um pau longo e carregaram-na, alegres, serra abaixo. No rancho, avaliaram o tamanho e o pêlo da bichona, puxavam os bigodes, tocavam nas presas, sopesavam o rabo. Acariciaram o pêlo. Era uma onça boa que não fazia mal a ninguém. Foi muito fotografada".

O futuro arquiteto Marcos Konder Neto, companheiro de Tom desde a adolescência, acompanhou-o numa caçada, na Serra de Petrópolis. Marcos ficou impressionado com o talento do amigo para reproduzir o pio dos pássaros utilizando as pecinhas dadas por Tico Soledade. Era tocar aqui e obter a resposta de lá. A reprodução do pio não é uma tarefa tão simples como se pode imaginar. Não basta apenas soprar a peça para se obter o canto perfeito de determinada ave. Quanto maior a musicalidade do caçador, mais o pássaro imitado se convencerá de que dialoga com um irmão de raça. E musicalidade, como se sabe, não era uma virtude estranha a Antonio Carlos Jobim. Outra coisa que impressionou Marcos Konder Neto foi a emoção do amigo ao acertar com um tiro de espingarda uma ave difícil de pegar, dessas que são quase míticas, pois raramente são vistas; Marcos não se lembrava se era um macuco ou um nhambu-chororó. O fato é que, ao perceber que abatera o pássaro, Tom ficou pálido e em silêncio durante alguns minutos.

Quer dizer que o intransigente defensor da natureza ficava tão feliz ao matar um pássaro? É que Tom Jobim era caçador na floresta e pescador no mar. Ninguém defende mais a integridade da vida selvagem do que o caçador, nem a limpeza dos mares, das lagoas e dos rios do que o pescador. Sem o respeito à ecologia, não há animais para caçar nem peixes para pescar. Mas o que teria deixado o caçador tão pálido na caçada em companhia de Marcos Konder Neto? O orgulho por ter acertado uma ave tão difícil de ser caçada? Tempos depois, o amigo Carlos Madeira acompanhou-o numa caçada na Serra de Mambucada, em Angra dos Reis, no coração da Mata Atlântica tão cara a Tom Jobim. Lá estavam também os companheiros Fred e Tico Soledade. Tom piou com perfeição um nhumbu-chororó. E não deu outra coisa. Uma ave se aproximou e pousou a cinco metros de onde eles estavam. Tom acertou-a com precisão. Ao ver o nhambu-chororó morto, começou a chorar e saiu em disparada. Os companheiros foram atrás dele até alcançá-lo. Ele chorava sem parar. "O que houve, Tom Jobim?", Tico perguntou. "O nhambu veio cheio de amor, pensando que o pio era da fêmea, e atirei nele. Foi uma traição", desabafou Tom, que nunca mais deu um tiro contra um ser vivo. Depois disso, Carlos Madeira convidou-o várias vezes para caçar numa fazenda de amigos em Mato Grosso. Tom aceitava, mas, na última hora, desistia. "Ele sabia que, na selva, teria de atirar mesmo porque, se não atirasse, o morto seria ele", concluiu Madeira.

Em 1944, já morando com a família na Rua Redentor, 307, em Ipanema, dois acontecimentos abalaram a vitalidade do jovem Antonio Carlos Jobim. O primeiro deles ocorreu depois de ter chegado na Curva do Calombo a nado, vindo do Corte do Cantagalo. Ao subir nas pedras para descansar, descobriu que estava sendo olhado por uma linda mulher, sentada na amurada, com todo o jeito de que pretendia conquistá-lo. Bonito como ele era, já estava acostumado com o assédio feminino. Uma vizinha de Ipanema era tão apaixonada que se contentava em encontrar-se com ele apenas para "tirar sarro", ou seja, para satisfazê-lo sexualmente, sem qualquer ameaça à virgindade da moça, pois deflorar uma jovem em 1944 resultava, no mínimo, em casamento imposto pela polícia. Noel Rosa que o diga. A vizinha apaixonada era a companheira preferida de Tom Jobim nos exercícios de guerra, quando se estabelecia o blecaute total e a praia era invadida por casais de namorados em busca de encontros discretos.

Também o acompanhava nos passeios do pequeno barco de Tom pela Lagoa Rodrigo de Freitas; estacionavam num local bem distante das margens e lá permaneciam em longas manifestações de carícia. Marcos Konder Neto falou também de uma jovem norte-americana, muito bonita, que, aproveitando uma viagem do marido pelo interior do Brasil, fez apenas um sinal para Tom Jobim, ao vê-lo debruçado na janela da casa. Ele atendeu ao chamado da beldade ianque, acompanhou-a e foi devidamente devorado por ela, sendo em seguida devolvido à casa. Tudo isso sem que ele dissesse uma só palavra. Quanto à moça que o abordou na Lagoa Rodrigo de Freitas, era "branca, bem clara, os olhos gateados, esverdeados na luz radiosa, esparsas sardas, cabelos castanhos-claros, corpo bem-feito" e aparentava ter 23 anos. Conversaram durante algum tempo e marcaram um encontro à noite, no mesmo lugar. Tom voltou a nado e, à noite, tomou uma chuveirada, pegou a bicicleta, foi para o local do encontro e "lá estava ela, mais bonita ainda". O resultado do encontro foi um cancro duro que o levou a um longo e sofrido tratamento contra sífilis, na base de arsênico, bismuto e mercúrio. "De manhã, em jejum, o Arsenox na veia dava vontade de vomitar a alma. Meu santo padrasto Celso da Frota Pessoa era quem me aplicava as injeções. Mas ainda guardo da moça uma terna lembrança".

O segundo acontecimento foi um acidente que provocaria substanciais mudanças na vida do jovem Antonio Carlos Jobim. No cume de uma pirâmide humana montada pelos companheiros de praia, ele, de cabeça para baixo, tentou apoiar-se no ombro de um companheiro. Escorregou no corpo do parceiro de aventura e mergulhou na areia. O resultado foi a fratura de uma apófise que lhe causaria terríveis e intermináveis dores ciáticas. Encerrou-se ali a carreira do atleta Tom Jobim. De um atleta que se destacou nas várias modalidades de esporte de praia e na capoeira. "Não a capoeira baiana, mas a capoeira carioca", esclareceu Carlos Madeira, seu companheiro de aula na academia de Sinhozinho (Agenor Moreira Sampaio), instalada quase em frente à casa de Tom. A capoeira do Rio de Janeiro era aquela praticada primeiramente pelos escravos e, depois, pelos malandros, o que levou a polícia a combatê-la até extermina-la. Não tinha a coreografia da capoeira baiana nem precisava de berimbau. Era uma forma de luta tão violenta que, na academia do Sinhozinho, nenhum aluno treinava contra o outro, mas contra bonecos. "Hoje isso parece inacreditável. Mas Tom era um excelente capoeirista", garantiu Madeira. Além da capoeira, Tom praticava também ginástica em aparelho na academia de Sinhozinho. A academia, por sinal, foi uma iniciativa de sucesso, pois um grande número de jovens ipanemenses a procurava para fazer ginástica ou para aprender algum tipo de luta. Na época em que Tom Jobim e Carlos Madeira estavam lá, um dos alunos de boxe era Paulo Amaral, o mesmo que seria técnico de futebol de várias equipes brasileiras e que, em 1958 e 1962, ajudaria a seleção do Brasil a conquistar o bicampeonato mundial, atuando como preparador físico.

A primeira conseqüência do acidente na praia foi uma aproximação bem mais íntima com o piano, pois teve de abandonar os esportes de praia. Aos 17 anos, já não tinha condições de atravessar a Lagoa Rodrigo de Freitas a nado. Marcos Konder Neto disse que Tom parecia em preguiçoso, pois, ao chegar na praia, sua primeira providência era deitar sobre a areia. Outra conseqüência foi a adesão à boemia. Foi o início de uma fase que culminaria, no início da década de 1950, com o seu trabalho como pianista de boate. Foi a sua entrada no "cubo das trevas", expressão que criou para definir o tempo em que o desportista da Praia de Ipanema e da Lagoa Rodrigo de Freitas raramente teve a pele queimada pelo sol. Os único hábitos que sobraram da antiga vida saudável foram o de pescar e o de soltar pipa, ambos praticados mesmo depois de casado. Ficou feliz quando Tico Soledade lhe disse que soltar papagaio e pescar poderiam ser feitos ao mesmo tempo, segundo uma secular técnica chinesa: o anzol e a isca eram colocados na rabiola da pipa, que teria de ser controlada a dezenas de metros de distância, até que ela permanecesse numa altura suficiente para manter apenas a rabiola dentro d'água. É claro que a pesca com pipa só poderia ser feita nas águas plácidas da Lagoa Rodrigo de Freitas e da Baía da Guanabara, pois, no oceano, as ondas engoliriam facilmente a própria pipa. Sem dúvida, não se tratava de uma tarefa muito fácil.

Tom, Marcos, Newton Mendonça (pianista), Eduardo Sued (futuro pintor), Belmiro Medeiros (futuro advogado) e Irênio Maia (futuro cenógrafo de teatro e de televisão) formaram um grupo que se encontrava quase diariamente nos bares de Ipanema. Nasceram aí as primeiras bebedeiras, principalmente quando o grupo se reunia no Jangadeiros (ex-Rhenania), onde misturavam chope com *dinamite*, uma fórmula da casa na base de *stanhaigh*. "Éramos metidos a intelectuais. Conversávamos muito sobre artes, cultura de um modo geral, filosofia e poesia", disse Marcos Konder Neto. Principalmente sobre poesia, por iniciativa de Tom Jobim que, desde menino, se interessou pelos poetas, a partir de Olavo Bilac. Recitava poemas inteiros de autores diferentes (Teresa, sua primeira mulher, lamentou que ele tivesse morrido sem ter gravado um disco recitando poesias. Foi o melhor recitador que ela conheceu). Os poetas da moda no grupo eram Manuel Bandeira e Carlos Drummond de Andrade, especialmente este, depois do lançamento do livro *A rosa do povo*. Quando Drummond fez 80 anos, em outubro de 1982, Tom Jobim escreveu uma saudação na *Folha de S. Paulo* citando os nomes dos integrantes do grupo de Ipanema, "onde batíamos calçada e recitávamos tua poesia, de cor, às vezes quase chorando". E mais: "Puxávamos angústia e tome Carlos Drummond! Tínhamos vindo de Bilac, Cassiano Ricardo, Raul de Leoni, Jorge de Lima, Augusto dos Anjos, Alceu Wamosy, Vicente de Carvalho, Manuel Bandeira e, de repente, descobrimos essa papafina, essa quintessência, essa cocaína, o ultramoderno Carlos Drummond de Andrade! Poeta futurista. Éramos poucos a saber do secretíssimo Carlos. Os mais velhos reagiam. Éramos todos comunistas e íamos salvar o mundo e o Brasil, principalmente. Todos revolucionários. *A rosa do povo* era nossa, era minha".

Quando não se reuniam nos bares, iam todos para a casa de Tom Jobim para conversarem em volta do piano e olharem a bela irmã do amigo, cheios de esperança, mas sem coragem de abordá-la, até porque o coração de Helena já pertencia a outro que não era do grupo. Ou, fora dos horários de aula, para o Colégio Brasileiro de Almeida, onde o velho piano continuava à disposição na antiga garagem. Tom executava peças dos autores que estudava. "Tomei conhecimento da existência de Gershwin, Ravel e Debussy na casa dele", confessou Marcos Konder Neto, vizinho em Ipanema e colega no Colégio Juruena. Tom proporcionava aos amigos não só a execução no piano das músicas daqueles autores, como também a audição de discos. Na sua discoteca figuravam também muitas gravações de música popular brasileira e norte-americana. A parte de MPB tradicional ficava por conta do tio Marcelo, que abastecia a coleção com discos de Orlando Silva, Sílvio Caldas e Dircinha Batista, além de muito choro. Entre os discos de várias origens, uma boa parte das belíssimas gravações de Benedito Lacerda (flauta) e Pixinguinha (saxofone).

Os choros *Um a zero* e *Sofres porque queres*, ambos de Pixinguinha, eram os seus favoritos. Quando as reuniões se prolongavam até a madrugada e a fome batia, Tom Jobim abria a geladeira, retirava o arroz, cobria-o de azeite e servia-o ainda gelado. Era bom? "A gente gostava muito", respondeu Eduardo Sued. Quando Celso Frota Pessoa participava da conversa, o assunto eram as teorias modernas da física, que ele conhecia muito bem. Celso era empolgado pelas teorias de Albert Einstein. Os encontros continuaram até pouco tempo depois do casamento de Tom com Teresa. Em fins da década de 1940, o grupo foi reforçado pela presença do poeta Tiago de Melo, responsável por um número musical que se repetia todas as noites: *Algodão*, de Custódio Mesquita e Davi Nasser, cantado por Tiago em acompanhamento de Antonio Carlos Jobim ao piano. A amizade com Tiago de Melo nasceu do amor de ambos pela poesia. Tom ficou encantado quando descobriu que o companheiro de praia era um excelente poeta. Conversavam sobre poesia o tempo todo e Tiago ficava impressionado não só com a memória de Tom como pelas suas excelentes qualidades de declamador. Diariamente, recitava uma nova poesia, principalmente de Carlos Drummond de Andrade e de Manuel Bandeira. Ao ouvir, porém, o amigo cantarolar inteiro e sem desafinar o choro *Proezas do Sólon*, de Pixinguinha, Tom descobriu mais uma companhia para dividir com ele as noitadas de música. "Ele homenageava a minha musicalidade, mas musical mesmo era ele, que, mesmo longe de qualquer instrumento, criava com a boca os acordes mais incríveis para as músicas que a gente cantava", testemunhou Tiago. Outro que chegou na mesma época foi Luís Bonfá, que Tom conheceu na praia sem saber que ele tocava violão. Quando aparecia Evandro Rosas, mais velho do que eles, o dono da casa imediatamente cedia a ele o lugar no piano. Evandro era professor de piano e deixava Tom Jobim impressionado ao manipular o instrumento com as suas mãos imensas.

Nos bares de Ipanema, quando a conversa girava em torno de música, era comum Tom meter a mão no bolso e retirar a sua gaita para mostrar uma canção que aprendera ou para dar um exemplo de algum ponto de vista sobre música. Depois que passou a fumar, aos 15 anos de idade, não faltavam no seu bolso nem uma gaita nem um maço de cigarros. Para seu orgulho, era um dos integrantes de uma orquestra de gaitas organizada por um personagem de Ipanema chamado Baudu, que tinha um "ouvido danado", segundo Tom.

Ouvia as grandes orquestras norte-americanas da época e apreendia as vozes de cada instrumento. Na Praça General Osório, distribuía essas vozes entre os gaitistas de todas as idades. O sucesso era infalível. O maior deles ocorreu quando Baudu reproduziu na sua orquestra, com absoluta fidelidade à gravação original, a *Canção da Índia*, de Rimsky Korsakoff, segundo a interpretação da orquestra de Tommy Dorsey. Baudu era uma figura muito popular em Ipanema, por causa da sua orquestra de gaitas e pelos passeios que dava nas ruas do bairro, desfilando com nada menos que uma onça suçuarana.

Tom chegou a criar um conjunto de tocadores de gaita-de-boca, integrado por ele, Newton Mendonça, Marcos Konder e Carlos Madeira. Mas o grupo teve uma vida muito breve pelo absoluto desequilíbrio existente entre eles em matéria de talento para a música. De um lado, Tom Jobim e Newton tocando cada vez melhor músicas de difícil execução. Além disso, preocupavam-se com a qualidade do instrumento. Não demorou muito para que os dois aparecessem com gaitas mais sofisticadas, com sustenidos e bemóis (a de Jobim era uma *Hohner* cromática). Madeira e Marcos perceberam o desnível rapidamente. "Foi uma covardia. Tivemos que desistir", confessou Marcos. Biografia musical um pouco melhor do que a de Madeira e Marcos teve Régis França, que resolveu aprender a tocar acordeom. Chegou a ser um solista razoável (principalmente das obras de Luís Gonzaga), com uma passagem pelo programa *Papel Carbono*, produzido e apresentado por Renato Murce na Rádio Nacional, onde recebeu como prêmio uma pasta de dente. Sem dúvida, um brinde bem apropriado para quem, dali a alguns anos, se formaria em odontologia e abandonaria de vez a sua carreira de acordeonista. Outra iniciativa de Tom era a de improvisar conjuntos vocais, ele próprio distribuindo as vozes e harmonizando o grupo. Era uma mania que não abandonaria até o fim da vida, quando passaria várias horas ensaiando o grupo vocal feminino que integrava a sua Banda Nova. No colégio, Tom também descobriu colegas que sabiam tocar instrumentos. Um deles, João Batista Stockler Pimentel, o Juca Stockler ou, simplesmente, Juquinha, três anos mais novo, ainda não havia iniciado a sua vitoriosa carreira de baterista. Juquinha, morador de Ipanema e aprendiz de jóquei, conheceu Tom na academia de ginástica de Sinhozinho. Ele participava das reuniões musicais batendo num tambor que nada tinha de profissional: era um brinquedo de criança. Mas se divertia muito naqueles encontros, principalmente quando Helena, a irmã de Tom, cantava. "Uma boneca com aquele olho azul. Era a menina mais bonita de Ipanema", disse Juquinha que, nos anos 50, seria companheiro de trabalho de Tom nas boates de Copacabana, nas gravações e na orquestra do espetáculo *Orfeu da Conceição*, além de parceiro no samba-canção *Faz uma semana*.

No segundo semestre de 1944, Tom Jobim e Marcos Konder Neto, estudantes do terceiro ano científico do Colégio Juruena, começaram a preocupar-se com a carreira que deveriam seguir. Nas viagens de bonde de Botafogo para Ipanema, na volta do colégio, Marcos e Tom decidiram fazer o vestibular para a Faculdade de Engenharia. Um dia, na praia, Marcos conversou com um companheiro mais velho sobre a sua disposição de estudar engenharia.

– Engenharia, pra quê? – perguntou o amigo.

– Para projetar casas – respondeu.

– Mas isso não é engenharia, é arquitetura.

– Existe essa profissão?

Marcos ficou sabendo que o curso de arquitetura era feito na Escola Nacional de Belas-Artes e tratou de espalhar a novidade entre os amigos. Tom Jobim e mais três entusiasmaram-se com a idéia e, pouco depois, descobriram um ipanemense que estava se formando em arquitetura e que passou a dar aulas para eles de desenho figurado e geometria descritiva. Além dessas duas matérias, Tom e Marcos estudaram muito matemática e física. O futuro compositor era um bom estudante? A resposta é de Marcos:

"– Um cara inteligentíssimo, inclusive para ciências. Era muito brilhante nos raciocínios matemáticos. É verdade que nunca foi um aluno muito dedicado. Era até meio vagabundo no colégio. Mas pegamos um livro de exercícios de matemática e fomos destrinchando tudo, começando pela equação de primeiro grau. O curioso é que a capacidade dele para a matemática era muito maior que a minha. Por isso, chateado porque minha nota em matemática no vestibular foi maior que a dele, desabafou: 'Eu sabia mais matemática do que você'. Realmente sabia, mas fui mais cdf. Além disso, tive a maior nota em desenho. No cômputo geral, ele chegou em quinto lugar e eu, em terceiro".

Marcos Konder Neto, que viria a ser professor da Faculdade de Arquitetura e um dos arquitetos de maior prestígio do país (entre as suas obras, em parceria com Hélio Marinho, está o Monumento aos Mortos na Segunda Guerra Mundial, no Aterro do Flamengo, cuja estrutura metálica foi traçada por Júlio Catelli Filho, companheiro dele e de Tom no vestibular para a faculdade), nunca entendeu por que Tom Jobim decidiu estudar arquitetura. "Entre todas as numerosas manifestações do seu talento, não me lembro se a de bom desenhista estava entre elas", disse Marcos. Tom Jobim, porém, contava que havia recebido nota 10 na prova de desenho do vestibular. Na parte da prova em que teve de desenhar figuras, encontrou certa dificuldade para riscar um perfil, por causa da posição em que se encontrava em relação ao modelo: sendo canhoto, não conseguia desenhar o rosto virado para o lado certo do papel. Até que o responsável pelo exame, professor Quintino Campofiorito, percebeu as dificuldades do candidato e sugeriu que ele mudasse de lugar. Paulo Jobim, filho de Tom e que, como a sua irmã Elizabeth, desenha muito bem, assegura que o pai, se não chegava a ser um grande desenhista, "desenhava legal". No depoimento prestado ao Museu da Imagem e do Som, o compositor disse que escolheu a arquitetura porque "gostava de desenhar". De qualquer maneira, o que parece certo é que Tom deve ter sido influenciado por Marcos Konder Neto na decisão de estudar arquitetura. "Se fui eu quem o influenciou, pode estar certo de que foi a única vez que isso ocorreu, pois no nosso grupo quem tinha carisma e liderança era ele", confessou o colega. Mas é provável que Marcos Konder, sobrinho de Valério Konder, dirigente do Partido Comunista, também seja o responsável por algumas idéias políticas que Tom Jobim adotou naquela fase de sua vida, como o próprio compositor lembrou em vários depoimentos ("éramos todos comunistas", escreveu na saudação aos 80 anos de Carlos Drummond de Andrade), mas que Marcos contesta por não se lembrar de qualquer manifestação política do amigo. Irênio Maia e Newton Mendonça, sim, sob influência dele, ingressaram no Partido Comunista e fizeram campanha a favor da candidatura de Yedo Fiúza à Presidência da República, em 1945. Mas uma das táticas políticas dos comunistas, na época, na tentativa de estabelecer o que chamavam de "linha auxiliar", era atrair simpatizantes através dos Comitês Democráticos de bairros, onde o PCB não exigia dos seus membros a opção pelo marxismo. Tom Jobim deve ter-se envolvido com o Comitê Democrático Ipanema-Leblon, que promovia conferências de caráter cultural, festas e até bailes de carnaval.

Se for feito um levantamento das origens da esquerda festiva (expressão criada na década de 1960 pelo jornalista Carlos Leonam), é possível que se chegue ao Comitê Democrático Ipanema-Leblon.

Em seus primeiros dias na Escola Nacional de Belas-Artes, Antonio Carlos Jobim era um dos alunos mais entusiasmados. Queria até criar projetos. "Calma!", recomendava-lhe Marcos. Apesar de calouro, conseguiu estagiar no escritório de Jorge Moreira, um dos grandes nomes da arquitetura brasileira, graças à amizade de Moreira com o tio Marcelo Brasileiro de Almeida. Parecia ter descoberto a sua vocação. Dois meses depois, porém, rompeu com a namorada Teresa, de quem pretendia ficar noivo e casar. Com o rompimento, acabaram os planos de formar-se, arranjar um trabalho e casar. Se o casamento estava cancelado, para que estudar arquitetura? Aumentava a cada dia o desejo de largar a faculdade e dedicar-se somente à música. Mas o que pensariam disso dona Nilza e Celso Frota Pessoa? Aos poucos, passou a perder aulas e deixar de freqüentar o escritório de arquitetura. Tudo isso agravado por uma depressão que fazia de Tom uma pessoa inteiramente diferente daquele jovem cheio de charme, extrovertido e que encantava a quem se aproximasse dele. Carlos Madeira, já estudante de medicina, preocupado com a depressão do amigo, conversou com ele e percebeu que a indefinição sobre o seu futuro – se seria arquiteto ou músico –, somada à dor pelo rompimento com Teresa, era a causa principal da depressão. Os problemas amorosos só poderiam ser resolvidos pelo casal, mas para a opção pela carreira a seguir havia um caminho: o Instituto Brasileiro de Orientação Profissional, uma instituição criada exatamente para resolver questões dessa natureza. Foi o que Madeira disse a Celso Frota Pessoa, que tratou de levar o enteado para uma consulta. Para sorte de Tom, o próprio diretor do Instituto, o psicólogo argentino Myra y Lopes, manifestou a disposição de assumir pessoalmente a responsabilidade pelo seu caso. Depois de muitas entrevistas e testes dos mais variados, o famoso psicólogo convocou Celso Frota Pessoa para dizer-lhe que Antonio Carlos Jobim, um criador, um artista, não deveria ser submetido a horários rígidos nem a ocupações rotineiras. Celso entendeu o recado: entre a música e a faculdade, o mais adequado para o enteado era a música. Assim, três meses depois de ingressar na Escola Nacional de Belas-Artes – e não um ano depois, como ele próprio tanto falou nas entrevistas –, Tom abandonou de vez o curso de arquitetura. Da sua passagem pela faculdade ficaram duas fortes lembranças. Uma foi a de ter visto pela primeira vez Heitor Villa-Lobos, que morava perto da escola e que, diariamente, ia jogar sinuca na sede da Associação Brasileira de Imprensa. A outra lembrança era a do Bar Vermelhinho, instalado em frente à sede da ABI, e que reunia a fina-flor dos intelectuais, artistas e boêmios da época.

Como o compositor confessaria mais tarde, o padrasto só não queria (embora nunca tenha tocado no assunto) que Tom Jobim optasse pela carreira literária, acompanhando o pai Jorge Jobim. "Não insisti na literatura em homenagem a Celso Frota Pessoa", confessou.

A depressão desapareceu com a saída da Escola Nacional de Belas-Artes. Já que o destino era a música, que se preparasse muito bem. E Celso tratou de patrocinar um curso com a professora Lúcia Branco, a mesma que teria entre seus alunos alguns dos maiores concertistas brasileiros como Jacques Klein, Nelson Freire e Artur Moreira Lima. Foi uma fase em que Tom se dedicou inteiramente à música clássica, começando por Johann Sebastian Bach, uma das maiores paixões da professora. Além do tempo em que permanecia na casa de Lúcia Branco, na Rua General Urquiza, no Leblon, passava horas e horas sentado ao piano, em casa, diante de peças que iam de Bach a Gershwin, passando por Beethoven, Chopin, Ravel, Debussy e Villa-Lobos. Ficou fascinado quando descobriu os russos Rachmaninoff, Prokofiev e Stravinsky. Lúcia Branco percebeu que o seu caminho não seria o de concertista (segundo Teresa, ele tinha o polegar "meio preso") mas o de compositor. A tal conclusão Lúcia Branco chegou quando ouviu do aluno um exercício de composição, uma valsa claramente influenciada pelos clássicos que estudava e que, na década de 1970, reapareceria no filme *Para viver um grande amor*, de Miguelzinho Faria, com letra de Chico Buarque de Holanda e o título de *Imagina*. Tom considerava essa valsa a sua primeira obra de compositor, embora tenha revelado a Almir Chediak, na entrevista para o segundo volume do seu *songbook*, lançado em dezembro de 1990, que, "com 14, 15 anos, já fazia uns sambinhas".

Depois de Lúcia Branco, Antonio Carlos Jobim resolveu aprofundar-se na harmonia e foi estudar com Paulo Silva, professor da Escola Nacional de Música e também mestre de inúmeros músicos brasileiros. Mas o jovem empolgado com a modernidade da música não foi muito estimulado pelo professor: "Ele tinha aquelas regras: não pode fazer quarta, não pode fazer quinta. Eu me sentia muito preso. Quando eu escrevia alguma coisa da minha cabeça, ele reclamava, dizia que não podia escrever assim. O professor Paulo Silva era muito sistemático, rigoroso. Ele vestia aquelas roupas de artista, gravatões de pintor. As aulas eram dadas numa salinha no centro da cidade, um lugar muito exíguo". Entusiasmo mesmo Tom sentiu pelo professor que adotaria em seguida, com quem estudou quase três anos: o pianista espanhol (de Valência) Tomás Gutierrez de Terán, radicado no Brasil desde 1930. Tomás Terán iniciou seus estudos no Conservatório de Madri, com José Maria Guervos e Joaquim Malats. Aos 11 anos já era solista de orquestra. Com 27 anos, em visita a Buenos Aires, viu Arthur Rubinstein (que o considerava o melhor pianista espanhol) executando *A prole do bebê*, de Villa-Lobos. Aquela música mudaria a sua vida. Deslumbrado, viajou para o Rio com o objetivo exclusivo de encontrar uma partitura da peça. Daí em diante, especializou-se em Villa-Lobos, a quem conheceu em 1924, em Paris. Naquele mesmo ano, apresentou-se no Rio tocando o repertório do compositor brasileiro. Em 1927, executou em Paris, com a pianista Aline van Barentzen, o *Choros número 8* para orquestra e dois pianos, obra dedicada por Villa ao próprio Terán. Vitoriosa a revolução de 1930 no Brasil e subindo ao poder vários amigos de Villa-Lobos, incluindo-se o próprio presidente Getúlio Vargas, o compositor convidou o amigo espanhol para viver no país, onde passou a dar aulas no Conservatório de Música e na Sociedade de Cultura Artística do Rio de Janeiro. Entre os seus alunos estavam Arnaldo Estrela e Heitor Alimonda. Terán, sua esposa, uma violinista cubana chamada Teresa, e a assistente Maria da Glória foram personagens lembrados com muito carinho por Antonio Carlos Jobim. Coube também ao professor espanhol a iniciativa de chamar a atenção do aluno para a obra erudita de um autor muito importante na sua formação musical, o maestro Radamés Gnattali.

O romance com Teresa Hermanny prosseguia na segunda metade da década de 1940, com algumas interrupções que Tom não deixava se prolongar por muito tempo, pois sabia que não era o único a amar a bela ipanemense ("parecia Elizabeth Taylor", disse ao autor destas linhas a cantora Dóris Monteiro, que a conheceu quando Tom passou a trabalhar na gravadora Continental): Luís Carlos Vital, o Luís Bisão, filho do futuro prefeito do Rio de Janeiro,

João Carlos Vital, era apaixonadíssimo por ela. Numa fase em que o romance parecia ter acabado, Vital conseguiu namorar Teresa durante um bom tempo. Ela estava morando em Petrópolis, quando Tom contraiu brucelose, por ter bebido leite contaminado. Não foi um diagnóstico fácil, pois a brucelose era uma doença desconhecida no Brasil, até porque os brasileiros desenvolveram anticorpos poderosos com tanta carne e tanto leite contaminados que foram consumidos desde os tempos da colônia. A brucelose mais familiar à medicina, até então, era a européia, conhecida como febre de Malta. Mas os exames feitos no laboratório de propriedade do pai de Carlos Madeira (para os quais foi necessário importar antídotos da França) não deixaram qualquer dúvida: era de brucelose mesmo que sofria Tom Jobim. A doença arrasou o antigo atleta da Praia de Ipanema. Não havia medicamento que o curasse (até porque tal remédio não existia no Brasil) e que evitasse um emagrecimento assustador. "Foi a primeira vez que vi a morte de perto", contaria muitas vezes com o passar dos anos. Apesar de rompidos, Teresa saiu de Petrópolis para vê-lo e Tom resolveu esperá-la elegantemente vestido: "Ele estava de terno branco, camisa branca e a pele assustadoramente branca. Não tinha nada do rapaz que me acostumara a ver na praia. Parecia o fantasma do Tom", recordou Teresa.

O reencontro serviu pelo menos para restabelecer o namoro e a decidirem pelo noivado, conforme o ritual da época. Com a aliança no dedo anular da mão direita, Tom Jobim passou a preocupar-se não só com a cura da brucelose (que a família chamava de "barrigose"), mas também com o seu futuro: queria casar, mas de onde tiraria o dinheiro para sustentar a casa? Sabia que seu destino seria trabalhar com música, mas fazendo o quê? A disposição de aprimorar-se cada vez mais como músico continuava, tanto que, depois de Tomás Terán, estudou mais alguns meses com um professor tcheco-eslovaco que, pouco depois, voltou para o seu país. Mais uma vez, o padrasto Celso Frota Pessoa colocou-se à sua disposição para ajudá-lo. Podia casar e continuar estudando que ele bancaria tudo. "Era um pai. Um sujeito bom pra chuchu", testemunhou Marcos Konder Neto. "Certamente, ele não seria tão feliz com o próprio pai", opinou Teresa.

Sendo assim, no dia 15 de outubro de 1949, casaram-se (com separação de bens) Teresa Otero Hermanny e Antonio Carlos Jobim.

3

O cubo das trevas

Celso Frota Pessoa, funcionário público, estava longe de ser um homem rico. Mas não abria mão de trabalhos extras para equilibrar o orçamento familiar. Confiava no talento de Antonio Carlos Jobim e sabia que, mais cedo ou mais tarde, ele faria a sua independência como músico, apesar da oposição de alguns amigos que não viam qualquer futuro na profissão. "Ele vai morrer tuberculoso como todo músico", diziam, proporcionando a Tom mais um bordão para ser repetido pelo resto da vida.

O casal morou inicialmente com os pais. O velho amigo Marcos Konder Neto foi chamado para projetar o quarto de Tom e Teresa. "Desenhei um armário pegando toda a parede, com a cama embutida, pois o quarto era pequeno. Foi minha estréia como arquiteto", contou Marcos. Depois, o padrasto providenciou para eles um pequeno apartamento no Bairro Peixoto, cujo aluguel de Cr$ 1.200 ficava por conta de Celso.

Haviam decidido aguardar cinco anos para terem o primeiro filho. Era o prazo previsto para o marido adquirir condições de sustentar uma família. Até lá, iriam vivendo com o pouco dinheiro vindo da ajuda do padrasto e do salário de Teresa, que já trabalhava há algum tempo. Primeiramente na Fundação Getúlio Vargas e, depois, no Colégio Brasileiro de Almeida, onde atuou como secretária e deu aulas a uma turma cuja professora afastou-se por gravidez. Dois meses depois do casamento, porém, quem estava grávida era ela. Tom, por sua vez, não andava nada satisfeito com aquela vida sem trabalho, diante do piano o dia inteiro e recebendo os amigos todas as noites. "Como eu não gostava que ele fosse para os bares, o botequim mudou lá pra casa", disse Teresa. O pior é que os efeitos da brucelose prosseguiam, apesar das doses intermináveis de penicilina e de sulfa. Embora a sua família, tendo por base um parecer do neurologista Deolindo Couto, não aceitasse os diagnósticos de que sofria de brucelose, eram raros os dias em que Tom não estava com febre. O baterista Juquinha permaneceu, certa vez, dois dias ao seu lado aplicando-lhe injeções de penicilina, nas nádegas, de duas em duas horas (na época, era assim o tratamento com penicilina). Um sacrifício absolutamente inútil já que o medicamento não era indicado para brucelose, doença de que Tom estaria livre tempos depois, graças a uma reação do próprio organismo.

A primeira conseqüência em Tom Jobim do nascimento do filho Paulo, no dia 4 de agosto de 1950, foi puramente emocional. Chegou a ter acessos de vômito e a expelir impressionante quantidade de bílis. Já abatido pelos antigos problemas intestinais, ficou com a aparência tão ruim que o seu amigo Tico Soledade levou-o para uma temporada de vários dias no alto da serra para recuperar-se. A segunda reação foi a de decidir pelo trabalho à noite, como já havia decidido seu velho companheiro Newton Mendonça. Para Juquinha (na época, hesitando entre as profissões de baterista e de jóquei. Preferia a primeira, mas a segunda era bem mais redonda), a história começou quando ele foi procurado por um baixista chamado Bill, que estava querendo formar um pequeno conjunto para ocupar um horário vago na boate Vogue. Logo na Vogue, a boate mais elegante da cidade. Bill sabia que Juquinha, Tom e alguns amigos tocavam juntos e achava que eles tinham um conjunto formado. Não era bem isso. Eles tinham ensaiadas, apenas para consumo interno, algumas músicas norte-americanas, além de choros de Radamés Gnattali e Pixinguinha. Mas o convite foi aceito e o conjunto foi formado por Tom Jobim no piano, Mário Salivas no violão, Juquinha na bateria e o próprio Bill no contrabaixo. Logo na estréia, a decepção: o responsável pela música do Vogue, um pianista norte-americano, determinou que eles tocassem "canções francesas". Perplexos, os quatro estreantes se olharam sem saber o que fazer, até que um deles soprou: "*La mer*". Tom conhecia vagamente a melodia que tocava muito no rádio. Sendo um músico sempre mais ligado na harmonia do que na melodia, sabia que a harmonia de *La mer* era a mesma de outra canção que conhecia muito bem, *Blue moon*. Deu a saída no piano e foi seguido pelos companheiros, Deus sabe como. No dia seguinte, os quatro estavam desempregados.

No segundo emprego, Tom não precisava de conjunto. A sua tarefa era tocar piano no restaurante Michel, na Avenida Atlântica, em Copacabana, durante o jantar. Teresa até que gostou do trabalho, já que o compromisso do marido começava às 18 horas e terminava às 22, possibilitando, assim, que ele chegasse mais cedo em casa. O problema era a saúde de Tom. As febres se repetiam cada vez com mais intensidade, deixando-o em condições assustadoras. Chegou a ficar 12 quilos abaixo do seu peso normal. Era a preocupação com a doença e com o seu substituto na boate, pois, daquele jeito, era impossível sair de casa para tocar piano. Até que, desesperada, Teresa pegou o marido e o filho e foram todos para a casa de Celso e dona Nilza, aos quais Teresa explicou o que estava acontecendo: "Tom está sofrendo de morte noturna. Todas as noites ele acha que vai morrer". Para Teresa o sacrifício era muito grande, pois tinha de dividir-se entre os deveres de mãe de uma criança pequena e de enfermeira do marido doente. Dona Nilza e Celso receberam o casal e a criança.

Tom foi melhorando de saúde até voltar a trabalhar na noite carioca. Não demorou muito para integrar uma espécie de clube de pianistas de boates, o que garantia trabalho quase diário, pois havia um acordo entre eles estabelecendo que um cobriria a folga do outro. É provável que tenham nascido nessa época certas gírias que passaram definitivamente a fazer parte da linguagem dos músicos. "Tom Jobim", dizia um colega pelo telefone, "o pianista daqui mandou o Lima. Você pode fazer uma ponte aérea?" Mandar o Lima é um eufemismo para dizer que o músico faltou ao trabalho. Com o passar do tempo, a gíria foi simplificada. Já não se fala em mandar o Lima. Agora é "Fulano de Tal limou". Ponte aérea era o trajeto percorrido rapidamente entre uma e outra casa noturna, aproveitando os horários de folga na boate em que trabalhava. Faziam parte do grupo de pianistas da noite carioca, entre muitos outros, Britinho, *Fats* Elpídio, Carlito, Centopéia, Bené Nunes, Francisco Scarambone e Chuca-Chuca (tocava piano e vibrafone). Ainda na primeira metade da década de 1950, o grupo seria reforçado por personagens como Johnny Alf e Sérgio Ricardo, que desempenhariam papéis muito importantes nos acontecimentos musicais da década. Aliás, para quem quisesse encontrar com algum músico naquela época, o melhor caminho era a noite de Copacabana. Os músicos circulavam de boate em boate, procurando trabalho ou tocando de graça. Misturavam-se jovens em início de carreira com instrumentistas já experimentados, quase todos interessados tanto no mercado de trabalho quanto nas novidades introduzidas por alguns músicos da noite. Em muito pouco tempo, Antonio Carlos Jobim assumiu a posição de estrela dessa comunidade de profissionais da música, não só pelo seu estilo pessoal de tocar piano – econômico nas notas e extremamente criativo na descoberta de novas harmonias – como pelo seu jeito simples de conversar com os colegas mais jovens.

Era difícil saber o local de trabalho de Tom exatamente por causa desse revezamento. Podia ser no Ranchinho do Alvarenga, no Vogue, no Bamboo Bar, no Tasca, no Studio do Téo, no Tudo Azul, no Posto Cinco, na Cantina do César, no French Can-Can, no Mocambo, no Acapulco, no Farolito, em qualquer casa noturna disposta a empregar um pianista. Não era nada fácil. Tom chegou a desconfiar que tinham razão aqueles que previam a sua morte por tuberculose, pois o trabalho na noite não se limitava à tarefa profissional, propriamente dita, mas a um ritual que incluía uma boemia fundamental para o próprio trabalho. Em entrevista a Almir Chediak, lembrou desse tempo, quando enfrentava a oposição "de pessoas que procuravam meu padrasto para dizer que eu não tinha jeito, que não estudava os clássicos e ficava com aqueles sambinhas. Diziam que eu ia acabar na sarjeta, tuberculoso. Os prognósticos eram os mais sombrios". Depois de "tocar para os bêbados", havia necessidade de encontrar os colegas para que soubesse o dia em que teria de ocupar o lugar deles. Os encontros geralmente eram feitos num botequim da Rua Francisco Otaviano, chamado Bar dos Pescadores, mas que ficou conhecido como Faroeste. Era freqüentado pelo pessoal da noite e pelos motoristas dos ônibus que faziam ponto no Posto Seis. No final da noite, o Faroeste servia um bife com ovos fritos que era consumido com muita alegria pelos freqüentadores. Quando chegava em casa, já com dia claro, e via Teresa com Paulinho chorando no colo, Tom ia para a cama com muito cansaço e com a sensação de que aquela não era exatamente a vida com que sonhara.

"Levei muitos calotes dos inferninhos em que tocava. A vida noturna era muito pesada. A gente toca o que não quer tocar, toca para dançar, uma coisa horrível". Ter que aturar bêbados com os seus pedidos de músicas exigia muita paciência. O pianista carregou pelo resto da vida o trauma de ter de repetir todas as noites, atendendo a pedidos, o tema de *O terceiro homem* (A. Karas-W. Lord), música que fez muito sucesso a partir do cinema, da qual Tom tinha verdadeiro horror. Algumas vezes, ele reunia coragem para comunicar ao cliente que não sabia tocar *O terceiro homem*. Sem falar nas brigas quase diárias, sendo que numa delas, no French Can-Can, onde revezava com Newton Mendonça, saiu um tiroteio em que a bala passou raspando no seu peito. Ainda pálido com o susto, parou de tocar e permaneceu imóvel até que o responsável pelos disparos desse a ordem: "Pode tocar o seu piano". A boate mais elegante em que tocou foi a Vogue, na Avenida Princesa Isabel, a mesma em que, no início da sua carreira de pianista da noite, foi obrigado a tocar canções francesas. Agora, era ele quem escolhia o repertório. Mas o melhor vinha nos momentos de folga:

– No Vogue, trabalhava meia hora e descansava outra meia hora. Durante o descanso, saía da boate e ia para o botequim ao lado, conversar com Nelson Cavaquinho e tomar umas cervejas. Ele cantava para mim aqueles sambas lindos que fazia: [cantarolando] "As rugas fizeram residência no meu rosto".

Um dia, Antonio Carlos Jobim chegou em casa especialmente preocupado em relação ao seu futuro. Contou a Teresa que tivera uma conversa com Scarambone e que este revelou que trabalhava à noite como pianista e durante o dia como dentista. "Você agüenta?", perguntou Tom. "Tenho de agüentar. Afinal de contas, tenho família para sustentar", respondeu. O jovem pianista lamentou não ter outra profissão para arranjar um trabalho de dia e confessou ao amigo que só sabia de música. E, como ele, tinha família para sustentar. "Por que você não estuda orquestração?", sugeriu Scarambone, que vibrava com as soluções harmônicas criadas por Tom Jobim para músicas consagradas. "Você tem muito jeito para isso", insistiu. Depois de conversar com Teresa, esperou a chegada do padrasto do trabalho para conversar com ele sobre os seus planos. "Quanto tempo você precisa para estudar?", quis saber Celso. "Seis meses", informou. "Então, trate de aprender a orquestrar". Mais uma vez, Celso Frota Pessoa abriu o seu guarda-chuva para o enteado, que dali a alguns dias estava atracado com o livro *Princípios de orquestração*, de Rimsky Korsakoff. Procurou também os maestros Alceu Bocchino e Radamés Gnattali para lhe darem aulas. Passou a ser um ouvinte atento de discos para estudar as orquestrações e saía pela noite em busca de locais onde houvesse orquestra. Chegou a ser um freqüentador assíduo dos *dancings* Avenida e Brasil, onde raramente dançava, pois o que pretendia mesmo era observar as orquestras executando arranjos dos maiores orquestradores brasileiros, como Radamés Gnattali, Alceu Bocchino, Lírio Panicalli e Léo Peracchi. As primeiras críticas foram importantíssimas para corrigir certos erros do orquestrador iniciante. Aprendeu, por exemplo, que uma coisa é o que está no livro; outra é a própria prática. "Aquela extensão que você botou no pistom é só para músico alemão. Pra gente, não dá, não", disseram alguns músicos. A medida certa para os músicos populares ele foi adquirindo com a prática e com os estudos que passou a fazer nos livros de orquestradores norte-americanos, especialmente Glen Miller.

Coube ao compositor Alcides Fernandes, marido da sua empregada doméstica, Sílvia, e futuro parceiro em pelo menos duas músicas, encaminhar Tom Jobim para a Editora Euterpe, onde exerceu sua primeira atividade profissional fora da noite: cabia a ele passar para a pauta as obras dos compositores que não sabiam escrever música. Toda editora musical precisa de um conhecedor de música, pois um dos poucos serviços que presta ao compositor (pelos quais cobra percentagens sobre os direitos fonomecânicos – venda de discos, teipes etc. – que vão de 25% a 33%) é a de distribuir a música impressa. Muitos grandes nomes da música popular brasileira, como Pixinguinha, Vadico, Radamés Gnattali, Sebastião Cirino, Aldo Taranto e tantos outros, dedicaram algumas horas do dia a ouvir as obras dos compositores e transcrevê-las na partitura. O trabalho não alterou muito a vida financeira de Tom, pois sua remuneração era pequena, mas, para a Editora Euterpe, a aproximação foi compensadora: algumas músicas da primeira fase do compositor – *Teresa da praia* e boa parte da *Sinfonia do Rio de Janeiro*, entre outras – foram editadas lá. Depois da Euterpe, coube ao tio Marcelo Brasileiro de Almeida procurar Vitor Costa, diretor da Rádio Nacional, pedindo para o sobrinho um emprego de pianista da orquestra da emissora. Um pedido muito difícil de atender, já que trabalhar na Rádio Nacional era o desejo de todo grande músico do

Rio de Janeiro. E quem já estava lá – os instrumentistas da Orquestra Sinfônica Brasileira, por exemplo – não pensava em deixar a emissora. Vitor Costa, porém, gostava de Marcelo e lembrou-se de que a Rádio Clube havia sido adquirida por Samuel Wainer e que estava fazendo inúmeras contratações não só para os seus elencos de cantores e radiatores, como também para a orquestra regida pelo maestro Alceu Bocchino. Vitor, que poucos anos depois seria proprietário da Rádio Clube, mudando seu nome para Rádio Mundial falou diretamente com o diretor da emissora, o escritor Marques Rebelo, que convocou o diretor musical Cláudio Santoro e o maestro Alceu Bocchino para saber se havia alguma vaga para um pianista que tocava muito bem e sabia ler música com rapidez. Bocchino pronunciou-se logo a favor do seu ex-aluno de composição Antonio Carlos Jobim. Eles se conheceram na residência de um casal de positivistas, Ester e Américo de Viveiros. Alceu, levado pelos irmãos positivistas, e Tom, influenciado pelo avô Azor Brasileiro de Almeida. A partir das idas a essa casa, passaram também a freqüentar a igreja positivista, onde havia um coral regido pelo próprio Alceu. Entre os figurantes do coral, Tom Jobim e sua mulher Teresa. Seria muito difícil saber até que ponto os dogmas positivistas atingiram o jovem músico. Ele nunca falou sobre o assunto nem nas entrevistas nem nas longas conversas de que participaria nos bares do Rio de Janeiro (místico como era, é provável que o positivismo não lhe tenha causado grandes efeitos). Mas não há dúvida de que o trabalho desenvolvido por Alceu Bocchino na formação do coro da igreja positivista empolgou-o muito mais do que qualquer outra filosofia. O maestro, que, na época, era muito mais pianista (um dos grandes intérpretes de Villa-Lobos) do que regente ou orquestrador, fazia novos arranjos das invenções de Bach, c olocando harmonia no contraponto e distribuía em vozes. Ele ia para o piano e comandava a execução da invenção de Bach com uma nova harmonização. Tom, que adorava ver Alceu tocando piano ("Como é que você, com a mão tão pequena, faz tantas coisas no piano?", perguntou certa vez), ficava seduzido pelo trabalho do maestro num dos campos de que mais gostava, o da harmonização de vozes. Resultado: passou a estudar com Alceu Bocchino. Diariamente, ele ia para a casa do maestro, no bairro do Leme, para as aulas de composição e para conversar sobre o seu destino de músico. Quando o maestro lhe passava as regras clássicas de composição, ele reagia: "Não é bem isso que eu quero". Alceu, então, provocava-o, dando-lhe um tema folclórico e pedindo para harmonizá-lo em quatro vozes. Seus conselhos ao aluno tinham em vista duas posturas aparentemente opostas: de um lado, recomendava-lhe, quase com veemência, que não perdesse nunca a humildade em qualquer circunstância; do outro, que levasse sempre em consideração a definição de Mozart sobre o gênio: "o sujeito que nenhum professor conseguiu estragar". "Tom Jobim me parecia muito angustiado", disse o maestro em depoimento para este livro.

Os poucos meses em que permaneceu na Rádio Clube foram muito importantes para a sua formação de músico. A pequena e excelente orquestra era chamada para acompanhar cantores, para executar obras de Mozart e Tchaikovsky e para participar de programas em que a sua intervenção era essencialmente radiofônica, ou seja, tocar vinhetas, músicas incidentais rápidas, com mudanças repentinas de tom, de ritmo, de andamento e passando do nível mais elevado ao pianíssimo de um compasso para o outro. "Ele ficava verde e quase arrancava os cabelos, mas aquilo o ensinou a obedecer, pois ninguém podia errar. Ele ficou grato àquelas dificuldades. Os programas eram apresentados ao vivo", recordou Alceu Bocchino. Tom já estava se entrosando com os colegas de orquestra quando o amigo e compositor Paulo Soledade, companheiro de aventuras noturnas, perguntou a ele se não se interessava em trabalhar na gravadora Continental como assistente de direção artística. Soledade já trabalhava lá, mas estava pensando em se dedicar à sua atividade de redator e diretor de espetáculos nas boates Montecarlo e Casablanca. Tom aceitou o convite e, dias depois, recebeu um telefonema do diretor administrativo da gravadora, Sávio Carvalho da Silveira, marcando uma entrevista. Acertado o salário, Tom trocou a Rádio Clube pela Continental, uma gravadora brasileira que enfrentava bravamente a concorrência das multinacionais RCA Victor e Odeon. Criada em 1943, quando a empresa Byington & Cia., com sede em São Paulo, perdeu a representação brasileira dos discos Columbia, teve como seu primeiro diretor artístico o compositor João de Barro, também conhecido como Braguinha (seu verdadeiro nome: Carlos Alberto Ferreira Braga), que lá permaneceu por 18 anos. A Byington & Cia. era uma *holding* poderosa, proprietária de emissoras de rádio no Rio de Janeiro e em São Paulo, de empresas de mineração e de tratamento de água, além de representar multinacionais norte-americanas como a Underwood (fabricante de máquinas para escritórios) e Westinghouse (aparelhos eletrodomésticos). João de Barro tinha um incrível faro para o sucesso. A Continental cresceu rapidamente até que, na década de 1950, reuniu em seu elenco alguns dos cantores e instrumentistas mais famosos do Brasil, grande parte deles contratada pela Rádio Nacional.

Trabalho novo, casa nova. Celso Frota Pessoa, sempre presente, providenciou outro apartamento para o enteado, mulher e filho, novamente no Bairro Peixoto. Era um apartamento grande, até maior do que as necessidade da família, no mesmo edifício onde morava uma figura muito querida de Tom, o tio e padrinho Marcelo Brasileiro de Almeida. "O edifício recebia a visita de artistas como Sílvio Caldas e Elizeth Cardoso. Não por causa do Tom, mas do Marcelo, que era amigo deles", lembra Teresa.

Quando começou trabalhar na Continental, Jobim já havia feito algumas músicas sozinho e com Newton Mendonça, Juca Stockler e Alcides Fernandes. Curioso pela reação do público, de vez em quando, tocava algumas delas nas boates em que trabalhava. Muitas vezes, no fim da noite, ele e Newton iam para a casa de um ou de outro e lá ficavam até de manhã tomando cerveja e compondo músicas. A parceria com Juquinha nasceu de uma das manias que acompanhou Tom desde a adolescência: a de repetir até a exaustão as palavras ou as frases ditas pelos interlocutores. Nessas repetições, as palavras ou as frases eram empregadas sem qualquer sentido, surgindo construções inteiramente absurdas. Marcos Konder Neto lembrou o dia em que alguém falou de liana, espécie de trepadeira semelhante a um cipó. "Liana?", perguntou Tom. Daí em diante, ninguém conversou, porque ele só falava em liana. "Eu amo liana". "Um beijo para liana". "Você acha que liana gosta de mim?", e não parava mais. Assim foi com Juca Stockler, que chegou numa madrugada no Faroeste, morrendo de tristeza porque a sua namorada, uma peruana chamada Iolanda Cortez, cantora da boate Tasca, viajou e não deu qualquer notícia. "Faz uma semana", disse Juquinha. "Faz uma semana", repetiu Tom, que não parou mais de falar "faz uma semana", até criar uma melodia para a frase. Juquinha gostou, foi fazendo outra e assim nasceu *Faz uma semana*, uma das primeiras músicas de Antonio Carlos Jobim a ir para o disco. Lúcio Alves, um dos seus intérpretes favoritos, era uma das pessoas que mais o estimulavam a entrar firme na composição de músicas.

Se Lúcio tivesse cumprido as suas muitas promessas de gravá-las, teria sido o primeiro cantor a levar uma obra de Tom Jobim para o disco.

A última boate em que Tom trabalhou como pianista foi a velha conhecida Posto Cinco. Eis o que conta o seu substituto Sérgio Ricardo, um paulista de Marília que tentava sobreviver no Rio de Janeiro como pianista da noite, no livro *Quem quebrou meu violão*, lançado em 1991 pela Editora Record:

"Cheguei morto de medo na boate Posto Cinco. Haviam me informado que Tom Jobim ia deixar o trabalho. Já famoso na noite, Tom aguardava um substituto para deixar a vaga. Ele completava seu turno inteiramente à vontade com os habituais freqüentadores da casa, tocava suas melodias lindíssimas harmonizadas ao piano com pouco dedilhado. Eu passaria a noite toda ali, ouvindo aquele craque com a maior alegria. Quando tocava outros autores me deu vontade de desistir de pleitear o seu lugar. Fiquei meio perdido diante de tanta beleza fluindo de uma simplicidade técnica, ao ferir aqueles acordes tão preciosos em blocos ricos e inteligentemente harmonizados, sobre os quais aquelas melodias flutuavam transformadas em beleza pura. Que ciência naquelas aranhas de dedos se alternando no ritmo!"

Prossegue Sérgio Ricardo:

"Era o mestre genial saindo diplomado e um principiante se matriculando na faculdade da noite. O garçom levava meu nome escrito num guardanapo de papel e Tom me anunciou para os seus admiradores com muita simpatia, deixando-me o piano para eu dar a minha canja. Ao terminar, ele veio elogiar a minha técnica e, retomando o piano, falava enquanto suas mãos tocavam mecanicamente. Aconselhou-me a dar mais atenção às harmonias e deu um exemplo tocando *Feitiço da Vila* com tal riqueza que não me deixou dúvidas: eu ainda tinha muito que aprender. Por várias noites, Tom voltava ao local do crime, já acostumado com os freqüentadores e agora era ele que vinha dar uma canja".

De fato, mesmo enfrentando o trabalho diurno na Continental, Tom ainda levou um bom tempo freqüentando a noite. Um pouco por boemia, um pouco pela necessidade de ver gente das demais gravadoras, do rádio e da televisão e outro tanto pelo prazer de ouvir os músicos de sua predileção. Ele não faltava, por exemplo, a uma apresentação de Dick Farney numa casa noturna carioca. Gostava da sua voz e, principalmente, da sua técnica de tocar piano. Quando descobriu um jovem chamado Johnny Alf, não só fazia questão de ouvi-lo como de convocar os amigos para conhecê-lo. Tom foi um dos primeiros admiradores declarados da música composta por Johnny Alf, algo realmente bem diferente do padrão musical da época, principalmente na parte harmônica. Outra descoberta foi a do jovem acreano João Donato, que começou a atuar na noite carioca como acordeonista, passando depois para o piano. Tom Jobim ia sempre ao Studio do Téo (uma boate de Copacabana de propriedade de Teófilo de Vasconcelos, o famoso narrador de corridas de cavalos) só para ouvir João Donato, integrante do conjunto do violinista Fafá Lemos. Quando o radialista Manuel Barcelos e o compositor Humberto Teixeira criaram o Clube da Chave, no Posto Seis, Tom se tornou imediatamente um dos seus mais assíduos freqüentadores. A idéia inicial foi a de criar um clube fechado, com apenas 50 sócios, cada um com uma chave para ter acesso à sua própria garrafa de uísque. Tanta gente passou a freqüentar a casa que foi impossível permitir a entrada apenas dos associados. É que o Clube da Chave, além de transformar-se no ponto predileto dos mais famosos boêmios cariocas, era um local de música. Quando não era tocado o que havia de mais moderno na música popular brasileira, os cantores e músicos nordestinos, convidados por Humberto Teixeira, assumiam o microfone para apresentar as músicas da sua terra. Era o paraíso das canjas. Tom Jobim vibrava por tocar o que bem entendesse, sem a necessidade de atender ao gosto de uma clientela que gostava de ouvir *O terceiro homem*. Insistente como sempre, a primeira coisa que tocava, a partir de agosto de 1953, era o último lançamento de Dorival Caymmi, *João Valentão*. Sendo desde jovem um grande admirador do compositor baiano, vibrou com *João Valentão*, uma das muitas obras de Caymmi que gostaria de ter feito. Foi no Clube da Chave que o pianista Luís Eça se apresentou pela primeira vez na noite carioca. Mas não como pianista, como acordeonista. Não tendo ainda 18 anos – proibido, portanto, de sequer freqüentar o Clube da Chave –, escondia-se no banheiro todas as vezes que chegava a fiscalização do Juizado de Menores. Numa dessas fugas, entrou por engano no banheiro das mulheres e lá encontrou a cantora Silvinha Telles. Em depoimento que ele próprio escreveu a mão, Luisinho disse que Silvinha também estava escondida do Juizado de Menores. Enganou-se porque a cantora completaria 19 anos em agosto de 1953, com idade, portanto, para freqüentar qualquer casa noturna. Ele a encontrou, realmente, depois de ela ter feito o que 99% das mulheres fazem normalmente nos banheiros femininos.

A programação – se assim podemos chamar uma sucessão de apresentações improvisadas – do Clube da Chave era deslumbrante: no microfone, revezavam-se músicos como Garoto, Johnny Alf, Valzinho etc. Até o maestro Radamés Gnattali aparecia por lá, depois de um dos seus programas na Rádio Nacional. E havia os nordestinos. Tom não se conformava em apenas ouvi-los. Muitas vezes, ia para o piano dividir a apresentação com Jararaca, Luís Gonzaga, Carmélia Alves, Catulo de Paula (que iniciava sua carreira) e todos aqueles cantores e músicos amigos de Humberto Teixeira, o compositor cearense que dividiu com Luís Gonzaga a responsabilidade pela consagração do baião. Para se ter uma idéia de como foi marcante o Clube da Chave para Tom Jobim, foi lá que aprendeu com Jararaca o rojão *Do Pilá*, que teria um trecho incorporado a uma das suas obras-primas lançadas na década de 1970, *O boto*. Foi no Clube da Chave, finalmente, que Vinicius de Moraes o viu pela primeira vez tocando piano. A música era *Tão só*, de Dorival Caymmi e Carlos Guinle. "Percebi logo que se tratava de um pianista diferente. Tocava um som engraçado, novo", diria mais tarde Vinicius. Se o pianista causou boa impressão ao poeta, o compositor despertaria a sua atenção, tempos depois, quando tocou *Outra vez*. "Aquela música me impressionou muito", confessou Vinicius de Moraes durante o depoimento de Jobim ao Museu da Imagem e do Som do Rio de Janeiro. Numa entrevista de 1981, Tom recordou as passagens de Vinicius pelo Clube da Chave: "Sua cabeça redonda, inconfundível, chamava a atenção, sentado à mesa frente ao copo de uísque e cercado de amigos não menos famosos: Antônio Maria, Fernando Lobo, Rubem Braga, Paulinho Soledade, Paulo Mendes Campos, Di Cavalcanti e muitos mais. Eu, mais jovem, não me atrevia a ir além da distância regulamentar".

Com o salário da Continental, Tom Jobim sentiu-se à vontade para dispensar a ajuda de Celso Frota Pessoa e mudou-se com a família para um apartamento de dois quartos do Edifício Einstein, na Rua Francisco Otaviano, no Posto Seis (durante muitos anos, o pagamento do aluguel seria uma das suas idéias fixas). Nos primeiros meses de trabalho na gravadora, Tom dedicava boa parte do dia à mesma tarefa exercida na Editora Euterpe, ou seja, passar para a pauta as obras dos compositores que não sabiam escrever música.

A atividade na gravadora que mais o agradava, porém, era dar assistência ao maestro Radamés Gnattali, autor de grande parte dos arranjos das músicas gravadas na Continental. Radamés via nele um candidato sério a orquestrador e sabia que ele se preparava para isso. E ia passando para Jobim todas as soluções que adotava na distribuição das partes para a orquestra, o timbre obtido através da utilização de determinada instrumentação etc. Na Continental, Radamés cuidava das músicas que seriam gravadas e escrevia os inúmeros arranjos para os programas musicais da Rádio Nacional. E Tom Jobim ao lado dele, muitas vezes passando para o papel as idéias do mestre, fazendo o mesmo que, 30 anos depois, atribuiria ao seu filho Paulo Jobim e ao violoncelista Jacques Morelenbaum. Era uma relação tão útil quanto a do mestre e o aluno e tão doce quanto a do pai e o filho. Por essas e por tantas outras coisas que faria depois, Radamés passaria a ser um dos seres humanos a quem Tom mais amou na vida. "Os filhos da gente não são somente os filhos da carne. São também os filhos das idéias", diria anos depois para justificar por que considerava Radamés Gnattali "o pai musical de muita gente".

Enquanto aprendia os segredos da orquestração e do arranjo, Tom Jobim tratava de dar início à sua carreira de compositor. Foi no Clube da Chave que Maurici Moura, um cantor santista, tomou conhecimento de uma das suas músicas, o samba-canção *Incerteza*, dele e de Newton Mendonça, e resolveu gravá-la. Assim, em abril de 1953, saiu o primeiro disco com uma das suas músicas não na Continental, mas na Sinter. Era um 78 rotações que apresentava, do outro lado, também um samba-canção, *O anel que lhe dei*, de Gilberto Panicalli. *Incerteza* era uma música inteiramente identificada com o clima dos anos 50, principalmente pela sua letra, que, como determinava a moda, narrava mais um caso de amor em que o protagonista sofria muito:

Na incerteza
Em que eu vivo os meus dias
Ainda espero um alegre amanhã
Eu vivo uma noite sem lua
Que nunca se acaba
De tanta tristeza

Que eu levo comigo
Sem ninguém para me sorrir
Ando à procura de alguém
Não sei se vou encontrar
Pois este alguém já perdi
Sem forças para lutar
Eu vivo uma noite sem lua
Que nunca se acaba
De tanta tristeza
Que eu levo comigo
Sem ninguém para me sorrir

Também saiu do Clube da Chave o repertório do segundo disco com músicas de Tom. O cantor, dessa vez, foi Ernani Filho, que, no mesmo Clube da Chave, assumiria a condição de intérprete predileto de Ary Barroso. Ernani ainda saboreava o sucesso obtido com a gravação, no ano anterior, do samba-canção *Flor da Lapa*, que Wilson Batista havia composto e vendido a parceria a César Brasil, um conhecido comprador de músicas. O sucesso de *Flor da Lapa* credenciou Ernani Filho a gravar o seu primeiro LP, que recebeu o mesmo título de uma das músicas de Tom, *Pensando em você*. A outra, *Faz uma semana*, teve parceria de Juca Stockler. Junto com o *long-play*, a Sinter lançou um disco de 78 rotações, em junho de 1953, com as duas músicas, que renderia para Tom, um mês depois, o primeiro comentário sobre suas músicas, escrito pelo mais lido crítico de música da época, Sílvio Túlio Cardoso, do jornal *O Globo*:

"Um dos melhores senão o melhor disco de música brasileira de 1953 até o momento. Surpreendente a vocalização de Ernani Filho em ambos os sambas, encharcada de uma expressão morna, um *feeling* extraordinário, com inflexões sutilíssimas, na melhor tradição do seu inspirador Sílvio Caldas. No mesmo nível do intérprete está o acompanhamento orquestral de Lírio Panicalli, sublinhando maravilhosamente as passagens mais delicadas, ora com o emprego dos violinos em pianíssimo, ora do oboé, da flauta ou da harpa. Ou ainda em belos uníssonos que são verdadeiras filigranas transparentes, levíssimas. Um disco de alta classe, realizado com o máximo bom gosto e sensibilidade".

Apesar da boa crítica, a carreira de compositor de Tom Jobim ainda levaria algum tempo para deslanchar. Mas ele continuou compondo, como informava o jornalista Jaime Negreiros, em novembro de 1953, na revista *Manchete*: "Com Billy Blanco, [Tom Jobim] está escrevendo a *Sinfonia do Rio de Janeiro*, coisa paralela a *Um americano em Paris*, de Gershwin. Dick Farney, Os Namorados, As Moreninhas, Lírio Panicalli e sua orquestra pretendem colocar na cera. Só ouvindo mesmo, porque contando por escrito não tem graça nem soa. O sol, o mar e a montanha do Rio estão nos versos e na música de Tom e Billy Blanco". Jaime Negreiros, autor desta nota publicada mais de um ano antes do lançamento do disco com a *Sinfonia do Rio de Janeiro*, era, naquela época, um repórter de 20 anos de idade e amigo de Tom Jobim. Foi ele o jornalista que mais escreveu sobre Tom em seu início de carreira. Jaime Negreiros (na verdade, o judeu Chain Israel Triflin) foi um dos mais brilhantes jornalistas da sua geração. Morreu ainda jovem, na década de 60, vítima de câncer no intestino. Quando saiu da *Manchete* e passou a trabalhar no *Diário Carioca*, continuou a divulgar o trabalho de Tom. Em abril de 1954, foi o responsável por, no mínimo, duas notas sobre ele: na primeira, falou de uma música jamais gravada. Dizia a nota: "A dupla compositora de *Podes voltar*, Tom e Newton Mendonça [apesar de o samba não ter sido gravado] continua compondo lindas canções no Posto Cinco. Lúcio Alves está interessado em gravar algumas músicas de ambos". Na outra, voltava a abordar a *Sinfonia do Rio de Janeiro*, mais uma vez especulando sobre a interpretação: "Tom e Billy Blanco compuseram *Sinfonia do Rio de Janeiro*, que se propõe a êxito semelhante ao de *Aquarela do Brasil*. A gravação será feita por Lúcio Alves, coro de 30 vozes e a grande orquestra de Lírio Panicalli".

Enquanto não surgiam novas gravações, Tom se envolvia no trabalho na gravadora Continental. Já ia para o estúdio, dava palpites sobre os arranjos e fazia sugestões sobre a melhor forma de apresentar as músicas. Eram excelentes oportunidades para cultivar a velha mania de harmonizar vozes. Era só haver uma gravação com coro para ele dar opiniões e, muitas vezes, estabelecer o comportamento definitivo dos coristas. Quem não gostava nada era o diretor artístico João de Barro, que achava aquilo tudo muito pouco comercial, pois uma das primeiras providências de Tom era pedir certas vozes em falsete, solução que Braguinha considerava um breve contra a venda de discos. "Que mania de cantar fino!", bradava ele, um conhecedor profundo do comércio musical, autor de dezenas de sucessos, principalmente de músicas carnavalescas, nas quais o coro cantava em absoluto uníssono. Mas o que fazer se essa era uma mania de Antonio Carlos Jobim? Naquela época, promovia reuniões aos sábados em sua casa com o elenco da Continental e não tinha jeito: a certa altura, reunia os convidados – Dóris Monteiro, Nora Nei, Lúcio Alves, Dora Lopes, Dolores Duran, Jorge Goulart e vários outros –, ia distribuindo as vozes e ensaiava as canções que deveriam ser cantadas. Até a sua mulher, Teresa, era convocada contra a sua vontade, pois se considerava desafinada. Mas Tom nunca deixava de designar uma voz para ela. Tal iniciativa encontrava duas reações contrárias: uma de João de Barro, que, ao ouvir o primeiro falsete, protestava: "Acabou a festa!" A outra do síndico do edifício, que batia na porta reclamando do barulho. Como o grupo já estava acostumado com as reclamações da vizinhança, esperava a chegada do síndico para cantar *Parabéns pra você*. E o síndico perguntava, espantado: "Todo sábado tem aniversário nesta casa?" A mania de vocais levou Antonio Carlos Jobim a viver uma situação que, certamente, pagaria qualquer coisa para evitar. Em janeiro de 1954, foi até a boate Montecarlo (uma belíssima casa noturna instalada no alto da Gávea) para substituir seu amigo João Donato, não como integrante do conjunto de Fafá Lemos, ao qual Donato pertencia há alguns meses e que era responsável pelo entretenimento do público enquanto o show não começava. Tom foi ao Montecarlo para substituir João Donato, que viajara para fora do Rio de Janeiro, no coro do show *Qu'Est Ce Que Tu Penses*, escrito por César Ladeira e Haroldo Barbosa e dirigido por Carlos Machado, o último espetáculo apresentado pela boate. Jobim só não sabia que teria de vestir a roupa do show, uma fantasia de rumbeiro cubano com mangas bufantes e todos aqueles bordados característicos tanto da roupa quanto dos shows de Carlos Machado. Ele chegou em casa arrasado com a experiência. Encerrou naquela noite sua carreira de corista de shows de boate. Quem o conheceu pessoalmente pode imaginar o quanto se sentiu desconfortável com a roupa de rumbeiro.

Ainda bem meninos, os irmãos Dori e Danilo Caymmi viram Tom Jobim pela primeira vez, na casa deles, ensaiando com João Gilberto e João Donato a vocalização de uma música que seria gravada pelo conjunto Os Namorados na gravadora Sinter. Era um baião de Sebastião Gomes e Alcebíades Barcelos,

Um pagode em Xerém ("Um pagode em Xerém/Lá não se vai de trem/E depois da meia-noite nem o trem não vem/Ando carregado e não fica bem/Quem não tem corpo fechado/Não vai a Xerém"), lançado em disco em outubro de 1953. Até o depoimento de Jobim ao Museu da Imagem e do Som, em 1967, Dori estava certo de que ele participara da gravação de *Um pagode em Xerém*, tal o empenho com que ensaiava com Donato e João Gilberto. Mas Tom estava ali somente pela alegria de criar com os amigos a harmonização de uma música para um grupo vocal.

Seu amigo e parceiro mais humilde, Alcides Fernandes, morador do Morro do Cantagalo, foi quem o ajudou, mais uma vez, levando-o a filiar-se a uma sociedade arrecadadora e distribuidora de direitos autorais e ao Sindicato dos Músicos. O violonista Luís Bonfá, também amigo e parceiro, já estava inscrito desde 1953 na SBACEM (inicialmente, Sociedade Brasileira de Autores, Compositores e Editores de Música. Depois, a palavra Escritores substituiu Editores). Em janeiro de 1954, Bonfá já era sócio efetivo. Alcides ganhava a vida como ritmista na noite carioca e como fiscal da SBACEM, a sociedade que indicaria a Tom Jobim. Levou-o até lá e o apresentou a um dos diretores, o compositor Marino Pinto (outro que seria seu parceiro), que tratou de encaminhar a sua ficha de inscrição à aprovação dos demais companheiros de diretoria. Em reunião realizada dia 6 de maio de 1954, a SBACEM aprovou o ingresso de Antonio Carlos Jobim na condição de sócio contratado. Dois anos depois, passaria a sócio efetivo.

Em abril de 1954, o nome de Tom Jobim apareceu pela primeira vez num disco da gravadora Continental. Ele preferia ser identificado como Antonio Carlos Jobim e lutaria mais algum tempo para que as gravadoras esquecessem o seu apelido de Tom. Até que Ary Barroso o advertiu: "Essa é uma causa perdida, uma luta inglória. Quem vai chamá-lo de Antônio Carlos, se Tom é bem mais simples?". Naquele disco, seu nome apareceu não como compositor, mas como acompanhante da faixa do lado B, o samba-canção *Maria Teresa*, de Billy Blanco, interpretado pelo cantor Bill Far e por "Tom, seu conjunto e coro". No lado A, com outro acompanhamento, Bill Far cantava o grande sucesso *Oh!*, de B. Gray e Johnson, versão de Haroldo Barbosa. Como se vê, Tom esperou quase dois anos para aparecer na etiqueta do disco como responsável pelo acompanhamento de uma música. Mas já fazia algum tempo que participava da criação dos arranjos de várias gravações, escrevendo para piano, baixo e violão ou para um determinado instrumento que entraria como detalhe do arranjo. Tal tarefa fazia parte da sua preparação como arranjador sob a orientação do maestro Radamés Gnattali. No depoimento prestado ao Museu da Imagem e do Som, Jobim revelaria a Vinicius de Moraes que fora ele o autor do arranjo de *Quando tu passas por mim*, samba da parceria Vinicius-Antônio Maria, gravado por Aracy de Almeida (equívoco de Tom. Ele fez de fato um arranjo para essa música, mas dois anos depois, quando foi gravada por Dóris Monteiro) e lançado em disco no suplemento de setembro-outubro de 1953 da Continental, portanto cerca de seis meses antes do lançamento de *Maria Teresa*. A propósito do arranjo desta música, Billy Blanco contou que, ao cantarolar algo como sugestão para a introdução, Tom Jobim observou: "Essa melodia é boa para outra música", nascendo daí uma obra da dupla chamada *Esperança perdida*, que seria gravada somente em 1965 pelo próprio Jobim, em 1970 por João Gilberto e, por escolha do próprio Tom, entraria no disco gravado pelo excelente intérprete Luís Cláudio, em 1975. Baseado numa idéia do produtor Aloysio de Oliveira, Luís Cláudio pediu a alguns dos nossos compositores mais importantes que indicassem a sua música de menor sucesso. Tom apontou *Esperança perdida*.

No dia 21 de maio de 1954, a cantora Nora Nei gravou na Continental *Solidão*, a mais bela música de Tom (parceria com Alcides Fernandes), entre as já gravadas. No lado A do disco de 78 rotações, Nora Nei cantou *Duas lacraias*, composição de João de Barro. Curioso é que o samba-canção do diretor artístico da gravadora, acoplado (como diziam os cronistas de disco da época) ao samba de Tom Jobim, daria pretexto a que o compositor Ronaldo Bôscoli justificasse as novidades introduzidas pelos letristas da bossa nova. Os bossa-novistas detestavam versos como "Nós somos duas lacraias/Você não presta nem eu". O arranjo das duas faixas ficou por conta de Radamés Gnattali, identificado na etiqueta do disco pelo pseudônimo de Vero.

Jobim e Billy Blanco compuseram *Teresa da praia* para atender a um pedido do cantor Dick Farney, que desejava uma música para cantar em dupla com Lúcio Alves. A sugestão de Dick provocaria, no mínimo, um choque em seus admiradores e nos fãs de Lúcio Alves, pois o público estava convencido de que eram péssimas as relações entre eles. Todos achavam que, por cantarem o mesmo tipo de música – um samba-canção feito à moda das baladas clássicas norte-americanas, que alguns críticos apelidaram de *samblue* –, com uma interpretação influenciada por cantores dos Estados Unidos (por isso mesmo, esses críticos diziam que eram cantores *crosbyanos*, numa alusão a Bing Crosby), Dick Farney e Lúcio Alves dividiam os seus admiradores quase com a mesma ênfase que era dada à disputa entre as cantoras Marlene e Emilinha Borba nos programas de auditório da Rádio Nacional ("a sociedade brasileira está dividida entre marlenistas e emilinistas", disse, certa vez, o senador e general Caiado de Castro). *Teresa da praia* foi gravado na Continental no dia 7 de junho de 1954, com acompanhamento de "Tom, seu conjunto e coro". Dick Farney e Lúcio Alves interpretaram o samba-canção de maneira deslumbrante. A letra estabelecia uma disputa entre os dois pela *Teresa da praia*. Muita gente achou que o nome da personagem tinha algo a ver com Teresa, mulher do autor da melodia (a quem, afinal, conheceu na praia), o que deixava Tom nada satisfeito. Às vezes, mostrava-se até aborrecido quando alguém chamava sua mulher de *Teresa da praia*. Se foi essa a sua reação, pagou pela imprudência: quem imaginaria que um compositor casado com uma mulher chamada Teresa não estivesse se referindo a ela ao colocar o seu nome na música? Afinal, a Teresa da letra foi muito bem tratada por Billy Blanco, que chamou a atenção apenas para os dotes físicos tão belos quanto os de Teresa de verdade, uma mulher muito bonita, que "não pode ser tua", dizia Dick Farney, "nem tua também", respondia Lúcio Alves. Ou seja: ficaria mesmo com Tom Jobim. Do outro lado do disco, a dupla interpretou *Casinha pequena*, toada de Lúcio Alves que não era grande coisa, mas que valeu pela extraordinária intervenção de João Donato improvisando no acordeom. A gravação de *Teresa da praia* rendeu a Antonio Carlos Jobim o seu primeiro sucesso. Um exemplar do disco foi o primeiro presente de aniversário que um menino de 10 anos, o futuro compositor Chico Buarque Holanda, deu à sua irmã mais velha, Miúcha. Naquele mesmo 7 de junho de 1954, Dick Farney gravou outro disco, apresentando outra música de Tom, por sinal o seu primeiro *standard*: *Outra vez*, no andamento de samba-canção. Numa entrevista a Ronaldo Bôscoli, para a revista *Manchete*, cerca de 30 anos depois, Jobim apontou a gravação de *Outra vez* como a que teria marcado a sua estréia como arranjador. Mas a etiqueta do disco informou que Dick Farney era acompanhado por

"Alexandre Gnattali e sua orquestra". Tal informação deixava claro que o irmão de Radamés era o autor do arranjo.

O segundo semestre foi dedicado à preparação para o disco com a *Sinfonia do Rio de Janeiro*. Na verdade, a gravação já estava há vários meses comprometida com a Sinter, com a qual Billy Blanco assinara um contrato. Mas a Sinter atravessava um período de dificuldades e adiou os projetos que exigiam grandes orquestras e coro, como era o caso da *Sinfonia*. Quando o diretor artístico da Sinter, Paulo Serrano (que considerava a obra um marco na música popular brasileira, capaz até de mudá-la), soube que a Continental estava interessada na gravação, comunicou-se imediatamente com João de Barro, propondo uma troca: a Sinter cederia os seus direitos sobre a *Sinfonia*, desde que a Continental concordasse com a cessão dos cantores Lúcio Alves e Dick Farney para a gravação de dois discos de 78 rotações cada um. João de Barro hesitou, mas foi convencido por Paulo Serrano de que a Continental, com um dos maiores e melhores elencos entre as gravadoras brasileiras, reunia as condições ideais para lançar a *Sinfonia*, cujas músicas exigiam ao mesmo tempo cantores bons de samba do tipo escola de samba e intérpretes de músicas românticas características da Zona Sul carioca. O acordo foi estabelecido e, graças a ele, Lúcio Alves gravou na Sinter, primeiramente, um disco com *Faceira* (Ary Barroso) e *Baião de Copacabana* (Lúcio Alves e Haroldo Barbosa) e, depois, com *Ternura* (Lírio Panicalli e Amaral Gurgel) e *Se eu morresse amanhã* (Antônio Maria). Dick Farney, por sua vez, gravou, inicialmente, *Somebody loves me* (G. Gerswin, De Silva e McDonald) e *There's no sweeter word than sweetheart* (James e Little) e, em seguida, *Marina* (Dorival Caymmi) e *For once in your life* (Fletcher e Figal). Com o acordo, Lúcio Alves deixou de gravar a *Sinfonia do Rio de Janeiro*, como, de fato, era intenção dos seus autores.

Para Antonio Carlos Jobim, a palavra sinfonia soava muito pretensiosa. Cabia apenas nas obras eruditas destinadas às grandes orquestras e compostas pelos maiores nomes da música de todos os tempos. Beethoven, sim, fazia sinfonias. Quando os grandes compositores criam alguma coisa em menores dimensões, para pequena orquestra ou para orquestra de câmera, classificam-na de sinfonieta. Mas foi voto vencido, a partir da decisão conjunta do parceiro Billy Blanco e do diretor artístico João de Barro: o nome *Sinfonia do Rio de Janeiro* era ótimo. A opinião da gravadora tinha muito peso pelas razões de sempre e por um motivo muito especial: a Continental estava apenas começando a lançar *long-plays*, uma forma de disco que começava a dispor de um bom mercado no Brasil. O primeiro LP brasileiro havia sido lançado pela gravadora Sinter em 1951 (três anos depois do lançamento mundial pela Columbia norte-americana), mas o consumidor ainda levaria um bom tempo para adquirir os aparelhos apropriados para tocar *long-play*. Quando percebeu que subiam as vendas desses aparelhos, a Continental entrou na disputa do mercado dos discos de 33 rotações por minuto. Na época, os *long-plays* ainda tinham 10 polegadas e podiam apresentar, no máximo, oito músicas de duração normal, ou seja, até três minutos e meio cada uma.

A *Sinfonia do Rio de Janeiro*, segundo Billy Blanco, nasceu no interior do lotação Mauá-Ipanema, quando voltava para casa num fim de tarde. Apesar do trânsito infernal do Rio de Janeiro e do excesso de velocidade de alguns dos seus motoristas, o lotação – uma espécie de microônibus de 20 lugares que não podia conduzir passageiros em pé – oferecia conforto suficiente para contemplar as belezas do Rio de suas amplas janelas e para deixar o pensamento voar, como nos versos de Lupicínio Rodrigues. Assim, divagando sobre a paisagem carioca, Billy Blanco (pseudônimo do paraense William Blanco de Abrunhosa Trindade) imaginou uma obra de exaltação à cidade que adotara e que lhe permitisse desenvolver as suas aptidões de compositor-cronista. Seu talento para descrever em músicas as cenas cariocas já lhe valia o conceito consagrador de ser uma espécie de novo Noel Rosa (anos depois, Sérgio Porto sugeriu a ele que passasse a faixa de "novo Noel Rosa" para Chico Buarque de Holanda). "Eu era fissurado no Rio", diria muitos anos depois. No lotação, nasceu o tema que se repetiria em toda a *Sinfonia*: "Rio de Janeiro/Que eu sempre hei de amar/Rio de Janeiro/A montanha, o sol, o mar". Pensou logo em Tom Jobim para trabalhar com ele no projeto. Ansioso, em vez de ir para casa, saltou do lotação na esquina da Rua República do Peru e, de um botequim, telefonou para o parceiro e pouco depois estava na casa dele para dar início ao trabalho.

Cada um deu a sua contribuição à obra, no "maior *fifty-fifty*", como definiu Billy Blanco. Os dois já eram amigos há algum tempo. "Para mim, foi ótimo. Quem me deu as primeiras noções de teoria musical foi Tom", reconheceu Billy. Foi também Tom Jobim quem teve a iniciativa de tirar o seu nome da canção *Arpoador*, incluída na *Sinfonia*, já que se tratava de uma música feita inteiramente pelo parceiro. Mas Billy Blanco não concordou. Depois de prontos todos os movimentos, seus autores não sabiam exatamente o que fazer com a obra. Imaginaram, por exemplo, vendê-la para o Departamento de Turismo da Prefeitura carioca, mas a proposta foi recusada por falta de recursos para esse tipo de investimento. Enquanto isso, a *Sinfonia do Rio de Janeiro* chegava ao conhecimento apenas dos freqüentadores do Clube da Chave, onde Tom estava sempre mostrando as suas músicas mais recentes. Quando a Continental resolveu levá-la ao disco, Braguinha promoveu uma reunião com os autores e com o estado-maior da gravadora, a fim de escolher cantores e o acompanhamento.

– Você faz o arranjo – propôs Tom a Radamés, que reagiu prontamente:

– Nada disso! Você é que vai fazer.

Depois de um longo jogo de empurra, chegou-se a um acordo, segundo o qual Radamés escreveria o arranjo, mas a regência ficaria por conta de Tom. O mestre queria ver o pupilo brilhar. Tom Jobim, Billy Blanco, Braguinha e o próprio Radamés conversaram sobre os intérpretes e acharam que poderiam dividir com Dick Farney, Gilberto Milfont, Elizeth Cardoso e Emilinha Borba os movimentos da peça, a saber: *A montanha*, *Hino ao sol*, *O mar*, *Arpoador*, *Coisas do dia*, *Descendendo o morro*, *Matei-me no trabalho*, *Noites do Rio*, *O morro*, *O samba de amanhã* e *Zona sul*. Na noite anterior à gravação, Tom Jobim dormiu muito mal, tal a sua preocupação com a responsabilidade de reger um arranjo de Radamés Gnattali com grande orquestra e coro.

– Amarelei. E, amarelado, para onde que eu poderia ir? Fui para o Bar Amarelinho tomar chope. Radamés que fizesse tudo – revelaria Tom Jobim, anos depois, ao seu amigo Eduardo Ataíde.

Como iniciativa de caráter artístico foi um sucesso, mas comercialmente foi um fracasso. Em 1960, a Continental insistiu na *Sinfonia do Rio de Janeiro*, mantendo os arranjos de Radamés Gnattali e entregando as músicas aos cantores Ted Moreno, Risadinha, Neli Martins, Lueli Figueiró, Albertinho Fortuna, Maysa e Jamelão. O resultado comercial foi um pouco melhor, até porque Antonio Carlos Jobim já se consagrara como compositor e o seu nome apareceu com grande destaque na capa. Mas nem de longe chegou a ser um sucesso de vendas. O mesmo fracasso ocorreu com a gravação feita por Lana Bitencourt e

Haroldo de Almeida para a RCA Victor, em 1965. Em 1995, alguns meses após a morte de Tom Jobim, a *Sinfonia do Rio de Janeiro* foi apresentada na Praia de Copacabana, na presença do menor público entre todos os shows que a prefeitura carioca promovia nas praias de Copacabana e de Ipanema. Triste sina de uma obra tão bonita.

No dia 25 de janeiro de 1955, Tom Jobim fazia 28 anos e ganhou um presente do maestro Radamés Gnattali. Mais do que um presente, um desafio: participar do programa *Quando os maestros se encontram*, na Rádio Nacional. O programa havia sido criado para prestigiar os maestros da emissora, que trabalhavam muito escrevendo arranjos novos para cada programa em que se apresentavam as dezenas de cantores da casa. Boa parte dos maestros também fazia músicas e raramente tinha oportunidade de apresentá-las. Como, geralmente, eram músicas eruditas ou para-eruditas, tinham que recorrer à Rádio Ministério da Educação e Cultura, que continuava honrando a orientação do seu criador, Roquette Pinto, com uma programação sem qualquer concessão de caráter comercial. Alguns dos melhores regentes e orquestradores pertenciam ao elenco da Rádio Nacional: Radamés Gnattali, Lírio Panicalli, Léo Peracchi, Alexandre Gnattali, Romeu Ghipsman, Romeu Fossatti, Eduardo Patané, Ercoli Varetto, Francisco Sergi, Alberto Lazzolli, Moacir Santos, Severino Filho, Gustavo de Carvalho e Francisco Duarte (o maestro Chiquinho). Além disso, a emissora mantinha sob contrato nada menos do que 148 músicos que constituíam a fina flor dos instrumentistas do país, boa parte também integrante da Orquestra Sinfônica Brasileira e da Orquestra do Teatro Municipal do Rio de Janeiro. Essa gente toda atuava nos programas de auditório apresentados por César de Alencar, Manuel Barcelos e Paulo Gracindo, em vários outros programas diários e, especialmente, nos musicais famosos como *Um milhão de melodias*, *Festivais GE*, *Cancioneiro Royal* etc. Na execução de arranjos sinfônicos, mais de 70 instrumentistas se acotovelavam no estúdio ou no palco. Mas era preciso haver um programa comandado pelos maestros e foi por isso que nasceu *Quando os maestros se encontram* ("quando os maestros se encontram, os músicos se fodem", diziam, brincando, os instrumentistas da emissora).

Não foi apenas o aniversário de Antonio Carlos Jobim que levou Radamés Gnattali a convidá-lo para o programa. Por sugestão de Radamés, seu pupilo acabara de compor uma peça sinfônica intitulada *Lenda* (nome proposto pelo cunhado Rudolph Hermanny), dedicada "à memória de Jorge Jobim", pela qual o mestre descortinou um belo futuro para o compositor. E fez questão de apresentá-la no programa *Quando os maestros se encontram*, desde, é claro, que Tom assumisse a regência. Sem dúvida, um desafio para o maestro iniciante reger uma orquestra com tão grandes músicos, entre os quais a irmã de Tico Soledade, violoncelista Nídia Soledade Otero, que, por sinal, estaria sentada ao lado de ases do violoncelo, como Iberê Gomes Grosso e Homero Dornelas. Este último foi o mesmo que, em 1930, assinara com o pseudônimo de Candoca de Anunciação, em parceria com o radialista, cantor e compositor Almirante (Henrique Fóreis Domingues), a autoria do samba *Na Pavuna*, o maior sucesso carnavalesco daquele ano. No naipe de violinistas figuravam, entre outros, Eduardo Patané, também maestro da Rádio Nacional, e Augusto Vasseur, um dos mais atuantes músicos brasileiros nas décadas de 1920, 30 e 40. Aliás, o que não faltava na orquestra era músico famoso. Lá estavam o contrabaixista Vidal, o flautista Eugênio Martins (o preferido de Pixinguinha), o tenorista Sandoval Oliveira Dias, o baterista Luciano Perrone, os clarinetistas Luís Americano e Abel Ferreira e muitos outros de grande prestígio. Tom aceitou o desafio só Deus sabe como. É verdade que Radamés garantiu uma proteção especial, pois estaria sentado no piano, pronto para socorrer o regente em qualquer emergência. E foi o que aconteceu. Sem qualquer prática de conduzir uma orquestra – e que orquestra! – Jobim não sabia que os movimentos com a mão feitos pelos maestros teriam de anteceder a execução da orquestra. Ele pensava que as duas iniciativas teriam de ser simultâneas, razão pela qual o andamento da música chegou a ficar assustadoramente lento ("pensei que a orquestra ia parar", confessou depois à sua mulher Teresa, que assistia a tudo do auditório cercada de amigos, entre os quais o casal Régis e Eni França). Pálido e trêmulo, suava por todos os poros, quando Radamés, do próprio piano, fazia sinais para os músicos, assessorando o regente. Felizmente, foi tudo bem até o final, quando os músicos cumprimentaram Tom pela beleza da obra.

No depoimento que, 30 anos depois, Radamés Gnattali prestaria ao Museu da Imagem e do Som do Rio de Janeiro, ele e Tom Jobim (um dos entrevistadores) recordaram-se daquela noite de janeiro de 1955:

Radamés – Tom estava na fossa e eu também já havia passado por essa fossa.

Ele foi me pedir conselho e eu disse: "Tom, ninguém vai te ensinar nada. Isso também já aconteceu comigo. Deixa sair o que tem dentro de você e pronto. É só isso. Se você ficar prendendo, não vai acontecer nada. Não precisa procurar ninguém, porque ninguém vai te ensinar coisa nenhuma". Outra hora lá, eu disse: "Faz uma composição para piano e orquestra. Você vai dirigir a orquestra e eu vou tocar piano". Ele foi. Chegou lá, né?

Tom – Eu queria sempre ir pro piano para o maestro Radamés reger por mim. Queria sempre me esconder atrás do piano, como, aliás, foi a minha vida toda. Vocês sabem, era a Rádio Nacional, eu morria de medo. Aqueles músicos são...".

Radamés – ... uma raça desgraçada.

Tom – ... uma raça desgraçada. Aqueles sujeitos do sindicato que ficam olhando pro relógio, fazem queixa: "Acabou o ensaio", não sei o quê. E Radamés sempre me ajudou a enfrentar as feras. Radamés é uma alma vasta. É humanitário, um sujeito humanitário. Ajuda sempre. Ajudou sempre. Ajudou antes, ajuda e ajudará. Isso é uma coisa fantástica.

Quem também estava naquela noite na Rádio Nacional era Fernando Lobo, jornalista famoso e autor de vários programas da emissora. Dois dias depois, deu o seu testemunho na *Tribuna de Imprensa* sobre a apresentação: "O moço Antonio Carlos Jobim chorou quando de sua estréia na Rádio Nacional, regendo a obra *Lenda*, no programa *Quando os maestros se encontram*. Quem conhece Tom sabe o porquê do seu sentimentalismo, sabe de sua alma boa de boêmio bom, talentoso, musical ao extremo, o Tom das noites de lua e das músicas *Pensando em você*, *Faz uma semana*, *Outra vez*, *Sinfonia do Rio de Janeiro*, enfim de composições românticas que ainda serão lançadas. Tom, após a audição, subiu ao bar da rádio, convidou amigos e parentes e celebrou, através da noite e de outros recantos noturnos. Tom disse: 'Agora posso morrer. Qualquer lotação pode passar por cima de mim.'" Anos depois, entrevistado por Valdinha Barbosa e Anne Marie Devos para o livro *Radamés Gnattali, o eterno experimentador*, Tom Jobim lembrou daquela noite: "Aqueles maestros incríveis eram venerados por todos nós, jovens estudantes de música, que tínhamos de ter um exemplo, uma pessoa para gostar e admirar. Fui reger uma peça minha morto de medo, mas Radamés ficou por trás me ajudando, sentado no piano, fazendo um sinal ou outro, para que a coisa andasse direito".

Não era apenas Tom que tinha razões de ser grato a Radamés. Certo dia, num momento de confissão, Alceu Bocchino revelou a Lírio Panicalli: "Aprendi muito com Radamés Gnattali". "Eu também", respondeu Panicalli.

O ano de 1955 anunciava vida nova para Antonio Carlos Jobim. A começar pela moradia: a família trocou o endereço da Rua Francisco Otaviano pelo apartamento 201 da Rua Nascimento Silva, 107 (telefone 27-0571), em Ipanema. Na Continental, começava a escrever arranjos orquestrais e já em março saía o primeiro disco em que o acompanhamento era feito por "Antonio Carlos Jobim e sua orquestra": o 78 rotações da cantora Dóris Monteiro apresentando, de um lado, *Por que razão* (José Maria de Abreu e Luís Peixoto) e, do outro, *Quando tu passas por mim* (Vinicius de Moraes e Antônio Maria). Não foi uma tarefa muito tranqüila. "Quase morri de tanto nervosismo", diria Tom em seu depoimento ao Museu da Imagem e do Som. "Não gostei do primeiro arranjo, rasguei tudo e passei a noite escrevendo", acrescentaria. Ao chegar na gravadora, mostrou o trabalho a Radamés Gnattali, que o aprovou e se ofereceu para tocar piano. "E a regência?", perguntou Tom. "Não há problema. Conta até dois, a orquestra começa e você sai da frente", orientou Radamés, querendo dizer que daria uma ajuda na regência. Logo depois dos primeiros acordes executados pela orquestra, Radamés Gnattali pediu para parar e corrigiu alguma coisa nas partituras de alguns músicos.

– Algo errado, maestro? – perguntou Tom.

– Nada demais. Era uma nota trocada. Deve ter sido erro do copista – respondeu Radamés.

Ao conferir, porém, o arranjador verificou que Gnattali havia modificado um acorde inteiro. Foi o suficiente para entrar em pânico, com uma palidez que não deixava qualquer dúvida sobre o seu estado. Da mesa de gravação, o técnico Norival Reis, o Vavá, sempre bem-humorado, tentou melhorar o clima no estúdio:

– Calma, maestro Vela!

Os músicos caíram na gargalhada, pois o apelido denunciava a palidez de Tom e, ao mesmo tempo, fazia um trocadilho envolvendo o pseudônimo adotado por Radamés Gnattali em inúmeras gravações: Vero. Tom Jobim recebeu o apelido com *fair-play* e Norival Reis nunca mais o chamou pelo nome verdadeiro. Era sempre maestro Vela. Mais de 40 anos depois, com 74 anos de idade, na entrevista para este livro, Vavá continuava o mesmo: ao ser interrogado sobre Antonio

Carlos Jobim, reagiu: "Ah! O maestro Vela!" Em seu depoimento ao Museu da Imagem e do Som, Jobim confessou que, naquela época, tinha "vontade de correr" quando distribuía as partitura nas estantes e os músicos começavam a examiná-las com os seus instrumentos.

O segundo disco com arranjos orquestrais de Tom apresentou a cantora Dora Lopes interpretando os sambas-canções *Todo só* (Hianto de Almeida) e *Tenho pena da noite* (Catulo de Paula e Marino Pinto). No dia 6 de maio de 1955, ele estava novamente no estúdio com os seus arranjos para gravar mais dois discos de Dóris Monteiro. Quatro músicas, portanto, sendo uma delas o samba-canção *Se é por falta de adeus*, o primeiro da parceria musical com Dolores Duran. *Se é por falta de adeus* foi colocado na face A do disco, mas foi a face B, com *Dó-ré-mi*, de Fernando César, que levou Dóris Monteiro para as paradas de sucesso. No outro disco, a toada *Céu sem luar* (Henrique Simonetti e Randal Juliano) e o samba-canção *Eu e o meu coração* (Inaldo Vilarin e A. Botelho). Na mesma época, Nora Nei lançava o seu primeiro *long-play*, com o samba-canção *O que vai ser de mim*, de Antonio Carlos Jobim. O mesmo disco, por sinal apresentava uma composição pouco conhecida da dupla Vinicius de Moraes e Antônio Maria, *Quando a noite me entende*. Daí em diante, fez arranjos sempre orquestrais para discos de Juanita Cavalcanti (o bolera *Gentil senhorita*, de Carlos Armando e Armandinho, e *Carnavalito*, "dança típica" de Saldivar Hijo e Carlos Américo Rego), Edu da Gaita (*Moritat*, de Kurt Weill e Bertolt Brecht, e *Domingo sincopado*, do próprio Tom e Luís Bonfá) e – fato que considerava muito importante para a sua carreira de arranjador – Elizeth Cardoso, dividindo com Radamés Gnattali as faixas do primeiro *long-play* da cantora, intitulado *Canções à meia-luz*. No disco de 10 polegadas – portanto, com oito faixas – Tom atuou como arranjador nas músicas *Canção da volta* (Ismael Neto e Antônio Maria), *Memórias* (Hianto de Almeida e Evaldo Rui), *Se o tempo entendesse* (Marino Pinto e Mário Rossi) e *Caminha* (Rolando Candiano e Evaldo Rui). Considerou esse trabalho tão importante que convocou a mulher Teresa para assistir à gravação. "Eu morria de vergonha, me sentindo a mãe acompanhando o filho", confessaria Teresa em depoimento para este livro.

Ainda estamos em 1955, ano de grandes mudanças para Antonio Carlos Jobim.

4

Orfeu da Conceição

Em meados de julho de 1955, Antonio Carlos Jobim recebeu um telefonema do diretor-presidente da gravadora Odeon, o inglês Harold Morris, convidando-o para um almoço a fim de conversarem sobre trabalho. No Restaurante Mesbla, um dos mais elegantes da cidade, Morris ofereceu-lhe nada menos do que o cargo de diretor artístico da gravadora. Era um emprego sedutor para qualquer profissional que pretendesse seguir carreira no mundo do disco no Brasil: diretor artístico da maior gravadora do país. Mas Tom não reagiu com entusiasmo. Pelo contrário: disse ao diretor-presidente da Odeon que o seu objetivo era aperfeiçoar-se como arranjador.

– Não se preocupe com isso. Quando você quiser, colocarei na sua mesa de trabalho uma relação com mais de 10 arranjadores. Você terá apenas de escolher um deles – respondeu Morris.

Jobim preferia ser colega de maestros como Léo Peracchi e Lírio Panicalli, com os quais o jovem arranjador teria muito a aprender, e do maestro Osvaldo Borba, um dos mais hábeis regentes da história da música popular brasileira. Peracchi, Panicalli (estes, principalmente), Borba e Lindolfo Gaya formariam um quarteto de orquestradores que desempenharia um papel muito semelhante ao exercido até então por Radamés Gnattali na formação do arranjador Antonio Carlos Jobim.

Ele foi contratado pela Odeon no dia 29 de agosto de 1955 como arranjador e diretor de orquestra. Em vez de salário, a remuneração de Tom foi estabelecida na base da venda dos discos em que atuasse como arranjador e/ou regente: Cr$ 0,50 por cada face do disco de 78 rotações sobre o preço no varejo. O pagamento seria feito por trimestre. Os discos vendidos fora do Brasil renderiam 1% sobre 85% das vendas por face. A Odeon se comprometia a entregar-lhe, anualmente, no mínimo, duas gravações, ou seja, o equivalente a um disco de 78 rotações e exigia do contratado "plena e absoluta exclusividade". O contrato tinha a duração de um ano, prorrogável por mais um ano se a gravadora não o denunciasse, por escrito, até 30 dias antes do seu término. No caso de quebra da exclusividade, Tom teria de pagar multa de Cr$ 10 mil. Na parte reservada à profissão do contratado, ele não foi identificado nem como músico nem como pianista, mas como "artista".

Seja lá como for, o fato é que Tom Jobim começava a experimentar um certo prestígio no meio musical. Um simples encontro com o compositor e maestro Vadico e com um dos principais críticos de música popular da época, Ari Vasconcelos, do *O Jornal*, foi suficiente para o jornalista noticiar em sua coluna. Vale a pena transcrever a nota por ser ela o primeiro registro da preocupação de Jobim com a modernização da música popular brasileira. Escreveu Ari: "Tom, Vadico e este cronista reuniram-se numa noite qualquer da semana passada em pleno restaurante Cervantes. Havíamos tomado um lotação juntos e, na altura do túnel, chegamos à conclusão de que não podíamos nos separar tão cedo. A conversa assumiu o tom transcendental que têm todas as conversas depois da uma hora da manhã. A música popular brasileira foi dissecada, esquartejada, trinchada, o mesmo acontecendo a alguns frangos devidamente guarnecidos de arroz. Tom defendeu as conquistas harmônicas modernas. Vadico concordou até certo ponto, mas queixou-se da invasão do ritmo do bolero no samba. E explodiu: "O brasileiro jogou fora o seu ritmo, que é originalíssimo, e adotou o do bolero, que é o de um chocalho mal tocado."" O mesmo Ari Vasconcelos homenagearia Tom Jobim, no fim do ano, dando a ele o segundo lugar na relação dos melhores arranjadores de 1955. Foi uma lista de respeito:

1º lugar – Radamés Gnattali e Lírio Panicalli.

2º lugar – Antonio Carlos Jobim, Pixinguinha e Renato de Oliveira.

3º lugar – Carioca e Guerra Peixe.

4º lugar – Lindolfo Gaya, Severino Filho, Vadico, Mozart Brandão, Luís Arruda Paes, Cipó e Severino Araújo.

Na revista *A Cigarra*, o escritor Herberto Sales, encarregado da seção de música popular, na qual assinava com o pseudônimo de Clemente Neto, promoveu uma votação dos cronistas musicais para apontar os melhores discos de 1955. "Antonio Carlos Jobim orquestrou e Dóris Monteiro cantou a melhor gravação do ano. Trata-se do samba *Eu e meu coração*. A gravação foi tão boa que, apesar de estar na face B e, portanto, com menos possibilidades, conseguiu o voto quase unânime dos cronistas especializados", informou Herberto Sales. Na lista dos melhores *long-plays* daquele ano entraram *Sinfonia do Rio de Janeiro* e *Canções à meia luz*, com Elizeth Cardoso. E mais: *Se é por falta de adeus*, *Matei-me no trabalho*, *Hino ao sol*, *Arpoador* e *Descendo o morro* (as três últimas extraídas da *Sinfonia*, de Tom e Billy Blanco) foram incluídas entre as melhores músicas de 1955.

A decisão de Tom Jobim de transferir-se para a Odeon foi tomada antes da assinatura do contrato, pois em julho ele já escrevia arranjos para a gravadora (na etiqueta dos discos, debaixo do nome dos intérpretes, a informação de que o acompanhamento era de "Antonio Carlos Jobim e sua orquestra"). Os primeiros arranjos foram escritos para duas músicas interpretadas por Orlando Silva: *Tenho medo*, de Dunga e Eratóstenes Frazão, e *Muié de oio azul*, de Hianto de Almeida e Francisco Anísio. No dia 10 de agosto, estava novamente no estúdio comandando a orquestra que gravava com Dalva de Oliveira os samba-canções *Eterna saudade* (Luís Dantas e Genival Melo) e *Não pode ser* (Marino Pinto e Mário Rossi), além da gravação de *Cartas* (samba-canção de Ismael Neto e Antônio Maria) e *Nossa terra, nosso samba* (samba de Bruno Marnet e Zimbres), com a cantora Violeta Cavalcante. A gravação seguinte, dia 16 de agosto, foi a única que a etiqueta do disco não trazia a expressão "Antonio Carlos Jobim e sua orquestra"; era o "Conjunto melódico de Antonio Carlos Jobim", acompanhando o compositor Hianto de Almeida, que atuava como cantor de duas músicas feitas em parceria com Francisco Anísio: o samba *Mão na mão* e o samba-canção *Fala, beicinho*. No dia 8 de dezembro, "Antonio Carlos Jobim e sua orquestra" reapareceram no estúdio acompanhando Dalva de Oliveira em quatro sambas-canções reunidos em dois discos: no primeiro, ela cantou *Prece* (Alberto Ribeiro) e

Saia do caminho (Custódio Mesquita e Evaldo Rui); no segundo, *Teu castigo* (Tom e Newton Mendonça) e *Neste mesmo lugar* (Klecius Caldas e Armando Cavalcante). Como se vê, a gravadora confiou a Tom Jobim um número de arranjos muitas vezes superior ao mínimo estabelecido no contrato.

No primeiro semestre de 56, outras gravações de 78 rotações da Odeon recebiam arranjos de Tom Jobim: em fevereiro, *Lavadeiras de Portugal* (A. Popp, R. Luchesi e Joubert de Carvalho) e *Vem viver ao meu lado* (Tom e Alcides Fernandes); em abril, *Menino* (Carlos Lyra) e *Foi a noite* (Tom e Newton Mendonça), com Sílvia Telles; em maio, a mesma Sílvia Telles gravou *Não diga não* (Tito Madi e George Henri) e *Sim, você, pra quê?* (Sílvia Telles e Francisco Anísio).

Na mesma época, a Continental lançava dois discos com músicas de Tom: *Samba não é brinquedo*, parceria com Luís Bonfá, cuja letra revelava a indignação dos autores com a quantidade exagerada de lançamentos de versões de músicas estrangeiras. Liderando as paradas de sucesso, as versões ainda ficariam na moda por vários anos. "Se Noel estivesse aqui/Acabava com a versão", dizia a letra de Jobim e Bonfá, a mesma dupla que lançou também naqueles meses *A chuva caiu*, gravada por Luís Bonfá e seu conjunto.

Além do aumento do número de gravações de suas músicas e de seus arranjos, Tom Jobim teve no primeiro semestre dois encontros muito importantes para a sua carreira. O primeiro ocorreu três semanas depois de ter cedido às pressões da diretoria da Odeon e assumido a direção artística: foi com Aloysio de Oliveira, que ocuparia o seu lugar de diretor artístico da gravadora. Aloysio vivia nos Estados Unidos desde 1939, quando embarcou como integrante do conjunto Bando da Lua para acompanhar as apresentação de Carmen Miranda naquele país. Depois da morte de Carmen, em agosto de 1955, aguardava uma oportunidade de trabalho para retornar definitivamente ao Brasil. O primeiro convite partiu do empresário Vitor Costa, proprietário de emissoras de rádio e televisão no Rio de Janeiro e em São Paulo, para produzir programas na TV Paulista, Canal 5. Quatro dias depois de ter chegado a São Paulo, em março de 1956, e de ter visto vários programas da televisão brasileira, Aloysio comunicou a Vitor Costa que aquele não era o trabalho a que gostaria de dedicar-se. Da conversa resultou um convite para produzir e apresentar um programa na Rádio Mayrink Veiga do Rio de Janeiro, com retransmissão para a Rádio Nacional de

São Paulo. Assim, surgiu o programa *Se a lua contasse*, patrocinado pelo Sal de Fruta Eno e Emulsão de Scott, apresentado por Aloysio e pela cantora Aurora Miranda, irmã de Carmen, com a participação de Vadico na parte musical. O programa durou exatamente um mês. Em maio, Aloysio de Oliveira aceitou o convite formulado por Douglas Reed, diretor da Odeon, para ocupar o lugar de Antonio Carlos Jobim, um nome, por sinal, do qual jamais ouvira falar. Mas Tom o conhecia muito bem como ouvinte de rádio, pois era fã do Bando da Lua. Foram apresentados um ao outro no coquetel promovido pela Odeon para que os funcionários da Odeon conhecessem o seu novo diretor artístico. "Ainda bem que você chegou", desabafou Tom no ato da apresentação.

O segundo encontro foi com o poeta e diplomata Vinicius de Moraes. Os dois já se conheciam desde a fase áurea do Clube da Chave, cumprimentavam-se, mas não tinham qualquer outro tipo de relação pessoal. O mesmo grupo que freqüentava, à noite, o Clube da Chave e as boates de Copacabana ocupava, nos fins de tarde – "na hora do ângelus", esclareceu Tom – dos dias da semana, os bares do centro da cidade: Pardellas, Lidador, Vilariño, Vermelhinho, Juca's Bar, Esplanada etc. Eram escritores, gente de música, de rádio, pintores etc. que, a partir das quatro horas da tarde, se reuniam naquelas casas para bate-papos regados a uísque ou a cerveja, aguardando que o trânsito melhorasse para o retorno ao lar. O Vilariño era o bar preferido pela maioria. Quem chegasse lá na *happy hour* encontraria certamente o compositor Ary Barroso, comandando uma mesa cheia de gente conhecida, divertindo-se com o seu engraçadíssimo mau humor. O crítico e historiador da música popular brasileira Lúcio Rangel já tocava o seu trombone imaginário, sempre muito afinado ("Lúcio Rangel é uma das pessoas mais musicais que conheço", diria Tom Jobim). O cantor Mário Reis, há vários anos afastado dos microfones, era alvo de uma atenção especial pela sua impressionante capacidade de lembrar-se de aspectos da vida da cidade. Tanto recitava os nomes dos secretários de cada prefeito do Rio de Janeiro quanto dava a escalação dos times dos grandes clubes cariocas de qualquer época.

O escritor Paulo Mendes Campos, presença certa no Vilariño e nos demais bares do centro da cidade, escreveu várias crônicas saborosas sobre a boemia da época, uma parte delas republicada no livro *Os bares morrem numa quarta-feira*. Nas crônicas citou alguns companheiros de copo e de conversa: Santa Rosa,

Vinicius de Moraes, Rubem Braga, Lúcio Rangel, Fernando Lobo, Ary Barroso, João Cabral de Melo Neto, Heitor dos Prazeres, Ismael Silva, Solano Trindade, Abdias do Nascimento, Eneida, José Lins do Rego, Guilherme Figueiredo, Lamartine Babo, Sérgio Porto, Carlos Leão, coronel Amílcar Dutra de Menezes, comandante João Milton Prates, Elizeth Cardoso, Agildo Barata, Luís Jardim, Di Cavalcanti, Tônia Carrero, Aracy de Almeida, Sílvio Caldas, Antônio Maria e Dorival Caymmi. Muitos vinham do trabalho e outros saíam mesmo de casa apenas para encontrar com os amigos. Havia o pessoal que estava saindo dos jornais, os que terminavam seu trabalho nas rádios Nacional, Mayrink Veiga, Tupi e na TV Tupi (na época, instalada na Avenida Venezuela) ou mesmo os que continuavam seu itinerário dos bares. Mário Reis, por exemplo, vinha do restaurante do Jóquei Clube, onde almoçava diariamente, e José Lins do Rego, às quintas-feiras, do chá das cinco da Academia Brasileira de Letras.

Em 1991, Fernando Lobo escreveu um livro intitulado *À mesa do Vilariño* (Editora Record), prefaciado por Guilherme Figueiredo, com muitas histórias sobre os freqüentadores do bar. Recusou-se, porém, a lançá-lo no velho bar, indignado com a atitude de um dos seus proprietários que, na década de 1960, mandou pintar as paredes do Vilariño a fim de apagar as sujeiras deixadas pelos clientes através dos tempos. As "sujeiras" eram desenhos de Antônio Bandeira, Di Cavalcanti e Pancetti, os primeiros compassos musicais da *Aquarela do Brasil* escritos pelo próprio Ary Barroso, poemas de Pablo Neruda e Vinicius de Moraes, também escritos pelos autores, e dezenas de assinaturas dos freqüentadores. O velho Antônio, garçom do Vilariño na época em que Fernando Lobo ia lá, tornou-se proprietário do bar e contratou um especialista para tentar encontrar debaixo da pintura as lembranças deixadas pelo fregueses. Em vão: a tinta verde destruíra tudo. O esforço de Antônio foi comunicado a Fernando, na tentativa de convencê-lo a lançar o livro no Vilariño, mas o escritor ainda se considerava rompido com a casa pelo crime do seu antigo proprietário.

Naquela tarde de abril de 1956, Vinicius de Moraes estava numa mesa do Vilariño, ao lado do radialista e compositor Haroldo Barbosa e do jornalista Lúcio Rangel. Vinicius falava da dificuldade de encontrar um compositor para fazer a música e, se possível, os arranjos orquestrais para a sua peça teatral *Orfeu da Conceição*. Tratava-se de um projeto surgido em 1942, durante um jantar com o escritor norte-americano Waldo Frank, então em visita ao Brasil e que encontrou no poeta brasileiro um cicerone para entrar em contato com aspectos da cultura popular brasileira. No programa da peça, Vinicius de Moraes escreveu sobre o seu contato com Frank, tido como o principal responsável pela sua mudança de homem de direita (quando, influenciado pelo escritor Otávio de Farias, chegou a ter simpatias pelo integralismo) para o de defensor das idéias de esquerda, posição em que se conservou até a morte:

"Acompanhava eu o autor de *América Hispana* em todas as incursões por favelas, macumbas, clubes e festejos negros no Rio, e me sentia particularmente impregnado do espírito da raça. Conversa vai, criou-se subitamente em nós um processo por associação caótica, o sentimento de que todas aquelas celebrações e festividades a que vínhamos assistindo tinham alguma coisa a ver com a Grécia, como se o negro, o negro carioca no caso, fosse um grego em ganga, um grego ainda despojado da cultura e do culto apolíneo à beleza, mas não marcado pelo sentimento dionisíaco da vida. Posteriormente, na viagem que fiz com o mesmo escritor ao Norte do Brasil, o espetáculo dos candomblés, das capoeiras e festejos negros da Bahia só fizeram fortificar essa impressão. Assim é que quando, numa noite desse mesmo ano, em casa do arquiteto Carlos Leão, o cavaleiro do Saco de São Francisco, ao reler numa velha mitologia o mito grego do Orfeu, o divino músico de Trácia, nele senti a estrutura de uma tragédia negra carioca, aquele sentimento só fez cimentar em definitivo a realidade da concepção".

A peça começou a ser escrita na própria casa de Carlos Leão. Os três atos foram desenvolvidos no Brasil e nos Estados Unidos, durante a temporada em que Vinicius serviu no consulado de Los Angeles. Viajando muito, o autor acabou perdendo os dois últimos atos, reencontrando-os tempos depois em Los Angeles. Mais tarde, foi o terceiro ato que sumiu. Vinicius reescreveu-o em Paris, onde estava servindo, por insistência do poeta e diplomata João Cabral de Melo Neto, que recomendou ao colega inscrever o trabalho no concurso de peças teatrais do IV Centenário de São Paulo. Em Paris, Vinicius de Moraes serviu inicialmente como segundo-secretário da embaixada brasileira, transferido logo em seguida para a delegação do Brasil na Unesco. Em 1954, Vinicius não só ganhou o primeiro prêmio do IV Centenário de São Paulo, como teve o texto de *Orfeu* publicado na íntegra na revista *Anhembi*, dirigida por Paulo Duarte.

Em 1955, a diretora da Cinemateca Francesa, Mary Menson, procurou-o para dizer que o produtor de cinema Sacha Gordine estava interessado numa história brasileira para filmar. Foi marcado um jantar para o dia seguinte que acabou acontecendo num restaurante onde, por coincidência, realizava-se uma festa promovida pela Panair do Brasil com um show do Trio Nagô. Durante o jantar, Sacha Gordine pediu-lhe uma sinopse da peça *Orfeu da Conceição* com vistas a uma adaptação para o cinema. A sinopse foi aprovada e o poeta deu início à adaptação para o cinema, já sabendo que o filme teria o nome de *Orfée Noir*.

Numa feijoada que Vinicius e sua segunda mulher, Lila Bôscoli, ofereceram em Paris a Sacha Gordine, o poeta conheceu o marroquino Raymond Pinto, namorado de uma amiga de Lila, que se encantou com a leitura de *Orfeu da Conceição*. "Filme eu não financio. Mas uma peça de teatro me interessa", disse Raymond – a quem o poeta passaria a chamar de Raimundo, o Egípcio – deixando Vinicius de Moraes em estado de completa excitação. Raymond não entrou como sócio da produção, que ficou por conta exclusivamente do autor da peça. Mas foram os Cr$ 700 mil adiantados por Raymond que permitiram a montagem do *Orfeu do Carnaval*. Haroldo Costa, integrante do grupo Brasiliana, que se exibia em Paris, foi convidado lá mesmo para desempenhar o papel de Orfeu no espetáculo.

Retornando ao Brasil, no início de 1956, Vinicius saiu à procura de um parceiro para fazer a música de *Orfeu da Conceição*. O primeiro nome lembrado foi o de um amigo desde o tempo em que serviu no consulado de Los Angeles, o compositor Vadico (Osvaldo Gogliano), antigo parceiro de Noel Rosa e que, em 1940, viajou para os Estados Unidos, onde trabalhou como pianista com Carmen Miranda, participou de filmes e de shows e estudou harmonia, composição, contraponto e regência com o maestro Mário Castelnuevo. Vadico, que retornara ao Brasil em 1954, não aceitou o convite de Vinicius de Moraes. "Ele era muito tímido", justificaria mais tarde o próprio Vinicius. Pode ter pesado na recusa de Vadico o medo de enfrentar um trabalho muito árduo, incompatível com o seu estado de saúde, já que havia sofrido um enfarte alguns meses antes. Podia ter medo do trabalho excessivo, mas a verdade é que não adotaria um comportamento de quem pretendia evitar um novo problema no coração, pois continuou em sua vida boêmia, fumando muito e sem abandonar o uísque de cada dia. Em 1962, outro enfarte o levaria à morte, poucos dias antes de completar 52 anos de idade. É provável também que ele não tenha visto condições no Brasil de ser montado um espetáculo tão grandioso quanto *Orfeu da Conceição*. Nos Estados Unidos, sim, havia estrutura para um musical com aquela dimensão. Mas no Brasil...

A sua dificuldade para encontrar um parceiro era o tema da conversa no Vilariño de Vinicius com Haroldo Barbosa e Lúcio Rangel, quando este apontou para Antonio Carlos Jobim, que bebia cerveja numa outra mesa. "Eu falava muito pouco com Lúcio, que defendia uma série de pontos de vista diferentes dos meus em relação à música. Eu tinha medo de que surgisse alguma controvérsia. Por isso, evitava falar com ele", revelou Tom numa entrevista de novembro de 1957. De fato, Lúcio era apaixonado pela música popular brasileira tradicional. Pixinguinha era o seu deus e o compositor Cartola era simplesmente o divino. Detestaria tanto a bossa nova que chegou ao ponto de comentar com o cantor e violonista João Gilberto: "Você canta muito bem. O que o estraga é a bossa nova". Mas Tom Jobim não sabia que Lúcio Rangel estava encantado com a *Sinfonia do Rio de Janeiro*, e foi esta obra que levou o crítico e boêmio a indicá-lo a Vinicius de Moraes, naquele fim de tarde de abril de 1956. Tom foi chamado à mesa e ouviu de Vinicius uma longa explanação sobre o *Orfeu da Conceição*, uma história grega adaptada aos morros cariocas e que teria um elenco todo formado de mulheres e homens negros. Jobim, que contaria esta história tantas vezes pelo resto da vida, só teve uma pergunta a fazer a Vinicius: "Tem um dinheirinho nisso?", o suficiente para ser advertido por Lúcio Rangel: "Como é que você tem coragem de falar em dinheiro, numa hora dessas, com o poeta?" Era a velha história que Tom também adorava repetir: vivia correndo atrás do aluguel.

Sobre o início dos trabalhos, primeiramente a versão de Tom Jobim:

"No início, havia uma certa timidez e as primeiras músicas ficaram umas porcarias. Fizemos três sambas horríveis, num desajustamento total. Mas Vinicius, pacientemente, queria que fôssemos trabalhando até sair alguma coisa direita". E completou: "Estavam faltando uns três uísques".

Agora, a versão de Vinicius de Moraes:

"Dias depois, dei-lhe uma cópia da peça onde já havia marcado os lugares onde deveria entrar música, bem como os monstros das letras dos sambas.

Dias depois, Tom me telefonou. Tinha algumas idéias. E, assim, ingressei pela primeira vez, aí por abril de 1956, no saudoso apartamento 201 da Rua Nascimento e Silva, 107. Uma sala quase nua de móveis, como gosta Tom, com o piano à direita. Tom mostrou-me alguns temas apenas esboçados. Até hoje os pelinhos do braço se me arrepiam quando me lembro. Era exatamente o que sonhava, aquela música poética em modo plagal, profundamente amorosa em seu lirismo. Tom ensaiou no piano os primeiros acordes de *Se todos fossem iguais a você*. O samba saiu ali mesmo, na hora, procurando juntos as harmonias, o encadeamento das frases musicais como fazemos comumente, sem que com isso queira dizer que participei de sua feitura, pois é sempre Tom que encontra a melhor solução harmônica. E ali mesmo fiz a letra, logo que a composição ficou estruturada".

Se Antonio Carlos Jobim gostava da musicalidade de Lúcio Rangel, mais ainda admiraria a de Vinicius de Moraes, que até sabia manejar as cordas do violão, pelo menos nas reuniões entre amigos. A musicalidade de Vinicius encantou todos os seus parceiros. Basta ouvir as suas músicas compostas sem parcerias para comprovar a sua capacidade de criar melodias: *Serenata do adeus*, *Medo de amar*, *Pela luz dos olhos teus*, *Teleco-teco* e tantas outras são músicas que consagrariam qualquer melodista. O próprio Tom percebeu esse talento do poeta, quando Vinicius cantarolou pela primeira vez a *Valsa de Eurídice* (composta para a sua filha Susana, ganhando inicialmente o título de *Valsa de Susana*), pedindo-lhe que cuidasse da sua harmonização.

Depois de *Se todos fossem iguais você*, a dupla compôs *Mulher sempre mulher*, *Um nome de mulher*, *Eu e meu amor* e *Lamento do morro*. A missão seguinte de Tom Jobim foi a elaboração da *ouverture*, cujo resultado mereceu muitos elogios. Quarenta anos depois, folheando as partituras com a abertura musical de *Orfeu da Conceição*, Paulo Jobim, filho de Tom e já consagrado como arranjador, impressionou-se com a excelente qualidade do trabalho do pai. A primeira apresentação das músicas de *Orfeu* foi feita na casa do arquiteto Maurício Roberto e da pintora Maria Roberto, em Copacabana, para um numeroso grupo de amigos. Depois, Vinicius e Tom cuidaram de formar a equipe, ficando com o segundo a responsabilidade de selecionar o pessoal encarregado da música. Sem coragem ainda para reger algo tão grandioso, convidou o maestro Léo Peracchi para a regência ("tive medo de reger aquela orquestra e chamei meu professor Léo Peracchi", disse no programa da TV Manchete *A música segundo Tom Jobim*, apresentado em novembro de 1984). Na montagem da orquestra, contou com a ajuda do cantor Zezinho, que atuaria na peça como chefe do coro e que, depois, seria um dos mais destacados arregimentadores de instrumentistas das gravadoras do Rio de Janeiro. Mas não houve qualquer dificuldade na arregimentação dos músicos porque os melhores do Rio de Janeiro já trabalhavam no Teatro Municipal, na orquestra do teatro ou na Sinfônica Brasileira. Tom não abriu mão de pelo menos dois excelentes músicos e amigos queridos: o violonista Luís Bonfá, a quem foi atribuída a missão de tocar com a orquestra, de fazer sozinho o acompanhamento de alguns números musicais e de executar os solos nos momentos em que Haroldo Costa, o Orfeu, fingia tocar violão. O outro instrumentista de quem o compositor não abria mão era Juca Stockler, que atuou no comando dos ritmistas do espetáculo. Entre estes, estavam dois nomes de destaque do samba carioca: o compositor Buci Moreira, um dos pioneiros das escolas de samba do Rio de Janeiro, e Darci da Mangueira, que, anos depois, se consagraria como um dos autores do primeiro samba-enredo de sucesso, *O mundo encantado de Monteiro Lobato*. Vinicius de Moraes, por sua vez, também convidou os profissionais que uniam a competência com a amizade. A começar pelo autor dos cenários, o arquiteto Oscar Niemeyer. Os cartazes da peça foram entregues a Carlos Scliar, Djanira, Raimundo Nogueira e Luís Ventura. Os figurinos ficaram por conta de sua mulher Lila Bôscoli, que, na época, assinava Lila de Moraes, e de Dulce Louzada. José Medeiros, o grande nome da revista *O Cruzeiro* e, mais tarde, do cinema brasileiro, era o fotógrafo. A coreografia, de Lina de Lucas. A direção geral ficou com Léo Jusi. No palco, pela ordem de entrada, os atores: Valdir Maia, Clementino Luís, o tricampeão mundial de salto triplo Ademar Ferreira da Silva, Jonaldo Félix, Luís Gonzaga, Valdemar Correia, Zeni Pereira, o cantor Ciro Monteiro, Haroldo Costa, Lea Garcia, Abdias do Nascimento, Francisca de Queiroz, Adalberto Silva, Pérola Negra, Milka, Glória Moreira, Cisne Branco, Jacira Costa e vários outros. Muitos atores e ritmistas ganharam assistência dentária gratuita, por iniciativa de Tom Jobim, que os encaminhou para o velho amigo Régis França.

Entre os que assinaram textos no programa da peça, estava o próprio autor das músicas, além de diretor musical e pianista de *Orfeu da Conceição*.

Escrever no programa "alguma coisa sobre música" foi, para Jobim, a mais difícil tarefa que lhe foi atribuída por Vinicius de Moraes. Mas explicou em seguida que, na feitura dos temas musicais que sublinham a ação, procurou ser fiel "à idéia que gerou a própria peça e que continha no seu título: *Orfeu* – o músico grego – *da Conceição*, a música do morro". Adiante, voltou a falar das influências recebidas: "O uso de harmonias européias, que, por sua vez, tiveram origem em outras culturas. (...) Tudo isso vem da crença de que as culturas se interpenetram e se fundem. O homem evolui e há uma continuidade em toda cultura humana. Cremos que o mesmo Orfeu que Vinicius colocou no nosso morro poderia ser colocado não importa onde". E havia a música de Vinicius de Moraes: "A valsa *Eurídice*, que comenta todo o amor de Orfeu, foi feita ao violão pelo próprio Vinicius, que, além de ser o poeta que todos conhecem, é um homem de rara musicalidade. Serviu ela de ponto de partida para a *ouverture*. Nesta, que é um comentário musical da peça, usamos somente os principais temas que despontam no decorrer da ação, de modo a evitar que ela se tornasse uma colcha de retalhos". E concluiu com modéstia: "Após esta breve explicação, que podemos mais dizer, nós que, sobretudo, não sabemos nada?".

Luís Bonfá também pontificou no programa sobre a sua participação como violinista, "um trabalho de alta significação e beleza", assinalando que o violão foi "jogado na orquestra por Antonio Carlos Jobim com rara felicidade e maestria, o que prova ser o violão um instrumento solista por natureza".

Vinicius de Moraes conseguiu levantar Cr$ 1,5 milhão para a montagem do espetáculo. Em todas as previsões de receita, não conseguia evitar um prejuízo de Cr$ 300 mil. Foram três meses de ensaios no High Life, um clube instalado no bairro da Glória e que ficou famoso pelos bailes carnavalescos (a partir dos anos 60, abrigaria a sede do Instituto Nacional de Reforma Agrária), interrompidos somente no dia 1º de julho, quando Vinicius reuniu amigos e jornalistas no Clube dos Marimbás, em Copacabana, para uma leitura da peça com o acompanhamento de Tom Jobim ao piano. Às vésperas da estréia, os responsáveis pela montagem do cenário descobriram que o palco do Teatro Municipal não possuía profundidade suficiente para o cenário de Oscar Niemeyer. Como resolver o problema? Por sorte da produção do espetáculo, um dos responsáveis pela cenografia do teatro, funcionário da casa, era Fernando

Pamplona, um dos mais competentes e talentosos cenógrafos de todos os tempos do teatro brasileiro. Pamplona verificou que a planta elaborada por Niemeyer colocava o cenário em forma de círculo suspenso, como se fosse um monumento. Ele sabia que o círculo visto em perspectiva é sempre uma elipse. Assim, transformou o círculo em elipse e reduziu em um terço a profundidade. O resultado foi o mesmo previsto por Oscar Niemeyer. Amigo do diretor Léo Jusi, com quem remontaria, tempos depois, a peça *Vestido de noiva,* de Nelson Rodrigues, Fernando Pamplona também teve de intervir na iluminação do espetáculo. É que, exatamente na véspera da estréia, a luz ainda não estava pronta, levando quase todo o elenco ao desespero. "Se até meia-noite a luz não estiver em condições, pode mandar todo mundo embora que vou assumir com meu pessoal", disse Pamplona para Léo Jusi. E foi o que aconteceu. Às sete horas da manhã do dia da estréia, a montagem da iluminação estava concluída.

Assim, no dia 25 de setembro de 1956, com o Teatro Municipal lotado, estreou *Orfeu da Conceição*. Foi uma noite de muita emoção, contribuindo para isso, sem dúvida, a clara disposição do público de apoiar o espetáculo. Após a execução da *ouverture*, as cortinas se abriram e explodiu uma grande salva de palmas. "Pela primeira vez no Brasil, um cenário é aplaudido antes do início da peça", escreveu Sérgio Porto, o Staninslaw Ponte Preta. A *ouverture* de Tom Jobim também foi aplaudidíssima. O carinho da platéia foi tão intenso que, em pleno espetáculo, o violinista Luís Bonfá caiu em prantos, quase atrapalhando a sua execução no momento em que ele "dublava" o personagem Orfeu. Na estréia, a cortina abriu quatro vezes no fim do primeiro ato, cinco após o segundo e oito vezes no final do espetáculo, quando as pessoas não se limitavam a aplaudir: gritavam como se estivessem num programa de auditório da Rádio Nacional.

Todos os jornais cariocas enviaram repórteres para cobrir a estréia de *Orfeu da Conceição*. No dia seguinte, a *Última Hora* ouviu alguns intelectuais e as opiniões se dividiram. Elsie Lessa considerou a peça "fabulosa e absolutamente inédita no Brasil". Manuel Bandeira, com a ressalva de que estava quase surdo, achou "malrealizada, malmontada e malrepresentada", embora tenha percebido "um grande sopro de poesia do princípio ao fim". Adalgisa Néri só gostou da poesia de Vinicius e do cenário de Oscar Niemeyer. Pedro Bloch, porém, classificou *Orfeu* de "a mais bela realização humana do teatro brasileiro".

Joaquim Cardoso viu na peça "uma extensão do samba numa obra de mais fôlego, de maior penetração no tempo, de mais apelo ao fundo emocional e sensual do nosso povo". Para Aníbal Machado era "uma tragédia de estranha beleza noturna que nos joga além do desespero e do sofrimento de Orfeu". E Guilherme Figueiredo afirmou que "aqui está a magia milenar e anônima cantada em nossa música, dita em nossa língua poética e contendo as nossas angústias. Por isso, devemos saudar esta obra com o que se pode dizer de melhor das obras realmente grandes: já nasceu clássica". Magdala da Gama Oliveira, a Mag, do *Diário de Notícias*, achou que a música de Tom precisava de "aprimoramento". Na *Revista do Globo*, Gasparino da Mata indicou uma "falta de entrosamento" entre a música e o texto. "O protagonista", escreveu ele, "de maneira lamentável, interrompe diversas vezes o diálogo poético, bonito, como os heróis de operetas, para cantar sambas ligeiros". Já Mário Cabral, na *Tribuna da Imprensa*, saudou "a primeira tentativa num caminho certo para a criação da nossa folc-ópera, da qual nosso Municipal nunca cogitou". Mário encontrou "erros de *mise-en-scène*", mas saudou "a beleza do poema e o cenário de Oscar Niemeyer". E registrou que o "primeiro ato é uma obra-prima".

A opinião que mais interessava a Tom Jobim, a de Radamés Gnattali, saiu no *Diário Carioca*: "Quero felicitar Vinicius de Moraes pela escolha acertadíssima do compositor para o seu *Orfeu*. Antonio Carlos Jobim, além de ter uma natureza essencialmente musical, possui a cultura e a sensibilidade artística necessárias para colocar na pauta a música adequada a um texto assim. Não se trata apenas de musicar uma poesia, mas de viver o assunto da tragédia acompanhando a idéia do poeta. Acho isso a coisa mais difícil do mundo, pois, além da cultura musical necessária, é preciso que esteja o compositor à altura intelectual do poeta. Antonio Carlos Jobim, o nosso querido Tom, compôs a música que o nosso não menos querido poeta devia esperar para a consagração completa da sua obra".

Outro que se ocupou da música foi o editor e escritor Ênio Silveira, num texto para o *Diário Carioca*: "Seu autor, o jovem Antonio Carlos Jobim, já se houve com brilho e talento em outras oportunidades, tanto no terreno da música erudita como na da popular. Embora ainda desconhecido para o público, suas obras num e noutro campo mereceram elogios dos seus pares. (...) Entre os dois, o poeta e o compositor, foi logo estabelecida tal identidade de pensamento e de expressão que a música passou a servir à palavra assim como os braços servem ao corpo. (...) Maravilhosamente executadas pelo grande artista que é Luís Bonfá, as composições de Antonio Carlos Jobim se enriqueceram e ganharam ainda maior estrutura, como que para demonstrar a injustiça do conceito de que violão é um instrumento de poucos recursos".

No *Correio da Manhã*, o encarregado da seção de música popular, Cláudio Murilo, detestou o trabalho de Jobim. Segundo ele, faltaram à música "as características do samba de morro: maleabilidade, dolência e espírito do negro". Daí em diante, foi uma espinafração atrás da outra: "A impressão que nos deixou a música de Tom foi a de que Metro-Goldwyn Mayer subira ao reino dos barracões de zinco e fizera mais uma daquelas proezas que pululam em suas operetas. (...) Pedimos desculpas aos estrangeiros que foram ao Municipal esperando ouvir músicas de morro e foram aquinhonhados com um pouco das suas próprias músicas ou foram agraciados com a batucada do segundo ato, digna dos músicos da Confeitaria Colombo pelo seu sabor insosso, falta de molejo etc. Finalmente, pedimos desculpas aos próprios sambistas do morro por esta usurpação dos seus direitos criadores, usurpação da qual eles não terão notícia e continuarão a compor tranqüilamente". Em 1996, ao ser abordado pelo autor destas linhas sobre a sua crítica no *Correio da Manhã*, Cláudio Murilo lembrou que, ao escrevê-la, tinha apenas 17 anos de idade.

Orfeu da Conceição foi apresentada do dia 25 a 30 de setembro no Teatro Municipal. Na segunda-feira, 1º de outubro, a gravadora Odeon lançou um *long-play* de 10 polegadas com as músicas do espetáculo. A iniciativa partiu de Aloysio de Oliveira, que, ao assistir a um dos ensaios, pensou logo na gravação do disco. Escolheu para intérprete das músicas o cantor Roberto Paiva, que, por sua vez, não teve qualquer entusiasmo pela idéia, até porque não tinha a menor idéia de quem era Antonio Carlos Jobim e menos ainda da sua obra. "Não posso garantir a gravação de todas as músicas. Se gostar, gravo uma ou outra", disse Roberto para Aloysio. Para conhecer Tom e as suas músicas, o cantor foi levado até o estúdio da gravado Star (mais tarde, Copacabana), numa tarde em que o compositor ensaiava com a cantora e compositora Dolores Duran.

– Dolores cantava uma música norte-americana e aquilo me causou uma certa estranheza. Um pianista que tocava tão bem um foxtrote saberia, de fato, compor um samba? – preocupou-se Roberto Paiva.

Terminado o ensaio, Aloysio pediu a Tom para mostrar as músicas da peça.

– Cada música que Tom Jobim ia mostrando, eu chamava discretamente Aloysio e cochichava: "Essa eu quero". No final, havia escolhido tudo – confessou o cantor.

O lado A do disco foi ocupado pelas músicas da peça. O lado B apresentou a *ouverture* e uma faixa em que Vinicius recitou um dos poemas da peça, tendo a *Valsa de Eurídice* como fundo musical. Tom Jobim fez os arranjos e tocou piano na gravação. Luís Bonfá também participou com o seu violão, além de Juca Stockler, não mais como ritmista, mas tocando bateria. Na contracapa, o texto ficou por conta de Vinicius de Moraes: "Confesso que a excelência do trabalho que me foi sendo apresentado pelo compositor excedeu todas as minhas expectativas. Usando com grande habilidade elementos dos 'modos gregorianos' que criam uma ambiência grega perceptível a qualquer pessoa, Antonio Carlos Jobim partiu realmente da Grécia para o morro carioca, num desenvolvimento extremamente homogêneo de temas e situações melódico-dramáticas, fazendo, no final, quando a cena se abre, o samba romper sobre o morro onde se deve processar a tragédia de Orfeu".

Durante todo o mês de novembro de 1956, *Orfeu da Conceição* foi apresentado no Teatro República, em temporada popular. Ao contrário de uma versão que correu durante e depois da temporada, não houve qualquer dificuldade de adaptação do cenário de Oscar Niemeyer ao palco do novo teatro. O que houve de fato com o cenário foi o seu misterioso desaparecimento, meses depois, quando era transportado de caminhão para São Paulo, onde *Orfeu da Conceição* iria ser apresentada e deixou de ser por falta de cenário.

As filmagens de *Orfée Noir* tiveram início no ano seguinte. O produtor Sacha Gordine convidou Marcel Camus, irmão do escritor Albert Camus, para a direção e convocou Jacques Viot para refazer o roteiro de Vinicius de Moraes. A indicação de Viot não causou qualquer reação negativa de Vinicius. É verdade que ninguém seria mais bem indicado do que o autor da história para cuidar do roteiro. Além disso, o cinema não era uma atividade estranha ao velho estudioso do assunto e militante durante alguns anos da crítica cinematográfica. O que chateou Vinicius foi o resultado, mais uma conseqüência da velha mania européia e norte-americana de exagerar os aspectos exóticos dos países do terceiro mundo. Vinicius ficou uma fera. Foi a primeira indisposição do poeta – em seguida, também de Tom Jobim – com os franceses do *Orfée Noir* (depois, o filme passou a chamar-se *Orfée Negro*). Por isso,Vinicius pediu para retirar o seu nome da autoria do roteiro (que foi assinado por Jacques Viot e Marcel Camus, diretor do filme), concordando apenas que aparecesse na autoria dos diálogos, também ao lado de Camus. A discordância em relação ao roteiro, porém, não impediu que atendesse ao pedido da produção do filme para compor novas músicas, de preferência com mais sabor carnavalesco, como queria o diretor Marcel Camus, que estava impressionado com a melancolia da música popular brasileira. "Quando traduzimos letras com aquelas histórias de 'pôs fim à existência', 'pedindo socorro', 'tornei-me um ébrio', 'acabou chorando' e outras mais, sua impressão foi maior ainda", diria Antonio Carlos Jobim numa entrevista à revista *Manchete*. A dupla de compositores encontrou alguma dificuldade para fazer as novas músicas porque, em 1958, o Itamaraty designou Vinicius de Moraes para servir como secretário da embaixada brasileira em Montevidéu. Ainda assim, os dois compuseram os carnavalescos *Frevo*, *A felicidade* e *O nosso amor*. "O samba *A felicidade* foi feito praticamente no telefone Rio-Montevidéu", revelou Tom. O pior que nem sempre Marcel Camus aprovava as letras vindas de Montevidéu, obrigando a dupla a fazer intermináveis ligações telefônicas internacionais. A letra de *A felicidade* foi a que deu mais trabalho, até que Vinicius de Moraes perdeu a paciência e mandou dizer que não mudaria mais nada.

Tanto trabalho sem qualquer garantia para os compositores, já que o contrato para a cessão das músicas seria assinado somente em setembro de 1959, quando o filme já conquistara prêmios e lotava os cinemas europeus. Sem experiência nesse tipo de contrato e sem uma boa assessoria, os compositores brasileiros assinaram um contrato estabelecendo que a metade dos direitos autorais auferidos com as músicas seria dos "compositores-autores" e a outra metade dos produtores do filme. Tom e Vinicius não imaginaram que, na Europa, as suas obras teriam tantos "compositores autores", além deles, diluindo drasticamente os direitos arrecadados. E mais: autorizaram a produtora francesa (a Dispatfilm), com exclusividade, "a reproduzir, editar, publicar, vender, alugar, pôr em circulação de qualquer maneira que seja e onde pareça conveniente quaisquer reproduções das obras, qualquer que seja a forma e mediante qualquer publicação e a autorizar quem quer que seja a efetuar e pôr em circulação as reproduções de qualquer natureza". Mas os produtores queriam mais. Adiante, acentuava o contrato: "Teremos igualmente o direito exclusivo de reproduzir, editar, publicar, vender, alugar, pôr em circulação, de qualquer maneira que seja e onde quer que nos pareça conveniente, quaisquer traduções, adaptações, versões, transcrições, reduções, bem como quaisquer arranjos, resumos, fragmentos e extratos das obras". Os franceses pareciam satisfeitos, certo? Errado, queriam mais. Os autores brasileiros, que receberam o pagamento simbólico de um franco pela utilização das suas músicas no filme, perderam o direito de escolher sequer seus editores em qualquer lugar do planeta, pois a cláusula quatro do contrato determinava que Tom e Vinicius eram obrigados a aceitar "o contrato como nós o estabelecermos com qualquer editor de nossa escolha referente à edição de suas obras". A dupla brasileira ficou também obrigada a "não opor qualquer obstáculo à exploração pública de suas obras no mundo inteiro". Também não poderia "exigir qualquer outro pagamento além da importância de um franco, mesmo se nos países em que o filme for explorado não existir meio de receber as percentagens sobre as receitas das bilheterias de cinema; ficando a retribuição que lhe cabe limitada aos pagamentos provenientes unicamente das cobranças efetuadas pelas Sociedades de Autores sobre as receitas de bilheteria onde existir acordo entre os exploradores e as Sociedades de Autores".

Além de Jobim e Vinicius, fizeram músicas para o filme, em parceria, os compositores Luís Bonfá e Antônio Maria, autores de *Manhã de carnaval*, o maior sucesso da trilha de *Orfée Negro*.

Marcel Camus viajou para o Rio de Janeiro, dois meses antes do início das filmagens, e entrou em contato com vários jornalista e artistas brasileiros. Um dos jornalistas, Jota Efegê (pseudônimo de João Ferreira Gomes), levou-o à moradia do compositor Cartola, no Morro da Mangueira, onde comeu uma feijoada preparada por Zica, mulher de Cartola, e conheceu o chamado samba de morro, além das músicas de Lamartine Babo, presente ao encontro. Cartola e Zica acabaram atuando como atores do *Orfeu*, além de faturarem uns trocados no trabalho de apoio, ele tomando conta das fantasias de carnaval usadas nas filmagens e Zica cozinhando para os profissionais envolvidos na produção.

O filme ganhou a Palma de Ouro do Festival de Cannes de 1959 e, em seguida, foi contemplado em Hollywood com o Oscar de melhor produção estrangeira. Marcel Camus e Sacha Gordine acertaram na mosca na exploração do exotismo. Pelo menos para o gosto europeu. Os prêmios internacionais conquistados pelo *Orfeu* (foram algumas dezenas) tiveram o mérito de livrarem Tom Jobim e Vinicius das críticas ouvidas dos conservadores brasileiros, contrariados pela produção de um filme que mostrava as favelas e os negros e não os ambientes sofisticados, "o Copacabana Palace, por exemplo", como queria um daqueles críticos. Além dos salões de cinema lotados na França e em outros países, a crítica francesa não poupou elogios. Robert Chazal, do *France Soir*, escreveu que o filme "é uma obra-prima que irrompe alegremente, brutalmente, como um verdadeiro hino à vida". A expressão obra-prima ("de ritmo e de inteligência") também foi usada por Louis Chauyet, do *Le Figaro*, que chamou atenção especialmente para o trabalho dos dois atores principais – o gaúcho Breno, jogador do Fluminense F.C., e a norte-americana Marpessa Dawn – e das belíssimas mulatas Lea Garcia ("um corpo animado de um movimento perpétuo") e Lurdes de Oliveira. Já a crítica brasileira de cinema detestou. Alex Viany, um dos maiores nomes da crítica e que, tendo convivido com Vinicius de Moraes em Los Angeles, conhecia muito bem o texto original do *Orfeu*, protestou contra a versão cinematográfica. Embora considerando Marcel Camus "um francês simpático, culturalmente confuso mas bem-intencionado", escreveu que o filme se perdeu "num emaranhado de confusões culturais, dramáticas, melodramáticas, mitológicas e psicológicas". E concluiu que "*Orfeu do Carnaval* [o nome do filme no Brasil] nada contribui para o desenvolvimento da nossa cinematografia e nada acrescenta à investigação de novas formas cinematográficas".

Apesar das críticas brasileiras desfavoráveis, as conquistas internacionais de *Orfeu Negro* foi motivo de euforia no país, numa época em que o clima era de muita esperança, proporcionado pela política desenvolvimentista do presidente Juscelino Kubitschek. Vários fatos contribuíam para o otimismo popular: a vitória da seleção brasileira na Copa do Mundo de 1958, na Suécia, as conquistas da tenista Maria Ester Bueno em quase todas as competições internacionais, a construção de Brasília, a implantação da indústria automobilística, o título de campeão mundial de boxe (peso-galo) conquistado por Éder Jofre, a estrada

Belém-Brasília riscando a selva amazônica, os reduzidos índices de inflação e de desemprego etc. A própria bossa nova serviu como uma espécie de trilha sonora do clima de esperança da segunda metade da década de 1950. O cinema novo, que teria início pouco depois, e a agitação do teatro brasileiro em busca de texto retratando com maior fidelidade a nossa realidade social e política também se enquadravam naquele contexto. Assim, o próprio presidente Juscelino Kubitschek prestigiou a conquista de *Orfeu Negro*, promovendo uma sessão especial do filme no Palácio do Catete, no Rio de Janeiro. Vinicius de Moraes, que ainda não conhecia o filme, foi um dos convidados. Mas a sua reação estava muito longe da euforia: não suportando a exploração exagerada do exotismo do filme, aproveitou a escuridão do cinema para retirar-se sem se despedir, sequer, do presidente da República, tão irritado ficou. Terminada a exibição, Kubitschek perguntou: "E o nosso poeta? Não se sentiu bem?"

Daí em diante, foi uma série de desentendimentos da dupla Tom-Vinicius com os franceses, responsáveis pelo lançamento em Paris de um disco de 45 rotações com quatro músicas (as três da dupla e *Manhã de carnaval*), omitindo nomes de autores brasileiros e acrescentando outros franceses.

– Era tudo uma grande esperteza, no fundo. Os franceses do Marcel Camus punham quatro nomes de parceria em cada música, de modo que o dinheiro não saísse da França. Tive parceiros que nunca existiram, dividindo com eles todos os meus direitos. Era a velha relação colonizador-colonizado – desabafou Tom Jobim em seu depoimento a Luís Carlos Lisboa, para o livro *A vida de Tom Jobim*, da Editora Rio Cultura em convênio com as Faculdades Integradas Estácio de Sá. Para ele, era "porcaria" o dinheiro vindo da França: "O editor francês ficou com 60%, os 40% restantes foram divididos por seis parceiros e o imposto de renda francês comeu uma fatia", completou.

Os franceses do filme não ficaram nisso. Foram também responsáveis por atos criminosos como o de atribuírem à atriz do filme, a norte-americana Marpessa Dawn, a interpretação de *Manhã de carnaval*, no *long-play* da trilha sonora vendido no mundo todo. No filme, quem cantava a música era Agostinho dos Santos, mas, no disco, era Elizeth Cardoso, que jamais recebeu um tostão pela venda do disco desse grande sucesso internacional. Foi um caso raro de roubo de voz, mas os criminosos ficaram impunes.

– Uma coisa é certa: o nosso *Orfeu* era melhor do que o que ganhou o Oscar em Hollywood – diria Tom ao jornalista João Máximo, muitos anos depois. Vinicius de Moraes chegou a chamar Sacha Gordine de "o rei do cheque sem fundo".

Em 1960, Antonio Carlos Jobim apresentava na TV Paulista um programa em que tocava piano e entrevistava o pessoal da música. Na noite em que recebeu Vinicius de Moraes (Agostinho dos Santos também compareceu), estabeleceram um diálogo que, segundo um crítico de São Paulo, foi a única coisa que ele não gostou simplesmente porque não entendeu. Era mais uma manifestação do humor surrealista de Tom Jobim. Vinicius de Moraes transcreveria depois o diálogo na *Última Hora* do Rio de Janeiro:

Tom – Como é, poeta?

Vinicius – Como é, maestro?

Tom – E os franceses, hem!

Vinicius – Deixa isso pra lá, Tonzinho.

Tom – Eles sabem do negócio, não sabem?

Vinicius – É, eles sabem.

Tom – Pois é. Mas eles não sabem de uma coisa.

Vinicius – O quê?

Tom – Eles não sabem que debaixo das folhas secas há uns caracóis listrados, e que grandes pedras estão lá vendo tudo.

5

A bossa nova

No dia 14 de abril de 1956, menos de uma semana depois de assumir a direção artística da Odeon, Aloysio de Oliveira foi ao estúdio para ver a gravação de dois discos de uma intérprete que não conhecia e sobre quem recebera excelentes informações. Tratava-se de Sílvia Telles, uma jovem cantora com algumas atuações amadorísticas na noite carioca e que se lançara profissionalmente em 1955, no Teatro Follies, em Copacabana, na revista teatral *Gente bem e champanhota*. No espetáculo, cantou, entre outras músicas, *Amendoim torradinho*, um samba-canção de Henrique Beltrão que gravaria logo em seguida na Odeon. Apesar de a música ter outras gravações, a interpretação de Sílvia Telles foi, sem dúvida, a que marcou mais. Mas Aloysio, tantos anos ausente do Brasil, não sabia nada disso e nunca ouvira *Amendoim torradinho*.

No estúdio, Aloysio de Oliveira viu a cantora gravar *Menino*, de Carlos Lyra, e *Foi a noite*, de Tom e Newton Mendonça, com "Antonio Carlos Jobim e sua orquestra". Gostou tanto de Sílvia Telles que, poucos anos depois, quando ela já não era mais Sílvia, mas Silvinha, estava casado com ela. Mas, pelo menos naquele instante, o que chamou a sua atenção foi a canção *Foi a noite*. O que era aquilo? Uma bela canção que pouco tinha a ver com tudo o que sabia de música, seja música do Brasil ou dos Estados Unidos, onde vivera tantos anos. Ao mesmo tempo em que era envolvido pela originalidade e pela beleza de

Foi a noite, especulava sobre uma providência que cabia ao diretor artístico da gravadora: identificar na etiqueta do disco o gênero a que pertencia a música gravada. Aloysio, certamente, foi contagiado pela modernidade da obra, pois o próprio ritmo da gravação não deixava qualquer dúvida de que se tratava de um samba-canção. Tentou impedir que a música fosse classificada em qualquer gênero na etiqueta do disco, mas foi voto vencido. *Foi a noite* foi identificada como samba-canção.

Embora longe do Brasil, Aloysio sabia de uma velha tendência na música popular brasileira no sentido de modernizá-la, com a introdução de recursos da música erudita ou do jazz. Os compositores que entraram para a história por pertencerem a essa tendência eram quase todos pianistas. Ary Barroso e Custódio Mesquita, cada um no seu estilo, surpreendiam o público e os colegas, desde a década de 1930, com harmonias absolutamente incomuns para a sua época. Não há nada que se compare, em 1934, com *Inquietação*, de Ary Barroso, assim como poucas vezes, em qualquer tempo, foi feita uma música com a harmonia tão sofisticada quanto a de *Noturno em tempo de samba*, de Custódio Mesquita e Evaldo Rui, gravada por Sílvio Caldas em 44. Hekel Tavares e Valdemar Henrique, com suas canções regionais, já se destacavam em plena década de 1930 pela modernidade. José Maria de Abreu foi outro compositor-pianista que enriqueceu as suas músicas com acordes que nada tinham a ver com o panorama musical de sua época.

Na década de 1940, o grupo foi reforçado por compositores-violinistas, como Valzinho (Norival Carlos Teixeira) e Garoto (Aníbal Augusto Sardinha). Os dois, por sinal, atuaram juntos num conjunto chamado de Bossa Clube, que, embora sem muita popularidade, gozava de grande prestígio junto aos profissionais da música. Os choros de Radamés Gnattali também abriam caminhos para os compositores que desejavam ir além da música-padrão da época. Eram, são e serão sempre modernos. A introdução de recursos da música norte-americana na interpretação e na própria composição de nossa música deveu-se muito também aos cantores Dick Farney e Lúcio Alves. É clássico na história da música popular brasileira o episódio ocorrido no estúdio da gravadora Continental, quando o diretor artístico e compositor João de Barro pediu ao flautista e compositor Benedito Lacerda que ouvisse o samba que acabara de compor com Alberto Ribeiro, *Copacabana*. Benedito, líder do conjunto regional que mais participou de gravações de discos nas décadas de 1930 e 40, ouviu e comentou:

– Muito bonito, mas não é samba.

Precisando de um intérprete para a sua composição, Benedito pensou logo em Dick Farney (seu verdadeiro nome era Farnésio Dutra), cantor especialista em música norte-americana, que tentou tirar o corpo fora: "Mas, Braguinha, eu não sei cantar em português". João de Barro convenceu-o de que deveria cantar em português e que *Copacabana* era exatamente o tipo de música que melhor se adaptava ao seu jeito de cantar. Dick Farney não nutria a menor simpatia pela música brasileira tradicional. Numa entrevista concedida ao *Diário da Noite*, em 1952, afirmou que a nossa música só melhoraria quando se libertasse do pandeiro. O cantor não podia imaginar que aquela entrevista atingisse algumas pessoas como se fosse um soco no estômago. Pelo menos foi o que deve ter acontecido com Gilberto Dávila, que guardou a entrevista até entregá-la ao autor destas linhas, em fins da década de 1970, para que fosse incorporada ao seu arquivo de música popular. Gilberto viu na entrevista uma ameaça à sua sobrevivência profissional, o que, felizmente, não se concretizou, pois durante mais de meio século sustentou a família tocando pandeiro, inclusive em grupos de prestígio como a Orquestra Tabajara, de Severino Araújo, e no famoso conjunto de Jacob do Bandolim. Teve também grande participação nas gravações de disco. Era um extraordinário pandeirista.

Na chegada dos anos 50, com a exploração da vida noturna de Copacabana, os bares, boates e até os chamados inferninhos passaram a concentrar os instrumentistas identificados com a modernização da música popular brasileira. Criou-se até a expressão "música de boate" para classificar esse tipo de música que, na gravadora Continental, unia em torno de Antonio Carlos Jobim os intérpretes Dick Farney, Dóris Monteiro, Os Cariocas, Tito Madi, Lúcio Alves, Bill Far e outros, além de cantores de outras gravadoras como Dolores Duran. Mas foi na noite que a música popular começou a modificar-se. Até 1954, era um tipo de música que raramente chegava às gravadoras e com muito mais dificuldade era transmitido pelas emissoras de rádio. Os músicos e compositores envolvidos com a nova tendência, extremados como todos os jovens envolvidos numa revolução, tinham profundo desprezo por tudo que representasse a música brasileira tradicional. Nos momentos de folga do seu trabalho no Copacabana Palace, onde tocava com o conjunto de Fafá Lemos, João Donato recebia todas as noites a visita de João Gilberto. Os dois iam lá pra fora, sentavam-se na calçada do hotel e ficavam falando mal "deles". "'Eles' não querem", "'eles' atrapalham", "'eles' são quadrados" etc. "Eles" eram todos aqueles dotados de alguma forma de poder no mundo da música popular de então.

O pioneiro desse movimento na noite carioca foi Johnny Alf. É claro que Tom Jobim e Newton Mendonça já faziam músicas estranhas ao padrão estabelecido, mas Johnny Alf foi o mais radical. Tão radical que chamou a atenção dos demais quando passou a tocar piano e a cantar na Cantina do César, casa noturna criada pelo radialista César de Alencar. Quando Johnny estreou na noite carioca aos 23 anos, já contava com 14 anos de convivência com a música, pois iniciara os estudos de piano clássico aos nove anos de idade. Ainda menino, trocou os clássicos pela música norte-americana (Cole Porter e Gershwin em especial). Logo depois envolveu-se com o grupo responsável pelas apresentações de shows e de teatro do Instituto Brasil-Estados Unidos e, por sugestão de uma integrante do grupo, trocou o seu nome Alfredo José da Silva pelo pseudônimo Johnny Alf. O grupo transformou-se num clube que, em 1949, adotou o nome de Sinatra-Farney Fã-Clube, numa homenagem aos dois grandes ídolos dos seus componentes, os cantores Frank Sinatra e Dick Farney. Dois cantores – o patrono Dick Farney e a sócia Nora Nei – apresentaram Johnny Alf a César de Alencar, que o contratou para tocar e cantar na Cantina do César. Pelo menos no pequeno mundo dos engajados no processo de modernização da nossa música, Johnny foi um sucesso. Tom Jobim estava lá em todos os seus horários de folga. Lúcio Alves, João Gilberto, Armando Cavalcante e João Donato eram alguns dos freqüentadores assíduos da Cantina do César. A atriz e cantora Mary Gonçalves, que conquistara em 1952 o disputadíssimo título de Rainha do Rádio e que despontava como uma das atrações das chamadas chanchadas do cinema brasileiro, entusiasmou-se com a obra de Johnny Alf e gravou três das suas músicas no seu *long-play* de estréia, *Convite ao romance: Estamos sós*, *O que é amar* e *Escuta*. Em setembro de 1953, a gravadora Sinter lançou o primeiro disco do cantor Johnny Alf, um 78 rotações que apresentava, de um lado, *De cigarro em cigarro*, de Luís Bonfá, e, do outro, *Falseta*, do próprio intérprete. Na etiqueta do disco, a interpretação foi atribuída a "Johnny Alf e seu trio". O tal trio era constituído por nada menos do que o próprio Johnny no piano, Garoto no violão e Vidal, o baixista predileto de Radamés Gnattali. Mas a música do jovem pianista que mais chamaria a atenção dos demais instrumentistas e compositores, pelas audaciosas soluções harmônicas e mesmo melódicas, foi *Rapaz de bem*, apresentada pela primeira vez em 1953 na boate Mandarim, onde o autor se revezava com Newton Mendonça, e que só seria gravada pelo próprio Johnny Alf quase dois anos depois. Seu nome não apareceu com destaque na explosão da bossa nova porque, em 1955, mudou-se para São Paulo, onde permaneceu até 1961. E a bossa nova, como se sabe, foi um movimento musical predominantemente carioca.

No depoimento de Radamés Gnattali ao Museu da Imagem e do Som, Hermínio Belo de Carvalho lembrou-se do nome do compositor Valzinho como um dos modernizadores da música popular brasileira. Em seguida, foi estabelecido um diálogo exatamente sobre os pioneiros da bossa nova:

Jairo Severiano – Valzinho sabia música. Aliás, não sabia, mas fazia todos esses acordes de nona, décima primeira, décima terceira, fazia tudo.

Tom Jobim – *Doce veneno* que o diga, né? *Óculos escuros*...

Jairo – Isso tudo numa época em que pouca gente fazia.

Tom – Era o pessoal da Rádio Nacional.

Radamés – Acho que foram esses que começaram com a bossa nova.

Tom – É, vamos dizer que foram a base desse troço.

Hermínio – Garoto, Valzinho.

Tom – Garoto, Valzinho, Radamés...

Hermínio – Custódio Mesquita.

Tom – Custódio.

Hermínio – Mais tarde, várias pessoas, inclusive gente que ficou esquecida como Johnny Alf.

Radamés – Mas ele está vivo.

Tom – Muito bom.

Radamés – Têm certas coisas que não se entendem.

Jairo – Johnny Alf tem coisas boas.

Tom – Lindas, muito boas.

Logo depois da apresentação da peça *Orfeu da Conceição*, Antonio Carlos Jobim foi para o sítio comprado pelo seu padrasto, no povoado de Poço Fundo, em São José do Rio Preto, então distrito de Petrópolis. Descansado e respirando o ar puro da montanha, compôs no violão o que pretendia ser um choro de duas partes. Retornando ao Rio, tratou de telefonar ao parceiro Vinicius de Moraes para convidá-lo a ir à sua casa, onde mostraria a música que acabara de compor. Mas Vinicius estava de cama, com febre muito alta em decorrência de uma angina na garganta. Mal podia falar. Coube, assim, a Tom a missão de visitar o parceiro em sua casa, na Rua Henrique Dumond, nº 15, em Ipanema. Chegando lá, o visitante sentou-se numa cadeira ao lado da cama, contou as novidades até que, sem paciência para muita conversa, pegou o violão e tocou a música que compusera no sítio.

– Você gosta? – perguntou.

– Toca de novo – respondeu o poeta que, 10 anos depois, escreveria uma crônica na *Última Hora* narrando o encontro:

"Tom repetiu umas 10 vezes. Era uma graça total, com um tecido melancólico e plangente, e bastante 'chorinho lento' em seu espírito. Fiquei de saída com a melodia no ouvido e vivia a cantarolá-la dentro de casa, à espera de uma deixa para a poesia. Aquilo, sim, me parecia uma música realmente nova, original, inteiramente diversa de tudo que viera antes dela, mas tão brasileiro quanto qualquer choro de Pixinguinha ou samba de Cartola. Um samba todo em voltas, onde cada compasso era uma queixa de amor, cada nota uma saudade de alguém longe.

Mas a letra não vinha. De vez em quando, eu me sentava à minha mesa, diante da janela que dava para o Corcovado (a casa foi, é claro, transformada num prédio de apartamentos) e tentava. Mas o negócio não vinha. Acho que em toda a minha vida de letrista nunca levei uma surra assim. Fiz 10, 20 tentativas, houve uma ocasião que dei o samba como pronto, à exceção de dois versos finais na primeira parte, que eu sabia quais eram, mas que não havia maneira de encaixarem na música, numa relação de sílaba com sílaba. Já estava ficando furioso, pois Tom, embora não me telefonasse reclamando nada, estava esperando pelo resultado.

Uma manhã, depois da praia, subitamente a resolução chegou. Fiquei tão contente que cheguei a dar um berro de alegria, para grande susto de minhas duas filhinhas. Cantei e recantei o samba, prestando atenção a cada detalhe, a cor das palavras em correspondência à música, à acentuação das tônicas, aos problemas de respiração dentro dos versos, a tudo. Queria, depois dos sambas do *Orfeu*, apresentar a meu parceiro uma letra digna da sua nova música, pois eu a sentia nova, caminhando numa direção a que não saberia dar nome, mas cujo nome estava implícito na criação. Era realmente a bossa nova que nascia, a pedir apenas, na sua interpretação, a divisão que João Gilberto descobriria logo depois.

Dei o título de *Chega de saudade*, recorrendo a um dos seus versos. Telefonei para Tom e dei um pulo no seu apartamento. O jovem maestro sentou-se ao piano e cantei-lhe o samba duas ou três vezes, sem que ele dissesse nada. Depois, vi-o pegar o papel, colocá-lo sobre a estante do piano e cantá-lo, ele próprio. E, em breve, chamar a sua mulher em tom vibrante:

– "Teresa!"

Vinicius não contou, mas é certo que, ao tomar conhecimento da letra, Tom Jobim recebeu mais uma boa demonstração da musicalidade do parceiro. A primeira parte de *Chega de saudade*, em tom menor, com sabor bem seresteiro, ganhou uma letra digna do clima transmitido pela música: "A realidade é que sem ela/Não há paz, não há beleza/É só tristeza e a melancolia/Que não sai de mim/Não sai de mim/Não sai". Na segunda parte, em tom maior, é como se fosse Ipanema iluminada pelo sol, o novo e a esperança: "Mas se ela voltar/Se ela voltar/Que coisa linda/Que coisa louca/Pois há menos peixinhos a nadar no mar/Do que os beijinhos que darei na sua boca". Um perfeito casamento da letra com a música.

Oscar Castro Neves estava com 16 anos no segundo semestre de 1956 e, como tantos outros jovens violonistas, gastava muitas agulhas do seu toca-discos ouvindo sem parar o LP *Julie is her name*, lançado por Julie London naquele mesmo ano, através da gravadora Liberty Records. A paixão de Oscar não era exatamente pela interpretação de Julie mas pela guitarra de Barney Kessel na faixa *Cry me a river*. Lá estavam os acordes que ele ouvia sem parar, até conseguir repeti-los em seu violão. Kessel jamais suspeitou que a harmonia criada para as músicas do disco de Julie London impressionaria inúmeros jovens violonistas brasileiros. Pelo menos dois dos mais destacados personagens da bossa nova,

Oscar Castro Neves e Roberto Menescal, adotaram a guitarra de Kassel em *Cry me a river* como uma espécie de bíblia musical. Anos depois, quando o jornalista, compositor e produtor musical Nelson Motta lhe transmitiu essa informação, Barney Kessel manifestou grande surpresa: "Tive o tempo todo a convicção de que a bossa nova foi a que me influenciou, pois fiquei encantado com aqueles acordes dos brasileiros que pareciam errados e que, no entanto, eram apenas diferentes de tudo o que eu conhecia", confessou. O guitarrista norte-americano, por sinal, já devia estar habituado a diálogos como o que teve com Nelson Motta. Certa vez, quando se apresentava na Alemanha, foi abordado por Baden Powell: "Sou teu fã". "Que é isso, rapaz? Eu é que sou teu fã", respondeu Kessel.

Oscar e três irmãos formaram um conjunto musical ao qual deram o nome de American Jazz Combo e que chegou a apresentar-se numa emissora de rádio de Petrópolis. Além de Oscar no violão, participavam Mário no piano, Léo na bateria e Ico no contrabaixo. Durante um ensaio na casa em que moravam, no bairro de Laranjeiras, alguém sugeriu um telefonema para Antonio Carlos Jobim. Coube a Mário, o mais velho, a missão de telefonar:

– Tom Jobim, meu nome é Mário Castro Neves...

– Ah! Os irmãos Castro Neves – respondeu Tom, encorajando Mário a fazer a proposta sonhada pelo grupo.

– Nós temos um pequeno conjunto e gostaríamos de convidá-lo para tomar uma cervejinha e bater um papo aqui em casa.

– Um momentinho – disse Tom, convocando em seguida a mulher Teresa para as devidas consultas. Pediu o endereço e deu a melhor notícia do dia: – Está bem. Logo mais à noite pego um táxi e vou ver vocês.

Os irmãos Castro Neves ficaram seduzidos pelo charme de Tom, que, na época, pelo menos nas conversas informais, já parecia menos preocupado com a música do que com os pássaros, os peixes e as florestas. A música e a personalidade de Tom Jobim exerceram tal fascínio em Oscar Castro Neves que, ao ir para a cama naquela noite, estava com febre de 38 graus. Nos encontros seguintes, febre novamente. Oscar teria de esperar um bom tempo para que a visão do ídolo não provocasse qualquer alteração na temperatura do seu corpo.

Tom despontava como uma espécie de mito para os compositores jovens comprometidos com a modernização da música popular brasileira. E o que ele pensava da música? Foi o que o parceiro Vinicius de Moraes tratou de apurar, entrevistando-o para o jornal literário *Para Todos*. Vale a pena conhecer o pensamento de Tom Jobim, aos 29 anos, sobre a nossa música exposto neste diálogo com Vinicius em setembro de 1956 (é evidente que, ao transcrevê-lo, o poeta resolveu dar um ar solene às respostas do parceiro e colocou em sua boca palavras como amálgama e conquanto), quando o compositor já revelava alguma preocupação com as acusações de que utilizava recursos da música estrangeira em suas obras:

Vinicius – Você acha que existe uma música brasileira?

Tom – Sim, se chamarmos de música brasileira o amálgama de todas as influências recebidas e assimiladas, tornadas nossas pelo contato com a furiosa realidade brasileira. Chamamos autêntico um Ernesto Nazaré, conquanto ele traga uma enorme influência chopiniana. O que não posso concordar é com a identificação de alguns com a música brasileira de um determinado período e a negação conseqüente de outra música brasileira de outro determinado período. Achamos que isso é um falso nacionalismo e pensamos que a palavra para caracterizar esse modo de ser é saudosismo. Achamos saudosista a pessoa que se identifica com a música de determinado período e diz que só aquela música é boa. A realidade é que, na juventude, nos identificamos com uma série de valores da época e, depois da madureza, quando vem uma certa cristalização, costumamos citar esses valores assimilado como verdades absolutas. O que tento dizer neste momento já foi há muito explanado, aqui em *Para Todos*, na entrevista de Radamés Gnattali. As pessoas, as culturas, as músicas comunicam-se umas com as outras. Há sempre influências novas, como disse Radamés Gnattali, pois, de outro modo, a única música brasileira mesmo seria a dos tupis e guaranis, que, por sua vez, dizem o antropólogos, têm a sua origem na Oceania. O uso de instrumentos como o violino, harpa, oboé, trompa etc., na nossa música, é tão lícito quanto o do violão, do cavaquinho e da flauta, que também não são instrumentos inventados no Brasil.

Vinicius – Você acha que é necessário preservar as principais características dessa música, de modo a conservar-lhe a integridade?

Tom – A integridade da música brasileira se acha garantida e não depende da minha resposta. As vestimentas orquestrais jamais afetarão o seu perfume.

A música popular brasileira pode entendida por um russo, por um francês, por um italiano ou por um norte-americano. Um compositor erudito pode fazer música com os seus ipsilones pessoais, mas um povo, qualquer que seja, jamais fez música ruim ou de difícil compreensão. Creio que a música brasileira, dentro de meio século, surpreenderá o mundo.

Vinicius – Sendo um músico tão moderno, como conseguiu colocar-se dentro do espírito de seus novos sambas, como os que fez para *Orfeu da Conceição?*

Tom – Não acredito em músicos "modernos" que não sabem fazer música "antiga".

Vinicius – Como explica a divergência existente entre os puristas do samba carioca e os chamados ecléticos?

Tom – Essa divergência existirá em todas as épocas. A música evolui à revelia de muitos e, se eu amanhã me tornar um cristal, ela, à minha revelia, evoluirá.

Depois do *Orfeu da Conceição*, Tom Jobim passou a ser ídolo de uns, mas não abria mão da sua condição de fã de outros. Os maestro Radamés Gnattali, Léo Peracchi, Lírio Panicalli e o compositor Ary Barroso nunca deixaram de ser seus ídolos. E foi Léo Peracchi que, em companhia da sua mulher, a cantora Lenita Bruno, o levou pela primeira vez à presença do maior ídolo, Heitor Villa-Lobos. Tom Jobim dizia que esteve três vezes com Villa, mas em seus depoimentos falou apenas do primeiro encontro. Além de grande amigo do genial compositor, Peracchi foi durante muitos anos o responsável pelas orquestrações das obras criadas por ele. Ninguém melhor, portanto, para levar o jovem admirador à presença do monstro sagrado. A emoção de Tom só não foi maior porque a apresentação foi marcada por um equívoco decorrente do grande barulho que havia na casa:

– Villa, este é Antonio Carlos Jobim, autor da música do *Orfeu da Conceição.*

– Ah, sim! – e cantarolou: "Conceição/Eu me lembro muito bem..."

Confundiu *Orfeu da Conceição* com o samba-canção *Conceição* (Dunga e Jair Amorim), grande sucesso na interpretação de Caubi Peixoto. Mas Tom guardou outras lembranças do encontro:

"O maestro estava doente, já tinha operado a próstata na Clínica Mayo. Negócio de câncer. Nesse tempo, ele estava casado com dona Arminda, que era uma fera, não deixava ninguém chegar perto do maestro. Havia na casa um camarada tocando violino, um soprano estava cantando, isso tudo num apartamento na Rua Araújo Porto Alegre, em cima do Bar Vermelhinho, em frente à sede da ABI. Era um apartamento relativamente pequeno. Na sala ao lado, havia um Ampex tocando uma sinfonia de Villa e ele estava sentado numa mesa, com uma caneta tinteiro, escrevendo uma partitura imensa para o filme *Green Mansions*, da Metro. Olha a cena: o soprano, o violinista, havia também um camarada tocando piano, o Ampex a toda e umas 15 pessoas conversando, algumas em francês, e tomando uísque. Um barulho danado. Aí, o Léo ludibriou a guarda de dona Arminda – que continuava impedindo que alguém chegasse perto para chatear o maestro – e a gente se aproximou. Ele estava lá, escrevendo a tinta! Um sujeito que escreve a tinta é um camarada que não erra. Eu, por exemplo, trabalho com lápis e borracha. Às vezes, mais com borracha do que com lápis. O Léo fez a tal apresentação que gerou aquele equívoco em torno da palavra Conceição. Fiquei ali, esperando uma brecha para falar alguma coisa e que ele me concedesse a graça da sua atenção. Ali, na distância regulamentar, para não irritar dona Arminda. E ele escrevendo. Quando, finalmente, surgiu a oportunidade, perguntei: 'Este barulho não perturba, maestro?' Ele me respondeu: 'A gente tem dois ouvidos: o ouvido de dentro e o ouvido de fora. O ouvido de dentro não tem nada a ver com o ouvido de fora.'"

Heitor Villa-Lobos, um homem atento a tudo, leitor de jornais e ouvinte assíduo de rádio, certamente não desconhecia que *Orfeu da Conceição* era uma peça teatral apresentada com grande repercussão no Teatro Municipal. Villa-Lobos era tão atento que passava o dia inteiro com o rádio ligado, dando opiniões sobre os cantores e sobre os arranjos, pois detestava aqueles que chamava de "americanizados". Se não viveu o suficiente para conhecer o LP com músicas de Tom Jobim e interpretadas por Lenita Bruno, lançado poucos meses antes da sua morte, ouviu com toda certeza o disco *Canção do amor demais*, de 1958, em que Elizeth Cardoso interpretou magnificamente o repertório de Tom e Vinicius de Moraes, incluindo-se algumas peças bem camerísticas. Tanto que, pouco antes de morrer, alertou o compositor Cláudio Santoro (que transmitiu a história para Tom): "Estou partindo. Os dois que podem seguir-me são você e o Antonio Carlos Jobim. Cuidado com o Tom na canção de câmera. Ele sabe escrever, é um perigo".

Na passagem de 1956 para 1957, Tom já poderia olhar para trás e perceber que sua carreira de compositor, orquestrador e pianista começava a colocá-lo numa posição de destaque na música popular brasileira. Em 1953, três músicas de sua autoria (*Incerteza*, *Pensando em você* e *Faz uma semana*) foram gravadas; em 1954, mais três (*Solidão*, *Outra vez* e *Teresa da praia*, além da *Sinfonia do Rio de Janeiro*); em 1955, outras duas (*Se é por falta de adeus* e *O que vai ser de mim*) e, em 1956, foram nove composições (*O que vai ser de mim*, *Foi a noite*, *Vem viver ao meu lado*, *Teu castigo*, *Pé grande*, *Só saudade*, *Samba não é brinquedo*, *A chuva caiu* e *Sonho desfeito*, sendo que *Foi a noite* teve quatro gravações e *A chuva caiu*, duas), que se somaram às músicas da peça *Orfeu da Conceição*. De todas as canções gravadas, apenas três eram de autoria de Tom Jobim: *Pensando em você*, *Outra vez* e *O que vai ser de mim*. Deixando de considerar a gravação de um LP com a parceria de Billy Blanco e outro com a de Vinicius de Moraes, o parceiro mais constante de Tom era Newton Mendonça (quatro músicas), vindo a seguir Alcides Fernandes e Luís Bonfá (cada qual em duas). Numa das gravações de 1956 – a de *Pé grande*, pelo trombonista Raul de Barros e seu conjunto, com arranjo de Tom Jobim – foi formada uma parceria que nunca mais se repeteria, com os consagrados compositores Paulo Soledade e Armando Cavalcante, companheiros de rodas boêmias.

O ano de 1957 foi dedicado mais à produção de músicas do que às gravações. As novidades em disco foram apenas quatro: *Luar e batucada* (parceira de Newton Mendonça) com Silvinha Telles; *Sucedeu assim* e *Frase perdida* (parceria em ambas de Marino Pinto), sendo que a primeira mereceu três gravações naquele ano, com Ernani Filho, Vanja Orico e Silvinha Telles. *Frase perdida* também foi gravada por Ernani Filho e *Por causa de você* (parceria de Dolores Duran) com Silvinha Telles. No mais, eram regravações, algo que, por sinal, não era muito comum no mercado brasileiro de discos. Até então, eram raras as músicas gravadas por mais de um intérprete. *Se todos fossem iguais a você* chegaria ao fim de 1957 com quatro gravações (Roberto Paiva, Roberto Luna, Tito Madi e Silvinha Telles) e teria dezenas de gravações até a chegada da década de 1960. Mas a recordista de gravações, até o final do ano, seria *Foi a noite*, a bela canção que compôs com Newton Mendonça. Já havia sido gravada em 1956 por Silvinha Telles, Caubi Peixoto, Osni Silva e

Helena de Lima e, no ano seguinte, por Almir Ribeiro e Tito Madi. *Por causa de você*, gravada pela primeira vez por Silvinha Telles em 1957, também estava destinada a ter muitas gravações. A sua melodia foi criada por Tom para receber letra de Vinicius de Moraes, mas Dolores Duran não resistiu e saiu na frente, escrevendo a letra com um lápis de sobrancelha. Com o mesmo lápis, mandou um bilhete para Vinicius: "Meu poeta, outra letra é covardia, hem!"

Foi uma fase extremamente produtiva para o compositor Antonio Carlos Jobim. Passava noites inteiras com Newton Mendonça, na residência de um ou de outro ou ainda nas casas noturnas em que Newton atuava como pianista para melhorar o seu orçamento, já que o salário de funcionário do Hospital dos Servidores do Estado era insuficiente. Geralmente, Tom ia para as boates e, quando saía o último cliente, dava início aos trabalhos com Newton Mendonça. De todos os parceiros, era o único que dividia com ele a elaboração das letras e das músicas. Havia um acordo pelo qual o anfitrião ficava com o piano e o visitante com o caderno para fazer as anotações das músicas e das letras que iam nascendo. Já os encontros com Dolores Duran, Marino Pinto e Vinicius de Moraes ocorriam quase sempre no apartamento 201 da Rua Nascimento e Silva, 107. As visitas de Vinicius de Moraes levaram Tom a ter uma nova preocupação: não deixar que a casa ficasse sem uísque. Tal preocupação não existia antes porque Tom Jobim gostava mesmo era de cerveja. Bebia uísque raramente e, ainda assim, na casa dos outros. Mas a amizade com Vinicius levou-o a aderir ao saboroso néctar escocês e a abastecer a casa. E Tom gostava de beber uísque com o parceiro. Mais do que isso: adorava a convivência com Vinicius de Moraes, a quem admirava principalmente pela simplicidade. Sendo um grande poeta, um homem que falava muito bem várias línguas e sendo amigo de tanta gente importante, brasileira e estrangeira, tratava todas as pessoas como se fosse um ser humano comum, igual a todo mundo. Tom deslumbrava-se com ele. Às vezes, Vinicius levava-o a festas em casarões de gente muito rica, na Gávea ou no Cosme Velho, e Tom ficava admirando a desenvoltura do poeta no meio daquelas mulheres elegantíssimas, "todas de banho tomado e cheirando bem", pontificando como a grande atração da festa. As reuniões com ele na casa de Tom varavam a madrugada, até que, no dia 26 de agosto de 1957, Teresa teve uma filha, que ganhou o mesmo nome da avó (mãe de Teresa), Elizabeth.

Num apartamento de dois quartos qualquer barulho acordava a menina. Quando tal coisa ocorria, Teresa pedia o fim da reunião, obrigando a que Tom, Vinicius e quem mais estivesse em casa saíssem de copo na mão em direção à casa de Carlos Madeira, morador no número 91 da Nascimento e Silva, onde permaneciam até altas horas da noite. Muitas vezes, sabendo que tinha de acordar cedo para abrir o laboratório de análises clínicas fundado pelo seu pai e agora sob seu comando, Madeira resolvia tudo de maneira simples: "Vocês fiquem aí que eu vou dormir". De vez em quando, Teresa telefonava apavorada: "A minha casa está sem um copo". "Estão todos aqui", esclarecia Madeira.

Além de compor sozinho e com os parceiros, Tom Jobim teve também de criar em 1957 a música para um disco intitulado *O pequeno príncipe*, baseado no livro famoso de Antoine Saint-Exupèry, mais um lançamento da Festa, uma espécie de gravadora alternativa, mantida por Irineu Garcia e que se especializara na gravação de discos de poesias recitadas pelos próprios poetas. Pela Festa saíram discos com as vozes e os poemas de Manuel Bandeira, Carlos Drummond de Andrade, Pablo Neruda e vários outros poetas. No disco *O pequeno príncipe* a tarefa de Tom foi criar uma espécie de trilha sonora para ilustrar o texto interpretado pelo ator Paulo Autran e um pequeno elenco. Foi mais um trabalho de Tom nascido no Vilarino, onde Irineu Garcia fez o convite. Outro acontecimento importante de 1957 em matéria de disco foi o lançamento do LP de 10 polegadas *Carícia*, com Silvinha Telles. Tom escreveu para o disco os arranjos de *Por causa de você*, *Se todos fossem iguais a você* e *Foi a noite*. Ainda em 1957, passou a dividir com o maestro Osvaldo Borba a regência da orquestra de *Noite de Gala*, provavelmente o maior programa de televisão na época. Toda segunda-feira, vestia o *smoking* para reger a orquestra do famoso programa. Aliás, foi com o *smoking* que vestia em *Noite de Gala* que Tom foi à maternidade para visitar Teresa e conhecer a filha Beth.

O ano ainda não terminara quando Antonio Carlos Jobim teve um reencontro tão importante quanto aquele com Vinicius de Moraes no Vilarino. Certa noite, a campainha do apartamento tocou e, ao abrir, viu o fotógrafo Chico Pereira acompanhado de João Gilberto, a quem não via havia muito tempo. Fazia alguns anos que João trocara o Rio de janeiro por Porto Alegre e pela Bahia. Tom convidou-os para entrar e Chico lhe disse que tinha ouvido algumas músicas de João Gilberto tão "diferentes" que, pelo menos na sua avaliação, uma pessoa se interessaria em conhecê-las: Antonio Carlos Jobim. João Gilberto pegou o violão e mostrou duas músicas de sua autoria: *Bim-bom* e *Oba-lá-lá*. Mais do que as músicas, originalíssimas, sem dúvida, o que impressionou Tom Jobim foi o violão de João Gilberto. "O que é isso, João?", perguntou. "Tirei dos requebros das lavadeiras de Juazeiro", disse João Gilberto, dando uma resposta que repetiria algumas vezes em entrevistas, sempre que perguntado sobre a origem da sua famosa batida no violão. Tom Jobim mostrou várias músicas inéditas ao piano e uma, *Chega de saudade*, ao violão, dizendo que algumas delas já haviam sido selecionadas para um *long-play* em que Elizeth Cardoso cantaria apenas músicas dele e de Vinicius. João Gilberto ficou encantado *com Chega de saudade* e passou o resto da noite tocando e cantando a música e divertindo-se com os acordes que aprendera com Tom e com outros que ia pesquisando. No final da noite, Tom convidou-o para participar como violonista da gravação do disco de Elizeth Cardoso, marcada para dezembro de 1957 e cujos arranjos já estavam sendo elaborados.

O disco de Elizeth Cardoso foi mais uma iniciativa que nasceu nas mesas do Vilarino. Lá, Irineu Garcia conversou com Tom Jobim, Vinicius e com a própria Elizeth, freqüentadora do bar, embora não fosse exatamente uma apreciadora de bebidas alcoólicas. Todos de acordo com a gravação, ficou estabelecido que a cantora iria no dia seguinte à casa de Jobim ("Rua Nascimento e Silva, 107/ Você ensinando pra Elisete/As canções de *Canção do amor demais*", diz a letra do samba *Carta ao Tom*, de Toquinho e Vinicius, feito quase 20 anos depois) para participar da seleção das músicas, enquanto Irineu Garcia trataria com os irmãos Vitale, proprietários de uma das maiores editoras de música do Brasil e da gravadora Copacabana, para convencê-los a permitir que a sua contratada Elizeth Cardoso gravasse o disco na gravadora Festa. Ao ouvir algumas músicas sugeridas pela dupla de compositores, Elizeth pensou até em desistir do disco. Até então, nenhum cantor popular se atrevera a gravar um *long-play* com canções tão sofisticadas, boa parte delas de sabor camerístico, "uma coisa intelectual", como diria ao namorado César Tedim, no momento em que manifestava a sua preocupação com a responsabilidade que lhe era atribuída pelos compositores. Mas Tom e Vinicius a conheciam muito bem e sabiam do seu potencial.

Afinal, uma cantora capaz de interpretar com perfeição uma música tão difícil quanto *Noturno em tempo de samba*, de Custódio Mesquita e Evaldo Rui, estaria perfeitamente à vontade como intérprete daquelas músicas. Foram gravadas 13 obras, sendo duas (*As praias desertas* e *Outra vez*) apenas de Tom e outras duas (*Serenata do adeus* e *Medo de amar*) só de Vinicius de Moraes. O resultado foi esplêndido. Com as exceções de *Chega de saudade*, em que nem o arranjo de Tom nem a interpretação de Elizeth (que chegou a errar a letra. Cantou "que é pra acabar com esse negócio de jamais viver sem mim" em vez de "que é pra acabar com esse negócio de você viver sem mim") foram grande coisa, e do fraco baião *Vida bela*, as demais faixas ficaram irretocáveis. É um disco que não pode faltar em qualquer antologia das gravações brasileiras de todos os tempos. As faixas que a cantora mais temia são exatamente as mais belas: *Modinha*, *Canção do amor demais*, *As praias desertas* e *Estrada branca*. Graças a elas, Elizeth Cardoso seria convidada pelo maestro Diogo Pacheco, seis anos depois, para interpretar Villa-Lobos no Teatro Municipal de São Paulo e do Rio de Janeiro. Diogo estava atrás de uma cantora sem os cacoetes do canto lírico, ou seja, queria uma cantora capaz de convencer o público de que cantava em português. Em seus arranjos, que conferiram ao disco um requinte muito especial, Tom usou instrumentos raramente utilizados nas gravações de música popular no Brasil como harpa, trompa e fagote. Nos instrumentos mais comuns, ele próprio selecionou os seus músicos preferidos, como Copinha (flauta), Juquinha (bateria) e os irmãos trombonistas Maciel (identificados no meio musical pelos apelidos de Maciel "Bom" e Maciel "Maluco"). Como *spalla* dos violoncelos, Nídia Soledade, a irmã de Tico Soledade. No disco, João Gilberto gravou pela primeira vez a batida no violão que se tornaria a marca mais expressiva da bossa nova, acompanhando Elizeth nas faixas *Chega de saudade* e *Outra vez*. Antes de gravar, João convocou a cantora para um rápido ensaio no corredor da gravadora e deu as dicas sobre a melhor maneira de cantar as duas músicas. As duas faixas chamaram a atenção das pessoas mais atentas às novidades musicais. O crítico de música popular do jornal *O Globo*, Sílvio Túlio Cardoso, por exemplo, depois de gastar todos os adjetivos disponíveis para exaltar o disco, chamou a atenção para a "graça rítmica e originalidade melódica de *Outra vez* e *Chega de saudade*". Vale a pena lembrar que *Outra vez* fora gravada em 1954 por Dick Farney, em andamento de samba-canção, sem qualquer sinal de que seria um dos carros-chefe da bossa nova. Mas, por melhor que fossem os arranjos e por mais significativas que fossem as novidades, a faixa mais emocionante do disco foi *Estrada branca*, apresentando apenas o canto de Elizeth e o piano de Antonio Carlos Jobim. Biscoito fino, como diria Oswald de Andrade. Tom gostou muito da gravação, até porque tinha um apreço especial por *Estrada branca* (certa vez, ao ouvir seu amigo Marco Antônio Bompet dizer que *Estrada branca* era a música mais bonita que ele havia feito, "fez uma cara de quem aprovava", segundo contou Bompet). Até morrer, em maio de 1990, Elizeth Cardoso sonhava gravar novamente o disco inteiro, por achar que, em dezembro de 1957, sua voz estava muito aguda. Com o tempo, o timbre mudou e passou a emitir melhor as notas graves.

A gravação do *long-play*, no estúdio da Columbia (a fabricação ficou por conta da Odeon), correu muito bem, deixando todos os envolvidos satisfeitos. A única divergência só apareceu depois, quando se discutiu o título do disco: Tom Jobim queria *Eu não existo sem você* e Vinicius de Moraes, *Chega de saudade*. Prevaleceu a opinião do dono da gravadora, Irineu Garcia: *Canção do amor demais*. No texto da contracapa, escrito a mão, Vinicius de Moraes contou que, desde *Orfeu da Conceição*, foram raros os encontros com o parceiro que não resultassem em novas músicas. Deu a receita: "Ponha-se Antonio Carlos Jobim ao piano – e é difícil encontrá-lo longe de um – e, em breve, de dois ou três acordes, nascerá entre nós um olhar de entendimento; e de seus comentários cifrados ('Isto são as pedras, poeta'; 'Os pequenos caracóis listrados debaixo das folhas secas'; 'Chegamos à galáxia'), eu terei sabido extrair exatamente o que ele me quer ouvir dizer em minha letra. E nunca houve entre nós quaisquer reservas no sentido de um tirar o outro de um impasse durante o trabalho. É possível mesmo que tudo isso se deva ao fato de que ele crê na poesia da música e eu creio na música da poesia". Depois de assinalar que, com o LP, ninguém quer provar nada, "senão mostrar uma etapa do nosso caminho de amigos e parceiros no divertidíssimo labor de fazer sambas e canções (...) e dar alimento aos que gostam de cantar, que é coisa que ajuda a viver", Vinicius de Moraes fez uma curiosa observação sobre a obra anterior do parceiro: "A graça e a originalidade dos arranjos de Antonio Carlos Jobim não constituem mais novidade, para que eu volte a falar deles aqui. Mas gostaria de chamar a atenção para a crescente simplicidade e organicidade de suas melodias e harmonias, cada vez mais libertas da tendência um quanto mórbida e abstrata que tiveram um dia. O que mostra a inteligência de sua sensibilidade, atenta aos dilemas do seu tempo, e a construtividade do seu espírito, voltado para os valores permanentes na relação humana". A que fase de Tom Jobim referia-se ele ao lembrar da "tendência um quanto mórbida e abstrata"?

Canção do amor demais foi lançado nos primeiros dias de julho e já no dia 11 mereceu algumas linhas na *Última Hora*, escritas pelo importante cronista Antônio Maria: "Ouvimos ontem o novo LP de Vinicius e Tom gravado por Elizeth Cardoso. Uma beleza a maioria das canções. Grande categoria dos arranjos orquestrais. Elizeth está melhor do que nunca em *Serenata do adeus*". Vários outros comentários publicados na imprensa carioca contemplaram o disco com uma unanimidade francamente favorável. Não chegou a ser um sucesso de vendas, mas vendeu bem mais do que Irineu Garcia previu para os irmãos Vitale, quando, malandramente, os convenceu a liberar Elizeth Cardoso para gravar. Seria "um disco de poemas de Vinicius musicados por Antonio Carlos Jobim" que só interessaria a uma parte do público de livros, aquele que gostava de poesia. Vinicius de Moraes não participou do lançamento do disco, porque estava em Montevidéu.

De lá, o poeta escreveu ao parceiro, recebendo a resposta em carta datada de 28 de junho de 1958. Em sua correspondência, Tom fez referência ao filme *Pista de grama*, dirigido por Haroldo Costa, cuja trilha sonora foi inteiramente elaborada por ele. Haroldo encomendara à dupla uma obra inédita, sendo escolhida *Eu não existo sem você*. A música foi cantada por Elizeth Cardoso durante uma cena que mostrava uma festa realizada num casarão de Jacarepaguá (de propriedade de um dos produtores do filme, Abelardo Acetta, que mantinha um haras junto à casa). Acompanhando Elizeth nada menos do que João Gilberto ao violão e de Tom ao piano. Choveu muito na hora da filmagem, levando os figurantes que faziam o papel de convidados a correrem todos para dentro da casa, o que dificultou muito o trabalho do câmera. Resultado: o filme mostra Elizeth cantando, João Gilberto tocando violão, mas não houve ângulo que permitisse à câmera enquadrar também Tom Jobim, razão pela qual os espectadores de *Pista de grama* ficaram com o som do piano, mas sem a imagem do pianista.

O missivista deu informações a Vinicius sobre o trabalho e o rendimento da dupla (a Letícia citada por ele é irmã do parceiro), desenhou uma praia com coqueiros e uma montanha parecida com a dos Dois Irmãos ("para o poeta matar a saudade de Ipanema") e fez uma tentativa de reprodução do rosto de Vinicius olhando o que Tom identificou como "US$ US$ US$". Algumas linhas da carta foram cedidas a João Gilberto, que deu um recado bem ao seu estilo. Eis a carta:

"Querido Vin.

Acordei, tateei os cigarros e encontrei tua carta. Respondo-te presto. É a primeira que escrevo, mas, na cama, já te havia escrito duas que não botei no papel. Diziam mais ou menos o seguinte: o nosso LP, ótimo, terminei o *Pista da grama* (o filme) e caí na hibernação do dever cumprido. Em suma a ordem divina foi: 'dá uma folga ao Tom'. Os dias andam lindos e frios e é agradável o sol do meio-dia. Ponho o *short* azul (tão folgado que as pernas ficam finas) e vou flanando pelas calçadas gozando as delícias de não ser. 'Eu não gosto de leite, mas sim dos seus derivados', dizia o meu nobre poeta. O dinheiro está no banco e eu com a tartaruga no bolso.

Time is money. Negócios – Falei com Irineu [Garcia] a respeito da meia dúzia de *long-plays*, mas isso há uma semana. Vou checar. Telefonei para Letícia dizendo que a SBACEM nos deu Cr$ 46 mil de prêmio (Cr$ 23 mil a cada um). Talvez sejam os Cr$ 20 mil a que você se refere. Em todo caso, vou falar com Ary [provavelmente, Ary Barroso, que durante muitos anos foi presidente da SBACEM]. Letícia já recebeu. Telefonei para Letícia dizendo que tens Cr$ 13.800,00 na Columbia, pois foi isso que recebi de *Se todos fossem iguais a você*. Este é o disco Columbia que tem o sucesso *Alone* na outra face [Tom se refere a um disco gravado pela cantora Lana Bitencourt], porém me disseram que a maior parte da grana virá no próximo trimestre.

A RGE Discos tem *Se todos fossem iguais a você* pela Maysa e o Scatena [proprietário da RGE] me disse que tem dinheiro para nós. Irineu encomendou na Odeon mil *long-plays* de *Canção do amor demais*. Depois, pediu mais 2 mil e, agora, mais 2 mil. O dinheiro virá mais tarde.

A SBACEM, com a modificação dos estatutos, aumentou sua cota mensal. Betinha está no colo de Jonas, que acabou de chegar, e jogou tua carta no chão (João leu a carta).

João vai falar: 'Um abraço para você. Sua falta é muita e muita saudade. Quando Tom acabou o filme trouxe uma porção de flores dentro de uma cestinha, arrumadinho e tudo, para Teresinha. E eu fiquei olhando assim aquela coisa e me lembrei de você. Achei que você entendia tão perfeitamente as flores.'

Depois dessa ternura toda do João é preciso dizer adeus. Irineu ainda não fez o lançamento oficial do nosso *long-play*, que será feito no Rei da Voz de Copacabana (Abraão Medina). Irineu quer você aqui com Elizeth, com Tom & orquestra e tudo mais em *Noite de gala*. Quer que vamos a São Paulo etc. etc. Os disco (macete do Irineu) serão autografados e vendidos a Cr$ 500,00 cada.

Não tome muito Sambulex.

Tudo de bom pra você.

Não beba (muito)!

Saúde, saudade

SAUDADE.

VOLTE.

Tonzinho

P.S. – Tudo que souber *about* grana falarei com Letícia".

Tom continuava "correndo atrás do aluguel", como costumava dizer, daí a importância atribuída aos aspectos financeiros da sua parceria com Vinicius. Mas os planos de receber pagamento da gravadora Festa esbarrariam em graves dificuldades. Ao empresário e boêmio Irineu Garcia poderia ser atribuída a frase dita pelo jornalista Prudente de Morais Neto, quando advertido para que não fosse trabalhar no *Diário Carioca*, que não tinha o hábito de pagar aos seus empregados: "Não paga, é verdade. Mas não paga com uma simpatia...". Irineu conhecia, pelo menos, o ritual do bom pagador. Tanto que, em dezembro de 1958, enviou para Tom e Vinicius o relatório de vendas de *Canção do amor demais*. Lá estava: em junho, foram vendidos 628 discos; em julho, agosto e setembro, 1.891; em outubro, 316, e, em novembro, 310, ou seja, 3.145 discos vendidos em cinco meses, sem contar dezembro, o mês de maior vendagem em todo o ano. Tom encontrava-se com Irineu no Vilarino, falava em pagamento, mas acabava envolvido pelo charme do patrão. Este, por sua vez, fazia questão de que todos soubessem dos pagamentos feitos. Certa tarde, ao entrar no Vilarino, viu o compositor na mesa do fundo e comunicou em voz alta: "Tom Jobim, acabei de pagar a sua conta telefônica". Constrangido, Tom resmungou para João Araújo, que se iniciava no mundo do disco, do qual se destacaria como um dos seus personagens mais importantes: "O problema é que ele me deve muito mais do que uma conta telefônica".

"Uma noite", é Aloysio de Oliveira quem conta, "Tom me telefonou dizendo que fosse com urgência à sua casa para ouvir um rapaz baiano que cantava e tocava piano diferente. João cantou *Bim-bom* e *Chega de saudade*. Marquei teste para o dia seguinte na Odeon, pois teria de convencer a diretoria da gravadora. Os diretores não fizeram uma cara muito boa, mas, vendo o nosso entusiasmo, resolveram arriscar".

Não seria fácil convencer os diretores da gravadora, geralmente interessados apenas nas possibilidades comerciais de cada disco. Não imaginavam que, com aquela voz, com aquele tipo de interpretação e com o que seria a famosa batida no violão, João Gilberto pudesse agradar aos consumidores. Que batida era essa? Em seu depoimento para o livro *Música popular brasileira*, de José Eduardo (Zuza) Homem de Melo, o violonista e compositor Roberto Menescal afirmou que João "apenas sincopou, fazendo a síncope cair sempre nos mesmos lugares". E contou como pegou a batida: "Só tive dificuldade de pegar a batida na primeira semana. Grudei no João uns 10 dias, jantei, almocei e tomei café com ele até pegar a batida. Carlinhos (Lyra) fez a mesma coisa. Para nós foi um pouco difícil, porque era uma coisa inteiramente nova, mas sabíamos que íamos assimilar logo. Eu peguei de um jeito, Carlinhos já pegou de outro, mas tudo na base do João. E você vê que cada um que pegava contribuía com alguma coisa por não conseguir pegar (inteiramente) a batida de João". Menescal e Carlos Lyra tocavam violão há algum tempo e até abriram um curso em Copacabana, ao qual se incorporou a jovem Nara Leão (cujo apartamento na Avenida Atlântica era um local permanente de reuniões dos integrantes do movimento que resultaria na bossa nova), não como aluna, mas como professora, pois já havia estudado violão com Patrício Teixeira, o veterano cantor e violonista, que pretendia prepará-la para ser uma concertista. Nara se irritava muito com as versões de que fora aluna de Menescal e Lyra, mas nunca veio a público para desmenti-las. Durante muito anos, fora aluna, sim, do violonista e cantor Patrício Teixeira.

Se Roberto Menescal e Carlos Lyra, violonistas identificados com o que havia de mais moderno em matéria de técnica do instrumento, encontraram dificuldades para assinalar a batida, é fácil imaginar o que aconteceu com os instrumentistas habituados à nossa música tradicional. Paulo Tapajós, que desde fins da década de 1920 lidava com música, na condição de cantor, compositor, violonista, produtor musical, radialista e especialista em modinhas, era o diretor social do Fluminense Futebol Clube quando Roberto Menescal fez uma apresentação para os sócios do clube: "Achei aquela execução tão confusa que pensei: se, de agora em diante, tocar violão vai ser assim, nunca mais toco violão", revelou ao autor destas linhas.

Baden Powell, possivelmente o maior violonista de música popular que o mundo já produziu, deu a sua explicação sobre os estilos antigo e moderno de tocar violão, no depoimento prestado ao livro de Zuza Homem de Melo:

"No modo antigo de tocar violão, no samba tipo regional, o dedo bate mais ou menos de qualquer maneira, à brasileira, vamos dizer assim. A mão cai no violão à vontade. Você pega três cordas com três dedos, dá sempre o baixo; João colocou o ritmo com a técnica, por isso é que ficou mais limpo para se ouvir. (...) Acho que João Gilberto fez o seguinte: ficou com os tamborins das escolas de samba. É o troço mais nítido que você ouve no meio daquilo tudo. E a parte embrulhada ele tirou".

Carlos Lyra completou a explicação de Baden Powell lembrando que "a posição de João era diferente. Ele tocava com os cinco dedos e com a mão invertida, ou seja, com o indicador pulsando a prima e o dedo mínimo também. Tocava com os cinco dedos e não com a escala correta. O violão de João é, ao mesmo tempo, um instrumento de harmonia e rítmico, nunca um instrumento melódico, como em Bonfá e outros. O violão é que acompanhava a voz; não fazia contraponto, nada disso". No mesmo livro, Tom Jobim lembrou que, "quando João cantava, havia um jogo rítmico entre o violão, a voz e a bateria. Não era uma batida estandardizada que se repetia sempre, como mais tarde se tornou; não era um clichê. No momento em que vira clichê, não interessa mais a ninguém. Absolutamente, João não era assim. Cada caso era um caso. Havia uma combinação rítmica da melodia com a harmonia, que dizer, a harmonia num ritmo e a melodia noutro. Muitas vezes, a coisa ia caindo com a diferença de semicolcheias. No *Bim-bom*, por exemplo, você vê a dissociação entre o acompanhamento que ele faz no violão e o que ele canta, gerando essa terceira coisa que eu acho importantíssima". Em seu depoimento, Roberto Menescal lembrou também que Tom "já fazia quase tudo que a gente faz hoje em dia", procurando chamar a atenção para o fato de que a dupla Tom-João Gilberto foi a mais forte influência da sua geração.

João Gilberto não estava satisfeito com vários aspectos da música popular brasileira. "Aquelas orquestronas, uma coisa muito feia", disse ele a Tárik de Souza numa entrevista de 1971 para a revista *Veja*. E não gostava particularmente dos vibratos da maioria dos cantores: "'Mariiiiiina, moreeeeeena, Mariiiiina/Você se pintoooooou'. Eu achava que não era nada disso". Nessa entrevista, deu outras opiniões sobre a arte de cantar:

– Outra coisa que eu não concordava eram as mudanças que os cantores faziam em algumas palavras, fazendo o acento do ritmo cair em cima delas para criar um balanço maior. Acho que as palavras devem ser pronunciadas da forma mais natural possível, como se estivesse conversando. Qualquer mudança acaba alterando o que o letrista quis dizer com seus versos. Outra vantagem dessa preocupação é que às vezes você pode adiantar um pouco a frase e fazer às vezes com que caibam duas ou mais num compasso fixo. Com isso, pode-se criar uma rima de ritmo. Uma frase musical rima com a outra sem que a música seja artificialmente alterada.

A relação do cantor com o acompanhamento era outra preocupação de João Gilberto: "Geralmente", disse ele, "o cantor se preocupa com a voz emitida da garganta e sobe muito, deixando o violão – ou qualquer outro instrumento de acompanhamento – falando sozinho lá embaixo. É preciso que o som da voz encaixe bem na do violão, com a precisão de um golpe de caratê, e a letra não perca sua coerência poética".

Foi um teste informal. João Gilberto chegou na Odeon em companhia de Tom Jobim e foram para sala de Aloysio de Oliveira, para onde foram convocados outros diretores. João cantou acompanhando-se ao violão, tendo como contraponto as frases entusiasmadas de Tom, pretendendo atrair a simpatia dos chefões da gravadora. Assim, no dia 10 de julho de 1958, João Gilberto estava no estúdio gravando *Bim-bom* e *Chega de saudade*. Ou melhor, terminava, finalmente, a gravação, pois os depoimentos do pessoal envolvido no disco só discordam sobre o número de dias que os músicos tiveram de voltar ao estúdio para que tudo saísse exatamente como João Gilberto queria. Para o baterista Juquinha, um dos instrumentistas contratados pela Odeon, a gravação durou um mês. Começou pela insólita (para os padrões da época) exigência de ter um microfone para a voz e outro para o violão. O arranjo de Tom Jobim para *Chega de saudade*, embora bem mais leve do que o que escrevera para o disco de Elizeth Cardoso (a partir da introdução, com o predomínio da magistral flauta de Copinha), foi "aparado" diariamente por João Gilberto. Vários compassos de violino, viola e celo desapareceram do arranjo. Mas João não ficou satisfeito nem com o pouco que restou: quando entravam as cordas, ele fazia aquela cara típica de quem ouve, por exemplo, o som de uma faca afiada tentando cortar uma pedra. Tudo indicava que se arrepiava todo. Para Tom Jobim foi um exercício de paciência muito importante para as gravações que estavam por vir. Mas, para João Gilberto, o que ficou foi uma lembrança cheia de ternura, como revelaria à revista *Veja*, logo depois da morte de Tom: "Lembro-me dele na gravação de *Chega de saudade*. Ele estava na cabine e eu no estúdio. Tom estava olhando. Tinha os olhos emocionados, entusiasmados".

O disco foi lançado pela Odeon no suplemento de agosto de 1958. Algumas versões do lançamento são bastante conhecidas, como a reação de Osvaldo Guzonni, chefe de vendas de São Paulo, que convocou os demais vendedores para ouvir o disco de maneira pouco ortodoxa: "Ouçam a merda que o Rio de Janeiro nos manda". Depois da audição, espatifou o disco no chão. O curioso é que foram feitas tentativas para desmentir o fato, mas o próprio Guzonni se encarregou de confirmá-lo inúmeras vezes, sempre rindo muito da gafe que cometera. Mas a grande revolução que o disco desencadearia não tinha nada a ver com a reação dos vendedores da Odeon, que, por sinal, acabaram ficando satisfeitos com as vendas obtidas. A grande revolução foi a que provocou na cabeça de jovens e adolescentes que, dali a alguns anos, comporiam uma das mais fantásticas gerações de compositores surgidas em toda a história da música popular brasileira. Em Santo Amaro da Purificação, no Recôncavo Baiano, Caetano Veloso, aos 16 anos, abandonou definitivamente os planos de trabalhar no cinema para aderir à música. Foi um impacto em dose dupla: a primeira quando ouviu *Chega de saudade* cantada pela cantora Marisa Gata Mansa, num programa da Rádio Mayrink Veiga, a segunda proporcionada pelo disco de João Gilberto. "Foi o marco mais nítido que uma canção já me deixou na vida", disse Caetano. Na madrugada do dia 25 de janeiro de 1992, durante o show batizado de "São Paulo dos mil povos", em homenagem ao aniversário de São Paulo, Caetano Veloso apresentava-se para um público estimado em 100 mil pessoas, quando decidiu cantar *Chega de saudade*. Apenas voz e violão. Lá pelo sexto, sétimo compasso, o público inteiro cantava o samba. Caetano parou de cantar e ficou ouvindo o gigantesco coral. No final, em meio aos aplausos, ele deu o seu depoimento: "Esta canção para mim é... Vocês viram que eu parei de tocar um pedaço para ficar ouvindo vocês cantarem. Esta música é uma coisa maravilhosa, das músicas mais lindas que existem e todo mundo no Brasil sabe cantar ela, como se fosse, assim, um hino da musicalidade brasileira. É uma canção que foi um marco na renovação da música popular brasileira e, ao mesmo tempo, foi uma homenagem em termos de motivos melódicos à tradição da MPB, ou seja, aquilo sintetiza tudo que a bossa nova queria ser e foi. É maravilhoso que todos os brasileiro saibam disso, mesmo sem pensar. Toda vez que a gente canta essa música as pessoas todas cantam. Ontem, em Santo Amaro [da Purificação, Bahia], hoje... Todo mundo sabe *Chega de saudade*. É uma canção hino da musicalidade brasileira. E a musicalidade brasileira é muito importante". Em São Paulo, naquele agosto de 1958, Chico Buarque de Holanda, com 14 anos de idade, pediu dinheiro ao pai para comprar o disco e, depois de ouvi-lo muitas e muitas vezes, decidiu aprender a tocar violão. Edu Lobo, com 17 anos, já estava disposto a abandonar a carreira de músico, pois não suportava mais ter de tocar o baião *Kalu* no acordeom, o instrumento que o acompanhava desde a infância. "A voz de João Gilberto, o seu violão, aquele tipo de melodia e a letra de Vinicius de Moraes eram quatro coisas novas ao mesmo tempo", recordou Edu, que passou a tocar violão. Francis Hime, com 19 anos, estudava música em Lausanne, Suíça, quando ouviu numa emissora de rádio Agostinho dos Santos cantando *Chega de saudade*. Comunicou imediatamente à família a sua decisão de voltar para o Brasil.

Chega de saudade já era uma música conhecida, bem divulgada em rádio e com outras gravações (a cantora Marisa, o trombonista Nelsinho, a orquestra de Osvaldo Borba e os cantores Agostinho dos Santos e Roberto Paiva trataram de levá-la ao disco em 1958), quando a música popular brasileira foi sacudida por um novo impacto provocado pelo compositor e arranjador Antonio Carlos Jobim através da voz e do violão de João Gilberto: em fevereiro de 1959, a Odeon lançou o disco de 78 rotações apresentando, no lado A, *Oba-lá-lá*, de João Gilberto, e, no lado B, *Desafinado*, de Tom e Newton Mendonça. O impacto ficou por conta de *Desafinado*, uma música que João Gilberto não recebeu com muita simpatia. Ou melhor: a música foi muito bem recebida. O problema foi a letra, em que o protagonista era apresentado na primeira pessoa como um desafinado. Na música popular brasileira, jamais houve um cantor que se preocupasse tanto com a afinação quanto João Gilberto. Com que cara iria apresentar-se como desafinado? João não quis gravar, segundo revelou Tom Jobim ao autor destas linhas numa entrevista para a televisão. Tom estranhou a insegurança do amigo: "Você acha que alguém vai considerá-lo um desafinado, João?" João achava que sim e tinha lá as suas razões. Sabia que a sua voz e a sua interpretação eram diferentes do estilo dos cantores que até então predominavam na música popular brasileira, quase todos filhos da escola italiana das vozes potentes e do alongamento das notas. Ele gostou muito da música, uma obra perfeita em que a letra parece narrar a melodia entre acordes perfeitos e correlatos. Mas, para o público leigo, aquilo seria pura desafinação (curiosamente, nove anos depois, Frank Sinatra deixaria de gravar *Desafinado* pelas mesmas razões alegadas por João Gilberto. Mas Sinatra já havia recebido a acusação de desafinar em críticas publicadas na imprensa norte-americana). "Imagine a Ava Gardner cantando: 'Se você disser que eu sou feia, amor/Saiba que isso em mim/Provoca imensa dor'. Você espera que alguém vá achar Ava Gardner feia por causa disso?", argumentou Tom. A comparação entre a deslumbrante beleza da estrela de Hollywood e a interpretação de João Gilberto parece ter convencido o cantor, que, por sinal, no início de cada gravação, entregava a Tom Jobim a responsabilidade de afinar o seu violão. Mas João não foi inteiramente convencido pelo autor de *Desafinado*. Ele não aceitou a sugestão de Tom de desafinar uma vez na palavra desafino do primeiro verso.

Depois, foi a batalha do arranjo. Tom incluindo todos os instrumentos que julgava necessários e João querendo reduzi-los. "Você é tão burro, Tonzinho!", acusava o cantor e violonista, enquanto o compositor e arranjador engolia em seco. "Foi um exercício de paciência importantíssimo para mim, pois eu sabia que, naquele momento, João Gilberto era uma pessoa fundamental para a minha formação de músico", confidenciaria Tom Jobim, muitos anos depois, aos seus amigos Eduardo "Susto" Ataíde e Marco Antônio Bompet. Foi um momento, de fato, em que João, tal qual um mágico retirando surpresas da cartola, estava cheio de sugestões para distribuir no estúdio de gravação. A batida do samba, por exemplo, foi reduzida por ele aos discretos toques de vassourinha na bateria e a uma espécie de tamborim simplificado, o famoso tec tec da bossa nova, obtido pela primeira vez pelo percussionista Pedro Sorongo, executado depois por um ritmista paranaense conhecido como Guarani e, em seguida, pelo baterista Milton Banana. O som do tamborim simplificado foi extraído, inicialmente, batendo no estojo de madeira da caixa de bateria, forrado de plástico. Em outras gravações foram usadas latas de filme, quando João queria um som mais agudo. Mas o que predominou nas gravações foi uma espécie de miniatura de bongô cubano, tocado com as pontas dos dedos.

Desafinado, depois, *Samba de uma nota só*, músicas marcadas pelas novidades melódicas e harmônicas, serviriam, depois da morte de Newton Mendonça, para alimentar rumores de que Tom escondia o parceiro e até que as obras eram muito mais de Newton do que dele. "Tudo isso era um absurdo, porque a gente sabia que, tanto em matéria de talento quanto de informações musicais, o maior potencial da dupla era de Antonio Carlos Jobim", afirmou Marcos Konder Neto, amigo de juventude dos dois compositores. É certo que, se não tivesse morrido tão jovem, Newton Mendonça teria deixado uma maravilhosa obra de compositor, mas é certo também que, até 1960, quando morreu, as músicas que fez sozinho são bem inferiores às que Tom Jobim compôs sem parceiros.

Nas inúmeras entrevistas em que falou dos parceiros, Tom citava Newton Mendonça antes mesmo de falar em Vinicius de Moraes. Sempre se deram muito bem, apesar dos temperamentos opostos: Tom era extrovertido e bem-humorado, enquanto Newton Mendonça era fechado, quase sempre de mau humor e revoltado. O seu estilo, às vezes, desagradava até alguns integrantes do grupo de Ipanema. Segundo Marcos Konder Neto, Luís Bonfá detestava Newton Mendonça, a quem tinha na conta de um músico medíocre. Mas Bonfá deve ter mudado de opinião, porque Mendonça estava muito longe da mediocridade. Tocou bem todos os instrumentos que pegou: violino, gaita, piano, flauta e flautim, defendendo-se também no violão. Órfão de um oficial do Exército (graças à filiação, estudou no Colégio Militar), enfrentou sérias dificuldades financeiras com sua mãe e seus irmãos Wilson e Norma. Depois de adulto, obteve um emprego no Hospital dos Servidores do Estado, mas nunca deixou de trabalhar à noite em boates, acompanhando cantores (Dolores Duran adorava cantar com ele) ou solando para a clientela noturna. E ainda dedicava muitas horas da noite para compor com Tom Jobim em meio a rodadas de cerveja e de cachaça e muito cigarro.

Os contatos com Vinicius de Moraes continuavam pelo telefone, pois era necessário concluir as músicas para o Orfeu do Carnaval. Vinicius, na verdade, não se desligava do Brasil, até porque recebia pela mala do Itamaraty os recortes e revistas com as notícias e os comentários em torno da sua obra de compositor. Num desses comentários, o cronista José Fernandes criticava-o no *Diário da Noite* por ter usado os tratamento tu e você na canção *Se todos fossem iguais a você*, um grande sucesso, principalmente depois da gravação de Agostinho dos Santos. Vinicius escreveu uma carta a José Fernandes dizendo que "ninguém, a não ser uma múmia da Academia Brasileira de Letras, dirá à namorada: 'Minha querida, eu a amo. Você é a coisa mais linda do mundo.' O máximo que obterá da namorada será um comentário com as amigas: 'Ele fala tão difícil...'. O que se fala no Brasil é: 'Minha querida, eu te amo. Você é a coisa mais linda do mundo.'"

Se não há uma data a ser considerada como a do nascimento da bossa nova, março de 1959 não pode ser esquecida, pois foi naquele mês que a gravadora Odeon lançou o LP *Chega de saudade*, com João Gilberto. Neste disco, João estabeleceu que, tal qual o choro e o jazz, não se tratava de um novo gênero musical, mas de um estilo de interpretação, tanto que gravou músicas de compositores comprometidos com a bossa nova e velhos clássicos da música popular brasileira. Lá estavam *Chega de saudade* (Tom e Vinicius), *Lobo bobo* (Carlos Lyra e Ronaldo Bôscoli), *Brigas, nunca mais* (Tom e Vinicius), *Oba-lá-lá* (João Gilberto), *Bim-bom* (João Gilberto), *Saudade fez um samba* (Carlos Lyra e Ronaldo Bôscoli), *Maria Ninguém* (Carlos Lyra) e *Desafinado* (Tom e Newton Mendonça) ao lado de sambas consagrados por outros cantores, como *Rosa morena* (Dorival Caymmi), *Morena boca de ouro* (Ary Barroso), *Aos pés da cruz* (José Gonçalves e Marino Pinto) e *É luxo só* (Ary Barroso). A foto da capa foi de Francisco Pereira e o *layout* de César Vilela, um artista gráfico que faria quase todas as capas de discos produzidos por Aloysio de Oliveira, inclusive em outras gravadoras.

Obstinado na busca da perfeição, João provocou alguns problemas durante a gravação do LP. O baterista Juquinha ("mais leve, Juquinha, mais leve!", repetia sempre João Gilberto) lembrou-se de um dia em que a orquestra inteira resolveu abandonar o estúdio depois de repetir até a exaustão uma determinada música. Aloysio de Oliveira, numa entrevista, falou da noite em que *Rosa morena* foi gravada 28 vezes porque João Gilberto não gostou da emissão do *o* de Rosa. *Rosa Morena* era uma das músicas que João Gilberto sempre achou que nunca fora bem interpretada. "Sentia que aquele prolongamento de som que os cantores davam", disse ele a Tárik de Souza, "prejudicava o balanço natural da música. Encurtando o som das frases, a letra cabia certa dentro dos compassos e ficava flutuando. Eu podia mexer com toda a estrutura da música, sem precisar alterar nada".

Tom Jobim, sempre muito paciente, pediu a Luís Eça que o substituísse no piano em algumas faixas, a fim de controlar a mesa de gravação. Houve um dia em que Luís Eça não suportou tantas repetições e abandonou o estúdio. Mas o disco saiu com a cara de João Gilberto, isso que interessava. Foi o que escreveu Tom Jobim na contracapa. Tom, que já havia incluído a expressão bossa nova na música *Desafinado* ("isso é bossa nova/Isso é muito natural"), repetiu-a no seu texto, elaborado com muita habilidade, não só por situar a atuação de João Gilberto como também por deixar claro que a direção da Odeon ainda se preocupava com as possibilidades comerciais de um disco como aquele. Embora curto, foi um texto extremamente esclarecedor, apesar dos erros de revisão que a gravadora deixou passar. Ei-lo:

"João Gilberto é um baiano 'bossa nova' de vinte e sete anos.

Em pouquíssimo tempo influenciou toda uma geração de arranjadores, guitarristas, músicos e cantores. Nossa maior preocupação neste *long-play* foi que Joãozinho não fosse atrapalhado por arranjos que tirassem sua liberdade, sua natural agilidade, sua maneira pessoal e intransferível de ser, em suma, sua espontaneidade. Nos arranjos contidos neste *long-play* Joãozinho participou ativamente; seus palpites, suas idéias estão todos aí. Quando João Gilberto se acompanha, o violão é ele. Quando a orquestra o acompanha, a orquestra também é ele.

João Gilberto não subestima a sensibilidade do povo. Ele acredita que há sempre lugar para uma coisa nova, diferente e pura que – embora à primeira vista não pareça – pode se tornar, como dizem na linguagem especializada, altamente comercial. Porque o povo compreende o amor, as notas, a simplicidade e a sinceridade. Eu acredito em João Gilberto porque ele é simples, sincero e extraordinariamente musical.

P.S. – Caymmi também acha".

A música popular brasileira deu à luz a bossa nova.

6

A consagração

Antonio Carlos Jobim era o compositor da moda em 1959. O LP *Por toda a minha vida*, com a cantora Lenita Bruno e com arranjos orquestrais de Léo Peracchi, marido de Lenita, lançado pela gravadora Festa, tinha apenas músicas dele, sendo duas, *Cai a tarde* e *As praias desertas*, sem parceiros. As demais ganharam letras de Vinicius de Moraes: *Canção do amor demais*, *Chega de saudade*, *Canta, canta, mais*, *Estrada branca*, *Eu não existo sem você*, *Eu sei que vou te amar*, *Sem você* e *Soneto da separação*, sendo esta a única composição da dupla em que a letra nasceu antes da música. Tom não gostava de colocar melodias em poemas, temendo intrometer-se numa obra pronta, acabada e com vida própria. *Por toda a minha vida* seria uma espécie de versão erudita do disco *Canção do amor demais*, gravado por Elizeth Cardoso, uma cantora formada nos *dancings* do Rio de Janeiro. Lenita Bruno, por sua vez, tinha formação de cantora lírica. No jornal *O Globo*, os críticos de música popular, Sílvio Túlio Cardoso, e de música erudita, Zito Batista Filho, elogiaram muito *Por toda a minha vida*. Sílvio conferiu a nota máxima, cinco estrelas. E Zito quis mais: "Às cinco merecidas estrelas dadas por nosso companheiro Sílvio Túlio juntamos cinco por nossa conta". Zito chamou atenção para as "canções de amor de grande nostalgia e beleza" e defendeu-se das restrições que poderiam ser feitas pelos leitores fiéis à música erudita: "'Música popular', dirão os leitores ortodoxos. Sim, popular, mas que nos obriga à observação de que Tom Jobim às vezes conversa com as musas, as severas musas, com linguagem bastante desembaraçada".

Outro disco lançado em 1959 apenas com obras de Tom Jobim saiu pela Odeon: *Amor de gente moça*, com Silvinha Telles (ainda chamada na capa do LP de Sílvia). Algumas faixas tiveram orquestração do próprio autor, mas a maioria foi feita pelo maestro Lindolfo Gaya. O disco marcou o lançamento da parceria Tom-Aloysio de Oliveira, através das faixas contendo *De você eu gosto*, *Demais* e *Dindi*. Três obras eram apenas de Jobim: *Esquecendo você*, *Fotografia* (Tom gostou muito do arranjo de Gaya para esta música) e *Só em teus braços*. *Discussão* nasceu da parceria com Newton Mendonça e as demais foram feitas com Vinicius de Moraes: *A felicidade*, *Canta, canta mais*, *Janelas abertas*, *O que tinha de ser* e *Sem você*.

Entrevistado no programa *Não durma no ponto*, apresentado por Manuel da Nóbrega na TV-Rio, Ary Barroso, o grande nome da música popular brasileira e conhecido pelo rigor com que tratava os candidatos a compositor, músico e cantor, dedicou a maior parte da entrevista a elogiar Antonio Carlos Jobim, "disparado, o melhor de todos os novos compositores brasileiros". Entre os "tradicionais" destacou Herivelto Martins e Dorival Caymmi. Ary admirava Jobim e tinha um grande carinho por ele, o que, aliás, era recíproco. O jovem compositor o elogiava em quase todas as entrevistas que concedeu até o final da vida. Se Tom levou frustrações para o túmulo, uma delas certamente foi a de não ter gravado um disco apenas com músicas de Ary. Antes de comprar o seu primeiro automóvel, um Fusca, Tom Jobim valeu-se de muitas caronas dadas por Ary Barroso para passar os fins de semana no sítio de Poço Fundo. Geralmente, Ary deixava Tom no distrito de Posse (lá, pegava um ônibus para Rio Preto) e seguia para o seu sítio, o Madrigal, em Araras. Tom divertia-se tanto com as histórias mineiras de Ary Barroso quanto com as que relatavam fatos ocorridos no meio musical, um mundo em que o veterano compositor era destaque desde a década de 1920. Muitas vezes, a conversa engrenava e os dois ficavam juntos esperando o ônibus para Posse. No Rio de Janeiro, um visitava a casa do outro. Quando Tom realizou uma curta temporada na boate Arpège (ganhou este nome depois que foi comprada pelo pianista Valdir Calmon. Antes se chamava Mandarim), no bairro do Leme, em 1959, Ary Barroso apareceu todas as noites. Até atrapalhava a apresentação do tímido Tom, quando chegava na boate devidamente alcoolizado, o que, por sinal, não era raro. Tom já sabia que o velho mestre andara bebendo, quando, do piano, ouvia a sua voz elevada dizendo coisas como "este Antonio Carlos Jobim é genial!". Ary Barroso talvez não soubesse, mas a sua música *Na Baixa do Sapateiro* (chamada de *Bahia nos Estados Unidos*) acabara de ser gravada pelo extraordinário saxofonista John Coltrane, o que marcou o ingresso da música brasileira no jazz norte-americano. Tal fato deve ser lembrado porque a bossa nova entraria nos Estados Unidos, pouco depois, pelas portas do jazz. E, no disco de Charlie Byrd e Stan Getz que marcou o primeiro grande sucesso da bossa nova naquele país, uma das faixas do disco foi ocupada por *Na Baixa do Sapateiro*, possivelmente em conseqüência da gravação de John Coltrane.

Em maio, chegou a notícia da conquista da Palma de Ouro do Festival de Cannes pelo filme *Orfeu do Carnaval*. Em junho, quem chegou de Montevidéu, viajando de navio, foi Vinicius de Moraes para desfrutar de dois meses de férias, que foram ampliadas até outubro por um motivo que o Itamaraty reconheceu ser de força maior: a composição da *Sinfonia da Alvorada*, encomendada pelo presidente Juscelino Kubitschek, através do amigo comum e pianista Bené Nunes, desde fevereiro de 1958, quando o poeta e diplomata, internado num hospital de Petrópolis, se restabelecia de um acidente de automóvel. "É mais difícil falar com você do que com o presidente da República", teria dito Juscelino num telefonema para Vinicius. Os dois compositores começaram a trabalhar no projeto da *Sinfonia*, mas a construção de Brasília não contou com a aprovação do país inteiro. Os partidos da oposição, liderados pela UDN, a União Democrática Nacional, faziam tudo para paralisar as obras. Mesmo na música popular, havia muita gente que estava contra, como, por exemplo, Billy Blanco, o parceiro de Tom Jobim, autor de um samba de muito sucesso que dizia: "Não vou, não vou pra Brasília/Nem eu nem minha família". Os jornais da oposição também cuidaram de publicar notas criticando Tom e Vinicius por aceitarem compor uma "música encomendada". Preocupado, Tom abandonou o projeto, até porque Vinicius foi para Montevidéu e ele se sentia pouco estimulado para fazer a sua parte. "Depois é que vi que cometi um erro gravíssimo. Descobri que toda música é encomendada", diria Tom Jobim.

De férias no Rio de Janeiro, Vinicius foi procurado por Oscar Niemeyer, o arquiteto de Brasília, encarregado de comunicar aos compositores que Juscelino queria a *Sinfonia* pronta antes de 21 de abril de 1960, dia da mudança da capital da República. Para isso, Juscelino Kubitschek convidava Antonio Carlos Jobim e Vinicius de Moraes para uma temporada em Brasília a fim de acompanharem de perto o que considerava uma das grandes epopéias do século XX, a construção de uma grande cidade no meio da selva, em pleno Brasil Central. Aceito o convite, os compositores embarcaram num avião da Força Aérea Brasileira para Brasília e foram encaminhados para o Catetinho, o pequeno palácio de madeira construído por Oscar Niemeyer para servir de sede do governo federal até a construção do Palácio do Planalto. O nome Catetinho, evidentemente, tinha tudo a ver com o Palácio do Catete, sede do governo federal no Rio de Janeiro.

Foi uma temporada tão divertida quanto produtiva. Até a remuneração dos compositores foi acertada, ficando a empresa criada para administrar a construção de Brasília, a Novacap, encarregada de fazer o pagamento, compromisso, aliás, que jamais foi cumprido. Mas não faltaram condições para Tom e Vinicius executarem a sua tarefa. O piano para Jobim foi encontrado em Goiânia por João Milton Prates, o piloto de Juscelino e grande boêmio. Oscar Niemeyer colocou-se à disposição da dupla até para atuar como motorista (Tom gostava de contar que, numa das caronas dadas pelo arquiteto, recebeu dele uma lição de ecologia. É que, de repente, entrou pela janela do carro um inseto imenso, desconhecido e assustador. Ao ver o compositor em pânico, Oscar meteu a mão no bolso, tirou um lenço e orientou-o: "Não mata o bichinho, não. Basta pegá-lo com o lenço e colocá-lo lá fora".). Tom e Vinicius adoraram as companhias que encontraram em Brasília, gente que gostava de uísque e de um bom bate-papo. Oscar Niemeyer e o comandante Prates eram bons exemplos. Outro bom exemplo era o mineiro José Ferreira de Castro Chaves, o Juca Chaves, que comandou durante quase toda a década de 1950 um bar no Rio de Janeiro chamado Juca's Bar, instalado no Hotel Ambassador, no centro da cidade, e que era freqüentado por artistas e intelectuais. Havia também a equipe de arquitetos comandada por Niemeyer, constituída por pessoas inteligentes e de convivência extremamente agradável. O próprio Juscelino Kubitschek convocava a dupla, nos fins de tarde, para uma troca de idéias e para tomar um uisquinho enquanto contemplavam o belo pôr-do-sol da região.

O Catetinho era cercado por uma mata que fascinou Tom Jobim pela flora e pela fauna. Todos os dias, ele se internava pela mata agreste para ver as cobras (em grande parte, cascavéis), as perdizes, os jaós e sentava-se à beira de um riacho, de onde "dialogava" com as aves utilizando os seus pios. "Apraz-me dizer", escreveu Vinicius numa crônica em que abordou aquela passagem por Brasília, "que nunca ouvi, ao longo das horas em que Antonio Carlos Jobim mergulhava no mato, um só tiro perturbar o silêncio das velhas planuras. É minha impressão que o músico perdeu a coragem de chumbar seus coleguinhas alados, mesmo quando constituíam ótimo comestível, como é o caso das perdizes". No texto escrito para a contracapa do disco com a *Sinfonia da Alvorada*, que acabou ficando mais conhecida como *Sinfonia de Brasília*, Tom Jobim começa exatamente descrevendo aquele ambiente, de onde extraiu a inspiração para compor o primeiro movimento, intitulado *O planalto deserto*: "Setembro, sertão no estio. Frio seco. Altitude aproximada, 1.200 metros. Ar transparente, céu azul, primavera e pássaros se namorando. Campos gerais, chapadões dos gerais. Cerrado e estirões de mata à beira dos rios. Horizonte, 360º. No fundo do Catetinho, há um capão de árvores altas por onde passa um córrego de água boa e fria. Seguindo a água, sai-se num campo aonde fui muitas vezes ouvir o pio das perdizes. Silêncio nos campos claros batidos de sol. De repente, de perto, como um grito, vem o piado do macho chamando a fêmea. Silêncio. E de longe chega a resposta. É uma conversa que parece vir do fundo dos tempos. Aqueles dois pontos de som escondidos no capim procuram-se, aproximam-se, encontram-se e cantam juntos. Uma nuvem passa e sua sombra corre pelos campos. O vento faz ondas nos penachos do capim dourado, verde, dourado".

Vinicius de Moraes não se deu muito bem com o ar seco de Brasília e teve de recorrer a um creme hidrante que passava nas mãos e no rosto e a um bastão de manteiga de cacau para umedecer os lábios. Mas a falta de umidade servia também para brincadeiras. Tom e Vinicius observaram que havia um único galo para atender a um número muito grande de galinhas, numa criação de um candango (nome dado aos trabalhadores que construíram Brasília) nas proximidades do Catetinho. Pelo que puderam observar, o galo não deixava qualquer galinha frustrada por falta de sexo. Resultado: ganhou de Vinicius de Moraes o apelido de "O Polígamo da Seca". O trabalho dos compositores em Brasília não se limitou à *Sinfonia da Alvorada*. De vez em quando, dedicavam-se à composição de um samba. *Água de beber*, por exemplo, nasceu lá.

– Considero a *Sinfonia da Alvorada* muito importante para mim. Naquela época, no tempo de Juscelino, muita gente acreditou que o Brasil iria pra diante. Aquele negócio de sertão mexeu comigo. Tanto é que a *Sinfonia* tem pios de jaó e de perdiz. Creio que essa obra traz o ranço, o maneirismo de uma época – diria Tom Jobim numa entrevista de 1970 concedida a Carlos Lacerda para a revista *Manchete*. Evidentemente, ao fazer tal declaração, Tom não se lembrou de que Carlos Lacerda fora o mais agressivo oposicionista que Juscelino tivera em todo o seu governo, além de um crítico ferrenho da construção de Brasília. Vai ver que Tom, atento ao noticiário político, sabia que Carlos Lacerda e Juscelino estavam de pazes feitas desde os últimos anos da década de 1960 e que constituíram, juntamente com o ex-presidente João Goulart, uma "frente ampla" para enfrentar, sem sucesso, a ditadura militar.

Brasília foi inaugurada sem a apresentação da *Sinfonia*, mas, em junho de 1960, Vinicius recebeu um telefonema de Oscar Niemeyer informando-o que ele e Juscelino Kubitschek pretendiam apresentar a *Sinfonia da Alvorada* no dia 7 de setembro, num espetáculo de *son et lumière*, na Praça dos Três Poderes. Para isso, a Presidência da República instruíra a embaixada brasileira em Paris para entrar em contato com a firma francesa Clemançon, que já havia apresentado espetáculos de som e luz em várias partes do mundo. Quando a notícia foi publicada, surgiram estranhamente rumores de setores direitistas da política de que Oscar Niemeyer, membro destacado do Partido Comunista Brasileiro, e o esquerdista Vinicius de Moraes estariam preparando um "espetáculo comunista", cuja mensagem principal seria a de que Brasília pertence aos seus verdadeiros construtores, os candangos, os trabalhadores. Indagado pela imprensa sobre tal versão, Vinicius tranqüilizou os conservadores com uma resposta típica do gozador carioca:

– O espetáculo será um misto de Karl Marx com Carlos Machado.

Mas a firma francesa cobrou um preço acima do que imaginava o governo brasileiro e a iniciativa foi cancelada. Alvo das críticas de que a construção de Brasília provocaria uma explosão inflacionária no país, Juscelino Kubitschek preferiu evitar os ataques que certamente viriam por gastar um dinheirão numa festa.

Concordou, porém, que a Novacap liberasse uma verba para a gravação da *Sinfonia da Alvorada*. A gravação foi feita em novembro de 1960, no estúdio da Columbia, no Rio de Janeiro. Foi outro dia de grande tensão para Tom Jobim, pois coube a ele a regência de uma orquestra sinfônica, além do coral dirigido por Roberto de Regina (e que teve a participação do conjunto Os Cariocas e da cantora Elizeth Cardoso) e da presença de Vinicius de Moraes recitando o texto que escrevera para a *Sinfonia*. É claro que Radamés Gnattali foi convocado para tocar piano na gravação, cujo êxito se deveu em boa parte ao belo trabalho do engenheiro de som Sérgio Lara, pois os músicos e os integrantes do coral tiveram muita dificuldade para encontrar espaço no estúdio. Radamés gostou muito do trabalho de Tom. Ao terminar a gravação, comentou com ele, apontando para a partitura: "Esses graves do trombone você escreveu de abusado que você é". Vinicius de Moraes foi outro entusiasmado: "Esta *Sinfonia* está à altura de Villa-Lobos e Prokofiev. Quando ouvirem, os candangos vão chorar, tenho certeza", disse ele.

O disco saiu em fevereiro de 1961 com um texto escrito por Antonio Carlos Jobim que deixava o ouvinte absolutamente íntimo da música que compusera. Depois de descrever a paisagem de Brasília inspiradora do primeiro movimento, intitulado *O planalto deserto*, passou a abordar a música propriamente dita e a sua relação com a epopéia da construção da cidade. Vale a pena conhecer o texto de Jobim:

"A música começa com duas trompas em quintas que evocam as 'antigas solidões sem mágoa', de que nos fala Vinicius de Moraes, e a majestade dos campos sem arestas que há milênios se arquitetara. O espírito do lugar prevalece. Duas flautas comentam liricamente as infinitas cores das auroras e dos poentes, sobre um fundo harmônico de cordas em trêmulo. O mistério das coisas anteriores ao homem é exposto numa luz clara e transparente. 'Onde se ouvia nos campos gerais do fim do dia o grito da perdiz, a quem respondia o pio melancólico do jaó.' Às vezes, à beira d'água, surge a trama vegetal dos galhos e lianas. O timbre da orquestra escurece. O infinito horizonte se enche de cores do crepúsculo e se escuta mais uma vez o tema do planalto.

A segundo parte aborda o homem: seu espírito de conquista, sua violência, sua força, seus desejos e seu sofrimento para atingir o altiplano. Enquanto escrevia a música desta parte, formou-se em meu espírito a seguinte imagem: uma carroça vai se arrastando penosamente serra acima. O homem instiga os animais. A marcha acelera-se e surge o canto, a que responde a natureza, calma e isenta de desejos. Mas o homem quer as coisas. Seu braço forte, riscado de grossas veias, ergue-se e uma lâmina afiada corta os ramos dessa natureza imparticipante.

Na terceira parte, os modernos pioneiros retomam o trabalho dos velhos bandeirantes. O projeto da nova capital é planificado e torna-se necessário, para levar a efeito 'a gigantesca tarefa', convocar 'todas as forças vivas da nação'. *A chegada dos candangos* conta a vinda desses homens de olhos puxados e zigomas salientes, homens que em toda a sua pobreza ainda encontram jeito de rir e cantar. Homens sem os quais Brasília não existiria.

Segue-se a quarta parte: *O trabalho e a construção*. Evitamos a música concreta para caracterizar o trabalho (ruído de serras, estacas etc.) porque isso nos pareceu óbvio. O trabalho é visto de maneira mais subjetiva. A música começa com um *fugato* que retrata o início da ação. A sorte está lançada. A inexorabilidade da ação é posta em evidência. O *fugato* desenvolve-se de maneira matemática. A tônica é o centro de tudo: as tonalidades satélites vão e vêm mostrando duas cores puras, mas tudo reverte à ofuscante tônica central. Há um plano de construção e esse plano é rigorosamente respeitado. Por vezes o trabalho cessa para dar lugar à contemplação da obra já feita e três trompas aparecem sugerindo a graça e a leveza líricas do Palácio da Alvorada diante da grande planície 'ensimesmada' de que nos fala Vinicius de Moraes. Mas o trabalho tem de prosseguir. Surge um ritmo *marcato* nas vozes masculinas e no piano aqui usado como instrumento de percussão. Depois, os arcos tomam a si o mesmo motivo e, às vezes, eventualmente, se lamentam, como a dizer que nenhum trabalho é feito sem sofrimento. Os instrumentinos e logo os metais retomam o *marcato* a sugerir o sol de zênite, reverberando nas superfícies brancas, ferindo os olhos dos homens que trabalham. Novos temas arquitetônicos aparecem, cortados por uma frase de inusitado lirismo, pois o trabalho é também amor e poesia. Volta mais uma vez o tema do Palácio da Alvorada e tudo se encaminha para um desfecho inevitável. As tonalidades satélites mostram novamente as suas cores, mas a tônica domina tudo. Os fatos se precipitam e o trabalho e a poesia dão-se as mãos. Algumas celebrações, alguma grandiosidade e o trabalho se conclui de repente numa frase triste, anunciada pela voz humana. Os homens voltam para as suas casas na melancolia do poente.

Um cantochão diz de suas solidões, de suas tristezas, de suas mulheres ausentes. As cordas tomam a si o cantochão, enquanto o texto fala dessas saudades dos homens por suas mulheres. Surgem pela primeira vez vozes femininas que contrapontam intuitivamente com as vozes masculinas. Depois, em *boca chiusa*, volta o cantochão nas vozes masculinas retomando o tema da solidão. Um acorde de orquestra transporta ao tom relativo menor e vem a treva total.

Segue-se a quinta parte, o coral final comemorativo da realização. Vinicius usou, além da palavra-sentido, a palavra-som, o que causa muitas vezes um efeito surpreendente. O Brasil aparece em toda a sua nostalgia e grandeza. Uma nova civilização se esboça. Herdeiro de todas as culturas, de todas as raças, tem um sabor próprio".

O disco não foi nem de longe um sucesso de vendas. Da crítica de música erudita o único a manifestar-se foi Zito Batista Filho, do jornal *O Globo*, de maneira entusiástica: "Antonio Carlos Jobim é um músico que tem idéias musicais. Isto pode parecer um truísmo, mas não o é num tempo em que os compositores costumam ter idéias políticas, éticas e raramente musicais. *Brasília, Sinfonia da Alvorada* é uma obra que veio para ficar. Há nela toda a angústia febricitante de uma grande aventura, há o nervosismo de uma época pioneira, mas há também uma visão maior, um panorama da história em corais tranqüilos e solenes que alinhavam o tempo, desenhando a face da pátria na contemplação reverente das origens e no louvor confiante nas gerações que virão". O quarto movimento foi o que mais agradou ao crítico: "Aqui, Antonio Carlos Jobim dá a medida de todo o seu amadurecimento de músico, do seu domínio da composição, da sua técnica severa e fundamental".

A primeira apresentação pública da *Sinfonia da Alvorada* seria feita em 1966, na TV Excelsior de São Paulo. A segunda ocorreria em 1986, na Praça dos Três Poderes em Brasília, sob a regência de Alceu Bocchino e com a participação de Radamés Gnattali no piano. Tom Jobim dividiu com Susana de Moraes, filha do poeta, a leitura do texto de Vinicius de Moraes.

Voltamos a 1959, ano em que as músicas de Antonio Carlos Jobim, antigas e inéditas, tiveram 179 gravações, número que o colocava num tranqüilo primeiro lugar entre os compositores brasileiros na área do disco. Para se ter uma idéia, o compositor que, nesse ano, mais se aproximou dele em número de registros musicais em disco foi o parceiro Vinicius de Moraes com cerca de 120 gravações.

Quando voltou de Brasília e teve de dedicar muitas horas dos dias e das noites na conclusão da *Sinfonia da Alvorada*, Tom percebeu que o apartamento da Rua Nascimento e Silva era pequeno. O filho Paulo, com 9 anos, e a filha Beth, com 2, senhores absolutos da casa, não permitiam que o compositor se concentrasse no piano para compor a obra. Teresa tinha a solução: morar na casa de sua família, na Rua Barão da Torre, que estava disponível e com espaço suficiente para as crianças e para o trabalho de Tom. Foi o que o compositor disse ao proprietário do apartamento da Rua Nascimento e Silva, um judeu polonês com quem batia intermináveis papos toda vez que ia pagar o aluguel. Ele veio para o Brasil ao perceber que os nazistas que ocuparam a Polônia tinham os judeus como inimigos principais. Em sua terra, levava uma vida de rico, vivendo da renda das propriedades do seu pai. Nunca havia trabalhado até que, um dia, sugeriu à mulher que pegasse todas as jóias da casa, espalhasse pelo corpo debaixo da roupa e entrasse com ele no automóvel sem mala e sem mais nada que denunciasse a intenção de viajar. Assim, foram até Portugal, de onde escreveram para um amigo que vivia no Brasil e onde as últimas jóias foram vendidas para a compra das passagens. Chegaram ao Brasil sem uma jóia, sem dinheiro, sem falar uma palavra de português e foram recebidos pelo amigo que os hospedou. Seu primeiro trabalho foi o de carregador da mala do amigo, que era mascate e vendia seus produtos no interior do país. Na dia em que o senhorio de Tom fez a sua primeira venda – um pente –, rezou ao chegar em casa, agradecendo a Deus por lhe ter permitido iniciar uma nova vida num novo país. Pouco tempo depois, abriu a sua primeira loja. Quando Tom levou a notícia de que iria mudar-se, o polonês já era dono de vários apartamentos e de outros tantos estabelecimentos comerciais, entre os quais a loja Samaratana, uma das casas de maior prestígio do centro da cidade. Enfim, era um homem rico. Naquele dia, ele disse para Tom Jobim:

– Não estou interessado em ter casa para alugar. Dinheiro de aluguel não me interessa mais. Acho que o senhor deve comprar este apartamento.

– Mas não tenho dinheiro – respondeu Tom.

– O seu nome tem aparecido muito no jornal. Um homem famoso como o senhor tem condições de levantar o dinheiro.

Jobim animou-se e disse que estava em entendimentos para fazer um programa de televisão em São Paulo que poderia render-lhe um bom dinheiro extra.

– Você levanta 50 contos e o resto eu financio pela Tabela Price – disse o senhorio.

Tom concordou imediatamente, embora não tivesse a menor idéia do que fosse a Tabela Price. De qualquer maneira, fechou o negócio, pagou a primeira prestação e a segunda, quando o amigo e pianista Bené Nunes chegou com uma grande notícia: conseguira com o seu amigo e presidente Juscelino Kubitschek alguns financiamentos na Caixa Econômica para aquisição da casa própria que pretendia distribuir entre os companheiros de música popular. Jobim aceitou na hora, mas João Gilberto recusou. O maior financiamento foi para o maestro Lindolfo Gaya, que, com o dinheiro da Caixa Econômica, adquiriu uma mansão em Santa Teresa para ele e sua mulher, a cantora Stelinha Eg. Foi assim que Tom e Teresa transformaram-se em proprietários, embora, meses depois, quase tenham perdido o apartamento, porque a pessoa encarregada de pagar as prestações simplesmente ficava com o dinheiro. Felizmente, o casal foi advertido por um funcionário da Caixa Econômica, desconfiado de que alguma coisa estranha deveria estar ocorrendo, pois não fazia sentido um cliente tão famoso deixar de pagar prestações que, com a inflação, chegavam a ser ridículas de tão pequenas (na época, ainda não havia correção monetária).

Assim, Tom Jobim deixou o apartamento da Rua Nascimento e Silva exatamente quando o adquiriu. A família precisava de uma casa maior e Ipanema já dava sinais de que já não era mais aquele bairro tranqüilo dos anos 30 e 40 e que o *boom* imobiliário estava batendo nas portas do velho casario. E bateu na porta de Tom de maneira assustadora. Quando ainda não cogitara de mudar-se para a Rua Barão da Torre, fez um samba inspirado no apartamento em que morava:

Um cigarro, um violão
Esse amor, uma canção
Pra fazer feliz a quem se ama
Muita calma pra pensar
E ter tempo para sonhar
Da janela vê-se o Corcovado
O Redentor, que lindo!

Compôs o samba e foi passar uma temporada no sítio de Poço Fundo. Ao voltar, descobriu estarrecido que já não era possível ver o Corcovado da sua janela, pois uma obra em frente ao pequeno prédio em que morava atingira uma altura suficiente para roubar-lhe toda a paisagem que contemplava da janela. No início da segunda parte do samba, dizia querer "a vida sempre assim". Mas a vida e Ipanema já não eram mais assim.

O sítio de Poço Fundo, sim, continuava o mesmo: sem luz elétrica. Tom não deixava de aproveitar os períodos de férias e os fins de semana disponíveis para descansar e descontrair-se ao lado da família. De vez em quando, levava o amigo e dentista Régis França para examinar os dentes dos empregados do sítio e dos seus familiares. Eram dias muito divertidos não só pelas brincadeiras promovidas pelo próprio Tom como pelas invenções do marido de Helena, Paulo de Souza Barros, o Paulinho Bacardi, que sabia mobilizar a turma toda, mesmo quando não podia subir a serra por estar trabalhando. É que Paulinho, primeiramente oficial da Aeronáutica e, depois, piloto de provas da Embraer, adorava pegar um teco-teco e dar vôos rasantes sobre Poço Fundo, muitas vezes para jogar balas e doces para as crianças. Era uma figura muito bem humorada, brincalhona e hábil nos esportes. Excelente jogador de futebol, fez parte do grupo dos 30 – ao lado de Armando Nogueira, Luís Carlos Barreto, João Araújo, Gustavo Dória, Maurício Porto e outros – que jogava futebol todos os sábados num campinho *society* no bairro de São Conrado. O apelido de Bacardi surgiu porque o porta-luvas do seu Fusca carregava permanentemente uma garrafa de rum Bacardi, além de instrumentos de percussão, pois adorava participar de uma roda de samba. Um dia, após dar uma entrevista a um jornalzinho de São José dos Campos em que disse que o trabalho de piloto de provas não o assustava nem um pouco ("o que assusta é este trânsito aqui embaixo"), pegou a Via Dutra em seu Volkswagen e morreu esmagado por um Opala, que, desgovernado, saiu da pista que ia em sentido contrário, voou e caiu em cima do seu carro. Poucas mortes fizeram Antonio Carlos Jobim, que o tinha como irmão, sofrer tanto, embora ele já estivesse separado de Helena. Muitos anos depois, Tom compôs e gravou *Captain Bacardi* em homenagem ao cunhado.

"Em janeiro, não agüentei mais e subi a serra. Todos sabem como foram as águas em 1960. Como choveu! Cheguei à fazenda, meti-me numas calças velhas e esperei a chegada daquela burrice calma que nos dá nove horas de sono sem sonhos. O mau tempo e o barro nos mantinham a todos presos em casa. Bom era quando o dia amanhecia melhorzinho e eu e meu filho, ainda de pijama, íamos ver o trabalho das formigas cortando as roseiras do jardim. Mas, qual! Quando o sol começava a querer esquentar, vinha logo a chuva e corríamos para dentro.

Uma noite, já ia apagar os lampiões, quando ouvi o motor de um carro que pelejava para subir a rampa. João Gilberto e senhora estavam chegando. Tínhamos combinado que ele viria, mas, devido ao mau tempo, não acreditávamos que Joãozinho chegasse, e logo de táxi!

Depois, ele me contou que, atolado na lama, esperou um trator puxar o carro. Vinha cansado e descansou uns dois dias. Então, começamos a trabalhar. Fugimos da sala onde brincavam as crianças presas pela chuva, fomos para um dos quartos vazios, com forro de madeira, que, aliás, dá boa acústica. Lá, longe da cidade e do telefone, trabalhamos sossegados uns 10 dias. De vez em quando, o trabalho era interrompido pelas crianças, que irrompiam no quarto trazendo algum filhote de tico-tico ou de coleiro 'caído' do ninho. Nessa época do ano, a trepadeira da varanda fica cheia desses ninhos de passarinhos pequenos. Às vezes, também as patroas entravam com café cheiroso, biscoitos e ficavam ali um pouco.

Aí, Joãozinho partiu. Dias depois, recebo o recado de que o disco estava atrasado e Aloysio havia marcado a gravação. E tudo foi feito num ambiente de paz e passarinhos.

P.S. – As crianças adoraram *O pato*".

O texto acima foi escrito por Antonio Carlos Jobim na contracapa do segundo LP de João Gilberto, *O amor, o sorriso e a flor*, lançado em abril de 1960, quando o disco anterior, *Chega de saudade*, já havia vendido 36 mil exemplares. Uma publicação do Departamento de Vendas da Odeon informava que "não existe cantor mais difícil para ser gravado", mas, em defesa de João, dizia que "os bichos e os arames eletrônicos não podem ser enfrentados sem antecipada preparação psicológica". Na narrativa de Tom da incrível viagem de táxi do cantor para Poço Fundo, faltou apenas contar que, quando se esperava a chegada do trator para desatolar o táxi, apareceu uma cobra que foi bravamente embatida por

João Gilberto. Orgulhoso do feito, João chegou ao sítio acompanhado do cadáver da cobra. Quanto ao disco, foi mais uma demonstração do cantor e violonista de que a bossa nova não era um gênero musical, mas um estilo de interpretação. O mais expressivo exemplo foi *Outra vez*, o samba-canção que Dick Farney havia gravado anos antes e que, no disco de Elizeth Cardoso, recebera o acompanhamento bossa-novista do mesmo João Gilberto ao violão. Agora, em *O amor, o sorriso e a flor*, era uma música típica da bossa nova. Nesta versão, por sinal, o cantor fez uma pequena mudança na letra, não se sabendo se por erro ou pela necessidade de acrescentar mais uma sílaba para facilitar o seu sincopado. O fato é que, em vez de "só eu sei o que é que eu sinto", cantou "ninguém sabe o que é que eu sinto". De Tom Jobim, além de *Outra vez*, o disco apresentou *Só em teus braços*, *Corcovado* e três clássicos da parceria com Newton Mendonça: *Samba de uma nota só*, *Meditação* e *Discussão*. A música *Corcovado* teve a letra modificada no estúdio por sugestão de João Gilberto, que não fumava e tinha horror a cigarro: ficou "um cantinho, um violão" no lugar "um cigarro, um violão". Tom Jobim concordou imediatamente com a proposta de João Gilberto porque percebera, depois da música pronta que "um cigarro, um violão" já aparecia numa música de Ary Barroso. Dorival Caymmi não poderia faltar ao disco. E compareceu com *Doralice*, um samba cheio de balanço que compôs com Antônio Almeida. Figuravam também no LP *Amor certinho*, de Roberto Guimarães; *O pato*, de Jaime Silve e Neusa Teixeira, (uma bobagem que João Gilberto adorava e que lhe permitia dar um show em matéria de ritmo); uma faixa só com o violão de João, intitulada *Um abraço no Bonfá* e que era uma adaptação de *O barbinha branca*, de Luís Bonfá; *Se é tarde me perdoa*, de Carlos Lyra e Ronaldo Bôscoli, e *Trevo de quatro folhas* (M.Dixon e H. Woods), agora uma bobagem internacional como a querer mostrar que, na interpretação de João Gilberto, qualquer besteira pode agradar os ouvidos mais exigentes. A versão em português de *Trevo de quatro folhas* foi feita pelo seu primeiro intérprete no Brasil, o cantor Nilo Sérgio. Aliás, João Gilberto nunca gostou muito de ver seu nome na liderança do movimento que gerou a bossa nova. "Aquilo que eu fazia", disse ele ao jornalista Tárik de Souza, "era apenas a minha maneira de tocar".

Antes do lançamento de *O amor, o sorriso e a flor*, precisamente em fevereiro de 1960, Antonio Carlos Jobim fez a sua estréia como repórter, uma profissão que não adotou e que não mereceria muito o seu afeto, embora tenha sido, até o fim da vida, muito cordial com os jornalista que o procuraram. A estréia se deu na revista *A Cigarra* e o tema da reportagem foi Aloysio de Oliveira:

"Lembro-me bem que o ano era 1937, eu, ainda criança, costumava andar de patins pela calçada, mas largava tudo e corria para casa quando ouvia pelo rádio o prefixo:

> *Lalá, Lelé, Lili, Loló, Lulu*
> *Amei Lalá*
> *Mas foi Lelé que me deixou jururu*
> *Lili foi má*
> *Agora só quero Lulu*

A emissora era a Mayrink Veiga e o prefixo anunciava mais um programa do Bando da Lua, um conjunto vocal famoso que empolgava a moçada ao mesmo tempo que espantava alguns tradicionais que o achavam 'americanizado'. É a mesma história de sempre. Lúcio Rangel conta que a música de Pixinguinha também já foi tachada de americanizada".

Depois de contar a história do Bando da Lua e da sua viagem para os Estados Unidos, acompanhando Carmen Miranda, Tom Jobim confessou que jamais imaginou conhecer e se tornar amigo do líder do conjunto, Aloysio de Oliveira. Mas o conheceu no coquetel de apresentação da Odeon do seu novo diretor artístico. O repórter Tom elogiou muito o talento, a competência e a capacidade de trabalho do amigo e fez uma revelação sobre o resultado de sua atuação na gravadora: "As palavras não bastam para mostrar o que foi o trabalho desse homem na Odeon. Vamos aos números: antes de Aloysio de Oliveira, a Odeon vendia 70% de matrizes estrangeiras [repertório internacional] e 30% de nacionais. Com Aloysio, a Odeon passou a vender 80% de matrizes nacionais e 20% de estrangeiras". Jobim recordou que, no dia 30 de dezembro de 1959, os funcionários da Odeon promoveram uma festa no estúdio pelos 45 anos de Aloysio e que este agradeceu com versos que acabavam assim:

Nessa idade eu já não posso
Ter mais dessas emoções
Isso pra mim foi demais
Eu podia ter um troço
E cair duro pra trás.

Pretendendo que a sua matéria fosse a mais completa possível, o repórter Antonio Carlos Jobim recolheu alguns depoimentos sobre Aloysio de Oliveira. Ei-los:

"Ary Barroso (compositor) – 'Aloysio é o vanguardeiro da música popular do Brasil. Quer aqui, quer nos Estados Unidos, seu trabalho, quase sempre anônimo, abriu caminho para glórias alheias. Ainda agora, à frente da direção artística da Odeon, vem dando provas irrefutáveis do seu valor e do seu zelo pelo que é nosso. Grande figura, o Aloysio'.

'Dorival Caymmi (compositor e cantor) – 'Que eu saiba, Aloysio de Oliveira foi o único brasileiro que, durante os anos em que morou nos Estados Unidos, cuidou da difusão da música brasileira. Aloysio é um homem versátil, inteligente e atualizadíssimo.'

João Gilberto (compositor e violonista) – 'Devemos muito a Aloysio de Oliveira. O seu trabalho de grande sensibilidade e experiência elevou por fim o nível artístico e técnico de nossas gravações. Na sua compreensão aos novos valores. Aloysio encaminhou musicalmente uma geração.'

Paulo Mendes Campos (poeta e cronista) – 'Aprecio em Aloysio a musicalidade, a boa educação e as qualidades de goleiro.'

Millôr Fernandes (humorista) – 'E estando eu mediatando no Monte das Oliveiras, eis que me aparece senão Aloysio de Oliveira.'"

No dia 20 de abril de 1960, Aloysio de Oliveira entregou ao presidente da Odeon, Harold Morris, uma carta comunicado que, a partir do dia 1º de maio, estava fora da gravadora. As relações entre o diretor artístico e a empresa não andavam nada boas, apesar de todos os feitos relatados por Jobim em sua reportagem para *A Cigarra*. De fato, a passagem de Aloysio pela Odeon foi marcada por façanhas que, sem dúvida, lhe dariam uma posição de destaque na história da fonografia brasileira. Além do lançamento de João Gilberto e de vários outros artistas integrados na bossa nova, era capaz de idealizar discos que, apesar da descrença geral, eram recebidos maravilhosamente pelo público consumidor. Quem seria capaz de imaginar que um LP com a banda do Corpo de Bombeiros do Rio de Janeiro executando apenas marcha-rancho vendesse mais de 60 mil exemplares, um número raramente atingido até então pelos *long-plays*? Aloysio teve faro suficiente para contratar uma jovem cheia de balanço, a cantora Elza Soares, e colocá-la, já em sua primeira gravação, nas paradas de sucesso. Enfim, foram inúmeros os acertos de Aloysio de Oliveira na Odeon. Por não aceitar uma das suas sugestões, a de criar uma editora para as músicas inéditas que gravava, a Odeon deixou de faturar muito dinheiro com o repertório de Antonio Carlos Jobim, que acabou enriquecendo vários donos de editoras do Brasil e do exterior. Mas quando os diretores da Odeon, achando que a gravadora estava com um elenco muito grande e precisava dispensar os que vendiam menos discos – e dispensou vários artistas contratados pelo próprio diretor artístico, como Lúcio Alves, Alaíde Costa, Sérgio Ricardo e outros –, Aloysio de Oliveira percebeu que não havia mais clima para continuar. Mal saiu, passou a trabalhar na Philips (antiga Sinter), para onde levou Lúcio Alves, Alaíde Costa, Sérgio Ricardo etc. Seu substituto na Odeon foi Ismael Correia, ex-diretor do Departamento de Vendas, um profissional muito querido no mundo do disco que acabaria morrendo pouco depois, fulminado por um enfarto. Coube a Ismael Correia a montagem do primeiro *long-play* de bossa nova exportado em 1961 para os Estados Unidos (onde foi lançado pela Capitol), *Brazil's brilliant*, com João Gilberto.

Aloysio fora da Odeon, Antonio Carlos Jobim (que já não tinha também qualquer compromisso com a gravadora) fora do Rio de Janeiro. Contratado pela TV Paulista, Canal 5, para apresentar o programa O *Bom Tom* toda segunda-feira, às 20h45, tratou de procurar moradia em São Paulo. Através de Carlos Thiré, o diretor do programa, conseguiu um apartamento de um norte-americano casado com uma brasileira, que ficaria vago com a viagem do casal para os Estados Unidos. Valter Arruda dividia com Thiré a direção do programa. A direção de TV ficou por conta de David Guinberg. Até novembro, Tom iria pontificar semanalmente na TV Paulista, sentado ao piano para tocar as suas músicas, acompanhar os cantores convidados e conversar com os entrevistados. O diretor Valter Arruda também participava da entrevista, mas fora de cena, só com a voz.

Assim, compareceram ao programa Vinicius de Moraes, Aloysio de Oliveira, João Gilberto, Ronaldo Bôscoli, Agostinho dos Santos, Silvinha Telles, Luís Bonfá e muitos outros. Quase todos os envolvidos com a bossa nova estiveram lá, até o cantor e compositor Juca Chaves, que não tinha (musicalmente) nada com o movimento, mas que foi confundido com ele, provavelmente por ter surgido em pleno lançamento da bossa nova e por ter feito um samba intitulado *Presidente bossa nova*, focalizando a figura de Juscelino Kubitschek. A sua voz pequena também pode ter contribuído para a confusão, já que o movimento rompia com a velha interpretação à italiana da música popular. Ronaldo Bôscoli ficou irritadíssimo com Tom Jobim por não ter resistido aos apelos do compositor e cantor Juca Chaves. Ronaldo repreendeu-o severamente, mas Tom não se abalou nem um pouco: "Deixa isso pra lá, Ronaldo. O Juca até que canta umas modinhas tão bonitinhas!", disse Tom, referindo-se, ao que tudo indica, à *Por quem sonha Ana Maria*, uma modinha realmente bem bonitinha de Juca Chaves.

O programa teve uma boa crítica em São Paulo. "Magnífico espetáculo musical", classificou o *Correio Paulistano*, mas a revista *Radiolândia* chamou a atenção para uma falha: "Tom Jobim fala demais e toca de menos, o que é uma pena". A primeira manifestação do ciúme carioca apareceu no *Correio da Manhã*, lamentando que Antonio Carlos Jobim estivesse todas as semana na televisão de São Paulo, enquanto o telespectador do Rio de Janeiro tinha de se contentar apenas com algumas "aparições esporádicas" na televisão carioca. E fez uma revelação surpreendente: segundo as pesquisas de audiência, *O Bom Tom* era o segundo programa mais visto de São Paulo, perdendo apenas para o programa infantil apresentado pelo palhaço Arrelia. O programa foi até novembro, quando deu início à gravação da *Sinfonia da Alvorada*.

Durante a temporada paulista, Tom reservava dois ou três dias por semana para tratar dos seus interesses no Rio de Janeiro. Participou de shows com o pessoal da bossa nova, cedeu duas músicas inéditas (*Isto eu não faço não* e *O grande amor*, esta em parceria com Vinicius de Moraes) para o disco produzido por Aloysio de Oliveira que marcou a volta do cantor Mário Reis às gravações e deu entrevistas a publicações que iam desde a sofisticada revista *Senhor* até *Ciência & Arte Estudantil*, revista editada pelos alunos do Colégio Pedro II, Seção Norte. A matéria da *Senhor* foi escrita por Flávio Rangel, o famoso diretor teatral, que, anos depois, escreveria no semanário *Pasquim* que a "Avenida Antonio Carlos Jobim começa na Praça Heitor Villa-Lobos". Na reportagem de 1960, Flávio observou que a estante de Tom tinha vários livros que tratavam de música, como Traité de Orchestration, além de romances, obras poéticas e uma intitulada *Western Philosophy*. Registrou que o entrevistado estava "no auge do sucesso", que falava de Villa-Lobos "de cinco em cinco minutos" e ouviu queixas em relação ao direito autoral no Brasil. Na entrevista, Tom citou pela primeira vez (e repetiria em centenas de entrevistas) os compositores Ary Barroso e Dorival Caymmi, grandes nomes da música popular brasileira que, por não receberem direitos autorais justos, eram obrigados a fazer shows e a tentar ganhar dinheiro em outras atividades. Ary Barroso, por exemplo, era também homem de rádio e de televisão (em maio de 1960, Antonio Carlos Jobim aparecia em nono lugar na arrecadação de direitos autorais entre os compositores filiados à SBACEM. Na frente dele, estavam, pela ordem, Ary Barroso, Herivelto Martins, Dorival Caymmi, Marino Pinto, Haroldo Lobo, Mário Rossi, Milton de Olveira e Joubert de Carvalho).

A entrevista à revista *Ciência & Arte Estudantil* foi feita por Moacir Bueno Torres da Cunha, de 17 anos, aluno do primeiro ano do curso científico do Colégio Pedro II, que classificou o compositor como "a expressão máxima da música popular brasileira nesta segunda metade do século XX". Tom disse, entre outras coisas, que "arranhava" violão desde os 12 anos de idade, que esquecera da primeira música composta por ele ("devia ser muito ruim"), que sua maior emoção fora a gravação da *Sinfonia do Rio de Janeiro* e que considerava Dolores Duran "um cometa musical desses que só aparecem de cem em cem anos".

Depois do lançamento da *Sinfonia da Alvorada*, em fevereiro de 1961, Tom foi descansar no sítio, mesmo sabendo que a Odeon reservara estúdio em março para a gravação do terceiro LP de João Gilberto. Em outros tempos, os dois já estariam se encontrando diariamente, discutindo repertório e arranjos. Mas a gravação de *O amor, o sorriso e a flor* não contribuiu em nada para que as relações entre João e Tom se fortalecessem. Na verdade, a amizade sofrera um bom desgaste e a disposição de ambos não era e de trabalharem juntos, mais uma vez. Tom foi cuidar da sua vida e João apelou para Walter Wanderley, o organista pernambucano que havia formado um bom conjunto com músicos paulistas e que chamava a atenção de todos pelo balanço maravilhoso do seu instrumento, seja solando, seja acompanhando os cantores. Entraram no estúdio em março e, depois de muitos desentendimentos e poucas gravações, o trabalho foi suspenso. Somente em agosto foi reiniciado, agora sob a direção musical de Antonio Carlos Jobim, graças à intervenção de Ismael Correia, que, com muita habilidade, reaproximou a dupla. Nesse disco, intitulado João Gilberto, figuram três músicas de Tom, sendo apenas uma inédita, *Insensatez* (dele e Vinicius de Moraes). As duas outras *Este seu olhar*, lançada em 1959 pelo cantor Luís Cláudio e que, naquela altura, já tinha 12 gravações (inclusive de Walter Wanderley), e *Amor em paz* (também com Vinicius), gravada pouco meses antes pela cantora Marisa Gata Mansa. *Insensatez*, que, além das inúmeras gravações nacionais, seria gravada dezenas de vezes nos Estados Unidos (por, entre outros, Charlie Byrd, The Paul Winter Sextet, Stan Getz, Peggy Lee, Astrud Gilberto, Herbie Mann, Perry Como, Wes Montgomery, Frank Sinatra, Oscar Peterson, Lalo Schiffrin, Nancy Wilson, Laurindo de Almeida, Billy Ekstine e Ella Fitzgerald), seria motivo de algumas brincadeiras de músicos norte-americanos, nos primeiros tempos de Tom Jobim nos Estados Unidos. O motivo era a grande semelhança harmônica e melódica de *Insensatez* com o *Prelúdio número 4* (em mi menor) de Chopin. Tom defendia-se indo ao piano e demonstrando que a sua harmonia era diferente da que fora criada pelo gênio polonês. O saxofonista Gerry Mulligan, que seria um dos seus maiores amigos na América do Norte, levou ao extremo a gozação gravando o próprio *Prelúdio número 4* num clima de bossa nova. Mas Jobim, se quisesse, poderia demonstrar que não é de hoje que as soluções chopinianas são absorvidas pela música popular. No Brasil, pelo menos, desde Ernesto Nazaré. Nos Estados Unidos, são exemplos recentes as canções *Could this be magic* (Barry Manilow) e *I'm always chasing rainbows* (McCarthy e Carrol). Para culminar, atendendo ao pedido do autor destas linhas para abordar o tema, o maestro Alceu Bocchino foi ao piano e fez várias demonstrações de trechos musicais em que o próprio Chopin fora acusado de ter copiado da obra de Beethoven. Em alguns casos, não houve a preocupação de mudar uma nota sequer. A única vez em que se falou, nos Estados Unidos, na semelhança de uma música de Tom com outra qualquer ocorreu exatamente na relação de *Insensatez* (na versão de Norman Gimbel, *How insensitive*) com o

Prelúdio número 4. É verdade que alguma canções de Tom Jobim se parecem com outras, assim como tantas outras dezenas de obras tidas como clássicas são muito semelhantes a outras mais. No Brasil, porém, chegou-se ao extremo de acusá-lo de ter plagiado a introdução de *Night and day* com *Samba de uma nota só*, como se a utilização de apenas uma nota numa canção fosse privilégio de Cole Porter. "Curiosamente", comentou Jobim, "os advogados de Cole Porter jamais se lembraram de processar-me". Ele poderia dizer também que o compositor norte-americano morreu em 1964, quando *Samba de uma nota só* já era uma das músicas mais executadas nos Estados Unidos. Portanto, se não processou, não foi por desconhecimento.

Terminado o disco de João Gilberto, Antonio Carlos Jobim apresentou-se durante 15 dias na boate Michel, em São Paulo. Na volta, o cineasta Paulo César Sarraceni pediu-lhe que fizesse a música do seu filme *Arraial do Cabo*. Seria o seu segundo trabalho para o cinema em 1961, pois, no início do ano, fizera a música de *Pluft, o fantasminha*, dirigido por Roman Lessage, baseado na famosa peça infantil de Maria Clara Machado. O filme não fez o mesmo sucesso da peça, provavelmente o texto de maior êxito do teatro infantil brasileiro de todos os tempos. A atriz Dirce Migliaccio fez o papel principal em meio a um elenco de poucos atores profissionais (entre eles, Fábio Sabag e Renato Consorte). Os demais "atores" de *Pluft, o fantasminha* eram o próprio Tom Jobim, Vinicius de Moraes, Paulo Mendes Campos, Sérgio Porto, Dorival Caymmi, Lúcio Rangel, Raimundo Nogueira, Haroldo Costa e Otelo Caçador. No papel de cantador, o excelente humorista Don Rossé Cavaca. Uma grande farra, sem dúvida.

Em 1961, começou o namoro dos músicos norte-americanos de jazz com a bossa nova. Em maio daquele ano, o cantor Tony Bennet e os instrumentistas que o acompanhavam, em temporada no Rio de Janeiro, foram recebidos pelo empresário Flávio Ramos, que também convidou vários músicos brasileiros. O crítico Zuza Homem de Melo, presente à reunião, contaria depois em seu livro *Música popular brasileira* que viu o pianista Luís Eça explicar detalhadamente, por escrito, a Don Payne, baixista do conjunto de Bennet, como era a divisão rítmica da bossa nova.

Outro fato de 1961 a contribuir para a aproximação dos músicos dos Estados Unidos à bossa nova foi a apresentação, no Teatro Municipal do Rio de Janeiro, de um grupo de instrumentistas de jazz de grande prestígio, sob o patrocínio do Departamento de Estado norte-americano. A caravana de músicos, batizada de American Jazz Festival, contava com nomes legendários do jazz, como o trompetista Roy Eldridge e o sax-tenorista Coleman Hawkins, além de outros também importantes: Curtiss Fuller (trombone), Zoot Sims (sax tenor), Chris Connor (vocalista), Al Chon (sax tenor e sax alto), Ronnie Ball (piano), Tommy Flanagam (piano), Ben Tucker (baixo), Ahmad Abdul-Malik (baixo), Dave Baily (bateria), Jo Jones (bateria), Ray Montilla (percussão), Herbie Mann (flauta) e Kenny Dorhan (trompete). Todos eles deixaram o Rio de Janeiro com as malas carregadas de discos de música popular brasileira, de um modo geral, e de bossa nova, em particular.

Em outubro, o genial trompetista Dizzy Gillespie incluiu *Desafinado* na série de apresentações que fazia ao lado do pianista Lalo Schifrin no Sutherland Lounge, em Chicago. Ele ouvira a música no disco de João Gilberto lançado nos Estados Unidos. Depois de uma temporada no Brasil, também patrocinada pelo Departamento de Estado, o excelente guitarrista Charlie Byrd estava fascinado com a bossa nova. Foi outro a sair daqui carregado de discos. Ao chegar a seu país, tratou logo de telefonar para Creed Taylor, produtor de discos da gravadora Verve. Pelo telefone, Taylor ouviu pela primeira vez algumas obras da bossa nova, o suficiente para convencer-se de que seria interessante produzir um disco com aquelas músicas. Embora Taylor não soubesse, Byrd fizera várias tentativas com outros produtores, mas nenhum deles vislumbrara qualquer potencial de vendas na música feita no Brasil. Charlie Byrd sugeriu dividir os solos do disco com o saxofonista Stan Getz, que também não tinha a menor idéia do que fosse bossa nova, mas que se apaixonou por ela na primeira audição. No dia 13 de fevereiro de 1962, sob a direção de Creed Taylor, Byrd e Getz transformavam em estúdio a Sala Pierce, da Igreja Unitária de Todas as Almas – uma igreja freqüentada apenas por negros –, na esquina da Rua 16 Noroeste com Rua Harvard, em Washington, acompanhados dos músicos Keter Betts (baixo), Gene Byrd (baixo e guitarra), Buddy Deppenschimidt e Bill Reichenbach (ambos na bateria). Chalie Byrd, que escolhera o local de gravação pela excelente acústica e por morar em Washington, conhecia todas as músicas que seriam gravadas, até porque já havia tocado várias delas nas suas apresentações no Showboat, em Washington, quando também passaram a conhecê-las os instrumentistas chamados para atuar no disco. Stan Getz e o próprio produtor Creed Taylor, porém, só foram tomar conhecimento do repertório nas quatro horas em que o disco foi gravado. Uma das músicas, *Na Baixa do Sapateiro*, Byrd aprendeu ouvindo o LP de John Coltrane. Outra foi composta pelo próprio guitarrista: *Samba dees days*. E o restante foi extraído dos discos que comprara no Rio: *Desafinado* (Tom e Newton Mendonça), *Samba de uma nota só* (Tom e Newton Mendonça), *Samba triste* (Baden Powell e Billy Blanco) e *É luxo só* (Ary Barroso e Luís Peixoto).

"Achei aquilo tudo exótico, original, uma música que te pegava. Soava caribenha. Mas não tinha a menor idéia se era de Jobim ou de qualquer outro. Afinal nunca estivera no Rio de Janeiro", confessaria, anos depois, Creed Taylor. Enfim, foi uma gravação feita num estúdio improvisado, sem que o produtor e um dos solistas soubessem o que seria gravado e com um equipamento paupérrimo: um microfone apenas e um modesto gravador Ampex rodando a fita na velocidade de 7 ½, embora a velocidade ideal para gravação fosse de 15. O título atribuído ao disco, *Jazz samba*, foi aprovado com muita dificuldade, pois o departamento comercial da MGM (à qual pertencia a Verve, como o segmento de jazz da empresa) detestava a palavra jazz na capa do disco, pela sua absoluta incapacidade de ajudar a vender o produto. Cá entre nós, os vendedores da MGM tinham lá as suas razões. Eles sabiam, por exemplo, que o maior nome do jazz de todos os tempos, o trompetista Louis Armstrong, quando queria vender, gravava discos que ficavam a quilômetros de distância do que todos consideravam jazz. Mas Creed Taylor, um produtor de jazz, fechou questão e o título foi mantido. O resultado, sem dúvida, surpreendeu os especialistas em vendas da MGM: lançado em abril de 1962, *Jazz samba* vendeu mais de um milhão e discos e, a partir de setembro, permaneceu 70 semanas na lista dos mais vendidos da Billboard, chegando até a ocupar o primeiro lugar.

Pouco depois, o Departamento de Estado norte-americano enviava ao Brasil o sexteto de Paul Winter. O musicólogo e poeta Gene Lees, indicado para ser o administrador do grupo durante a viagem, mal chegou ao Rio de Janeiro, tratou de procurar Enrique Lebenguer, proprietário da Editora Fermata, com o objetivo de pedir autorização para passar para a língua inglesa as letras das músicas de

Antonio Carlos Jobim. Conselho de Lebenguer, segundo depoimento prestado, muitos anos depois, pelo próprio Gene Lees: "Pode fazer as versões em inglês sem consultar o maluco do Tom Jobim. É muito difícil lidar com ele". Mas Lees insistiu e foi ao encontro de Tom, na casa dele, onde o encontrou ensaiando com João Gilberto a sua mais recente composição, *Só danço samba*, com letra de Vinicius de Moraes (a primeira gravação desta música foi feita pela cantora paulista Elza Laranjeira). De fato, o diálogo foi muito difícil, mas não pelas razões apresentadas pelo editor: Lees não entendia o português de Tom e este falava inglês muito mal. A comunicação foi estabelecida através do emprego de palavras extraídas do inglês, do francês e do espanhol. Lees disse que a música do compositor brasileiro lembrava Gerry Mulligan. "Mulligan foi uma das inspirações da bossa nova", respondeu Tom. Três dias depois, Lees voltou com as letras em inglês de *Vivo sonhando*, que ganhou o título de *Dreamer*; de *Desafinado*, que passou o ser *Off key*, e de *Corcovado*, agora com o título de *Quiet night of quiet stars*. Sem ser um conhecedor profundo da língua inglesa, Tom não fez qualquer restrição ao trabalho de Lees, embora observando que, numa tradução, a primeira coisa que se perde é o humor. Tempos depois, mais íntimo do inglês, não escondia a convicção de que as letras poderiam ter sido bem melhores.

Em maio de 1962, Jobim fez uma nova incursão pelo jornalismo, ao aceitar o convite do jovem editor (mais tarde, também compositor e publicitário) Reginaldo Lessa para escrever uma página da revista *MM – Música & Músicos* ao lado de outros colegas. "Quando você cobra?", perguntou Reginaldo ao futuro colunista, durante uma conversa na boate Bolero, local sugerido por Tom, que estava a fim de tomar uma sopa. Era uma revista pequena, feita com muita dificuldade e de vida curta. Tom não falou em dinheiro: em troca da sua colaboração como colunista, 50 cópias de uma fotografia sua para o seu trabalho de divulgação, proposta imediatamente aceita. A página, intitulada "Em Tom de Conversa" (título sugerido por Teresa), foi aberta por uma pequena crônica que tinha a cara do autor. "E as chuvas foram embora. A disponibilidade harmônica dos espaços azuis é enorme. Lá vai um músico, tão pobrinho, andando por uma rua de sol. Mas, debaixo do braço, leva uma caixa. Dentro da caixa, uma flauta. Dentro da flauta mora Euterpe toda nua. Lá vai um músico, coitadinho, por uma rua do mundo. Anônimo, esquecido, ama o som. Um dia seu espírito voltará ao Criador". Depois da croniqueta, as notícias traçando um panorama das atividades musicais naquele maio de 1962: "A temporada se inicia. Este ano promete muito. O telefone toca. Vinicius trabalhando com Baden Powell num LP para Alaíde Costa. – Carlos Lyra trabalhando em seu terceiro LP. Carlinhos agora é também diretor musical do Centro Popular de Cultura (CPC), órgão da UNE. – Sérgio Ricardo terminou seu filme *Menino da calça branca*. Sérgio funciona como diretor, roteirista, ator, músico, compositor, cantor e produtor. – João Gilberto prepara, juntamente com Abelardo Figueiredo e Ronaldo Bôscoli, um grande show para São Paulo. – Com música de Cláudio Santoro e poesia de Vinicius de Moraes, será lançado um LP de canções de câmera. – Luís Eça, Bebeto e Hélcio são os componentes do ótimo Tamba Trio, que se apresenta no Bottle's. – O grande compositor e pianista Johnny Alf também no Bottle's. – Elizeth Cardoso gravará novo LP com trabalho de Vinicius de Moraes em parceria com Baden, Moacir Santos e este colunista. Arranjos do maestro e compositor Moacir Santos. – Ed Lincoln na direção musical da Musidisc. – Aloysio de Oliveira já voltou dos Estados Unidos. – Luís Bonfá compôs música para o filme *Os cafajestes*. – Ary Barroso e Vinicius de Moraes são parceiros em quatro músicas".

Em julho de 1962, quando a bossa nova aumentava o seu prestígio nos Estados Unidos com a estréia do filme *Orfeu do Carnaval*, Aloysio de Oliveira foi procurado pelo empresário Flávio Ramos, que havia arrendado uma das mais conhecidas casas noturnas do Rio de Janeiro, a Au Bon Gourmet, famosa pela categoria dos seus serviços e pelos shows que apresentava, sempre com grandes nomes da música popular brasileira e da música internacional. Flávio modificou a decoração da casa, reduziu seu nome para Bon Gourmet e, agora, queria de Aloysio de Oliveira um bom show de bossa nova. Aloysio, que montara um grande espetáculo denominado *Skindô*, no Copacabana Palace, estava pensando mesmo em entrar na área do *pocket show*, ou seja, pequenos espetáculos com roteiro e direção, como ainda não havia sido feito no Brasil. Propôs um show com Vinicius de Moraes, Antonio Carlos Jobim, João Gilberto e o conjunto Os Cariocas, sugestão imediatamente aceita por Flávio Ramos. Dias depois, eles davam início aos ensaios, enquanto César Vilela cuidava da decoração da fachada do Bon Gourmet.

Nos primeiros ensaios, Aloysio de Oliveira enfrentou em problema que, se não fosse resolvido, teria de mudar tudo o que pensava sobre o show: nem Vinicius de Moraes nem Antonio Carlos Jobim queriam cantar. O pretexto de Vinicius era a sua condição de diplomata, num momento em que sua relação com o Itamaraty era exatamente delicada: o ministro das Relações Exteriores, Santiago Dantas, era seu amigo e tentava afastar alguns obstáculos de caráter burocrático a fim de removê-lo para o posto predileto do poeta: Paris. Qualquer deslize poderia perturbar as ações de Santiago Dantas. Aloysio de Oliveira já parecia vencido pelas circunstâncias, quando João Gilberto resolveu socorrê-lo e foi até a casa de Vinicius:

– Quem é que pode cantar o *Samba da benção* senão você? – perguntou João.

O *Samba da benção* era uma das composições da dupla Baden Powell-Vinicius de Moraes, que acabara de ser formada. Ao ouvi-lo, Aloysio de Oliveira percebeu logo que seria um número muito importante para o show e que não poderia ficar de fora. Não sendo Vinicius, quem iria cantá-lo?

– Além de tudo, não sou cantor – argumentou o poeta, sendo imediatamente contestado por João Gilberto, que chamou atenção para a sua afinação e para a sua sensibilidade. – E tem o meu problema com o Itamaraty – insistiu Vinicius.

– Todo mundo tem o direito de cantar – sentenciou João de maneira tão veemente que fez Vinicius de Moraes mudar de opinião.

Quanto a Tom Jobim, não foi necessária a intervenção de João Gilberto, porque o seu medo, na verdade, era do que poderia ocorrer na estréia. "Cantar é uma ciência, uma técnica. Mas quando você se vê pela primeira vez diante do microfone, fica horrorizado. É como se você estivesse diante de um espelho que só mostrasse os seus defeitos". O próprio Aloysio de Oliveira, com a sua velha experiência de integrante de conjunto vocal e de organizador de shows, encarregou-se de convencê-lo de que todos sabiam que ele não era cantor, mas um compositor que mostrava as suas músicas. Cantores no show eram João Gilberto e os integrantes do conjunto Os Cariocas.

Outra música lançada no show foi *Garota de Ipanema*, um samba que Vinicius levou algum tempo para escrever a letra definitiva porque nem ele nem – principalmente – Tom Jobim gostaram da primeira versão, uma letra muito distante da leveza da melodia. No trabalho da dupla, o poeta experimentou a rejeição do parceiro, feita sempre de um jeito especial: em vez de dizer que não gostava de determinados versos, cantarolava-os fazendo trocadilhos (Chico Buarque de Holanda também iria passar por isso, anos depois). Mas, honra seja feita, a primeira versão de *Garota de Ipanema* era um prato feito para Tom Jobim:

Vinha
Cansado de tudo
De tantos caminhos
Tão sem poesia
Tão sem passarinho

"Tom sem passarinho" cantava Jobim, desconcertando o poeta, que pretendia apenas descrever um clima "para baixo" a ser melhorado com o andar da garota que passava a caminho do mar pelo Bar Veloso, freqüentado por ambos. A garota, Heloísa Eneida Menezes Paes Pinto, carregou o apelido de *Garota de Ipanema* pelo resto da vida. E a letra continuava:

Com medo da vida
Com medo de amar
Quando
Na noite vazia
Tão linda no espaço
Eu vi a menina
Que vinha num passo
Cheia de balanço
Caminho do mar
Vem depressa agora
Que vem vindo
E ela vem sorrindo
E o mundo está rindo
Por causa do amor
Ah! Por que estou tão sozinho? etc.

– A moça vai à praia à noite, Vinicius? Nenhuma letra resistiria a uma pergunta dessas disparada por Tom Jobim, sendo, por isso, inteiramente modificado. Por via das dúvidas, Jobim guardou a primeira versão manuscrita em seu arquivo.

A imprensa carioca adorou o show. No *Diário de Notícias*, Fernando Lobo confessou que "não se pode escrever apenas, pois escrevendo apenas não se diz o que foi o êxito, o sucesso absoluto do encontro de Vinicius, Tom, João Gilberto e Os Cariocas no Bon Gourmet". No *O Jornal*, Sérgio Porto disse que o show venceu "pela simplicidade". Para Mister Eco (Eustórgio de Carvalho), do *Diário Carioca*, foi "um encontro de bom gosto", e acrescentou: "O show do Bon Gourmet, meninos, é uma graça", chamando a atenção, em seguida, para o comportamento de Antonio Carlos Jobim, que "acompanha no piano, vocaliza e canta muito encabulado, com a voz embargada na garganta como o emocionado orador baiano". Mister Eco não atentou para um detalhe: à medida que o show avançava, Tom ficava menos encabulado, pois os próprios garçons da boate se encarregavam de servir uísque durante o show a ele, a Vinicius e ao baterista Milton Banana.

A aproximação da bossa nova com os Estados Unidos era cada vez maior. Felix Grant, um dos mais importantes disc-jóqueis de Washington, comparecia todas as noites ao Bon Gourmet. Certa vez, perguntou a Aloysio de Oliveira onde encontrar os discos dos artistas do show. Tom Jobim recebia a notícia de que a The National Academy of Recording, Arts and Sciences o premiava pelo *background arrengement* do disco de João Gilberto exportado pela Odeon. No jornal *O Globo*, o crítico de música popular Sílvio Túlio Cardoso publicava carta do pianista Lalo Schiffrin dando conta de que "a bossa nova está começando a triunfar nos Estados Unidos". E completava: "Eu, Dizzy, Stan Getz, Sonny Rolins e outros músicos estamos trabalhando para que a bossa nova se converta na linguagem musical do nosso tempo. Seu frescor e impulso tão originais nos cativaram inteiramente".

Nos dias 27 e 28 de agosto de 1962, Stan Getz e orquestra gravaram o disco *Big band bossa nova* no estúdio da Columbia Verve, produzido por Creed Taylor. Os arranjos foram feitos por Gary McFarland, então com 28 anos de idade, que conhecia a bossa nova desde 1960, quando recebeu de presente um disco de João Gilberto. Ele contribuiu com várias músicas incluídas no *long-play*. Uma das músicas brasileiras gravadas foi *Chega de saudade*, que McFarland adorava: "É uma das canções mais bem construídas que já ouvi". No disco, *Chega de saudade* recebeu um tratamento especial, com solos criativos do trompetista Doc Severinsen e do trombonista Bob Brookmeyer. Se *Chega de saudade* proporcionava a Tom Jobim honrarias como essa, a sua letra em inglês – de autoria da dupla Jendricks e Cavanaugh – deixava-o em estado de desolação:

No, no more blues
I'm going back home
No, no more blues
I promise no more to roam
Home is where the heart is etc.

Além de *Chega de saudade*, o disco apresentava as músicas brasileiras *Samba de uma nota só* (Tom e Newton Mendonça), *Manhã de carnaval* (Luís Bonfá e Antônio Maria) e *Bim-bom* (João Gilberto). Havia ainda uma faixa, intitulada *Nigth sadness*, com autoria atribuída a Gary McFarland, que não era outra coisa senão uma variação do *Samba triste*, de Baden Powell e Billy Blanco. *Big band bossa nova* foi lançado em outubro e, em dezembro, já estava na parada de sucessos, em 13º lugar. Permaneceu na parada durante 23 semanas.

No dia 21 de setembro, quando trabalhava com Vinicius de Moraes nas músicas da peça *A invasão,* de Dias Gomes, Tom Jobim recebeu a triste notícia da morte, em conseqüência de cirrose, do seu amigo e parceiro Alcides Fernandes, o marido da sua empregada e que tanto o ajudara no início da carreira.

7

Carnegie Hall

Em agosto de 1962, o fotógrafo norte-americano David Zingg viajou ao Rio de Janeiro a serviço da revista *Show*, em companhia de Robert Wool, editor-chefe da publicação e seu companheiro desde o tempo em que trabalharam na revista *Esquire*. Não era a primeira vez que David Zingg vinha ao Brasil. Ele aqui estivera no tempo em que o presidente da República era Juscelino Kubitschek. David entrevistou-o e fez uma reportagem sobre a Amazônia. Anos depois, decidiria viver definitivamente no país.

A missão atribuída a ele e a Wool era uma ampla reportagem sobre a vida cultural latino-americana que entraria numa edição especial da revista *Show* dedicada à arte de todo o mundo. No Rio, os repórteres procuraram o adido cultural da embaixada dos Estados Unidos, Nilos Bond, pedindo ajuda. Bond achou que não tinha boas notícias:

– Sei que vocês vão ficar tristes, mas a temporada de ópera acabou na semana passada. Não sei se vocês têm algum interesse na música popular brasileira. O que posso fazer é convidá-los para um show num bar de Copacabana.

Em entrevista a Roberto Benevides, então no *Jornal do Brasil*, David Zingg revelou que um ilustre amigo, o presidente John Kennedy, já o tinha advertido de que os diplomatas norte-americanos não sabem nada sobre os países em que atuam. Nilos Bond, por exemplo, ao referir-se com tanto desprezo ao show, deixou bem claro que não tinha a menor idéia de que o bar de Copacabana reunia os maiores ases da bossa nova, um tipo de música que começava a fazer furor em seu país, onde os discos com a nova música brasileira eram lançados quase às pencas no segundo semestre de 1962. Somente em outubro foram 25 *long-plays*, entre os quais alguns de simples aproveitadores da onda, como ocorreu com Horace Diaz, que lançou com a sua banda o disco denominado *Dixieland bossa nova*. Qual o motivo de tudo isso? Para alguns, a bossa nova ocupava o espaço deixado pela música cubana, que tanto influenciou a música norte-americana desde a década de 1930 e que desapareceu da mídia dos Estados Unidos com a queda do capitalismo em Cuba, em decorrência da revolução comandada por Fidel Castro. Mais de 30 anos depois, recordando o fenômeno, o escritor e radialista Neil Tesser, para quem a bossa nova "desabou nos Estados Unidos como as águas de março", tentou uma aplicação envolvendo mais a política interna do que a externa: "Talvez a música expressasse o otimismo irreprimível que dominava esta terra. Nosso jovem e brilhante presidente ainda estava por ser assassinado, nós ainda não sabíamos das coisas que nosso governo queria manter fora do nosso alcance e o ensolarado continente do sul da fronteira ainda não tinha se tornado o foco de complicações a ser temido e evitado".

David Zingg gostou tanto do show de bossa nova que a boate Bon Gourmet passou a ser seu programa diário. Todas as noites estava lá, o que o levou a estabelecer relações com os artistas. Certa noite, perguntou a Tom Jobim qual era o seu sonho e Tom apontou para a capa de um disco de Nelson Riddle, que fazia parte da decoração da casa: "É gravar com aquele senhor". Na época, o maestro brilhava especialmente nas orquestrações para Frank Sinatra. Era um trabalho de tal qualidade que, ao escrever sobre um disco do cantor, o crítico Ari Vasconcelos não fez por menos: "Com Nelson Riddle, até eu".

De volta aos Estados Unidos, David Zingg comentou com o companheiro Robert Wool que tivera a idéia de promover um espetáculo de bossa nova em Nova York. "Com que dinheiro?", perguntou Wool. Em Nova York, procurou a chefe do consulado brasileiro na cidade, diplomata Dora Vasconcelos, que lhe causou uma excelente impressão: "Uma figura linda, romântica, inteligente, poetisa e amiga de Juscelino Kubitschek". Dora gostou da idéia, mas chamou a atenção para a falta de recursos para uma iniciativa de tal vulto.

Zingg procurou Sidney Frey, proprietário da Áudio Fidelity Records, que assumiu logo a responsabilidade pelo empreendimento, sendo contemplado, em seguida, com o apoio da revista *Show*.

Esta é uma das versões sobre o envolvimento de Sidney Frey na ida do pessoal da bossa nova para Nova York. Para o embaixador Mário Dias Costa, que, na época, era segundo-secretário e subchefe da Divisão Cultural do Itamaraty, a iniciativa foi do próprio Sidney, que procurara o consulado brasileiro em Nova York para saber quais as cidades do Brasil mais fortes em música. Ele percebia que a música brasileira começava a desempenhar um papel de destaque no mercado norte-americano e concluía que teria muito a ganhar com a incorporação de peças do Brasil à sua editora musical. Foi informado de que encontraria músicas com mais facilidade em Recife, Salvador, Rio de Janeiro, São Paulo e Porto Alegre. Cumpriu o roteiro recomendado com a exceção de Porto Alegre, deixando o Rio para o fim. Acabou fixando-se na bossa nova e idealizou um espetáculo no Carnegie Hall com os compositores, instrumentistas e cantores envolvidos no movimento. Tratou de estabelecer os contatos, a começar pelo consulado brasileiro em Nova York, que se colocou à sua disposição para ajudá-lo. E ajudou bastante. Em pouco tempo, Sidney tinha assegurado o apoio da representação do Instituto Brasileiro de Café, em Nova York, que assumiu a responsabilidade pela hospedagem dos músicos, e da Varig, que dividiu com o Itamaraty o ônus de 50 passagens. Nenhum artista ganhou cachê. Todos se apresentaram de graça.

Mário Dias Costa foi designado para representar o Itamaraty nos preparativos para o evento. Ninguém mais indicado. Morador da Rua Viveiros de Castro, em Copacabana, era freqüentador das boates do Beco das Garrafas, onde se apresentavam os músicos ligados à bossa nova e ao jazz. Sua filha Joanita pertencia a um clube de jazz, que promovia *jam sessions* numa das boates do Beco. Mário enfrentou algumas dificuldades no Ministério das Relações Exteriores. Uns diziam que o pessoal do setor cultural da casa, invejoso dos seus colegas do Departamento Econômico, que viajam muito, estava arranjando pretexto para viajar também. Outros diziam que, a não ser *Tico-tico no fubá*, o Brasil não tinha música popular para exportação. Eram raros os dias em que Mário Dias Costa não tinha uma intriga para desfazer. A embaixadora

Odete Carvalho e Silva, chefe do Departamento Cultural, de vez em quando o convocava para esclarecer notas publicadas na imprensa. "Como se explica isso?", perguntava ela, apontando para a nota e falando com um sotaque bem lusitano, o que a diferenciava de alguns colegas do Itamaraty, que, em matéria de sotaque, preferiam o francês. O chefe da Divisão Cultural, porém, era Lauro Escorel, que, mesmo ocupando uma posição hierárquica inferior à de Odete Carvalho e Silva, era um diplomata de livre trânsito nos meios intelectuais (foi quem sugeriu a Vinicius de Moraes seguir a carreira diplomática) e amigo do ministro Santiago Dantas. E estava francamente a favor da ida dos brasileiros para Nova York.

Em setembro, Sidney Frey ofereceu um coquetel no salão verde do Copacabana Palace, para fazer a comunicação formal de que alugara o Carnegie Hall para o dia 21 de novembro e que o espetáculo teria a participação dos músicos norte-americanos Lalo Schifrin (argentino de nascimento), Stan Getz e MacFarland. A idéia do show não deixou entusiasmados os principais nomes da bossa nova. Vinicius de Moraes afastou logo a hipótese de viajar, pois ainda estava indignado com a tentativa de invasão de Cuba, através da Baía dos Porcos, por iniciativa do governo norte-americano. "Não vou sobrevoar a ilhazinha heróica e cantar para os seus agressores", disse ele a David Zingg. Tom Jobim, que nunca havia saído do Brasil, morria de medo de viajar de avião. Repetia os argumentos de Vinicius: o avião não pode voar porque é mais pesado do que o ar; é movido por um troço chamado motor a explosão, não dá ao passageiro o direito de defesa e – o mais grave – foi inventado por um brasileiro. E acrescentava: "As oficinas ficam na terra e os defeitos ocorrem no ar". Além disso, a perspectiva de apresentar-se num palco quase sempre reservado para os monstros sagrados da música – Segovia, Pablo Casals, Rubinstein etc. – era simplesmente apavorante. João Gilberto, por sua vez, não via a menor importância na viagem e até se irritava com o assanhamento de alguns músicos convidados. Hesitou até a última hora. O baterista Doum era outro que combatia abertamente a iniciativa. Aloysio de Oliveira achava uma loucura colocar tanta gente no palco, numa só noite. Para ele, um espetáculo apenas com Tom Jobim, João Gilberto e em pequeno conjunto prestaria um serviço bem melhor à bossa nova. Sua sugestão não foi nem cogitada por Sidney Frey, muito mais interessado na quantidade de músicas novas dos outros compositores. Houve um momento em que as ameaças de desistências eram tão numerosas que se pensou até em cancelar o espetáculo. Prevalecia a versão de que tudo aquilo era uma grande "armação" para Sidney Fey monopolizar a música brasileira moderna. Luisinho Eça, Bebeto e Hélcio, os componentes do Tamba Trio, recusaram o convite desde o início e não mudaram de posição. Já tinham ido aos Estados Unidos e até se apresentaram em musicais importantes da televisão. Mário Dias Costa, com habilidade, foi contornando todos os problemas. Quando o dia do embarque se aproximava, os opositores foram mudando de posição, deixando Mário Dias Costa diante não mais do problema de escassez, mas de abundância, até porque, com tantas passagens de avião disponíveis, a delegação não poderia ser constituída apenas por músicos do primeiro time. E quem era quem no segundo time? Entre os contemplados com passagem estava um tal Cláudio Miranda, cantor de músicas norte-americanas na noite de Copacabana, que invadiu uma das salas da Divisão Cultural do Itamaraty e perguntou:

– O senhor que é o Mário Dias Costa?

O diplomata confirmou e ele começou a cantar.

Só danço samba
Só danço samba
Vai, vai, vai

Cláudio participou do concerto e permaneceu nos Estados Unidos. Inicialmente, como secretário de João Gilberto e, depois, em Los Angeles, onde passou a trabalhar em restaurantes fazendo o papel de mexicano, com bigode, *sombrero* e tudo.

Vinicius, antes radicalmente contrário à viagem, passou a defendê-la perante Tom Jobim e João Gilberto e acompanhou o grupo até o aeroporto do Galeão. O embarque ocorreu na manhã de terça-feira, dia 20 de novembro de 1962, num Boeing 707 da Varig. Estava todo mundo lá, inclusive um grupo de São Paulo que bancou as suas passagens, menos Antonio Carlos Jobim, que chegara a esquecer tudo aquilo, no início do mês, quando morreu, aos 88 anos, seu avô Azor Brasileiro de Almeida. A viagem dos brasileiros foi tranqüila, apesar do medo de alguns integrantes da delegação. Sérgio Mendes ajoelhou-se no corredor, puxou um terço e rezou uma Ave-Maria. Era um terço de caroço de azeitonas colhidas em Jerusalém, que lhe fora dado por uma tia.

Enquanto o Boeing da Varig voava para os Estados Unidos, Tom Jobim recebia em casa de amigos em missão de convencimento, pois ainda poderia participar do show se concordasse em pegar o avião que sairia na manhã do dia seguinte chegando a Nova York no começo da noite. A apresentação no Carnegie Hall estava prevista para as 21 horas. O escritor Fernando Sabino foi um dos amigos recebidos por Jobim:

– Não posso viajar, Fernando, este avião é daqueles que caem.

– Mas este não vai cair – argumentou o escritor.

– Você garante? – perguntou.

– Garanto.

– Então, eu vou. Foi uma decisão que surpreendeu o próprio Antonio Carlos Jobim: "Aos 36 anos, eu já gostava de pijama listrado, cadeira de balanço de vime e o céu azul com nuvens esparsas", diria em 1968 numa entrevista à escritora Clarice Lispector. Ele teve em Nova York uma recepção de astro. Estavam no aeroporto a própria consulesa Dora Vasconcelos e o vice-cônsul João Tabajara. O compositor chegou muito bem-humorado, brincando com os companheiros de viagem, chamando-os pelos nomes e até falando algumas palavras em inglês. Passou rapidamente pelo Hotel Diplomat, na Rua 43, onde vestiu o *smoking* e partiu para a esquina da Rua 57 com Sétima Avenida, endereço do Carnegie Hall, sendo recebido com alegria pelos demais artistas. Era 21 de novembro, véspera do dia de Santa Cecília, padroeira dos músicos. Ainda nos bastidores, Tom não percebeu o que era mais forte, se a tensão dos brasileiros ou a desorganização. Muitos músicos portavam garrafas de uísque que era consumido pelo gargalo. "Tinha uma paulista lourinha que entrou no palco inteiramente de porre", lembrou Mário Dias Costa, cujo estado de nervos naquela noite também não era dos mais tranqüilizadores. "Cometemos um erro grave, deixando de convidar Aloysio de Oliveira para dirigir o espetáculo", confessou.

O apresentador (*host-narrator*) escolhido, Leonard Feather, não poderia ter sido melhor, pelo menos em matéria de prestígio. Sendo um dos nomes mais respeitados do jornalismo musical dos Estados Unidos, grande conhecedor de jazz e amigo pessoal dos mais importantes músicos norte-americanos, sua presença no palco soava como um aval para o brasileiros ainda desconhecidos do público de Nova York. Feather fez o possível para desempenhar bem o seu papel, mas não tinha o menor charme nem o vigor necessário para comandar um espetáculo cheio de problemas, como o excesso de artistas, um tormento que percorreu todo o show, já que os funcionários do Carnegie Hall não poderiam trabalhar mais de duas horas, conforme determinação do seu sindicato. E o elenco crescia a todo instante. Além dos que viajaram do Brasil, foram incorporados alguns brasileiros que já se encontravam nos Estados Unidos, como o cantor e compositor Sérgio Ricardo, que chegou de Los Angeles, a cantora Carmen Costa e os guitarristas José Paulo e Bola Sete, que viviam em Nova York. Carmen e José Paulo, por sinal, haviam participado como ritmistas da gravação do disco *Big band bossa nova*. Coube a Dora Vasconcelos conversar com o funcionário representante do sindicato, já que só a primeira parte do show durou 2h20. Mal chegou ao teatro, João Gilberto comunicou que não poderia apresentar-se porque o vinco da calça não estava paralelo à costura e isso poderia ser prejudicial. Mário Dias Costa conversou com Dora Vasconcelos, que providenciou uma passadeira para resolver o problema. Carlinhos Lyra, muito nervoso, fumava debaixo de um aviso proibindo o fumo e foi advertido por Tom Jobim: "Isso aqui dá cadeira elétrica". Em comentário para *O Globo*, Sílvio Túlio Cardoso, um dos jornalistas brasileiros presentes ao espetáculo, classificou a atuação de Leonard Feather de "apática e desligada". Apesar da forte chuva que caía, os três mil lugares do Carnegie Hall foram vendidos e muita gente ficou do lado de fora sem ingressos para comprar.

"O teatro ficou cheio de brasileiros", recordou Tom numa entrevista ao *Pasquim*. "Toda a colônia brasileira estava lá: a gente cantando em inglês e todo mundo falando português, louco para escutar *O que é que a baiana tem?*. Ficamos naquilo: 'I love you'. A platéia ficou chateada".

A platéia, na verdade, mal ouviu as músicas, porque ninguém se interessou em instalar um som de boa qualidade para o público. Sidney Frey preocupou-se apenas com o som do seu equipamento de gravação, já que o seu interesse mesmo estava no disco com a reprodução ao vivo do espetáculo. "Foi uma loucura, uma desorganização, com muita gente tocando as mesmas músicas. Estou até hoje querendo esquecer aquilo", disse Tom, em novembro de 1987, ao *Los Angeles Times*, repetindo quase literalmente o que dissera a Zuza Homem de Melo 11 anos antes, quando Zuza colheu vários depoimentos para seu livro *Música popular brasileira* (Edições Melhoramentos/Editora da Universidade de São Paulo): "O concerto foi muito mal organizado, muita música repetida, tinha não sei quantos artistas, era um pacote imenso e um não sabia o que o outro iria apresentar, aquele negócio feito em cima da hora. Foi uma loucura total". Os demais compositores ouvidos por Zuza Homem de Melo arrasaram o show. Roberto Menescal foi dramático: "Por causa de um ex-amigo meu, passei pela pior situação que um artista já teve na vida: sabendo que não sou cantor, que desafino pra burro, tive de cantar no Carnegie Hall para quatro mil pessoas, entre as quais Gerry Mulligan e vários músicos americanos. Foi uma mancha negra na minha carreira e na minha vida inteira. Fui convidado para tocar violão num conjunto e só no dia soube que iria cantar". Menescal cantou *O barquinho*, dele e de Ronaldo Bôscoli, acompanhado pelo quarteto de Oscar Castro Neves. A gravação ao vivo da sua apresentação é uma das faixas do disco *Bossa nova no Carnegie Hall*, lançado no Brasil pela Áudio Fidelity. Apesar da péssima lembrança de Menescal, a sua apresentação não foi tão desastrosa. Levando-se em conta que se trata de uma gravação ao vivo, é certo que ele se saiu melhor do que alguns compositores que se julgam também cantores e gravam discos. Para Sérgio Ricardo, os artistas brasileiros foram apenas explorados por "um tal de Sidney Frey". Carlos Lyra não fez por menos: "Esse concerto foi uma vergonha, foi um negócio nojento, foi horrível, muito feio".

Quanto às apresentações, algumas foram simplesmente catastróficas. Caetano Zama, da delegação de São Paulo, por exemplo, resolveu cantar uma música composta especialmente para a ocasião, *Bossa nova em Nova York*, e, ao apresentá-la, acrescentou um novo dote artístico, o de saber sapatear. O público norte-americano, é óbvio, continuou preferindo Fred Astaire e Gene Kelly. Outras apresentações, com as de Luís Bonfá tocando *Manhã de carnaval* e de Agostinho dos Santos cantando *A felicidade*, foram muito aplaudidas. Ainda se ouviam os últimos aplausos para Agostinho, quando Tom Jobim foi chamado. Se já estava nervoso, mais ainda ficou com a obrigação de cantar depois de um número tão bem recebido. Ainda bem que Leonard Feather se lembrou de informar que o samba cantado por Agostinho era de autoria dele e o próprio cantor foi até os bastidores para conduzi-lo. Tom cantou *Samba de uma nota só*, nas versões em português e inglês, conforme o combinado, chegando até o fim, apesar de embaralhar a letra. Mas o público pediu bis e ele cantou *Corcovado* em inglês. No meio de apresentação, errou a letra, interrompeu o número e voltou a cantar. O público aplaudiu simpaticamente. "Lembro de Tom no concerto do Carnegie Hall. Ele, moço, tocando piano. Nós ali, fazendo música. A gente querendo homenagear o Brasil, a gente querendo o bem do Brasil. Nós querendo fazer uma coisa boa para o país. Um Brasil que fosse representado pela sua música, uma música bonita. Era uma coisa infantil, ilusão da juventude, o que seja. Mas acho que fizemos alguma coisa pelo Brasil. Tom fez tanto pelo Brasil (não consegue segurar o choro). O Brasil já foi tão bonito!", disse João Gilberto à revista *Veja*, quando entrevistado horas depois da morte de Jobim.

A intenção era a melhor possível, mas que foi um dos shows mais caóticos já apresentados pelo austero Carnegie Hall, foi: "A sensação que eu tive foi que não tinha ficado nada depois da festa. Nem os copos no chão nem as cinzas no tapete", disse João Gilberto na entrevista a Tárik de Souza. A imprensa norte-americana arrasou o espetáculo. O *Variety* atribuiu o "pobre planejamento" ao "egoísmo da Áudios Fidelity". O *New Yorker* classificou a bossa nova de "*hotel music*, a música incolor e inodora para o jantar dos hóspedes". Viu "alguma originalidade" em Oscar Castro Neves e detestou as seções de ritmo, chamando-as de "melancólicas". O artigo encerrou com uma frase baseada em outra muito familiar aos norte-americanos que vivem em outros países: "Bossa nova, *go home*!"

Como vimos, os artistas mais expressivos odiaram o concerto no Carnegie Hall. No Brasil, porém, a bossa nova era motivo de polêmica com muita gente que preferia a música popular tradicional. Não seriam eles, os militantes da bossa nova, que iriam oferecer aos adversários, de bandeja, o manjar delicioso do seu fracasso. Na volta ao Brasil, recebidos no aeroporto pelos jornalistas, só falavam em sucesso. Roberto Menescal disse que gostaria de ser aplaudido no Brasil como o foi no Carnegie Hall. Carlinhos Lyra atribuiu aos "antinacionalistas" da música a versão do fracasso. "Foi um sucesso poucas vezes visto naquela sala", acrescentou. João Gilberto, que viajou ao Brasil para pegar seu filho João Marcelo, também desmentiu qualquer possibilidade de fracasso. Louis Serrano, correspondente de *O Globo* em Hollywood, ficou ao lado do pessoal da bossa nova: "Não houve fracasso. O que houve em Nova York foi a falta de organização dos responsáveis pela apresentação, mas não dos músicos e da música".

Terminada a apresentação no Carnegie Hall, Tom Jobim pediu a David Zingg para levá-lo ao Village Vanguard, onde se apresentava o trompetista Miles Davis. Pegaram um táxi e, por sugestão do fotógrafo, conhecedor dos segredos de Nova York, saltaram um quarteirão antes da famosa casa do jazz. Assim, economizariam os cinco dólares que teriam de dar ao porteiro do Village Vanguard, se chegassem de automóvel. Quando iniciavam a caminhada, alguém gritou por David e eles pararam. Para surpresa de Tom Jobim, era ninguém menos do que Gerry Mulligan. "*How are you*, Antonio Carlos Jobim?", perguntou ao apertar a mão de Tom, que fez uma cara de quem não estava acreditando no que se passava. David Zingg informou que estavam indo para o show de Miles Davis, mas Mulligan protestou: "Nada disso. Vocês são meus convidados". E levou-os para o seu estúdio em frente ao Central Park, tendo antes o cuidado de telefonar para a mulher, a atriz Judy Holiday, convocando-a para o encontro com Tom, com a recomendação de passar antes por uma *delicatessen* para comprar comida. A farra foi até as seis horas da manhã, Gerry Mulligan tocando no sax músicas do compositor brasileiro, que o acompanhava no piano, e repetida no dia seguinte, com a presença de João Gilberto e do baterista Milton Banana, quando novamente passaram a noite inteira tocando música. "Mora no quarteto: João, Gerry, Milton e eu", escreveu Tom numa carta para sua mulher. Dias depois, Gerry Mulligan convidou-o para dividir com ele uma apresentação na televisão. Em várias entrevistas, Jobim manifestou a sua gratidão ao músico norte-americano pela ajuda prestada, numa época em que ele nada conhecia dos Estados Unidos nem falava inglês. Da mesma idade de Tom (nasceu no dia 6 de abril de 1927), Mulligan era um dos nomes mais respeitados e admirados do jazz moderno. Com 20 anos de idade, já chamava a atenção pelos arranjos que escrevia e pelo sax barítono que tocava na orquestra de Claude Thornhill (também tocava admiravelmente bem o sax soprano e o tenor, além da clarinete e do piano), apontada como criadora do *cool-jazz*. Dois anos depois, tocava no revolucionário noneto de Miles Davis. A partir de 1951, começou a gravar os seus discos. Formou depois o Gerry Mulligan Pianoless Jazz, do qual o trompetista era nada menos do que Chet Baker. Até conhecer Tom, criou mais três conjuntos.

A maior parte dos músicos voltou para o Brasil, permanecendo nos Estados Unidos um pequeno grupo que havia sido convidado para uma apresentação no Teatro Universitário de Washington, no dia 5 de dezembro. Dois dias antes de seguir para a capital, Tom apresentou-se com outros músicos brasileiros no Village Gate. Foi uma noite que tinha tudo para correr tranquilamente, se João Gilberto não tivesse "mandado o Lima". Quanto à apresentação do dia 5, o *Washington Post* definiu como "um concerto encantador". Com a presença de cerca de duas mil pessoas, o espetáculo contou com a direção e a apresentação do disc-jóquei Felix Grant e teve a participação de Antonio Carlos Jobim, João Gilberto, Agostinho dos Santos, Luís Bonfá, Carlos Lyra, do sexteto de Sérgio Mendes, do quarteto de Oscar Castro Neves e do guitarrista Charlie Byrd. "Fizemos o concerto em Washington", narrou Tom Jobim no livro *Ensaio poético*, escrito por ele e com fotos de sua segunda mulher, Ana Jobim, "e depois fomos à recepção na casa do embaixador do Brasil. Casarão lindo, piano de cauda, presentes o embaixador Roberto Campos, o *staff* do presidente John Kennedy e uma secretária americana muito bonitinha. Acabamos tocando, cantando, comendo, bebendo e dançando. Estava bom, voltamos para Nova York e fizemos mais um concerto no Village Vanguard. Nos intervalos aparecia um americano narigudo que contava piadas, o público ria e a gente, nos bastidores, não entendia. Este americano era Woody Allen, em 1962, um desconhecido. Aí, acabou nosso compromisso com o Itamaraty e a bossa nova voltou para o Brasil. Frio cão. Vou ficar. João Gilberto, Sérgio Ricardo e Milton Banana também ficaram no Hotel Diplomat. Carlos Lyra ficou em outro lugar. Outros, não sei. Em dezembro, caiu a primeira neve".

Tom permaneceu nos Estados Unidos para cuidar da edição das suas músicas e para evitar que recebessem versões horrorosas em inglês, como ocorrera com *Chega de saudade*. Ele se convencera de que jamais a boa qualidade da letra em português seria repetida na letra em inglês. Mas, mais ainda, estava convencido de que seria impossível tornar a sua obra conhecida nos Estados Unidos com as letras originais. "Português é língua de espião", dizia, lembrando um fato ocorrido com o seu tio Marcelo Brasileiro de Almeida. Durante um passeio turístico ao

Egito, Marcelo telefonou para casa querendo falar com a sua mulher Maria Lídia. Quando a conversa se iniciava, foi interrompido pela telefonista do hotel:

– Em que língua o senhor está falando?

– Em português – respondeu.

– Em português, não pode. Estamos censurando todos os telefonemas e os censores desconhecem esta língua.

– Então, em que língua eu falo?

– O senhor pode escolher: inglês, francês, alemão, italiano, russo ou espanhol.

– Je ne peux pas parler en portugais – disse Marcelo a Maria Lídia, que, sem ter ouvido a conversa com a telefonista, chegou a desconfiar da saúde mental do marido.

O problema daquele dezembro era o frio capaz de espantar os próprios nova-iorquinos habituados até ao vento cortante que percorre as ruas da cidade durante o inverno. Mas Tom Jobim e outros músicos acharam melhor permanecer. Seu amigo Gene Lees, autor das letras em inglês de *Desafinado* e *Corcovado*, contou que os brasileiros "tremiam ao ponto de dor", quando se dirigiam a um café na Rua 44, onde encontravam "um porto seguro no papo em português e matavam o tempo com um cafezinho, com as caras compridas de saudades de casa, relutantes de sair daquele inferno cruel". Tendo de pagar o hotel, comprar roupas de inverno e comer, Tom Jobim entregou, numa só tacada, em troca de um adiantamento de 1.200 dólares por música, *Garota de Ipanema*, *Meditação* e *Samba de uma nota só* à editora norte-americana MCA, que assegurou seus direitos sobre as músicas por 28 anos, findos os quais Tom tentaria em vão pegar *Garota de Ipanema* de volta: no contrato, havia uma cláusula – "daquelas em letras pequenininhas, que a gente não lê" – estabelecendo prioridade para a MCA permanecer com a música por mais 28 anos. As demais já estavam em poder do compositor. "Comprei um sobretudo da pesada. Ainda sobrou troco para dois bifes a cavalo. Naquele tempo ainda não existia colesterol", escreveu ele no *Ensaio poético*.

Num disco com a coletânea das gravações de músicas de Jobim para a Verve, lançado pouco depois da morte do compositor, Gene Lees escreveu um texto de lembranças do seu convívio com Tom, recordando, entre outras coisas, o sofrimento dos músicos brasileiros convidados para uma festa promovida por Lalo Schifrin, em sua casa, às vésperas do Ano Novo. Naquela noite, Baden Powell, que chegara com o violão enrolado com cobertor para protegê-lo do frio, tocou em dupla com Jimmy Raney. Gene recordou também que ele e Tom trabalhavam no apartamento de Gerry Mulligan, que colocara o seu piano à disposição do músico brasileiro. "Num dia cinza, algo triste e frio, fomos para a varanda e ele apontou para um bando de pássaros, perguntando o seu nome em inglês: 'Sea gulls (gaivotas)', respondi. 'Nós temos também desses no Brasil', comentou. Eu nunca tinha ouvido ninguém falar de maneira tão saudosa da sua terra". Outro episódio envolveu um dos maiores pianistas da história do jazz: "Jobim queria fazer uma fita demo com as minhas letras para *Desafinado* e *Corcovado*. Perguntou se podia achar um pianista para tocar com a gente. Eu disse que sim, o Bill Evans, que aceitou o convite com prazer. Gravamos *Corcovado* sem incidentes. Passamos para *Desafinado*. Querendo divertir Evans e a mim, Jobim, ao violão, cantou de todas as maneiras erradas que tinha ouvido no Brasil. Ao final, estávamos rindo desbragadamente. Quando chegou o momento de gravar, eu estava com os ouvidos tão dominados pelas versões erradas que tivemos de abandonar a gravação. Simplesmente, não conseguia tocar de forma correta. Eu adorava aquela fita, porque tinha Jobim e Evans juntos. Foi destruída num incêndio por volta de 1972". Gene ficou impressionado com a rapidez com que Tom aprendeu a falar inglês, chegando, já naquela época, a ser entrevistado pela televisão e se sair muito bem.

Antonio Carlos Jobim desenvolvia quase uma guerrilha com editoras norte-americanas, enquanto, no Brasil, Sílvio Túlio Cardoso o apontava como o melhor compositor brasileiro de 1962. "No Brasil", disse ele a Gene Lees, "encontrei aprendizes de feiticeiro. Nos Estados Unidos encontrei o feiticeiro. "Mas sabia que tinha de enfrentá-los lá mesmo e contava com apoio dos novos amigos, como Norman Gimbel, que viria a ser outro parceiro em inglês para as suas músicas, entre as quais *Garota de Ipanema*. Sabia que a batalha seria longa e difícil, razão pela qual tratou de providenciar a ida de sua mulher para Nova York. Teresa chegou pouco antes do Natal de 1962, ficando com ele no Hotel Diplomat, onde já estava a sua amiga Astrud, mulher de João Gilberto. Na noite de Natal, o casal saiu para jantar na casa de Percy Heath, baixista do Modern Jazz Quartet, e pegou um engarrafamento imenso no túnel sob o Rio Hudson. Teresa experimentou pela primeira vez as conseqüências da sua incompatibilidade com temperaturas muito baixas. Começou a sentir uma coceira picante, que percorria o corpo inteiro, mas teve de encarar o sofrimento ali mesmo, num engarrafamento de milhares de automóveis. Dias depois, no quarto do hotel, eles dormiam quando o alarme soou anunciando que o Diplomat estava pegando fogo. Os hóspedes, muitos deles com roupas íntimas, trataram de fugir pelas escadarias. Quando a situação foi controlada, Astrud Gilberto telefonou para o quarto deles. "O que que aconteceu com vocês?" "Nada. Estávamos dormindo". Só então souberam do incêndio. Ouviram o alarme, mas o confundiram com os muitos sons das ruas de Nova York, principalmente no fim de ano.

Norman Gimbel foi ao encontro de Tom e ficou espantado ao perceber que o casal estava hospedado no Hotel Diplomat, instalado numa zona de péssimo conceito na cidade: "Como é que você deixa sua mulher num lugar desses, Jobim?" Até então, Teresa não havia observado nada demais, apesar dos "olhares esquisitos" dos homens, quando ela saía sozinha ou com Astrud Gilberto. Através de Gimbel, ficaram sabendo que aquela região era uma espécie de antiga Lapa de Nova York. Gimbel não descansou enquanto não arranjou um apartamento para eles morarem. Não foi fácil, pois, sendo estrangeiros, as agências de aluguel nem sempre os viam com bons olhos. Até que, numa agência, Gimbel conseguiu o apartamento (na Rua 96), colocando-se à disposição para ser o fiador. Levou Tom à agência, mas sua presença não era suficiente: queriam conhecer também a mulher dele para saber a que raça pertencia. Ao vê-la, a agência aprovou o aluguel. Assim, Tom não só ficou mais tranqüilo em relação à segurança de Teresa, como ganhou o direito de comer a comida feita por ela, o que já lhe fazia muita falta. Havia, porém um problema: os vizinhos de andar não suportavam o cheiro da comida brasileira. Quando o tempero era carregado no alho, as reclamações eram ainda mais veementes. Parecia até uma sina. Um dia, Tom estava chegando quando viu o prédio interditado, com os seus moradores do lado de fora, e os bombeiros em plena ação. Assustou-se ainda mais quando verificou que Teresa não estava entre os moradores evacuados. Procurou o chefe dos bombeiros e exigiu que lhe permitissem subir, pois sua mulher ainda estava lá em cima. "Impossível, todos os moradores foram retirados", foi a resposta. Insistiu tanto que o bombeiro resolveu acompanhá-lo e testemunhar a reação de Teresa diante daquela ameaça de catástrofe: dormia. Ouvira o alarme, é verdade, mas, mais uma vez, não dera a menor importância.

Apesar da generosidade de Norman Gimbel, ajudando o casal Jobim a resolver os seus problemas de moradia, Tom obrigou-o a trabalhar muito para que a letra em inglês de *Garota de Ipanema* tivesse a sua aprovação. Até porque o autor da versão em inglês queria tirar a palavra Ipanema, que, além de soar mal para os norte-americanos (falavam Aipanima), lembrava a marca de uma pasta dental Ipana. "A discussão que tive com Norman num táxi, um *yellowcab* de Nova York, como meu inglês era precário, foi inesquecível. A certa altura, o motorista parou o carro e se virou pra mim: 'Seu amigo está certo e o senhor completamente errado.' Era um complô, era a opinião pública contra mim. Os americanos achavam ridícula a palavra Ipanema, ou pensavam que ela só daria confusão. Acabei vencendo e *Garota de Ipanema* é a música brasileira mais tocada no exterior ao lado de *Tico-tico no fubá* e *Aquarela do Brasil*", disse Tom em seu depoimento a Luís Carlos Lisboa, preferindo ser modesto ou porque ainda não sabia que *Garota de Ipanema* já era a música brasileira mais tocada nos Estados Unidos em todos os tempos. Curiosamente, ele aceitou uma pequena modificação logo no início da música, para poder encaixar a letra em inglês. Esta, por comer duas sílabas da letra original, comeu também duas notas: em português, "Olha que coisa..."; em inglês, "Tall and tan..." Jobim não deve ter-se importado porque eram notas repetidas. Se algum problema houve, foi só uma pequena mudança no ritmo inicial.

Na entrevista a Roberto Benevides, o fotógrafo David Zingg disse que foi ele quem telefonou a Creed Taylor, dono da gravadora Verve, para recomendar a contratação de Antonio Carlos Jobim e João Gilberto. Creed sugeriu um encontro de Tom com Stan Getz, no Rehearsal Hall, a sala de ensaios do Carnegie Hall, onde o compositor começou a ensinar suas músicas ao saxofonista, que demorava muito a aprender "Vamos lá, mister Getz!", Tom animava-o sem obter um bom resultado. Até que o compositor pediu ao fotógrafo: "David, por que você não dá uma saidinha e compra uma garrafa de uísque para lubrificar o nosso saxofonista?" Mas tudo acabou correndo bem, tanto que, nos dias 8, 9 e 27 de fevereiro, estavam no Webster Hall, em Nova York, gravando o disco

Jazz samba encore, que teve como solistas principais Stan Getz, Luís Bonfá e a cantora Maria Helena Toledo. Tom tocou violão nas faixas *Só danço samba* e *O morro não tem vez* e violão em *Insensatez*. Ainda em fevereiro, tiveram início os ensaios para a gravação do LP *Getz/Gilberto*, que contaria também com a participação de Tom Jobim como instrumentista e uma espécie de coordenador. Os ensaios só não foram tranqüilos porque João Gilberto simplesmente não aparecia, deixando Tom numa situação difícil diante dos músicos norte-americanos.

No Rio, começavam a prosperar os shows de bossa nova. Não só nas boates do Beca das Garrafas (Little Club e Bottle's, principalmente), que funcionavam quase como sede do movimento musical (apesar de Tom Jobim jamais ter-se apresentado lá). O movimento alcançava outras casas, inclusive a elegante Bon Gourmet, onde, em fins de 1962, Aloysio de Oliveira montou um show com o conjunto Sambatrês (Luís Carlos Vinhas no piano, Tião Neto no contrabaixo e Edison Machado na bateria) e o bailarino norte-americano Lennie Dale. Um produtor da rede de televisão CBS viu o show e convidou o Sambatrês para participar do programa *Ed Sullivan Show*, com pagamento de cachê, mas sem direito à passagem de avião. Flávio Ramos, o proprietário do Bon Gourmet, entrou em contato com a Varig, que concordou em ceder as passagens com a condição de que o nome da empresa aparecesse durante o programa. O *Ed Sullivan Show* apresentou, da fato, os músicos brasileiros, mas sem qualquer citação do nome da companhia aérea. Resultado: os diretores da Varig ficaram tão irritados que cancelaram as passagens de volta ao Brasil, razão pela qual o trio teve de permanecer nos Estados Unidos muito mais tempo do que imaginava. E não foi fácil. O primeiro trabalho obtido numa boate de Nova York deixou de ser realizado, graças à ação do sindicato dos músicos de lá. Numa carta escrita pelo baixista Tião Neto ao crítico Sílvio Túlio Cardoso, ele deixou de abordar esses problemas, optando por traçar um panorama otimista das atividades dos músicos brasileiros nos Estados Unidos: "Estamos em Woodstock, bem ao lado do Diplomat, a um minuto do *Times Square*. Muita neve e muita comida doce. No aeroporto, nos esperavam Tom e esposa. Muito simpáticos. O Sambatrês mudou o nome para Bossatrês por motivos óbvios. Telefonei para o baterista Don Payne, que nos levou para ouvir um som. (...) Todo mundo perguntando pelo João Gilberto. O baiano aqui é celebridade mesmo. O bolo que ele deu no Stan Getz ainda é assunto de todas as rodas. O pior é que João não apareceu na estréia do Village Vanguard e tiveram de chamar o Sérgio Ricardo às pressas. Baden Powell aplaudidíssimo. Estreamos domingo no *Ed Sullivan Show*, da CBS. Foi só o tempo de tocar um número e de anunciar The Bossatrês from Copacabana, Rio'. No mesmo estúdio, Maurice Chevalier e um balé indiano. Em seguida, estivemos no Village Vanguard, onde está o trio de McCoya Tyner. Ouvimos também o Bill Evans Trio, que está no Village Gate. Chris Connor lembrou da estréia do American Jazz Festival no Rio. No Palladium, a banda de Tito Puente executa *Corcovado* em ritmo supostamente bossa nova. Na verdade, uma mistura de calipso com pachanga. Estamos ensaiando no Basin Street East, que apresenta Ella Fitzgerald. Ontem, fomos ouvir o trio de Oscar Peterson no Embers. Eu e Ray Brain ficamos grandes amigos. Estou ensinando os macetes da bossa nova pra ele. A bossa nova continua na ordem do dia. Não toca outra coisa".

As coisas até que iam bem nos Estados Unidos, mas, no Brasil, a bossa nova encontrou um adversário muito difícil: Antônio Maria, um dos mais brilhantes cronistas brasileiros de todos os tempos, compositor consagrado, homem de televisão e uma das mais destacadas figuras da noite carioca. Curiosamente, era um dos maiores amigos de Vinicius de Moraes e mantinha com Tom Jobim uma relação de grande cordialidade. É possível que, morando nos Estados Unidos, Tom jamais tenha tomado conhecimento do que Antônio Maria escrevia em janeiro de 1963. Até porque o número de leitores do cronista diminuíra muito com a sua transferência da *Última Hora* para *O Jornal*, um matutino em franca decadência. O próprio Maria sabia disso, tanto que, quando elogiava alguém, ele próprio se encarregava de enviar a crônica ao elogiado, com um bilhete que começava sistematicamente assim: "Sabendo que ninguém lê *O Jornal*...". O fato é que, tendo Jobim passado a sua carreira inteira reclamando da imprensa, jamais falou mal publicamente de Antônio Maria. Pelo contrário: nas conversas de mesa de bar, quando se referia à boemia dos anos 50, principalmente, dava ao cronista um destaque especial como homem inteligente e excelente de papo. Dos compositores da bossa nova, o único que devolvia os ataques era Ronaldo Bôscoli. Quando o cronista caiu fulminado por um enfarte, na porta de um restaurante em Copacabana, em outubro de 1964, Bôscoli deu assim a notícia ao ator Hugo Carvana: "Tem um inimigo meu morto lá na esquina".

Os comentários de Antônio Maria contra a bossa nova foram feitos até as vésperas de sua morte, mas foi em janeiro de 1963 que escreveu a maioria deles. No dia 22b, disse que qualquer psiquiatra que examinasse as letras de Ronaldo Bôscoli "faria o diagnóstico na perna: esquizofrenia. Quem duvidar submeta a letra de *Canção que brinca no ar* ao exame do psiquiatra (ou psicanalista ou psicólogo) de sua predileção. Ele diria que uma palavra não tem nada a ver com a outra e que, juntas, não fazem sentido". No dia 24, denunciou Antonio Carlos Jobim como plagiário. "Aqui estão cinco plágios e seus autores poderão se defender ou me acusar por injúria grave, falso testemunho, calúnia etc.: Este seu olhar, de Tom, copiado do fundo musical do filme *The moon in the blue*. Provas em nosso poder. *Demais*, de Tom e Aloysio. Neste caso, os autores se afobaram e copiaram não apenas a música, mas a letra de *The end of a love affaire*. *Insensatez*, de Tom e Vinicius. Tom copiou o *Prelúdio nº. 4*, de Chopin e fez este samba tão bonito. Mas copiou a valer. Demonstração de bom gosto, pois, dos prelúdios de Chopin, o número 4 é o mais bonito. *Dindi*, música feita em cima do tema *Love for sale*. Autores: Tom e Aloysio. O caso de *Samba de uma nota só*, como já dissemos, copiado da primeira parte de *Night and day*. Autor: Tom. É lamentável que em todos os cinco plágios as melodias sejam assinadas por Tom. Lamentável porque somos amigos, embora não tenhamos a menor admiração em pelo outro".

A reportagem do *O Jornal* saiu em campo para repercutir a denúncia de Antônio Maria – "Bomba no Mundo da Música", foi o título da matéria – e ouviu profissionais da música, que não concordaram com o cronista. Paulo Tapajós, cantor, violonista, pesquisador de música e diretor musical da Rádio Nacional, afirmou que Tom era "suficientemente capaz de compor melodias de sucesso sem plagiar obras alheias. Todos os autores de música popular repetem, inconscientemente, uma ou outra frase musical, mas afirmar que isso é plágio é muito". José Mauro, um dos mais importantes criadores de programas da história do rádio brasileiro e que, naquela época, levara a Rádio Tamoio aos primeiros lugares de audiência, com uma programação definida como "música, exclusivamente música", disse: "O que caracteriza o plágio é a repetição sucessiva de oito compassos em duas melodias". Para Francisco Veiga, outro que fazia muito sucesso no rádio com a programação da Rádio *Jornal do Brasil*,

Tom não precisava "apelar para o feio recurso do plágio", porque talento não lhe faltava. Pascoal Carlos Magno, escritor, homem de teatro e autor de letras de música popular, revelou que acabara de assistir a uma conferência de Francisco Mignone, "em que ele falou da influência de Chopin em Ernesto Nazaré, que, por sua vez, inspirou toda uma geração de compositores brasileiros. Influência não é plágio". No dia seguinte, Antônio Maria insistiu, alegando que ninguém respondeu às suas acusações: "E tem mais: *Eu sei que vou te amar* foi fortemente inspirado em *Dancing in the dark*. Não adiante dizer que Tom é excelente pessoa. Eu também acho (bom amigo, pai extremoso, esposo amantíssimo), tanto que, se viesse a ter um novo filho, convidá-lo-ia para padrinho. Mas ótimas pessoas também se influenciam pelas músicas dos outros. Em outros casos, como dá menos trabalho, copiam direto".

Resolvidos alguns problemas surgidos nos ensaios, nos dias 18 e 19 de março foi gravado o LP *Getz/Gilberto*, no velho estúdio A & R, em Nova York, instalado ao lado do Jim and Andy's, um bar freqüentado por músicos de jazz, onde Tom fez amizade com vários deles. Os problemas, geralmente, começavam pela impaciência de João Gilberto com Stan Getz. Tudo que o saxofonista fazia irritava o cantor. Por não falar inglês, João utilizava o português para xingar Getz, que pedia a Tom para traduzir. "Ele está dizendo que tem muito prazer em gravar com você", inventava o tradutor, sem, no entanto, convencer inteiramente o músico norte-americano: "Com esse tom de voz e com essa cara, ele não parece muito satisfeito". O problema mais grave nos ensaios ocorreu no dia em que, cansados de tanto repetirem a mesma música por imposição de João Gilberto, os músicos resolveram ir embora. Mas Stan Getz estava disposto a aturar qualquer coisa. Até sua mulher participou do esforço pela gravação do disco, indo até o hotel e trazendo João Gilberto para os ensaios. Afinal, a bossa nova valia tanto quanto uma mina de ouro ou um poço de petróleo. Foi a descoberta da bossa nova que salvou Getz de um péssimo momento da sua vida profissional, na sua volta da Escandinávia, em 1961, depois de três anos vivendo na Suécia e na Dinamarca. Chegando aos Estados Unidos, viu que o público, fascinado pelo sax tenor de John Coltrane, o havia esquecido inteiramente. Não que ele fosse mau músico. Longe disso. Foi o único branco incluído na lista de Alain Gerber dos cinco sax tenores revolucionários do jazz, da qual faziam parte Coleman Hawkins, Lester

Young, Sonny Rollins e John Coltrane. Mas a verdade é que foi a bossa nova que o tirou das dificuldades e fez dele um homem rico.

Nenhum problema, porém, interveio na qualidade do disco. Lá está um João Gilberto absolutamente insuperável como violonista e cantor. Tom Jobim deu os seus costumeiros shows no piano e conquistou, com o seu jeito, a simpatia do engenheiro do som, Rudy Van Gelder. Entrevistado por Gene Lees, Creed Taylor, o produtor do disco, lembrou que o charme de Tom "dominava simplesmente todo o ambiente. Não houve um único problema com nada". Das oito músicas gravadas, seis eram de Jobim: *Garota de Ipanema*, *Só danço samba*, *O grande amor*, *Vivo sonhando*, *Corcovado* e *Desafinado*. As duas outras eram *Doralice* (Dorival Caymmi e Antônio Almeida, que, na etiqueta, os norte-americanos substituíram por Laurindo de Almeida) e *Pra machucar meu coração* (Ary Barroso). Stan Getz, por sua vez, parece ter absorvido os ensinamentos de Tom e João e tocou as músicas brasileiras de maneira descontraída e competente (Ary Barroso adoraria o seu solo de *Pra machucar meu coração*). O disco contou ainda com a participação de dois músicos brasileiros muito importantes na bossa nova, o baixista Tião Neto e o baterista Milton Banana. Tião, hospedado no Hotel Woodstock, na Rua 43, foi convidado pelo próprio produtor Creed Taylor, que botou João Gilberto no telefone: "Ô Tião, você também está nesta terra maluca? Vamos gravar?" A grande novidade no estúdio foi a participação de Astrud Gilberto. Numa entrevista a Neil Tesser, Stan Getz revelou que nem Jobim nem João queriam que ela cantasse, sob o pretexto de que não se tratava de uma profissional. Getz teria pedido para Astrud cantar "um ou dois refrões" e ela acabou cantando as letras em inglês de *Garota de Ipanema* e *Corcovado*. Segundo o baixista Tião Neto, para quem Astrud tinha uma voz "menor do que a de Nara Leão", Tom e João Gilberto só concordaram que se gravasse a voz dela porque acreditavam que não seria aproveitada por Creed Taylor. Como a fita permaneceu um ano engavetada na Verve, é possível que, ao ouvi-la, tanto tempo depois, Taylor, que se empenhou na gravadora para que o disco fosse lançado, tenha concluído que a participação de Astrud facilitaria a sua venda. Disse João Gilberto a Tárik de Souza: "O destino do disco foi o porão da gravadora, um lugar onde eles põem os discos nos quais não acreditam comercialmente. Só quando falha um lançamento é que eles editam". Revelou também que tentou vender os seus direitos de intérprete à Verve, por apenas mil dólares, mas a gravadora não aceitou, pois seus diretores achavam que o disco não renderia nem isso. Creed Taylor deve ter-se empolgado tanto com a participação de Astrud Gilberto que nem deu importância a um erro gramatical grave cometido por ela, ao adaptar a letra, escrita para homem cantar, para a interpretação de uma cantora que não queria se passar por homem. Astrud trocou o verso "*she looks straight ahead not at me*" ("ela olha em frente, não para mim") por "*she looks straight ahead not at he*" ("ela olha em frente, não para ele"), colocando erradamente he no lugar de him. Um depoimento de Gene Lees, 30 anos depois, revelou que, dias após a gravação, o saxofonista telefonou para Creed Taylor para dizer que Astrud Gilberto não deveria receber nada pelo disco. Quando soube dessa história, o saxofonista Al Cohn, antigo companheiro de Getz na banda Woods Herman Four Brothers, comentou: "É bom saber que o sucesso não mudou Stan Getz". O fato é que Astrud não recebeu um tostão pela gravação de *Getz/Gilberto*, mas foi o disco que deu o pontapé inicial para sua vitoriosa carreira de cantora internacional.

Quanto a Jobim, cuidava dos seus interesses nos Estados Unidos da melhor maneira possível. Uma das providências adotadas, por sugestão de Teresa, foi a criação da Corcovado Music, a editora norte-americana de suas músicas e, eventualmente, das obras de compositores amigos. Nos dias 9 e 10 de maio de 1963, foi gravado o LP *Antonio Carlos Jobim, the composer of Desafinado, plays*, novamente no estúdio A & R. Se os dois discos forem colocados na balança, este foi mais importante para a carreira de Tom do que *Getz/Gilberto*, já que a sua excelente repercussão beneficiou exclusivamente o compositor. Logo na primeira conversa com Creed Taylor, Jobim pediu a indicação de um arranjador local, já que ele só se sentia seguro nos arranjos quando sabia para quem estava escrevendo. E ele não conhecia os músicos norte-americanos. Qual não foi o seu espanto quando Taylor convidou o alemão Claus Ogerman para a tarefa. "Ele vai transformar a minha música em marcha quadrada de banda prussiana", desconfiou Tom, que só o chamaria, daí em diante, de Prussiano. O parceiro Gene Lees se disse "horrorizado" com a escolha, pois conhecia alguns trabalhos de Claus e o achava "péssimo". Mas bastaram os primeiros encontros para que a má impressão fosse desfeita. "Afinamos logo. Claus é um músico sensível", disse o compositor ao jornalista João Máximo. "Eu não tinha a menor idéia de que Ogerman era o brilhante arranjador que ele é", confessou Gene Lees. Nascia ali uma espécie de irmandade musical entre Antonio Carlos Jobim e Claus Ogerman. Trabalharam juntos durante muitos anos e não há dúvida de que não há nada mais parecido de um arranjo de Tom do que um outro arranjo de Claus. Para Oscar Castro Neves, o que houve foi a boa vontade do alemão de aceitar todas as sugestões do brasileiro, desde aquele primeiro disco. "Se você ouvir todos os contrapontos, todas as linhas eram mesmo de Jobim. Ele deu a Claus tal riqueza de material que praticamente fez os arranjos junto com ele. Claus entrou com a concepção do peso da orquestra, a escolha dos instrumentos, a escrita e a valorização das cordas. Mas, se você ouvir as gravações brasileiras, o contraponto já estava lá. Os arranjos de Tom passaram a fazer parte das músicas".

Afinal, tratava-se do primeiro disco de Antonio Carlos Jobim como solista, produzido numa idade, 37 anos, em que a grande maioria dos intérpretes já havia gravado muitos discos. Era preciso caprichar muito. Os norte-americanos aceitaram a única exigência de Tom em relação aos instrumentistas, o baterista teria de ser brasileiro e o escolhido foi Edison Machado. Nos ensaios, Claus Ogerman não fazia qualquer objeção às observações dele, assim como o trombonista Jimmy Cleveland e o flautista Leo Wright, figuras de destaque no disco e que adotaram todas as recomendações do autor. Enfim, saiu tudo como Jobim desejava, decorado – a palavra é esta mesmo – pelo seu violão e pelo seu piano tão econômico quanto musical e criativo. As músicas selecionadas foram: *Garota de Ipanema*, *Amor em paz*, *Água de beber*, *Vivo sonhando*, *O morro não tem vez*, *Insensatez*, *Corcovado*, *Samba de uma nota só*, *Meditação*, *Só danço samba*, *Chega de saudade* e *Desafinado*. A única falha ocorreu num setor em que Tom Jobim não teve a menor interferência: o responsável pela publicação dos nomes das músicas na contracapa (na verdade, Creed Taylor, o produtor) resolveu chamar *Amor em paz* de *O morro*.

O disco foi muito bem recebido e colocou Tom Jobim definitivamente como estrela de primeira grandeza da música nos Estados Unidos. No *Down Beat*, principal publicação especializada em música do país, foi publicada uma crítica de Pete Welding tão consagradora que, na versão do disco lançada no Brasil pela Elenco, Aloysio de Oliveira, diretor da gravadora, nem se deu ao trabalho de traduzi-la: publicou-a na contracapa em inglês mesmo. Escreveu Welding:

“Como diria o homem da Schweppes, este é um álbum ‘curiosamente refrescante’. Curioso porque, em toda a extensão do disco, Jobim, que é o solista principal, toca o que poderia ser chamado de piano-de-um-dedo-só. Refrescante porque é um dos mais encantadores e mais deliciosamente líricos álbuns que resultou da onda da bossa nova que nos vem inundando neste último ano.

Todas as 12 faixas são composições de Jobim, e cada uma tão cheia de beleza e graça ardente e luminosa, de lirismo tão elevado e não meloso, de carinho e compaixão tão sem afetação que só podemos nos maravilhar com os extraordinários dons de Jobim como melodista. Por mais belas e românticas que sejam as suas melodias, e com todo o profundo traço de melancolia sofrida em seu cerne, elas nunca são açucaradas e sentimentalóides, nunca se rebaixam ao trivial ou ao recurso fácil. Ao contrário, exalam um grande amor e humanidade, aos quais não podemos deixar de corresponder imediata e completamente.

Os arranjos para cordas feitos por Claus Ogerman captam perfeitamente a essência de alegria flutuante e de tristeza pensativa da música de Jobim, e levam adiante as linhas sem esforço e enganosamente simples do piano-de-um-dedo-só do compositor, complementando-as e secundando-as com maravilhosa força rítmica e claridade melódica. Cada acompanhamento destaca soberbamente a essência característica da melodia à qual foi acoplado.

Esse disco é uma delícia desavergonhada do começo ao fim, e nos brinda com uma celebração perfeitamente realizada de pura e radiante beleza melódica, sem um traço sequer do planejado ou do trabalhado. As melodias de Jobim cantam sem esforço e cantam sobre o coração humano.

Se o movimento da bossa nova não tivesse produzido nada além deste álbum, já estaria mais do que justificado. Não tenho palavras para recomendá-lo por tudo que ele merece. Só desejaria dispor de mais estrelas para premiá-lo”. (deu cinco estrelas, a cotação máxima.)

8

Los Angeles

Atendendo a um pedido de Antonio Carlos Jobim, que, em julho de 1963, voltara num navio cargueiro com Teresa, trazendo na bagagem um piano Yamaha, Celso Frota Pessoa assumiu a organização da Elenco, uma gravadora fundada por Aloysio de Oliveira, que não tinha condições de cuidar ao mesmo tempo da parte artística, sua especialidade, e da montagem de uma estrutura empresarial sadia. A idéia inicial de associar-se a Flávio Ramos não dera certo e Aloysio tratou de comprar a parte do sócio por seis mil dólares, pagos em 10 prestações mensais.

Celso empenhou-se no trabalho e chegou a pensar em criar uma sociedade anônima, mas não era fácil convencer os investidores a entrarem num negócio de alto risco, no qual competiam com grandes empresas multinacionais e as brasileiras Continental e Copacabana, além de Mocambo, de Pernambuco, que já dava mostras de que não suportaria a concorrência, vindo a desaparecer pouco tempo depois. E a situação do país não parecia nada adequada aos investimentos, pois os próprios empresários brasileiros, convencidos de que o presidente João Goulart entregaria o país aos comunistas, conspiravam abertamente com políticos conservadores e com militares a derrubada do governo constitucional através de um golpe militar. A música popular brasileira, por sinal, acabou se envolvendo no clima político, servindo de pretexto para um debate proposto pelo Centro Popular de Cultura da União Nacional dos Estudantes sobre o seu papel na conscientização do povo, tendo em vista a revolução popular, que, para alguns, estava prestes a explodir. O pessoal do CPC, liderado por Carlos Lyra, um dos expoentes da bossa nova, escolheu o tema "o amor, o sorriso e a flor", título de um disco de João Gilberto (extraído da letra de *Meditação*, de Tom e Newton Mendonça), como o símbolo de tudo aquilo que deveria ser combatido. As letras das músicas tinham de tratar dos problemas do povo, como os baixos salários, o latifúndio e a ação do imperialismo norte-americano sugando as riquezas do Brasil. De um lado, estavam as letras alienantes, que só serviam para desviar a atenção do povo dos seus verdadeiros problemas, e, do outro, as letras participantes, aquelas a serviço da grande mudança que beneficiaria não só o Brasil, mas toda a América Latina, sob a inspiração da revolução cubana. Embora tivesse se consagrado como melodista e não como letrista (mesmo sendo autor de excelentes letras), Jobim até que não estava tão mal nesses debates, já que, sendo parceiro de Vinicius de Moraes, um homem de esquerda, tinha em seu repertório obras com letras verdadeiramente participantes, como "O morro não tem vez/E o que ele fez/Já foi demais/Mas olhem bem vocês/Quando derem vez ao morro/Toda a cidade vai sambar". Aliás, Vinicius já havia escrito, numa letra para uma melodia de Pixinguinha, que "a coisa não demora". A "coisa", sem dúvida, era a revolução popular. De qualquer maneira, Tom ficou preocupado com aquele debate, pois não tinha a menor simpatia por regras estabelecendo como deveria compor. E protestava bem ao jeito dele, perguntando debochadamente aos amigos de esquerda: "Pode falar bem do mar ou não pode? E do amor? Ou só pode falar da terra? Com quem eu fico com o povo ou com a namorada? O que posso dizer dos peixes? E do sertão?" Tom não precisava preocupar-se. A não ser alguns que o acusavam de "americanizado", ninguém queria tê-lo como adversário, nem os da direita, nem os da esquerda. E a sua carreira seguia sem problemas nos Estados Unidos e no Brasil. Em 1963, por sinal, saía pela gravadora RGE mais um disco apresentando apenas músicas suas e de Vinicius de Moraes, interpretadas pela cantora Elza Laranjeira. E, no fim do ano, a Rádio Jornal do Brasil o escolhia como melhor compositor de 1963, além de apontar *Garota de Ipanema* como a música do ano.

O fato é que Aloysio de Oliveira assumiu todos os riscos e montou a Elenco com a ajuda decisiva de Celso Frota Pessoa, que não cobrou nada pelo seu trabalho. Quando recebeu as previsões de receita e despesa da gravadora, Aloysio estranhou que não estava previsto qualquer pagamento a Celso. "Isso a gente vê depois", comentou o padrasto de Tom. De qualquer maneira, liberado das funções para as quais não tinha qualquer vocação, Aloysio tratou de contratar cantores e músicos e produzir os discos. No dia 11 de outubro, foi lançado o primeiro suplemento da Elenco, numa grande festa realizada na boate Meia-Noite, no Copacabana Palace, durante a qual se apresentaram Tom Jobim, Dorival Caymmi (o grande sucesso da noite cantando *Eu não tenho onde morar* e *Acalanto*, esta com a sua filha Nana), Nara Leão, Baden Powell, Odete Lara, Sérgio Ricardo, Roberto Menescal, Carlos Lyra e Silvinha Telles. A apresentação de Jobim agradou ao crítico Mário Cabral da *Tribuna da Imprensa*: "Foi uma revelação como intérprete. Perdeu aquele ar canhestro com que se apresentou há tempos numa boate em Copacabana. Merece também como cantor as estrelas que lhe conferiu a crítica da revista *Down Beat*". Em dezembro, os discos (os do primeiro suplemento e mais *Um sr. talento*, com Sérgio Ricardo) foram lançados em São Paulo, no Teatro Record, com a participação de quase todos os contratados, inclusive Tom. A grande surpresa do lançamento de estréia da gravadora foi o disco que reuniu Vinicius de Moraes e Odete Lara. Aloysio já pensava em produzir um disco com Vinicius desde o show no Bon Gourmet. Quanto a Odete Lara, a sugestão partiu de Baden Powell, que lembrou a participação dela como cantora no show *Skindô*, dirigido pelo próprio Aloysio de Oliveira. Vinicius não compareceu às festas de lançamento porque servia em Paris, como diplomata, razão pela qual Odete cantou acompanhada do *playback* com a voz do poeta. Os demais discos foram *Balançamba* (com Lúcio Alves), *A bossa nova de Roberto Menescal*, *Baden Powell swings with Jimmy Pratt*, *Bossa, balanço, balada* (com Silvinha Telles) e *Chris Connor at the Village Gate*.

Tom Jobim só não participou do primeiro suplemento porque os entendimentos de Aloysio de Oliveira com a Verve, visando ao lançamento no Brasil do LP *Antonio Carlos Jobim, the composer of Desafinado, plays*, levaram mais tempo do que o esperado. O disco acabou saindo em fevereiro de 1964, mas quase teve o seu lançamento adiado, por uma imposição de Tom, que se horrorizou ao perceber erros nas partituras de suas músicas reproduzidas na capa, ao lado da sua fotografia: "Vai ter um cara lá no interior do Acre", especulou, "que vai tentar ler a partitura com a sua gaitinha-de-boca e descobrirá o erro. Em seguida, mandará cartas para os jornais". Juntamente com o disco de Tom, saiu o primeiro e surpreendente LP de Nara Leão: a chamada musa da bossa nova não gravou qualquer música tida como bossa nova. O lançamento dos dois *long-plays* foi feito na boate Zum-Zum, de Paulo Soledade, completamente lotada. Entre os presentes, Nilza e Celso Frota Pessoa e o pai de Nara, Jairo Leão.

No dia 9, domingo de carnaval, antes do lançamento do seu disco, Jobim estava no sítio de Poço Fundo quando soube que Ary Barroso, um dos seus grandes ídolos, acabara de morrer. A notícia não o surpreendeu, pois sabia que Ary enfrentava, há quase três anos, uma cirrose terrível e que, no últimos dias, teve de ser recolhido a uma casa de saúde, tal a gravidade da doença. Mas lembrou-se, comovido, de que, em dezembro, recebera um telefonema de Ary: "Você não vem visitar-me?" Tom, que detestava visitar amigos doentes (e comparecer a enterros), sentiu-se obrigado a atender ao pedido. Na casa de Ary Barroso, viu que lá também estavam o jornalista José Maria Scassa e o compositor Dorival Caymmi, dois dos maiores amigos do doente. Tom até que se sentiu lisonjeado por parte fazer de um grupo tão reduzido e tão selecionado, sendo ele o mais jovem de um trio em que os outros dois eram amigos de Ary há mais de um quarto de século. Bem mais do que a lisonja, porém, prevaleceu naquele momento a dramaticidade do encontro: "Chamei vocês porque queria vê-los antes de morrer", confessou Ary Barroso. Não restou outra alternativa aos visitantes, senão ocupar o tempo procurando demonstrar que Ary não morreria tão cedo.

Ainda naquele fevereiro a revista *Manchete* publicou uma ampla entrevista de Jobim, feita pelo médico, dramaturgo e escritor Pedro Bloch, em que afirmou que só uma vez musicou uma letra já pronta, o *Soneto da separação*, de Vinicius de Moraes. "Não vejo necessidade de musicar uma poesia bonita. É como botar letra numa sinfonia. Pra que você vai mudar uma poema de Drummond, se estamos diante de uma obra completa e acabada? Musicar letras é trabalhar de talhadeira e martelo para encaixar. Não pode. O negócio devia nascer junto, letra e música. Muitas vezes, a palavra não canta naquela nota. Não basta o sentido, é preciso que a palavra afine com a melodia". Depois, fez uma afirmação, no mínimo, controvertida: "Nunca procurei Drummond. Gosto tanto dele porque sei a sua poesia de cor. Mas seria incapaz de pará-lo na rua para lhe dizer isso". Não foi exatamente isso que o homem de televisão Carlos Alberto Lofler revelou ao autor destas linhas. Lofler contou que Tom fazia parte de uma mesa do Bar Imperator, na Avenida Atlântica, ponto de encontro dos artistas da TV Rio, então instalada no Posto Seis, em Copacabana, numa tarde de sol, em que se bebeu muito chope e inúmeras doses de limonsu, uma mistura inventada pelo compositor Monsueto na base de cachaça, limão e outros ingredientes. Eis que passou pela calçada, em passos firmes e vagarosos, ninguém do que Carlos Drummond de Andrade portando um guarda-sol. Jobim levantou-se rapidamente da mesa e foi ao encontro do poeta, contemplando-o com um beijo na face.

– Que é isso, Tom Jobim?

– Você me conhece? Você sabe quem eu sou? – perguntou Tom cheio de orgulho, tomando em seguida uma decisão que deixou o poeta em pânico: – Vou beijar os seus pés! – e atirou-se no chão, obrigando Drummond a arrastar os pés para trás, enquanto o admirador, quase rastejando, tentava alcançá-los com a boca:

– Não faça isso, Tom Jobim! Não faça isso, Tom Jobim!

A bebida era uma companhia diária, mas, honra seja feita, não se conhece dele qualquer outra atitude parecida com aquela. Se realmente o fato ocorreu – e Carlos Alberto Lofler não tinha qualquer razão para inventá-lo – foi o resultado do consumo exagerado de limonsu somado à grande, à enorme, à imensurável e antiga admiração de Jobim pela poesia de Carlos Drummond de Andrade, uma admiração que o tempo só consolidou. Há ainda a versão de Hermínio Belo de Carvalho, narrada numa crônica para o *Pasquim*: "Numa outra vez que voltei à célebre Nascimento e Silva, houve um saldo positivo de alguns uísques que nós tomamos que liberaram em mim o moleque que, a horas tantas, depois de ouvir uma idolatria a Drummond de Andrade, telefonou ao poeta e o apresentou a Jobim. Essa apresentação movida a álcool, que selaria uma bonita amizade entre os dois, faço questão que conste de sua biografia com o crédito respectivo". De qualquer maneira, mesmo sendo verdadeira a história contada por Carlos Alberto Lofler, Jobim não estava tão mal, como escrevera Carlos Lyra a Vinicius de Moraes, numa carta um tanto ou quanto dúbia em que se queixava de que o amigo não fizera os arranjos do disco com as músicas da peça *Pobre menina rica*, de Vinicius e Lyra: "Não fosse o Tom ter esticado tanto (não chegou a fazer um arranjo sequer em um mês) e o disco estaria chegando às suas mãos junto a esta carta. Enfim, paciência. Acho que o Tom está realmente muito mal do corpo e da alma, e o esforço que fez tentando me ajudar, para as relações humanas, me bastou. Em outras condições teria feito. De tudo, sobrou que ficamos muito amigos".

Na verdade, os compromissos eram muitos nos primeiros meses de 1964. Um texto para a contracapa do disco de Eumir Deodato, *Inútil paisagem*, apenas com obras suas; músicas para o filme franco-brasileiro *Santo módico*, produzido por Sacha Gordine e dirigido por Robert Mazoier; o lançamento no Brasil do seu disco gravado nos Estados Unidos; a gravação de um LP maravilhoso para a Elenco, intitulado *Caymmi visita Tom e leva seus filhos Nana, Dori e Danilo*. O disco, idealizado por Aloysio de Oliveira, foi também uma troca de gentilezas: Caymmi ofereceu a Tom a inédita *Das rosas* e Tom, *Só tinha de ser com você*. Nana e o pai cantaram *Inútil paisagem* e *Vai de vez* (Menescal e Lula Freire), com Danilo na flauta, Dori no violão, Tom no piano e Edison Machado na bateria. Nana cantou *Tristeza de nós dois* (Durval Ferreira, Bebeto e Maurício Einhorn) e *Sem você* (Tom e Vinicius), e Stela Caymmi, mulher de Dorival e ex-cantora de rádio, interpretou *Canção da noiva* (Caymmi), atendendo a insistentes pedidos de Aloysio de Oliveira. A melhor faixa do disco mostra o samba *Saudades da Bahia*, de Caymmi, em que Jobim divide a interpretação vocal com o autor fazendo contracantos imortais. Doum Romão (bateria) e Sérgio Barroso (baixo) também participaram do disco, que praticamente definiu o futuro dos filhos de Dorival Caymmi: Nana, em processo de separação do marido, com quem morava na Venezuela, resolveu ser cantora; Dori sentiu-se seguro para seguir sua carreira de violinista e arranjador (mais tarde, também de cantor) e Danilo, com 16 anos e estudante de flauta com Lenir Siqueira, nunca mais esqueceu qualquer detalhe daquele encontro com um dos seus ídolos musicais. Nas visitas de Tom à casa dos Caymmi, na Rua Barata Ribeiro, em Copacabana, Danilo adorou o seu jeito descontraído, seu humor e a total ausência de vedetismo. Quando Tom descobriu que Stela Caymmi era uma grande bebedora de cerveja, passou a permanecer horas e horas no apartamento esvaziando uma garrafa atrás da outra, em companhia dela. Certo dia, bebeu tanto que, na saída, tentou abrir a porta de um fusca que não era o seu. Foi, aliás, uma saída bem tumultuada, pois, ao perceber que o visitante se esquecera do casaco, Dorival Caymmi jogou-o pela janela, acertando, na verdade, os fios da Light. Várias pessoas foram mobilizadas para tirar o casaco de lá. O fato é que Danilo também adotou a música como meio de vida e, 20 anos depois, seria um dos mais importantes integrantes da Banda Nova, conjunto que acompanharia Tom até o fim da vida.

Nos Estados Unidos, o nome de Antonio Carlos Jobim voltava à ordem do dia com o lançamento, em março, nos Estados Unidos, do disco *Getz/Gilberto.* Na contracapa, o texto de Stan Getz deixando muito bem os dois grandes nomes da bossa nova: "As canções de João Gilberto e Antonio Carlos Jobim chegaram à América como um sopro de ar fresco. Sua música chegou num momento em que a anemia e a confusão se tornavam evidentes em nossa música. A ânsia desesperada de inovação já se vinha prolongando". Puxado pela faixa *The girl from Ipanema*, o disco entrou no dia 6 de junho na parada de sucessos, na qual permaneceu 96 semanas, chegando ao segundo lugar. As músicas de Tom Jobim só não foram as mais executadas e as mais vendidas em 1964, nos Estados Unidos, por causa da grande explosão dos Beatles. "Mas eram quatro contra mim", justificava Tom bem-humorado. O sucesso de The girl from Ipanema – uma das músicas mais tocadas e mais gravadas de todos os tempos – começou antes da distribuição do disco para divulgação, numa pequena cidade do Ohio, através de uma emissora especializada em jazz que havia sido contemplada com uma cópia do acetato. O disc-jóquei telefonou para a Verve dizendo que nunca havia recebido tantos telefonemas. *Getz/Gilberto* seria premiado com quatro Grammys: o de melhor LP, melhor compacto (com *The girl from Ipanema*), melhor performance de jazz e melhor engenharia de som. O disco foi lançado no Brasil pela Odeon, meses depois. O crítico Sílvio Túlio Cardoso gostou muito, embora fazendo restrições à participação de Astrud Gilberto, que "canta com a timidez de menina em festa de fim de ano", acrescentando que "sua dicção realmente é um problema".

Ainda em março, Tom foi convidado para jantar, com exigência de traje a rigor, na casa do banqueiro Valter Moreira Sales, um dos homens mais ricos do Brasil, que recebia o diretor da revista *Look*. Não seria um compromisso digno de menção, se o compositor não o tivesse utilizado para um dos bordões que repetiria durante muito tempo nas mesas de bar – "como está bem o Valter, hem!" – e para uma história louca, que contava com a cara mais séria do mundo: depois do jantar, Tom resolveu conhecer o inferior da casa e foi até a sala d'armas (dava grande ênfase a esse d'armas), onde resolveu examinar uma velha garrucha. Neste momento, chegou Valter Moreira Sales, Tom assustou-se e disparou um tiro no peito do banqueiro, que teve o seu *summer*, até então imaculadamente branco, inteiramente manchado de sangue. Atraída pelo tiro, chegou a mulher de Valter, Elisinha Moreira Sales. Ao deparar com a cena, reclamou, atônita: "Que gafe!"

Em maio, Jobim voltou aos Estados unidos para participar da gravação do disco *Sérgio Mendes bossa nova*, ao lado de grandes nomes do jazz, como Art Farmer, Phill Woods e Hubert Laws. Tocou também no LP de Gary MacFarland, *Sympathetic Vibrations*. No dia 22 daquele mês, foi gravado ao vivo, no Café Au Go Go, no Greenwich Village, um disco reunindo Astrud Gilberto, Stan Getz, Gary Burton (vibrafone), Genen Cherico (baixo), Joe Hunt (bateria). Participaram de algumas faixas o guitarrista Kenny Burrel e o brasileiro Hélcio Milito, na bateria. De Tom, foram gravados *Corcovado* e *Samba de uma nota só*.

Não foi a gravação de discos, porém, o principal motivo da viagem a nova York. Depois de muitas negociações, das quais participou com grande empenho o próprio embaixador brasileiro em Washington, Juraci Magalhães, Antonio Carlos Jobim, finalmente, obteve a sua filiação na Brodcasting Music Incorporated, a BMI, o que lhe garantia a arrecadação dos seus direitos autorais não só nos Estados Unidos, mas no mundo inteiro, e obteve o tão cobiçado *green card*, que lhe dava o direito de trabalhador livremente no país. Na verdade, não havia outro caminho para as autoridades norte-americanas, já que o nome de Jobim soava familiar em todos os Estados Unidos e seu prestígio como compositor era, no mínimo, igual ao dos grandes nomes da música de lá. "Suas criações estão entre as mais encantadoras e melodiosas do nosso tempo", escreveu o crítico Robert Farris num artigo em que o comparou a Gershwin. Antes de voltar em julho para o Brasil, acertou com Ray Gilbert a criação da Editora Ipanema Music Co., de cuja sociedade, além dos dois, participariam também Aloysio de Oliveira e a

Editora Elpa (mais uma editora musical criada por Tom, utilizando no nome as primeiras sílabas dos filhos Elizabeth e Paulo). O acordo de formação da editora seria fechado no Rio de Janeiro, em setembro, quando concordaram que ela teria sede nos Estados Unidos; que o patrimônio e os lucros seriam divididos em partes iguais; que as obras de Tom (dele apenas ou com co-autores) seriam editadas primeiramente no Brasil pela Elpa, que cederia "os direitos de publicação, mediante contrato, à Ipanema Music Co., reservando para si os direitos referentes à América Latina e aos demais países acordados"; que a distribuição dos ganhos da Ipanema pelo trabalho de qualquer dos três membros seria assim: 56% divididos entre os autores originais, Elpa e os autores de língua inglesa e 44% para a Ipanema; que Ray Gilbert forneceria as letras para as músicas de Jobim, "quer diretamente, quer através de terceiros"; que Ray Gilbert seria o responsável pela administração da empresa; que, se e quando a Ipanema escolhesse um letrista fora dos quadros da empresa, sua participação nos ganhos seria previamente estabelecida e que a empresa teria direitos exclusivos sobre todas as músicas editadas no território controlado pela Ipanema. Sócio da BMI e editor das próprias música, Tom adaptava-se às exigências do comércio internacional de música. E no Brasil? Em matéria de direito autoral, não ostentava uma posição tão boa quanto a que conquistara nos Estados Unidos. Era o que revelava o boletim de outubro de 1964 da SBACEM, que pagava os direitos autorais de acordo com a quantidade de cotas de cada associado. Naquele mês, Tom era 11º cotista, com 74 cotas, atrás de Herivelto Martins, com 196, Haroldo Lobo, 155, Milton de Oliveira, 154, Luís Bonfá, 111, Marino, 99, Mário Rossi, 97, Dorival Caymmi, 87, Carvalhinho, 84, Joubert de Carvalho, 83 e Klecius Caldas, 77, Vinicius de Moraes, o maior parceiro de Tom, ocupava a 18º posição, com 43 cotas.

Stan Getz, seu quarteto, João Gilberto e Astrud voltaram ao Carnegie Hall em outubro e, no dia 9, foi feita a gravação ao vivo do show. No mesmo mês, a Elenco lançou o disco reunindo Tom Jobim e a família Caymmi. No dia 23, Tom apresentou-se em São Paulo, no Teatro Paramount, no show chamado de *O remédio da bossa*, promovido pela Faculdade Paulista de Medicina.

Descansou alguns dias no sítio de Poço Fundo e voltou para o Rio a fim de tomar as providência necessárias para uma longa temporada nos Estados Unidos, desta vez na Costa Oeste, Los Angeles. Poucos dias antes do embarque,

Dorival Caymmi lhe deu uma figa, que passou a carregar em todas as viagens de avião. "Caso haja algum problema lá em cima", justificava, "se eu cair, a Bahia vai junto comigo". Embarcou no dia 12 de novembro, dia em que Vinicius de Moraes se despediu dele com esta crônica, publicada no *Diário Carioca*:

"Parte hoje para os Estados Unidos o meu querido amigo e parceiro Antonio Carlos Jobim. Sua missão, não conheço mais bela: defender o prestígio sempre crescente de nossa música popular, de que foi motivador principal, através da lírica beleza dos seus melhores sambas e canções.

Não há atualmente no mundo que nos é conhecido compositor mais completo. Qual Mancini, qual Legrand, qual nada! Peguem as músicas e façam as comparações. E não sou só eu que digo, eu que sou seu maior amigo e mais constante letrista, o que poderia parecer suspeito. Perguntem a Carlos Lyra, a Dorival Caymmi, a Baden Powell, aos homens que são hoje os mais legítimos representantes da canção brasileira no mundo e que lutam em três continentes pela sua divulgação. Num país onde pouco ou quase nada se faz pela música, que é o que temos de melhor, onde o esforço de um diplomata de visão como o conselheiro Mário Dias Costa, do Departamento Cultural do Itamaraty, constitui ema exceção; onde o máximo que se dá de auxílio aos músicos que partem é uma passagem de avião e, às vezes, uma minguada ajuda em dólares, o exemplo de Tom chega a ser emocionante. Detestando viajar, arrancar-se de sua casa e de sua Ipanema bem-amada, perder o contato dos amigos de mar e de bar, com os quais toma a sua cerveja e pega seus pampos na Barra, lá vai ele, no entanto, enfrentar a dureza e a grossura dos editores americanos e a falta de sensibilidade dos letristas profissionais, no sentido de preservar a verdade de suas canções. E ele é o homem para quem Johnny Mercer comunicou recentemente sua admiração irrestrita, dizendo-lhe considerá-lo o compositor que mais influenciou os meios musicais americanos nos últimos 10 anos. Eu vi o telegrama.

Com o nome que adquiriu, Tom Jobim poderia perfeitamente enfiar o seu calção de banho, pegar sua vara de pescar e ficar, como gosta, diante do mar, pegando peixe, captando melodias, se perdendo em perspectivas infinitas. Há três dias o vi levantar um empréstimo para poder viajar. Nada tem de seu, a não ser o amor de sua mulher, seus filhos e seus amigos, e naturalmente sua música, a buscar uma poesia cada vez mais alta. Mas isso não constitui um problema, pois o dinheiro chagará, fora de dúvida. Suas canções são, neste momento em que escrevo estas linhas, executadas centenas de vezes na Europa, nos Estados Unidos e aqui, no nosso continente. Mas Tom vai assim mesmo. Vai contrariando sua natureza, impelido pelo desejo de que sua música, e a dos seus amigos, seja apresentada e gravada em sua autenticidade. Vai para não deixar que os letristas comercializados desvirtuem, além do permissível as letras que lhe fizeram os seus parceiros.

Vá, Tonzinho. Defenda a nossa música. Mostre aos homens mecânicos a beleza das suas melodias e a graça dos seus arranjos. Você está trazendo mais prestígio e divisas para o Brasil: você sabe, um país que fica *south of Rio Grande*, onde há muitas cobras e uma praia chamada Copacabana Beach".

Vinicius de Moraes estava entusiasmado com a parceria de Ray Gilbert nas letras em inglês. Chegou a afirmar, também numa crônica no *Diário Carioca*, que ele estava escrevendo melhor do que Johnny Mercer, que, com "a glória, entrou a bater pino violentamente e, parece, perdido de tanta bebida". A esperança do poeta era que suas letras não fossem mais tão maltratadas no exterior, como ocorrera com o samba *A felicidade*, que, na versão de Salvet em francês, começava assim: "Adieu, tristesse, adieu/Le soir du carnaval". Vinicius lembrou que Norman Gimbel até que estava escrevendo direito as letras em inglês, porque Tom trabalhava "em estreita vigilância" com ele. Mas, quando Gimbel pretendeu "entrar com o seu molho individual", Jobim desistiu da parceria. Agora, era o próprio Vinicius que jogava todas as suas fichas nas versões em inglês de Ray Gilbert, "um judeu americano muito inteligente e com uma extraordinária sensibilidade para música", seu conhecido há 15 anos. Além disso, era amigo de Aloysio de Oliveira e já tinha feito várias versões de músicas brasileiras, entre as quais de *Marina*, de Dorival Caymmi, "versão esta em que colaborei", revelou Vinicius. Tom conhecera Ray Gilbert antes da viagem para o concerto do Carnegie Hall, segundo depoimento do baixista Tião Neto ao autor destas linhas. O compositor norte-americano o visitara na casa da Rua Barão da Torre, em companhia da sua mulher, a atriz Janice Page. Tião não se esqueceu desse encontro por causa de um incidente felizmente sem conseqüências mais graves: antes de visitar Tom, Janice exagerou no consumo de siri numa barraca à beira da praia, em São Conrado, e seus intestinos protestaram veementemente. Chegou a ser levada para um hospital e foi curada com os primeiros medicamentos.

Em Los Angeles, Jobim instalou-se durante um mês no Hotel Sunset Marquis e, depois, com a chegada de Teresa, mudou-se para uma casa situada no número 8986, da Norma Place. A casa tinha uma fachada pintada de preto e, na entrada, a escultura de quatro anjinhos barrocos, apelidados por Tião Neto de "conjunto do Menescal". Com o casal instalado na casa, o compositor tratou de alugar um piano, "desses baixinhos, que fazem pouco barulho, cordas curtas, tipo console, bom para botar bebida em cima", como o descreveria anos depois. Tom e Teresa levaram um bom tempo sem automóvel, um problema sério, já que, no início da noite, o ônibus do bairro parava de circular. Mas foram ajudados por Lulu (Aloísio Ferreira, antigo integrante dos conjuntos Anjos do Inferno e Bando da Lua) que resolvera passar o resto da vida em Los Angeles. Lulu aparecia diariamente para saber se o casal precisava de alguma coisa.

Havia muito o que fazer em Los Angeles: gravações de discos, tentar a recuperação de músicas em poder das editoras norte-americanas, a consolidação da Ipanema Music, as versões para o inglês, enfim, trabalho era o que não faltava. Ávido por uma organização que lhe desse condições de enfrentar o mercado dos Estados Unidos, Antonio Carlos Jobim cometeu alguns equívocos. Em deles – e, neste caso, estimulado por Vinicius de Moraes – foi a escolha de Ray Gilbert para parceiro e para sócio nos negócios. Como letrista, no Brasil, Gilbert não seria admitido sequer no segundo time. Como sócio, revelou-se equivocado, ao convencer Tom a trocar a BMI pela ASCAP, e desonesto. Suas trapalhadas, em pouco tempo, o levariam a perder a amizade de Tom e do seu amigo de quase 30 anos, Aloysio de Oliveira.

Todos esse problemas foram comentados por Jobim, através das cartas que mandou para Vinicius de Moraes em janeiro e fevereiro de 1965. Ora brincando, ora falando sério, ele relatou o seu cotidiano em Los Angeles, deu notícias importantes sobre a sua carreira de músico e expôs com mais detalhes a história dos aprendizes de feiticeiro do Brasil (entre os quais, seus editores) e do feiticeiro que encontrara nos Estados Unidos. A primeira carta de Tom, datada de 9 de janeiro de 1965 e tendo como destinatários Vinicius e sua nova mulher, Nelita, dizia:

"Morro de saudades. Acordo de madrugada e fico vagando pela casa, trabalhando, tomando café e fumando com aquele sentimento esquisito de lack of rabanadas. Recebi tua carta hoje pela manhã, agora mesmo, às nove horas, e faz um dia lindo. Aquele frio lá fora, o céu azul transparente mostra que a poluição diminuiu bastante. Mil vezes te escrevi em pensamento coisas sérias, triviais ou engraçadas. Uma hora atrás, o carteiro bateu na porta e me entregou na mão a tua parte e um pacote registrado (tem que assinar a papeleta), com as fotos coloridas das crianças que Tê [Teresa, sua mulher] encomendou à mamãe. Colhido de surpresa, fiquei meio abobalhado, lendo tua carta e olhando as fotos. Está tudo aqui aberto sobre a mesa. *O tempo e o vento*. Leio palavras que não têm nos jornais daqui: IV Centenário, Corcovado, dr. Mário da Silva, no alto da Rua Faro, dando quase de cara com o Cristo, uma cobertura de onde se vê um rabicho de Ipanema, todo o verde de uma reserva florestal, Nelita está doida. Custo: Cr$ 30 milhões. Caymmi, Oscar, Quarteto em Cy (tenho o disco), show no Zum-Zum, dólar a Cr$ 1.800,00, é positivamente lindo porque hoje é sábado. Oscar, Ugo, João Paulo, Iço, Paulinho Soledade, quatro uísques, Itamaraty, vago simpático, neurose diplomática, pescar com você, Tonzinho, na Barra, Edu, 25 corvinas, Luisinho Eça arranjou o LP, Francis noivo de Márcia, Carlinhos me escreveu de NY, Dulcinha maltratada pela técnica, Baden novo Segovia em Paris, o difícil *L'Express*, jato, Barclay-carnaval, parece que Baden volta logo, isto é... São palavras de uma competência inigualável e de uma melodia sem-par. Palavras senhoras, gostosas, vestais, amplas, sonorosas, precisas, herméticas, corvinas, luminosas e confortáveis. Palavras humanas e confortáveis. Mas, vamos à História Passional, Hollywood, Califórnia.

Tenho trabalhado muito. Os nossos *Amor em paz* e *É preciso dizer adeus* estão com letras inglesas profundamente baseadas nas tuas letras originais. Ray (não é nenhum Vinicius de Moraes) tem grandes qualidades e é aberto ao *Brazilian stream*. Topa a parada mesmo e joga limpo sob a atenta vigilância minha e de Teresa. Se debate, vibra, canta e, depois de um dia de trabalho, diz: 'It's perfect but I think I can fix it.' No dia seguinte, volta com mil modificações para melhor ou para pior e vai à loucura, enquanto se agita nos seus lépidos 51 anos. Às vezes, empalidece e se transfigura, e a máscara oriental se acentua diante de uma coisa bonita. Judeu-russo, típico mongol da Califórnia, olhos puxados e zigs salientes.

Gosta de um dia frio como ele só. Quer ir na rua e diz que 'it's a wonderful day'. E quer ficar na friagem toda a vida. É um ser do frio, das estepes. Para mim, seis graus centígrados é frio à beça. Corro para dentro e ligo o *heat* na toda, no clima supertropical de Ipanamo. Mas o ar fica seco, racha-violão. Só mesmo no banheiro, com o chuveiro quente ligado, nu, de camisa de meia, na umidade das nuvens de vapor quente, fazendo uma infinita barba, com aparelho, pincel e muita espuma e respuma, gilete nova, desligado, num mundo sem problemas, só fico assim mais como Ipanerma, Ipanoma, Ipaderma, Ipanonha, Aipinina, Ipatonha... Ipanhonha?

Ray, noutro dia, coitadinho, disse 'I want to be like Vinichias'. Você sabe, você sabia antes e melhor do que eu, que certos pensamentos e frases brasileiros não têm tradução possível ou aceitável para o inglês. Não só por causa das palavras ou expressões idiomáticas, mas também porque certos pensamentos nossos tornam-se para eles enigmáticos e obscuros. Mas vai se fazendo o que é possível.

Aqui, trabalhando nas tuas letras, descobri belezas que antes não tinha percebido. Tua 'infinita polícia' é impressionante. Antes, como estava preocupado com a música, mais com o som do que com o sentido, deixei de ver muita coisa. É tudo bonito de todos os pontos de vista. Estou mais perto do que antes de tua poesia e creio ter aprendido umas tantas coisinhas indispensáveis. O meu poeta vive com as cinco antenas ligadas!"

No dia seguinte, Tom resolveu escrever outra carta e, no mesmo papel da carta anterior, datou-a de 10 de janeiro de 1965:

"Querido Vina. O sr. Mário da Silva, a que se você se refere em sua carta, é certamente o dr. Albert Da Sylva ou, como já vi escrito, dr. Alberto Da Sylva, o advogado da Corcovado em Nova York. Anteontem, recebi a notícia de que ele mandou para o Rio o teu cheque. Da Sylva pensou que eu estava lá e Celso, depois de te pagar, me enviou para cá a dita conta. Fiquei admirado com os números ($), pois só temos na Corcovado as seguintes músicas: *Amor em paz*, *Vivo sonhando*, *Só em teus braços*, *O grande amor* e *O morro não tem vez*. Nenhuma delas é sucesso aqui. E o dinheiro que Da Sylva mandou é só de disco, sem direitos de execução. Telefonei para ele ontem. Estou transferindo o pequeno catálogo da Corcovado-BMI para a Ipanema Music Corp-ASCAP. Estou transferindo para que os letristas da ASCAP possam fazer as letras.

Tenho lutado muito para tirar o chapéu de mexicano (*south of the border*) que querem botar na música brasileira. Este problema já vem há dezenas de anos estragando tudo o que vem da América Latina. Compositores como Agustín Lara, Ernesto Lecuona e Ary Barroso (e muitos outros) estiveram aqui e voltaram desolados diante do processo. Sei que a música do Brasil é SUPER e não tem nada se sub. Ary, Lara, Lecuona voltaram aos bares de sua terra de origem com mágoas a mais. Ralph Pier foi o editor americano que fundou a SBACEM, a sociedade mexicana e tantas outras na América do Sul. Especializou-se em música latina e, hoje, sua viúva possui castelos na Califórnia, na Itália etc. Devido aos maus tratos dados às músicas, quase nada aconteceu com elas. Talvez menos de 2% tornaram-se sucesso. Nessas pilhas e pilhas de músicas, que vão até o teto e que foram adquiridas por uns poucos dólares, você encontra todo o Ary, Caymmi, os boleros e, se você continuar, encontrará você e eu. Creio que é mais do que tempo de mudar essa situação. Aqui na Califa estão à nossa disposição cobras como Johnny Mercer, Ned Washington, Sammy Khan, Ray Gilbert, Bob Russell etc. Só que esses homens não querem trabalhar para a BMI e seus editores".

Na mesma folha, outra carta, sem data:

"Queridos Nelita e Vina. Vocês devem estar aí imersos no imenso verão carioca. Céu azul, carga d'água e céu azul. As praias devem estar lotadas, com a garotada em férias. Aqui não é verão nem chove. A praia é horrível e a água vem do Alasca. Hoje, de madrugada, o *heat* enguiçou e Teresa e eu acordamos batendo o queixo. Teresa só vai à rua de carro, pois tem uma alergia tremenda a frio. Incha e fica rubra. Vai inchando sempre e sente coceira. Adquiriu essa alergia em Nova York, quando estivemos lá em 1963. Ela dá um duro danado aqui em casa. Passa aspirador no chão, arruma a casa, cinzeiros, papéis, cozinha, lava a louça e tudo mais. Vou a pé e volto carregando os *doublé sacs* nas costas, ladeira acima. Carne, leite, legumes, frutas, cereais, refrigerantes, cerveja, lataria, *spices*, cigarro, sabão, detergente, jornais, revistas, selos, envelopes, papéis de carta, batatas, uf! Amanhã, vou à lavanderia buscar a roupa de cama e o resto. E não é perto. Preciso comprar um carrinho".

A carta seguinte foi de 15 de janeiro de 1965:

"Ontem trabalhei com Ray até as duas da matina e apaguei direto, exausto, pensando em Vinicius de Moraes. Bem que Noel Rosa dizia que o samba 'não tem tradução no idioma francês". Como é bom ter um poetaço como o Vina à disposição para fazer letrinha pra gente. Fala e escreve corretamente o português, sabe todos os psílones e por isso mesmo não os usa. Não diz besteira e evita aquelas palavras que provocam o *misunderstanding*. Além do mais, ele é cariôco e, o que já é muito mais, tem a poesia, o olhar mendigo da poesia que diz o indizível, devassa o indevassável e mostra o invisível.

Hoje acordei cedo demais com o barulho da serra elétrica do meu vizinho, que é um verdadeiro João Corta Pau americano. Estou um pouco zangado. Mil saudades".

Depois da carta de Tom, Vinicius recebeu outra de Carlos Lyra, que estava em Nova York, informando, entre outras coisas, que iria gravar um disco e que os arranjos foram feitos por Chuck Israels. "É impressionante a maneira com que ele morou nos arranjos de Tom Jobim", comentou.

No dia 14 de fevereiro, Tom voltou a escrever a Vinicius de Moraes:

"Morro de saudades. Resistir quem há de... o pranto. É domingo e reina um silêncio mortal na minha vizinhança inexistente. Recebi tua carta em que falas do concurso e das canções [Jobim se refere ao convite do parceiro para que ambos inscrevessem uma música no I Festival da Música Popular Brasileira, promovido em 1965 pela TV Excelsior, do qual Vinicius acabou vencedor com *Arrastão*, tendo Edu Lobo como autor da melodia e Elis Regina como intérprete]. Não pude te atender porque tua carta me encontrou sufocado de trabalhos chatos e obrigações absurdas. Alta tensão e cansaço permanentes. Já gravei com Andy Williams *Amor em paz*, *Dindi* e *Bonita*. Grande orquestra com harpa e tudo mais, mas os arranjos de Bob Marcey me decepcionaram. Creed Taylor me telefonou de Nova York e disse que ia pegar o avião para cá e que tínhamos de gravar no dia seguinte. Creed é diretor artístico da Verve MGM e já me havia telefonado várias vezes, insistindo para que eu fosse para Nova York fazer o disco com Astrud Guilbêrtou (o r de mineiro do interior e o t quase inexistente, naquela base do *butter-burer*). Disse a ele que não ia porque Teresa não se dá bem com o frio de lá.

Mas, como te dizia, não fui e ele veio. Foi horrível quando telefonou dizendo que ia pegar o avião e que o estúdio já estava *booked* para o dia seguinte. Ele me deu o telefone de um famoso arranjador daqui (Marty Paich) para que eu trabalhasse com ele. Telefonei e o homem ficou apavorado. Estava, além de tudo, no meio de um trabalho. Doze arranjos, imagine! Me senti tão cansado que nem sei com ficou o disco. Gravamos tudo numa tarde que entrou pela noite! Um pesadelo. Creed está acostumado a gravar conjuntos de jazz e gosta muito de 'espontaneidade'. Mas ele se esquece que esses grupos, como os de Getz, Bill Evan etc. estão juntos *on the road* há mais de ano, tocando juntos todos os dias. Introduções, solos, ritmo, improvisos, uníssonos, ate a respiração é combinada. Esse tal de Creed não passa de um *pusher*. Fuchin'erk!!!

Astrud gravou *Água de beber*, *O morro não tem vez*, *Amor em paz* (em inglês), *Insensatez* (inglês), *É preciso dizer adeus* (lembra-se dessa música?) e também *Rosas, rosas, rosas*, do Caymmi, com letras de Ray Gilbert. E ainda: *Fotografia* (português), *Meditação* (inglês), *Vivo sonhando* (inglês), *Tinha de ser* (português) e *Dindi* (inglês).

O problema do ritmo foi bárbaro. Também com os mexicanos nascidos na Califórnia tocando samba! Enfim, *c'est la vie*... Só si... Donato no piano, Aloysio no ritmo, eu no violão, 15 mexicanos tocando baiau (baião) e 10 violinos. Bud Schank na flauta, Benhardt (famoso) no trombone e Mister X no pistom. Meu filho, depois de tudo isso, vou me tornar um carioca isolacionista, porque não é possível.

Ella Fitzgerald convidou Aloysio, Ray e eu para irmos à casa dela. Quer fazer um LP. Conhece todas a minhas músicas de trás para diante. Cantou à beça e eu acompanhei no violão e no piano. Bárbara! O padrasto d'Ella era português e Ella aprendeu com ele tudo que é palavrão da língua que é de Vinicius e Camões.

Querido poeta: te escrevi duas cartas. Você recebeu? A primeira era muito comprida e a segunda, menor. Um mexicano, chapa meu, Rafael, me telefonou dizendo que a Pops de Boston vai tocar *Desafinado* sob a regência de Arthur Fiedler e que, no último domingo, já tinha tocado, no meio de Prokoviev, Bach, Beethoven, ora veja. Ligo o rádio e eles tocam o concerto em lá maior para piano e orquestra de Schumann. Pronto! Ouvi o *Desafinado*. Tava quadrado pra burro! O arranjo pesadão e massudo".

A carta seguinte foi escrita um dia depois:

"Ontem o grupo de Sérgio Mendes chegou de São Francisco e Rosinha de Valença e Wanda vieram aqui. Eles se apresentarem no Matador por 15 dias. Diz que é uma boate-restaurante espanhola. Tomei oito latas de cervejinha americana, Wanda cantou tudo e Rosinha tocou tudo. Aloysio, Ray e Janice Page (Mrs. Gilbert) também vieram. Johnny Magnus é um disc-jóquei daqui tarado por música brasileira. Tocou tanto o meu disco que a Verve deu a ele o meu disco de ouro. É o mais famoso e o mais importante disc-jóquei da West Coast. Veio aqui com a Astrud. Ontem à tarde ele apareceu de repente e me apanhou de pijama. Recebeu de Nova York o acetato de *The Astrud Gilberto Album with Antonio Carlos Jobim – Arranged and conducted by Marty Paich* e me emprestou. Está mil vezes melhor do que eu pensava. Estou contente! Veio também a informação das músicas e estamos juntos em *Água de beber*, *O morro não tem vez*, *Once I loved* (*Amor em paz*, com Gilbert), *How insensitive* (*Insensatez*, com Gimbel) e *All that's left is to say good* (*É preciso dizer adeus*, com Gilbert). A Columbia Records me mandou o single com Percy Faith e grande orquestra contendo *The girl from Ipanema* e *How insensitive*, from the Columbia Album *Latin themes for young lovers*. Mancini também gravou *The girl from Ipanema* com coro misto e grande orquestra. Está muito gostosa e engraçada, à maneira gringa (Ipanima)".

No mesmo envelope, mais uma carta:

"Querido Vina. Quando voltar temos de conversar muito. Fico aqui nesta Disneylândia de adultos, triste paca. Recebi meu primeiro cheque da ASCAP: zerocentos e zerenta zero. Será que valeu a pena? Fico nesta casinha de bonecas ouvindo discos brasileiros. Baden toca *Berimbau*, Rosinha toca *Ela é carioca*, Carlinhos canta em dueto com Nara, Wanda, *Vagamente*. Chega o Aloysio e traz o acetato do Edu. Encomendei tanto esse acetato, antes de sair do Brasil, mas ele não dá nem empresta. Fico escutando Elizeth e Lenita Bruno e me dá uma saudade! De repente, Lenita canta a *Valsa do Orfeu* e vem a estranha sensação da vida que já foi e estou novamente no Teatro Municipal com você e Léo Peracchi está dirigindo a orquestra, os frisos dourados do Municipal brilham sob a luz. Noutro dia, passou o *Orfeu Negro* na televisão e Tê e eu vimos. Tudo dublado em inglês, a música também. Horrível!!! Mas continua no fosso a orquestra do Municipal e o Léo está regendo. Vinicius e Oscar, Juquinha, Luís Bonfá. 'O mundo é Ormeu', diria Juquinha já tão de porre. Tenho aqui a *Brasília Sinfonia da Alvorada* e fico ouvindo a tua voz. A vitrola é tão boa que parece que você está aqui na cidade. Saudades".

Era uma carta atrás da outra. Esta é de 16 de fevereiro:

"Recebi ontem tua carta de 10 de fevereiro, que me encontrou com outra na mão, dirigida a você. Foi no momento que eu saía para botá-la no correio. Abri e fui lendo enquanto andava na friagem da minha ruazinha de casinhas 'lindinhas' e iguais. Escolho sempre o lado do sol para andar. O céu está mais azul, transparente, e o rádio deve estar dizendo: '*Today no smog in Los Angeles*'. Mas o sol é aquele sol frio de inverno, que não esquenta, sol cansado que nunca se apruma. Dorme cedo porque tem de acordar tarde. Sol de North Hemisphere, North, Up North, Farther Up North, Viva a estrela polar! Eu hem, Rosa! Às vezes, alguém telefona e larga o seu endereço: Rua Barata Ribeiro. Tê e eu nos enternecemos até as lágrimas. Pego a mão dela e pensamos juntos: aquela Barata enorme, a Barata Ribeiro. Mas voltemos à tua carta.

Vou lendo e tomando conhecimento da tua disposição fecal. Paul Winter está se esforçando para obrar, empalidecendo. Fico satisfeito de saber que obraste no Foro Itálico. Eu mesmo vou largando massa aqui no North Hemisphere, com ajuda da minha solitária Toninha (Tônia Solium ou Saginatta?), que se naturalizou americana e agora é *Deductable* para efeitos de *Income Tax* porque é *Dependant* e *Immigrant to the USA* (fecal!). Estes sul-americanos são infestados de parasitas!

Vou telefonar para o dr. Albert Da Sylva em Nova York. Pera aí! Tá ocupado, mas o *operator* disse que vai fazê-lo *return your call*. Liguei para o consulado daqui e consegui o número do Tesouro brasileiro em Nova York. Liguei e mandei chamar o Jackson Flores, mas fui informado de que ele está no Brasil, hospedado no Copacabana Palace. Foi o Pereira (?) que me atendeu. Ele me disse que seu débito lá era de US$ 359,39, mas que estava saldado, isto é, pago, e que a única coisa que você devia lá era o Imposto de Renda. Negócio de Cr$ 50 mil e que estava muito atrasado e com juros de mora de 11%. Dei-lhe seu endereço e ele me prometeu escrever-te mais detalhadamente. Perguntei pelo recibo e expliquei que você precisava dele para receber no Itamaraty. Levou um tempão procurando tua ficha nos livros e disse que nada consta.

Agora, acaba de me telefonar o Da Sylva, que está com febre. Me disse que te mandou dois cheques dia 4: um de US$ 521, e outro de US$ 475,12 e que pagou ao *Income Tax* 30% de Inholding: US$ 426,93. Esse *Inholding* é de lei, é inevitável para todo dinheiro remetido para fora do país. Disse também que um deles retornará para pagar o Tesouro brasileiro em Nova York. Falei também do recibo. Disse-me que mandou os cheques para o Celso e sugiro que fale com ele. Perguntei ao Pereira quem tinha saldado teu débito de US$ 350,39, mas ele não pode me informar. De qualquer maneira, creio que, a esta altura, estará resolvido de uma forma ou de outra.

Tive vontade de te mandar um lindo cheque da Ipanema Music Corp., que tenho em casa, de US$ 1.200 para princípio de conversa. A gente escreve 'pay to the order of Vinicius de Moraes US$ 1.200' e, embaixo, escreve-se 'twelve hundred and...', mas Albert me pediu que não fizesse isso, para não misturar as escritas e taxas das companhias que são administradas por advogados diferentes. Como o Celso está cuidando disso com Al, não quero interferir demais. Celso não gosta que eu passe por cima dele. Eu já percebi que Da Sylva é a mesma coisa. Al está transferindo a Corcovado para a ASCAP, que pagará direitinho à SBACEM. A Ipanema está sendo fundada e cedo te mandará dinheiro. Ray e eu já pagamos US$ 800 pela promoção de *Once I loved* e já conseguimos Astrud, Andy Williams e uma francesa de cujo nome me esqueço, que gravou em Nova York. Fora a minha gravação instrumental na Verve.

O nosso tio Marconi é assunto para uma carta imensa. A corrida do ouro está demais! Sidney Frey (El Matador é o nome da editora) está no Brasil comprando. Chiantia já deve ter chegado aí. Barclay também. Descobriram a mina. Um homem como Salvatore Chiantia, com um livro de cheques no bolso, compra a música brasileira fácil com uns poucos dólares. O assunto é longo.

Já tentei comprar minhas músicas (umas poucas) de volta, mas não consegui. Não tentei comprar os sucessos, não. Tentei comprar as não-gravadas, esquecidas no fundo da gaveta e que, se corrigidas – ritmo, harmonia e melodia – e com uma boa letra em inglês, talvez. Mas eles não vendem. São colecionadores de *copyrights*! E essas ditas músicas nós demos de graça à Fermata! E o corvo disse: 'Nunca mais! Nunca mais!' Já chorei muito sobre o leite derramado e o meu pranto já secou. Não choro mais e estou mandando brasa. E não é o dinheiro que lamento, é o chamado lado artístico. Estou muito velho para vender a alma ao diabo e, depois que recusei os US$ 68 mil [Tom se refere e uma proposta da Coca-Cola para utilizar a música de *Garota de Ipanema* num jingle.

Mas ele recusou, com o apoio de Vinicius. A música, porém, não escaparia de virar jingle. Em 1997, Garota de Ipanema seria, no Brasil, o tema de uma campanha publicitária da Cervejaria Brahma], a Poesia e a Música traçaram um risco de luz no céu estrelado e dançaram juntas, me consolaram e me deram um prato de arroz e feijão que comi na cozinha, chorando de alegria. E não sou bacana nem fiz negócio com Deus, não. É perder mesmo, que ninguém vai passar a vida a limpo aos 38 anos, mas é se recusar a tomar parte de um festim imoral, porque <u>esse</u> é imoral mesmo. Mas deixa isso pra lá".

A série de cartas para Vinicius encerrou-se no dia 17 de fevereiro:

"Mas não deixa, não. Por amar as tuas palavras e as de Mendonça, Dolores, Billy, Marino, é que tive de brigar. Não posso compactuar com a *carnage* do que você e eu temos de melhor. Não posso aceitar o chapéu de mexicano em tua poesia. Versão é a coisa mais ingrata que existe. Ingrata, antipática, deturpante, borocoxô e subarte. Aversão à versão.

Desde a Torre de Babel que o bate-boca se tornou ininteligível. Eles traduziram a Bíblia até Rui Guerra em infinitas e pesadíssimas laudas massudas, amareladas pelo tempo, comidas pelas traças, desbotadas pelas chuvas em tempestades em alto-mar. Onde está o manuscrito original? No fundo do Adriático. Sempre traduzindo e aprimorando a semântica e o vernáculo. Meu Deus! O vatapá caiu sobre o manuscrito, o dendê manchou bastante. Antes já havia caído um pouco de chope e estava queimado de cigarro. Agora está ilegível.

Telefona para o Raimundo Magalhães, SBAT [Sociedade Brasileira de Autores Teatrais], que ele tem uma cópia. Infelizmente, a tradução alemã desta magnífica obra chinesa ocidentalizou consideravelmente os princ....

Querido Vina. Tenho que tomar banho voando e ir para MCM Pictures ver o Jol Pasternak, que quer música para filme. Acho que não vou fazer, mas, de qualquer maneira, tenho que ir ao *appointment*. Esta carta já está pesadíssima e cheia de besteira. Te escrevo amanhã falando sobre Baden, Carlinhos, Edu, Editora Marconi, você e eu".

Se escreveu, Vinicius não guardou a carta, que não figura em seu arquivo entregue, após sua morte, aos cuidados da Fundação Casa de Rui Barbosa. De vez em quando, Tom escrevia também para Dorival Caymmi, assinando Antônio Claustro Fobia ou qualquer outro nome que lhe viesse à cabeça. Uma das cartas terminava assim: "Bem, beijo-te a barra da batina. Agora, vou manusear os incunábulos. Teu inacreditável Glasper". Nas respostas, Caymmi endereçava sua correspondência para Antonico Abóbora-d'Água, por sinal, também o apelido de um veterano sambista da Mangueira. Num cartão-postal com a fotografia do Hollywood Bowl, com o seu imenso auditório ao ar livre inteiramente vazio, Jobim escreveu: "O Hollywood Bowl no dia do meu concerto. Como esqueceram de fazer a necessária publicidade, não veio ninguém. Toquei assim mesmo. Fiquei nervoso, mas não tive medo". Para Tom, Caymmi era um dos sete pilares da sabedoria.

A troca de cartas foi interrompida em abril, quando Aloysio de Oliveira e Ray Gilbert chegaram do Brasil acompanhados do próprio Dorival Caymmi, autor de *Das rosas*, uma canção que fazia muito sucesso nos Estados Unidos na versão de Ray Gilbert cantada por Andy Williams. Embora hospedado na mansão de Gilbert, Caymmi não saía da casa de Tom, já transformada num reduto dos músicos brasileiros residentes na Costa Oeste dos Estados Unidos. "Naquele tempo, eu bebia e havia sempre um Chivas Regal para nós na casa do Tonzinho", lembrou Caymmi na entrevista a Almir Chediak para o seu songbook. Toda vez que Caymmi chegava lá, Tom sentava-se ao piano e começava a cantarolar uma música cuja letra tinha um único verso: "Dorival Caymmi é o rei do Brasil". O homenageado reagia pedindo a ele que cantasse *Samba do avião* e *Bonita*, esta bela canção feita em homenagem à atriz Candice Bergen, cuja beleza, aos 17 anos, encantara o compositor durante uma viagem de avião. (Certa vez, depois de muitos uísques consumidos numa mesa de bar, o autor destas linhas perguntou a Jobim: "Afinal, você comeu Candice Bergen ou não?" Ele respondeu: "Que nada! Quem comeu foi o Tarso de Castro. Aliás, minha sina foi sempre esta: cantar as moças para o Tarso comê-las". O jornalista Tarso de Castro, um dos fundadores do *Pasquim*, foi, de fato, um notório garanhão. Candice Bergen abortou um filho dele.) A turma que se reunia na casa foi reforçada com a chegada de Norma Bengell do Brasil. O escritor João Ubaldo Ribeiro, estudando inglês em Los Angeles, também passou a freqüentar a casa, onde a música entrava pela noite e atingia horários impróprios para os padrões norte-americanos. Numa dessas noites, a vizinha chamou a polícia e a reunião foi interrompida pela entrada de policias portando escudo, como se fossem participar de uma batalha. “Levei um susto ao ver a polícia. Eles entraram com aqueles elmos, como se estivessem saindo de uma espaçonave e olharam para a mesa para ver o que é que tinha. Mas era só cerveja”, recordaria Tom anos depois. Mas o problema foi resolvido tranqüilamente, como lembrou Caymmi: “Era uma coisa ingênua, só tinha música. E não era batucada, era um violão pulsado, tocado docemente. Aquela coisa que a bossa nova tinha, que não era arruaça. Fazíamos um ‘sonzinho’ e chegou um ‘astronauta’ da polícia perguntando: ‘O que está havendo?’ Ele olhou para dentro da casa, mas, quando viu a cara do poeta (Tom Jobim), sentiu o élan, a música, e disse: ‘Bom, não há nada demais. Pode continuar, mas fecha um pouco a janela para não incomodar os vizinhos.’ Deu um jeitinho brasileiro”.

O policial deve ter reconhecido Jobim, porque ele aparecera três vezes no programa de Andy Williams, um dos mais prestigiados musicais de televisão dos Estados Unidos, transmitido de costa a costa e com um dos maiores índices de audiência do país. (Na véspera de um dos programas, Tom cortou o cabelo com um barbeiro italiano, que revelou também ter cortado de Ary Barroso, quando ele visitou Hollywood em 1944. Outro episódio relacionado com os programas envolveu a cantora Peggy Lee: não podendo resistir ao charme de Tom Jobim, aplicou-lhe uma dentada na nuca, quando ele estava sentado, diante do espelho, no salão de maquiagem.) O compositor brasileiro fez uma grande amizade com Andy Williams e foi uma espécie de padrinho de Dorival Caymmi, quando este compareceu ao programa de TV, paparicando-o até o início da gravação. A saúde de Caymmi não andava muito boa e sofria muito de gota, o que levou Teresa a telefonar para Stela, mulher dele, denunciando que Tom e ele bebiam todos os dias. Stela exigiu a sua volta imediata, mas o marido ainda tinha alguns compromissos nos Estados Unidos, incluindo-se uma apresentação em Washington, promovida pelo embaixador Juraci Magalhães. Numa das viagens pelo país, Caymmi estava em companhia de Aloysio de Oliveira no aeroporto, quando verificaram que a companhia de aviação em que viajariam chamava-se C. Air. Juntando-se as letras, em português, Cair, um péssimo nome para uma companhia aérea. Ali mesmo, cuidaram de trocar as passagens e viajaram numa empresa de nome menos ameaçador.

Em Los Angeles, Antonio Carlos Jobim assinou contrato com a Warner para a gravação de dois discos, um deles com arranjos de Nelson Riddle, aquele mesmo Nelson Riddle com quem sonhara gravar, segundo confessou ao fotógrafo David Zingg em agosto de 1962. Dias depois da assinatura do contrato, foi procurado pelo baixista Tião Neto para participar da gravação de um disco de Jack Wilson pela gravadora Vault Records. Tião adiantou que, além de Tom e ele, estariam no estúdio Rosinha de Valença no violão e Chico Batera na bateria, o que garantia o molho brasileiro na gravação. Mas Tom não pôde aceitar porque, pelo contrato assinado com a Warner, seu nome não poderia sair em discos de qualquer outra gravadora. Como Jack Wilson fazia questão da sua presença no *long-play*, a solução foi mudar o seu nome. Por sugestão de Tião Neto, Jobim foi identificado naquele disco como Tony Brasil.

A gravação do disco com Nelson Riddle ficou marcada para agosto. Havia, portanto, condições de atender ao convite de Andy Williams para uma temporada no Harrah's Tahoel South Shore Room, instalado à margem do Tahoe, o imenso lago glacial a dois mil metros de altitude, no estado de Nevada. Era um complexo movido fundamentalmente pelo cassino (onde Tom ganhou um bom dinheiro na roleta) e freqüentado por uma clientela de altíssimo poder aquisitivo. A temporada durou duas semanas, sempre com a casa cheia. Foi tudo bem, apesar de todos os problemas comuns nas regiões de grande altitude. Tanto Andy Williams quanto Tom recebiam doses substanciais de oxigênio antes de cada apresentação. Segundo os funcionários do cassino, muitos cantores famosos não tiveram esse cuidado e foram obrigados a interromper os seus shows por falta de fôlego. Andy cantava e Tom, quando não cantava, o acompanhava ao violão. "Nunca dois talentos uniram-se com tanta delicadeza e magia. Se Williams cantasse somente canções compostas por Jobim, ou este só compusesse para Andy, nenhum deles estaria cometendo qualquer erro comercial ou artístico", registrou o jornal *Tahoe*. O cantor abria o show cantando músicas conhecidas do seu repertório, até que Tom entrava no palco e o acompanhava em *Garota de Ipanema*. "Se Jobim não pariu a bossa nova", escreveu o jornalista do *Tahoe*, "foi certamente o seu obstetra", acrescentando que Andy "combinou sua voz e o violão de Jobim de uma forma absolutamente indescritível. O sentido harmônico que presidiu o encontro é completamente sem paralelo para os padrões norte-americanos". Apresentaram em seguida *Ela é carioca*, Andy Williams cantando em inglês e Tom sublinhando algumas passagens em português, partindo, em seguida, para *And roses and roses*, "uma bela e comovente canção de amor, feita para as pessoas ficarem de mãos dadas sob a mesa. Se você e sua namorada planejam ouvir apenas uma música o ano inteiro, escolha esta. Ela irá cantá-la todo o mês, enquanto lava os pratos", escreveu o representante do *Tahoe*, sem perceber que, dali a alguns anos, seu texto correria o risco de ser apontado como um exemplo gritante de afirmação politicamente incorreta. Mas o jornalista gostou tanto do compositor brasileiro que concluiu com uma afirmação extremamente favorável a ele: "Quando Jobim terminou a sua participação, Andy não conseguiria ameaçar o clima melodioso criado pelos dois, mesmo que cantasse a noite inteira". Em matéria de shows, o cassino não se limitava à apresentação de Andy Williams e Tom Jobim. Todas as noites, lá estavam também o cômico Howie Storm, John Wood e seus arrepiantes acrobatas, os dançarinos Moro e Landis e a orquestra de Leighton Noble.

Tom ainda estava no Harrah's, quando recebeu um telefonema de Vinicius de Moraes, que se encontrava em Paris em companhia de Nelita: "Não agüento mais de saudades". Combinaram encontrar-se em Los Angeles, já que Jobim teria de permanecer mais um tempo por lá, tendo em vista a gravação do seu disco com Nelson Riddle. Os preparativos para a gravação iniciaram-se tão logo encerrou-se a temporada no Harrah's. Apesar de viver um drama familiar – o filho de Riddle sofrera um acidente de automóvel e estava em estado grave –, o maestro esteve várias vezes na casa de Tom, ouvindo as suas músicas e discutindo os arranjos, repetindo os encontros também em sua casa. Tião Neto, que viu algumas vezes os dois trabalhando, ficava impressionado com a simplicidade de Tom, que não tirava o pijama nem para receber o maestro Nelson Riddle, um dos monstros-sagrados da música norte-americana. Certa vez, era Jobim de pijama e Teresa vestida de roupão de banho com a toalha enrolada na cabeça.

O disco só não saiu rapidamente porque Jobim fazia questão da presença de Doum na bateria. Sem um baterista brasileiro – e Doum, de preferência –, não haveria gravação. O problema é que o baterista estava em Nova York trabalhando com Astrud Gilberto. Na primeira folga, Doum voou para Los Angeles, gravando apenas algumas faixas, pois, no dia seguinte, tinha de estar em

Nova York, de onde embarcaria com Astrud para uma rápida temporada na Europa. Quando voltou, dias depois, os músicos norte-americanos foram novamente arregimentados para a gravação.

O LP, que recebeu o título de *The wonderful world of Antonio Carlos Jobim*, marcou a estréia de Tom como cantor de disco: "Tive de gravar cantando e tocando piano ou violão. Fiquei apavorado", revelou Tom em seu depoimento ao Museu da Imagem e do Som do Rio de Janeiro, acrescentando que "esse negócio de cantar, tocar violão e sair tudo perfeito é com João Gilberto". Quem o ajudou bastante a cantar, por sinal, foi Astrud Gilberto, que lhe ensinou alguns exercícios que o médico e fonoaudiólogo Pedro Bloch havia passado para João Gilberto. Três músicas foram cantadas em inglês e as demais em português. Duas faixas, *Bonita* e *Surfboard*, eram inéditas em disco. Cantou a primeira em inglês, e a segunda era toda instrumental. *Surfboard*, música que fez olhando para a prancha de surfe que comprara em Los Angeles para o filho Paulo, foi mais uma obra-prima do mestre Jobim. Outra faixa instrumental foi a *Valsa de Porto das Caixas*, interpretada por Tom ao piano, acompanhado de cordas. As músicas cantadas em inglês, com versões de Ray Gilbert, foram *Inútil paisagem* (*Useless Landscape*), *Dindi* (letra em português de Aloysio de Oliveira) e *Bonita* (Tom, Ray, Gilbert e Gene Lees). Além das já citadas, Tom gravou *Ela é carioca*, *Água de beber*, *A felicidade*, *O morro não tem vez*, *Por toda minha vida* (todas com letras de Vinicius de Moraes), *Só tinha de ser com você* (letra de Aloysio de Oliveira) e *Samba do avião* (música e letra de Antonio Carlos Jobim).

Tom não ficou com os arranjos de Nelson Riddle. Achou que, habituado a trabalhar com grandes bandas, em que os metais são escancaradamente predominantes, não absorveu inteiramente o espírito das músicas brasileiras. "Ficamos amigos. Mas acho que não sentiu minha música como Claus Ogerman. Não entendeu bem aquela suavidade, aquela economia que sempre foi a minha proposta para a música orquestral", diria Tom ao jornalista João Máximo. Tudo indicava que, acompanhando a luta do filho contra a morte, o maestro não teve condições de aprender todas as dicas passada por Tom. Até que os arranjos não ficaram pesados e Riddle usou muito pouco os metais, indicando que não deixou de aceitar as sugestões do compositor. Alguns são até muito bonitos, mas, sem dúvida, bem pouco jobinianos.

Hospedado na casa de Tom e Teresa, Vinicius de Moraes ouviu a fita com as gravações, concordou que Nelson Riddle não seria o orquestrador ideal para as músicas do parceiro, mas gostou do disco. A única sugestão que lhe ocorreu fazer foi ao letrista Tom Jobim: retirar do *Samba do avião* a palavra aterrar e substituí-la por pousar. "É mais delicado", disse o poeta. Também só muito depois, esse extraordinário canto de amor ao Rio de Janeiro ganharia a introdução, que o próprio autor chamava de caymminiana, usando as expressões eparrê (saudação de Iansã no candomblé), aroeira, beira do mar, salve Deus, Tiago e Humaitá (frase muito repetida num centro espírita freqüentado por Stela Caymmi em Niterói) e Ê, Xangô, vê se me ajuda a chegar.

Antonio Carlos Jobim tratou de cumprir seu contrato com a Warner Bros, gravando mais um *long-play*, que receberia o título de *A certain Mr. Jobim*, cujos arranjos foram dessa vez entregues a Claus Ogerman. Todas as músicas selecionadas para esse disco são de autoria de Tom, sendo apenas uma inédita *Zíngaro*. Foram elas: *Outra vez – Once again* (letra de John Hendricks e Jessie Cavanaugh), *Esperança perdida – I was just one more for you* (Billy Blanco e Ray Gilbert), *Estrada do sol* (Dolores Duran), *Por causa de você* (Dolores Duran e Ray Gilbert), *Zíngaro, Bonita* (Tom, Ray Gilbert e Gene Lees), *Se todos fossem iguais a você* (Vinicius de Moraes), *Desafinado – Off key* (Newton Mendonça e Gene Lees), *Fotografia – Photograph* (Ray Gilbert) e *Surfboard.*

Os casais Jobim e Morais dividiram-se na viagem para Nova York: Teresa e Nelita embarcaram de avião e Tom e Vinicius, de trem. Por uma delicadeza do chefe do trem, as duas cabines foram transformadas num salão com duas camas. "Fomos conversando, bebendo uísque. Deitados, vimos os Estados Unidos passarem diante dos nossos olhos: os desertos, as cidades, as reservas, os povoados, até chegarmos a Chicago, onde havia baldeação para Nova York", escreveria Jobim muitos anos depois. Conversaram muito, é verdade, e, entre os assuntos abordados, estavam, sem dúvida, as medidas judiciais a serem tomadas para impedir que a expressão *Garota de Ipanema*, no cinema, passasse à propriedade de um cidadão chamado Alberto Matos. E a questão só poderia ser resolvida mesmo na justiça, porque o *Diário Oficial* de 26 de julho de 1965 publicou o registro feito por Alberto no Departamento de Propriedade Industrial do governo. Mas este era um assunto a ser resolvido no

Brasil. Quando chegaram a Nova York, as suas mulheres já tinham viajado para o Brasil. Hospedaram-se no mesmo apartamento no hotel e entraram em contato com um velho amigo de Vinicius de Moraes, Nesuhi Ertegun, um homem rico, filho do embaixador turco em Washington, que colocou à disposição da dupla o seu Mercedes Benz, dotado de ar-condicionado, acompanhado de um motorista elegantemente fardado. Vinicius o conhecia desde o tempo em que servira como diplomata no consulado brasileiro de Los Angeles, quando Nesuhi iniciava a sua vida de empresário como dono de uma loja de discos chamada de The Jazzman Record Shop. No Mercedes, andaram de um lugar para o outro, resolvendo as questões referentes às suas músicas nos Estados Unidos. Algumas providências precisavam ser adotadas, principalmente no âmbito da Corcovado Music, porque Tom e Aloysio de Oliveira já estavam fora da Ipanema Music, deixando-a exclusivamente com Ray Gilbert, com quem romperam comercialmente. O rompimento foi proposto pelo próprio Gilbert, visitando Tom em sua casa de Los Angeles. Ele chegou e falou de vários assuntos, até que Teresa, que participava da conversa, foi até à cozinha preparar um café. Da cozinha, ouviu o norte-americano fazer a proposta e Tom aceitá-la prontamente. Quando Ray Gilbert foi embora, Teresa cobrou do marido:

– Como é que você aceita uma proposta dessas, depois de um ano de tanto trabalho?

– Olhei para a cara dele e vi que ele iria continuar me enganando o resto da vida. Eu não agüentaria – justificou Antonio Carlos Jobim.

O fim da sociedade, porém, somente seria formalizado no dia 25 de março de 1966, quando Ray Gilbert, Tom e Aloysio de Oliveira assinaram um documento em que os dois últimos se retiravam da Ipanema Music, concordando que Gilbert, “desta data em diante, é o único dono da citada empresa, respondendo por seus lucros, prejuízos e despesas”. O documento estabeleceu também que Gilbert concordava em pagar, semestralmente, os direitos autorais a Jobim e a Aloysio, relativos a composições dos dois. Uma cláusula do documento dizia que os três “se exoneram mutuamente de todas as obrigações para trabalharem como colaboradores em quaisquer músicas ou materiais, cada qual concordando que o outro é completamente livre para gerir o próprio negócio, nada mais tendo a reclamar quanto à exclusiva colaboração do outro”. Em outras palavras, estava encerrada a parceria Jobim-Ray Gilbert. Em compensação, o esperto norte-americano "reterá o direito de usar o nome da Ipanema Music Co., a qual continuará a operar. Todas as músicas ora em poder da empresa continuarão em seu poder até a extinção do *copyright*. A Ipanema Music será a única proprietária das ditas músicas e dos direitos de reprodução". A relação das músicas em poder da Ipanema Music não era nada desprezível: *Amor em paz* (*Once I loved*), *Inútil paisagem* (*Useless lanscape*), *Bonita*, *Surfboard*, *O morro não tem vez* (*Somewhere in the hills*), *Hurry up and love me*, *Pardon my English*, *Fotografia*, *Só tinha de ser com você* (*It could only happen withyou*), *Para dizer adeus* (*All that's left is to say goodbye*) e *And roses and roses*.

Também havia lugar para as farras em Nova York. Numa feijoada na casa do cônsul do Brasil, foram tantas as doses de cachaça e de uísque que Jobim acabou dormindo no sofá da casa. E, à noite, a farra continuou na casa de Nesuhi Ertegun, onde Tom Jobim reencontrou Candice Bergen. No terceiro uísque, não resistiu e foi para o piano tocar e cantar *Bonita*. Tom ficou impressionado com Vinicius de Moraes, não só porque ele só pegava no sono quando sentia a bunda gelada e, para isso, ligava o aparelho de ar refrigerado no botão que gerava mais frio, cobria-se todo com o cobertor, deixando as nádegas de fora. O que mais impressionava Jobim era que, depois de noites de altíssimas bebedeiras, Vinicius pedia um café da manhã composto de panquecas e cerveja. Dias depois, Tom voltou para o Brasil no navio S.S. Argentina, da Moore McComack. Eram 450 passageiros a bordo, dos quais 200 brasileiros. Foram 11 dias de viagem e, numa das noites, Antonio Carlos Jobim cantou e tocou violão para os passageiros. Na bagagem, um piano Yamaha de cauda, seu grande sonho de consumo na época, que passou a ser chamado em casa de Yamaha II.

Arquivo Sérgio Cabral/Reprodução Cecília Junqueira

Nilza Brasileiro de Almeida Jobim com o filho Antonio Carlos.

Arquivo Sérgio Cabral/Reprodução Cecília Junqueira

Jorge, Nilza e Antonio Carlos Jobim.

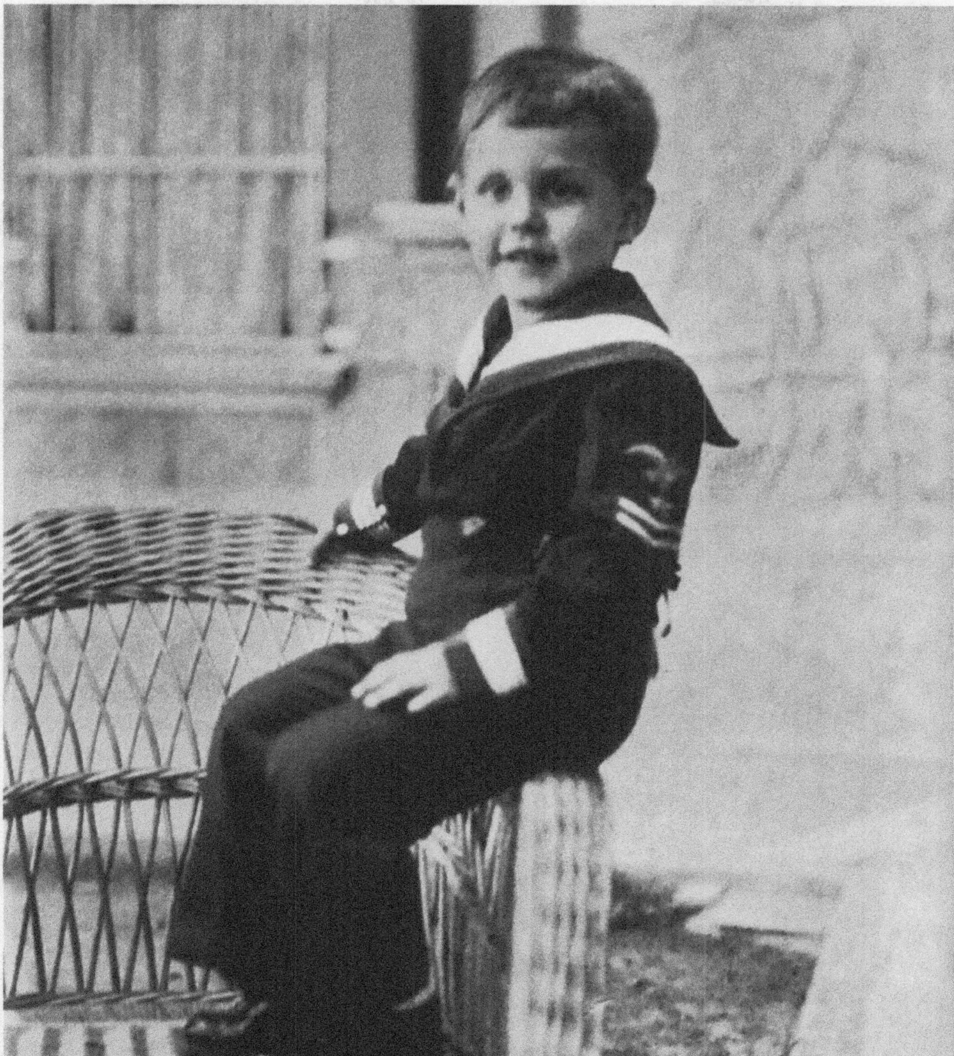

Arquivo Sérgio Cabral/Reprodução Cecília Junqueira

Na infância, Tom Jobim teve pouca convivência com o pai.

Arquivo Sérgio Cabral/Reprodução Cecília Junqueira

O jovem Jobim na época em que praticava esportes na praia de Ipanema.

Arquivo Sérgio Cabral/Reprodução Cecília Junqueira

Tom no tempo em que atravessava a lagoa Rodrigo de Freitas a nado.

Arquivo Sérgio Cabral

Nos primeiros tempos com Billy Blanco.

Arquivo Sérgio Cabral/Reprodução Cecília Junqueira

O "polegar meio preso" impediu que Tom Jobim fosse concertista de piano.

Arquivo Sérgio Cabral/Reprodução Cecília Junqueira

Antonio Carlos Jobim e a irmã Helena, que na infância o chamava de Tom-Tom, mantiveram sempre uma relação carinhosa.

O casamento de Tom e Teresa (1949).

Foto Folha Imagem

Não poderia faltar à família Jobim uma potente rádio-vitrola.

Acervo Última Hora

Na fase de pianista da noite, Tom era muito magro.

Arquivo Sérgio Cabral

O pôster de Carlos Scliar para a peça Orfeu da Conceição *(1956).*

Arquivo Sérgio Cabral

Baden Powell, Tom e Vinicius de Moraes.

Arquivo Sérgio Cabral/Foto Emerico

Tom acompanha Elizeth Cardoso ao piano. Com a mão no queixo, ao fundo, o crítico musical e boêmio Lúcio Rangel.

Arquivo Sérgio Cabral

O cartaz do show Um encontro com Tom, Vinicius, João Gilberto e Os Cariocas, *na boate Au Bon Gourmet (1962).*

Arquivo Sérgio Cabral

No palco do Bon Gourmet, o elenco do show, com Milton Banana na bateria e Otávio Bailly no contrabaixo.

Vinicius, Tom e João Gilberto cantam Garota de Ipanema.

Tom Jobim e Nara Leão.

Arquivo Sérgio Cabral/Reprodução Cecília Junqueira

No piano, o flautista Pixinguinha; na flauta, o pianista Antonio Carlos Jobim.

Arquivo Sérgio Cabral

Tom, Chico Buarque, Cynara e Cybele, os vencedores do Festival Internacional da Canção de 1968, com a música Sabiá.

Arquivo Sérgio Cabral

Tom Jobim no tempo em que, com medo de viajar de avião, não queria cantar no Carnegie Hall.

Arquivo Sérgio Cabral

Frank Sinatra sendo apresentado a um violão brasileiro por Tom Jobim.

Arquivo Sérgio Cabral

Tom com a cantora Astrud Gilberto.

Arquivo Sérgio Cabral

Tom Jobim e Elis Regina, nos tempos de Elis & Tom *(1974).*

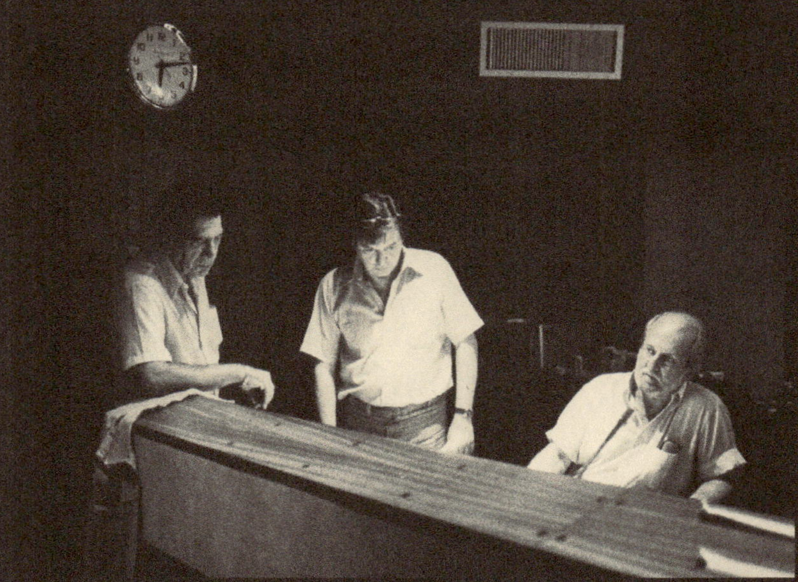

Arquivo Sérgio Cabral/Raymond Ross

Aloysio de Oliveira (sentado) dirige a gravação do disco de Tom Jobim e Elis Regina.

Arquivo Sérgio Cabral

Aloysio produzia os discos com músicas de Tom desde o início da bossa nova.

Chico Buarque, Miúcha, Tom e Aloysio durante a gravação do disco Miucha & Antonio Carlos Jobim *(1977).*

Arquivo Sérgio Cabral/Ivan Klinglen

No estúdio carioca da RCA, Sarah Vaughan grava seu disco de músicas brasileiras (1977).

Arquivo Sérgio Cabral/Reprodução Cecília Junqueira

Carlos Drummond de Andrade, Austregéliso de Athayde e Tom Jobim.

Arquivo Sérgio Cabral/Reprodução Cecília Junqueira

Radamés Gnattali e Tom Jobim.

Arquivo Sérgio Cabral/Reprodução Cecília Junqueira

Tom Jobim e os filhos Beth e Paulo Jobim.

Arquivo Sérgio Cabral

Ana, 29 anos mais nova, com Tom Jobim.

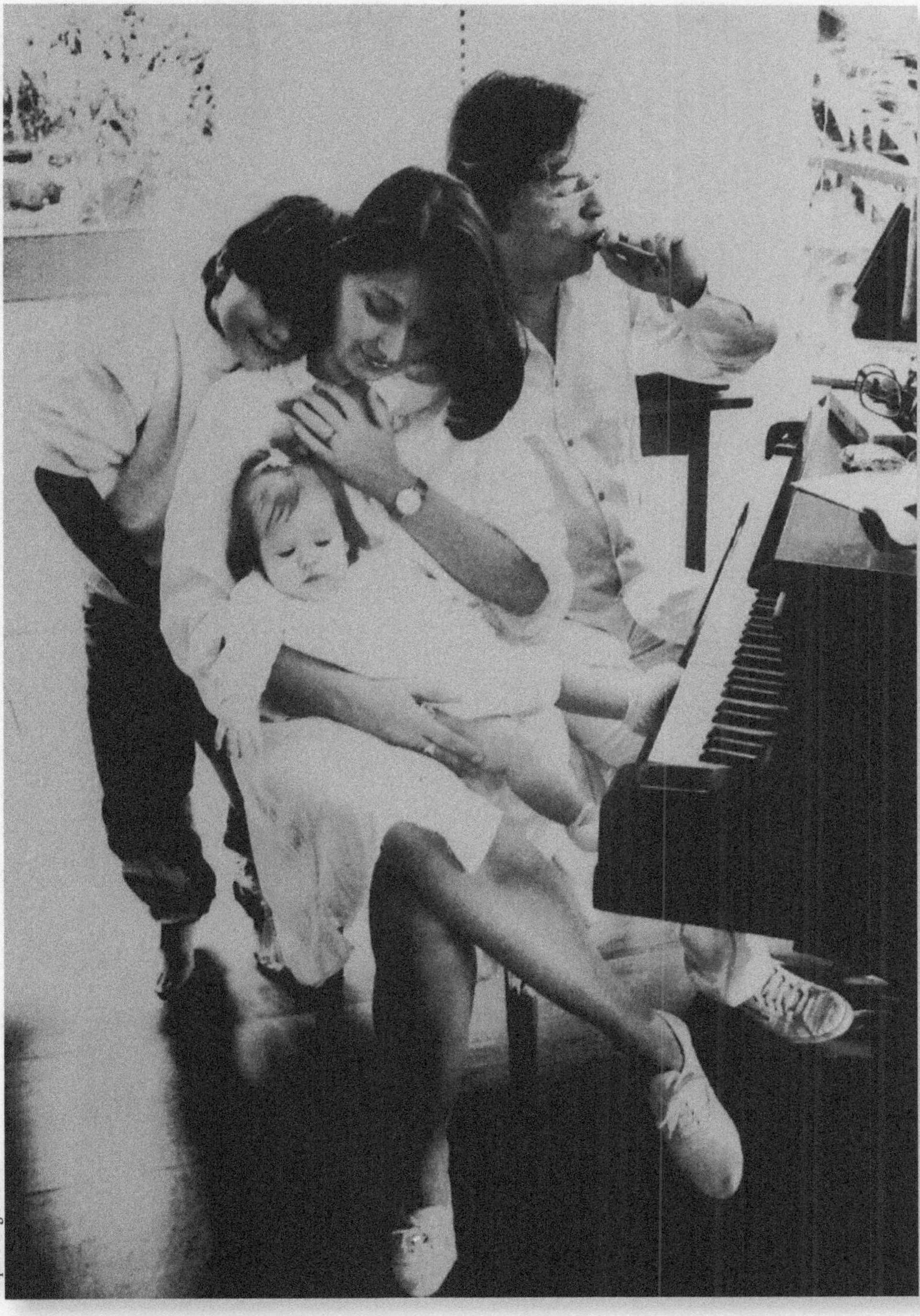

Arquivo Sérgio Cabral

Tom, Ana e os filhos João e Maria Luísa.

Cortesia Toca do Vinicius/Wagner Sant'ana

Tom e Helô Pinheiro, a inspiradora de Garota de Ipanema.

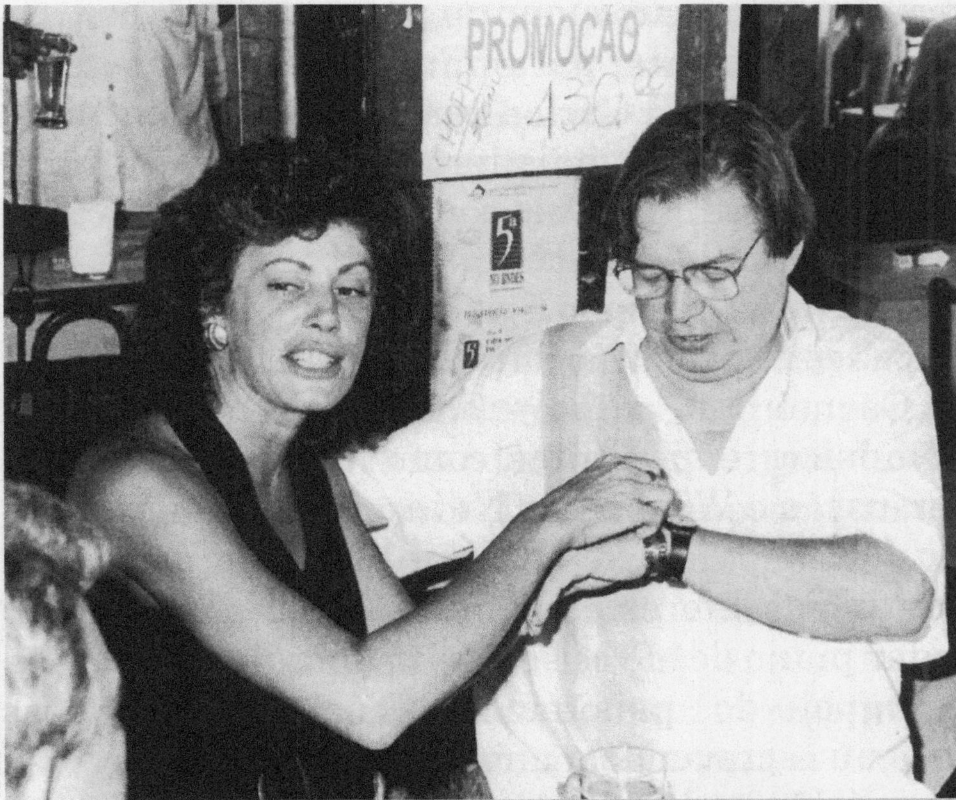

Cortesia Toca do Vinicius

Tom Jobim com Lígia Marina, a inspiradora do samba-canção Lígia.

Folha Imagem/Luciana Whitaker

Tom admirava muito Milton Nascimento e Chico Buarque.

Agência JB

Tom, Dorival Caymmi, Sérgio Cabral, João Ubaldo Ribeiro, José Lewgoy, Almir Chediak, Albino Pinheiro, Jaguar, Alceu Valença, Estelinha Caymmi e Ivo Meireles.

Agência Estado/Clóvis Ferreira

Nos últimos anos de vida, Tom Jobim andava sempre de chapéu.

Capas: Divulgação

Francis Albert Sinatra & Antonio Carlos Jobim, *1967*.

Disco de bolso – O tom de Antonio Carlos Jobim e o tal de João Bosco, *1972*.

Tide, *1970*.

Matita perê, *1973*.

Elis & Tom, *1974.*

Tom, Vinicius, Toquinho, Miucha, Gravado ao vivo no Canecão, *1977.*

Urubu, *1975.*

Edu & Tom, *1981.*

Passarim, *1987.*

Antonio Brasileiro, *1994.*

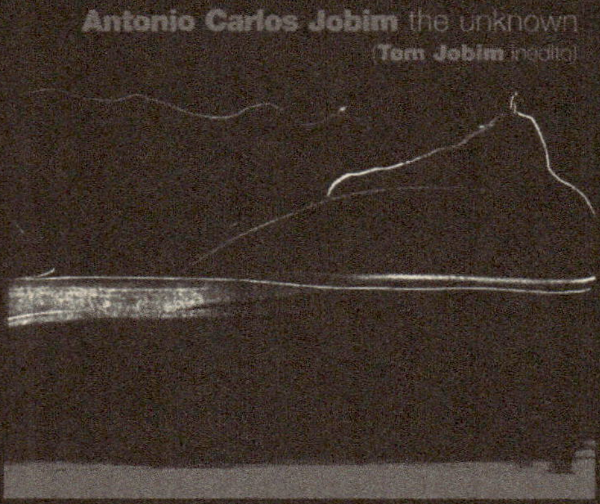

Tom Jobim inédito, *1987.*

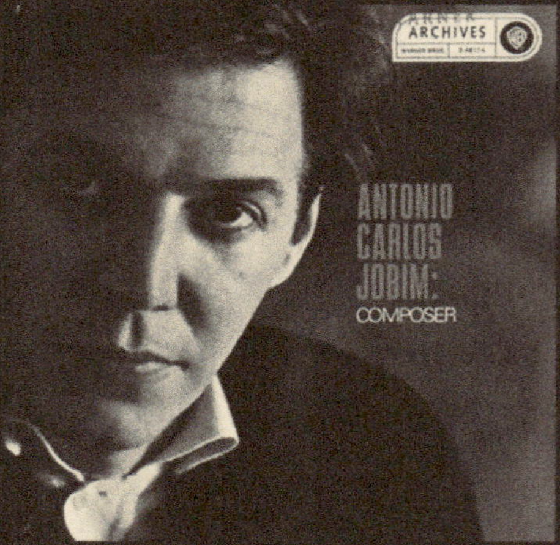

Antonio Carlos Jobim: composer, *1995.*

9

Frank Sinatra

Estamos em 1966, ano em que Tom Jobim aceitou o convite para padrinho de casamento de Heloísa Eneida Menezes Paes Pinto, a inspiradora de *Garota de Ipanema*, com Fernando Abel Mendes Pinheiro, mas advertiu: "É bom você tomar cuidado. Todos os casamentos em que sou padrinho acabam não dando certo". Na verdade, repetia a desculpa do parceiro Vinicius de Moraes, que fugia dos convites para escrever prefácios de livros, fingindo que ajudava o autor, pois alegava que os livros prefaciados por ele terminavam sempre em fracasso. Era mais duro com os amigos que o convidavam para batizar o filho: "Não posso aceitar. Criança que eu batizo morre, invariavelmente, dois meses depois".

Foi também a partir de 1966 que, por sugestão de Teresa, decidiu entrar na psicanálise. O primeiro a ser procurado, Eros Vital Brasil, o analista de Teresa, desculpou-se dizendo que não seria saudável tratar de marido e mulher ao mesmo tempo. "Mais uma vez, o Brasil rejeita um Brasileiro", brincou Tom, que nunca esquecera o sobrenome que gostaria de ver incorporado ao seu nome. Mas foi um psicanalista amigo, Hélio Pellegrino, que resolveu o seu problema indicando a colega Catarina Kemper, uma alemã radicada no Rio de Janeiro de 1948, que, durante 11 anos, trataria dele. Com diploma da Sociedade Psicanalítica da Alemanha, em Berlim, Catarina formou vários profissionais brasileiros, sendo, por isso, conhecida como a analista das analistas. Foi a primeira a analisar crianças no Brasil. Mas o que deixou Tom Jobim imediatamente encantado com ela não foi o seu currículo, mas a casa em que ela morava, na Rua Garcia Morena, 476, em São Conrado. Sendo um apaixonado pelas plantas e pelos bichos, extasiou-se com o imenso jardim da casa, dotado de três estufas e uma coleção de orquídeas de várias partes do mundo. Havia orquídeas da Amazônia, do Tibete e Havaí, entre tantas outras de várias procedências. "Como estou com o coração na natureza, também estou na natureza dos homens, disposta a lutar contra esses inseticidas e essas poluições que deformam e fazem sofrer", dizia ela.

Outra história iniciada em 1996 foi a amizade, seguida de parceria, com Chico Buarque de Holanda, num encontro promovido por Aloysio de Oliveira, na casa de Tom. Aos 22 anos de idade e em início de carreira, Chico não poderia imaginar o quanto também era admirado pelo seu ídolo. Jobim gostava muito de *Olé olá*, *Pedro pedreiro*, *Sonho de um carnaval*, *A banda*, *Rita*, dos primeiros sucessos, enfim, de Chico Buarque de Holanda, todos eles muito bem elaborados, originais e com a marca da renovação. *A noite do mascarados*, a marcha-rancho, era um número obrigatório no sítio de Poço Fundo, com Tom Jobim dividindo a interpretação com a filha Elizabeth. Naquele primeiro encontro, Chico levou o violão e cantou algumas músicas. Por sugestão de Aloysio, começaram a falar numa possível parceria.

Tom já não era, em 1966, o único a promover reuniões musicais em sua casa. Paulinho Jobim, aos 16 anos, estudava flauta e reunia os amigos "para fazer um som", como se dizia na época. Lá estavam sempre Danilo Caymmi, Paulo Guimarães, Sérgio Fayne (com os três, Paulinho formou um quarteto de flautas), Cláudio Guimarães, Geraldinho Carneiro e Eliane, que, dali a alguns anos, seria a sra. Paulo Jobim. Davam grande prejuízo a Tom bebendo todo o estoque de uísque da casa, levando o compositor a trocar o conteúdo das garrafas por bebida de má qualidade. Ainda assim, continuavam a beber e acabavam passando mal, sendo socorridos por Teresa com xícaras de chá apropriado para aquelas ocasiões.

Essa era a vida de Tom em 1966: os bares de Ipanema, reuniões em casa, encontro com amigos etc. Durante os treinamentos da seleção brasileira para a Copa da Inglaterra, a revista *Manchete* promoveu uma conversa dele com Pelé, em que Tom pediu um autógrafo exatamente quando o craque tirava da bolsa um disco para que o compositor autografasse. "Em matéria de música e futebol, o Brasil está superdesenvolvido. Em outras coisas, não sei", disse Jobim. Enfim, como vimos, Antonio Carlos Jobim era o que se poderia chamar de "figurinha fácil" no Rio de Janeiro. Mas esta não era a opinião do diplomata Vasco Mariz, responsável pela parte de música do livro intitulado *Quem é quem nas arte e nas letras do Brasil*, editado pelo Departamento Cultural e de Informações do Ministério das Relações Exteriores, portanto, uma publicação oficial. Escreveu ele que Tom Jobim e João Gilberto, "astros nascentes com a bossa nova, preferiram o êxito financeiro nos Estados Unidos e hoje estão praticamente desligados do movimento carioca". Figura curiosa a dessa diplomata, que só acertava ao escrever sobre música popular quando copiava abertamente as pesquisas do radialista Almirante (Henrique Fóreis Domingues). Em 1978, ao lançar – com ajuda do dinheiro público – uma edição pretensamente atualizada do seu *livro A canção brasileira*, além de solidarizar-se com a censura nos vetos a centenas de músicas, cometeu erros grosseiros, dignos de um "desligado" não só do "movimento carioca", quanto da própria música popular brasileira.

Aliás, foi num ambiente nada "desligado do movimento carioca" que Antonio Carlos Jobim recebeu um dos telefonemas mais importantes de toda a sua vida. O ambiente era o do Bar Veloso, na esquina das ruas Montenegro e Prudente de Morais, em Ipanema, onde tomava um chope com seu amigo de infância Cabinha e com outro amigo querido, Dico (Raimundo) Wanderley, um alto funcionário do Banco Nacional, que fora o principal responsável pela participação do banco no financiamento de inúmeros filmes brasileiros. É provável que, a partir de década de 1960, Dico tenha sido o amigo a quem Tom dedicaria maior afeto. Não há exagero na afirmação de que, com a morte do amigo, Tom também tenha morrido um pouco. Assim, foi durante um animado bate-papo de botequim com ele e com Cabinha que um garçom do Veloso foi até a mesa para dizer que "um gringo" queria falar com Jobim. Era Frank Sinatra. Contou Jobim em sua entrevista a Luís Carlos Lisboa:

"Não pensei em trote porque ninguém ia fazer uma brincadeira cara dessas, ligando dos Estados Unidos para mim. Meus ouvidos conheciam bem as vozes das ligações internacionais, como eram feitas naquele tempo. Sinatra foi falando, depois de se identificar com simplicidade: 'Quero fazer um disco com você e quero saber se você acha isso interessante.' Acrescentou que pagaria todas as despesas e que eu ficaria hospedado com ele. Soube depois que esse tipo de convite, de interesse profissional, ele sempre faz pessoalmente. Pega o telefone e vai direto ao assunto. No meu inglês precário, lembro que respondi: 'Perfeitamente, é uma ordem.' Sinatra perguntou: 'Você me acompanha no violão?' Respondi que não era violonista, mas aceitava. O fato é que me sentiria mais à vontade no piano".

Tom Jobim não era homem de dar pulos para o alto comemorando o convite. Em seu depoimento ao Museu da Imagem e do Som do Rio de Janeiro, quando lhe foi perguntado se se sentia realizado com o disco de Frank Sinatra, respondeu: "Só me sentirei realizado quando sentar numa cadeira de vime e o telefone não tocar". Seus amigos, sim, mostraram-se entusiasmados. Afinal, tratava-se de Frank Sinatra, o maior cantor popular do século, o intérprete mais procurado pelo compositores e editores musicais dos Estados Unidos. Conterrâneo de Cole Porter, Gershwin, Jerome Kern, Irving Berlin e Richard Rodgers, nunca dedicara um *long-play* a um só compositor, embora cantasse canções de todos eles. Mas deve ter passado pela cabeça de Tom a lembrança de que, desde jovem, decorava as músicas cantadas por Sinatra e até cantava algumas delas para sua namorada Teresa. E que, em 1963, quando exigia melhores letras em inglês para sua obras, alegando que, "com essas letras, Frank Sinatra jamais gravará uma delas", um editor achou-o muito pretensioso: "E quem disse que Sinatra gravará alguma música sua?" No Brasil, Jobim pouco falava do assunto, principalmente com jornalistas. Só foi obrigado a falar dele quando Glauber Rocha o convidou para fazer o papel de Paulo, o poeta do belo filme *Terra em transe*. Ele aceitou alegando que, na época das filmagens, estaria nos Estados Unidos gravando com Frank Sinatra. Glauber morreu sem ter conseguido fazer de Jobim ator dos seus filmes. Imaginava-o, por exemplo, no papel de Heitor Villa-Lobos num filme que tinha em mente ou do índio Peri, numa versão que sonhava fazer do romance *O guarani*, de José de Alencar. Tom divertia-se com os convites, feitos geralmente numa das mesas do Antonio's, o bar preferido de uma boa parte dos intelectuais cariocas e que, durante alguns anos, foi uma espécie de segundo lar do compositor.

Nos primeiros dias de janeiro de 1967, Antonio Carlos Jobim chegou em Miami e entrou imediatamente em contato com Ray Gilbert, que não sabia por onde andava o cantor. Querendo localizá-lo, telefonou para várias pessoas recebendo as mais diferentes informações: que estava em Roma, que viajara para Tóquio, que filmava no Havaí ou que descansava em sua casa, em Palm Springs. Na verdade, Sinatra passava alguns dias de férias em Barbados, de onde orientou Gilbert a levar Tom para Los Angeles. O primeiro encontro ocorreu na sede da Reprise, a gravadora criada pelo próprio cantor, que, mais tarde, se associaria à Warner. Cercado de amigos que saboreavam os drinques servidos por gentis garçons, Sinatra disse que o disco deveria ter seis músicas dele e seis de autores norte-americanos. A música que mais lhe interessava, inicialmente, era *A felicidade*, que conhecia apenas na versão em português. Tom não fez muita questão de mostrar-lhe a letra em inglês, que considerava "detestável". O cantor manifestou também interesse por outras, mas, infelizmente, suas ocupações o impediam de conhecê-las melhor.

– I hate to rehearse – revelou.

"Eu preferia ter sentado com Sinatra, mostrar as músicas novas e velhas e trabalhar um pouquinho com ele. Mas Sinatra não tem tempo para essas coisas. Como ele é competente, profissional e sabe das coisas, fez um trabalho direito", disse Tom em seu depoimento ao Museu da Imagem e do Som. Uma conquista importantíssima do compositor foi a de convencer o cantor de que o orquestrador deveria ser Claus Ogerman e não o velho amigo e autor de alguns dos melhores arranjos de seus discos, Nelson Riddle. Claus estava em Nova York e atendeu prontamente o chamado de Tom. Depois de rápidos contatos com Sinatra, que preferia gravar músicas já gravadas por outros cantores, o repertório foi montado com sete músicas de Tom Jobim e apenas três norte-americanas. Foram elas *Garota de Ipanema*, *Dindi*, *Corcovado*, *Meditação*, *Inútil paisagem*, *Insensatez* e *Amor em paz*, além de *Change partners* (Irving Berlin), *I concentrate on you* (Cole Porter) e *Boubles, bangles and beads* (Wright e Forrest). Os ensaios, que muitas vezes atravessavam a noite, de Jobim e Ogerman foram feitos num dos chalés do Beverly Hills Hotel, onde se hospedaram sob o patrocínio da Reprise.

O início da gravação foi marcado para as 20 horas do dia 30 de janeiro, uma segunda-feira fria e chuvosa, no estúdio da Werner Western Sound, na Sunset Strip. Antes de ir para o estúdio, Sinatra teve de cumprir um compromisso no Martoni's onde a Reprise oferecia um coquetel em homenagem ao cantor

Trini Lopez, o novo contratado da gravadora que estrearia naquela noite uma temporada no Melodyland. Quem estava em Los Angeles era Aloysio de Oliveira, que chegara no dia anterior com as meninas do Quarteto em Cy, além do compositor Marcos Valle e de Oscar Castro Neves para uma apresentação no programa de Andy Williams. No dia 30, sua primeira providência foi telefonar para Ray Gilbert, a essa altura convidado para atuar como co-produtor do disco, manifestando seu interesse em assistir às gravações.

– Impossível. Frank Sinatra só permite a entrada de quem estiver trabalhando no disco – respondeu Gilbert.

De qualquer maneira, à noite, Aloysio foi à casa de Ray Gilbert e o acompanhou até o estúdio, onde guardas uniformizados permitiam a entrada apenas dos profissionais envolvidos na gravação e de poucos convidados. Os nomes de todos compunham uma lista que os guardas conferiam com rigor. Não foram relacionados nem o nome dele nem o de Teresa Jobim, que se plantaram na porta do estúdio à espera de alguma providência. Por sorte de Aloysio, 20 minutos antes da gravação, chegou o presidente da Reprise, Mick Martrand, com quem ele vinha conversando há muito tempo, sobre o lançamento dos discos da gravadora no Brasil. Mick levou os dois para a sala de controle, onde outros convidados aguardavam o início do trabalho. Entre eles, Gene Lees, o letrista norte-americano de *Corcovado*, que, por sinal, ficou decepcionado porque, à última hora, Sinatra desistiu de gravar *Desafinado*, outra música de Tom com letra sua em inglês. Mas nem por isso deixou de emocionar-se por ter estado tão próximo do cantor, como revelou num texto em 1995 para um disco de Tom Jobim: "O produtor Sonny Burke estava sentado com o engenheiro na mesa de controle. Em frente, havia um sofá. Sentei e olhei a orquestra pelo vidro duplo. De repente, senti atrás de mim algo similar a uma onda de choques. Não que alguém tivesse aberto a porta, pois ela já estava aberta. Eu simplesmente sabia que Sinatra havia entrado na sala. Me virei e o vi cumprimentando Burke e outros que se agruparam. Ele tinha o tipo de presença que as pessoas acham difícil de acreditar. Mas é verdade".

Frank Sinatra entrou no estúdio trajando um terno cinza, de estilo clássico, com aberturas laterais no paletó. Camisa branca e gravata estampada sobre um fundo vinho. Ao aproximar-se do microfone, afrouxou a gravata. Às 20 horas, os músicos já estavam todos diante das estantes: eram 10 violinistas, quatro violistas, quatro violoncelistas, três flautistas (entre eles, os respeitáveis jazzistas Bud Shank e Buddy Collette), um trombonista, um baixista, um pianista (Bill Miller, que acompanhava o cantor há muitos anos) e dois bateristas, Collin Bailley (do quinteto de George Shearing. Collin participou apenas das músicas norte-americanas) e o brasileiro Doum Romão. A participação deste foi outra conquista de Tom Jobim, que só na véspera descobrira que ele estava em Chicago. "Pelo amor de Deus, vem pra cá. Se você não vier, vou entrar por um cano que não tem mais tamanho", apelou Tom. No dia seguinte, Doum pegou um avião e chegou a tempo de participar da gravação. À frente da orquestra, o maestro Claus Ogerman, trajando um elegante cardigã azul, todo abotoado. "Ele estava tão engomado que seus suéteres pareciam ter vincos", escreveu Stan Cornyn na contracapa do disco.

A noite começou com *Boubles, bangles and beats*. Terminada a gravação, Sinatra e Tom foram ouvi-la na sala de controle. O produtor Sonny Burke pediu a Tom que cantasse mais forte. "Você precisa saber que Tonny (era assim que o cantor o chamava inicialmente. Depois, passou para Antônio) não começou a sua carreira cantando para as multidões no Polo Grounds", justificou Sinatra, que também não havia gostado da sua participação, pois cantara muito perto do microfone. "Ficou meio chinês", disse. Ao caminhar de volta para o estúdio, Sinatra pigarreou e fez mais um comentário: "Preciso botar menos gelo nos meus drinques". Depois, deu um conselho a Tom: "Abra o paletó, mostre o colete à prova de balas e cante". No depoimento ao Museu da Imagem e do Som do Rio de Janeiro, o compositor confessou a Vinicius de Moraes que não estava tranqüilo e voltou a argumentar que é difícil cantar e tocar violão ao mesmo tempo, "a não ser que você seja um João Gilberto". Mas gostou do resultado. O segundo *take* também não foi aprovado, embora Jobim tivesse colocado mais potência na voz. Sinatra não gostou da sua entrada. O terceiro teve a aprovação geral. "Para mim, foi perfeito", disse Claus Ogerman. "Para mim, também", completou Burke, que adorou as divisões adotadas pelo cantor e os improvisos criados para a letra. Mas Sinatra não gostou: "Vamos fazer mais uma. Suspeito de que não fui bem apresentado à orquestra", brincou. Os três *takes* seguintes foram reprovados por erros dos músicos. Às 20h45, foi feita a sétima e última gravação, em meio ao entusiasmo geral. "Ele esquentou e está cantando com toda a força", sussurrou um técnico na sala de controle. No final, o cantor soltou um *Yeah* cheio de satisfação.

A segunda gravação foi de *I concentrate on you*. Mal a orquestra comeu a tocar, Jobim fez uma piada: "Este é a canção mais bonita que compus". Sinatra riu e comentou: 'Realmente, é uma canção muito bonita, que canto há muitos anos em todos os lugares, sempre procurando uma coisa nova na interpretação. Mas chega um momento em que as notas acabam". Em seguida, pediu os músicos para pararem. Viu, através do vidro, a chegada da sua mulher, a atriz Mia Farrow, acompanhada da mãe, a também atriz Maureen O'Sullivan (a Jane dos filmes em que Tarzan era John Weissmuller), e dos escritores Harry Kurnitz e George Plimpton. Sinatra foi lá, cumprimentou-os e voltou para o estúdio. O primeiro *take* teve início às 21h19. Sinatra encontrou um erro nas partes das cordas, nos compassos 66 e 67, e falou com Ogerman, que pediu aos músicos para tocarem. O cantor tinha razão, o que levou a parar a gravação para que o maestro fizesse as devidas correções. Às 21h40, fez a gravação definitiva, acrescentando um dooby-dooby no final. Ao ouvir a fita na sala de controle, entusiasmou-se: "Grande, grande música!", disse exagerando no segundo grande.

Finalmente, a primeira música de Tom (e de Aloysio de Oliveira): *Dindi*. "Eu, Ray, Tom e Teresa pensamos muito em Silvinha Telles naquele momento. Sinatra pediu silêncio e disse que a música que ia cantar era séria e necessitava de um ambiente especial. O curioso, vocês vão ouvir, é sua interpretação musicalmente parecida com a de Silvinha, na gravação original de 1957", escreveu no *Diário de Notícias* o próprio Aloysio de Oliveira, ainda traumatizado com a morte da cantora, menos de dois meses antes, num acidente de carro na Região dos Lagos, no estado do Rio de Janeiro. Foi, aliás, a gravação de *Dindi* que desviou o pensamento de Aloysio. Até aquele momento ele temia que, ao vê-lo na sala de controle e, sem reconhecê-lo, Frank Sinatra fizesse uma grosseria exigindo que os guardas o tirassem dali. Felizmente, foi tudo bem. "Esta é uma nota difícil", disse o cantor referindo-se à sua entrada na música. "Me dê aqueles acordes, Moreno", pediu ao pianista. "Achei! Está na segunda linha dos violinos", vibrou ele, que procurava melhor passagem da orquestra para servir de apoio à sua voz. A orquestra começou a tocar e ele deu dois palpites sobre o arranjo, ambos aprovados por Claus Ogerman: pediu a eliminação do acompanhamento rítmico de um compasso, "para destacar a letra", e, adiante, sugeriu que a orquestra não tocasse, deixando apenas o violão de Tom Jobim: "Quando os violinos entrarem de novo, a gente estará tirando melhor partido do recheio", explicou. Frank Sinatra cantou a música inteira com os olhos fechados, os ombros curvados e as mãos segurando as extremidades da estante. "Bonito, Frank!", saudou Burke pelo interfone. "Isso foi só o treino. Espere até a gente entrar em campo", respondeu. Bebeu o café de uma garrafa térmica e gravou mais três *takes*, cada um melhor do que o outro. Mas ainda era pouco:

– Mais uma. Ainda falta polir uns pontos – pediu.

Às 22h50 deu início à última gravação da música. Ao ouvir a fita, soltou o primeiro palavrão da noite:

– Porra, que beleza de canção! (*Damm, that's a pretty song!*). Temos finalmente uma boa.

Sinatra fez também algumas brincadeiras com as exigências de Tom e Ogerman para que tudo corresse suavemente. "Não canto assim desde tive laringite", afirmou. Numa outra faixa, o trombonista trocou um si maior por um fá maior. O cantor alfinetou: "Não se esforce demais". Respondeu o trombonista: "Se eu tocar mais suavemente, essa coisa vai aparecer atrás do meu pescoço".

A orquestra parou para o lanche e Sinatra e Jobim permaneceram na sala de controle. O cantor disse ao escritor George Plimpton que tinha três exemplares do seu *best-seller Paper lion* em sua casa de Palm Springs, mas desapareceram. "Acho que meus convidados do último feriado levaram todos", completou. O também escritor Harry Kurntitz brincou: "Pois eu tenho uma casa cheia dos meus próprios livros e nunca ninguém se deu ao trabalho de roubar um sequer". Sinatra riu e contou uma história típica do humor norte-americano, envolvendo o jogador de beisebol Stan Musial, que nunca vencera uma disputa com adversários canhotos. Musial, que não era de dizer palavrões, abria uma exceção quando se referia aos canhotos: "Havia 20 mil canhotos na Segunda Guerra Mundial. Sabe que nenhum dos filhos da puta foi morto?", queixava-se o jogador. "Nós todos caímos na gargalhada", disse Sinatra.

Depois do lanche dos músicos, foi iniciada a gravação de *Change partners*. Um novo pigarro levou o cantor a comentar a sua longa convivência com o tabagismo: "Foi um velho Chestefield que, de repente, caiu em cima de mim, por volta de 1947". Quando a orquestra começou a tocar, o produtor Sonny Burke interrompeu para pedir um andamento mais rápido. Mas Sinatra discordou: "Tem uma passagem com um milhão de palavras. Não vai dar para cantar tudo". A fita voltou, a orquestra atacou e o cantor gravou "de primeira", como se diz no mundo do disco. A última música da noite foi *Inútil paisagem*, mas Sinatra pediu para interromper a gravação porque estava faminto e cansado. "Quem disser que pode cantar sem comer está maluco. Você tem de ter combustível na fornalha. Estou azul de fome", confessou. A volta de uma música de Jobim (e Aloysio) foi um novo pretexto para brincadeira em torno da "suavidade" tanto da orquestra quanto do cantor. Stan Cornyn, na contracapa, deu um destaque especial a essa preocupação: "Sensíveis melodias. Sensíveis como um bronzeado vermelho-lagosta de dois dias de sol no Rio. Tão sensíveis que, se tocadas por mãos grosseiras, todas gritariam em agonia. Bater nas costas dessas frágeis canções com uma dupla de trompetes? Seria como lavar cristal num misturador de cimento. (...) O arranjo andando pouco a pouco, na ponta dos pés, eliminando uma percussão aqui, um tique-taque lá, livrando cada música de todas as coisas frias, os cliques, bings, bips".

Terminada a gravação, Antonio Carlos Jobim, atendendo a um pedido de Aloysio de Oliveira, escreveu um bilhete para Hugo Dupin, editor do suplemento *DN Shows* do *Diário de Notícias*: "Está uma brasa o LP que estamos fazendo, Sinatra e eu. Aloysio aqui está todo nervoso, como também eu, Ray Gilbert, o baterista Doum, que tem sido formidável. Mas tudo vai dando certo. Sinatra hoje gravou *Dindi*. Que beleza! Em 20 minutos e sem nunca haver visto a partitura musical. Chegou, leu e disse: 'Gosto dessa.' E a interpretação é de deixar e gente boba".

Foram três noites de trabalho num clima inteiramente favorável. Na primeira vez que cantou *Garota de Ipanema*, Tom Jobim errou a letra: em vez de cantar "o teu balançado é mais que um poema", cantou "o teu balançado parece um poema". Outro erro permaneceu no disco: em *Insensatez*, Tom Jobim cantou "Por que você foi falsa assim" e não "Por que você foi fraca assim". Na sala de controle, o compositor reconheceu o erro, mas Sinatra, depois de ouvir as explicações sobre a troca de palavras, achou que Tom não precisava gravar outra vez. "A gravação está muito boa", disse o cantor. Gene Lees achou a gravação de

Corcovado, a melhor já feita de uma música com letra sua, comparável apenas à de Marilyn Maye.

O final dos trabalhos foi comemorado num elegante restaurante de Los Angeles. Sinatra assumiu o papel de anfitrião e pediu logo uma rodada de cerveja e uma bisnaga inteira com salame. Depois, vieram o uísque, a lagosta, os bifes etc. Sentado ao lado dele, Jobim fez observações de fã:

– Sabe de uma coisa, Frank? Nas fotografias e no cinema, você parece fraquinho. Mas estou vendo agora que você é bastante forte.

– Olha minhas mãos. Sente os músculos. Toda manhã pratico caratê. – respondeu orgulhosamente Sinatra, esticando os braços para que Tom os examinasse.

Em seguida, uma curiosidade: por que não canta no Brasil? Foram tantos os rebates falsos sobre sua vinda ao país que o cronista Mister Eco, quando se referia a algo impossível de acontecer, dizia que tal fato só ocorreria quando Frank Sinatra viesse ao Brasil.

– Depois dos Estados Unidos, o Brasil é o país que mais me envia cartas. Por que não desejaria visitá-lo? – respondeu o cantor.

O jantar foi até as quatro horas da manhã.

O disco *Francis Albert Sinatra and Antonio Carlos Jobim* seria eleito pela crítica norte-americana o álbum do ano e chegou a ocupar o segundo lugar entre os mais vendidos, perdendo apenas para *Sgt. Pepper's Lonely Hearts Club Band*. Os Beatles, sempre eles a impedir que Tom fosse o líder em venda ou em número de execuções nos Estados Unidos.

Na temporada de 1967 em Los Angeles, Jobim hospedou-se num hotel onde também se instalaram as meninas do Quarteto em Cy, Aloysio de Oliveira e Oscar Castro Neves. Quase todos os dias iam para o apartamento de Tom para conversas e cantorias que iam até de manhã. Às quatro horas, geralmente, o compositor resolvia improvisar um jantar, que daria aos hóspedes vizinhos o último pretexto da noite alimentos extremamente barulhento. Numa noite, Regina Werneck, do Quarteto em Cy, e Oscar Castro Neves, que estavam casados, encontraram Tom na porta do hotel e disseram a ele que estavam indo a uma festa na casa de Dinah Shore.

– Você não quer ir? – perguntaram.

– Não posso, não fui convidado.

Ficaram naquele vai-não-vai alguns minutos. Regina e Oscar dizendo que Jobim não precisava de convite, até que ele decidiu ir. Pediu para esperar um pouco, foi ao apartamento, mudou de roupa e participaram para a casa de Dinah Shore, cantora e atriz famosa e apresentadora do maior show da televisão norte-americana. Aloysio de Oliveira incorporou-se ao grupo e também foi para a festa. Chegando lá, a própria Dinah Shore abriu a porta. Ao ver Antonio Carlos Jobim, teve uma reação que deixou os brasileiros muito impressionados: ajoelhou-se e beijou os pés dele.

– Só acreditei naquilo porque estava vendo – disse Regina Werneck ao autor destas linhas.

Em seguida, segurou Tom pelas mãos e o conduziu ao imenso salão onde pontificavam alguns dos mais famosos astros e estrelas dos Estados Unidos (o ator Henry Fonda e o comediante Milton Berle, entre eles).

– Aqui está o maior compositor de música popular do mundo – anunciou Dinah Shore.

Lá pelas tantas, Tom Jobim foi convidado a sentar-se ao piano e tocou para uma platéia que ouvia as suas músicas totalmente em silêncio e aplaudia com muito entusiasmo no fim de cada uma.

Depois de tanto tempo fora do Brasil, Tom mandou buscar os filhos para matar as saudades. Uma das lembranças guardadas por Paulinho Jobim dessa temporada foi a tarde em que ele foi à Disneylândia e, ao sair, Tom foi para o piano. Quando voltou, o pai havia composto *Triste*. Em maio de 1967, Jobim viajou para Nova York para gravar *Wave*, o seu primeiro disco na CTI-A & M Records, a gravadora fundada por Creed Taylor com o dinheiro que ganhara na justiça, numa ação contra a Verve em torno da quantia que deveria receber pelas suas produções de discos. Os arranjos, é claro, ficaram por conta de Claus Ogerman. No disco, apenas uma música cantada: *Lamento*, da dupla Tom e Vinicius. De resto, apenas faixas instrumentais, em que Jobim tocou piano, violão e, pela primeira vez num estúdio de gravação, cravo. Uma das músicas novas ganhou o nome do deserto, *Mojave*; outra, *Antigua*, a faixa em que tocou cravo, foi batizada com o nome da ilha britânica que serviu de base naval norte-americana até 1981. *Batidinha* foi homenagem à batida de Rosinha de Valença no violão. *Capitain Bacardi*, uma batucada com cuíca e tudo, a sua homenagem ao cunhado Paulo Bacardi, morto num acidente de carro. As demais faixas foram: *Wave*, *The red blouse*, *Look to the sky*, *Triste* e *Diálogo*. Na bateria, mais uma vez, Doum Romão, e outro brasileiro, o paulista Cláudio Slom; no baixo, Ron Carter; no french horn, Joseph Singer; nas flautas, Ray Beckenstein, Romeo Penque e Jerome Richardson; nos trombones, Jimmy Cleveland e Urbie Green (que estabeleceu com Romeo Penque um bonito dueto em *Diálogo*) e violinos, violas e violoncelos. O texto da contracapa foi escrito pelo parceiro Norman Gimbel, que chamou a atenção para o lado carioca de Tom Jobim: "A casa de Jobim é o Rio, o Rio das águas e céus azuis, cafezinho e áreas verdes, Pão de Açúcar, Ipanema, da sua mulher e dos seus filhos. Para Jobim, o Rio é um lugar de paz e diversão. Um lugar sem pressões. Não é fácil, por isto, deixar a cidade. Uma vez, me disse que só deixa sua terra para certificar-se de que suas músicas estão sendo corretamente gravadas". Sobre a última informação, vale a pena lembrar que, em seu depoimento ao Museu da Imagem e do Som do Rio de Janeiro, três meses após a gravação do disco, Tom afirmaria textualmente: "Se você quiser brilhar nos Estados Unidos, não pode fazer o que estou fazendo. Você tem de ficar lá. Você não pode fazer *Desafinado* e *Garota de Ipanema* e ficar pescando na Barra da Tijuca".

A volta ao Brasil, em junho, foi feita mais uma vez de navio. Embora viajando de avião, de vez em quando, continuava achando que avião só é bonito quando olhado de baixo para cima. Era "um navio cheio de paulistas e mineiros gentilíssimos. Entenderam meu cansaço e não me pressionaram para participar de shows a bordo. Uma vez, ele viram muitas baleias, mas eu estava dormindo", contou ele a Vinicius de Moraes em seu depoimento ao MIS. Mas, chegando ao Rio, não houve como fugir do trabalho, pois o direto Leon Hirzsman concluía as filmagens de *Garota de Ipanema*, com Márcia Rodrigues no papel principal, e a trilha sonora não estava pronta. Além de compor temas para o filme, Tom recorreu ao pianista e orquestrador Eumir Deodato e trabalharam juntos nos arranjos.

Vinicius de Moraes saudou-o em crônica para o *Jornal de Ipanema*, em que espinafrava as gravadoras instaladas no Brasil: "Rejubilem-se todos. Tom compôs nesta ausência muitas canções novas e que, a meu ver, estão 10 anos na frente do que melhor se faz por aí. Canções que gravou agora em Nova York, em oito canais, com aquele som cuja perfeição só nos pode deixar irados contra a tacanhez dos nossos produtores de discos, que não mandam vir as máquinas sem as quais é impossível tirar a bossa brasileira do incrível subdesenvolvimento mecânico a que a submetem as gravadoras. E, como são quase todas estrangeiras, dá até para desconfiar que estejam boicotando a nossa qualidade artística, para que não possamos competir (e com superioridade) com a 'mercadoria' musical dos países desenvolvidos".

Em agosto, Antonio Carlos Jobim prestou o seu depoimento ao MIS, sendo entrevistado por Vinicius de Moraes, Oscar Niemeyer, Raimundo "Dico" Wanderley, Dori Caymmi, Chico Buarque de Holanda e pelo francês Michel Simon, um velho amigo da música brasileira. Um dos temas mais abordados por Tom em seu depoimento foi a falta de cuidado das editoras musicais com as obras dos compositores brasileiros. "Nas edições da Fermata", disse ele, "está escrito Venícius de Moraes. Por aí, você vê o resto". Estava muito preocupado com as edições de suas músicas – todas elas editadas com erros –, pois, na sua opinião, o que assegura a perenidade da obra, mais do que as gravações de discos, é a música impressa. "Quem quiser gravar Pixinguinha tem de ir na casa dele. E quem quiser conhecer uma música antiga tem de recorrer à coleção de Lúcio Rangel", afirmou.

Nelson Motta, repórter do *Jornal do Brasil*, foi ao Bar Veloso, que pouco depois mudaria o nome para *Garota de Ipanema*, para entrevistar Antonio Carlos Jobim e o encontrou de paletó e gravata, e não de bermudas, como era seu hábito nas tardes de sol dedicadas ao consumo de chope gelado e bate-papo com os amigos. Foi um desses amigos que se dirigiu a Nelsinho Mota para justificar os trajes de Tom: "Isso passa logo. É uma fase de readaptação. O pior já foi superado. Tom está até falando português fluentemente". O entrevistado não queria falar de Frank Sinatra. Repetia apenas de maneira debochada: "Frank é um boa-praça".

Em fins de setembro, Tom voltou aos Estados Unidos para participar do programa de televisão de Frank Sinatra na NBC. Entrou no avião acompanhado de Teresa, com o violão numa das mãos e o LP *Alvorada – Sinfonia de Brasília* na outra. A produção do programa havia informado que ele não tocaria piano, mas violão, pois, para os produtores, era um instrumento mais coerente com a sua imagem de *latin lover*. Quanto à *Sinfonia de Brasília*, ele tinha muita esperança de que fosse gravada nos Estados Unidos, pois o responsável pelo setor clássico da RCA Victor – os famosos discos de selo vermelho – havia manifestado grande interesse em lançar a *Sinfonia* e de gravar um disco com a canções de câmera de Jobim cantadas por uma cantora lírica norte-americana. Não lançou nem uma coisa nem a outra.

O programa de Frank Sinatra, *A man and his music*, foi gravado nos primeiros dias de outubro. A produção havia pedido uma música inédita a Jobim para ele cantar em dupla com Ella Fitzgerald. Os homens da televisão norte-americana queriam que fosse uma música em que a parte de Tom fosse bem romântica, com poucas notas, e a de Ella com muito swing e bastante notas. Tom não compôs a música, apesar de a encomenda ter sido feita três meses antes da gravação do programa. O compositor brasileiro conseguiu incluir na orquestra o baterista Cláudio Slon, mas não pôde contar com Tião Neto no contrabaixo: Tião estava comprometido com o violonista Bola Sete para tocar num show em Santa Bárbara, naquela mesma noite, para ganhar 150 dólares, um quarto do que receberia para trabalhar ao lado de Frank Sinatra e Antonio Carlos Jobim.

Meia hora antes de gravação, Tom já estava no estúdio da NBC. Conversou com Nelson Riddle, com o baterista Cláudio Slon e um detalhe o impressionou: os testes de luz, de altura dos microfones etc. não eram feitos com Frank Sinatra, mas com um sósia dele. O programa, de 40 minutos, seria apresentado no dia 13 de novembro para um público estimado em 80 milhões de telespectadores. Sinatra fez uma simpática apresentação do convidado (que, naquele dia, excepcionalmente, usou algum produto para segurar os cabelos. Tendo-os muito finos, era quase um cacoete o seu hábito de tentar consertar os cabelos com as mãos) e Tom deu logo a saída para que ele começasse com *Corcovado*. Cantaram depois trechos de *I concentrate on you*, sempre no ritmo da bossa nova, como no disco, emendando em seguida para *Garota de Ipanema*. Tom Jobim parecia inteiramente descontraído. Quando terminou a gravação, disse ao repórter da *Manchete* que, no início, estava tão nervoso que acabou ficando calmo.

Maiores detalhes na carta que mandou para Vinicius de Moraes, datada de 13 de outubro de 1967:

"Vina, meu amor,

fiz o Sina. Na hora, muito calmo. Depois, três dias de ressaca emocional. Tá lindo. Cor, trabalho de câmera, som divino, violão, orquestra, canto. O Sina é um sábio com mistério. Acredita no que faz (ou não acredita, não sei) e promove a ilusão a um ponto que vira verdade e transcende a sensaboria dos clichês exaustos e obsoletos. *Ella was above herself.* Nelson Riddle, competente. Sina, Mia e eu fomos para um jantar que durou cinco horas. Depois, levamos Mia em casa (ela é vegetariana e vai para a Índia aprender meditação com o Maharashima, sei lá, aquele ramachácara dos Beatles). Bonita, ela, garotinha de 21, 22, filha de ingleses, frágil, olhos grandes e redondos, lendo o Bahagavah Gita, Buda & Cia.. Viveu na Espanha e fala espanhol e francês. Nascida em Los Angeles.

Levamos a Mia em casa e um velho jogador de beisebol, chapa do Sina. Depois, bebemos até as cinco e teve aquele papo. Sinatra se preocupa com os filhos e fica chateado quando vem aquele cara perguntar pro Júnior: 'Are you gonna be as good as your father?' Às cinco, ele foi para o aeroporto, pegou o avião (o piloto esperando) e foi para sua casa em Palm Springs. Mia tem de ficar em Hollywood, acordando às seis, pois está fazendo um filme.

Mas deixa isso pra lá. Vou amanhã, sábado, 14, de noite, para Nova York de trem. Terça, 17, de manhã, estaremos no Hotel Adams: 2 East 86th. Falei com Baden pelo telefone e ele me pediu que eu lesse tua carta e eu li. Já entreguei teu bilhete ao Ray, que também vai a Nova York para gravar o Marcos Valle. Hoje ele disse que vem falar de negócios. Vamos ver se ele se coça.

Quando passei por cima do Amazonas vi o Iacopemba dormindo na tranqueira. Tava na madorna.

Poeta, hoje já é sábado, 14.

Porque hoje é sábado.

Antônio".

O jantar, na verdade, não ocorreu logo após o programa. No dia seguinte, durante um coquetel oferecido por Frank Sinatra a 250 convidados, o cantor convidou Jobim para jantar um dia depois no Stefanino's, no Sunset Boulevard. Na noite do jantar, passaram na casa do antigo craque de beisebol, Leo Derocher, e lá permaneceram até o amanhecer. A empresa Sinatra Enterprises pagou a Tom Jobim 10 mil dólares pela sua participação no programa.

Dois dias depois da apresentação de *A man and his music* (naquele dia chamado de *A man and his music +Ella +Jobim*), Kay Gardella, do *Daily News*, afirmou que Tom Jobim foi "um complemento perfeito". Jack Gould, do *New York Times*, mais entusiasmado, escreveu: "Mr. Jobim foi magnífico, proporcionando um acompanhamento de bossa nova para vários números de Sinatra e unindo-se a ele num simpático diálogo bilíngüe em *Garota de Ipanema*. Não se entendeu por que Jobim não foi chamado mais tarde para, juntamente a Frank Sinatra e Ella Fitzgerald, proporcionar novas e tríplices invenções musicais". Num despacho de Nova York para *O Globo*, Jofre Rodrigues falou do programa e deu uma informação nada surpreendente para o público de rádio e de televisão no Brasil: "Diga-se de passagem, ouve-se Tom Jobim em Nova York duas vezes mais do que no Rio de Janeiro".

Mais uma vez, Jobim voltou ao Brasil de navio, ocupando o camarote 187 do S.S. Argentina.

10

Multidão vaia Jobim

O II Festival Internacional da Canção, promovido pela Secretaria de Turismo do governo do então Estado da Guanabara, trouxe ao Rio de Janeiro, em outubro de 1967, vários nomes importantes da música norte-americana, além de atores famosos como o casal Natalie Wood e Robert Wagner. Num vôo especial da Varig, viajaram, entre outros, Creed Taylor, Sammy Cann, Percy Faith, Kim Hunter e Quincy Jones. "Todo mundo ia para o Rio de Janeiro por causa de uma só pessoa: Antonio Carlos Jobim", disse Creed Taylor na entrevista a Gene Lees.

Tom Jobim recebeu-os em casa, mostrou o bar onde nasceu a música *Garota de Ipanema* e circulou com eles pela cidade, assim como os acompanhou, geralmente com Vinicius de Moraes, Luís Bonfá e Marcos Valle, nas inúmeras reuniões festivas promovidas em homenagem a eles. Creed Taylor lembrou-se do dia em que foi à sauna do clube Costa Brava, no Joá, indo depois para a piscina, onde também estavam Astrud Gilberto, Eumir Deodato, Tom Jobim e Elis Regina. "Todos tão sociais, tão simples e tão entusiasmáticos ao mesmo tempo, meu Deus!", recordou.

Nas entrevistas à imprensa brasileira, destacaram a renovação promovida por Jobim na música norte-americana. "Antonio Carlos Jobim é o maior gênio musical deste século. Ele está pelo menos 25 anos avançado em relação a seu tempo", afirmou Sammy Cann ao *Jornal do Brasil*.

No verão, após comprar uma confortável casa na Rua Codajás, no bairro do Leblon, Jobim trocou as férias no sítio de Poço Fundo por uma temporada de praia no litoral de São Paulo. Apesar de gostar de praia, de ter passado boa parte da infância e da juventude (e mesmo depois de adulto) pescando ou banhando-se nas águas do mar, já fazia muito tempo que não desfrutava esse prazer. Nas praias da Zona Sul carioca, cada vez com maior número de freqüentadores, seria impossível passar algumas horas sem que alguém aparecesse para perguntar sobre Frank Sinatra ou querendo saber se era verdade que estava rico. "Esta é pergunta do ano", respondia, desolado. Mas seus planos de passar dias de tranqüilidade no litoral paulista foram por água abaixo por causa do mau tempo. Choveu todos os dias em que a família Jobim esteve lá. Desanimado, voltou para o Rio de Janeiro e contou essa história a um jovem amigo, Eduardo Ataíde, que prometeu arranjar-lhe uma boa casa de praia.

Eduardo Ataíde, também conhecido pelo apelido de Susto, era um dos integrantes do conjunto vocal 004, que já havia gravado um compacto duplo em que o texto da contracapa era de autoria de Roberto Menescal, além de ter participado do II Festival Internacional da Canção, defendendo, com outro conjunto denominado As Meninas, a música *Fuga e antifuga*, de Edino Krieger e Vinicius de Moraes, quarta colocada na fase nacional do festival. A casa prometida por Susto a Jobim pertencia ao engenheiro Paulo de Tarso e à sua mulher Luci e ficava na praia de Itacoatiara, no estado do Rio. Sabendo que o casal viajaria para a Europa, quis saber se concordava em ceder a casa durante alguns dias a Antonio Carlos Jobim. A casa foi cedida, Tom colocou a família em seu fusca azul e partiu para Itacoatiara, onde passaram umas férias adoráveis, menos, é claro, na semana em que choveu muito. Naqueles dias, preso em casa, sem o que fazer, procurou por um livro para ler, achando apenas uma obra técnica para engenheiros: *La rèsistance des matériaux*, que foi lido duas vezes. Quem conheceu Tom Jobim, sempre cercado de dicionários de inumeráveis origens, sabe que era capaz de ler um livro daqueles até com prazer. Em Itacoatiara, fez amizade com os pescadores e conversava com eles sobre o vento, um dos seus temas prediletos. O vento marítimo de Itacoatiara, cortante, carregado de sal, ganhou o apelido de corta-pica. Num dia em que jogava pingue-pongue com Susto, recebeu a visita de moças hospedadas na vizinhança. Elas se apresentaram: Leila Ferro, Vera Ferro, todas da família Ferro. Ele não resistiu: "Muito prazer, Alfredo Chumbo".

O fato é que, tendo passado tanto tempo nos Estados Unidos e sumindo no verão, seus companheiros de bar sentiram muito a falta dele. Cabinha, o amigo de infância, recorreu ao *Jornal de Ipanema*: "Procura-se Antônio Carlos Brasileiro de Almeida Jobim, carioca, estatura mediana, cabelos castanhos, olhos idem, 40 anos, 400 músicas, casado, pai. Ele está sendo procurado pelo crime de sedução de todo um povo. Seduziu violentamente uma cidade inteira. Não contente, estendeu sua influência comovedora a outras cidades do mundo. Compositor, pianista, arranjador, violonista, poeta, regente, pescador em terríveis praias longínquas, mantém-se foragido".

Para alegria de Cabinha e dos demais amigos, Tom restabeleceu a antiga rotina. Um dos seus compromissos foi visitar Pixinguinha, no bairro de Ramos, em companhia de Chico Buarque de Holanda. Quando desaparecia, estava compondo com Chico. *Zíngaro*, com a letra de Chico Buarque, ganhou o nome de *Retrato em branco em preto*. Uma bela melodia que acabara de compor, à qual dera inicialmente o título de *Gávea* e que pretendia entregar à cantora Maria Lúcia Godoy, recebeu também uma bonita letra do parceiro e nasceu *Sabiá*. Como Chico não entregava a letra de *Wave* (ficou só no "vou te contar"), o próprio Tom se encarregou de escrever a versão em português. Uma outra composição só foi mostrada a Chico Buarque (que a gravaria anos depois) quando estava pronta, pois a letra descrevia uma situação vivida por ele: o samba-canção *Lígia*. Numa tarde chuvosa, sentado na mesa com o fotógrafo Paulo Góes, ele não tirou os olhos de Lígia Marina Moraes, uma bonita moça de 22 anos de idade, que tomava chope no Veloso. "Houve um clima de paquera", disse Lígia ao autor destas linhas. Tom e Paulo aproximaram-se da mesa delas e Tom ficou sabendo que ela era professora de Beth no Colégio Brasileiro de Almeida. "Quer dizer que faremos uma reunião de pais e mestres", ele brincou, convidando-a em seguida a acompanhá-lo numa visita à escritora Clarice Lispector. "Qual seria a reação de uma moça de 22 anos? No mesmo dia, conheci dois ídolos", disse Lígia. A história terminou no dia seguinte, com a mudança do número do telefone dela. Tom Jobim deve ter telefonado e não a encontrou.

Curiosamente, *Lígia* foi gravada com duas letras diferentes. Uma das versões foi cantada por João Gilberto no disco que gravou em 1975 com Stan Getz e Miúcha:

Nunca sonhei com você
Nunca fui ao cinema
Não gosto de samba
Não vou a Ipanema
Não gosto de chuva
Nem gosto de sol
Eu nunca te telefonei
Vai ver eu sabia
Eu jamais tentei
Jamais ousaria as bobagens de amor
Que outro vai dizer
Saí com você de mãos dadas
Numa tarde serena
Um chope gelado, num bar de Ipanema
Andar pela praia até o Leblon
Eu nunca me apaixonei
Nem jamais poderia
Casar com você
Fatalmente eu iria sofrer tanta dor
Pra no fim te perder
Ô Lígia, ô Lígia

A versão definitiva:

Eu nunca sonhei com você
Nunca fui ao cinema
Não gosto de samba
Não vou a Ipanema
Não gosto de chuva
Nem gosto de sol

E quando eu te telefonei
Desliguei, foi engano
O seu nome eu não sei
Esqueci no piano
As bobagens de amor
Que eu iria dizer
Não, Lígia, Lígia
Eu nunca quis tê-la ao meu lado
Num fim de semana
Um chope gelado em Copacabana
Andar pela praia até o Leblon
E quando eu me apaixonei
Não passou de ilusão
O seu nome rasguei
Fiz um samba-canção
Das mentiras de amor
Que aprendi com você
É, Lígia, Lígia
E quando você me envolver
Nos seus braços serenos
Eu vou me render
Mas seus olhos morenos
Me metem mais medo
Que um raio de sol
Lígia, Lígia

Poucos anos depois, Lígia Marina se casaria com o escritor Fernando Sabino e o casamento iria até a década de 1990. Em 1988, Tom Jobim foi entrevistado por Ruy Castro, para a revista *Playboy*, e a história do belo samba-canção voltou à tona:

"Ruy – Corre a lenda de que *Lígia* foi feita em homenagem a uma mulher que tem exatamente este nome.

Tom – A história é a seguinte: havia uma moça, namorada de um amigo meu, que ia lá no Veloso, atual Garota de Ipanema. Uma moça muito bonita, muito simpática e tudo. Mas não teve a ver com nenhuma história particular.

Ruy – As iniciais do seu amigo seriam, por acaso, as do escritor Fernando Sabino?

Tom (risos) – Esta pergunta é um tanto indiscreta. Fernando Sabino é muito meu amigo, me dou muito bem com ele e com a Lígia, mulher dele. Eles vêm aqui em casa, são pessoas a quem eu quero muito bem e, naturalmente, a Lígia é uma mulher bonita e tudo o mais. O que tem na *Lígia* é o seguinte: uma coisa que você nega tanto que, no fim, vira afirmação, uma afirmação de amor, suprema. 'Eu nunca sonhei com você, nunca fui ao cinema... quando lhe telefonei, não passou de ilusão, o seu nome rasguei.' Quer dizer: eu nem tenho muito intimidade com a Lígia".

Na entrevista a Clarice Lispector, foi pedido a Tom que improvisasse um poema para servir de letra de uma canção. Segundo Lígia, o autor dedicou a poesia a ela:

Teus olhos verdes são maiores do que o mar
Se um dia eu fosse tão forte quanto você
Eu te desprezaria e viveria no espaço
Ou talvez então eu te amasse
Ai! Que saudades que me dá da vida que nunca tive!

Ao abrir a entrevista, Clarice lembrou que já conhecia Tom há muito tempo: fora seu padrinho no laçamento do seu livro *A maçã no escuro*, no primeiro Festival de Escritores. "Ele segurava o livro e perguntava: 'Quem compra? Quem quer comprar?' Agora, ele chega bonito, simpático, com um ar puro *maigré lui*, com os cabelos um pouco caídos na testa. Um uísque na mesa e começamos a entrevista". Sendo Clarice Lispector uma romancista especializada nas incursões ao interior da alma, abriu a entrevista querendo saber as relações de Tom Jobim com a morte. "A morte não existe, Clarice. Tive uma [uma com h: huma] experiência que me revelou isto. Assim como não existe o eu nem o euzinho nem o euzão. Fora essa experiência que não vou contar, temo a morte 24 horas por dia. A morte do eu, te juro, Clarice, porque eu vi". A escritora lembrou a frase de Bernard Berenson que ilustrou um dos seus livros: "Uma vida completa talvez seja aquela que termina em tal identificação com o não-eu que não resta um eu para morrer". Comentário de Tom: "Isso é muito bonito, é o despojamento. Caí numa armadilha porque, sem o eu, eu me neguei. Se nós negamos qualquer passagem de um eu para o outro, o que significa reencarnação, então o estamos negando". Clarice: "Não estou entendendo nada do que estamos falando, mas faz sentido. O que é que você acha do fato de a liderança do mundo estar hoje nas mãos dos estudantes?" (1968 foi o ano da revolta estudantil de Paris e de inúmeras manifestações de estudantes no Brasil, inclusive "a Marcha dos 100 mil"). Tom: "Acho que não podia ser de outra forma. E que venham os estudantes. Vladimir [Palmeira, líder estudantil] sabe disso". Quando Lispector propôs conversarem sobre o confronto arte *versus* sociedade de consumo, Tom respondeu: "Viva Oscar Niemeyer! Viva Villa-Lobos! Viva Clarice Lispector! Viva Antonio Carlos Jobim! A nossa, Clarice, é a arte da denúncia. Tenho sinfonias e músicas de câmera que não vêm à tona. A criação musical em mim é compulsória. Os anseios de liberdade nela se manifestam". Clarice: "Liberdade externa ou interna?" Tom: "A liberdade total. Se como homem fui um pequeno-burguês adaptado, como artista me vinguei nas amplidões do amor. Você desculpe, eu não quero mais uísque por causa da minha voracidade. Tenho é que beber cerveja porque ela locupleta os grandes vazios da alma. Ou pelo menos impede a embriaguez súbita. Gosto de beber só de vez em quando. Gosto de tomar uma cerveja, mas de estar bêbado não gosto". Clarice: "Como é que você sente que vai nascer uma canção?" Tom: "As dores do parto são terríveis. Bater com a cabeça na parede, angústia, o desnecessário do necessário são os sintomas de uma nova música nascendo. Gosto mais de uma música quanto menos mexo nela. Qualquer resquício de *savoir-faire* me apavora. Gosto de colaborar com quem amo: Vinicius, Chico Buarque, João Gilberto, Newton Mendonça e Dolores Duran".

Em agosto, foi inaugurada a Sala Antonio Carlos Jobim, no Museu da Imagem e do Som do Rio de Janeiro, no prédio anexo onde funcionava a Escola de Música Popular Brasileira sob a direção do maestro Guerra Peixe. Na sala, os professores dariam aulas de teoria, leitura e escrita de música. A outra sala recebeu o nome de Pixinguinha. Tom chegou acompanhado de Teresa e dos filhos e foi recebido pelos compositores Sidney Miller, Gutemberg Guarabira, Hermínio Belo de Carvalho, o flautista Franklin, o maestro Eumir Deodato e por membros do Conselho de Música Popular do MIS. "Aterrorizante a responsabilidade de um sujeito que vira sala", brincou.

Outro compromisso de Tom Jobim no segundo semestre de 1968 foi a gravação do *long-play* do conjunto 004, para o qual contribuiu não só com músicas inéditas – *Retrato em branco e preto* e *Wave*, que ainda não havia sido gravada no Brasil – como também com os arranjos e tocando piano. Os ensaios eram realizados na casa de Tom em clima de total descontração, até porque quando ele ia para o piano, as primeiras músicas tocadas nada tinham com o disco. Geralmente, músicas de Bororó, de Custódio Mesquita, de Edu Lobo e de outros autores que fazia questão de levar ao conhecimento dos jovens músicos presentes. "Não me lembro de ninguém que mostrasse uma música melhor do que Tom Jobim", disse Eduardo Ataíde. Quando entrava no disco, tocava música por música, harmonizando com cuidado cada uma delas, dava palpites, sugeriu que os jovens integrantes do 004 providenciassem a presença do flautista Copinha no estúdio (uma exigência para todas as gravações no Brasil, desde a introdução de *Chega de saudade*, com João Gilberto) e pedia ao filho Paulo Jobim para passar a limpo as músicas escritas na partitura. Sabendo que o início das gravações ocorreria às nove horas da manhã do dia seguinte, obrigou todo mundo a dormir na casa dele. A grande novidade no estúdio, onde os arranjos e as regências foram divididos com Eumir Deodato, foi a ampliação do 004 de quarteto para quinteto, pois Antonio Carlos Jobim, com a sua velha mania de conjuntos vocais, resolveu fazer a quarta voz, que não existia no grupo.

O lançamento do disco ocorreu num grande show no Teatro Toneleros, com apresentação de ninguém menos do que Millôr Fernandes. Lá estavam Eumir Deodato, Chico Buarque de Holanda, Baden Powell e Paulo Moura com seu hepteto (que Millôr apresentou como "um conjunto que tem o epíteto de hepteto". Os dicionários, por sinal, não registram esta palavra, mas septeto). Com o teatro superlotado, Tom Jobim resistiu até o início do show. Não queria entrar de jeito nenhum, pois achava que seria vaiado. Mas acabou entrando e foi apresentado por Millôr Fernandes como "um homem que nunca botou camisolão. Um artista que sobrevive com dignidade". Era a grande fase dos festivais e o que não faltava eram cantores e instrumentistas vestidos de camisolões e semelhantes. Teria sido uma noite maravilhosa se, durante o espetáculo, os ladrões não tivessem roubado os quatro pneus do fusca de Chico Buarque, que, dias depois, viajou para Roma, onde viveria aproximadamente dois anos.

Chico viajou e deixou inscrita no Festival Internacional da Canção uma concorrente de parceira com Tom, *Sabiá*. Nada mais antifestival do que *Sabiá*, uma música muito bonita, porém nada espetaculosa, sem aquelas modulações demagógicas tão comuns num gênero característico dos anos 60 identificado como "música de festival". Nenhum agudo, nenhuma nota prolongada, nenhuma frase de efeito nem na música nem na letra. E cantada pela dupla Cynara e Cybele (a metade afastada do Quarteto em Cy original), duas vozes tão delicadas quanto a própria música.

Por tudo isso, Antonio Carlos Jobim estava absolutamente convencido de que, no máximo, *Sabiá* seria apenas uma das 10 finalistas do Festival da Canção. Já Vinicius de Moraes, não. Vinicius tinha certeza de que a música seria a vencedora, desde, é claro, que a comissão julgadora fosse competente. Este foi o tema da discussão entre os dois no Antonio's, que terminou com uma aposta. Mas o aperto de mão não era suficiente para obrigar o perdedor a pagá-la. Foi exigido um documento, escrito por Vinicius de Moraes, que ficou em poder de Manolo, um dos proprietários do Antonio's. Rezava o documento: "Antonio Carlos Jobim e Vinicius de Moraes concordam entre si em se oferecer uma caixa de uísque de qualidade superior (Black Label de preferência) caso: a) a canção *Sabiá*, do dito Antonio Carlos Jobim de parceria com Chico Buarque de Holanda, ganhar o III Festival Internacional da Canção, em cujo caso será vencedor Vinicius de Moraes; b) a dita canção não vencer o referido festival, em cujo caso será ganhador Antonio Carlos Jobim". Aposta semelhante Tom fez com Billy Blanco, só que sem documento, mas com outra marca de uísque: Chivas Regal. Classificação à parte, outro motivo de debates foi o gênero feminino atribuído por Chico Buarque de Holanda ao pássaro. Inicialmente, Tom brincava dizendo que sabiá estava no feminino numa "homenagem à editora do mesmo nome". Referia-se à Editora Sabiá, dos seus amigos Fernando Sabino e Rubem Braga. Mas, depois, assumiu a responsabilidade pela feminilidade da sabiá, informando que foi ele quem sugeriu a Chico usar o possessivo minha em vez de meu, e afirmou que o carioca é que tem a mania de botar o sabiá no masculino. De fato, o dicionário de Aurélio Buarque de Holanda diz que sabiá é masculino, no Nordeste, é feminino. E dá como exemplo uma frase de José de Alencar em *Iracema*: "Quando a sabiá canta é tempo de amor".

O ano de 1968 foi de fortes agitações políticas contra a ditadura militar instalada no Brasil desde 1964. No país inteiro, as manifestações estudantis eram repelidas brutalmente pela polícia. Foi o ano que não terminou, segundo a definição de Zuenir Ventura no título do seu famoso livro. Por tudo isso, nada mais indicado para agradar o público do festival, que lotaria o estádio do Maracanãzinho, do que uma música simples (de dois acordes apenas), cuja letra soasse como um grito de revolta contra a situação reinante. Foi o que fez o compositor e cantor Geraldo Vandré ao apresentar-se sozinho, ele e seu violão, trajando uma calça *lee* e uma camisa branca, de maneira a chamar atenção apenas para o que estava dizendo na letra de *Caminhando* ou *Para não dizer que não falei de flores*, em que se destacavam versos como "quem sabe faz a hora", além de denunciar a má orientação adotada para os soldados brasileiro. Foi um sucesso, razão pela qual o público contemplou Antonio Carlos Jobim com uma vaia ensurdecedora, quando ele entrou no palco para receber o troféu pela conquista do primeiro lugar (a música de Vandré ficou em segundo). Foi uma vaia tão forte que o próprio Geraldo Vandré pegou o microfone para fazer um apelo: "Gente, por favor, um minuto só. Vocês não me ajudam desrespeitando Jobim e Chico. A vida não se resume a festivais". Curiosamente, a platéia de 25 mil pessoas foi incapaz de perceber que a letra de *Sabiá* era a primeira da nossa música a lembrar-se dos brasileiros obrigados a viver no exterior por razões políticas. Tratava-se de uma nova *Canção do exílio* ("Vou voltar/Sei que ainda vou voltar"), em que o sabiá foi novamente lembrado como o personagem que identificava a terra brasileira. Mas tudo indica que era sutil demais diante da letra panfletária de Vandré. O pior foi que, sendo a música vencedora, *Sabiá* teve de ser apresentada mais uma vez. A vaia começou na primeira nota e só acabou depois da última. Cynara e Cybele, apesar de cantarem no microfone, tiveram as suas vozes completamente abafadas pelas vaias. Aquele momento inesquecível para Antonio Carlos Jobim foi assim descrito por ele, em entrevista a João Luís de Albuquerque, da revista *Manchete*:

"Chamaram os compositores para ficar ali atrás do biombo do palco. Começou a contagem pelo décimo, depois nono etc. Eu estava tranqüilo, achando que

Sabiá tirava do sexto ao quarto lugar. É uma música lenta que admito até ser bonita, mas que exige certa atenção para ser ouvida. Não tem impacto. Transmite uma coisa quase secreta para uma humanidade que já não tem tempo de ver e olhar as coisas. Portanto, pensei, não estou na parte internacional, estou livre disso e vou com Eumir Deodato para Nova York, Itália, Rússia, para dar uma espiada. Comecei a me assustar quando passou do quarto lugar. Falei com Dori Caymmi, que estava ao meu lado: 'Agora, vem *Sabiá*.' Outro nome. Disse: 'Tirei o segundo!' Não deu segundo e o filho do meu padrinho Dorival Caymmi me abraçou. Senti que deveria haver um terrível engano. Aí, rapaz, começaram a me dar aqueles tapas nas costas. Saí detrás do biombo, com aquele sapato de verniz do *smoking* que a gente nunca usa, com a sola pouco gasta. Desci aquela ladeira com piso que dá tombo. Desci meio desligado. Pensei muito no Chico. Realmente, eu queria botar o *Sabiá* para cantar e ele tinha cantado. Saí por baixo do palco com um rapaz da TV Globo, a quem Dori Caymmi pediu que me levasse para o carro. Fui me esgueirando pelos carros estacionados e peguei meu fusca, deixando mulher e filhos para trás. Senti uma emoção tão esquisita – eu não estava preparado almaticamente para ganhar o festival – aquele túnel comprido, eu falando com o Chico: 'Ô Chiquinho, veja o que você fez.' Aquele supertúnel, com velocidade máxima de 60, mínima de 40, mantendo a distância de 50 metros. Aí, dei uma choradinha pequena, chorei bem, mas pouco, sem saber por quê. 'Que loucura!', disse eu, esta 'que loucura' que brasileiro sempre diz, falando de polícia ou de mulher. Cheguei na casa do meu amigo Raimundo Wanderley, mineiro de Peçanha, tirei aqueles sapatos que escorregam e batemos um papo. Começamos a falar uma outra conversa. Ele mandou arriar umas brahmas e começamos. Que loucura!". Voltando ao assunto numa entrevista concedida, dois anos depois, ao jornalista (e ex-governador) Carlos Lacerda, Tom confessou: "Lamento dizer que não sou um sujeito do tamanho de Villa-Lobos, que se orgulhava de ser o mais vaiado do mundo".

O pobre do Geraldo Vandré é que pagou caro pelo sucesso da sua música. Ela foi de tal maneira superestimada pelos líderes militares que dava a impressão de que a sua simples execução seria suficiente para derrubar a ditadura. O primeiro a manifestar-se foi o coronel Otávio Costa, personagem muito importante no esquema armado para que a democracia não voltasse ao Brasil. Escreveu ele em artigo para o *Jornal do Brasil*: "A canção de Vandré é toda ela injusta aos 'soldados armados'. Não vivem sem razões os que consagram sua vida a servir. Os que estão, neste momento, em pleno sertão, rasgando estrada, cavando poços, enquanto as patativas enriquecem na pompa dos festivais, cantando os cânticos da subversão". O coronel não falou, é claro, nos soldados a serviço da repressão que torturavam e matavam os presos políticos. Duas semanas depois, no Dia da Marinha, a ordem do dia do comando da esquadra no Rio de Janeiro foi toda ela dedicada a responder a Geraldo Vandré, que, além de ter a música vetada pela censura, foi obrigado a fugir do Brasil. De volta ao país, anos depois, foi submetido à humilhação de retratar-se publicamente, diante das câmeras da televisão. O efeito de tudo isso foi uma profunda e perturbadora mudança de personalidade. O Geraldo Vandré que sobreviveu a partir da década de 1970 nada tinha a ver com o Geraldo Vandré dos anos 60.

Música vencedora da parte nacional do festival, *Sabiá* seria representante do Brasil na parte internacional, na semana seguinte. Qual seria o comportamento do público? No *Jornal do Brasil*, o cronista José Carlos de Oliveira, um dos mais conhecidos boêmios do eixo Leblon-Ipanema e grande amigo de Tom Jobim, ameaçava galhofeiramente: "Mas não há de ser nada. Sábado que vem nós vamos à forra. O Antonio's inteirinho seguirá em caravana para o Maracanãzinho, cada qual com a sua lata de cerveja dinamarquesa. Vai Vinicius (de Moraes), vai Manolo, vai o Rubem (Braga), Florentino não falta e Leila Diniz também não. Levaremos faixas, um bumbo e, se duvidarem, meia dúzia de granadas de mão. O pau vai quebrar, minha gente. Quem avisa amigo é". Tom Jobim comunicou-se com Chico Buarque em Veneza, pedindo que ele voltasse imediatamente ao Brasil para dividir com ele as vaias que esperava receber novamente.

No sábado, Jobim compareceu a uma recepção a rigor oferecida pelo jornalista Roberto Marinho em sua mansão no bairro do Cosme Velho, onde também estavam os artistas da parte internacional do festival e alguns brasileiros (Geraldo Vandré entre eles), além do governador Negrão de Lima. Por ter permanecido até tarde na recepção, Tom não acordou a tempo de receber Chico Buarque de Holanda no aeroporto. "Que pena, me preparei todo para recebê-lo com uma vaia. Ele ia sentir a barra", lamentou. Chico saiu do aeroporto e, ainda de manhã, foi para a casa de Tom, que estava dormindo e foi acordado por ele.

Logo depois, chegou Vinicius de Moraes. Combinaram que o encontro à noite, depois do festival, seria na casa de Raimundo Wanderley. A comissão julgadora foi presidida pelo compositor Harry Warren, que, aos 75 anos de idade, foi para o piano e brindou o público com alguns dos seus inúmeros sucessos, entre os quais *I only have eyes for you* e *Lullaby of Broadway*. Ele se entusiasmou com o espetáculo proporcionado pelo Maracanãzinho lotado. A certa altura, comentou com a cantora Elis Regina, integrante do júri e sentada ao seu lado: "Quando eu voltar para casa e contar o que vi esta noite no Rio ninguém vai acreditar". Mais uma vez, Tom e Chico achavam que não venceriam o festival. Mas ganharam, o que os obrigou, segundo Chico, a fazerem "a cara de vencedor, cara de quem levanta troféu, que é mais difícil do que fazer cara de quem perde". No momento de receber o troféu, Tom olhou para o parceiro e viu que "os olhos verdes dele estavam do tamanho de um pires de cafezinho. Brasileiro só gosta de fazer sucesso no Brasil. Sucesso lá fora não dá alegria; dá uma solidão em quarto de hotel". Dessa vez, *Sabiá* e seus autores foram aplaudidos delirantemente. Havia até uma imensa faixa com a inscrição: "O galo já é do sabiá". É que o troféu a ser entregue aos vencedores, elaborado por Ziraldo, reproduzia um galo. As moças não se limitaram a aplaudi-los. Queriam também tocar neles, o que levou a polícia, achando que os defendia, a afastar brutalmente as fãs. Chico Buarque espinafrou violentamente os policiais. "Achei bonito você se zangar com a polícia", comentou Tom Jobim, que dali a pouco mais de um mês embarcaria para os Estados Unidos, a chamado de Frank Sinatra, para a gravação de mais um disco.

Vencida a batalha do III Festival da Canção, mais um obstáculo para Tom ultrapassar: o maestro Isaac Karabtchevsky, que, em 1967, promovera um concerto sinfônico no Teatro Municipal do Rio e em Belo Horizonte com as músicas de Chico Buarque de Holanda, queria repetir a dose em 1968 com a Orquestra Sinfônica Brasileira tocando a obra de Antonio Carlos Jobim, num dos concertos que regia aos sábados no teatro. Os arranjos seriam escritos por Lindolfo Gaya. Mas algumas vozes se ergueram veementemente contra a idéia, a partir do crítico de música erudita do *Jornal do Brasil*, Renzo Massarani, chegando a compositores importantes como Francisco Mignone e Marlos Nobre. "O Teatro Municipal não é lugar de música popular", alegavam. O concerto estava marcado para o dia 16 de novembro, mas Tom Jobim já estava com passagem de avião comprada para o dia 15. No dia 14 recebeu em casa a repórter Norma Pereira Rego, do jornal *Última Hora*, a quem prometeu voltar dentro de 30 dias, "se o avião não cair". Durante todo o tempo de entrevista, Tom permaneceu sentado ao piano, tocando *Benvinda*, a música com que Chico Buarque competiu no Festival de Música Popular da TV Record, não conseguindo classificar-se nos cinco primeiros lugares pela comissão julgadora, mas conquistando o primeiro lugar pelo júri popular. Tom elogiou o maestro Isaac Karabtchevsky, "um rapaz de muito valor", e evitou qualquer polêmica com Francisco Mignone: "Não vamos falar mal dele, hein! Se ele quiser falar de mim, pode, mas eu não faço isso, não". (Anos depois, Norma Pereira Rego revelou ao autor destas linhas que a sua matéria com Jobim foi o teste que decidiria se o seu salário subiria de Cr$ 600,00 para Cr$ 1.200,00 ou não. O jornalista Samuel Wainer, proprietário do jornal, gostou da reportagem e aprovou o aumento.)

Francisco Mignone e Marlos Nobre venceram: o concerto do dia 16 no Teatro Municipal foi cancelado. Vinicius de Moraes ficou tão irritado que concedeu uma entrevista a José Carlos de Oliveira afirmando que não pretendia responder a Mignone, que afirmara, mais uma vez, não ser o Teatro Municipal local adequado para concerto de música popular: "Não mantenho diálogo com gente burra", disse o poeta.

Tom viajou levando, como sempre, a figa que ganhara de Dorival Caymmi e tendo o cuidado de colocar sobre a roupa arrumada na mala uma Bíblia minúscula que levara de um hotel de São Paulo. "Na Alfândega dos Estados Unidos, eles me tratam com a maior consideração porque americano confia cegamente na Bíblia", justificava. Foi direto para a casa de Frank Sinatra em Palm Springs. Levou um susto com os dizeres da placa instalada na entrada da casa: "Proibida a entrada. Os oficiais de segurança têm ordem para atirar e matar os invasores. Atenção: os sobreviventes serão processados por invasão de domicílio". Dentro da casa, porém, o tratamento era melhor do que o de um hotel cinco estrelas. No centro, a mansão para Sinatra e Mia Farrow. Em volta, os bangalôs destinados aos hóspedes, que somente se reuniam durante as refeições e no fim de tarde para tomar drinques. Tom bebia uísque escocês e Sinatra "aquela coisa horrível, que é bourbon". Enquanto Tom esteve lá, o cantor hospedou, entre outros, Claudete

Colbert, Rosalind Russell, Jimmy Durant e, naturalmente, um dos seus amigos mais próximos, Sammy Davis.

Conforto não faltava, mas Tom já estava ficando nervoso porque Sinatra fugia sempre quando se falava em ensaio. Eumir Deodato, a quem Tom Jobim pediu que elaborasse os arranjos, estava em dia com seu trabalho. "Mañana, mañana", respondia Sinatra, toda vez que se falava de ensaio. Para agravar o problema, o cantor cumpria temporada em Las Vegas, fazendo a viagem diariamente em seu avião, levando sempre Tom Jobim em sua companhia. E, já pensando em aposentar-se, envolveu-se com um outro disco de música mais *pop*, reunindo compositores como John Denver e Burt Bacharach. Tom estava em Las Vegas acompanhando Sinatra, no dia 13 de dezembro, quando recebeu um telefonema de Vinicius de Moraes, que se apresentava em Lisboa, no Teatro Vilaret e na boate Ad Lib, ao lado de Baden Powell e da cantora Márcia. "Como é que você me achou aqui?", perguntou Jobim. O poeta disse que havia disparado vários telefonemas até que, sabendo que ele estava em Las Vegas, pediu à telefonista para "caçá-lo". "Muito bem, mas o que é que você manda?", quis saber Tom. "Não mando nada", esclareceu Vinicius de Moraes, "estava apenas com saudades". Não sabia o poeta que, naquele mesmo dia, seria assinado no Brasil o Ato Institucional número 5 – o tenebroso AI-5 –, que eliminaria os últimos resquícios de liberdade e de direitos humanos ainda existentes no país. A decisão da ditadura militar deixaria Vinicius de Moraes hesitando quanto ao retorno ao Brasil. Tom Jobim, porém, só na volta teria consciência do que se passava em seu país. Segundo Eduardo Ataíde, ele ficou impressionado particularmente com a prisão de vários amigos. Um dia, pediu ao próprio Eduardo para comprar para ele o LP *Tropicália*. Ao olhar a capa, com a fotografia dos integrantes do movimento tropicalista, disse, quase sussurrando: "Susto, está todo mundo preso!" Quem estava preso, na verdade, eram Caetano Veloso e Gilberto Gil, arrancados brutalmente de suas casas e levados para um quartel da Vila Militar, onde, entre outras violências, tiveram os cabelos raspados. Depois, foram obrigados a viver fora do país. Tudo isso sem qualquer acusação formal contra eles. O artista plástico Rogério Duarte também foi preso.

Quando podia, Tom se reunia com Eumir Deodato em torno do piano para trabalhar. Arranjou uma folga para atender ao convite para jantar na casa do compositor e maestro Jimmy Webb, um nome que, na época, parecia destinado a ter o mesmo peso na música norte-americana do nível de Cole Porter, Gershwin etc. Mas a bebida e as drogas o levaram para outros caminhos e, recuperado, acabou preferindo ganhar o dinheiro fácil da publicidade. Tom ficou impressionado com a casa dele: "mais de 15 quartos, criadagem farta, mulheres lindas e o cara jovem, já milionário, empapuçado de bebida e brigando com os empregados". Quanto ao disco com Frank Sinatra, os trabalhos foram iniciados sem o cantor saber exatamente quantas músicas de Jobim seriam gravadas. Para surpresa geral, o cantor gravou nove obras do compositor (*Sabiá* e *Bonita* seriam lançadas somente 10 anos depois, numa iniciativa do produtor Roberto Quartim, que conservou a fita em seu poder). Quando o LP *Sinatra & Company* foi lançado, em 1971, tinha sete obras de Tom Jobim de um lado – *Água de beber*, *Se todos fossem iguais a você*, *Triste*, *Por causa de você*, *Estrada branca*, *Wave* e *Samba de uma nota só* – todas com arranjos de Eumir Deodato, e sete músicas norte-americanas do outro, com arranjos de Don Costa. Jobim terminou o trabalho com a sensação de que o resultado poderia ter sido melhor. O mesmo ocorrendo com Eumir Deodato, que, algumas vezes, se viu tolhido pela auto-suficiência dos profissionais norte-americanos. Quando, por exemplo, interrompeu a gravação de uma música para equilibrar melhor os naipes da orquestra, foi rispidamente contestado pelo engenheiro de gravação: "Isso nós fazemos". Sinatra chegou a dividir com Jobim a interpretação de *Desafinado*, mas, como ninguém gostou, a fita foi apagada.

Quando se preparava para retornar ao Brasil, Tom aceitou o convite do diretor Louis Gilbert para escrever a música do filme *Os aventureiros*, baseado no romance de Harold Robbins. Seus amigos receberam a notícia com surpresa. Afinal, o compositor havia recusado fazer o mesmo em filmes muito mais importantes como *A pantera-cor-de-rosa* e *O exorcista* e, além disso, Louis Gilbert não era exatamente um cineasta do primeiro time do cinema mundial, apesar do sucesso obtido com o filme *Alfie*. Antonio Carlos Jobim tinha razões que só ele conhecia para tomar certas decisões. Justificaria ele, em entrevista ao *Pasquim*, meses depois: "Eu estava nos Estados Unidos, vinha para o Brasil e encontrei aquele inglês educado, mineirão. Disse: 'Vamos fazer um filme e coisa e tal.' Passou. Depois, o encontrei na Califórnia e ele disse: 'Olha, é um filme de 14 milhões de dólares.' Esqueci, vim para o Brasil. Estava em casa, vendo minhas coisinhas, tentando levar minha vidinha, quando ele telefona e diz: 'Está na hora. Venha para a Inglaterra'".

De fato, Tom chegou ao Brasil e entrou na sua "vidinha" de sempre, agora aparecendo à noite nos bares com uma flauta na mão. Nunca tocava até que, num bar de Ipanema, apareceu um desses conjuntos musicais populares que percorrem a orla da Zona Sul tocando para os boêmios e recolhendo dinheiro na chapéu. Tom Jobim perguntou aos músicos se sabiam tocar alguma coisa de Pixinguinha e eles sabiam. Tocaram juntos várias músicas. O violonista, que parecia ser o chefe do grupo, entusiasmou-se com a habilidade do flautista e convidou-o a incorporar-se ao grupo, com a garantia de que ganharia, por noite, no mínimo, cinco cruzeiros. Antonio Carlos Jobim não aceitou o convite e apresentou os motivos da recusa: "É que eu moro longe e minha mulher não quer que eu me meta nesse negócio de música". Enfim, estava nessa "vidinha" até receber o telefonema de Louis Gilbert convocando-o para viajar. Mostrou-se muito preocupado com o imenso trabalho que teria pela frente e, em conversa com Eduardo Ataíde, chegou a manifestar um certo arrependimento de ter aceitado o convite do cineasta inglês, porque sua missão não seria apenas de criar músicas, mas escrevê-las, encaixando-as no tempo certo. "Por que você não leva Eumir Deodato para escrever?", sugeriu Susto, que foi contemplado com uma das reações típicas do amigo: "Eumir... Eumir... Na sua opinião, Eumir é verbo ou é nome de gente? Eu mi, tu mis, ele mil". É claro que levou Eumir Deodato.

Em Londres, aonde chegou no dia 28 de abril de 1969, instalou-se num casarão centenário, de quatro andares, tipicamente londrino, na 42, Tedworth Sq. SW3, em Chelsea, próximo a King's Road, alugado pela companhia cinematográfica Paramount, que equipou a casa com piano, gravador, moviola e outros recursos para executar o seu trabalho. Teresa chegou dias depois, sendo logo socorrida pelo escritor Fernando Sabino, ex-adido cultural na embaixada em Londres, que providenciou uma cozinheira portuguesa para atender ao casal. Nada mais necessário, pois, antes de Teresa chegar, era o próprio Tom quem ia para a cozinha para fazer a comida. Conforto não faltava e tudo seria maravilhoso se não fossem o frio e a localização. "O cinema fica em Madureira (Twickhman) e o estúdio em Bonsucesso (Sheraton)", queixava-se o compositor, apesar de ter à sua disposição um automóvel que ia pegá-lo todos os dias. Inicialmente, o trabalho começava pela manhã, mas o próprio Tom pediu que começasse à tarde, pois, em geral, não conseguia parar antes da meia-noite. Foram pouco mais de quatro meses de trabalho, durante os quais teve encontros com os compositores exilados Caetano Veloso e Gilberto Gil e criou 10 temas diferentes, além de melodias curtas e vinhetas que ocuparam uma hora e 10 minutos das três horas e 20 minutos do filme. Um dos temas, um bolero para ilustrar uma cena em Roma em que o galã latino tenta conquistar a bela milionária norte-americana interpretada por Candice Bergen, foi feito, segundo Jobim, para homenagear o cantor Lucho Gatica.

Terminado o trabalho, Antonio Carlos Jobim e Teresa resolveram visitar Paris, já que aquela era a primeira viagem que ambos faziam à Europa. A etapa seguinte foi Roma, onde vivia Chico Buarque de Holanda, provavelmente a maior atração que o continente europeu lhe oferecia na época. Até porque poucos conseguiriam ser mais antituristas do que ele. Foram muitas viagens as que fez, mas raras vezes trocou o quarto do hotel por museus, monumentos, paisagens ou por qualquer outro ponto de interesse turístico. Onde estivesse, adorava permanecer na sua cama, sem tirar o pijama, vendo televisão. Quando alguém insistia muito para que fosse passear, ele argumentava que a televisão era o melhor veículo para se conhecer um país, uma cidade ou um povo. Assim, os muitos séculos de história européia nada tinham melhor do que um bate-papo com Chico Buarque de Holanda. Adorou reencontrar o amigo, mas detestou a cerveja italiana.

Mal desembarcou de volta ao Rio de Janeiro, foi convocado para uma entrevista ao *Pasquim*, o seminário em fins de junho vendendo 14 mil exemplares e que, em outubro, já atingia a marca dos 100 mil (poucos meses depois, chegou a vender 250 mil). A entrevista foi realizada na redação do jornal, na Rua Clarice Índio do Brasil, em Botafogo, e contou com a participação de quase toda a sua equipe de jornalistas. À vontade, já que era amigo de toda a turma do *Pasquim*, Tom mostrava-se amargurado com a insistência de algumas questões abordadas em todas as entrevistas que concedia. A primeira delas é a chamada influência do jazz na sua música: "O Jimmy Webb me fez no jornal uma acusação que eu adorei. Disse o seguinte: 'Acho o Tom Jobim formidável, visivelmente influenciado pela música francesa.' Disse a verdade, eu nunca soube tocar jazz", disse. O autor destas linhas perguntou se ele considerava conversa fiada a afirmação de que a sua música tinha uma "harmonia jazzística". "Tudo isso é conversa fiada", respondeu. "O negócio é o seguinte: o jazz bebeu em todas as fontes, avidamente: Debussy, Ravel, tudo. A oposição purista brasileira é um negócio subdesenvolvido e a posição deles, lá, é uma grande angular, que vê tudo. Eles estão na de venha a nós; nós estamos na de deixa pra lá. A gente fez uma batidinha de bossa nova e, no dia seguinte em que os americanos copiam, você é acusado de os americanos já terem feito aquela batida. A gente sempre fica por baixo, de subdesenvolvido, não é? (...) O americano pode passar 20 anos no Brasil e voltar pra lá que ninguém vai chamá-lo de 'brasileiro'. Mas, ao nativo, ao indígena, é proibido sair da taba. Você passa uma semana nos Estados Unidos e, quando volta, logo alguém diz: 'O que é que há, americano?'" A outra questão era a semelhança entre algumas músicas suas e outras compostas anteriormente, como por exemplo a existente entre *Retrato em branco e preto* e *Apelo*, de Baden Powell e Vinicius de Moraes: "Eu falei pro Baden: existe o *Prelúdio nº 4*, de Chopin, do qual todos os americanos, por exemplo, roubaram tudo. O próprio *Apelo* foi baseado em *Insensatez*. O negócio de você fazer um acorde menor e aumentar ou diminuir a quinta é mais velho do que o mundo. O *Prelúdio nº 4* está em cima do piano para provar que Tom Jobim não é original e Baden Powell também não é original". Finalmente, a questão do dinheiro. E coube ao autor destas linhas fazer a pergunta que o deixava cada vez mais irritado: se era verdade que ganhara mais de 500 mil dólares com *Garota de Ipanema*: "Se eu tivesse ganhado 500 mil dólares, jamais falaria com você", respondeu, chateadíssimo, justificando depois a chateação: "Eu sempre fui teso, nasci na Tijuca, de uma família de classe média, nunca tive nada. Eu tinha até o maior preconceito contra a música, achava que piano era coisa de menininha, queria ir à praia e jogar futebol. Já disse que sempre tive medo até de não ter dinheiro para pagar aluguel, ser despedido. Sempre fui demissionário também. A máquina nunca conseguiu me mastigar. Agora, fica todo mundo me perguntando: Quantos dólares? Desço no Galeão e lá está aquele repórter com cara de sono, me perguntando: 'quantos dólares?'. Eu não quero ficar rico. Se quisesse, ia ganhar muito dinheiro, ia ser editor nos Estados Unidos, editava música brasileira, ia explorar o homem, ia ficar rico mesmo. Se eu gostasse de dinheiro, não iria morar no Rio de Janeiro, iria morar num lugar qualquer por aí, chamado civilizado. Não me incomodo com dinheiro. Só quero ter o suficiente para sustentar mulher e filhos. Sou um homem de hábitos simples. Hoje em dia, posso tomar meu uísque, contratar um chofer para levar meus filhos ao colégio etc. Mas com muita vergonha. Depois que meus filhos tiverem a vida deles, vou morar num apartamentozinho no Méier, não vou mais me chamar Antonio Carlos Jobim e ninguém vai fazer entrevista comigo, não".

O verão chegou e, antes de seguir para o sítio de Poço Fundo, recebeu a notícia de que o Conselho de Música Popular do Museu da Imagem e do Som decidiu atribuir-lhe o Prêmio Estácio de Sá, destinado às personalidades que, em cada ano, prestassem melhores serviços à nossa música. No Rio, era difícil descansar. Era voltar para a casa no Leblon e receber um telefonema de um repórter querendo entrevistá-lo. Em janeiro de 1970, foi procurado pela revista *Manchete*, querendo conhecer as suas respostas a perguntas feitas por entrevistadores famosos. Respondeu com bom humor. A atriz Ilka Soares pediu o nome do artista brasileiro capaz de fazer sucesso no exterior. "Ilka, minha querida, o mundo está ficando cada vez menos preparado para o Brasil. De qualquer maneira, levo uma fezinha em Jorge Ben, Milton Nascimento e Carlos Drummond de Andrade". Pergunta do ator Sérgio Cardoso: "Acho Vinicius de Moraes o maior poeta vivo brasileiro. Se ele não existisse, quem você gostaria de ter como parceiro dentre os intelectuais brasileiros?" Resposta de Tom: "William Shakespeare".

No início de abril, estava de volta a Nova York para gravar dois *long-plays* da gravadora A & M, de Creed Taylor, ambos basicamente instrumentais e com arranjos e regência de Eumir Deodato. O primeiro deles ganhou o título de *Stone flower*, com produção do próprio Creed Taylor, e começou a ser gravado nos dias 23, 24 e 29 de abril. Até retomar a gravação, nos dias 20 e 22 de maio de 1970, foi gravado o segundo, que recebeu o título de *Tide*. No disco *Stone flower*, em que tocou piano acústico, piano elétrico e violão, além de cantar nas faixas *Aquarela do Brasil* e *Sabiá*, Tom Jobim usou três temas criados para *Os aventureiros*: *Amparo* (nome de uma personagem do filme), que, depois de receber letra de Chico Buarque de Holanda, mudaria o nome para *Olha, Maria*; *Chovendo na roseira*, uma valsa chamada no disco de *Children's games* e que, mais tarde, com letra em inglês de Gene Lees, receberia o título de *Double rainbow*; e *Entre a cruz e a caldeirinha*, cujo nome em inglês era uma homenagem de Tom ao seu amigo Glauber Rocha: *God and the devil in the land of the sun*. As demais músicas eram inéditas: *Teresa, meu amor* (um tema com sabor de bossa nova), *Garoto* (uma beleza de choro), *Andorinha* e *Stone flower*. O clássico *Aquarela do Brasil* ocupou 9:40 minutos do disco editados nos Estados Unidos. Na versão brasileira, foi reduzida para 7:19 e, na edição norte-americana do *compact disc*, além de uma faixa com o tempo original, ganhou uma outra de 5:25 minutos de um *take* alternativo conservado no arquivo da gravadora. Tom e Eumir contaram com músicos brasileiros no ritmo: João Palma tocou bateria e Airto Moreira e Everaldo Ferreira atuaram na percussão. Os demais eram todos norte-americanos, com destaque para Joe Farrell, que deu um show no sax soprano em *Entre a cruz e a caldeirinha*; Hubert Laws, responsável pelo solo de flauta em *Amparo* e dobrando algumas vezes com o piano elétrico de Tom Jobim; Urbie Green, com vários solos de trombone, e Harry Lookofsky, solista no violino em *Stone flower*.

Os percussionistas brasileiros também atuaram em *Tide*, embora a gravadora tenha se preocupado apenas em citar os músicos solistas: Jerry Dodgion no sax alto em *Garota de Ipanema*; Joe Farrell na flauta baixa em *Carinhoso* e no sax soprano em *Caribe* e Hermeto Pascoal no solo de flauta em *Tema jazz*, além, é claro, do baixista Ron Carter, cuja presença em qualquer disco é digna de menção obrigatória. *Tide* é um disco orquestral, sem qualquer interpretação vocal e – digamos –, mais bem comportado do que *Stone flower*, apesar da participação de Hermeto Pascoal, um notório agitador musical dos estúdios. Eumir Deodato, que criou um arranjo original para *Garota de Ipanema*, escreveu um *Carinhoso* com toda a pinta de que absorveu sugestões de Jobim. A música, por sinal, agradou muito aos músicos norte-americanos, que pediram uma cópia da partitura a Tom, pensando que Carinhoso também fosse dele. As demais faixas apresentaram músicas inéditas: *Tema jazz*, *Sue Ann*, *Remember*, *Tide* (uma variação de *Wave*, inclusive com a mesma introdução), *Takatanga*, *Caribe* e *Rockanalia* (o título não tem nada a ver com a música. Não seria exagero especular como sendo uma manifestação de hostilidade do autor ao rock and roll. Ele detestava rock. Na mesma época da gravação do disco, seu amigo e parceiro Aloysio de

Oliveira fazia questão de espalhar pelos amigos a informação de que acabara definitivamente a música norte-americana. "Agora, só tem rock e country", queixava-se). Os dois discos gravados para a A & M seriam motivo de muito desgosto para Tom, porque Creed Taylor não cumpriu sequer o péssimo acordo que fez com ele. Segundo o acordo, Tom somente seria remunerado depois de pagas todas as despesas feitas com os discos. Tom levou vários anos sem ver a cor do dinheiro. Os calotes de Creed Taylor não se limitaram a Jobim: Astrud Gilberto foi outra vítima do produtor, assim como Eumir Deodato, que teve de processá-lo para receber o que lhe era devido.

Depois de fazer dois programas de televisão em Nova York, Antonio Carlos Jobim estava de volta à sua "vidinha" no Rio de Janeiro. Em agosto, foi abordado pelo jornalista Sérgio Bittencourt, do jornal *O Globo*, que pediu a relação das 10 músicas brasileiras que, segundo ele, mereceriam nota 10. Tom atendeu ao pedido fazendo alguns comentários a propósito da escolha: *Carinhoso*, de Pixinguinha e João de Barro (contou a história dos músicos norte-americanos pedindo a partitura); *Na Baixa do Sapateiro*, de Ary Barroso; *Saia do meu caminho*, de Custódio Mesquita e Evaldo Rui ("sou um grande fá de Custódio Mesquita e tenho certeza de que com ele aprendi muita coisa"); *Mulher*, de Custódio Mesquita e Sadi Cabral; *Sonhei que estavas tão linda*, de Francisco Matoso e Lamartine Babo; *Feitio de oração*, de Vadico e Noel Rosa; *Até pensei*, de Chico Buarque de Holanda ("é uma música discreta, não faz barulho. Infelizmente, estou sabendo que Chico está indo de novo para a Itália"); *Pra dizer adeus*, Edu Lobo e Torquato Neto; *Coração vagabundo*, de Caetano Veloso; e *Acalanto*, de Dorival Caymmi ("acho Caymmi um gênio").

Em outubro, Jobim foi focalizado numa excelente reportagem feita por Carlos Lacerda para a revista *Manchete*. Lacerda ficou muito bem impressionado com a inteligência do entrevistado: "Eis um homem que raramente comete um lugar-comum". Outra faceta de Tom a impressionar o ex-governador (que tivera os direitos políticos cassados pela ditadura) foi a de raramente falar de si próprio. Confessou Lacerda: "Poucas pessoas tenho conhecido a quem a admiração faça tanto bem e precisem tanto dela. Mas poucas são tão capazes de abrir mão dela". Na conversa, Tom deu a saída para um tema que nunca mais iria abandonar nas entrevistas e nas conversas de mesa de bar: a sua preocupação com a destruição da natureza. "No dia em que chover enxofre", previu ele, "vai virar Bíblia, não é? É uma fumaceira subindo no ABC paulista, no Rio, em Nova York, Los Angeles. Então, é a lenha, botar o mar para baixo, matar os pássaros e depois, quando não houver mais árvores, botar fogo no capim. Cai tudo dentro do sumidouro". Carlos Lacerda lembrou-se de que, anos antes, entrevistara Heitor Villa-Lobos, que, "com o seu charuto apenas menor do que seu ego", falou somente da sua música. Lembrou-se também de que, quando chegou à casa de Cândido Portinari para entrevistá-lo, foi recebido com a informação de que Villa-Lobos acabara de sair de lá. "Ele só fala da minha música, minha música e eu só gosto de falar da minha pintura, minha pintura", disse-lhe Portinari, levando Lacerda a comparar: "Tom Jobim, o novo Villa-Lobos, fala de tudo melhor do que de si mesmo". E concluiu: "Ele tem o gênio musical, mas, infelizmente para sua paz de espírito, é inteligente demais para ser apenas artista".

Naquele mesmo outubro de 1970, Tom foi convidado para dar um pulo a Nova York, a fim de participar do programa de TV *Ed Sullivan Show*, mas não quis ir. "Contei para minha analista e ela bateu palmas", revelou ao cronista José Carlos de Oliveira, do *Jornal do Brasil*. Naquela fase, o acontecimento mais importante para Antonio Carlos Jobim foi a estréia do seu filho Paulo como músico de gravação, tocando flauta, no disco do também estreante Piri, um jovem e talentoso compositor muito influenciado por Egberto Gismonti. Dois dos companheiros de reuniões musicais com Paulinho – Danilo Caymmi na flauta e Geraldinho Carneiro no piano – também participaram da gravação ao lado de músicos experientes como Jorge Marinho no baixo, Juquinha na percussão e Wilson das Neves na bateria. Como ocorrera com o pai, Paulo Jobim dividia seu destino entre a música e a arquitetura, com a substancial diferença de que se formaria como arquiteto. Começou a estudar piano desde os sete, oito anos de idade, mas acabou desistindo com o apoio dos pais, embora Tom não escondesse o seu orgulho quando o viu escrevendo a música de *Jingle bells*. Aos 16 anos, passou a estudar violão e, depois, resolveu estudar flauta com Odete Ernest Dias. Já adulto, aceitaria a convivência com a música e a arquitetura, menos quando a música absorvia todo o seu tempo, como quando atuou no conjunto de Milton Nascimento e trabalhou com Astrud Gilberto, morando nos Estados Unidos entre os anos de 1982 e 1984.

Em fins de 1970, Airton Barbosa, fagotista do Quinteto Villa-Lobos e um dos maiores líderes da categoria profissional dos músicos, convidou Tom Jobim para participar do show de encerramento da semana comemorativa do 10º aniversário da Ordem dos Músicos do Brasil, na Sala Cecília Meireles. A idéia de Airton era apresentar todas as músicas do disco *Canção do amor demais*, novamente cantadas por Elizeth Cardoso com os arranjos escritos por Jobim. Naquela mesma noite, Maria Lúcia Godoy apresentaria canções de Villa-Lobos. Tom achou a idéia muito boa e pediu a Airton para conversar com o filho Paulo, que deveria saber onde estavam os arranjos. Paulo – ex-colega de Airton Barbosa na Pró-Arte – saiu à procura dos arranjos, com a ajuda de Teresa, revirando a papelada guardada num baú que ficava no sótão da casa, mas o máximo encontrado foram alguns rascunhos com uma pequena parte dos arranjos. Quatro foram copiados do disco, dois foram criados por Orlando Silveira e o restante das músicas foi apresentado apenas por Elizeth com Antonio Carlos Jobim no piano. Foi uma das melhores apresentações no Brasil tanto da cantora como do pianista.

11

Águas de março

Em 1971, o Brasil enfrentava, mais do que nunca, as trevas da ditadura militar. A música p opular, particularmente, sofria horrores. Compositores deixavam o país, outros eram convocados para interrogatórios e todos eram humilhados pela ação da censura. Mas o pessoal da música popular resistia, fazendo de cada apresentação pública uma manifestação contra a ditadura.

Antonio Carlos Jobim nunca foi um militante político, preferindo conviver com a sua música, seus amigos e sua boemia. Até o cantor João Gilberto, famoso, entre outras coisas, pelo seu retraimento, respeitava a aversão do amigo a badalações, tanto que, em entrevista ao jornalista Tárik de Souza, então na revista *Veja*, afirmou: "O que eu quero fazer é pegar o Tom Jobim pelo braço e sair com ele fazendo shows em faculdades, sentindo a repercussão, conversando com o pessoal. Mas, por favor, não publique isso. O Tom é capaz de ler, pegar um avião e se esconder no Japão".

Diante daquele quadro político, qual deveria ser o comportamento dos compositores em relação ao Festival Internacional da Canção? Augusto Marzagão, que comandava o festival, sabendo que o clima não era nada favorável, tratou de atrair alguns dos grandes nomes da música popular, dispensando-os do julgamento do júri de seleção. Ou seja: todos estariam classificados, sem julgamento. Foram contemplados com tal gentileza Antonio Carlos Jobim,

Vinicius de Moraes, Paulinho da Viola, Caetano Veloso, Gilberto Gil, Sérgio Ricardo, Ruy Guerra, José Carlos Capinam, Baden Powell, Marcos Valle, Milton Nascimento, Egberto Gismonti, Chico Buarque de Holanda e Edu Lobo. Mas, em vez de levar suas músicas, como pretendia Marzagão, apresentaram no dia 16 de setembro um manifesto retirando-se do festival. No dia 17, outros compositores, com músicas já classificadas pela comissão de seleção, aderiram ao manifesto e pediram a retirada das suas músicas. Foram eles: Aldir Blanc, Sílvio da Silva Júnior, Luís Gonzaga Júnior, Sueli Costa, Tite de Lemos, Márcio Proença, Gutemberg Guarabira, Paulo Emílio da Costa Leite, Jorge Amidem, Luís Carlos Sá, Zé Rodrix, Paulo Machado de Barros, Luís Bandeira, Vitor Martins, Geraldinho Carneiro, Eduardo Souto Neto, José Mauro e Sérgio Ferreira da Cruz. Augusto Marzagão divulgou nota revelando a sua "surpresa" com a decisão dos compositores e lamentou, principalmente, porque sabia que o festival seria transmitido pela televisão para a Europa. Do lado dos compositores, havia um detalhe que poucos conheciam: Tom Jobim fora convidado para fazer o show do festival e já estava até com o cheque no bolso. Gutemberg Guarabira chamou a sua atenção: se fizesse o show, enfraqueceria muito o movimento. Tom meteu a mão no bolso, retirou o cheque e pediu para Gutemberg segurá-lo, puxando-o, em seguida, bruscamente. Gutemberg largou o cheque. "Não é isso. Segure firme", ordenou Tom Jobim, dando um novo puxão no cheque, que se partiu em dois.

Resultado: a polícia, tendo à frente o seu próprio chefe, general França e o inspetor Sena, da polícia política, saiu em campo e conseguiu deter 12 dos compositores envolvidos, inclusive o próprio Jobim. "Me solidarizei com os colegas mais jovens, que se recusaram a participar do festival. Levaram-me num camburão e detiveram-me durante algumas horas junto com 11 companheiros. Depois, fui várias vezes convidado – ou intimado – a prestar declarações. Sofri uma perseguição amena, bem diferente da que Chico, Caetano e Gil tiveram de agüentar. Mas acho muito incômodo ser preso, sobretudo num verão como este. Resolvi parar de assinar qualquer papel. Há quem se gabe de ser preso. Eu, não. Para mim, os homens de bem devem andar soltos, como os ladrões", narrou, anos depois, Tom Jobim, que teria dito ao inspetor Sena que, infelizmente, não poderia ficar preso porque gostava "de tomar uísque no ar refrigerado".

Quanto ao festival, seus promotores tiveram de contentar-se com a participação apenas de compositores do chamado segundo time.

Em março de 1972, Antonio Carlos Jobim foi para o sítio de Poço Fundo e fez a letra e a música de *Águas de março*, mais uma obra-prima. Como todas as músicas nascidas no sítio, esta também foi feita com o auxílio do violão, pois somente depois de concluída a sua nova casa passou a contar com um piano. Embora entre suas características não estivesse a de falar bem das suas músicas – "elogio em boca própria é vitupério", repetia –, era visível o seu entusiasmo pela nova composição. Quando voltou de Poço Fundo, passou no Antonio's e convocou todos os amigos que ocupavam a varanda do restaurante para ouvirem, na sua casa, a música nova. E contava: "Vocês sabem, eu estava com Teresa lá no sítio, vendo uma agüinha passar pelo regato e a coisa começou a brotar. Incrível, mas Teresa tinha lápis e papel. Fui dizendo: 'É pau, é pedra, é o fim do caminho'. O pouco que faltava saiu agora de tarde". Puxou um papel todo amassado do bolso e, sentado no banco do piano mas tocando violão, cantou a música. Sabendo que os amigos iriam saudá-lo com palavras do tipo "genial", "maravilhoso" etc., fugiu dos elogios, ao terminar, confirmando a observação de Carlos Lacerda sobre o seu temperamento ("Poucas pessoas tenho conhecido a quem a admiração faça tanto bem e precisem tanto dela. Mas poucas são tão capazes de abrir mão dela"): "Vocês viram como estou falando bem português?" Quem chegasse à sua casa, naqueles dias, era imediatamente contemplado com uma audição de *Águas de março*.

Embora sabendo que acabara de compor um novo clássico da música popular brasileira (Chico Buarque: "Às vezes, acho que *Águas de março* é o samba mais bonito do mundo". Leonard Feather: "É umas das 10 músicas mais bonitas do século"), foi com essa música que Tom Jobim participou da estréia de um projeto cheio de idealismo e de boa vontade, mas com uma dose muito forte de amadorismo, o *Disco de bolso* do *Pasquim*. Era a realização de uma antiga idéia do compositor Sérgio Ricardo, que consistia em juntar, no mesmo disco – um compacto simples –, um nome famoso da nossa música com um iniciante e vender o disco, acompanhado de um encarte à guisa de revista, nas bancas de jornal. Foi escolhido para dividir a gravação com Antonio Carlos Jobim o compositor, cantor e violonista João Bosco, um mineiro de Ponte Nova, estudante de engenharia, que havia feito umas músicas (ainda inéditas) com Vinicius de Moraes e, agora, compunha com Aldir Blanc. Foi o disco de estréia de João Bosco, que cantou *Agnus sei*, dele e do parceiro Aldir, acompanhado apenas do seu violão. Quando chegou ao estúdio e ouviu a fita com a gravação de *Agnus sei*, Tom elogiou o seu jeito: "Este mineiro é bom demais. Tira ele do meu lado".

Antonio Carlos Jobim não tocou qualquer instrumento na gravação, apenas cantou. Mas escreveu o arranjo para o pequeno conjunto que o acompanhou: Bebeto, Paulinho Jobim, Franklin e Paulo Guimarães na flauta, João Palma na percussão, Novelli no contrabaixo e Eduardo Ataíde no violão. Quando terminou de cantar *Águas de março* (música nada fácil de ser cantada), Tom Jobim brincou: "Há oxigênio na casa?". Depois, juntou-se aos jovens músicos que o acompanharam e foram todos para um bar na Rua Farani, em Botafogo, de onde saíram depois das seis da manhã. O *Disco de bolso* foi lançado com um grande show no Teatro da Praia, com a presença de Tom Jobim, Sérgio Ricardo, Egberto Gismonti, João do Vale, Rosinha de Valença, Paulo Moura, Sidney Miller e vários outros.

No encarte que acompanhou o disco, Tom transcreveu um trecho de "O Caçador de Esmeraldas", de Olavo Bilac:

Foi em março, ao findar das chuvas, quase à entrada
Do outono, quando a terra, em sede requeimada,
Bebera longamente as águas da estação
Que, em bandeira, buscando esmeraldas e prata
À frente dos peões filhos da rude mata
Fernão Dias Paes Leme entrou pelo sertão

E observou: "Daí, creio, vêm as minhas *Águas de março*".

Olavo Bilac, por sinal, foi uma espécie de marca da infância para sempre, não sendo por isso nada surpreendente que tenha desencadeado a letra de *Águas de março*. Mas, em 1972 (o *Disco de bolso* foi lançado em maio), Antonio Carlos Jobim já possuía uma bagagem literária, como leitor, extremamente volumosa. Ele lia muito. Na época estava apaixonado por Carlos Castañeda, sendo provável mesmo que haja alguma coisa dele na letra da música. O que se percebe é que, sem uma precisão matemática, *Águas de março* foi estruturada em versos que alternam pessimismo e otimismo.

O fato é que Tom não parava de produzir. Naquele 1972, recebeu o prêmio do Instituto Nacional de Cinema e a Coruja de Ouro, além do grande prêmio do VII Festival de Cinema de Brasília, como autor da melhor partitura musical para o cinema brasileiro, pelo seu trabalho para o filme *Crônica da casa assassinada*, de Paulo César Sarraceni. Em seguida, fez a música do filme *Tempo do mar*, de Pedro de Morais. Estava compondo para o próximo disco e dava início à elaboração da letra em inglês de *Águas de março*, uma tarefa que não queria entregar a qualquer letrista norte-americano (a propósito, em 1972, morreu Ray Gilbert, seu ex-parceiro e sócio nos Estados Unidos). Foi também uma época em que recusou duas propostas: a de apresentar-se no Japão ("não sei se agüento. São 40 horas de avião", exagerou) e de fazer um programa especial para a TV Globo, por causa de uma exigência da emissora: a de que as músicas transmitidas pelo programa fossem utilizadas num disco da Som Livre. Jobim não podia aceitar tal condição, pois acabara de assinar contrato com a Philips. Mas nada impedia que continuasse na sua "vidinha", embora estivesse indignado com os proprietários do Bar Veloso (ele jamais chamou o estabelecimento pelo seu novo nome de Garota de Ipanema), que substituíram as mesas de mármore por outras de fórmica. Agora, ele circulava na Zona Sul não mais com o velho fusquinha, mas com um Dodge Dart branco, apelidado imediatamente pelos amigos de Moby Dick. Tom preocupava-se também, e cada vez mais, com o destino das suas músicas, quase todas editadas com erros. "Não posso deixar minhas músicas apenas nos discos empoeirados e geralmente mal gravadas. Onde Pixinguinha deixará a sua obra? Pixinguinha não é só *Carinhoso*. É muito mais. Quero deixar tudo direitinho para a moçada que vem aí", disse ele a *O Globo*.

Cultivando pela primeira vez um bigode (tema bastante explorado pelos colunistas de jornal sem assunto), Tom entrou no estúdio para gravar mais um disco e convocou Dori Caymmi para atuar nos arranjos, especialmente para as músicas com as quais Dori já havia trabalhado e que compuseram a trilha sonora do filme *Crônica da casa assassinada*. Mas, como havia assinalado Vinicius de Moraes anos atrás, as gravadoras brasileiras demoravam a se atualizar tecnologicamente, razão pela qual Jobim preferiu fazer o disco nos Estados Unidos.

Assim, nos dias 11, 12 e 13 de dezembro, ele estava no estúdio da Columbia, em Nova York, gravando o que seria, até então, o disco mais sofisticado de sua carreira e, sem dúvida, o menos comercial. Claus Ogerman, que assumiu os arranjos, ficou impressionado com a mais recente obra do compositor, *Matita perê*, a música que daria título ao disco no Brasil (nos Estados Unidos, o título foi apenas *Jobim*), e fez um comentário que deixou Tom lisonjeado: "Você andando pelas ruas de Nova York com essa música debaixo do braço", disse ele, "me faz lembrar que assim devia ter sido por volta de 1910, quando Stravinsky andou pelas ruas de Genebra carregando *A sagração da primavera*. Lá ia aquele homenzinho magro e de bigode, perdido e anônimo no meio da multidão que ignorava estar cruzando com uma bomba de alto teor explosivo".

Matita perê, dedicada ao mineiros Guimarães Rosa, Carlos Drummond de Andrade e Mário Palmério, é uma música escrita num clima de certa grandiloqüência – "uma verdadeira suíte mateira", definiu Tom –, com uma letra inspirada no conto *Duelo*, de Guimarães Rosa. O nome da música foi extraído de um pássaro conhecido, na verdade, por outros nomes: martim-pererê, matim-pererê, matinta-pereira, matintaperera, saci, peixe-frito, peitica etc. Trata-se de uma ave cuculiforme, da família dos cuculídeos (*Tapera naevia*), com duas subespécies, uma do Norte e do Leste e outra do Sul do Brasil. Tem coloração geral pardo-amarelada, com numerosas manchas escuras nas coberteiras das asas, topete avermelhado, com manchas claras e escuras, garganta, sobrancelha e abdome brancos. Alimenta-se de insetos e costuma pôr ovos em ninhos de joão-teneném. O compositor paraense Valdemar Henrique já havia composto uma canção com o título de *Matintaperera*, uma das componentes da série batizada de *Lendas amazônicas*, da qual faziam parte *Foi boto, sinhá, Cobra grande, Tamba-tajá* e *Uirapuru*.

Tom Jobim convocou para ajudá-lo um dos melhores letristas do país, Paulo César Pinheiro, que acabara de compor com João de Aquino a canção *Sagarana*, cuja letra, elaborada com impressionante habilidade, poderia perfeitamente ser assinada pelo próprio Guimarães Rosa. Na parte que coube a Tom, foram incluídas citações dos três escritores homenageados por ele: o verso "um estranho chamado João" é o título de um poema de Carlos Drummond de Andrade dedicado a João Guimarães Rosa; "Lá vinha Matias, cujo nome é

Pedro, aliás, Horácio, vulgo Simão" foi extraído do livro *Chapadão do bugre*, de Mário Palmério. Quanto a Guimarães Rosa, não seria necessário destacar qualquer verso, já que seu inconfundível estilo percorre a letra do princípio ao fim. Quando o disco foi lançado, houve quem visse na letra uma narrativa da fuga do mais famoso guerrilheiro vivo do país, capitão Lamarca (que tanto mudava de nome), da implacável perseguição das tropas do Exército. Nenhum exagero. Tal interpretação fazia todo o sentido.

O samba *Águas de março* teve uma gravação em português e outra em inglês, sendo esta reproduzida apenas na edição norte-americana do disco. O arranjo de Claus Ogerman foi impecável, tanto pelo seu clima jobiniano quanto pela criatividade. Um trabalho definitivo. "Quando Claus senta em frente à pauta e aponta o lápis, até o cheiro de madeira impressiona", disse dele Tom Jobim. A letra em inglês de *Águas de março* foi concluída num apartamento do 22º andar do Hotel Adams, em Nova York, onde o autor se trancou e trabalhou vários dias, cercado de dicionários. Tom havia gostado da versão francesa, feita por George Moustaki: "Un pas, une pierre/Un chemin qui chemine/Un reste de racine/C'est un peu solitaire". Se a tradução para o inglês era naturalmente difícil, mais difícil ficou com a decisão de não ser utilizada uma só palavra de origem latina, sem dúvida, um preciosismo de Tom, que vivia repetindo a tese de que o inglês não é uma língua anglo-saxônica, mas latina, como demonstra a origem de 70% das suas palavras. "Por melhor que seja a tradução", justificou ele numa entrevista à revista *Manchete*, "o resultado é sempre duvidoso. O som original possui uma força que dificilmente se consegue alcançar em outro idioma. Eu me lembro que no tempo da bossa nova, os americanos pegavam nossas música e traduziam assim: "In Brazil they have coffee and bananas". Eu chorava de raiva. Minha tradução não saía, ia ficando desesperado e pensei em pegar o telefone e ligar para o Johnny Mercer pedindo socorro. Um dia, eu estava meditando em cima do verso "é um espinho na mão, é um corte no pé" e percebi tudo. Como é que um americano iria cortar o pé se ele nunca anda descalço? Pensei em inverter: "um espinho no pé, um corte na mão". Também não dava pé para americano. Eles usam aqueles tênis enormes com um quilo de borracha na sola. E febre terçã? Alguém já viu algum americano, nos Estados Unidos, com febre terçã? O negócio era esquecer a letra em português e criar novos versos em inglês, procurando palavras duras, contundentes, bem rascantes. Lá pelas tantas, falo em 'a sudden stroke of night', quer dizer, 'um súbito golpe na noite'. Sentiu a força?" Houve gente muito importante que "sentiu a força". O grande crítico (de jazz) Leonard Featcher escreveu no *Los Angeles Times* que a letra em inglês de *Águas de março* era singular. "À primeira vista parece um catálogo de substantivos monossilábicos. Adiante, seu efeito poético nos golpeia". A escritora Rachel de Queiroz, ao ouvir a letra em português, teve uma reação semelhante: "Coisa bela, estranha e dura. Fere o coração com um toque de pedra e depois o afoga na cheia das águas. Promete e recorda, memória de infância e angústias da força do homem. Num velho pode suscitar angústias antigas".

Além de *Águas de março* e *Matita perê*, o disco apresentou *Ana Luísa*, outro *standard* do autor; *Tempo do mar*, *Mantiqueira range* (de Paulo Jobim); três canções do filme *Crônica da casa assassinada – Trem de Cordisburgo*, de Tom; *Chora, coração*, de Tom e Vinicius, e *Milagre e palhaços*, de Tom; *Um rancho nas nuvens* e *Nuvens douradas*. Um disco, enfim, que só não é perfeito por causa da faixa *Nuvens douradas*. Não que ela fosse uma música feia – até pelo contrário – mas por ter sido criada mais de 10 anos antes com o título de *Prece*, por outro autor, Vadico, em parceria com Marino Pinto. Zaira Pinto, viúva de Marino, chegou a anunciar nos jornais que processaria Tom Jobim. O crítico Tárik de Souza chamou pessoalmente a atenção do compositor para a semelhança entre as duas músicas e a reação dele foi de quem teve uma grande surpresa. Não percebera, até então, que havia repetido a composição de Vadico, de quem, por sinal, fora um grande amigo, assim como de Marino Pinto, autor da letra de *Prece*. O fato é que Tom nunca mais executou publicamente *Nuvens douradas*.

Claus Ogerman usou uma grande orquestra, com o reforço dos brasileiros João Palma e Airto Moreira na bateria e na percussão, destacando os norte-americanos Richard Davis e Ron Carter no contrabaixo, George Devens na percussão, Urbie Green no trombone e Jerry Dodgion, Romeo Penque, Phill Bodner, Don Hammond e Ray Bakenstein na flauta. Tanto na edição norte-americana quanto na brasileira, a capa reproduz um bonito desenho de Paulo Jobim. (O *Sunday Times* pediu ao ator Peter Sellers que enumerasse as coisas que, certamente, o deixariam feliz em 1973. "Listen to the music of Antonio Carlos Jobim" foi uma delas.)

O ano 1973 começou bem para Antonio Carlos Jobim, pois, mal voltou de Nova York, nasceu, no dia 23 de fevereiro, seu primeiro neto: Daniel, filho de Paulinho e Eliane. Permaneceu no Rio na sua "vidinha" até 8 de maio, quando foi lançado no clube Caiçaras o disco *Matita perê*, com a presença de Carlos Drummond de Andrade e Mário Palmério, além do presidente da Academia Brasileira de Letras, Austregésilo de Ataíde. Durante o lançamento, foi oferecida para os convidados uma exibição do filme *Tempo do mar*, de Pedro de Moraes. Quatro dias após o lançamento, Tom Jobim foi contemplado com um poema de Carlos Drummond de Andrade, publicado no *Jornal do Brasil*:

Ah, declaro o papo fin-
do, antes que o inverno pegue fogo.
Muito melhor ouvir o Tom Jobim
cantar, pianoviolão,
no Jardim das Rosas, de sonho e medo,
no clarão das águas, no deserto negro,
enquanto lerê, lerá
o Matita Perê negaceia:
'Eu quero ver, eu quero ver
você me pegar'.
Fluem, fluem
as águas de março e vai fluindo
em poesia rosiana
o límpido som
de Tom,
na palma da mão, cor do Brasil.

Em julho, Tom viajou para Nova York dando início a uma das suas mais longas temporadas nos Estados Unidos: 13 meses. Embarcou, por sinal, com a cabeça estourando de dor, por causa de uma ressaca produzida por uma grande farra na noite anterior no Bar Degrau, no Leblon. No aeroporto, ainda teve de atender aos jornalistas, para os quais revelou os nomes dos seus compositores prediletos: Dorival Caymmi, Cole Porter, George Gershwin, Chico Buarque, Bach, Chopin e Debussy. A viagem tinha por objetivo tratar de questões profissionais, mas havia também qualquer coisa de fuga dos problemas domésticos, já que seu casamento com Teresa não ia nada bem. Foi uma fase em que ele bebia muito e não saía dos bares. Quem quisesse encontrá-lo era só percorrer os bares de sempre que o Dodge Dart branco estava parado na frente de um deles. Haveria outra mulher na história? "Não", garantiu Teresa ao autor destas linhas, embora ninguém se surpreendesse se visse Tom Jobim com outra mulher. Não que ele fosse mulherengo, mas sendo um homem bonito, famoso, cheio de charme, não faltavam mulheres dando em cima dele. "Nada disso me abalava porque conhecia muito bem meu marido. Ele detestava ser caçado. Sabia que até amigas minhas sonhavam conquistá-lo, mas ele não se interessava por elas. Eu só me preocupava quando o caçador era ele", disse Teresa. Uma das primeiras vezes que o autor destas linhas viu Tom Jobim pessoalmente foi numa festa em Ipanema, em 1961, onde uma mulher linda, jovem, *socialite*, sentou-se ao lado dele na poltrona e dava todos os sinais de que, se pudesse, o levava diretamente para a cama. Encostava-se acintosamente nele, mas Tom tratava de afastar-se. Quando chegou à extremidade da poltrona, sem ter como fugir, socorreu-se de um telefone instalado ao lado do móvel. Retirou o fone do gancho, discou e falou:

– Teresa?

E, assim, a beldade percebeu que perdera a caça.

Em Nova York, Jobim encontrou-se casualmente numa loja de artigos de pesca com Roberto Carlos, que revelou seu desejo de gravar *Ana Luísa*. Como não conhecia a letra inteira, pediu que o compositor a enviasse para o hotel em que se hospedava, o Hilton. Tom tratou de atendê-lo, mas Roberto Carlos jamais gravou *Ana Luísa*. O mesmo ocorreria com *Ângela*, outra música de Tom oferecida a ele.

Em Nova York, o compositor recebeu Teresa e Beth e foram para Los Angeles, onde a filha permaneceria estudando num colégio interno. Hospedaram-se no Sunset Marquis, como sempre. Depois da volta de Teresa ao Brasil, Tom foi apresentado por Aloysio de Oliveira a uma brasileira moradora há vários anos em Los Angeles, de nome Zany, casada com um vice-presidente dos estúdios de cinema Universal, Burt Astor.

– Ela cozinha muito bem – informou Aloysio.

– Você vai fazer canja de bêbado? perguntou Tom.

A casa de Zany estava permanentemente aberta aos brasileiros que moravam em Los Angeles ou passavam pela cidade. O casal Regina Werneck e Oscar Castro Neves estava sempre lá. Tom gostou muito dela, principalmente quando soube que era filha da concertista de piano Celina Roxo, que havia sido professora de Lúcia Branco, a ex-professora dele, e que convivera na sua casa com figuras como Villa-Lobos, Cláudio Arrau, Arthur Rubinstein e Guiomar Novais. Por tudo isso, escolheu para morar o apartamento 303 de um prédio vizinho ao dela, na 911, North Kings Road.

Bastava não ter o que fazer para ele ia à casa de Zany. Brigavam muito, é verdade, pelas mais variadas razões. Tom se irritava quando ela acendia um cigarro de maconha, mas Zany continuava fumando como se ninguém tivesse falado nada. "Você está me desafiando?", perguntava ele no auge da irritação. "Você, sim, está me desafiando. Estou na minha casa", respondia ela. Outro motivo para brigas cada vez mais graves era puramente musical. Tom amava Mahler e obrigava Zany a tocar os discos do grande compositor da Boêmia. "Ele é muito doentio", argumentava Zany e botava um disco de outro autor. Tom chegava a ir à casa dela sabendo da sua ausência somente para ouvir Gustav Mahler sossegado. Um dia, ela não permitiu que ele colocasse o disco e tiveram uma discussão violentíssima, até que Zany levou-o até a porta e aplicou-lhe um violento pontapé na bunda:

– Fora daqui! – berrou.

Tom saiu e gritou do corredor:

– Nunca ninguém fez isso comigo!

– Mas eu fiz! – rebateu a dona da casa.

No dia seguinte, Jobim telefonou para Regina Werneck, queixando-se de Zany, uma "mulher grossa", "uma megera".

– Nunca mais boto os pés na casa dela – anunciou.

Mentira. Dois dias depois, telefonava para a mesma Regina propondo irem à casa de Zany para "comer um crabzinho". Aliás, era um programa de que não abria mão. Diariamente, estava na casa da amiga, quase sempre munido de meia dúzia de latas de cerveja, para comer quantidades impressionantes de caranguejo.

Maldade fez Tom com uma norte-americana amiga de Zany e Regina Werneck, chamada Victoria Parker (que ele apelidara de Victor). Era uma mulher jovem, muito bonita e adepta do zen-budismo (só se alimentava de grãos), como era moda na época. "Era uma mulher encantadora", assegurou Regina. O compositor brasileiro fez tanto charme que a moça ficou literalmente apaixonada por ele. E não se limitava ao charme. Victoria o levava em seu carro para percorrer Hollywood, Beverly Hills etc. e Tom mandava que ela parasse toda vez que passavam na porta de uma casa colocada à venda. Saltavam do carro, entravam na casa e ele a deslumbrava com planos românticos: "Aqui será o nosso quarto, ali o quarto das crianças, naquele quarto vou colocar o piano", e ia "montando" um lar que, sem dúvida, era tudo com que sonhava Victoria. Para ela, tratava-se de uma proposta de casamento. Meses depois, quando Tom voltou para o Brasil, ela telefonava diariamente para Regina reclamando que ele não respondia às cartas dela. "Será que todo homem brasileiro é assim?", perguntava. Percebendo que o seu futuro não seria ao lado dele, Victoria acabou casando com um norte-americano também zen-budista e foram morar na Índia.

Uma noite inesquecível da convivência de Tom com os brasileiros de Los Angeles foi aquela em que Regina e Oscar Castro Neves levaram a atriz Darlene Glória à casa de Zany. Era aniversário de Burt, o dono da casa, e Darlene portava um traje absolutamente original: um imenso chapelão preto com penas verdes, uma combinação preta de renda, um pequeno casaco de pele de raposa, luvas, meias pretas e sapatos verdes. Quando Darlene percebeu que era aniversário de Burt, fez uma oferta absolutamente desconcertante:

– Como presente, ofereço um *strip tease*.

De início, a perplexidade. Depois, todos perceberam que realmente estava disposta a oferecer sua nudez de presente de aniversário ao marido de Zany. Sendo assim, tratou-se de criar o clima. Tom Jobim e Oscar Castro Neves pegaram o violão e começaram a tocar sua música romântica. Sendo a casa pertencente a um dirigente de uma grande empresa cinematográfica, era dotada de uma iluminação muito sofisticada e que passou a ser operada pela própria Zany, com ajuda de Regina. Quando Darlene começou a tirar a roupa, Tom e Oscar nem olhavam para os seus violões: só tinham olhos para o corpo deslumbrante daquela mulher que vivia o auge de sua forma física. Tom resmungava:

"Mas que mulher!", enquanto Oscar não conseguia conter uma tremedeira que atingia quase o corpo inteiro. Cada peça do vestuário de Darlene era retirada com a categoria de uma magnífica profissional. "Foi o *strip tease* mais lindo e mais classudo que vi em toda a minha vida", disse Zany ao autor destas linhas. E o marido dela terá gostado do presente de aniversário? "Que nada! Depois, descobri que ele era gay", revelou.

Em janeiro de 1974, Antonio Carlos Jobim recebeu um telefonema de André Midani, presidente da gravadora Phonogran (antiga Philips), propondo a gravação de um disco dele com Elis Regina. O convite foi aceito e, no dia 17, Tom recebia uma carta de Midani:

"Tom querido. Confirmo nossa conversa telefônica, durante a qual expus a você nosso desejo – o de Elis e o da companhia – de realizar uma gravação de 12 músicas suas, gravação esta que deverá ser realizada em colaboração muito estreita com você e Elis Regina, já que seria evidentemente importante a sua participação pessoal, artística e instrumental.

O disco poderia ser gravado em Los Angeles e solicitaríamos a Aloysio de Oliveira que seja o coordenador entre todas as partes envolvidas. Vale a pena mencionar dois fatores:

1. A Phonogran tem total segurança de que um projeto reunindo você, como compositor e músico, e Elis Regina deve alcançar uma venda no Brasil de aproximadamente 70, 80 mil discos.

2. Em 1974, Elis celebra 10 anos de carreira e não resta a menor dúvida de que a companhia investirá fortes quantias em dinheiro para que a gravação seja a mais enfática possível.

Além do mais, como disse a você no telefone, a união de Elis Regina com Tom Jobim, em disco, será o acontecimento discográfico de 1974. Por outro lado, haverá sem dúvida possibilidade de vendas substanciais no Japão, na Alemanha, na Espanha especialmente, e considero que deveria ser um disco antológico para a América Latina, especificamente México e Argentina".

O contrato assinado por Aloysio de Oliveira com a Phonogran colocou-o como responsável pela participação de Tom Jobim no disco. Já no segundo parágrafo da primeira cláusula, ele se obrigava a "obter a participação de Antonio Carlos Jobim nas gravações, através de intervenções que autorizem a menção do seu nome nas capas do disco". A segunda cláusula dizia: "Obter de Antonio Carlos Jobim a cessão dos seus direitos artísticos como intérprete, executante ou orquestrador-arranjador; na hipótese em que o mesmo receba como intérprete, sua participação deverá ser deduzida da artista Elis Regina, de molde a que a taxa de ambos, em conjunto, não exceda os 8% sobre o preço de venda do disco por atacado", além de "obter de Antonio Carlos Jobim as necessárias autorizações para fixação e reprodução fonográfica de suas obras inéditas que venham a constar do disco".

No dia 20 de fevereiro, Elis Regina e seu marido César Camargo Mariano viajaram para Los Angeles, acompanhados de Aloysio de Oliveira e do menino João Marcelo, filho de Elis com Ronaldo Bôscoli, além dos músicos do conjunto de César: Hélio Delmiro (violão), Luisão (baixo) e Paulinho Braga (bateria). Dias depois, seguiu também Roberto de Oliveira, empresário de Elis e autor da idéia do disco, com a missão de montar um documentário sobre a gravação para televisão. No aeroporto de Los Angeles, foram recebidos pelo próprio Tom Jobim, com uma flor para Elis Regina e convidando o grupo para ir, primeiramente, à casa dele para uma conversa, antes que todos fossem para o Hotel Sunset Marquis. Chegando lá, Tom quis saber de Aloysio de Oliveira quem faria os arranjos. Ao saber que seria César Camargo Mariano, protestou. Na época, César já era conhecido como um grande pianista, mas ainda não tinha a fama de excelente arranjador que ganharia pouco tempo depois. "Nada disso", decidiu Tom, discando, em seguida, o telefone à procura de Claus Ogerman. Todos ficaram calados, até a explosiva Elis Regina, que se limitou a servir-se de uísque. Como Claus não era encontrado, César foi para o piano e desviou a discussão para o repertório do disco. No dia seguinte, César passou a trabalhar nos arranjos como se nada tivesse acontecido, enquanto Elis tratou de levar João Marcelo à Disneylândia. O trabalho do arranjador só não foi inteiramente tranqüilo porque Tom não parava de ligar para ele, querendo saber se estava tudo pronto. César teve de aturá-lo não só na fase dos arranjos como nos dias em que ia para o estúdio cuidar da mixagem do disco. Era um telefonema atrás do outro. No final de tudo, quando ouviu todas as faixas já mixadas, aprovou tudo e justificou para César o seu comportamento: "O problema é que você estão acostumados a tomar banho de chuveiro e eu, de banheira. Me desculpem".

As relações de Elis com Tom Jobim também não eram das melhores. Felizmente, ali estava Aloysio de Oliveira, com seu jeito calmo de conduzir as coisas.

Só ele mesmo para levar até o fim a gravação de um disco reunindo duas personalidades fortíssimas, sendo Elis uma temperamental capaz de mandar tudo para o inferno e voltar para o Brasil. Para agravar, Tom não aceitava o piano elétrico programado por César Mariano, levando Elis quase à loucura. Mas o instrumento acabou ficando. O compositor Roberto Menescal, diretor artístico da Phonogran, ficou no Rio mas acompanhava a gravação, como revelou a Regina Echeverria, autora do livro *Furacão Elis*: "Eu ligava quase todo dia para saber como Aloysio de Oliveira estava se virando com os dois. Ele dizia: 'É meio difícil, mas tudo bem.' Aí falei com Elis e ela disse: 'Está uma merda, não tem nada bom. Tom é um babaca, um chato, reage contra os aparelhos eletrônicos, diz que vão desafinando e afinando não sei o que, fazendo tipo, e a gravação está babaca, parecendo bossa nova. Perguntei: 'Mas, Elis, nesse tempo todo não saiu nada?' 'É', disse ela, 'tem uma musiquinha boa.' Aí, começou a se animar e, no fim do papo, o disco estava ótimo, maravilhoso. 'Estou louca para chegar ao Brasil e te mostrar. Todas as faixas estão lindas'".

Outro que prestou depoimento para o livro *Furacão Elis* foi Roberto de Oliveira: "Elis estava meio esquisita. Acho que viu um pouco de Ronaldo Bôscoli em Tom Jobim. Ela me ligou dizendo que estava de malas prontas para voltar. Fui correndo para lá. Alguém tinha me dado a idéia de registrar aquele encontro em filme e fiquei fazendo um especial para a TV Bandeirantes. Ela dizia que Tom era velho, não velho, mas que ela tinha a preocupação de ser moderna e achava que ser moderno não era Tom Jobim. Moderno era o piano elétrico do César, mas Tom não queria o piano elétrico do César, que acabou entrando. O disco era um *revival* dos anos 50. Naquela época, eu achava que o disco deveria ser mais aberto, queria que ela gravasse em inglês, pretendia transformar Elis numa cantora internacional. Eu achava que ela deveria entrar na faixa de Dionne Warwick, enfrentar o esquema de consumo mesmo, entrar na briga. Elis não gostava, achava que tinha de ser do Brasil, brasileira, aquelas histórias".

O disco acabou fazendo justiça aos dois gigantes da música brasileira, apesar de ter sido gravado num clima de tensão não apenas por causa do temperamento dos seus protagonistas, mas porque estava violando a legislação norte-americana. A American Union, o sindicato de músicos de lá, poderia entrar a qualquer hora no estúdio e paralisar o trabalho. As leis não permitem que um estúdio norte-americano seja ocupado apenas por músicos de outros países. Ainda assim, quem ouvir o disco não perceberá o menor sinal da tensão provocada pela ilegalidade que cometiam e muito menos de qualquer problema nas relações Elis-Tom. Cantaram juntos *Águas de março*, *Soneto da separação* (Tom e Vinicius) e *Chovendo na roseira*, Tom cantarolou junto com o arranjo na faixa *Corcovado* e participou com discretos contracantos em *Inútil paisagem* (Tom e Aloysio de Oliveira). Além disso, tocou piano e flauta. Outras músicas do disco foram: *Brigas nunca mais* (Tom e Vinicius), *Por toda minha vida* (Tom e Vinicius), *O que tinha de ser* (Tom e Vinicius), *Fotografia*, *Pois é* (Tom e Chico Buarque), *Só tinha de ser com você* (Tom e Aloysio de Oliveira), *Retrato em branco e preto* (Tom e Chico Buarque) e *Modinha* (Tom e Vinicius). Tom ofereceu *Lígia*, ainda inédita em disco, mas Elis preferiu as músicas já gravadas.

O grande momento do disco é a faixa *Águas de março*, apresentada com uma descontração aparentemente espontânea, mas que foi muito ensaiada. Até as risadas de Elis Regina no final foram recomendadas por Aloysio de Oliveira. Foram feitas algumas tentativas para gravar a música. Uma delas foi interrompida logo no início:

Elis – *É o pé, é o chão.*

Tom – *É o chão.*

Os dois – *É a marcha estradeira.*

(Engasgam e param)

Tom – Aqui está dividido. Você tem *é o pé, é o chão.*

César – Atenção, por favor! Preciso da voz deles. Não tem voz aqui. A gente está na adivinhação.

Elis – Eu falo *é o pé* e você *é o chão.*

Tom – O César tem de ter as nossas vozes, Aloysio.

Elis – *É o pé, é o chão.*

Tom – Meu amor, olha aqui, Elis: *é o pé, é o chão*. Eu estou *é a marcha estradeira.*

Elis – *Passarinho na mão.*

Tom – *Pedra de atiradeira.*

Elis – Tá.

César – A gente está ouvindo muito os instrumentos.

Aloysio – Elis, você põe o fone meio para fora do ouvido.

Elis – Já botei. Ó (estalando os dedos), faz horas que estou botando.

Tom – Que sacanagem este negócio de...

Aloysio – Pode rodar.

(Cantam a música toda)

Elis – Vamos fazer outra vez, vamos.

Tom – Outra! Outra! Está esquentando. Tá legal, hein, minha chapa.

Elis – Tá ficando.

Tom – Tá ficando legal.

Aloysio – *Six*.

(Cantam novamente a música toda)

Tom – Depois da orquestra, eu gravaria outra, Aloysio.

Elis (procurando a melhor interpretação) – *É uma cobra, é o pau*. Tudo, então. É difícil pegar isso no meio.

Aloysio – Mas esta está tão boa!

Tom – Mas não dá. É ilusão alcoólica. *Sex illusion*.

Aloysio – Então, vamos fazer toda.

Elis – Tudo de novo.

Tom – *Alcoholic illusion*.

Elis – Então vamos prestar atenção nesta bosta aqui.

Tom – Prestar atenção na bosta. (Cantando) *Lulusa, Lulusa, eu vou ficar famoso*.

Elis (cantando) – *Quero casar contigo*.

Tom (falando) – Depois do carnaval.

Aloysio – *Ok, ok, seven*.

Tom – Escuta: eu quero aquele cara cortando pau lá do outro lado do rio. (Fazendo ritmo com a boca) *Dem, distondom, distondom*. Ô João, tu não vem almoçar, pô?

Elis – *Quem, dinquenquem*.

Tom – A *introdution*. Estou cantando cada vez pior.

(E gravam a boa)

Houve um momento no estúdio em que Elis Regina aproveitou para perguntar o que é febre terçã (toda vez que ela falava de Tom, imitava-o admiravelmente bem). A resposta foi a de que o termo se aplica à febre provocada pelo impaludismo, mas Aurélio Buarque de Holanda ensina em seu dicionário que a expressão é usada para definir febre que ataca de três em três dias. Há também as febres quartã, quintã, octã etc.

A pedido de Tom, Zany preparou uma feijoada para os músicos e para o pessoal que trabalhava na produção do documentário para a televisão. Marcada para as três horas da tarde, só teve início às duas da madrugada, por causa de atrasos na gravação. Irritadíssima, porque ninguém se lembrou de telefonar para ela falando do atraso, Zany recebeu os convidados avisando-os que comessem e tratassem de ir embora. "Que mulher é essa?", perguntou Elis Regina, espantada com a atitude da anfitriã. Depois, porém, as duas encontraram-se em outras circunstâncias e se deram bem. Foi, por sinal, na casa de Zany que Tom Jobim sentou-se ao piano e cantou para Elis o samba *Na batucada da vida*, de Ary Barroso e Luís Peixoto. A cantora não escondeu seu entusiasmo pela música, o que levou Jobim a pedir-lhe que não gravasse, avisando que seria incluída num disco que pretendia fazer apenas com músicas de Ary Barroso. O samba foi cantado ao modo de Tom, com o andamento mais lento do que o que fora adotado na gravação de Carmen Miranda. Voltando ao Brasil, Elis gravou magnificamente bem *Na batucada da vida*, deixando Tom tão magoado que pode até ter sido por isso que jamais tenha gravado o tão sonhado disco com músicas de Ary Barroso. Mas ele gostava tanto de *Na batucada da vida* que acabou colocando a música num *long-play* que gravaria três anos depois com a cantora Miúcha. Quanto a Elis Regina, cuja volta ao Brasil foi marcada para 17 de março, ou seja, no dia do seu 29º aniversário, nada a impedia de gravar uma música se estivesse apaixonada por ela. Um ou dois anos depois do episódio de *Na batucada da vida*, ela estava em casa quando ouviu, numa fita cassete, a voz de Nelson Cavaquinho cantando o samba *Folhas secas*. César Camargo Mariano ouvia a música para escrever o arranjo destinado ao disco de Beth Carvalho, a quem Nelson havia entregado a fita.

– Que Beth Carvalho, que nada! Este samba vai para o meu disco.

E foi. Como sempre, uma gravação maravilhosa.

O disco de Elis e Tom deixou felizes todos os que se envolveram com ele. Aloysio de Oliveira considerou-se muito bem pago, já que, mesmo que chamassem sua neta de quatro anos para produzir um disco com Elis Regina cantando músicas de Antonio Carlos Jobim, com a participação de César Mariano e seu conjunto e contando com a ajuda de Tom, sairia um disco magnífico, pois, com esses nomes, ninguém seria capaz de produzir qualquer coisa de má qualidade. "Acho que os diretores da Phonogran são péssimos negociantes porque, se acaso eles tivessem me convidado para fazer esse disco sem ganhar nada, aceitaria o encargo da mesma maneira", acrescentou Aloysio. Tom Jobim disse à revista *Veja* que "o resultado foi espantoso porque Elis é uma cantora incrível, fora de série. O disco ficou ótimo, com repertório bem escolhido e músicos muito bons. Além desse tremendo profissional, que é o pianista César Camargo Mariano".

Na *Veja* da primeira semana de maio, quem falou foi Elis Regina: "Nós todos, aqueles 50 que iniciaram suas carreiras no *Fino* (referia-se ao vitorioso programa *O fino da bossa*, que ela apresentava na TV Record), somos conseqüências da coragem e da criatividade de Antonio Carlos Jobim. Este homem compôs músicas que, mesmo passados 10 anos, continuam transparecendo uma incrível força imaginativa. (...) Em primeiro lugar, porque Tom é capaz de resumir na sua obra praticamente toda a história da música brasileira dos últimos anos. E eu poderia me apoiar nessa obra para contar a história dos meus 10 anos de carreira. Falaram mal de mim para ele e, naturalmente, dele para mim. Mas, ao chegar a Los Angeles, lá estava ele no aeroporto não apenas me esperando, mas me acenando afetivamente". "Você se sentiu aliviada?", perguntou o repórter. "Perplexa", respondeu. "Eu tinha levado até mesmo frases inteiras para o encontro: 'Olha, Tom, eu queria que você entendesse. Gosto muito das suas músicas. Não vim para Los Angeles a fim de atrapalhar sua vida. Muito pelo contrário.' Pois saiba que Tom havia feito a mesma coisa. Uma hora depois da minha chegada, timidamente mostrei a ele a relação das músicas que gostaria de cantar. Eram 15. Todas constavam de uma lista de 25 que o próprio Tom havia preparado. No dia seguinte, bem cedinho, ele me telefonou perguntando se estava tudo bem. Eu confessei que não dormira. Tom riu e disse: 'Eu também.' Admitiu que estava bastante nervoso em relação ao disco. Empatávamos. Ótimo, pensei. Tom Jobim não era, como me haviam dito maldosamente, o tal senhor difícil, protegido por uma redoma de vidro, sentado no alto da sua criatividade, que iria, por muito favor, fazer a concessão de gravar um disco com uma jovenzinha conhecida pela sua personalidade irrequieta. Ele, inclusive, fez um arranjo para o disco, depois de cinco anos apenas compondo. Era sempre o primeiro a chegar e o último a sair do estúdio. Tomava os seus calmantezinhos. Mas não me deixou tomar nenhum, eu, que estava zilhões de vezes mais atrapalhada. 'Você canta melhor quando está tensa', dizia".

A admiração de Elis Regina por Antonio Carlos Jobim era, de fato, sincera e pode ser demonstrada em números: segundo levantamento feito por Maria Luísa Kfouri para o livro *Furacão Elis*, de Regina Echeverria, foi ele o compositor com maior número de músicas (um total de 24) gravadas por ela. Em segundo lugar, ficou a dupla João Bosco-Aldir Blanc (19) e, em terceiro, Edu Lobo (18).

Somente em agosto Tom Jobim voltou para o Brasil. Dois dias antes da viagem, pediu a Regina Werneck que o levasse a uma loja para pegar duas flautas que havia comprado. No centro de Los Angeles, percebeu que não sabia onde ficava a loja. Regina circulou pela cidade com seu carro, até que pararam em frente a um *coffee shop* no bairro dos mexicanos, de onde telefonou para a loja. Com o endereço na mão, partiram para a loja, onde pegaram as flautas e descobriram que Tom havia esquecido sua capanga no *coffee shop*. Dentro dela, seu passaporte, a passagem para o Brasil, todos os seus documentos, alguns milhares de dólares em cheques e dois mil dólares em dinheiro. Partiram apressadamente para o *coffee shop*, onde encontraram apenas um faxineiro mexicano fazendo a limpeza da casa. O trabalhador achara a capanga, reconhecera o seu proprietário pelos documentos e tratou de guardá-la, à espera de Tom, que o premiou com uma gorjeta de 100 dólares. No dia do embarque, ele voltou a telefonar para Regina, pedindo que ela cortasse o seu cabelo (já eliminara o bigode havia vários meses), porque, cabeludo como estava, temia que a sua fotografia no passaporte não fosse reconhecida pelos funcionários do aeroporto de Los Angeles.

Por permanecer fora do Brasil até agosto, deixou de comparecer a duas homenagens prestadas a ele. Em abril, Paulinho Jobim recebeu por ele o diploma de "Personalidade Global" concedido pelo jornal *O Globo*. Foram também contemplados, entre outros, Pedro Nava (literatura), Helena Antipoff (educação), Éder Jofre (esportes), Maria Clara Machado (literatura) e Eugênio Gudin (economia). A outra homenagem foi prestada em maio pela SBACEM, da qual era conselheiro, dividindo a sala 1305 da sua sede em duas, dando a uma o nome de Antonio Carlos Jobim e a outra o de Donga. No Rio, foi logo procurado por Maria Lúcia Rangel, filha do amigo Lúcio Rangel e repórter do *Jornal do Brasil*, para uma entrevista. E tome indignação pela destruição da natureza no Brasil, um país onde o homem, depois de descer das árvores, passou a derrubá-las. "Noutro dia, fui no mato piar um inhambu e o que saiu detrás da moita foi um Volkswagen", exagerou. A caótica ocupação urbana do Rio de Janeiro promovida pelas empresas imobiliárias também era motivo de revolta: "Uma cidade que era linda e que se compõe agora de uma porção de edifícios cada vez mais altos, verdadeiras lâminas. Uma cidade feita para servir a esses edifícios e onde não se pode mais ver o céu, o mar e as montanhas. Aí, você constrói um edifício chamado Chácara do céu e corta as árvores, mata os passarinhos, destrói a chácara e tapa o céu. É justamente a negação da chácara e do céu. A venda da ilusão". Tom Jobim só falou de música para informar que pretendia gravar o disco com músicas de Ary Barroso e que já estava com as partituras, graças ao pesquisador e radialista Almirante (Henrique Fóreis Domingues). Ary Barroso, segundo ele, era "o rei das curvas, feito Oscar Niemeyer". É que ainda não fora lançando o disco de Elis Regina.

Tom era um homem de amores permanentes. Ary Barroso, Heitor Villa-Lobos, Oscar Niemeyer, Dorival Caymmi, Carlos Drummond de Andrade, Chico Buarque de Holanda e Guimarães Rosa, por exemplo, jamais foram esquecidas por ele. Outro amor permanente foi o tio Marcelo Brasileiro de Almeida, para quem escreveu um poema:

Na Marcella sutil quantos ornatos
Em mares nunca dantes navegattos
Me adormeci tão leigo
E em tal doçura
Que me esqueci das tantas imposturas
No universo Marcelar
Nunca me viste
Dos altos serros nevos embuçados
Aos tristes becos trevos assombrados
Os brasileiros Marcelus Marcelatus
Do Marcelo talvez uma gentil figura
Mas não viram a coragem

Nos teus nobres gestos
Tua gentileza ofendeu grossura
E cantam furacões e cantam ventos
E nos fundões crepusculares, já perplexo
Reflete o povo triste, perturbado:
Cadê Marcelo, o bom, o desgraçado
O único diálogo existe?
Que é do Marcelo? É este? o mar...
A Marcela Almeida Macelão
Mas que Marcelo é esse que ninguém percebe?
É Marcelo, é passarim
Marcelo cordilheira divisada
Marcelo é um tio bom
E o resto é nada

Em setembro ainda se falava no disco com músicas de Ary Barroso e tudo indicava que iria sair mesmo, como comprovava o próprio noticiário do Departamento de Divulgação da Phonogran até antecipando o seu título: *Tom interpreta Ary*. No dia 30 daquele mês, coube a Jobim informar ao *Jornal da Tarde* que estava trabalhando no disco. Na mesma entrevista, revelou ter recebido um telefonema de Roberto Carlos. Disse o compositor: "Ele ia para Los Angeles, queria material, queria música. Eu disse: 'Roberto, estou aqui louco, estou indo para São Paulo.' Mandei uma fitinha para ele com um troço que pode não ser exatamente o que ele precisa. Ele é simpático, é um amor, não é? Eu o conheço muito pouco, mas ele é doce, é um sujeito assim... uma criatura que eu chamaria de... sei lá... religiosa".

A viagem a São Paulo tinha um bom motivo: um grande show ao lado de Elis Regina no Teatro Bandeirantes, produzido pela Clack, a empresa de Roberto de Oliveira. O espetáculo, apresentado nos dias 3 e 4 de outubro, foi dirigido por Aloysio de Oliveira e contou com a participação de grande orquestra sob a regência de Léo Peracchi e do Quinteto de César Camargo Mariano. Na entrevista coletiva concedida antes do show à imprensa paulista, disse que não se apresentava em São Paulo desde 1961, mas foi corrigido por um jornalista, que lembrou do seu show no dia 23 de outubro de 1964, no Teatro Paramount, intitulado *O remédio é bossa*, promovido pelos alunos da Faculdade Paulista de Medicina e que teve a direção de Valter Silva. Tom confessou que não se lembrava. O show no Teatro Bandeirantes, com arranjos de Tom, César Mariano e Léo Peracchi, foi dividido em três partes: Elis cantou na primeira, Tom na segunda e os dois na terceira. Foi um grande sucesso artístico, mas um fracasso financeiro, pois, como revelou Roberto de Oliveira, só a orquestra levou 40% da renda. Ao *Jornal do Brasil* Tom Jobim disse que teve prejuízo: ganhou Cr$ 1 mil e a conta do hotel foi de Cr$ 2 mil. A crítica paulista aprovou inteiramente o espetáculo. Maurício Krubusly escreveu no *Jornal da Tarde* que Tom era "um avô desajeitado, maravilhoso. Ele destruiu o mito da timidez e deu ao rigor do show um toque de irreversível espontaneidade".

O show foi repetido no teatro do Hotel Nacional, no Rio de Janeiro, nos dias 25 e 26 de outubro, produzido pelos empresários Albert Koski e Jorge Ellis. Tom hospedou-se no hotel (apartamento 2203) e, no dia da estréia, tratou de tomar uma sauna. Depois, jantou um dos seus pratos preferidos – bife de filé (dourado por fora e bem vermelho por dentro), dois ovos passados na manteiga e cerveja – e voltou para o apartamento, de onde telefonou para Aloysio de Oliveira para falar sobre a roupa com que deveria apresentar-se, já que não queria repetir a roupa do show em São Paulo. Perguntou a Aloysio se ele aprovava roupa comprada por Teresa: calça bege sem bolso e sem cinto, camisa de listras verticais e mangas compridas. "Sem paletó?", perguntou Aloysio. "Sem paletó", respondeu Tom. Aloysio aprovou. Em seguida, chegou Teresa, querendo saber se ele precisava de alguma coisa. Tom pediu ao bar, pelo telefone, um copo bem alto com três doses de uísque, outro copo apenas com gelo e meia dúzia de garrafinhas de uísque, "dessas que servem em avião". Em seguida, Teresa cuidou da aparência do marido, utilizando o estojo de maquiagem emprestado por Elis Regina. No show, Tom regeu a orquestra, cantou *Lígia* pela primeira vez em público e solou *Foi ela*, de Ary Barroso, na flauta.

Poucos dias depois, a Phonogran lançava o LP *Elis*. Na primeira faixa do lado A, *Na batucada da vida*, de Ary Barroso e Luís Peixoto.

12

Coisas do coração

No verão de 1974-75, Antonio Carlos Jobim passou a aparecer nos bares com a cabeça coberta po r um chapéu, compondo um tipo que permaneceria até a sua morte. Em pouco tempo já contava com uma boa coleção de chapéus, alguns adquiridos nos Estados Unidos, mas a maioria obtida mesmo no Rio de Janeiro, na tradicional Chapelaria Radiante, de propriedade de Francisco Tavares, um velho comunista que adorava conversar com os seus fregueses.

Outra novidade não foi levada adiante: um livro sobre a sua vida e a sua obra, escrito pelo jornalista Antônio Oséas. Em fins de 1974, ele compôs a trilha sonora de um documentário sobre Zanini, o criador de casas, e o filme *O duelo*, de Paulo Tiago, baseado no conto de Guimarães Rosa.

No primeiro semestre de 1975, Tom Jobim deve ter batido o seu próprio recorde de freqüências de bares e restaurantes. Ia almoçar na Churrascaria Carreta, em Ipanema, e, muitas vezes, só saía de lá depois da meia-noite, quando Teixeirinha, o proprietário da casa, já pensava em fechá-la. Estava sempre cercado de amigos como Dico Wanderley, Cabinha, os jornalistas Tarso de Castro e José Carlos de Oliveira, os atores Antônio Pedro e Hugo Carvana, o economista Ronald Wallace de Chevalier, mais conhecido como Roniquito, e outros. De vez em quando, apareciam Vinicius de Moraes e Dorival Caymmi.

Eram horas de conversa fiada e de consumo de bebidas, como a confirmar uma observação de Aloysio de Oliveira que Tom gostava de citar: "Você já viu que 99% das coisas que a gente fala não têm a menor importância? Aliás, isto que falei também não tem a menor importância". A conversa de Tom Jobim era sempre a mesma – e foi até o fim da vida – mas ninguém foi capaz de repetir-se com tanto charme. Dizia as mesmas coisas nas entrevistas e nas mesas de bar, coisas assim:

– O Brasil é o país do absurdo. Está de cabeça pra baixo e a América do Sul também. Os rios correm ao contrário, os ventos sopram de través e a luz e o sol fazem movimentos às avessas.

– Meu nome é Antônio Carlos Jocafi, vulgo Tom e Dito. Mas pode me chamar de Tom Zé.

– Se eu encontrasse um daqueles caciques na selva, falaria com ele: "Olha, companheiro, mete uma calça branca, uma camisa listrada e vai trabalhar em São Paulo. A selva vai acabar".

– Nunca entendi por que tiraram as letras k, w e y do alfabeto, Brasília foi construída por um presidente com k no nome e a avenida principal chama-se W 3.

– Garçom, não sei se você está me reconhecendo. Sou o feliz autor de *Garota de Ipanema* (frase usada quando o garçom demorava para servi-lo. Nos restaurantes, quando perguntava o que havia pra comer e o garçom respondia: "tudo", ele emendava: "Então me dá rã com bertalha").

– Chega a um ponto que, para fazer um disco brasileiro, eu tenho que ir para os Estados Unidos, porque aqui a música brasileira está muito por baixo. Aqui, todo mundo só quer saber de rock. Você vem da matriz, aí todo mundo se abre. Parece que é crime fazer música brasileira no Brasil. Parece que dá cadeia. Quanto mais brasileira é a música que faço, mais me chamam de americanizado. Noutro dia, eu disse para o Edu Lobo: "Vamos parar com música de Tutu Marambaia porque está pegando mal, estão nos chamando de americanos".

– Sempre fui melhor de vista do que de ouvido. Como músico, talvez não devesse fazer essa revelação, mas é um fato: sempre vejo bichos e plantas que escapam aos mais jovens.

(Enfeitando a própria invenção) – Outro dia, fui piar um macuco no meu sítio. Apitei, fiquei esperando o passarinho. De repente, o mato mexeu. Apontei a espingarda papo-amarelo. Quando ia atirar, o mato deu uma mexida, um ronco e apareceu um Volkswagen cheio de turistas, senhoras gordas e crianças gritando.

– Ando pensando muito em bicho porque estou achando o homem uma bobagem, uma chatice.

– Minha empregada só canta em inglês, sem saber o que está dizendo. Mas é só o que ela ouve. Conhece Stevie Wonder e nunca ouviu falar de Noel Rosa.

(Feliz ao perceber que a Rádio Nacional FM, do Rio, tocava apenas músicas brasileiras) – Liguei o rádio e só ouvi música brasileira. Parecia até que eu estava em Nova York.

– A cerveja locupleta os vazios da alma.

Numa noite de 1975, sentado com amigos numa das mesas do Luna Bar, no Leblon, Tom Jobim conheceu Ana Beatriz Lontra, uma moça de 19 anos, candidata ao vestibular de comunicação da Universidade Gama Filho. A aproximação se deu através de um dos integrantes da mesa, o artista plástico Ângelo de Aquino, namorado de Ana Lúcia, considerada por Ana Beatriz sua irmã. Tom encantou-se com a moça e até se esqueceu dos seus companheiros de mesa – além de Ângelo, Tarso de Castro, Antônio Pedro, José Carlos de Oliveira e o casal Marta Alencar-Hugo Carvana – para cobrir Ana Beatriz de charme. Ela reagiu com simpatia, mas sem muito entusiasmo, até porque se tratava de um homem com muito mais do que o dobro da sua idade (ele estava com 47 anos) e, além disso, não chegava a ser uma fã do compositor, de quem conhecia apenas algumas músicas. Ana gostava mesmo dos Beatles, de Chico Buarque, de Caetano Veloso e de Edu Lobo. Moradora havia cerca de um ano do Rio de Janeiro, ela passou a sua adolescência em Brasília, onde seu pai, o coronel-aviador Aloísio Lontra Neto, exercia a presidência da Fundação Brasil Central. Graças à função do pai – na Força Aérea Brasileira, foi colega de turma de Paulo de Souza Barros, o Paulo Bacardi, cunhado de Tom Jobim –, Ana conheceu os irmãos Vilas-Boas e passou férias na Ilha do Bananal, no Xingu e no Pantanal, uma experiência que deve ter dado muito assunto ao ecologista Tom.

Apesar de não ter compromisso com qualquer gravadora, Tom Jobim foi para os Estados Unidos, em agosto de 1975, a fim de gravar o disco ao qual pretendia chamar de *O boto*, mas que, no Brasil, ganharia o título de *Urubu*. Viajou disposto a bancar todas as despesas de gravação, esperando vender a fita a uma gravadora pelo preço de custo. Arriscou-se muito, pois *Matita perê* vendera apenas 30 mil exemplares, um número bem inferior ao esperado pela Phonogran. No entanto, fez um disco bem mais caro do que o anterior: gastou 60 mil dólares na gravação.

Ao chegar a Nova York, entrou logo em contato com Claus Ogerman para dar início ao trabalho. Enquanto o amigo alemão foi cuidar dos arranjos, Tom faturou uns trocados participando da gravação do disco *Best of two worlds*, reunindo novamente João Gilberto e Stan Getz, agora com o reforço da cantora Miúcha (irmã de Chico Buarque e ex-mulher de João), cuja voz apareceu no disco, mas cujo nome não foi sequer citado na capa e na contracapa. Tom convidou-a para participar do seu disco – gravado nos dias 16, 17, 20, 22 e 23 de outubro – dividindo com ele a interpretação vocal de *O boto*, uma música pela qual ele tinha um apreço muito especial. Mais uma vez, pôde contar com a participação do baterista João Palma e do baixista norte-americano Ron Carter, além de Ray Armand, um percussionista africano que vivera no Rio de Janeiro desde dezembro de 1974 e que, na gravação, tocou berimbau. Por ter usado na melodia de *O boto* (que, nos Estados Unidos, ganhou o título de *Porpoise*) o refrão do rojão *Do Pilá*, de Jararaca, Zé Bambo e Augusto Calheiros – e gravado por eles em 1938 (Pilar foi a cidade em que Jararaca viveu dos dois meses aos oito anos, em Pernambuco) –, Tom dividiu a parceria da obra com Jararaca. Curiosamente, os familiares dos demais parceiros jamais reclamaram da ausência dos seus nomes na obra. Primeira faixa do disco, *O boto* começa com um solo de berimbau e pio de pássaros. As demais faixas são: *Lígia*, *Correnteza* (de Tom e Luís Bonfá), *Ângela*, *Saudades do Brasil*, *Valse* (de Paulinho Jobim), *Arquitetura de morar* e *O homem*. É um disco que segue a sofisticação dos dois anteriores, especialmente com *Saudades do Brasil*, uma obra bem mais próxima do erudito do que do popular e que foi aplaudida pelos próprios músicos, todos eles da Sinfônica de Nova York. O título da música nasceu num dia em que Tom estava no hotel e pegou uma faca para cortar carne. Era uma faca muito afiada e que trazia impressa a expressão *Made in Brazil*. "Me senti orgulhoso por uma faca tão boa ser feita aqui. Aí, me deu uma grande saudade do Brasil e essa saudade está na música. Para que palavras?", revelaria, mais tarde, Antonio Carlos Jobim. O que marcou a cantora Miúcha, que testemunhou os aplausos dos músicos para *Saudade do Brasil*, naqueles dias de gravação, foi o carinho – "eu diria uma paixão" – do maestro Claus Ogerman para Tom Jobim, além do entendimento perfeito entre os dois. Esclarecendo como queria o arranjo, o compositor dizia: "Aqui, você entra na floresta". "Agora os pássaros estão voando". "Atenção para o silêncio da mata".

Terminado o trabalho de mixagem, Tom permaneceu em Nova York para cuidar da venda do disco. O outono daquele ano anunciava um inverno muito rigoroso, pois em novembro já não era possível circular pela cidade sem um bom sobretudo e outros agasalhos. Já fazia algum tempo que suas pernas doíam muito toda vez que a temperatura caía, um sintoma que atribuía ao acidente sofrido na juventude, quando caiu da pirâmide humana na praia e passou a conviver com problemas de coluna. O jornalista norte-americano Albert Goldman, vendo-o massagear a perna enquanto tomavam uns drinques num bar de Nova York, tratou de encaminhá-lo ao Hospital Mount Sinai, onde foi atendido por "aquele judeuzinho com cara de quem sabe tudo". Entregou ao médico as radiografias da coluna, enviadas por Teresa do Brasil, e, enquanto eram examinadas, puxou um cigarro e acendeu. Não precisava dizer mais nada: tratava-se de *inadequate perfusion of the lower limps*, ou seja, inadequada perfusão dos membros inferiores, decorrente de uma afecção (tromboangeíte obliterante), que atinge as veias e artérias das extremidades do corpo, provocando a formação de trombos (coágulos sangüíneos) nos vasos afetados. É uma das muitas conseqüências a que estão expostos os tabagistas, principalmente um fumante como Antonio Carlos Jobim, que consumia quatro maços de cigarros por dia. Quando dormia, se se levantasse para ir ao banheiro, não voltava a dormir sem antes fumar, no mínimo, dois cigarros. Depois de outros exames, Tom Jobim viu que teria de mudar de vida: nunca mais fumar, reduzir a bebida ao índice mais próximo do zero, eliminar da alimentação tudo que aumentasse seu índice de colesterol e de triglicerídios e submeter-se a um longo tratamento de fisioterapia para recuperar o movimento normal das pernas. E mais: como estava com obstrução da aorta e das ilíacas pela arterosclerose, teria de submeter-se a um tratamento de desobstrução e ao implante de uma prótese vascular substituindo as artérias definitivamente comprometidas. O médico mostrou, inclusive, a veia de plástico, em forma de Y, que seria colocada em seu peito. "Os americanos querem abrir-me no meio", passou a queixar-se toda vez que falava no assunto. Na verdade, nunca fez a tal cirurgia.

Depois de vender a produção do disco para a Warner Bros. Record, acertando que a edição norte-americana seria lançada nos Estados Unidos no início de fevereiro de 1976 e a brasileira em agosto, sendo o primeiro lançamento da filial da Warner no Brasil, Jobim voltou ao Rio de Janeiro às vésperas das festas de fim de ano. Nos bares, falava mais do seu estado de saúde do que do disco. "O médico me disse que estou entupido", desabafava, enquanto fumava um cigarro ("só este") e tomava uma cerveja. Procurado pelo repórter Antônio Crisóstomo, da revista *Veja*, para falar do disco, deu preferência novamente aos seus problemas circulatórios, agora preocupado com um exame a que teria de submeter-se nos Estados Unidos. "É uma verdadeira operação, na base da anestesia geral. Mas vou fazer. Médico e delegado têm sempre razão", disse. No dia seguinte, no Antonio's, continuando a entrevista, voltou ao assunto:

– Você pode fumar? Pois o médico me proibiu. Só hoje que estou desrespeitando a proibição (se não conseguiu parar de fumar, reduziu muito o número de cigarros fumados. O autor destas linhas testemunha que nunca mais o viu fumando cigarros. Aderiu ao charuto, mantendo-se fiel a ele até o fim da vida).

– E o copo de uísque na sua frente? – perguntou o repórter.

– Beber pode, é claro. Você queria que eu me suicidasse?

Tom tocou para Antônio Crisóstomo o disco que estava saindo nos Estados Unidos e o jornalista escreveu: "O que acabou de ser ouvido, mais do que um disco convencional, é uma das mais ricas e instigantes gravações já feitas por um músico brasileiro".

Numa outra entrevista, concedida a José Guilherme Mendes, da revista *Ele & Ela*, anunciou a sua disposição de abandonar todas as bebidas que consumira a vida inteira, substituindo-as pelo vinho. É que, numa entrevista, o economista Eugênio Gudin, de 90 anos de idade (e chegaria aos 100), revelou que fazia mais de meio século que trocara a água pelo vinho. Vinho nacional, já que o estrangeiro era muito caro.

Um dia, telefonou para Dorival Caymmi:

– Caymmi, meu amigo, os médicos dizem que estou entupido. Acho que vou morrer.

– Meu filho, ninguém é tão doente que já esteja morto, nem tão sadio que não vá morrer – ensinou o sábio compositor baiano.

Sendo um estudioso do mundo animal brasileiro, Tom Jobim estava tomado de paixão pelo urubu, uma ave que, segundo ele, não recebia dos homens o tratamento adequado. Em vez de nojo, merecia admiração. "É a nossa águia", ensinava. Leu muito sobre as várias raças de urubus existentes no país. O melhor meio de expressar seu afeto ao pássaro foi dar o título de *Urubu* à edição brasileira do seu disco. A capa, portanto, deveria mostrar a foto de um urubu pertencente a uma espécie muito rara, o urubu-jereba, "provador de venenos, sua prioridade é o risco", como escreveu num belo texto da contracapa. Tom usou o Antonio's para escrever o tal texto, o que fez cercado de amigos e funcionários da TV Globo, entre eles Otto Lara Rezende, Walter Clark, João Carlos Magaldi e Edvaldo Pacote. O texto só não foi impecável porque Tom escreveu púmbleas em vez de plúmbeas. Curiosamente, a gravadora conservou o erro.

E onde encontrar um urubu-jereba para fotografar? Um amigo, oficial da Marinha, levou Antonio Carlos Jobim ao bairro do Grajaú, onde morava o almirante Sílvio de Camargo, um estudioso do mundo animal, assinante da revista *Zoo News* e especialista em urubus. O almirante falou, entre outras coisas, de uma experiência feita recentemente com o objetivo de entender por que as aves, que vinham distantes 50, 100 metros umas das outras, juntavam-se num determinado local: soltou balões numa manhã de sol e descobriu, junto à montanha, uma "chaminé", ou seja, a termal que subia no Grajaú verticalmente. Quando atingiam uma determinada altura, embicavam para o Caju. As fêmeas voltavam para o morro, onde tinham seus ninhos. Enfim, foi uma aula sobre o urubu e as suas manias. Devidamente instruído, Tom convidou o fotógrafo Januário Garcia para a difícil missão de fazer a foto do jereba. Durante duas semanas, Januário, Tom e Paulinho Jobim acordavam às quatro da madrugada e saíam em busca do urubu, sempre seguindo as recomendações do almirante Sílvio Camargo. Até que um dia foram para Vargem Grande e pararam num posto de gasolina, onde Tom perguntou ao frentista se tinha visto algum "urubu diferente". O empregado do posto disse que não e fez uma cara de quem desconfiava da saúde mental do compositor. Dirigiram-se ao pé da serra, onde sobem os ventos quentes do dia e onde os urubus se concentram. Ali foi feita a foto. Aliás, uma bonita foto.

Tom Jobim partiu mais uma vez para Nova York em 14 de novembro de 1976, um dia antes das eleições municipais que ocorreriam em todo o país. Antes de embarcar, conversando com os amigos Tarso de Castro e Roniquito, não resistiu ao trocadilho: "Digam que vou para não votar".

Dessa vez, permaneceu nos Estados Unidos apenas o tempo para fazer os exames pedidos pelos médicos. Sofria muito com o frio nas suas caminhadas por Nova York e, muitas vezes, entrava numa loja qualquer para fugir dele. Quando chegava ao Hotel Adams, queimava "os pés na água quente da velha banheira, de bica farta e fervente, fumegante, que delícia!" Em dezembro, estava de volta ao calor do verão carioca, onde se envolvera em mais de uma atividade: era o presidente da Sombras, uma associação de compositores destinada a lutar contra o sistema de arrecadação e de distribuição dos direitos autorais no Brasil. Vários nomes importantes da nossa música estavam como envolvidos na luta da Sombras, entre eles Chico Buarque de Holanda, Aldir Blanc, Luís Gonzaga Júnior, Francis Hime, Maurício Tapajós, Sérgio Ricardo, Hermínio Belo de Carvalho e Ivan Lins. Tom queria mudanças na política de direito autoral – o que acabou ocorrendo, com a criação do Escritório Central de Arrecadação de Direitos, o Ecad – e também nas relações dos autores com os editores, dos quais se considerava uma vítima. "A Bíblia diz que Deus separou o homem de suas obras. Os editores também fizeram isso comigo, cumprindo a palavra de Deus. Fiquei sem minha obra", reclamava. Numa noite de janeiro de 1977 em que jantava no Restaurante Concorde, em Ipanema, Vinicius de Moraes disse a ele que aproveitaria uma temporada prevista para Punta Del Este para dar um pulo em Buenos Aires e saber por que não recebe seus direitos autorais da Argentina, onde, por sinal, sua música era bastante executada. "Aproveita e fala de mim também. Nunca recebi nada do México à Patagônia", pediu Tom.

Dias antes de completar 50 anos, Antonio Carlos Jobim já era procurado por jornalistas. À repórter Margarida Autran, do *O Globo*, revelou que tinha planos de escrever um livro: "Resta saber se consigo no meio dessa vida agitada. Posso contar alguns fatos, talvez escrever as memórias. Está em tempo de botar uns pensamentos no papel. Senão fica tudo mais ou menos na base do si bemol", disse.

Já eram duas horas da madrugada do dia 26 de janeiro de 1977 e apenas alguns plantonistas e redatores estavam na redação do jornal *O Globo*.

O telefone tocou e quem atendeu foi um repórter de polícia, embatucado com o que diziam do outro lado da linha. O autor do telefonema falava inglês, língua que o repórter não conhecia. Passou o telefone para outro jornalista. Era uma ligação de Fort Lauderdale, Flórida:

– Aqui fala Flip Wilson.

– Earl Wilson? – perguntou o jornalista.

– Não, Flip Wilson. Sou secretário de mister Frank Sinatra. O *New York Times* nos forneceu o telefone do *O Globo*. Precisamos de uma informação: vocês têm o telefone de mister Antonio Carlos Jobim?

O redator consultou o caderno de telefones da redação e deu o número.

– Este número nós já temos. Passamos o dia inteiro ligando e só ouvimos o sinal de ocupado. Deve estar quebrado. Um momentinho...

Quem passou a falar foi o próprio Frank Sinatra:

– É para desejar muitas felicidades a mister Jobim pela passagem do seu qüinquagésimo aniversário. Faz o favor de transmitir a ele nossos votos.

O redator telefonou imediatamente para a casa de Tom Jobim. Teresa atendeu:

– Ele já está dormindo. Passou o dia inteiro comemorando no Antonio's. O telefone aqui em casa não parou de tocar. Deu até engarrafamento. Se Sinatra ligar novamente, diga-lhe que muito obrigada.

Tom Jobim, de fato, passou o dia inteiro no Antonio's, cercado de amigos, para os quais repetia frases na base do *nonsense*: "Quando eu era velho, tinha um carro de quatro portas e sustentava muitas famílias". Até que chegou o crítico e historiador da música popular brasileira Lúcio Rangel e formaram uma dupla, cantando em terça, como nos velhos tempos de Sílvio Caldas e Luís Barbosa, Ciro Monteiro e Dilermando Pinheiro, Joel e Gaúcho etc. Todos estavam impressionados com o conhecimento de Tom de sambas antigos. Começaram cantando *Eu vi você chorando* (Cristóvão de Alencar e Nássara), passaram para *O que será de mim?* (Ismael Silva, Nilton Bastos e Francisco Alves), *Conversa de botequim* (Vadico e Noel Rosa) e *Se eu fora rei* (Silvo Caldas). Tom estava gostando tanto da dupla que pediu ao garçom: "Por favor, desligue a música que a gente quer cantar. Hoje é o dia do meu aniversário". As pessoas das demais mesas, mesmo sem estar envolvidas nas comemorações, aplaudiram o pedido, numa demonstração de que queriam ouvir somente Tom Jobim e Lúcio Rangel. Enfim, carinho foi o que não faltou ao aniversariante. Mas nada o deixou tão feliz do que abrir o *Jornal do Brasil*, dois dias depois, e boter os olhos nestas linhas:

"Abro a janela e em minha paróquia não-visitada por sabiás um sabiá está cantando. O ouvido não se enganou, e é fácil de explicar. Nesta manhã, um sabiá múltiplo e comemorativo gorjeia em cada árvore de cada bairro do Rio, da Tijuca ao Leblon, pela chegada dos 50 anos do sabiá-mor, vulgo Tom Jobim".

Era nada menos do que Carlos Drummond de Andrade homenageando o compositor pelo seu aniversário, na crônica "Som Sobre Tom". Entreguemos a palavra ao poeta:

"O pássaro desenvolve um canto geral, em nome das aves amadas por Tom, inclusive o matita-perê, que não nasceu lá muito melodioso, e o jereba, ou urubu-de-cabeça-vermelha, do qual obviamente não se exigem primores vocais. E sua ária festiva é justa homenagem da natureza ao compositor que soube captar para nós, entre canções de amor sofrido ou exultante, a palpitação, o lirismo surdo, o secreto recado das águas de março, das madeiras e lajes que compõem o mais antigo cenário da vida. Cenário que vamos destruindo metodicamente, em vez de preservá-lo e restaurá-lo como opção para o triste viver urbano a que nos condenamos por inclinação suicida.

Porque Tom é isso aí: o vibrátil rapaz da cidade, que leva para Ipanema e Leblon uma alma ressoante de rumores da floresta, perto da qual ele nasceu. Se ama o papo de bar com amigos ('a cerveja locupleta os vazios da alma, diz ele), será por invencível delicadeza, que ainda agora o fez declarar a Cristina Lyra: 'Eu só tenho feito gostar das pessoas.' E, reconhecendo que 'as conversas de bar procuram o longo caminho do equívoco', um dia propôs a um amigo distante 'estabelecer sesmarias aéreas' de sociedade com ele. Tom sabe voar sobre miudezas e convencionalismos que atrapalham a verdadeira comunicação, sob a aparência de estimulá-la.

Se vai aos Estados Unidos para gravar a sua música em nível técnico mais apurado, até nisto segue a política de pássaro, que emigra na hora sazonal e volta religiosamente ao habitat na hora certa. E, ao voltar, continua tão brasileiro quanto era ao sair, que isso é raiz e sobrenome dele: Antônio Carlos Brasileiro de Almeida Jobim, nos papéis civis. De resto, incriminá-lo de americanização, a mim parece inverter o sentido das coisas. Tom leva para a América do Norte uma límpida, sensível imagem brasileira, que lá nos faz menos desconhecidos a até amados por quem distingue, através da música, o temperamento nacional de que ela resulta. (Exportação cultural, que corresponde ao nosso interesse econômico.)

Esse generoso, espontâneo ser urbano-silvestre que é o maestro Jobim representa muita coisa mais do que uma sensibilidade pequeno-burguesa que modula crônicas de amor para consumo da classe média, a que logo adere uma suposta classe alta. É antes um criador musical que concentra o espírito do Brasil antigo, situando-o na atualidade sob condições novas. Estabelece uma continuidade emocional em formas tão cristalinas que sentimos, graças ao seu talento, a novidade dos estados permanentes de alegria, tristeza e cisma, vividos pela nossa gente, à margem de estilos e modas. Um Nazaré e um Tom dispensam colocação didática na história da música brasileira. E em Tom esse sentir brasileiro é também sentir dos ventos, das ramagens, dos seixos, das vozes de passarinhos, que não cariocas nem fluminenses, é a 'geologia moral' do Brasil, que procuramos esquecer, mas subsiste como explicação maior da gente.

Tom Jobim, deputado eleito pelos sabiás, canários e curiós para falar não aos povos da Zona Sul, mas a toda criatura capaz de ouvir e entender pássaros, trazendo-nos uma interpretação melódica da vida. Isso que ele faz tão bem, pois seria vão esperar que os amantes do barulho erguido à categoria de música estimassem o antibarulho, o refinamento do som organizado em fonte de estético e explicação do homem por si mesmo. O som de Tom, o som que uma fada (iara, sereia, camena?) lhe deu há 50 anos, presente das matas da Tijuca ao futuro morador do Leblon, ao mais despreocupado dos mestres, e por isso também o mestre que é mais agradável reverenciar.

Salve, Tom, em claro e meigo Tom!"

O cinqüentão parecia ter esquecido os problemas de saúde e estava bebendo como nunca, embora raramente se comportasse como um bêbado, caindo pela rua ou cometendo qualquer tipo de desvario. Sua lucidez era suficiente, por exemplo, para recusar mais um convite de Glauber Rocha para atuar como ator de cinema. Faria o papel de Lampião num filme que, por sinal, Glauber jamais realizou. Seu casamento definitivamente chegara ao fim, com a decisão de Teresa de expulsá-lo de casa. Vida nova. "Quando meu primeiro casamento estava desfeito, eu me senti em condições de comer qualquer mulher e saí por aí pesquisando o mercado, assuntando a praça, checando a potência. Vinicius me dizia: 'Mas isso é normal, isso é que é sadio, Tonzinho. Você está pronto para tudo', revelou em sua entrevista à *Playboy*. A potência sexual, aliás, passou a ser uma das suas fixações, pois sabia que a má circulação do sangue (somada ao excesso de bebida) poderia afetar seu desempenho na cama: "Troco qualquer sinfonia de Beethoven por uma boa ereção". Outra frase sobre o tema tesão foi até anotada pelo poeta Tiago de Melo, para ficar como uma das suas lembranças de Tom Jobim: "É preciso lutar pela adequada perfusão dos corpos cavernosos".

Algumas novidades foram importantes para o reencontro do seu rumo. Pelo menos, para que tivesse uma vida boêmia mais moderada. A primeira delas foi o encontro com Lourival de Freitas, a quem chamava de "o bruxo". Dotado de poderes paranormais e com prestígio no mundo inteiro (principalmente em Londres, onde um teste científico teria provado que os espíritos, de fato, se incorporavam nele), Lourival tinha em sua bagagem a cura das mais variadas doenças de pessoas que o procuravam. Quando tinha um espírito incorporado – o do imperador Nero foi o mais freqüente – era capaz de beber vários litros de cachaça e até de éter puro em quantidades inimagináveis. O autor destas linhas foi testemunha de algumas dessas façanhas, mas é verdade também que Lourival de Freitas foi alvo de denúncias pela prática de falcatruas, como a de esconder vísceras de animais (especialmente, de galinha) na boca e dizer depois que se tratava de restos de úlceras de estômago que sugava com a boca, através de incisões que ele próprio produzia nos pacientes com facas caseiras. Tom Jobim, Chico Buarque de Holanda e outros grandes nomes da música brasileira eram fascinados por ele e cumpriam todas as suas determinações. Os tratamentos à base de ervas que receitava eram religiosamente adotados. Depois de esperar vários meses, a cantora Miúcha teve o seu joelho operado por ele, com a assistência de Chico Buarque, que atuou como anestesista, e de Tom Jobim, que, a pedido de Lourival, tocou piano durante o tempo todo em que a operação era feita. Depois da cirurgia, um longo período consumindo ervas. "Nunca mais tive problemas no joelho", disse Miúcha. De Tom Jobim, Lourival de Freitas retirou um "bico-de-papagaio" da coluna, próximo à cervical. Os dois ficavam horas conversando sobre ervas, das quais o bruxo parecia ser um profundo conhecedor. Era um especialista em plantas medicinais da Amazônia, de onde mandava buscar quantidades imensas de folhas. Tom jamais abandonou uma ametista que Lourival, com a cumplicidade de Miúcha, roubara de uma loja no centro do Rio. Para que a pedra fizesse bem ao compositor teria de ser roubada, além de não-lapidada.

Outra novidade a contribuir para que sossegasse um pouco foi o *long-play* de Miúcha, na RCA Victor, que acabou ganhando o título de *Miúcha & Antonio Carlos Jobim*. Aloysio de Oliveira, o produtor, tinha imaginado um disco com arranjos de Dori Caymmi e com músicas de vários autores. Tom ofereceu-lhe *Correnteza*, dele e Luís Bonfá. No dia da gravação, ele foi ao estúdio para participar do acompanhamento, tocando piano. Deu tantos palpites, que não esperou muito para ser o arranjador único do disco, além de tocar flauta e de cantar. Chico Buarque também participou do disco, cantando com Miúcha nas faixas *Vai levando* (Chico e Caetano Veloso), *Maninha* (Chico Buarque) e *Sei lá* (Toquinho e Vinicius de Moraes). Tom Jobim contribuiu com *Samba do avião* e *É preciso dizer adeus* (dele e de Vinicius de Moraes).

Além de participar do disco de Miúcha, Jobim tocou piano e dividiu a interpretação vocal de *Fotografia* para o disco *Meus amigos são um barato*, de Nara Leão. Não foi fácil para a cantora levá-lo até o estúdio, porque as gravações eram feitas apenas às segundas-feiras, quando ela não tinha aula na PUC, onde fazia o curso de psicologia, e ele estava sempre ocupado. Finalmente, acertaram numa segunda-feira, marcaram a gravação para as 7 horas da noite e ele chegou às 8h20. "Quando Tom tocou o primeiro acorde, comecei a chorar", contaria Nara Leão numa entrevista. Depois, mais calma, passou a cantar com ele, "como a gente fazia na casa do Bené Nunes".

A mais importante das novidades para que Tom começasse e tomar jeito foi, sem dúvida, o início do seu namoro com Ana Beatriz. Até então, ele fazia charme, escrevia poemas etc., mas ela não acreditava muito. Estando ele descasado, Ana concordou em saírem juntos e, daí em diante, foi um passeio atrás do outro pelas praias e pela Floresta da Tijuca. Em pouco tempo, ela havia sido contemplada por ele com todos os seus discos e com vários livros. "Não foi fácil conquistar a Ana. Até disco de Chico Buarque tive de dar pra ela", brincava Tom, achando que o disco de Chico havia sido decisivo para que Ana aceitasse o romance.

Em setembro, durante um almoço na Carreta, Aloysio de Oliveira propôs a Mário Prioli, proprietário da casa de espetáculos Canecão, a realização de um show reunindo Antonio Carlos Jobim, Vinicius de Moraes, Miúcha e Toquinho. Proposta aceita, Aloysio ficou encarregado do roteiro e chegaram a falar em Fauzi Arap para fazer a direção do espetáculo, mas a missão acabou sendo entregue ao próprio Aloysio de Oliveira. Como em boa parte dos seus shows, Aloysio quis também para esse uma música especialmente feita para a abertura, tarefa que foi entregue aos compositores participantes, com a ajuda de Chico Buarque de Holanda. A letra ficou assim:

Estamos aí
Gente amiga que muito se quer
Estamos aí
Pro que der e vier
Estamos aí
Pro amor e pra desilusão
Mas como é bom cantar
Multiplicar
A magia de cada canção

Música
Como é bom cantar
Música
Deixa pensar
Que pra amar é preciso fingir
Deixa dizer que é preciso mentir
Deixa falar que a poesia não pode existir
Deixa pra lá
Estamos aí

O roteiro foi modificado durante quase todos os 14 dias de ensaio. Diariamente aparecia uma novidade, mas a melhor delas nasceu de uma brincadeira de Chico Buarque de Holanda, fazendo uma sátira do samba *Carta ao Tom*, de

Toquinho e Vinicius de Moraes ("Rua Nascimento e Silva, 107/Você ensinando pra Elisete/As canções de *Canção do amor demais*"), que acabou contando com colaboração de Tom, Vinicius e do próprio Aloysio de Oliveira, que, na autoria da música, se identificou como Alioli:

Rua Nascimento e Silva, 107
Eu saio correndo do pivete
Tentando alcançar o elevador
Minha janela não passa de um quadrado
A gente só vê Sérgio Dourado
Onde se via o Redentor
É, meu amigo, só resta uma certeza
É preciso acabar com a natureza
É melhor lotear o nosso amor

No espetáculo, Vinicius e Toquinho apresentavam *Carta ao Tom*, a orquestra (regência de Edson Frederico) modulava e Jobim cantava a paródia, sempre recebida com gargalhadas e muitos aplausos. O show fez muito sucesso, apesar da ação da censura, que, simplesmente, não permitiu que Vinicius de Moraes declamasse todo o seu poema "Pátria minha" – uma das mais belas declarações de amor feitas ao Brasil em forma de poesia – e cortou estes versos:

Vontade de beijar os olhos de minha pátria
De niná-la, de passar-lhe a mão pelos cabelos...
Vontade de mudar as cores do vestido (auriverde!) tão feias
E sem meias, pátria minha,
Tão pobrinha!

Logo após a estréia do show, Aloysio de Oliveira foi convocado para produzir, no estúdio da RCA do Rio de Janeiro, o disco *O som brasileiro de Sarah Vaughan*, em que a grande cantora cantou várias músicas brasileiras, sendo duas – *Triste* e *Se todos fossem iguais a você* (*Someone to light up my life*) – de Tom Jobim, que participou da gravação tocando piano. Quanto ao show, foi uma temporada de sete meses no Canecão, apesar do ceticismo de Chico Buarque de Holanda, que se assustara ao ver o elenco assinar um contrato de três meses com a casa. "Vocês estão rindo agora, mas depois vão estar chorando", avisou. Além dos espetáculos no Canecão, surgiram também convites para apresentações extras. Numa delas, para a Veplan, uma das maiores empresas imobiliárias do Rio de Janeiro na época, o problema não foi a censura oficial, mas da própria empresa promotora. Um dia antes da apresentação, Antonio Carlos Jobim foi procurado no camarim por uma mulher de vestido longo, estampado, sapato de salto altíssimo, cabelo cheio de laquê, cílios postiços e muito batom, que se apresentou como relações-públicas da Veplan Imobiliária. Declaro-se muito emocionada por conhecer Tom Jobim pessoalmente, mas tinha um fato grave a comunicar: ele não poderia cantar a sátira à *Carta ao Tom*, a não ser que fosse retirada a menção a Sérgio Dourado, um concorrente da Veplan. Tom acabou substituindo a empresa Sérgio Dourado pela expressão "aço cromado". Em outra noite, Regina Werneck, recém-chegada dos Estados Unidos, foi ao camarim, reuniu todo o elenco e leu uma mensagem enviada por Aloysio de Oliveira, na verdade, um agradecimento emocionado pela dedicação de todos ao espetáculo. As palavras do roteirista e diretor bateram fundo em todos os participantes, que se abraçaram e alguns chegaram a chorar. Nessa noite, Tom convidou Regina e a namorada Ana Beatriz para participarem do coro. Ana, porém, teve de, antes, submeter-se a um teste na Ordem dos Músicos, quando cantou o *Samba do avião* e foi aprovada. Durante o show, Vinicius de Moraes – convencido pelo médico Clementino Fraga Filho – e Tom Jobim – convencido pelo bruxo Lourival Freitas – decidiram parar de beber. O uísque que ambos bebiam durante o espetáculo foi substituído por mate. Miúcha, que, todas as noites, tomava um gole de uísque de um dos copos deles, levou um susto quando pegou o copo de Vinicius. "Cuidado!", gritou o poeta, que, dali em diante, arrancava gargalhadas da platéia quando dizia beber mate. Ninguém acreditava. Tratando-se de Antonio Carlos Jobim e Vinicius de Moraes, abandonar a bebida alcoólica não seria uma decisão definitiva, mas a verdade é que Tom diminuiria muito o consumo. O autor destas linhas, que, na época, escrevia no jornal *O Globo* uma coluna sobre música popular, informava no dia 11 de maio de 1978: "Faz hoje 36 dias que Tom não bebe um gole de bebida alcoólica". Sabendo que iria viver com Ana Beatriz, dali a poucos dias, ele botou a saúde em primeiro lugar, não só descartando a bebida, como buscando outras proteções: andava sempre com os colares de Oxóssi, Oxalá e Iemanjá.

– Ele ficava muito melhor quando não bebia. Desinchava, ficava mais bonito e, além disso, criava melhor e tinha mais disposição para o trabalho – disse Ana em depoimento para este livro.

Depois de render um disco para a gravadora Som Livre, o show foi apresentado um mês em São Paulo (no Anhembi), outro mês na Argentina e mais um na Europa: sendo 10 dias no Olympia de Paris (onde Baden Powell reforçou o grupo), nove dias em Londres (Palladium) e 10 dias na Itália (Florença, Milão, Bolonha e Roma). O grupo também esteve na Suíça (Lugano), onde gravaram para a televisão local um programa que ganharia o prêmio de melhor especial do ano. Outro programa de TV foi gravado na França. Na viagem de ida, Tom foi separado do grupo: enquanto todos os demais embarcaram no Boeing, ele, acompanhado de Ana Beatriz, viajou no Concorde, pelo qual, aliás, ficou fascinado.

Vinicius de Moraes e Tom Jobim conheceram em Paris uma personagem que viria a ser muito importante na vida deles. Era uma moça de Niterói, chamada Gilda Matoso, que trabalhava com Franco Fontana, o empresário italiano que cuidou das apresentações do grupo na Europa. Como Jobim chegou na frente dos demais, coube a ela ciceroneá-lo em Paris, uma cidade que conhecia bastante, mas não o suficiente para atender inteiramente às exigências do compositor. Ele queria, por exemplo, saber onde comprar um mel de abelha especial para a garganta ou onde poderia comer uma boa sardinha na chapa etc. Mas se deram tão bem que, anos depois, ela viria a ser a empresária dele. Melhor ainda foi a relação de Gilda com Vinicius, com quem se casou durante aquela mesma temporada em Paris. Foi ela a nona e derradeira esposa do poeta.

De volta ao Rio, Antonio Carlos Jobim parecia mesmo comprometido com a idéia de levar uma vida mais saudável, tanto que se matriculou na Academia Gomes de ginástica, no Leblon, onde passou a fazer musculação com o professor Abel Gomes, ex-campeão brasileiro de halterofilismo. Freqüentou a academia com surpreendente assiduidade, apesar de não concordar com a separação existente entre homens e mulheres. Só não prosseguiu na musculação porque, mais uma vez, teve de ir para Nova York, em companhia de Ana, a fim de cuidar de negócios e de manter o seu visto de residente nos Estados Unidos. De lá, mandou um cartão a Vinicius de Moraes não para o endereço dele, mas para o Restaurante Concorde, em Ipanema, onde tinha certeza de que o poeta o receberia: "Vina, querido, te amamos muito. Aninha *does the dishes* enquanto eu sonho segurando o cacete, *just in case*... O piano do lado e o copo de chope vazio! *What a shame*! *The moon in it's flight*. Beijos de Ana Tom". (Na assinatura, outra brincadeira dele: Anaton era uma marca de colchão.) Em Nova York, ele teve um encontro com André Midani e acertaram a gravação de mais um disco para a Warner, nos meses de abril e maio de 1979.

Na volta, Tom Jobim e Ana, morando provisoriamente no Marina Hotel, no Leblon, acharam que chegara a hora de ter um lar para os dois. Era o que recomendavam os corações de ambos, mas havia também alguns problemas práticos para serem resolvidos desde que estivessem juntos numa casa. Um desses problemas era o piano de Tom, que ficara no Canecão desde o encerramento do show, mais de um ano atrás, e não havia como levá-lo para o hotel. Agora, o Canecão precisava do espaço para o show de Roberto Carlos. Depois de uma boa pesquisa na Zona Sul do Rio de Janeiro, o casal acabou alugando uma boa casa na Rua Peri, no alto do Jardim Botânico, debaixo do Cristo Redentor.

"Moro no sovaco de Cristo", dizia ele, criando uma expressão que seria repetida a ponto de dar o nome a um dos blocos carnavalescos mais animados da Zona Sul, o Sovaco de Cristo. O padrasto Celso Frota Pessoa recomendou-lhe a compra da casa da Rua Peri, mas ele hesitou, procurou outras e não gostou de nenhuma. Ana, irritada com tanta hesitação, levantou a suspeita de que ele não queria casar com ela. Até que, um dia, procurando casa na região em que moravam, viram um terreno na Rua Sara Vilela, bem acima da Rua Peri, pelo qual Tom ficou deslumbrado. Ana não percebeu nada demais. O que viu, na verdade, foi uma pirambeira que acabava ao nível da rua. Só depois, conhecendo melhor, concordou com Tom: o terreno estava em cima de um platô, do qual a vista da Zona Sul carioca era deslumbrante. Tom Jobim perguntou a um caseiro quem era o dono do terreno e soube que pertencia a um amigo de Maria Clara Mariani, que morava a poucos metros do terreno. Pediu ao caseiro que o apresentasse a Maria Clara, foi à casa dela e, por vários dias, repetiu a visita, querendo saber se havia umidade na região, se Maria Clara enfrentava problemas de mofo, como o sol batia etc. Quando conversou com o proprietário, o advogado Hamilton Prisco Paraíso, nem um pouco interessado em vender o terreno, tanto que fez um preço aparentemente bem superior ao que valia, Tom nem discutiu, comprou.

No dia 21 de dezembro de 1978, o prefeito Marcos Tamoio inaugurou, num terreno entre o Arpoador e a Rua Francisco Otaviano, em Copacabana, o Parque Garota de Ipanema. Nem Vinicius de Moraes nem Antonio Carlos Jobim compareceram à inauguração. Vinicius, por estar na Bahia, mas Jobim compareceu, segundo informou o próprio prefeito à imprensa. Chegou na hora certa, ao meio-dia, mas no dia anterior.

Tom já planejava com Aloysio de Oliveira o disco que iria gravar para a Warner, quando, em fevereiro de 1979, morreu Celso Frota Pessoa, seu padrasto e um amigo querido a quem devia um corajoso e substancial apoio no início da sua carreira. Além disso, era o seu melhor conselheiro nos negócios. Num bilhete para Aloysio, André Midani revelou-se preocupado por achar que Tom Jobim estava fugindo dele. No mesmo bilhete, considerou ótima a sugestão de um disco "Tom/Ary". Pelo jeito, Aloysio de Oliveira não havia desistido da velha idéia. Em outro bilhete, datado de 16 de fevereiro, Midani falou da morte de Celso e revelou que jantara com Tom na noite anterior. Escreveu ele: "Fiquei muito surpreso e preocupado com um comentário feito por Tom, dizendo que seu advogado nos Estados Unidos esqueceu de assinar contrato com a Warner Bros. Assim, ele estava sem contrato. Por outro lado, ele reclama que precisa de dinheiro. Tentei investigar o assunto, para ver se havia alguma conexão entre o contrato e o dinheiro, mas não fui bem sucedido. Por favor, entre em contato com ele".

Tom Jobim entrou no estúdio, no dia 19 de março de 1979, não para gravar o disco planejado por André Midani, mas para dar início à gravação do segundo *long-play* com Miúcha, novamente com a produção de Aloysio de Oliveira. Mais uma vez, uma grande farra que se refletiu com maior ênfase nas faixas (Chico Buarque participou das duas) *Turma do funil* (Mirabeau, Urgel de Castro e Milton de Oliveira, com uma adaptação de Tom Jobim e Chico Buarque que aumentou o nome da marchinha para *Turma do funil no Baixo Leblon*) e *Dinheiro em penca* (Tom Jobim e Cacaso), uma toada de sabor sertanejo, baseada num poema de Cacaso que cresceu com novas estrofes não só do autor como do próprio Tom Jobim, como não deixa dúvida o trecho que focaliza Lourival de Freitas:

Uma vez em Nova York
Liguei pro meu feiticeiro
Que atendeu o telefone
Lá no Rio de Janeiro

A faixa, com arranjo de cordas e pios de pássaros, quase levou o produtor Aloysio de Oliveira ao desespero, pois não acabava nunca. Ocupou 9:43 minutos do disco.

Em meio ao trabalho, o Banco do Brasil convidou Tom Jobim para fazer um show em Nova York e ele aceitou, levando Miúcha para dividir o palco com ele. Tom propôs à RCA Victor concluir o disco lá, com arranjos de Claus Ogerman, mas a gravadora não concordou. Aloysio decidiu que as gravações tinham de continuar nos Estados Unidos e contou, para isso, com uma ajuda financeira de André Midani, apesar de dirigir outra gravadora. No final das contas, a RCA comprou a fita gravada em Nova York, que contou com a participação de Oscar Castro Neves e do baixista Ron Carter. Chico Buarque de Holanda, com viagem marcada para a Europa, indo depois para os Estados Unidos, inverteu o roteiro e foi direto para Nova York, onde participou da faixa *Dinheiro em penca* com Tom Jobim, uma dupla que o próprio Chico batizou de "Alvarenga & Ranchinho do Central Park". Antes do lançamento do disco, Tom Jobim encontrou o compositor Bororó (Alberto de Castro Simões da Silva), que, no alto dos seus 81 anos de idade, ainda era um freqüentador dos bares cariocas, e comunicou a ele que gravara com Miúcha seu samba *Sublime tortura*:

– Ótimo! Já que você tem facilidade de gravar, em qualquer outra música minha que você incluir nos seus discos pode botar também o seu nome como autor – ofereceu o veterano compositor.

Jobim caiu na gargalhada:

– O que é isso, Bororó? Sou apenas admirador. Além de *Dinheiro em penca*, Tom contribuiu para o disco, como compositor, com um dos seus clássicos, *Aula de matemática* (letra de Marino Pinto) e uma belíssima música inédita, *Falando de amor*.

Com o *long-play* com Miúcha concluído, Tom Jobim, Aloysio de Oliveira e Claus Ogerman deram início à gravação do álbum duplo *Terra Brasilis*, que Aloysio tentou chamar de *Jobiniana*, depois *Brasiliana* e, finalmente, *Panorama brasileiro*. Prevaleceu a opinião de Tom, reforçada pelo desenho feito por Paulinho Jobim, uma alegoria em torno da fauna brasileira que acabou se encaixando como uma bonita capa para o disco. Foram 20 faixas, entre as quais três inéditas: *Você vai ver* (Ana Beatriz estreou como cantora de disco participando da gravação desta faixa), *Marina del Rey* e *Two kites*, além de *Falando de amor*. Uma curiosidade do disco foi a gravação de *Se todos fossem iguais a você* em ritmo de marcha-rancho (Tom provocava Vinicius de Moraes dizendo que a letra dessa música era "um bestialógico". E argumentava: "Imagine se todo mundo fosse igual à mulher que a gente ama. O mundo seria um saco"). Das 20 faixas, seis eram instrumentais, oito cantada em português e seis em inglês. Ele tentou traduzir para o português a letra de *Two kites* (também chamada de *Thighs in the skies*, algo que pode ser traduzido para *Bate-coxa no céu* ou *Grandes coxas celestes*), mas não conseguiu. Grande parte do disco é constituído por clássicos do repertório do autor, como *Samba de uma nota só*, *Dindi*, *Corcovado* etc. Foi o disco em que, até então, Tom Jobim melhor se saiu como cantor. Uma conseqüência, sem dúvida, do seu rompimento com o cigarro. Ele próprio percebeu, é claro. Mas toda vez que alguém o elogiava pelas suas interpretações, ele mudava de assunto, confirmando aquele diagnóstico feito por Carlos Lacerda, anos atrás: "No te parece que estoy a cantar el Corcovado sin sotaque ninguno?". Outro detalhe importante de *Terra Brasilis*: foi o último trabalho de Claus Ogerman com Jobim. Após a gravação desse disco, o maestro voltou para a Alemanha e lá permaneceu dedicando-se apenas à chamada música erudita.

Terra Brasilis foi lançado em abril de 1980 no Brasil e nos Estados Unidos. Durante o lançamento, no Clube dos Marimbás, em Copacabana, Jobim deu entrevista à *Veja*, confessando que torcia muito para que o disco vendesse bastante: "O quilo do camarão chegou a Cr$ 900,00. Preciso sobreviver", justificava, ao mesmo tempo em que chamava a atenção para o fato de que a família estava cada vez maior. É que, desde 30 de outubro de 1979, ele era pai mais uma vez: com quatro quilos, nascera João Francisco, na Casa de Saúde São José, o primeiro filho do seu casamento com Ana Beatriz.

13

O resto de vida

A passagem de ano – de 1979 para 1980 – reuniu na casa de Ana e Antonio Carlos Jobim um pequeno grupo de amigos, entre os quais o casal Gilda Matoso e Vinicius de Moraes. Foi o *reveillon* de menor consumo de álcool para Vinicius, desde que ele se tornara adulto. Portador de uma hidrocefalia ("foi excesso de gelo no uísque. O nosso organismo não suporta tanta água", debochava o poeta), além de diabetes e pressão alta, sabia que chegara a hora de tomar certos cuidados.

A museóloga Vera Alencar, presente à reunião em companhia do marido Luís Eduardo, estava iniciando um trabalho que seria o primeiro passo para Tom Jobim dar uma ordem aos seus quase 30 anos de vida artística (o segundo passo Tom só daria 10 anos depois, com a publicação do seu *songbook*). Coube a ela organizar uma quantidade imensa de partituras, letras de músicas, recortes de jornais, troféus, correspondências, fotografias, discos, fitas etc., até então amontoados em sua casa ou guardados com dona Nilza ou com Teresa.

Tom conhecia Vera desde o lançamento do primeiro *long-play* de Chico Buarque de Holanda, quando Helena, sua irmã, revelou que a museóloga sabia cantar todas as músicas de Chico. Tom pegou o violão e pediu que ela cantasse *Olé olá*. "Cantar com acompanhamento de Antonio Carlos Jobim foi uma das maiores emoções da minha vida", confessou Vera ao autor destas linhas. Anos depois, Vera Alencar escreveu uma carta ao *Jornal do Brasil*, defendendo o compositor de uma crítica que lhe pareceu injusta. Tom leu a carta e gostou. Mais tarde, já casado com Ana, Tom foi convencido por Helena de que Vera deveria organizar seu arquivo. A museóloga chegou a desconfiar de que, sendo muito amiga de Teresa, não seria aprovada por Ana, mas esta concordou imediatamente.

– Ela é minha taxidermista. Está me empalhando vivo – era assim que Tom apresentava Vera aos amigos.

Ela cuidava do passado, mas, por passar boa parte do dia na casa de Tom (tinha, inclusive, uma cópia das chaves das portas principais, para chegar na hora que lhe conviesse), foi também testemunha de cenas inesquecíveis, como ocorreu naquele dia em que, do arquivo, ouviu uma voz muito familiar e foi até a sala do piano para identificá-la: era de Caubi Peixoto, uma figura mitológica para ela, que aprendia com Tom Jobim a música *Oficina*, cedida pelo autor para ter incluída no próximo *long-play* do cantor. Caubi foi levado à casa de Tom pelo jornalista Luís Carlos Maciel, contratado pela gravadora Som Livre, juntamente ao também jornalista Tarso de Castro, para obter músicas inéditas de compositores importantes para o disco (Tarso conseguiu *Bastidores*, de Chico Buarque de Holanda, que viria a ser um dos grandes sucessos da carreira de Caubi Peixoto). *Oficina* é dessas músicas que ninguém ousaria atribuir a Tom Jobim, principalmente pela letra, um protesto próximo do panfleto contra a política econômica adotada pelo ministro da Fazenda de então, Delfim Neto:

Hoje na oficina sei que vou me aborrecer
Pois o meu patrão não vai querer compreender
Com este salário não se pode mais viver
Sei que sou pingente
Dependente do dever
Sei que sou decente
Mas também posso morrer
Sei que, de repente, estou contente, vou viver
Canta, coração; canta, coração
Diga ao Delfim que assim ninguém pode viver

Waltel Blanco, o autor do arranjo para a gravação de Caubi Peixoto, percebendo muito pouco Tom Jobim na música, tratou de enxertar sua participação com passagens de *Águas de março* e *Dindi*.

Em maio e junho de 1980, quando Jobim estava nos Estados Unidos "para assinar o ponto", ele, principalmente, e outros compositores de destaque eram acusados de plagiários num programa de televisão apresentado pela TV Educativa, emissora pertencente ao governo federal e ligada ao Ministério da Educação. O primeiro protesto partiu do jornalista Artur da Távola (Paulo Alberto Monteiro de Barros), do jornal *O Globo*, que pediu providências do próprio ministro de então, escritor Eduardo Portela: "No programa *Tudo é música*, da TVE, figuras importantes e honradas da música popular brasileira estão sendo chamadas de plagiárias na seção 'O Plágio Nosso de Cada Dia'. Dorival Caymmi, Ary Barroso, Antonio Carlos Jobim, Vinicius de Moraes, Dori Caymmi, Geraldo Vandré e outros são acusados violentamente. Chamar de plagiário é chamar de ladrão, não fiquemos com meias palavras". José Carlos de Oliveira, do *Jornal do Brasil*, também se dirigiu ao ministro Eduardo Portela: "Ou vai ficar tudo na futriquinha, enlameando grandes artistas?", perguntou. Mas o pronunciamento de maior repercussão partiu de Lúcio Costa, o mestre da arquitetura brasileira, em carta enviada ao próprio José Carlos de Oliveira:

"Foi, na verdade, insólito o procedimento da TVE, lançando ao ar, para todo o Brasil, a pecha de plagiário a um músico da qualidade e significação de Tom Jobim, sem prévia audiência dele e quando ausente do país. Quanto ao seu mérito, a acusação não me parece deva ser levada a sério. Embora a música não seja o meu ofício, entendo que as artes têm algo em comum, nesse momento particular de intercâmbio de influências e sugestões motivadoras, que se interpenetram. Não há por que se policiar, confinando-se em ambientes imunes a qualquer contágio. Continue compondo desprevenido e aberto aos filões das mais diversas procedências, porquanto, com a sua criatividade, surgirá sempre daí outra coisa.

Certamente haverá quem possa esmiuçar e catar, com pachorra, a frase trampolim ou os pontos de 'pecaminosa' contaminação que se tenham eventualmente insinuado na trama ou na argamassa da obra de arte autêntica. O plágio é a imitação, a contrafação hábil ou canhestra de uma determinada obra, e não essa fecunda e válida absorção, formal ou sonora, que o artista normalmente sofre. O fato de minha mulher ter tido prévia e inócua experiência não impede que ela seja minha legítima esposa".

Quando Tom Jobim retornou ao Brasil o programa estava fora do ar. Mas o pior ocorreria poucos dias depois da sua chegada: no dia 9 de julho, Vinicius de Moraes morreu. Desde abril, quando o poeta foi submetido a uma cirurgia para instalação de uma válvula ventrículo-peritoneal na cabeça, que Tom vivia preocupado com o amigo. Chegava a acordar à noite depois de sonhar com Vinicius morto. Levou-o certa vez ao bruxo Lourival de Freitas, mas, infelizmente, nem as ervas nem as forças do além foram suficientes para vencer a doença. Tom Jobim preferiu não comparecer ao cemitério. Se tivesse ido, não teria participado de um velório comum, mas de uma emocionante e, paradoxalmente, descontraída reunião de gente que amava Vinicius de Moraes. Carlos Drummond de Andrade contava o episódio em que, surpreendido pela mulher, Tati, beijando a prima dela, Vinicius desculpou-se insinuando que apenas estava sendo gentil: "Ela é tão feia!" O psicanalista Hélio Pellegrino tentava convencer o acadêmico e amigo Otto Lara Rezende de que a morte de Vinicius abria uma vaga na Academia Brasileira de Letras:

– Mas ele não era acadêmico – argumentava Otto Lara.

– Por isso mesmo! – insistia Hélio.

O cartunista Jaguar, por sua vez, protestava contra a ausência de bebidas alcoólicas na cantina do cemitério, uma falha imperdoável, especialmente no velório de uma figura como Vinicius de Moraes. No auge de sua indignação, chegou Ricardo Amaral, o criador de tantas casas noturnas no Rio de Janeiro. "Ricardo, por que você não abre um botequim ao lado do cemitério? Tenho até o nome: 'A saideira'", sugeriu Jaguar.

– Foi a morte de Vinicius que me deu a convicção de que não somos imortais – passou a repetir Tom Jobim toda vez que o tema era abordado nos bate-papos em mesa de bar. Em várias entrevistas que deu a partir de julho de 1980, usou muitas vezes a expressão "neste resto de vida" sempre que falava dos seus futuros projetos. Numa entrevista que concedeu ao *Pasquim*, em novembro, abordou o tema de maneira bem humorada, ao relatar um episódio ocorrido dias antes. "Um rapaz que veio me entrevistar me perguntou: 'Você crê na vida depois da morte? Vinicius acabou?' Táăá! Rachou um cinzeiro de cristal que estava em cima da mesa! Vinicius é especialista nisso. Vivia quebrando copos e, agora, cinzeiro. Quebrou de maneira artística. Um talho absolutamente perfeito. O cara ficou horrorizado. 'Não vou botar isso na entrevista porque ninguém vai acreditar.' Deixou de informar um troço notável. Em toda minha vida nunca vi um cinzeiro quebrar assim".

Na entrevista, o cartunista Jaguar perguntou se ele pensava na morte. Resposta: "Bastante, mas numa boa. Tenho lido muito os poetas que falam da morte. Manuel Bandeira é um craque nisso: 'O aeroporto de todas as manhãs me dá lições de partir.' Várias vezes fui colocado em dilemas em que me disseram que eu ia morrer e isso me fez um bem enorme. Você faz uma revisão. Quando criança, eu era imortal. Pulava de telhado em telhado de Ipanema, debaixo da maior chuva, e nunca pensei que meu pé podia escorregar. A morte só passa a existir quando você tem consciência de que é um ser mortal, com um passo limitado. 'Olha, terminou o segundo tempo. Agora vamos para a prorrogação.' Uma coisa que me deixava horrorizado, quando criança, era a idéia dos filósofos gregos, que dormiam dentro dos seus próprios caixões. Hoje, acho isso a coisa mais sadia, pois mostra que você não tem mais nada a temer. E filosofia samurai é justamente botar o homem pronto para a sua morte. Sabendo que vou morrer, posso viver". O tema interessava muito a ele, tanto que Chico Buarque de Holanda brincava dizendo que Tom era um especialista em morte. "Já li muita coisa interessante sobre o assunto: livros hindus, chineses, de todas as raças. Só comecei a pensar na minha morte depois que Vinicius morreu. O resto é brincadeira do Chico", disse ele à revista *Manchete* naquele mesmo novembro de 1980. "Ninguém se prepara para a morte, só camicase, prosseguiu. "O que deve preocupar as pessoas é o medo de morrer sem ter feito nada. Agora, esse negócio de ter medo da morte, claro que tenho. Todo mundo tem. Tenho medo de ônibus, de ficar impotente, de comer chocolate. Uma coisa é certa: Deus não criaria o homem para, de repente, destrui-lo. Há alguma coisa aí que não está bem explicada. Eu, por mim, curto este lindo planetinha. Enquanto me deixarem ficar por aqui, fico. Afinal, se Deus deixa que destruam dois milhões de árvores na Amazônia, sem mais nem menos, é porque as faz nascer em outro lugar, onde deve haver macacos, flores e águas altas. É pra lá que eu vou, quando morrer. Mas, no restinho de vida, vou aproveitar para cantar, denunciar a depredação e proteger a ecologia".

"Por que você se separou de Teresa?", perguntou Ziraldo na entrevista ao *Pasquim*. Ele respondeu: "Por mim, jamais me separaria. Primeiro, aquela era uma paixão total e, segundo, sou como gato: não gosto de mudar de casa. No adiantado da hora, casar com um brotinho? Não gosto de brotinho. Não quero ter filhos. Agora, os negócios acontecem à sua revelia e acabei me apaixonando pela Ana. Gosto de Teresa, uma mulher excelente. Telefono muito para ela, ela me ajudou muito, mas, no fim, não dava. Não podia ficar sempre no bar, de porre. No fim, minha vida ficou destroçada e resolvi sair de casa. Andei pela Europa, fui à Argentina, fiz Canecão e acabei no 'Jardim Bothanique'. Tinha vivido 35 anos com Teresa, mas ia morrer se continuasse daquele jeito". "Iam morrer os dois, né?", insistiu Ziraldo. "Os dois. Quando conheci Ana, já havia acabado. Estou fazendo um poema assim: 'Vou fazer a minha casa/No alto de uma quimera/Criar um mundo novo/Inventar nova megera'.

Tom respondeu a uma pergunta que pairava no ar e que dava margem a todo tipo de especulação: por que não apareceu ao lado de Frank Sinatra, quando este esteve no Brasil e cantou para o Maracanã lotado? A resposta era simples: os empresários brasileiros encarregados da vinda do cantor não quiseram pagar a Jobim pela sua participação no show. Disse ele: "O engenheiro de som, um irlandês, perguntou se eu queria acompanhar Frank Sinatra no violão: 'Claro, me sinto muito honrado.' O engenheiro, então, disse que o trabalho ia ser de graça. Só trabalho por dinheiro. Posso cobrar só Cr$ 50 mil, mas cobro. Tenho que pagar aluguel, sustentar cinco mil pobres e mandar dinheiro para o Partido Comunista Norte-Americano", ironizou.

Para evitar intrigas, Tom Jobim nem ficou no Rio de Janeiro durante a passagem de Sinatra pela cidade. Recolheu-se ao sítio de Poço Fundo. Na segunda vez em que o cantor visitou o país, em 1981, ao apresentar-se no Hotel Maksoud, em São Paulo, falou do compositor brasileiro com irreverência: "Ele está nas montanhas da sua cidade, fumando a sua maconha". Logo quem, Antonio Carlos Jobim, que tinha horror à maconha.

Naquele fim de 1980, até que ele podia passar uma boa temporada no sítio, já que a valsa que compusera com Chico Buarque de Holanda para o filme *Eu te amo* fazia o maior sucesso. Era uma gravação da cantora Telma Costa, com o próprio Tom ao piano, três flautas, um celo e um contrabaixo. Mas o compositor estava a fim de uma briga e saiu em defesa de Chico Buarque de Holanda, que se envolvera numa polêmica com a crítica de música popular. Chico estava irritado, e com toda razão, com um certo tipo de crítica autoritária – da qual a revista *Isto é*, nos seus primeiros números, era o exemplo mais escandaloso – que ameaçava entrar em moda. A revista determinava ao leitor: "não leia", sendo um livro que não contasse com a aprovação do redator, ou, sendo um disco, "não ouça". O problema foi que, no *Programa Livre*, da TV Bandeirantes, Chico generalizou, comparando a crítica da música popular à ação da censura, sem perceber, sequer, que, entre os seus entrevistadores, estava um dos nossos mais respeitáveis críticos, o jornalista Tárik de Souza, uma vítima dos censores da ditadura, principalmente quando atuou como editor do semanário *Opinião*. Os jornais reagiram, cada qual ao seu modo, levando Tom Jobim a escrever a mão um texto de veemente apoio ao colega e amigo:

"Li no *Jornal do Brasil* que o Chico quer ser censor! Meu Deus, o *JB* está tão liberal que vou passar a comprar *O Globo*. Imaginem, o Chico quer cercear a liberdade de Emprensa. Em Prensa, realmente, eu não quero estar. Se a linguagem dos censores, da polícia e dos críticos coincide é mera coincidência. Existe um livro chamado *La critique des critiques*, no qual o autor diligentemente coletou o que os mais importantes críticos disseram, através do tempo, nos mais importantes jornais sobre Beethoven, Chopin, Debussy, Ravel etc. Penas ferinas compuseram frases da moda, os achólogos, brilhantes alguns mesmo, criticaram o que não entendiam ou nem mesmo ouviram. Imaginem sobre Picasso o que não se escreveu! E o nosso Villa? Oscar Guanabarino enchia laudas e laudas, e escrevia bem, irônico, ferino, adorava as óperas italianas no Municipal e desancava o Villa. Noutro dia, perguntei a Vinicius: 'Mas será que o Brasil não ama seus poetas, seus músicos?' 'Pois é, Tonzinho, o que que se vai fazer?

Dr. Chico Buarque é um gênio. Vamos nos reunir todos para provar o contrário. Como fizemos com Villa-Lobos, com Niemeyer, com Drummond. Somos velhos maniqueístas e, se eu dissesse agora, de brincadeira, que o Brasil é de cabeça pra baixo, vocês me botariam de cabeça pra baixo e eu veria que o Brasil está de cabeça pra cima e eu é que estava de cabeça pra baixo. Chamaremos a primeira avenida do país de W3 e tiraremos o W do alfabeto. As butiques do Méier têm nomes com K, Y e W, aproveitando a valorização das letras desaparecidas (como o feijão). Depois, temos os telefonemas anônimos, as ameaças, as cartas, as trocas de favores, a extensão, os gravadores que não gravam músicas, a tortura *ad nauseam*.

Chico Buarque, com apenas 36 anos e já com uma obra histórica. Chico é mito vivo, estátua vivente, futuro nome de rua, praça, avenida. Andando pelo Leblon, com olhos, bocas e dentes, lindo! Xinguemo-lo de rico, ele que tanto defende os humildes, ou, então, devoremo-lo antropofagicamente. Quem sabe o ideal dele é um Passat, um apartamento no Leblon e a mulher do próximo? Ou talvez seja mais ambicioso e queira dois Passats, dois apartamentos e duas mulheres do próximo? Quem sabe um castelo, com Mercedes-Benz, chofer chinês, ao lado da Rocinha? Guarda-costas e escudeiro. Ó, Francisco, nós te amamos! O povo te ama. O Brasil... Não vá esquecer a minha letra!".

Tom Jobim passou boa parte do verão de 1980-81 no sítio de Poço Fundo tomando providências decorrentes de uma descoberta: numa parte não arborizada do terreno, nasceu uma palmeira indaiá. "Quando ela aparece, é sinal de deserto", advertiu, tratando de providenciar três mil pés de eucalipto "por desespero", pois preferia restituir à terra as plantas naturais da região. Tratou também de fazer um aceiro de seis metros de largura em torno da mata nativa, para impedir que ela fosse atingida pelo fogo que, eventualmente, um empregado estivesse usando para queimar o lixo. Preocupava-se também com o tratamento de um gavião, do tipo casaco-de-couro ou gavião-belo, portador de um grave ferimento na perna, que lhe fora levado por um vizinho sabedor de suas boas relações com as aves. Era um gavião de costas escuras, uma mistura de amarelo com marrom, bege e branco, e o peito carijó. "Tem cara e peito, mas é gavião no duro", explicava ele. Tom aplicou no ferimento pomada de penicilina, pingou gotas de antibiótico no nariz do gavião e alimentou-o com carne e água. Depois de curado, foi levado para a mata e colocado em liberdade.

Mas tinha o que fazer no Rio de Janeiro. Andava muito preocupado com sua mãe, dona Nilza, que parecia ter entrado num processo irreversível de arteriosclerose. Além disso, atendendo ao pedido do produtor Raimundo Brito, tinha um encontro com Leila Pinheiro, uma bela jovem recém-chegada do Pará que dava início à sua carreira de cantora. Tom recebeu-a em casa, mostrou algumas música inéditas e ela acabou escolhendo *Espelho das águas*, gravada com a participação do próprio Tom Jobim no piano. A gravadora Som Livre desistiu do disco e ele só foi lançado dois anos depois, num selo independente. O privilégio do lançamento de *Espelho das águas* ficou com a cantora Simone, que incluiu a música em seu disco de 1981 para a gravadora Odeon, também com a participação de Tom no piano. O Galo Preto, conjunto de choro formado por jovens e excelentes músicos, por sua vez, também foi contemplado na ocasião com uma obra inédita do compositor, o choro *Flor do mato*.

Em março, Tom Jobim apresentou-se no Palácio da Artes, em Belo Horizonte, comemorando os 10 anos da Fundação Clóvis Salgado. Havia 20 anos ele não se apresentava na capital mineira. Depois, Nova York para "assinar o ponto". Na volta, foi alvo de vários convites, sendo dois para programas de televisão no exterior a serem gravados no final do ano: um especial com Frank Sinatra e Count Basie, nos Estados Unidos, e um programa com Michel Legrand, na TV francesa. Recusou a ambos. "Sei que seria muita badalação, mas estou com um mulher nova, filho novo. Não dá pra viajar. João não agüentaria o inverno e não gostaríamos de deixá-lo no Rio sem a nossa presença. Já tivemos essa experiência e ele reagiu mal. Toda vez que toca o telefone e falo inglês, João se agarra na saia da mãe", explicou Tom. Mas aceitou o convite do escritor Gilberto Braga para compor a música principal da telenovela *Brilhante*, que seria a próxima atração do horário nobre da TV Globo. O compositor foi para o piano e compôs a melodia até com uma certa rapidez, mas a letra deu mais trabalho, além de, depois de pronta, descrever equivocadamente a musa inspiradora: "Imaginei a luz brilhante batendo nos cabelos da louraça Vera Fisher. Imaginei também, em contraponto àquela história de mulher branca ser fria, o verso 'embaixo dessa neve mora um coração'. E Vera aparece na novela com o cabelo preto encaracolado", comentou Tom. Como fazia sempre que a letra ainda não estava completa, consultou um amigo sobre a melhor solução. Até o autor destas linhas foi consultado por ele, quando compunha *Ana Luísa*:

– (Cantando) *O vale, os prados, os matos, os montes*... O que você acha melhor: "os matos" ou "a mata"?

– "A mata".

Ficou "os matos".

Em *Luísa*, o amigo consultado foi Ronaldo Bôscoli, um letrista bem mais experiente. A primeira parte estava pronta, mas, na segunda, faltava alguma coisa nos versos finais para expressar a idéia que vinha desenvolvendo. Cantou a música para Bôscoli até o verso "e uma raio de sol, nos teus cabelos" e explicou que gostaria de encaixar, em seguida, algo que fizesse sentido com o verso final: "que guardei somente pra te dar, Luísa". O veterano letrista sugeriu: "Como um brilhante que, partindo a luz/Explode em sete cores/Revelando, então, os sete mil amores" e, aí, sim, "Que guardei somente para te dar Luísa". Tom adorou a contribuição e incorporou-a à musica. *Luísa* foi gravada, entrou na telenovela e fez sucesso. Tom só não esperava ler no livro *Eles e eu – Memórias de Ronaldo Bôscoli*, escrito por Luís Carlos Maciel e Ângela Chaves, lançado dias depois da morte de Ronaldo, em 1994, o seguinte trecho: "Mas a minha maior mágoa de Tom veio depois, em *Luísa*, quando o ajudei em alguns versos da segunda parte. É quando a letra fala de sete cores, sete mil amores etc. Contribuí com umas quatro, cinco frases. Tom alegou que já havia apanhado uma boa grana adiantada para fazer a música sozinho e que ia pegar mal aparecer com um parceria. Relevei, mas, agora, revelo".

Depois de participar do disco infantil *Arca de Noé número 2*, com músicas de Toquinho e Vinicius de Moraes, tocando piano na faixa *A cachorrinha*, com arranjo do filho Paulinho Jobim e com a presença da esposa Ana, da filha Beth e da nora Eliane no coro, Tom foi convidado por Aloysio de Oliveira para tocar piano no clássico *Pra dizer adeus* (Edu Lobo e Torquato Neto) do *long-play* que Edu Lobo ia começar a gravar com a participação de vários músicos e cantores. Mas não deu outra. No estúdio, após criar uma nova introdução em *Pra dizer adeus*, Tom pediu para participar da faixa *Canção do amanhecer* (Edu Lobo e Vinicius de Moraes). Aloysio de Oliveira, com a experiência de quem produzira os discos de Miúcha, propôs que o LP fosse dividido entre Edu Lobo e Antonio Carlos Jobim. Saiu o disco antológico, não só pela qualidade das músicas e da apresentação de cada uma, mas também pela perfeita identidade entre dois criadores de gerações diferentes que se admiravam mutuamente. No texto da contracapa, Edu definiu: "De todos os arquitetos de música que conheço, Tom é, sem dúvida, o traço mais amplo e perfeito. Dele surgem projetos sólidos, feitos para abrigar o coração do mundo". Tom, por sua vez, lembrou do menino que revê "homem feito, charmoso, sorridente, dono de cancioneiro vasto e lindo, além de incursões no campo erudito, pois Edu sabe música, orquestra, arranja, escreve, rege, canta e toca violão e piano. Estudou, o que representa enorme vantagem". O repertório foi todo baseado na obra da dupla: *Pra dizer adeus* (Edu Lobo e Torquato Neto), *Canção do amanhecer* (Edu Lobo e Vinicius de Moraes), *Canto triste* (Edu Lobo e Vinicius de Moraes), *Moto contínuo* (Edu Lobo e Chico Buarque de Holanda), *Ai, quem me dera* (Tom Jobim e Marino Pinto), *É preciso dizer adeus* (Tom e Vinicius de Moraes), *Chovendo na roseira* (Tom Jobim), *Ângela* (Tom Jobim), *Luísa* (Tom Jobim), *Vento bravo* (Edu Lobo e Paulo César Pinheiro), *Retrato em branco e preto* (Tom e Chico Buarque), *Frevo* (Tom e Vinicius de Moraes), *Luciana* (Tom e Vinicius de Moraes) e *Pois é* (Tom e Chico Buarque).

Naquele fim de 1981, Tom foi procurado pela cantora Nara Leão, que desejava incluir uma obra dele no disco de músicas infantis que estava gravando e que serviria de brinde de fim de ano do laboratório Johnson & Johnson. Tom ofereceu um xote que compôs para provocar as crianças no sítio de Poço Fundo e que ganhou o nome *Pra mode chatear*:

As criancinhas
A gente tranca no banheiro
Não deixa no terreiro
Que é pra incomodar
A gente grande gosta de ficar sozinha
A ver as criancinhas
Que pra mode chatear
Zulmira, Zulmira
Tranca eles no banheiro
Não deixa no terreiro
Que é pra não incomodar

Nara Leão ficou assustada. Como é que ela incluiria num disco infantil uma música que trata tão mal as crianças? Tom explicou que a meninada entraria cantando na segunda parte, vingando-se da gente grande:

A gente grande
A gente tranca no banheiro
Não deixa no terreiro
Que é pra não incomodar
As criancinhas gostam de ficar sozinhas
A ver a gente grande
Que é pra mode chatear
Zulmira, Zulmira
Tranca eles no banheiro
Não deixa no terreiro
Que é pra não incomodar

Nara Leão adorou o xote.

O convite seguinte partiu do diretor de cinema Bruno Barreto, para fazer as músicas da versão cinematográfica do romance *Gabriela, cravo e canela*, de Jorge Amado, que teria o grande astro italiano Marcello Mastroianni e a brasileira Sônia Braga como atores principais. Tom aceitou a tarefa e indicou Oscar Castro Neves para escrever os arranjos. Tom Jobim releu o romance e compôs nove temas especialmente para o filme, acrescentando *Ilhéus*, uma música feita havia alguns anos com Vinicius de Moraes. A gravação foi realizada no estúdio da Som Livre, no Rio. A repórter Susana Schild, do *Jornal do Brasil*, estava lá e observou: "É provável que Marcello Mastroianni sentisse sua caracterização de Nacib ameaçada se visse Tom Jobim chegar ao estúdio de gravação de terno branco, camisa de gaze amarela, chapéu de palha e óculos escuros". Gal Costa cantou cinco músicas, sendo as demais interpretadas por um grupo de instrumentistas, do qual fizeram parte o próprio Tom (piano), Gílson Peranzzetta (piano), Hélio Capucci (violão), Luisão (baixo) e Paulinho Braga (bateria).

No dia 23 de abril de 1982, Tom Jobim ganhou o Prêmio Shell de Música Popular, por decisão unânime de uma comissão julgadora integrada pelos compositores Edu Lobo e Paulo César Pinheiro e os jornalistas Ari Vasconcelos, Zuza Homem de Melo e Sérgio Cabral. Naquele ano, o prêmio de música erudita foi atribuído a Francisco Mignone (no ano anterior, ganharam Radamés Gnattali, música erudita, e Pixinguinha, música popular). A festa de entrega do prêmio ocorreria em novembro, com um concerto na Sala Cecília Meireles que teve a participação de grande orquestra regida por Radamés Gnattali executando arranjos de Radamés e do próprio Tom, da cantora Olívia Byington e do violinista Rafael Rabelo, que tocou o choro *Garoto*, novo nome de *Choro*, gravado no LP *Stone flower*. Radamés executou no piano seu choro *Meu amigo Tom* e Tom e Radamés, juntos, executaram *Meu amigo Radamés*, de Tom Jobim.

O compositor continuava recusando convites. Dessa vez do empresário italiano Franco Fontana, cuja intenção era fazer uma excursão pela Europa em que Antonio Carlos Jobim, sozinho com o seu piano, percorreria vários países tocando apenas suas músicas de sucesso. "Vamos ficar ricos!", exclamava o italiano pelo telefone. "É um esquema tentador, mas muito chato", justificou Tom.

(A narrativa de Tom Jobim para um telefonema para Carlos Drummond de Andrade:

"– Quer dizer que vais fazer 80 anos?

– Não. Acho que vou adiar.

– A que atribuis tua longevidade?

– À cozinha mineira.

E eu penso nas costeletas de porco, no tutu com torresmo, no colesterol e quedo perplexo".)

Lançado nos Estados Unidos em 1981 e, no Brasil, em meados de 1982, o álbum duplo *Ella Fitzgerald sings Antonio Carlos Jobim* (aqui, ganhou o título de *Ella abraça Jobim*) foi uma decepção. Era um dos discos mais esperados com a obra de Tom, até porque, como já vimos, tratava-se de um velho sonho da maravilhosa cantora norte-americana. O produtor, Norman Granz, foi o mesmo dos *songbooks* anteriores de Ella Fitzgerald (cantando obras de Cole Porter, George e Ira Gershwin, Duke Ellington, Rodgers & Hart, Irving Berlin, Haroldo Arlen e Johnny Mercer), mas não foi tão eficiente neste disco quanto o foi nos demais. Grande conhecedor da música norte-americana e, particularmente, do jazz, a impressão que ficou foi a de que não conhecia Tom Jobim suficientemente para produzir um disco dele. É claro que não se trata de um produto para se jogar no lixo, até porque Ella Fitzgerald conseguiu, algumas vezes, fazer com que o ouvinte se esqueça dos arranjos primários de Erich Bulling. O disco vale também pelas improvisações de Clark Terry no trompete, Zoot Sims no sax tenor,

Joe Pass na guitarra e, principalmente, Toots Thielemans na gaita. Enfim, o que dependeu da criatividade da cantora e dos instrumentistas foi ótimo, mas a base, reforçada pela participação do percussionista Paulinho da Costa (que funcionou como co-produtor), deu a impressão de escrita para o cantor mais quadrado dos Estados Unidos. O esforço de Paulinho para criar um clima de batucada acabou por produzir o que Oswald de Andrade chamava de "macumba para turista". O baterista peruano Alex Acuña tocou o samba com a mesma inventividade das baterias acopladas a esses instrumentos eletrônicos que dispensam o baterista, muito usados em churrascarias. O baixista mexicano Abraham Laboriel, coitado, limitou-se a executar academicamente a parte escrita por Erich Bulling. Uma pena. Foi o pior *songbook* de Ella Fitzgerald. Tom Jobim, evidentemente, detestou o disco, embora evitasse dizê-lo publicamente. Mas foi o que confidenciou ao autor destas linhas.

No verão de 1982-83, Tom chegou ao sítio de Poço Fundo e descobriu que um ladrão andou por lá e levou vários objetos, incluindo um dos seus três violões. O ladrão escolheu exatamente aquele que mais gostava, um brinde do próprio fabricante, Reinaldo Di Giorgio. Tom telefonou para um amigo, o então major da Polícia Militar Brandino Melo Ribeiro (um dos melhores amigos de Baden Powell), que imediatamente acionou o quartel de Friburgo, cujos melhores quadros entraram em ação. Dias depois, o violão foi encontrado num galinheiro da região, todo sujo e quebrado.

Em março, foi para os Estados Unidos, levando a família, incluindo o filho João, já de posse do seu primeiro passaporte. Paulo Jobim encontrava-se lá, estudando na Escola de Música Julliard e tendo aulas particulares de arranjos e orquestração. Com ele, estavam Eliane e os dois filhos. Em abril, atuaria no conjunto de Astrud Gilberto no Blue Note. Tom tinha um prazer especial por estar em Nova York, pelo simples fato de andar pelas ruas sem ser incomodado. Ainda estava sob o impacto de uma caminhada que tentara fazer na praia, no Rio de Janeiro, às cinco horas da manhã, escondendo o rosto com óculos escuros e cobrindo a cabeça com chapéu. Não levou muito tempo para ser reconhecido: "Não acredito!", berrou o cidadão que caminhava em sentido contrário, obrigando-o a voltar para casa imediatamente. Em Nova York, raramente era reconhecido. Numa madrugada, o filho João Francisco acordou chorando, com febre e com a mão no ouvido. Ele próprio diagnosticou uma otite externa e tratou de ligar para uma clínica, que enviou uma médica para atender o menino. Como de hábito nos Estados Unidos, o pagamento pela consulta deveria ser feito através do correio, mas, como estava às vésperas de uma viagem, fez o cheque e o entregou à médica. "Você é aquele Jobim das músicas?", perguntou a médica ao examinar a assinatura do cheque.

Tom era um grande admirador dos motoristas de táxi de Nova York. "Eles são craques, sejam norte-americanos, porto-riquenhos, paulistas, cearenses ou egípcios", dizia ele. Num trajeto que percorreu na cidade de táxi, o motorista olhou-o pelo espelho retrovisor e arriscou: "Você deve ser professor". Algumas dezenas de metros depois, corrigiu: "Não, você não é professor. Você é músico". Adiante, entrou em detalhe: "Você é compositor", e não disse mais nada, até que Tom saiu do táxi e o motorista pôde ver a sua barriga um tanto quanto volumosa: "E você gosta muito de cerveja".

Em setembro, chegou ao Brasil o disco *Rita Reyes sings Antonio Carlos Jobim*, lançado na Holanda pela gravadora Atlas Ariola. A holandesa Rita Reyes surpreendera a crítica de jazz desde 1958, quando gravou o LP *The cool voice of Rita Reyes*, acompanhada pelo conjunto Jazz Messengers do baterista Art Blakey. José Domingos Rafaelli, no *Jornal do Brasil*, não resistiu à comparação e assinalou que *Rita Reyes sings Antonio Carlos Jobim* era superior ao disco *Ella abraça Jobim*. Tom Jobim também gostou do disco, assim como adorou o do violinista brasileiro Carlos Barbosa Lima, gravado nos Estados Unidos e intitulado *The music of A. C. Jobim & G. Gershwin*.

De volta ao Rio, Tom já era uma espécie de atração turística da churrascaria Plataforma, do amigo Alberico Campana, veterano comerciante da noite carioca e amigo de vários músicos, desde a época do Beco das Garrafas, onde comandava o Little Club. Muita gente ia almoçar ou jantar lá apenas para ver Tom Jobim de perto. Não teria medo de ser incomodado pelos chatos? "Não, porque os chatos não gostam de lugares grandes. Preferem os pequenos restaurantes, onde encurralam suas vítimas", respondia. Na Plataforma, criava expressões que iam sendo incorporadas ao linguajar da casa. Pedia sempre um prato – um frango grelhado e aberto, chapado, como se um automóvel houvesse passado por cima – ao qual dava o nome de "frango atropelado".

Por sua iniciativa, os garçons passaram a servir chope em taças de vinho (às vezes, num copo pequeno para uísque), cuja grande vantagem era a de ser bebido inteiramente ainda gelado, o que seria mais difícil num copo grande. Era o chope "pipoca". Gostava de usar expressões inglesas e até inventava algumas como, por exemplo, *going back to the cold cow* ("voltando à vaca-fria"). A bebida e a comida eram escolhidas de acordo com a sua preocupação com a saúde. Adorava criar teorias sobre as bebidas: substituiu o uísque pela vodka num período, porque "as bebidas destiladas brancas são mais bem absorvidas pelo organismo". Em época de cuidado, bebia poucos copos de chope ou de vinho e optava pela carne branca. O vinho, geralmente, era um Valpolicella Bolla ou o francês Chateau Margot. Muitas vezes, o vinho era levado de casa. Em fases de nenhum cuidado, que não eram poucas, saboreava um *steak* preparado no sal grosso, quando não vinha mesmo um filé com ovos fritos. Seus pratos eram sempre acompanhados de 10, 12 cabeças de alho, submetidas à água fervendo o tempo suficiente para neutralizar o cheiro. Era a sua contribuição à luta contra o colesterol, pois lera em algum lugar que o alho "afina o sangue". Às vezes, levava sua própria comida feita em casa (um camarão com jiló e quiabo, por exemplo) ou em outros restaurantes das redondezas. Depois da criação do Bar Bracarense, ele dava sempre uma passada por lá para encomendar o caldo de mocotó. Não abusava quando Ana andava por perto, pois seria repreendido severamente. Ainda assim, contava com a cumplicidade dos garçons e se encontrava com eles no banheiro dos homens para beber chope ou outra bebida escondido da mulher.

Naquele setembro de 1983, assumiu a direção musical do filme *Para viver um grande amor*, uma adaptação para o cinema da peça *Pobre menina rica*, de Vinicius de Moraes e Carlos Lyra, feita pelo diretor Miguel Faria. Os principais atores do filme eram o cantor Djavan e a bela atriz Patrícia Pilar. O filme apresentou três músicas da parceria Tom Jobim-Chico Buarque de Holanda: *A violeira*, cantada por Elba Ramalho, que fazia o papel de uma nordestina, mãe de 13 filhos, *Meninos, eu vi* e *Imagina*, interpretados por Djavan e Olívio Byington. *Imagina* é aquela valsa carregada de influência dos franceses que Tom compôs quando aluno de Lúcia Branco.

No dia 12 de setembro, estava no Canecão, cantando e tocando piano no lançamento do livro de memórias de Aloysio de Oliveira, *De banda para a lua*. E havia um novo trabalho a realizar: a composição de um *jingle* exclusivamente para rádio, encomendado pela agência de publicidade McCann Erickson, para o automóvel Monza, da General Motors. Em entrevista à publicação *Meio & Mensagem*, confessou que tinha "um certo preconceito" em relação à composição de *jingles*, mas que, agora, percebia que era "bem legal". E estava satisfeito com o produto anunciado: "O Monza é um carro bonito e o nome Monza é muito musical". Sobre os publicitários, acentuou que eles têm uma coisa boa, que é falar direto, dando como exemplo o *slogan* "Coca-cola é o que é", que dispensava a necessidade de dizer que a bebida é boa ou gostosa. "Publicidade é igual a assaltante: fala direto", completou.

O arranjo do *jingle* foi entregue a Paulinho Jobim, que também tocou violão. No baixo, Luís Alves; na flauta Danilo Caymmi; na bateria, Wilson da Neves; nos teclados, Eduardo Souto Neto; no violoncelo, Jacques Morelenbaum e, no coro, Regina Paula, José Botelho, Olívia Byington, Beth Jobim, Paulo Malagutti, Eliane Jobim e Maúcha Adnet. O *jingle* ficou assim:

Locutor
Com vocês, Tom Jobim!
Tom
Um, dois, três
(Cantando) *Monza, carro é Monza*
É Monza o carro
Monza é
Coro
A harmonia Chevrolet
É Chevrolet
Tom
O carro é o Monza
A paisagem pra se ver
Tom e coro
O Monza é o carro pra você
Coro
A harmonia Chevrolet

Locutor
Monza duas portas
Coro
Monza
Locutor
Vá brilhar no seu concessionário Chevrolet
Coro
Monza

Tom Jobim não precisava dar muitas explicações para justificar a sua decisão de compor o *jingle*. Ele vivia uma fase em que não podia recusar qualquer tipo de trabalho, já que havia assumido um compromisso financeiro muito pesado, sem contar com uma despesa que não era das maiores, mas que não deixava de ser, pelo menos, injusta: vendeu o velho Dodge Dart branco ao jornalista Tarso de Castro, mas nem o vendedor nem o comprador tiveram o cuidado de mudar o nome do proprietário do carro. Resultado: Tarso de Castro, que não era um motorista dos mais disciplinados, cometia inúmeras infrações no trânsito e as multas iam todas para Antonio Carlos Jobim. Ana Jobim teve de procurar Tarso para que ele assumisse de vez, oficialmente, a propriedade do automóvel. Quanto ao compromisso pesado, ficou por conta da construção de uma casa imensa – a casa dos seus sonhos – no terreno que comprara no alto do Jardim Botânico. O projeto da casa foi entregue ao filho Paulo e a Maria Elisa Costa, filha de Lúcio Costa. O terreno também era dos seus sonhos: "O ar é limpo, a água é limpa, os passarinhos existem, não é aquela mentira lá embaixo", dizia orgulhoso, citando a fauna que aparecia por lá: paca, tatu, mico, gavião, inhambu, urutau, capoeira, saracura, preguiça, periquitos e papagaiozinhos do tipo maracanã. O terreno foi comprado segundo a orientação de um velho livro editado pela Litografia Coritiba, que recomendava a construção da casa num local "alto, ventilado e onde sempre bate o sol". Lá de cima, via-se o que há de mais belo na paisagem da Zona Sul carioca: a Praia de Ipanema, a Lagoa Rodrigo de Freitas, o Corcovado e o Pão de Açúcar. Antes de construir a casa, tomou uma série de cuidados, convocando inclusive o amigo Marco Antônio Bompet, oficial de Marinha e especialista em oceanografia e cartografia, para se certificar dos pontos cardeais.

Tom Jobim explicou que desejava instalar os banheiros para oeste, "para evitar umidade", e deixar os quartos para leste, "onde nasce o sol". Precisava saber da hora exata do verdadeiro meio-dia. Marcaram um encontro na Plataforma, mas Bompet teve de dar todas as explicações a Paulinho Jobim, porque Tom havia bebido muito e não conseguia dar atenção ao que ele dizia.

Ainda bem que apareceu mais um anúncio para fazer, agora para lançar o Edifício Sonata, na Lagoa. Quem lhe falou sobre o anúncio foi Carlos Madeira, o amigo de infância, atendendo a um pedido de Jorge Ellis, o empresário que promovera o seu show no Rio com Elis Regina e que se tornara proprietário de uma agência de publicidade. Foi marcado um encontro na Plataforma, onde a conversa começou com muita dificuldade, pois Tom confessou que não tinha a menor simpatia por lançamentos imobiliários. Seus amigos foram testemunhas da sua irritação quando viu o anúncio de um lançamento imobiliário em Ipanema, em que Ronaldo Bôscoli aparecia em todas as emissoras de TV recomendado o prédio e dizendo, entre outras coisas, o seguinte: "Ipanema, como diz Antonio Carlos Jobim, é Ipanema". Ele reagia: "Vocês acham que sou capaz de falar uma coisa dessas?". Quando Jorge Ellis informou que precisava dele apenas dois dias, duas a três horas por dia, durante as quais ele estaria no piano enquanto um locutor falava das delícias de morar no Edifício Sonata, e que ganharia por isso Cr$ 6 milhões, não resistiu: "Cr$ 6 milhões? É exatamente do que preciso para terminar minha casa". E fez o anúncio.

A outra nova ocupação rendia uma insignificância em matéria de dinheiro: convidado por Darcy Ribeiro, vice-governador e secretário de Cultura do Estado do Rio de Janeiro, passou a fazer parte do Conselho Estadual de Cultura. Era o segundo conselheiro Jobim, já que seu trisavô, José Martins da Cruz Jobim, havia sido conselheiro do Império. Havia até uma rua no Rio de Janeiro com o nome de Conselheiro Jobim. "Meu medo", dizia Tom, "é que eu morra e a prefeitura, para não ter trabalho, acrescente apenas um s ao nome da rua e ela se transforme em Conselheiros Jobim". Como conselheiro, recebia jetom por cada sessão de que participava. Depois das sessões, adorava dirigir-se ao guichê onde era feito o pagamento e apresentar-se:

– Je Tom.

Num certo dia de fevereiro de 1984, Tom Jobim observou que o pé-direito da sala principal da casa em construção, no primeiro andar, era mais baixo do que ele desejava. “Por que viver assim se tenho apenas o sol, a lua e as estrelas acima de mim?”, perguntou, justificando: “Pé-direito bom é aquele em que você entra, montado a cavalo, e dá vivas à República tirando da cabeça o chapéu de mexicano”. Mas todas as paredes já estavam levantadas, as lajes e os telhados colocados e acima da sala, havia dois andares e um terceiro destinado a ser o seu estúdio. Um problema insolúvel, certo? Errado. Tom consultou o arquiteto Lúcio Costa e a filha Maria Elisa Costa, Paulo Jobim e convocou o engenheiro Jorge Joppert e o calculista Alfredo Hastenreiter para uma operação, senão inédita, raríssima nos anais da arquitetura e da engenharia, visando à ampliação do pé-direito da sala, sem destruir absolutamente nada. As paredes foram cortadas e, nos 16 pilares de ferro, também cortados, foram colocados macacos hidráulicos, que levantaram a laje, milímetro por milímetro, até a altura de 35 centímetros. Foi uma operação brilhante, em que o próprio Tom atuou como regente para permitir que, em todas as vigas, os macacos levantassem a parede no mesmo momento e com velocidade idêntica. Os 35 centímetros de parede foram escorados por toras de ipê, peças de aço e estacas. Sem dúvida, uma façanha.

14

A Nova Banda

Ai daqueles que precisassem de uma resposta urgente de Tom Jobim, se o assunto fosse um show e, principalmente, um show no exterior. Em princípio, ele não aceitava. Não fazia muito tempo, recusara apresentações na França, na Itália, no Japão e nos Estados Unidos. Na verdade, de todas as suas atividades ligadas à música a que menos lhe agradava eram os shows. Tolerava, no máximo, os apresentados no Canecão, perto de casa, aonde podia levar o seu piano.

A partir do segundo semestre de 1983, quem amargurava uma indefinição dele era o maestro austríaco Peter Guth, que desejava uma resposta a um convite para uma apresentação em Viena. Parecia um diálogo impossível entre a disciplina e o rigor prussianos do austríaco e o espírito boêmio de Antonio Carlos Jobim. Danilo Caymmi, uma das testemunhas desse verdadeiro confronto cultural, divertia-se com as dificuldades encontradas pelo músico austríaco, quando, por exemplo, os telefonemas eram atendidos por Tilde, a empregada da casa de Tom:

– Seu Antonio Carlos Jobim não pode atender porque está almoçando.

– I'm calling from Viena! I'm calling from Viena! – berrava o maestro do outro lado.

Até que Peter Guth veio ao Brasil formalizar o convite pessoalmente. Tom Jobim disse-lhe que não precisava fazer uma viagem tão longa, já que, afinal, não era grande a quantia em dinheiro envolvida nas negociações. "Não se trata de dinheiro. Trata-se do amor que nós austríacos sentimos por você", argumentou o maestro.

– Diante disso, não poderia recusar – comentaria, depois, Jobim.

Além de convencido pela manifestação de Guth, ele já estava inclinado a viajar graças aos argumentos do empresário italiano Franco Fontana, que adorou saber do convite. "Que tal, depois, fazermos umas apresentações na Itália?", perguntou, acrescentando que, se quisesse, Tom poderia apresentar-se em 10 cidades italianas, mas ele não quis. Assim, em fins de fevereiro, Tom viajou sabendo que, nos dias 12 e 13 de março, se apresentaria em Roma, no Teatro Olímpico. E, para espanto de Peter Guth, viajou sem ter assinado contrato. Somente em Viena, depois do concerto, foi que assinou. "Isso para gringo é terrível", comentou Danilo Caymmi ao ser entrevistado pelo autor destas linhas.

(Antes de viajar, Tom deu uma entrevista à escritora Maria Julieta Drummond de Andrade, filha de Carlos Drummond, do jornal *O Globo*. Maria Julieta achou-o bem mais magro, conseqüência, segundo Tom, do seu afastamento da bebida, o que lhe proporcionava "uma estranha lucidez". O entrevistado manifestou sua indignação de sempre pela destruição das florestas, dos animais e também da Editora José Olímpio (pouco depois, inteiramente recuperada) e pronunciou-se a favor das eleições diretas, o tema da moda, pois a Câmara Federal discutia a emenda constitucional apresentada pelo deputado Dante de Oliveira acabando com as eleições indiretas para presidente da República e para governadores dos estados).

Os convites para apresentar-se em Viena levaram Antonio Carlos Jobim a pedir a Paulinho Jobim que o ajudasse a formar um conjunto para acompanhá-lo. Danilo Caymmi foi o primeiro a ser chamado, por ser um grande amigo da família, um flautista de primeira categoria e um cantor de excelentes qualidades. Para tocar contrabaixo o primeiro nome lembrado foi o de Luisão, mas ele estava no exterior. Luís Alves foi convidado, mas permaneceu pouco tempo, sendo substituído por Tião Neto, o grande baixista da bossa nova. Paulinho Braga, que atuara tanto tempo com Milton Nascimento, foi convocado para tocar bateria. Durante os ensaios, Tom, percebendo que se sentiria melhor se contasse com a ajuda de um coro feminino, começou a formá-lo com a família, convocando a mulher Ana e a filha Beth. Depois, convidou Simone, filha de Manuel Malagutti (marido da sua irmã Helena) e a senhora Danilo Caymmi, que foi submetida a um teste de voz pelo próprio Tom. Danilo foi sendo contemplado com solos vocais, começando com o *Samba do avião*. "Foi o Tom que me fez cantor", confessou o filho de Dorival Caymmi. Outra providência de Tom Jobim foi a de encaminhar Ana, Beth, Simone e Danilo para as aulas de canto com a professora Heloísa Madeira. Foi um curso intensivo, com aulas pela manhã, à tarde e à noite.

O conjunto receberia depois o nome de Nova Banda e foi com ele que, no dia 5 de março de 1984, o brasileiro Antonio Carlos Jobim apresentou-se no Wiernner Konzerthausgesellscschaft, com a ORF Sinfonietta de Viena, executando suas músicas com arranjos de Claus Ogerman. "Confesso que aqueles violinos impecáveis, cor de vinho, me deixaram um tanto quanto nervoso", confessou ele ao autor destas linhas, num programa de televisão. Os 3.500 lugares do teatro foram ocupados. "O público aplaudia e batia com os pés no chão querendo bis. Foi uma ovação", atestou Danilo Caymmi.

O sucesso continuou no Teatro Olímpico de Roma com a casa lotada nas duas apresentações. Araújo Neto, o correspondente do *Jornal do Brasil* na Itália, informou que "Tom e seu grupo conheceram os melhores e os mais quentes aplausos do público italiano". Mônica Falcone, do jornal *O Globo*, escreveu que o compositor brasileiro foi recebido pelos italianos como "um parente querido". A crítica italiana, por sua vez, confirmou a impressão dos jornalistas brasileiros:

S. G. Biamonti, do *Corriere Della Sera*, de Milão: "Tom Jobim, ao lado de George Gershwin, Cole Porter, Irving Berlin, Carmichael, Kern, Lennon e McCartney, é daqueles que, por uma ou outra razão, fizeram história, dando uma marca duradoura ao costume musical do século".

Marco Molendini, do *Il Mensaggero*: "Sua voz é um sopro leve e profundo. Sua música é feita de combinações sutis, sensações, discrições, humanidade. Não te atinge, te envolve. Antonio Carlos Jobim não é um *showman*, é um músico. Não é nem mesmo um cantor. Pelo contrário, não gosta de exibir-se em público. Provavelmente não gosta do verbo exibir-se porque não tem nada a pôr à mostra no sentido mais chão do termo. Mas é um homem de *feeling*, de emoções, e esta é a carga que lança sobre quem o escuta e com a qual infalivelmente consegue seduzir e conquistar. Vivemos fora do tempo, das modas e dos sucessos passageiros com a música absolutamente clássica e eterna de Tom Jobim".

Gino Castal, do *La Repubblica*: "Jobim é um maestro de elegância ou, na verdade, a própria música popular brasileira".

Depois da segunda apresentação em Roma, Franco Fontana marcou uma entrevista coletiva no Hotel de la Ville da Via Sistina, onde Tom estava hospedado. Os jornalistas apareceram na hora marcada, mas Tom Jobim levou cerca de 40 minutos para sair do apartamento. Segundo informou Araújo Neto, "a fina flor da crítica musical italiana estava lá e esperou pacientemente por ele". Ele chegou desculpando-se com uma citação de Carlos Drummond de Andrade: "Os senhores me desculpem, mas, devido ao adiantado da hora, sinto-me anterior às fronteiras". Daí em diante, foram quatro horas de entrevista que, para Araújo Neto, foi "um brilhante e inesquecível *happening* que encantou os jornalistas", durante o qual Tom falou português, inglês e italiano. Boa parte da conversa, por iniciativa do entrevistado, teve como tema a Copa do Mundo de 1982, por causa da manchete publicada num jornal italiano depois da vitória da seleção da Itália sobre a do Brasil por três a dois: "Il Brasile siamo noi". Tom, que adorou a manchete, fez várias especulações em torno dela: "Quem sabe se o verdadeiro Brasil não é a Itália? Esta Roma clara, solar, vital, onde até a presença mística que temos no Brasil, com o candomblé, se vê nas ruas tão católicas". Ele só fechou a cara quando um jornalista afirmou que no Brasil é mais fácil fazer música e queria que Tom desse uma explicação sobre isso. Velhas mágoas pelas críticas sofridas vieram à tona: "O amigo se engana. É mais difícil", disse ele. "Carrega-se uma cruz muito pesada quando se quer fazer música no Brasil. A primeira coisa que a gente deve fazer é preparar-se para sofrer a crítica dos que descobrem e condenam as influências que a gente sofreu. Num país que se construiu recebendo todas as influências, num país que importou o índio da Indonésia, o português de Portugal, o negro da África, o holandês, o italiano, o polonês, o alemão e, recentemente, o japonês, os críticos não toleram e condenam todas as influências". Falou, em seguida, da inflação de 300% ao ano, da destruição do Rio de Janeiro, a que chamou de "cidade mais violenta do mundo" e de política: "Um país em que você não tem o direito de eleger, com o voto direto, o seu presidente da República, em que um liberal e democrata como Tom Jobim, que vos fala, já foi preso como comunista, é um país subversivo", concluiu. Quando se cansou de falar, convidou os jornalistas para acompanhá-lo até o piano do hotel, onde os brindou com músicas de Pixinguinha, Ary Barroso, Custódio Mesquita, Francis Hime, Baden Powell etc. Não tocou nenhuma da sua autoria.

Da Itália, Jobim seguiu com a família para Nova York, a fim de cumprir sua temporada anual. Poucos dias depois da chegada, sua filha Beth leu no jornal que Frank Sinatra cantaria vários dias no Carnegie Hall e tratou de adquirir os ingressos, mas, na bilheteria, ficou sabendo que a lotação da casa estava esgotada havia mais de três meses. No dia da estréia, o compositor brasileiro resolveu ir até o teatro. Chegando lá, atravessou as filas de limusines que começavam a perturbar o trânsito e foi direto à porta de entrada dos artistas, onde foi reconhecido pelo motorista de Frank Sinatra. Levado para os bastidores, acompanhou o show, até que foi visto pelo cantor, que fez um sinal, pedindo que o aguardasse. No final do espetáculo, Sinatra saudou-o efusivamente e ele falou da dificuldade de comprar os ingressos, já que seus filhos estavam muito interessados em ver o show. É claro que todos foram convidados para o espetáculo do dia seguinte. Convite aceito, a família Jobim, devidamente instalada na platéia, foi contemplada com uma surpresa preparada pelo cantor: no meio do show, um "canhão" de iluminação apontou para Tom e, em seguida, Sinatra o apresentou: "Sinto-me feliz pela presença entre nós do melhor compositor do mundo, Antonio Carlos Jobim". A sala inteira aplaudiu-o com entusiasmo. Depois do espetáculo, foram jantar num restaurante italiano, onde se falou inglês e, depois que Tom se referiu às duas apresentações em Roma, italiano. Paulo Jobim aproveitou a oportunidade para desfazer uma possível intriga decorrente da ausência do pai na primeira apresentação de Frank Sinatra no Brasil, informando que ele próprio foi encarregado de colocar cordas novas no violão e de afiná-las, ou seja, Tom Jobim estava pronto para apresentar-se com ele. Pela reação simpática do cantor, tudo indicou que não havia qualquer intriga no ar.

Em visita à sua sociedade arrecadadora e distribuidora de direito autorais, a BMI, Tom foi recebido pelos seus dirigentes, que revelaram alguns resultados de um levantamento que tinham acabado de fazer: apenas 600 músicas foram tocadas mais de um milhão de vezes nos Estados Unidos. Das 600, seis eram de sua autoria. Para se ter uma idéia do significado desses números, Michael

Jackson, o nome de maior sucesso da música norte-americana, não tinha, até 1984, nenhuma das músicas que gravou com mais de um milhão de execuções. Os dirigentes da BMI também mostraram a Tom que, se uma gravação de três minutos de *Garota de Ipanema* fosse repetida ininterruptamente tantas vezes quantas fora executada até então, só pararia de ser tocada depois de 150 mil horas, o equivalente a pouco mais de 17 anos.

Mal chegou de volta ao Brasil, Tom recebeu do vice-governador e secretário estadual de Cultura Darcy Ribeiro a incumbência de compor um novo hino para o estado do Rio de Janeiro. A idéia foi apresentada ao Conselho Estadual de Cultura pelo escritor Antônio Callado, já que o hino em vigor, de João Elias da Cunha e Soares de Souza Júnior, o mesmo do antigo estado do Rio, antes da fusão com o estado da Guanabara, não era lá essas coisas:

Nossos peitos serão baluartes
Em defesa da pátria gigante
Seja o lema do nosso estandarte
Paz e amor! Fluminenses, avante!

Em princípio, Tom aceitou o convite: "Cantarei os morros, as florestas e o mar deste estado que amo. Sou um patriota. Gosto de hinos nacionais, mas, ainda que extraordinariamente belos, são muito difíceis de cantar. É preciso compor versões simplificadas. E, se possível, falar da ecologia", disse ele a *O Globo*, acrescentando que considerava *Cidade maravilhosa* "imbatível". Em entrevista à revista *Veja*, revelou que o Hino Nacional e o Hino à Bandeira eram os seus prediletos. Quanto ao Hino do Estado do Rio de Janeiro, já sabia o que não iria abordar: "De que vou falar? Do Rio da miséria, da Baixada Fluminense, das belezas maltratadas?", perguntou. Mas surgiu um problema, pois o deputado estadual Átila Nunes propôs a realização de um concurso público para a escolha do novo hino. "Por que tem de ser de Tom Jobim? Se ele quiser, que entre no concurso", argumentou o deputado. Durante alguns meses, aos repórteres que lhe perguntavam pelo hino, Tom dizia que estava fazendo. Depois, todos se esqueceram do novo hino, inclusive o próprio Antonio Carlos Jobim.

Com hino ou sem hino, o Rio de Janeiro era um dos seus temas prediletos. Quando Tarso de Castro o convidou para escrever uma crônica para a edição de setembro de 1984 da revista *Afinal*, o assunto não poderia ser outro:

"Rio de Janeiro!

Que bobagem, isto aqui não é rio e muito menos de janeiro. Não insista, vou acabar me aborrecendo contigo. Floresta atlântica. O gaviãozinho grita louvando o sol, voa em grandes círculos, silhuetando contra o azul aguado, molhado, trazido pelo mar do Sul. Água limpa, oceânica, gostosa. Do alto do morro, vê-se o mar. A vagaria do largo, tangido pelo sudeste, varre o costão. Esguichos, espirros, brinde, que saúde! Os declives de granito negro agüentam o embate. Nos espumeiros das lajes, os pampas devoram mexilhões desalojados. O sudoeste se foi, mas deixou este azul lavado, esta aquarela.

Guanabara, seio, braço
de a-mar:
Em teu nome a sigla rara
dos tempos do verbo mar
(do meu poeta Carlos)

Que rio coisa nenhuma! Que janeiro! Eu vou ter um atrito com o senhor! Será impossível? Aqui é Pindorama, Guanabara, Maracanã, Ipanema, Tijuca, Sacopenapã, Gambá, Coati, Tatu, Teiú, Jaboti, Jaboticaba, Jaguatirica! Olhe, em vez de ficar discutindo besteira... Chama o Elzo e a Teresinha... Murici madurou, a Jussara tá de coco maduro, jacu tá velho na fruteira! Ocê parece bobo!

Lá embaixo o tráfego começa a engrossar.

A carraria se alonga e se condensa nos sinais.

Antônio Passos Dias Aguiar.

Correndo, correndo, como se fossem tirar o pai da forca.

E se adiantando tanto que não podem mais ver o sinal.

Quando abre o sinal não podem ver.

Há que confiar na buzina dos de trás.

Mas há que desconfiar também, às vezes buzinam sem razão.

Furar o sinal está muito na moda, é sinal de esperteza.

Estamos com pressa, é tarde, correndo, correndo, chegando no mesmo lugar.

E arriscando vidas, próprias e dos outros.

Em ruas de calma há rolinhas, babás, criancinhas, investe o destemido ás a 80km por hora.

Que caretas, hein! E paro para dar carona à belíssima Catherine Deneuve (Catarina de Novo). Dominando o volante com minha natural desenvoltura, arrisco um soslaio: que perfil! que *design*! Que beleza madura! E ela:

– Antoine, c'est vrai qu'il-y-a un turc qui veut acheter la presidence du Bresil?

– Mais non, Catherine, ce sont des intrigues de l'opposition, ma cherie, embrasse-moi et done-moi um beijinho.

Também mouros, negros, mulatos, alguns índios e alguns costumes adoráveis, exotiques, très exotiques. Freud era mineiro e a mãe dele de Montes Claros, descendente de pernambucanos, quando Curral Velho passou a chamar-se Nova Viena e começou a análise, isto aqui é o verdadeiro Mundo Novo, o maior laboratório jamais... a França é antiga, chega mais, vou parar embaixo daquele oiti. C'est fantastique!!!".

Os compromissos profissionais não paravam. O diretor Marco Altberg encomendou a ele a música do filme que pretendia realizar, baseado no romance *Trilogia do assombro*, o terceiro livro de Helena Jobim, ganhador do Prêmio José Lins do Rego de 1980, conferido pela Academia Brasileira de Letras. Tom compôs, inicialmente, *Bolero* e *Passarim* e considerava a segunda "a cara de Helena". Estava gostando do trabalho: "Fico feliz de trabalhar com minha irmã. Ela é tão linda, de olhos azuis, uma pessoa de quem gosto muito". O filme não foi realizado, razão pela qual *Passarim* seria incluída na trilha sonora do seriado da TV Globo *O tempo e o vento*, baseado na obra de Erico Verissimo, e *Bolero* receberia letra de Chico Buarque de Holanda e passaria a ser chamada de *Anos dourados*, o maior sucesso da dupla nos anos 80.

Tom Jobim, que, em 21 de setembro de 1984, o Dia da Árvore, plantou uma palmeira imperial no Parque Laje, com a ajuda da atriz Heloísa Mafalda e do velho jardineiro Bibiu (Júlio de Almeida), que há 45 anos trabalhava no parque, voltaria a apresentar-se no Rio de Janeiro no dia 25 de outubro. Era um show no Teatro Municipal para engenheiros de 64 países, participantes do congresso da International Road Federal, uma entidade que reúne engenheiros rodoviários do mundo inteiro. O nome de Antonio Carlos Jobim foi indicado pelo engenheiro Moacir Bergman, diretor do Departamento Nacional de Estradas de Rodagem, baseado num detalhe importante do último congresso, realizado na Austrália: das 12 músicas tocadas pela orquestra, no show oferecido aos congressistas, quatro eram de Tom. Bergman se valeu de um colega do DNER, engenheiro Antônio Carlos de Almeida Pizarro, amigo de infância do compositor, para fazer o convite: "Até que eu falasse em dinheiro, ele já havia aceitado pensando que seria de graça", revelaria Pizarro. A apresentação foi feita com a Nova Banda, cujo coro feminino foi reforçado pela participação da então Paula Martins, que seria Paula Morelenbaum logo depois, com o casamento com o violoncelista Jacques Morelenbaum.

Outro trabalho, em novembro de 1984, foi a série de quatro programas especiais, intitulada *A música segundo Tom Jobim*, dirigida pelo cineasta Nelson Pereira dos Santos, com roteiro de Cícero de Carvalho, para a TV Manchete. Os quatro programas, gravados na casa de Jobim, foram muito bem-feitos, a partir da própria abertura, mostrando Tom abrindo os braços para o céu e, em resposta, lá em cima, um urubu abria as asas para ele. O primeiro convidado da série foi Radamés Gnattali, a quem Jobim perguntou se havia conhecido Ernesto Nazaré. "Nunca falei com ele, mas o vi tocando no cinema", respondeu o maestro, executando no piano, em seguida, *Odeon*.

– Beleza, Radamés, lindo! – saudou Tom.

– Vou tocar um pedacinho de *Neném* pra você ver como Ernesto Nazaré escrevia bem – anunciou Gnattali, que executou também *Batuque* e um improviso à maneira de Villa-Lobos. Tom homenageou-o:

– Você está em plena forma.

– É que tenho estudado muito – justificou o maestro.

Depois, coube a Tom Jobim sentar no piano e tocar *Carinhoso*, do "tremendo Pixinguinha".

Na série, Tom se apresentou com os filhos de Dorival Caymmi, prestou uma homenagem a Custódio Mesquita, "um compositor estranhamente esquecido" (quando tocava *Mulher*, de Custódio e Sadi Cabral, o filho João apareceu, sentou no seu colo e deu algumas pancadas nas teclas do piano); recebeu Chico Buarque de Holanda, que cantou duas músicas de Noel Rosa, *Provei* e

Três apitos. "'Artigo que não se imita', que verso mais bonito!", examinou Tom, fazendo, em seguida, dupla com Chico na interpretação de *Sem compromisso*, de Geraldo Pereira. A cantora Olívia Byington, depois de reforçar a dupla, cantou *Imagina*, de Tom e Chico Buarque, e interpretou *Bachianas nº 5* e *Modinha*, de Villa-Lobos, com o violonista Turíbio Santos. Numa homenagem a Ary Barroso, Tom cantou *Na batucada da vida* e Gal Costa interpretou *Faceira* e *Pra machucar meu coração*. Tom contou sobre a visita (juntamente a Dorival Caymmi e José Maria Scassa) a Ary, que queria despedir-se deles porque iria morrer. Tom e Gal cantaram depois o tema de *Gabriela*. No programa seguinte, o homenageado foi Dorival Caymmi, apresentado como "uma espécie de parente". Quando Tom cantou *Luísa*, Caymmi fez cara de êxtase e desabafou: "Mate-me!". No verso final, em vez de Luísa, Tom cantou: "Que guardei somente pra te dar, Caymmi". O convidado principal do último programa foi o violonista Carlos Barbosa Lima, que revelou ter sido aluno do uruguaio Isaías Sávio, o mesmo professor de João Lira Madeira.

Tom compôs *Pato preto* especialmente para o documentário norueguês *Moments of play*, de Jorgen Leth, que abordava as brincadeiras de crianças de várias partes do mundo. Era um filme muito bonito, poético, com imagens de bailarinos mascarados de Bali, jogadores de basquete do Harlem, artes visuais chinesas feitas de papel, um menino chinês de seis anos improvisando com perfeição técnica e criatividade no piano, um toureiro treinando com um touro de mentira, crianças pescando com arco e flecha no Amazonas etc. Segundo a publicação norte-americana *Variety*, "a trilha sonora de Jobim valoriza e enfatiza a alegria que domina os jogos infantis". A tarefa seguinte foi a composição da trilha do seriado de TV *O tempo e o vento*. As músicas foram gravadas em março de 1985, no estúdio da Som Livre, e apresentadas por Tom Jobim no piano e a Nova Banda, agora reforçada pelo violoncelo de Jacques Morelenbaum. Nos vocais, Nana Caymmi, Zé Renato, Kleiton e Kledir, o Conjunto Farroupilha e um coro integrado por Ana, Beth, Paulinho Jobim e Simone Caymmi. Os arranjos ficaram por conta de Dori Caymmi, Paulo Jobim e Jacques Morelenbaum. Além de *Passarim*, Tom compôs *Chanson pour Michelle*, *Bengzália*, *Cavaleiro monge*, *O rio da minha aldeia*, *Um certo capitão Rodrigo*, *Senhora dona Balbina* e *Rodrigo, meu capitão*, as três últimas com letras de Ronaldo Bastos, "mais parceiro do meu filho do que meu", segundo o compositor. Uma das músicas de *O tempo e o vento* seria *Derradeira primavera* (Tom e Vinicius de Moraes), interpretada por Nana Caymmi com arranjo de Michel Legrand, mas foi retirada por ter entrado na trilha do filme *Porto das caixas*, de Paulo César Sarraceni.

Não faltava trabalho, mas Tom sempre encontrava tempo para atender às suas manias, como a de consultar dicionários, por exemplo. Na sua biblioteca, o número de dicionários já chegara a 29, cinco deles de rimas e três de português-guarani (ficou tristíssimo porque, nem mesmo nestes dicionários, encontrou a origem da palavra iguaba). Desde que o maestro Claus Ogerman o levou para ver um balé no Carnegie Hall e observou que os bailarinos falavam francês entre eles, Tom só pensava em aperfeiçoar o seu francês. Tinha vários dicionários francês-inglês e francês-português. Chico Buarque era o seu principal consultor para os problemas da língua. Quando leu nas memórias do cineasta Buñuel a palavra mygale, foi ao dicionário e não a encontrou. Telefonou imediatamente para Chico, que disse tratar-se de um ratinho, comedor de insetos. Dias depois, recebeu um bilhete de Chico: "Antoine, je suis désolé. Mygale est une araignée. (a) François". Além dos dicionários, destacavam-se em sua estante os livros sobre pássaros. Eram 19. Outra mania, incorporada à sua rotina diária, era levantar cedo ("acordo com o quinto canto do galo", dizia), pegar o carro, comprar jornal na banca em frente à Farmácia Piauí, no final do Leblon, e entrar no botequim vizinho para tomar café e bater papo com o dono da casa e os fregueses que, pontualmente, apareciam naquela hora para tomar café. Outro lugar onde gostava do café era a lanchonete vizinha à TV Globo. Aliás, Tom Jobim adorava café. "São dois oferecimentos que raramente recuso: uísque e café", confessava.

Mal acabou de gravar a trilha de *O tempo e o vento*, Tom e a Nova Banda embarcaram para nova York, a fim de apresentar-se nos dias 29 e 30 de março no Carnegie Hall. O compositor continuava hospedando-se no Adams Hotel, mas desde o ano anterior era proprietário de um apartamento de dois quartos, num prédio que estava sendo construído nas proximidades do Metropolitan Museum e do Central Park. Os dois shows no Carnegie Hall contaram com uma boa cobertura da imprensa de Nova York. O *New York Times* publicou um anúncio dos shows, em que ele foi apresentado como "o pai da música brasileira", título que recusou na entrevista coletiva que concedeu no dia 25 de março:

"Não sou pai coisa nenhuma. Vai ver, sou a mãe". O *Weekend* destacou a sua mudança de posição em relação aos Estados Unidos: "Eu achava os norte-americanos imperialistas, capitalistas e racistas. Mas mudei de opinião. Vocês não são tão ruins assim". O *Womens's Wear Daily* lembrou que fazia 25 anos que "a bossa nova convenceu os norte-americanos de que o Brasil produzia algo mais do que grãos de café". E publicou, entre outras coisas, estas declarações de Tom Jobim: "Minha música não é comercial. Ela atrai um certo público, não as massas", assim como a sua queixa contra os norte-americanos que não sabiam pronunciar o seu sobrenome: "O porteiro do prédio insiste em me chamar de Joe Bim. 'Bom dia, mister Bim' é o cumprimento dele". O *New York Newsday* registrou suas antigas e tão repetidas reclamações: "Os críticos brasileiros são muito complicados em relação às origens das coisas. Eles dizem que a bossa nova é norte-americana, mas a bossa nova é apenas uma das ramificações do samba. Se vocês contarem, talvez encontrem 28 ramificações. A palavra bossa vem de corcova, corcunda, a protuberância sobre as costas do boi. Quando o boi movimenta sua perna dianteira esquerda, as costas movimentam a corcova para o lado oposto para contrabalançar. Ele balança. É o que o músico deve fazer para diferenciá-lo do artesão". O *New York Times* chamou a atenção para a alegria de Tom Jobim por andar na cidade sem ser reconhecido, ao contrário do que ocorria no Rio de Janeiro, onde, muitas vezes, ele era obrigado a mudar de identidade: "Você não é o Tom Jobim?", perguntava um desconhecido no Rio. "Não sou ele. Sou muito parecido com ele. Muita gente faz confusão", respondia Tom, segundo o *New York Times*, "um homem obcecado pela privacidade".

O Carnegie Hall vendeu todos os seus ingressos para os dois shows. Tom cantou e tocou piano, acompanhado pela Nova Banda, com Jacques Morelenbaum no violoncelo e com a participação de Maúcha Adnet e Paula Morelenbaum no coro. John Rockwell, do *New York Times*, viu a estréia e adorou: "O concerto de sexta-feira poderia ter sido um momento de pura nostalgia, se não fosse tão fantasticamente realizado. Jobim nunca foi um cantor. Seu jeito ofegante de cantar, falando mais do que cantando, tem um apelo inocente. Jobim é um grande pianista, um homem muito charmoso e, mais importante, faz arranjos de grande frescor, e cuidou para que fossem interpretados com grande estilo. O público recebeu-o com grande carinho, prestando-lhe verdadeira ovação ao final da apresentação. À primeira vista, a música de Tom pode parecer uma repetição monótona e suave de sons, mas não é nada disso. A música brasileira deve a sua vitalidade à marcante mistura de estilos europeus e africanos, e ninguém faz esta mistura melhor do que Jobim. Seu tema principal é o amor, cantando num inglês impecável e num português maravilhoso e sensual". Lee Jeske, do *Cash Box*, escreveu que o concerto "demonstrou a perenidade das composições de Jobim. E mais: "Antonio Carlos Jobim pode ser um artista tímido, que aparenta não confiar nas próprias qualidades. Certamente, não é um grande *entertainer*. Mas sua canções, das melhores dos últimos 30 anos, nunca foram mais bem apresentadas do que por ele mesmo. É um gênio da música, uma música que é rica, única e brilhante". Fez muito sucesso uma música inédita de Tom Jobim (cujo cachê foi de 15 mil dólares por noite) intitulada *Chansong*, uma letra engraçadamente maluca, em que o compositor brincou com as confusões dos norte-americanos em torno do seu sobrenome (*Where have you been, Mr. Bim?/ Where have you been, Joe?)* citou o amigo (*my boss*) Nesuhi Ertegun e misturou inglês com francês e português. Nas duas noites, Tom agradeceu os aplausos em japonês: "arigatô".

Antes de viajar de volta ao Brasil, o compositor negociou com a Coca-Cola, por 200 mil dólares, a utilização de *Águas de março* como tema da sua propaganda nos Estados Unidos, México, Colômbia e Venezuela. O autor embolsou ainda 20 mil dólares para aparecer no fim do ano de 1986, durante alguns dias, na propaganda pela televisão. Sabendo das críticas que receberia no Brasil, tão logo a campanha entrasse no ar, Tom Jobim lembrou que Michael Jackson ganhou 5 milhões de dólares para fazer propaganda da Pepsi Cola e comprou toda a obra dos Beatles. E completou: "Se eu ganhasse um dinheirão desses, compraria a obra de Antonio Carlos Jobim".

Estimulado pelos integrantes da Nova Banda, Tom entraria numa fase de muitas apresentações públicas. Em junho, foram três shows no Scala, no Leblon, e seriam mais três se o dono da casa, o espanhol Chico Recarey, não se empenhasse tanto em sua promoção pessoal. Chico manteve o nome de Tom Jobim na porta, depois dos três shows, mas o compositor não quis continuar: "Você compõe, escreve os arranjos, toca e canta, mas o show é sempre 'uma realização de Chico Recarey'", queixou-se ao compositor e poeta Abel Silva. O piano utilizado por ele no Scala foi cedido pela viúva do pianista Jacques Klein. Entre uma temporada e outra, encontrou tempo para dividir com Radamés Gnattali a interpretação do seu choro *Meu amigo Radamés* para um disco produzido pela Funarte, em que o maestro interpretou no piano obras de Tom Jobim, Pixinguinha, Edu Lobo, Sérgio Ricardo e outros. A capa do disco foi feita por Antônio Nássara e a contracapa apresentou o seguinte texto-poema de Tom:

Meu amigo Radamés é a coisa melhor que tem.
É um dia de sol na floresta, é a graça de querer bem.
Radamés é água alta, é fonte que nunca seca.
É cachoeira de amor, é chorão, é rei da peteca.
Deu sem saber que dava e deu muito mais do que tinha.
Multiplicaram-se os pães, multiplicou-se a sardinha.
O Radar é concertista, compositor, pianista, orquestrador, maestrão.
E, mais que tudo, é amigo, navega junto contigo.
É constante doação.
Ajudou a todo mundo, e mais ajudou a mim.
Alô, Radamés, te ligo.
Vamos tomar um chope.
Aqui fala o Tom Jobim.
Te apanho na mesma esquina.
Já comprei o amendoim.

O show seguinte, na segunda quinzena de junho de 1985, foi em São Paulo, no Hotel Macksoud, e, depois, em Salvador, ambos dirigidos por Ronaldo Bôscoli. Em julho, já estava na Europa, apresentando-se no encerramento do Festival de Gasteiz e, no dia 18, no Festival de Montreux, onde se submeteu a uma ridícula disputa com João Gilberto em torno da hora da apresentação: ambos queriam encerrar a noite. João Gilberto acabou concordando em apresentar-se antes, mas cantou um número de músicas bem maior do que o combinado, obrigando Tom a entrar no palco bem mais tarde do que imaginava. No dia seguinte, os dois se cruzaram no aeroporto de Genebra e o baixista Tião Neto tentou promoveu a reconciliação, perguntando: "Por que vocês não fazem as pazes?". João e Tom fingiram que não ouviram e caminharam em direções opostas. O compromisso seguinte foi em Madri, onde o show não agradou ao crítico do *Diário 16*, Pedro Calvo: "Jobim conseguiu converter-se numa falsificação de si mesmo, apresentando-se com uma orquestra encarregada de amenizar aceticamente o falatório de uma reunião mundana". O crítico achou que a Nova Banda estava com "excesso de familiares e poucas virtudes a oferecer".

Em agosto, no fim de semana de 16 a 18, apresentou-se no Teatro Municipal do Rio com um espetáculo denominado *Terra Brasilis*. No dia 25, participou como entrevistador do depoimento de Radamés Gnattali ao Museu da Imagem e do Som do Rio de Janeiro, ao lado do pesquisador de música popular Jairo Severiano, do baterista Luciano Perrone, do poeta Hermínio Belo de Carvalho e dos músicos Sérgio Sarraceni e Aloísio Didier. E, no dia 7 de setembro de 1985, finalmente foi executada a *Sinfonia de Brasília*, na rampa do Congresso Nacional. A idéia inicial era a de promover o concerto no dia 21 de abril, nas comemorações do 25º aniversário de Brasília, mas foi tudo cancelado com a agonia e morte do presidente eleito Tancredo Neves. Tom Jobim convidou o maestro Alceu Bocchino para reger a *Sinfonia*, o que deu motivo a uma reclamação do maestro Cláudio Santoro, já que a orquestra seria exatamente a dirigida por ele em Brasília. Mas logo em seguida abriu mão da regência. Tom convidou Radamés Gnattali para tocar piano e, apesar de muito gripado, dividiu com Susana de Moraes, filha de Vinicius, a leitura do texto do poeta para a *Sinfonia*. O concerto foi assistido por uma imensa multidão de brasilienses. Na capital, Tom Jobim e outros brasileiros receberam do ministro da Cultura da França, Jacques Lang, o diploma de Grand Commandeur des Arts et des Lettres.

Depois de tantas iniciativas bem-sucedidas, um fracasso: sem qualquer preocupação com a divulgação e mesmo com a elaboração do roteiro (era longo demais), Tom Jobim estreou no dia 17 de outubro no Canecão o show *Terra Brasilis* para ser apresentado durante duas semanas, de quinta-feira a domingo. "O Canecão foi palco, com certeza, de uma das estréias mais fracas da sua história", escreveu Mara Caballero no *Jornal do Brasil*. Tom aproveitava a casa vazia para dirigir-se ao público fazendo piada: "Muito obrigado por vocês terem vindo ao nosso show secreto". Se, em alguns momentos, parecia manter o bom humor, em outros não conseguia esconder a sensação de tédio. Danilo Caymmi flagrou-o bocejando em pleno show.

Na época do show, saiu o disco *Onda*, com o cantor Walker, inteiramente dedicado à sua obra. Também na mesma época, Elisa Byington, que coordenava a produção de um disco com poemas de Fernando Pessoa musicados por compositores brasileiros, pediu a Tom que escolhesse um poema para musicar e ele escolheu dois, "O rio de minha aldeia" e "Autopsicografia". "É a minha cara. Um retrato meu não seria tão fiel", definiu ele, referindo-se ao segundo:

O poeta é um fingidor
Finge tão completamente
Que chega a fingir que é dor
A dor que deveras sente

Não foi fácil criar músicas para os poemas. "Eles são tão perfeitos, tão harmônicos que eu, sinceramente, tive medo de que minha música quebrasse esse equilíbrio. Pintou a sensação de interferência, intromissão indevida. Mas, modéstia à parte, acho que consegui manter a integridade do poema, sem estragar muito", confessou. O disco foi lançado em dezembro, como tributo ao poeta na passagem do 50º aniversário de sua morte, mas sem a versão musicada da "Autopsicografia", que não recebeu a aprovação do próprio autor da música.

Em janeiro de 1986, em pleno inverno, Tom Jobim estava em Nova York para apresentar-se no Avery Fisher Hall, com a Nova Banda e os violonistas Carlos Barbosa Lima e Sharon Isbin. Pouco antes do show, chegou um telegrama de Frank Sinatra lamentando não estar presente e desejando boa sorte ao amigo. O Avery Fisher Hall teve todos os seus 2.700 lugares ocupados pelo público.

Livre dos compromissos nos Estados Unidos, Tom dispunha agora de alguns meses para descansar no sítio de Poço Fundo e para percorrer o seu novo roteiro boêmio, que definia com o "Triângulo das Bermudas", constituído pela Churrascaria Plataforma, por um bar chamado de Universidade do Chope e pelo Arataca, um mal-equipado botequim instalado no interior da Cobal do Leblon, descoberto pelo poeta Paulo Mendes Campos e por Raimundo Wanderley. Como sempre, Tom estava rodeado da mesma turma: os atores Antônio Pedro, Hugo Carvana e José Lewgoy, o poeta e compositor Abel Silva, o humorista Jaguar, o cineasta Miguel Faria, o corretor de seguros Geraldinho Dutra e, dali a alguns anos, uma das estrelas do grupo, o escritor João Ubaldo Ribeiro. Em 1986, Ubaldo ainda era um morador da Ilha de Itaparica, na Bahia. Para cada um do grupo, Jobim tinha os seus bordões que não parava de repetir. Com José Lewgoy, conhecedor tanto quanto ele da língua inglesa, o bordão era "The burial of the dead", o famoso poema de T. S. Eliot, declamado em dupla:

April is the cruellest month, breeding
Lilacs out of the dead land, mixing
Memory and desire, stirring
Dull roots with spring rain.
Winter kept us warm, covering
Earth in forgetful snow.

Até os próprios (e graves) problemas circulatórios inspiravam as brincadeiras de Tom Jobim nas mesas de bar. Tinha horror à possibilidade de enfrentar a impotência sexual, repetindo sempre que uma boa ereção lhe interessava mais do que uma sinfonia de Beethoven. Certo dia, no banheiro do Arataca, ao abrir a braguilha e enfiar a mão para retirar o pênis, fingiu que não o encontrava para repreendê-lo: "Pode sair, seu covarde. Não é o que você está pensando, não. É só para mijar!" Temia também que o excesso de colesterol acabasse provocando um sério acidente circulatório que o deixasse paraplégico e preso a uma cadeira de rodas. Imaginava a cena terrível: Ana, sua mulher, assustada num local muito distante de casa: "Xi! Esqueci Antonio Carlos Jobim no sol!" Mas nem por isso parava com o álcool, com a comida gordurosa e muito menos com o charuto. Trocava de bebida e encontrava sempre uma desculpa para a mudança. Quando passou a tomar vodka, inventava teorias sobre a superioridade das bebidas brancas sobre as demais. Havia as fases da cerveja e do vinho, mas, de vez em quando, reconciliava-se com o velho uísque. Só não bebia quando Ana estava por perto, mas, ainda assim, combinado com o garçom, ia beber no banheiro dos homens. Certa manhã, numa viagem aos Estados Unidos, Ana surpreendeu-o comendo ovos com bacon no café da manhã. "Não é meu, não, é do Danilo Caymmi", desculpou-se. Tião Neto e Danilo, seus companheiros na Nova Banda, viam Tom Jobim muito mais como um glutão do que como um consumidor cuidadoso com a sua saúde.

No dia 30 de abril de 1986, Ana e Tom (já divorciado de Teresa) oficializaram o seu casamento. Em maio, ele participou do programa de Caetano Veloso e Chico Buarque de Holanda na TV Globo, ao lado de Astor Piazzolla. No final do programa, todos cantaram *Águas de março*. Em junho, estava em Porto Alegre, com a Nova Banda, para se apresentar no Teatro São Pedro, que comemorava os seus 128 anos de existência e que fora reinaugurado havia dois anos. Dias depois, partiu para uma longa viagem, que incluía a Costa Oeste dos Estados Unidos, o Canadá e o Japão. O velho amigo e crítico Leonard Feather saudou a sua presença em Los Angeles: "Finalmente a bossa nova à la Jobim na cidade em que ele morou nas décadas de 1960 e 70, mas onde nunca se apresentou publicamente". A estréia, dia 23 de junho no Greek Theatre, foi muito bem recebida pela crítica. Zan Stewart escreveu no *Los Angeles Times*: "Foi uma noite cheia de encantamento. As músicas foram apresentadas de maneira leve, delicada, sem jamais acelerar o tempo, amparadas sempre no ritmo suave da bossa nova. Jobim fez todos os arranjos, tanto para as vozes como para os instrumentos, com sutileza e bom gosto, criando uma aura de delicadeza que envolvia a platéia como suaves mas consistentes nuvens sonoras. As introduções de Jobim, cheias de humor sutil, foram perfeitas. Em certo momento, ele levantou-se e dançou alguns passos. Não fez feio".

Durante a excursão, Tom recebeu feliz de Ana a notícia de que ela estava grávida. E os shows não paravam. Em Saratoga, foram quatro apresentações na antiga Vitivinicultura de Paul Masson. Cordel Koland, do *San Jose Business Journal*, narrando a atuação do compositor brasileiro e dos seus músicos, revelou-se um grande admirador: "Antonio Carlos Jobim, o lendário missionário da música popular brasileira, voltou à Califórnia depois de uma ausência de 20 anos e apresentou para platéias lotadas de gente entusiasmada quatro concertos na antiga Vitivinicultura de Paul Masson, em Saratoga. Jobim, não se ausente por tanto tempo. Numa época de tanta mediocridade e falta de talento, precisamos de você. A música, o homem, o estilo continuam tão cheios de charme e beleza quanto eram na época em que Jobim surgiu no panorama musical internacional. Ao vivo, ele mostra uma personalidade encabulada, como se fosse alguém desejando esconder-se e dissesse à platéia: 'Bem, estou aqui com meu grupo brasileiro e vou tocar algumas das minhas musiquinhas. Espero que vocês gostem.' Sem nenhuma insolência e sem qualquer arrogância tão características dos egos inflados dos músicos dos jazz, do rock ou do pop. O grupo apresenta um espetáculo perfeito. Produz um som denso e rico. Não existe um arranjador melhor do que Jobim. É a sua técnica vocal que dá personalidade à sua música. Como vocalista, ele é único em sua categoria. Tem uma voz repousante e suave, um som de quem está respirando. Combinada aos sons sibilantes da língua portuguesa, a voz de Jobim é essencialmente relaxada e agradável. A gente quase sente o insuportável calor do verão brasileiro na voz de Jobim".

Depois de um novo show na Vitivinicultura de Robert Mondave, o grupo foi para o Canadá para participar do Festival de Jazz de Montreal, onde foram muito bem recebidos. Em artigo para o jornal *Le Devoir*, Nathalie Petrowski, depois de registrar que os organizadores não convidaram um grande número de músicos famosos, saudou-os por terem levado "uma pérola rara, o enigmático compositor Antonio Carlos Jobim, famoso pelo seu jeito recluso e suas viagens raras". Segundo Nathalie, não fora a primeira vez que os organizadores do festival tentaram levar Tom Jobim. E revelou: "Eles quase conseguiram trazê-lo com seus 16 músicos no ano passado. Na última hora, o milionário recluso, que não precisa realmente de viajar para viver, achou que vir era uma operação muito complicada, já que estaria na mesma ocasião se apresentando na Europa". Contou Nathalie Petrowski que os principais dirigentes do festival, Alin Simard e André Ménard, "continuaram cortejando-o e enviando material informativo sobre o evento. Graças a tanta insistência, o grande Antônio Carlos finalmente cedeu". Participaram também do Festival de Jazz de Montreal de 1986, entre outros, Wayne Shorter, Astor Piazzolla e um dos melhores grupos de jazz da época, o Quarteto de Herbie Hancock (Ron Carter no baixo, Al Foster na bateria e Brandford Marsalis no saxofone).

Do Canadá, Tom Jobim e a Nova Banda foram para Nova York descansar alguns dias, aguardando a viagem para o Japão, onde teriam de fazer várias apresentações a convite da Kyodo, a mesma agência que levara os Beatles, nos anos 60, e, depois, Frank Sinatra, Julio Iglesias e Tina Turner. Não descansaram muito tempo, pois já no dia 1º de agosto apresentavam-se num jantar com show no Capitol Tokio Hotel Ballroom (ingressos a 28 mil ienes, com direito a três drinques e bufê, incluindo taxa e serviço). Nos dias 2 e 3, concerto ao ar livre no Hibiya Yagai Ongakudo; no dia 4, apresentação no Teatro Sun Plaza, ainda em Tóquio; no dia 8, Teatro Aichi Kinro Kaikan, em Nagoya e, no dia 11, o Festival Hall de Osaka, além de programas de televisão. Houve um dia em que compareceu a uma emissora de TV caindo de sono. Danilo Caymmi, Jacques Morelenbaum e Paulo Jobim, assistindo ao programa da casa de um compositor japonês, não sabiam se riam ou se assustavam com o comportamento de Tom diante das câmeras, pois agia como se estivesse com a cabeça a quilômetros de distância dali. Com o programa no ar, perguntou em português a alguém no estúdio: "Estou penteado?". O entrevistador pediu a sua opinião sobre o festival japonês de música e ele se limitou a responder: "Gosto". Se não era muito de passear nas cidades em que visitava, no Japão exagerou: era do hotel para o trabalho e do trabalho para o hotel. Tião Neto, que havia visitado o país várias vezes em companhia de Sérgio Mendes, fez o possível e o impossível para tirá-lo do hotel. Ana reclamava, mas ele preferia permanecer no quarto vendo televisão. Hospedado no Hilton Hotel, chegou a ser convencido a visitar um templo religioso belíssimo, instalado ao lado do hotel, mas desistiu logo quando viu que teria de subir lances da escadaria.

De volta ao Brasil, encontrou o filho João bem crescido e saudoso dos pais. Tratou de dispensar toda a atenção a ele, tendo cuidado, inclusive, de respeitar o gosto musical do menino. "Ele virou roqueiro, mas somos muito amigos. Só divergimos na melodia", dizia Tom, ao mesmo tempo em que levava a teoria à prática, acompanhando João ao show do conjunto RPM no Canecão. Valeu a pena, pois o filho espantou-se quando testemunhou, no camarim, o cantor Paulo Ricardo, seu grande ídolo, pedindo o autógrafo do seu pai. No dia seguinte, Tom Jobim estava na Escola Professor Orlando Correia Lopes, onde João estudava, para assistir ao lado de mais 25 pais de alunos à aula de música dada pelo professor Rui Pereira. É verdade que deixou o filho preocupado, pois tivera de passar antes pela PolyGram e acabou chegando atrasado. Mas, para alegria de João, Tom chegou, juntou-se aos outros pais, sentou no chão, cruzou as pernas e acompanhou a garotada cantando músicas folclóricas. Quando, dias depois, Gerry Mulligan, em visita ao Rio para participar do Free Jazz, chegou à sua casa reclamando que teve muita dificuldade para encontrá-lo, Tom desculpou-se: "Você sabe como é a nossa vida, Gerry. Troquei de telefone, viajei para o Japão e, mesmo no Rio, não consigo parar em casa. Tenho que levar Joãozinho para a escola, jantar aqui e ali, essas coisas que você sabe muito bem". Tom pegou o amigo e levou-o ao Jardim Botânico, onde apresentou as plantas e os pássaros com uma postura de quem apresentava seres humanos. "Gosto muito da música dele, mas, sobretudo, do seu humor. Sempre rimos muito juntos", comentou Gerry Mulligan para os jornalistas que acompanhavam a dupla. Gerry revelou que, no início da década de 1970, compusera uma música à qual deu o título de *Tema para Antonio Carlos Jobim.*

No dia 5 de setembro de 1986, Tom apresentava-se em Brasília com a Nova Banda, no Teatro Nacional, num show comemorativo do cinqüentenário do Grupo Ipiranga. No dia 8, por iniciativa do amigo, compositor, ministro e, agora, presidente do Tribunal Superior do Trabalho, Carlos Coqueijo Costa, recebeu a medalha do Mérito Judiciário do Trabalho.

No início de dezembro, Antonio Carlos Jobim, a Nova Banda e, como convidada especial, Gal Costa apresentaram-se no Wiltern Theatre, em Los Angeles, para um público de 2.500 pessoas, num espetáculo para ser gravado em videolaser pela Lorimar Productions, a produtora do seriado de televisão *Dallas* e que acabara de adquirir o controle da Metro-Goldwyn-Meyer para a distribuição dos seus filmes em televisões a cabo. A Lorimar iniciava a sua produção de videolaser e, entre os artistas já lançados, encontravam-se os brasileiros Ivan Lins e Djavan, que gravaram com Patti Austin o disco *Brazilian knights and a lady.* Assim, às vésperas de completar 60 anos de idade, Antonio Carlos Jobim via sua música chegar ao público por um veículo de comunicação que dava os seus primeiros passos. Esse videolaser histórico, que recebeu o título de *Rio revisited*, apresentou as seguintes músicas (aqui relacionadas em inglês e português, como estão no disco): *One note samba*, *Desafinado*, *Água de beber*, *Dindi*, *Wave*, *Anos dourados* (*Looks like December*), *Gabriela*, *Chega de saudade*, *Two kites*, *Samba do Soho* (Paulo Jobim e Ronaldo Bastos), *Sabiá*, *Samba do avião* (*Song of the jet*), *Águas de março* (*Waters of March*) e *Corcovado.*

15

O sexagenário

A experiência vivida às vésperas do cinqüentenário, quando não parou de dar entrevistas, levou Antonio Carlos Jobim a esconder-se no sítio de Poço Fundo nos dias que antecederam as comemorações dos seus 60 anos. Justificou: "É muito cansativo ouvir as mesmas perguntas e dar as mesmas respostas".

É verdade que não escapou de pelo menos duas entrevistas. A primeira, no início de janeiro de 1987, bem galhofeira, foi concedida a Tarso de Castro, na época editando o semanário *Nacional*. "Cada canção que fiz foi uma moça que não comi", confessou ele a Tarso. Na segunda, logo depois, à revista *Visão*, disse que se sentia "vergonhosamente feliz" e afirmou que não bebia há nove meses; que os exames de saúde acusavam uma boa melhora do seu estado geral e que a morte, portanto, estava "temporariamente adiada". Nunca se sabe, porém, se ele falava a verdade quando o assunto era bebida. A museóloga Vera Alencar surpreendeu-o algumas vezes escondendo os copos atrás dos livros, na estante, para que Ana não o visse bebendo. Mas tinha as preocupações de um homem que chegava aos 60 anos: na entrevista, revelou ainda que havia tratado de fazer dois testamentos, um no Brasil, outro nos Estados Unidos.

Na verdade, o clima não era muito de festejos. Estava no estúdio, desde novembro, gravando o disco que receberia o título de *Passarim*, e Dona Nilza, que já enfrentava problemas de saúde, levou um tombo e fraturou o fêmur, sendo internada numa casa de saúde na Tijuca. A campanha da Coca-Cola com *Águas de março* foi lançada no Brasil naquele janeiro e os comentários não eram favoráveis. A *Folha de S. Paulo* ouviu alguns escritores e apenas Fernando de Morais não fez qualquer restrição: "Não faz a menor diferença vender uma música para a Coca-Cola ou para um refrigerante que contenha guaraná". Mas o escritor Inácio de Loiola Brandão não perdoou: "Minha posição é de perplexidade. O que rege tudo isso? Existe uma ética ou não?". Antônio Houaiss também não gostou: "Acho que ele poderia ter evitado isso. Para a minha sensibilidade brasileira, não vejo nenhuma vantagem social na relação entre uma grande música e um produto que é uma porcaria". Tom Jobim também foi ouvido: "O anúncio não é triste. E eu precisava do dinheiro para sustentar meus cinco mil pobres".

Em março, participou de um programa de duas horas transmitido pela TV Manchete sobre Heitor Villa-Lobos. No dia 20 daquele mês nasceu Maria Luísa Helena, o grande xodó dos seus últimos anos de vida. No dia 28 de maio, a TV Globo apresentou finalmente o programa especial sobre ele, com o título de *Antônio Brasileiro*. Produzido por Luís Gleiser, dirigido por Roberto Talma e com roteiro de Euclides Marinho e Nelson Motta, o programa, gravado nos Estados Unidos e no Rio de Janeiro, teve a presença dos cantores Joyce (Tom adorou sua interpretação de *Insensatez*), Chico Buarque de Holanda e Marina (que conhecera Tom ainda menina, numa viagem de navio dos Estados Unidos para o Brasil), e apresentou depoimentos da atriz Sônia Braga, do maestro Michel Legrand e de Frank Sinatra.

Passarim já estava gravado desde março, no estúdio Transamérica, no Rio, e a mixagem, realizada em Nova York, havia sido concluída, razão pela qual já podia voltar ao estúdio, agora para gravar um álbum duplo para servir de brinde de fim de ano da Companhia Brasileira de Projetos e Obras – CBPO –, empresa subsidiária da poderosa empresa baiana Norberto Odebrecht. A iniciativa do disco partiu da museóloga Vera Alencar, que havia montado com o pesquisador Jairo Severiano e Lúcia Gouvêa Vieira a firma Sabiá Produções Artísticas, responsável pelo brinde da mesma empresa, na passagem de 1985 para 86, um disco de Dorival Caymmi cantando suas músicas e um livro de Marília Barbosa narrando a vida do grande compositor e cantor baiano. Vera pretendia lançar o livro e o disco com Antonio Carlos Jobim na passagem de 1986 para 87, mais perto, portanto, do 60º aniversário dele, mas não foi possível. Ela teve de enfrentar a tradicional hesitação de Tom, agravada pelo oferecimento feito por ele de escrever o livro sobre a sua vida e a sua obra. Mas, com o sinal verde de Pedro Novis, diretor da Norberto Odebrecht, Vera insistiu que a obra poderia sair no fim do ano seguinte e Tom aceitou, concordando até com a sugestão de que o livro não fosse escrito por ele, mas por Sérgio Cabral.

O disco, produzido por Jairo Severiano, ficou tão bom que não estará muito longe da verdade quem disser que é o melhor disco de Tom Jobim. Foi um disco gravado de maneira descontraída. Para se ter uma idéia, as gravações de Tom no piano e dele cantando foram feitas na sua própria casa, onde o engenheiro de som Carlos de Andrade, o Carlão, improvisou um estúdio (o restante foi feito no Transamérica). O clima só se alterava quando Ana aparecia com Maria Luísa Helena chorando no colo e o pai se assustava. Vendo que não havia nada de mais e que se tratava apenas de mais uma manifestação do zelo de Ana com os filhos, Tom comentava: "Temos uma nova dupla em casa: Antônio Carlos e Jocasta". Na hora da mixagem, a grande preocupação de Paulinho Jobim era o canto dos grilos interferindo em certas faixas. Foi, enfim, um disco de um artista sexagenário, que não tinha satisfação a dar a ninguém. Era um senhor vitorioso: um levantamento de Jairo Severiano, na época, revelou que 14 das suas músicas já tinham mais de 50 gravações e que *Garota de Ipanema* já havia sido gravada mais de 300 vezes. O próprio Tom adorou o resultado e lamentava que o álbum duplo fosse privilégio apenas dos contemplados com o brinde de fim de ano da CBPO (o lançamento para o público só ocorreria poucos meses depois da sua morte, numa caixa com dois CDs, com o título de *Tom Jobim inédito*, por iniciativa da BMG Ariola).

Foram 24 músicas, todas antigas, sendo *Águas de março* a mais nova, levando-se em conta que *Imagina* fora criada no tempo em que Tom estudava com Lúcia Branco, embora recebendo a letra de Chico Buarque na década de 1980. Apenas uma faixa não era de sua autoria, *Modinha (Seresta nº 5)*, de Heitor Villa-Lobos, interpretada por Danilo Caymmi. O disco, aliás, é uma grande confraternização com os vocalistas da Nova Banda, todos contemplados com destaques na interpretação. Foi nessa oportunidade que o *Samba do avião* foi cantado (por Danilo Caymmi) com a tal introdução "caymmiana". Outra música que estreou introdução foi *Desafinado*. Uma melodia cantada por Tom em andamento bem mais lento do que o resto da música, como determinam as regras das introduções, e uma letra cuja autoria Ronaldo Bôscoli também reivindicou no livro *Eles e eu*, numa declaração em que ficava claro que ele desconhecia a existência dessa gravação, embora lançada alguns anos antes da elaboração do livro. Disse ele: "Fiz também a letra em português da introdução para *Desafinado* que o Tom, estranhamente, não gravou. Gravou a versão que ele fez em inglês, mas a minha, em português, não". Em seguida, revelou a sua letra, exatamente a mesma cantada por Tom:

Quando vou falar, você não deixa
E sempre vem a mesma queixa
Diz que eu desafino, que eu não sei cantar
Você é tão bonita
Mas sua beleza também pode te enganar

Em setembro de 1987, a crônica musical só falava dele, por causa de dois importantes lançamentos em disco: um deles apresentava a cantora e compositora Joyce cantando músicas apenas dele. Era um disco muito bem feito e que contou com o entusiasmo do homenageado, como revelou no texto escrito para a contracapa: "Joyce, você é craque mesmo! Danada! Você faz o que quer dessa voz maravilhosa, tem bossa, afinação, improviso, ritmo, musicalidade, feminilidade, coragem, domínio absoluto da bola". Concluiu com uma declaração especial: "Joyce, você deve ser uma mulher muito carinhosa".

O outro lançamento de setembro, pela Polygram, foi *Passarim*. Produzido por Paulo Jobim e Jacques Morelenbaum, não há nada no disco que denuncie o estado de espírito que, muitas vezes, fez com que Tom não tivesse condições, sequer, de cantar as suas músicas. É que o acidente com dona Nilza ocorreu durante o período de gravação. E o estado de saúde da mãe era a sua grande preocupação. Por sinal, surgiu um problema curioso: as crises que o impediam de cantar apareciam sempre que Paulinho Jobim estava no comando das gravações. Tom sentia dores na garganta, tossia muito e acabava se entregando: "Hoje não dá para cantar". Mas nenhum problema aparecia quando Jacques Morelenbaum estava no comando. Percebendo a diferença, os dois produtores combinaram de atuar em horários diferentes. A partir daí, quando o filho chegava, Tom Jobim já havia gravado duas, três músicas sem qualquer dificuldade. Que dizer: com outro tipo de dificuldade. Na gravação de *Chansong*, por exemplo, a dificuldade foi conseqüência de uma exigência joão-gilbertiana em torno da pronúncia da palavra "exhausted" no verso *I got to the hotel exhausted to my room*. Interessado numa pronúncia perfeita, Tom repetiu a gravação por um tempo absurdo. Tão obstinado na busca da perfeição, não percebeu as gargalhadas dos instrumentistas e dos coristas cada vez que pedia ao técnico de som para repetir aquele trecho. O pessoal da Nova Banda participou ativamente do disco, inclusive os compositores, pois foram gravadas duas músicas de Paulo Jobim, *Isabela* (parceria com Gil Goldstein), interpretada por Paulo e Paula Morelenbaum, e *Samba do Soho* (parceria com Ronaldo Bastos), com Paulo e o grupo, e Danilo cantou, de sua autoria e Paulo César Pinheiro, *Brasil nativo*. Tom cantou *Fascinatin' rhythm*, dos irmãos Gershwin, e dividiu com Chico Buarque de Holanda a interpretação de *Anos dourados*, uma belíssima faixa. O trabalho visual do disco foi entregue à família: o design ficou por conta da nora Eliane, que montou a capa valendo-se de uma pintura de Elizabeth Jobim e, na contracapa e no encarte, das fotografias de Ana.

Tom Jobim, que acrescentara à sua coleção de instrumentos um pequeno teclado eletrônico DX-7 (também não escapou da sua definição de aporrinhola aplicada aos instrumentos eletrônicos de um modo geral), cedeu gratuitamente à prefeitura carioca o *Samba do avião*, para uma campanha publicitária visando ao aumento da arrecadação de impostos. Pouco depois, cederia à mesma prefeitura o samba *Ela é carioca* para outra campanha, agora destinada a enfrentar um movimento nada confiável promovido por empresários ambiciosos da Barra da Tijuca que pretendiam separar o bairro da cidade do Rio de Janeiro. No *jingle* da prefeitura, que marcou a volta às gravações do excelente conjunto Os Cariocas, cujos integrantes estavam separados desde a década de 1960, a letra do samba mudou, ficando assim: "A Barra é carioca/A Barra é carioca etc".. Foi realizado um plebiscito e, felizmente, a Barra continuou carioca por decisão da esmagadora maioria dos moradores do bairro. Foi uma fase de intensa convivência de Tom com a publicidade, pois ele aparecia também nos televisores de todo o país participando de uma campanha da Embratur que incentivava o turismo interno. Era o *Passaporte Brasil*. No dia 1º de outubro, ele estreou com a Nova Banda no Canecão uma temporada de 10 apresentações. Desta vez, foram maiores os cuidados com a divulgação, o que o levou a dar várias entrevistas, nas quais repetiu antigas opiniões e fez uma queixa: "As mulheres estão cada vez mais lindas e eu cada vez mais velho. É uma triste constatação". Preocupado, revelou a Tárik de Souza, do *Jornal do Brasil*, que fez um teste com quatro mocinhas que lhe pediram autógrafo e apenas uma conhecia alguma coisa de sua obra: *Garota de Ipanema* e *Águas de março*, sendo esta por causa do anúncio da Coca-Cola. Os jornalistas que compareceram à estréia do show gostaram. No *O Globo*, José Domingos Rafaelli disse que a apresentação "deixa a certeza de que a criatividade de Tom Jobim não cessou, para alegria de seus admiradores em todo o mundo". Para Maria Helena Dutra, do jornal *O Dia*, a música era melhor do que o show. O jornalista Alfredo Ribeiro (mais conhecido pelo pseudônimo de Tutty Vasques) apelidou as integrantes do coro feminino – Paula, Ana, Beth, Maúcha e Simone – de jobinetes. Depois da temporada no Rio, uma semana no Palace, em São Paulo.

Antes de viajar para os Estados Unidos, onde vários compromissos o aguardavam, Tom Jobim respondeu à enquete promovida por Lu Lacerda para o livro *131 posições sexuais*: "É melhor compor antes do sexo. Se deixar para depois, não sai nada. Se bem que o sexo, em si, já é uma composição. Quando eu era garotinho, magrinho e bonitinho, as mulheres saíam correndo de mim. Hoje, elas chegam, batem na minha barriga e dizem: 'Ô, Tom Jobim, aparece lá em casa para tomar um uísque.'". Outra novidade, antes da viagem, foi o prêmio atribuído ao programa *Antônio Brasileiro*, da TV Globo, pelo Festival de Filme e Vídeo de Nova York. Por causa disso, a emissora transmitiu mais uma vez o programa no dia 16 de novembro, logo depois da telenovela *Mandala*.

Tom levou a família toda para Nova York, pois sabia que iria passar muito tempo fora do Brasil e que muitas viagens estavam programadas (por iniciativa dele, o casal Jobim nunca viajava no mesmo avião). Alugou um apartamento por alguns meses, já que ainda não estava pronto o apartamento comprado e, no dia 23 de novembro de 1987, apresentava-se com a Nova Banda, Gal Costa, Oscar Castro Neves e Carlos Barbosa Lima no Avery Fisher Hall, em Nova York, num espetáculo que a imprensa norte-americana achou que fosse uma comemoração pelos 25 anos do show da bossa nova no Carnegie Hall, em novembro de 1962. Mas o compositor disse que se tratava de uma coincidência, que não comemorava coisa alguma. Comemorava não o 25º aniversário da estréia da bossa nova nos Estados Unidos, mas o 10º aniversário de uma instituição nova-iorquina com o nome de Fundação Cultural Brasileira. O crítico Stephen Holden, do *The New York Times*, elogiou muito o show em que Tom Jobim "comandou um fabuloso grupo de músicos". Disse mais: "Assim como Ray Charles consolidou o pop-soul misturando gospel, blues e pop, a bossa nova de Jobim juntou o samba brasileiro e o pop suave europeu com o clássico e o jazz, desde Chopin e Debussy a Miles Davis na sua fase *cool*. A mistura resultou num pop único na sua delicada sensibilidade, sobretudo quando interpretado com a gutural entonação da língua portuguesa e acompanhado de violão. Jobim, que tem uma pequena voz rascante de barítono, sem ressonância especial, está longe de ser o melhor intérprete de sua música. Mas quando sentou no piano e comandou sua banda de cinco elementos e o coro de cinco mulheres, transbordava de efervescente personalidade. O show contou com a inevitável *Garota de Ipanema* (cantada em português com um adorável interlúdio instrumental) e, melhor ainda, uma sofrida interpretação de *Insensatez*, sem dúvida, sua melhor canção". Por coincidência, Lee Jeske, do *New York Post*, também se referiu à "voz rascante de barítono" de Tom Jobim, mas não deixou de falar da "voz penetrante de clarinete de Gal Costa". Ele gostou muito da cantora: "Os melhores momentos do show foram aqueles que contaram com a presença de Gal Costa e que apresentaram canções soberbas que encontraram uma cantora igualmente soberba".

O que mais incomodava Tom Jobim, desde os primeiros meses de 1987, era uma bursite que resistia a todos os medicamentos receitados. A cura só ocorreria no início de 1988, quando, já desesperado de dor, interrompeu a ação de um indiano que, no fim do expediente, arriava as portas de uma *health store*. O indiano o recebeu, ouviu as suas queixas e deu, em seguida, uma série de explicações, durante as quais Tom ouviu pela primeira vez a expressão antioxidante, que entraria em moda na década de 1990, com o sucesso da chamada medicina ortomolecular. O medicamento recomendado tinha o nome de *Ageless built* e, na sua fórmula, predominavam substâncias extraídas de ervas havaianas com propriedades antioxidantes. Tom tomou o remédio e nunca mais teve bursite.

Aliás, já fazia tempo que, por recomendação do "bruxo" Lourival de Freitas, ele substituíra os medicamentos "afinadores" do sangue, produzidos por laboratórios norte-americanos ou não, pelas ervas amazônicas. Quando, separado de Teresa, morava na casa da mãe, Ana ficou impressionada com a quantidade de remédios que ele tomava. Já a disposição de Lourival era a de "empelicar" o seu cliente. De fato, segundo Ana, quando Tom consumia as ervas e se afastava das bebidas alcoólicas, sua pele ficava muito melhor.

Tom Jobim estava nos Estados Unidos, no dia 3 de fevereiro de 1988, quando morreu Radamés Gnatalli. Não foi uma surpresa porque, ao sair do Brasil, sabia que o estado de saúde do amigo era muito ruim. Mas foi uma notícia muito dolorosa. Em março, antes de uma rápida viagem ao Rio de Janeiro, leu no *Los Angeles Times* um comentário de Leonard Feather sobre o disco *Passarim*. O crítico deu cinco estrelas. E concedeu uma entrevista à seção de automobilismo da revista *Vanity Fair* sobre o carro Fox da Volkswagen (no Brasil, Parati) e até experimentou um veículo daquela marca a pedido da revista. "Você deve estar se perguntando", disse ele ao repórter, "por que um cara como eu dirige um Fox. Sou famoso, sim, mas não sou rico. No Rio, o Fox é um carro de classe média alta, se comprado novo. Não é exatamente um carro popular. Paguei lá por ele mais do que se paga aqui. Na verdade, comprei dois. Minha mulher dirige a camionete. A Volkswagen fabrica o Fox em São Paulo, onde a mão-de-obra é barata e as fábricas de automóveis modernas. O preço no Brasil é alto porque lá há uma alta taxação". Tom falou do novo apartamento em Nova York – "depois de 28 anos, quando vendi minhas primeiras músicas, os direitos autorais começaram a aparecer e comprei o apartamento em Manhattan" – anunciando que, "todos instalados", pensavam em comprar um Fox da Volkswagen norte-americana para uso da família. "Ana prefere uma camionete sedan de quatro portas. Tenho carrinho de bebê, brinquedo das crianças e a babá que sempre nos acompanha. O modelo é muito pequeno para tudo isso. Além do mais, tenho que comprar um monte de coisas enormes pro apartamento. A camionete Fox GL é a única de duas portas à venda nos Estados Unidos e é muito bonita. Mas o sedan de quatro portas tem um porta-malas de bom tamanho e um estepe que não precisa ser inflado, o que é raro em carros compactos". Em seguida, Tom revelou que teve quatro carros Volkswagen, o primeiro deles "um besouro de 1959" que o levava ao sítio e às montanhas. Disse que gostava muito dos automóveis Volks, por razões dignas de serem expostas por um garoto-propaganda: "O mecanismo da caixa de marchas é muito suave, bem ajustado e ritmado. As mudanças estão bem-colocadas. Quando você quer a segunda, ela está lá, assim como a terceira, a quarta, sempre na velocidade exata". A reportagem foi ilustrada por uma fotografia de Tom Jobim vestindo sobretudo e cachecol, sorrindo e tocando violão com o pé direito apoiado no pára-choque de um Fox.

Ele tinha alguns compromissos no Rio, entre os quais a conclusão do texto para o livro do fotógrafo Zeca Araújo sobre o Jardim Botânico. No dia 21 de março, trajando terno branco e gravata amarela, estava no Teatro Municipal sendo homenageado no II Concerto Brahma Extra de Música Instrumental como "o símbolo vivo do compositor brasileiro". O maestro Wagner Tiso escreveu o arranjo e regeu uma suíte baseada em músicas suas. O público recebeu a obra com tanto entusiasmo que teve de ser bisada.

Abril em Paris, como na canção. Apresentou-se para uma platéia de 2.800 pessoas que lotaram o Grand Rex. "A música de Antonio Carlos Jobim cria imediatamente uma atmosfera muito doce e agradável que nos acaricia e nos arrepia. Cá entre nós, quem já não fez juras de amor ao som de *Garota de Ipanema* e *Corcovado*?", perguntou Emmanuel Daydé, do semanário *7 à Paris*. Quem assistiu ao show foi o maestro e compositor Michael Legrand que, naquela noite, ofereceu um jantar a Tom Jobim e aos integrantes da Nova Banda. Depois, concertos em Bruxelas, Hamburgo e Stuttgart, partindo em seguida para Nova York para receber uma grande homenagem da BMI, cujo presidente, Frances Preston, lhe entregou o diploma de Grande Artista e Compositor, acompanhado de um balde de prata e uma garrafa de champanhe. Também foi contemplado com o diploma de honra do Inter American Music Council. Por causa disso, não compareceu a outra grande homenagem, no teatro do Hotel Nacional, no Rio de Janeiro: a entrega do Prêmio Sharp pela melhor música, *Passarim*, e pelo melhor disco, o que levou o nome da melhor música. Paulo Jobim recebeu os troféus por ele. Na homenagem da BMI estiveram presentes figuras importantes do jazz, como Dave Brubreck ("Jobim é um espetáculo maravilhoso"), Gerry Mulligan ("quanto mais homenagem a Antonio Carlos Jobim melhor é para a música internacional"), Paquito D'Rivera ("fico honrado como compositor e como pessoa") e Billy Taylor ("é o meu compositor favorito. Ele é especial, sensível. Voltei da União Soviética, onde toquei a música de Tom, e os russos adoraram. Ele é fantástico"). Dizzy Gillespie, que apareceu por engano no dia anterior, enviou seus cumprimentos por escrito. Segundo Frances Preston, Tom era o compositor estrangeiro mais executado nos Estados Unidos depois dos Beatles. Também estavam presentes o embaixador do Brasil nos Estados Unidos, Marcílio Marques Moreira, e o cônsul em Nova York, Jório Salgado. O repórter de *O Globo* perguntou a Tom Jobim se ele não se considerava um embaixador brasileiro itinerante, como Pelé. "Então, o Itamaraty tem de me dar também aquele passaporte vermelho que deu a Pelé", reivindicou.

De volta ao Brasil, foi convidado pelo cineasta Joaquim Pedro para compor a trilha sonora do filme *Casa-grande & senzala*, mas, dias depois, Joaquim seria acometido de um câncer no pulmão e morreria em setembro. No dia 24 de junho de 1988, Tom Jobim recebeu em Brasília a Medalha do Mérito Alvorada das mãos do governador José Aparecido de Oliveira. Sempre procurado pelos jornalistas, revelou a *O Dia* que, em qualquer lugar do mundo, "a gente come um prato com feijão e arroz e encontra o Caetano Veloso". Sobre suas relações com as bebidas, disse recusar "o álcool tóxico da cirrose" em troca do "chope dourado da alegria". Em entrevista à Rádio Jornal do Brasil, fingiu-se preocupado, quando, na verdade, estava cheio de orgulho com a quantidade de animais da mata da Tijuca que invadiam o quintal de sua casa: "Noutro dia, corri atrás de três gambás que atacaram meu cachorro". À revista *Playboy* confessou nunca ter pensado nas homenagens que lhe seriam prestadas quando morresse: "Mas, pelo amor de Deus, quando chegar a hora, escolham uma rua que dê para a praia". Compôs mais um *jingle* publicitário, agora para o laboratório Johnson & Johnson, ficando Paulo Jobim com o arranjo (que teve Jacques Morelenbaum tocando violoncelo) e Paula Morelenbaum com a interpretação vocal. No dia 1º de setembro, recebeu com Ana Jobim centenas de pessoas na Casa de Laura Alvim, numa noite de autógrafos do *Ensaio poético*, de autoria do casal. No dia 7 de novembro, foi a São Paulo para uma cerimônia no Palácio dos Bandeirantes e ser contemplado com um cheque de Cr$1,7 milhão, o Prêmio Lei Sarney de Incentivo à Cultura Brasileira. O prêmio foi distribuído para 47 pessoas, entre as quais estavam o maestro Eleazar de Carvalho, o poeta Geraldo Carneiro, o jornalista Gilberto Dimenstein e o antropólogo Darcy Ribeiro. No Rio, participou do lançamento do livro *Jardim Botânico do Rio de Janeiro*, com fotos de Zeca Araújo e texto seu, e terminou o ano de 1988 com a notícia de que o disco *Passarim* já havia ultrapassado a marca dos 100 mil exemplares vendidos.

Tom Jobim passou o ano seguinte quase todo no seu apartamento de Nova York, onde era vizinho de personalidades como Jacqueline Kennedy e Anthony Quinn. Em março, apresentou-se com a Nova Banda no Carnegie Hall, num show comemorativo dos 25 anos do lançamento do disco em que Astrud Gilberto cantou *Garota de Ipanema*. Desde então, a música não parou mais de ser gravada e de ser executada. Almir Chediak, que já trabalhava com Tom e Paulo no songbook do compositor (a comunicação Rio-Nova York foi por meio de transmissão de centenas de faxes, a fim de que nenhuma música saísse com erro), percebeu que *Garota de Ipanema* era uma música descritiva: "Na primeira parte, é uma onda que vai se enrolando até arrebentar na praia, com um clichê melódico de seis notas que se repetem quatro vezes. Na segunda parte, a música vai subindo de tom para conduzir a um clímax, à crista da onda, com o prolongamento das notas iniciais e finais de cada frase melódica. São séries de acordes com oito notas, que se repetem em alturas diferentes, como se fosse a onda aos poucos se encrespando, crescendo. Ela afinal sobe e volta a agigantar-se e arrebenta em movimento de retorno ao mar calmo, descontraído e em ondas regulares da primeira parte. Volta a elevar-se e a quebrar na praia. Coisa de gênio". A lotação do Carnegie Hall esgotou-se, razão pela qual muita gente ficou do lado de fora, inclusive alguns jornalistas brasileiros. Curiosamente, Tom não programou *Garota de Ipanema* para o show, mas se viu obrigado a cantá-la nos pedidos de bis.

Em novembro, Tom viajou para o Rio para ver dona Nilza, cujo estado de saúde era cada vez pior. Foi um fm de ano terrível para o compositor. A mãe morreu, aos 79 anos, e, pouco mais de um mês depois, morreu o tio Marcelo, aos 78 anos de idade. Trouxe a família de volta, pois pretendia permanecer muito tempo em sua cidade. "Não moro no Rio. Eu namoro o Rio", disse em janeiro de 1990 ao jornal *O Globo*. Naquele mês, ele se apresentou com a Nova Banda, de 9 a 14, no Centro Cultural Banco do Brasil, abrindo as homenagens a Vinicius de Moraes no ano do 10º aniversário de sua morte. Depois do show de estréia, cercado de moças bonitas, cochichou no ouvido do jornalista João Luís de Albuquerque: *Si jeunesse savait, si vieillesse pouvait.* No dia 25, cantou para os paulistas, no Ginásio do Ibirapuera, ao lado de Chico Buarque de Holanda e Milton Nascimento, no show de lançamento da Universidade Livre da Música, uma iniciativa do jornalista e escritor Fernando Morais, então secretário de Cultura do governo estadual de São Paulo. Tom foi nomeado presidente do Conselho Diretor da Universidade e já era chamado de reitor pelos jornais. Ele aceitou ocupar o cargo com a condição de não ser obrigado a dar aulas, tantos eram os seus compromissos. "Estou trabalhando mais do eu mereço", defendeu-se. Sugeriu modificar o nome da universidade, substituindo a palavra livre por cheia ou plena. "Universidade Cheia de Música é melhor, pois, como está, parece que ela se livrou da música". Outra observação foi a de que o ensino de música não é fundamental. Deu dois exemplos: "Villa-Lobos e Chico Buarque de Holanda são autodidatas". O show, realizado no dia em que São Paulo fazia 436 anos e Tom Jobim, 63, enfrentou graves problemas de luz e de som. *Correnteza* foi cantada quase toda no escuro e, ainda assim, o público aplaudiu bastante. "Vocês são muito generosos", agradeceu Tom. Apresentando o pessoal da bossa nova, ele definiu: "São cinco garotas maravilhosas, cinco maravilhosos rapazes e um velho safado". Janeiro de 1990 não terminaria sem que ele fizesse mais uma apresentação. No dia 30, estava no Hipódromo da Gávea, num espaço – entre a tribuna social e a pista de grama – que o Jóquei Clube Brasileiro pretendia utilizar para grandes espetáculos, já que a capacidade era para 3.200 pessoas, sendo 1.700 nas arquibancadas e 1.500 nas cadeiras. Antes do show, deu várias entrevistas nas quais fez confissões indiscutivelmente jobinianas: "Ando meio desconfiado. As moças estão falando comigo. Acho que estão confiando demais em mim, o que não é bom sinal".

Ele estava em Nova York, para onde viajara nos primeiros dias de fevereiro, quando foi lançado no Brasil o disco *Família Jobim*, com músicas e arranjos de sua autoria executados pela Nova Banda reforçada por Gilson Peranzzetta no piano, Marcelo Costa e Papete na percussão e Paulo Guimarães na flauta e no flautim. No coro feminino, Miúcha foi substituída por Eveline Hecker. O texto de apresentação do disco foi escrito por Tom, que não fez qualquer comentário de caráter musical. Cuidou apenas de ecologia: "Brasil, um país ainda com nome de árvore. O pau-brasil é hoje uma raridade. O Brasil era um paraíso, um país mateiro, grande Nação Florestal. Floresta com onça, anta, macuco, madeiras preciosas que nem foram utilizadas, mas queimadas. As queimadas que começavam em Minas e iam até as praias do Espírito Santo. Queimar, fogo, sempre fogo na fabricação demente, insana do deserto. Depois, vinha a chuva e carregava os restos e vinha o sol e cozinhava o chão. Ao lado, a voçoroca, o buracão profundo. Insensatos. A superfície da terra virou uma moringa, uma telha. Amanhã, no interior do Boeing Jumbo 747 da Varig. Lá embaixo, Minas, Zona da Mata. Não tem mais mata. Estamos chegando... Cadê a Floresta Atlântica? E a terra despencando morro abaixo. Um compatriota, sentado ao meu lado, me diz: 'Os americanos já destruíram as suas matas, seus índios, nós temos os mesmos direitos'. Meu Deus, o que os índios pensarão, o que as árvores pensarão disto? Chico Mendes falou na TV americana em bom português: 'Vão me matar. Não mandem flores. Deixem as flores vivas na floresta'. Com legendas em inglês".

Ao retornar ao Rio de Janeiro, no início de julho, Tom Jobim prestou ao *Jornal do Brasil* uma declaração que seria lembrada depois da sua morte: "Pretendo morrer aqui. É mais confortável morrer em português. Como é que vai dizer para o médico, em inglês, que está sentindo uma dor no peito que responde na cacunda?". Seu primeiro compromisso no Brasil foi uma apresentação no Festival de Inverno de Campos do Jordão, onde enfrentou uma temperatura de dois graus centígrados e teve a alegria de rever velhos amigos e colegas de atividade musicais, Ciro Pereira, Luís Arruda Paes e Amílson Godoy. Em agosto, voltou para São Paulo para um espetáculo no Memorial da América Latina, dirigido por Roberto de Oliveira, que também contou com a participação da Orquestra Jazz Sinfônica, regida por Ciro Pereira.

Rio-Nova York, para Antonio Carlos Jobim, era uma autêntica ponte aérea, tantas vezes percorria o trajeto. Em setembro, outra boa notícia: o disco *Eliane Elias plays Jobim* era o quinto mais vendido na lista de jazz do *Billboard*. Voltou ao Brasil em fins de novembro, depois de uma passagem pela Itália, onde ele e Caetano Veloso receberam o Prêmio Tenco. No início de dezembro, foi condecorado com o título de *Doutor Honoris Causa* da UERJ, a Universidade do Rio de Janeiro. "Esse é um prêmio muito significativo porque a UERJ é como a TELERJ, o BANERJ e todo esse negócio que termina em ERJ, que quer dizer que é do meu Rio de Janeiro", disse.

Em dezembro, nos dias 16 e 17, dois compromissos muito importantes: no dia 17, um show no Scala destinado a levantar fundos para o cantor Lúcio Alves, vítima de doença grave e atravessando sérias dificuldades financeiras. Solidários com o grande Lúcio, lá estavam Tom Jobim, Caetano Veloso, Os Cariocas, Dóris Monteiro, Caubi Peixoto, Johnny Alf, Tito Madi, Agnaldo Timóteo, Sérgio Ricardo e Leny Andrade. No dia seguinte, uma grande festa na boate People para o lançamento do *songbook* de Tom. Foi difícil saber quem ficou mais feliz com o songbook: se ele próprio, que sempre sonhou ver suas músicas corretamente impressas; se os consumidores de songbooks, se Almir Chediak, por mais um extraordinário serviço prestado à música popular brasileira. No texto de abertura da obra, Tom considerou o trabalho de Chediak "uma coisa patriótica, pois tem a ver com a memória do Brasil".

Acompanhar, ao piano, Milton Nascimento cantando *Eu sei que vou te amar* na gravação do programa *Brazil by Music*, que Geraldo Carneiro escreveu e Roberto Talma dirigiu para a televisão espanhola, foi o primeiro compromisso de Tom Jobim em 1991. Em fevereiro, almoçou com o prefeito carioca Marcelo Alencar, que estava interessado em valorizar a data da fundação do Rio de Janeiro, 1º de março. Muita gente – muitos homens públicos, inclusive – pensa que o Rio foi fundado em 20 de janeiro, dia do padroeiro da cidade. No feriado municipal há muitos anos é considerado o dia da cidade. No esforço pela valorização do dia 1º de março, a prefeitura resolveu promover no 426º aniversário da cidade um grande espetáculo na Praia do Arpoador, com Antonio Carlos Jobim. Primeiramente, um susto: cantar para tanta gente? "Sou mais do gênero intimista", alegou. Depois uma preocupação: "Só espero que as águas de março não atrapalhem tudo".

No dia 1º de março, os jornais amanheceram com um anúncio de página inteira da prefeitura carioca: "Vamos comemorar o aniversário do Rio de Janeiro com duas paixões da cidade: Tom Jobim e Arpoador". À noite, num palco de 12 metros por 10 e com 8,5 metros de altura e um som de 3 mil watts de potência, além de um telão nas proximidades do palco, Marcelo Alencar cortou o bolo, deu o primeiro pedaço ao compositor, todos cantaram *Cidade maravilhosa* e *Parabéns pra você* e Tom deu início ao show com a execução de *Surfboard*. Entre cada música apresentada, uma declaração de Tom Jobim de amor ao Rio de Janeiro: "É um prazer fazer um show para esta cidade que insiste em ser linda".

"Enterrem meu coração no Arpoador" etc. Mas o melhor estava reservado para o final, quando Tom Jobim, atendendo aos pedidos de bis, apresentou *Samba do avião*. Por uma coincidência tão perfeita que parecia ter sido planejada, um avião passou vagarosamente sobre a praia. A multidão inteira aplaudiu o avião.

João Francisco, filho de Tom, 11 anos de idade, viu tudo e fez seu relato:

Meu pai entra no palco.
Ele estará um pouco nervoso
E eu, orgulhoso. O público aplaude,
O show começa.
Agora, eu estava nervoso e ele, orgulhoso.
Olhei para o mar, as ondas estavam
Esparramadas. Vi os surfistas, era tudo tão lindo.
Me lembrei de mim pegando onda.
A multidão parecia uma grande onda de amor.

16

Tributos a Tom Jobim

Na manhã de 3 de março de 1991, um domingo, a família Jobim recebeu um grupo de representantes da gloriosa Escola de Samba Estação Primeira de Mangueira. Lá estavam o presidente da escola, José Ananias; o violonista e compositor Aloísio Dias (presidente da Velha Guarda da Mangueira), acompanhado de sua mulher, tia Zélia; Neuma Gonçalves, a "primeira mulher verde-e-rosa", filha de um dos fundadores da escola e seu primeiro presidente, Saturnino Gonçalves; o presidente da comissão de carnaval da Mangueira, Percival Pires; o empresário José Maria Monteiro com a sua mulher Nadir; o jornalista e publicitário Osvaldo Martins com a sua mulher Sueli, além do advogado Iberê Bandeira de Melo.

A missão do grupo era saber de Antonio Carlos Jobim se aceitaria ser homenageado pela escola de samba sendo o tema do seu samba enredo para o carnaval de 1992. A Mangueira havia sido campeã do carnaval carioca em 1984, 1986 e 1987 homenageando personagens vivos, respectivamente os compositores João de Barro e Dorival Caymmi e o poeta Carlos Drummond de Andrade. Quem sabe se um enredo sobre Tom Jobim não ajudaria a escola a viver novamente a alegria de poder ser a vencedora do carnaval? Título do enredo: "Se Todos Fossem Iguais a Você".

Osvaldo Martins, o autor da idéia, valeu-se do jornalista e escritor Ruy Castro para entrar em contato com o compositor. Tom declarou-se "muito honrado" com o convite e concordou em receber a delegação mangueirense no domingo. Foi um encontro muito cordial, na base de troca de gentilezas e de sambas antigos executados pelo compositor ao piano, além da promessa de um samba em homenagem à Mangueira.

Terminada a conversa com os mangueirenses, outra conversa, agora com Gilda Matoso que, desde 1989, cuidava das apresentações públicas de Jobim no Brasil e no exterior. Dali a uma semana, ele e a Nova Banda estariam no Carnegie Hall como atrações, ao lado dos cantores ingleses Sting e Elton John e dos brasileiros Caetano Veloso e Gilberto Gil, no espetáculo denominado *Jobim, Sting &...*, destinado a levantar fundos para projetos ecológicos – entre eles, a demarcação de áreas indígenas no Brasil – da Fundação Rainforest, criada por Sting.

Procurado pelos jornalistas em Nova York, Tom disse que iria acompanhar ao piano a interpretação de *Insensatez* de Sting e confessou ser um admirador da luta do cantor em defesa da natureza: "É um *naive*, porque enfrenta interesses poderosos ligados à destruição das matas e à matança de índios". Publicada sua declaração, foi advertido de que usara um termo, *naive* que, nos Estados Unidos, tem um sentido pejorativo, o mesmo que bobo, otário etc. Naquela altura porém, já estava extremamente familiarizado com a língua inglesa e recusou-se a passar recibo de ignorante. Recorreu ao *Oxford Advanced Learner's Dictionary*, de A. S. Hornby, e demonstrou que *naive*, na verdade, era usado para definir uma pessoa natural e inocente no falar e no comportamento, o que se aplica perfeitamente para Sting, um jovem inexperiente em relação às complexas questões envolvendo a sua luta generosa. "O que eu quero dizer é que ele é um Dom Quixote", resumiu Tom Jobim.

Os 2.804 ingressos do Carnegie Hall foram vendidos a preços que variaram de 35 a 500 dólares. Entre os presentes, o cacique brasileiro Raoni e caciques de tribos norte-americanas (um deles apontou para Tom e disse: "*You Indian*". O compositor concordou, pois se achava dotado de traços indígenas na fisionomia. Além disso, descobrira sinais da existência de ancestrais índios na família, durante as pesquisas de sua árvore genealógica). Durante o show Sting, modestamente, preferiu assumir o papel de *oppening act*, apesar do sucesso mundial do seu último disco, *Soul cage*, deixando para Tom as honras de encerar o espetáculo. Trajando fraque, Sting apresentou os convidados Elton John, Caetano Veloso e

Gilberto Gil e, antes de anunciar a última atração, exibiu um vídeo sobre a floresta amazônica, em que ele aparecia no meio dos índios. Em seguida, convocou Raoni, que falou em sua língua com tradução simultânea para o público: "Meu coração está com vocês. Se a floresta for destruída, será o nosso fim. O fim de todos". Depois, acompanhado pela Nova Banda, Tom Jobim cantou várias músicas e chamou Sting para dividir com ele a interpretação de *Insensatez*. No final, com a platéia em delírio, os demais artistas voltaram ao palco para cantar *Garota de Ipanema* com ele. Depois do show, a Fundação Rainforest promoveu um "jantar de samba" no restaurante Tavern on the Green, a 250 dólares por pessoa.

Quando Tom voltou para o Rio de Janeiro, o assunto nas rodas do pessoal ligado à música brasileira era o mais novo disco de João Gilberto, lançado na Polygram com o título de *João*. *O Globo* pediu a ele um texto e, pela primeira vez, o compositor escreveu para jornal sobre um disco alheio:

"Antes de mais nada, João Gilberto é um craque. Tenho todos os discos dele, desde o primeiro, *Chega de saudade*, gravado pela Odeon em 1959, em 78 rotações [errou por um ano; o disco foi gravado em julho de 1958]. Considero João um patrimônio nacional. Ele é um grande sambista, é baiano, conhece todos os ritmos. Puxou o pai, seu Juventino de Oliveira, que era músico em Juazeiro, onde João nasceu. Não gosto de tecer considerações sobre o trabalho de ninguém, mas João Gilberto é formidável. Ele é bom para o Brasil. Não posso dizer que João continua o mesmo. Uma pessoa hoje não é igual no dia seguinte, mas ninguém deve ficar preocupado se João mudou ou não, se ele está melhor ou pior. O importante é que João Gilberto é um gênio. O nome dele está escrito na história do Brasil.

Ouvi o disco novo pela primeira vez na quarta-feira. Era uma ocasião muito especial porque a minha filha estava fazendo quatro anos. A casa estava muito barulhenta – era uma festa de criança – e a agulha do meu toca-discos não estava muito boa. Mas prestei atenção a algumas faixas, como *Eu e meu coração* e *Palpite infeliz*. João gravou músicas de que ele gosta, que estão dentro do seu coração. Eu mesmo gravei *Eu e meu coração* pela Continental, há milhões de anos. Esse samba está muito bonito no disco, foi bem gravado por João. Ele canta bem em inglês o clássico de Cole Porter *You do something to me*. Pensando bem, tudo é clássico em *João*, como *Ave Maria no morro*, que João ouviu em Juazeiro, e *Sampa*, de Caetano Veloso. E a gravação de *Palpite infeliz* é maravilhosa.

Esse repertório é uma curtição de João Gilberto. Nós não podemos ficar simplesmente repetindo os sucessos da época da bossa nova. João tem uma vida monástica. É um homem recluso, não gosta de badalação, não liga para bebida nem para cigarro. É uma pessoa dedicada à arte e à música, que não está preocupada em ver suas músicas nas paradas nem na lista dos mais vendidos. Ele simplesmente dá o melhor que pode para todos nós. Não sou crítico musical e detesto essa história de fazer crítica ao trabalho dos outros. Os artistas são ótimos. Eles sabem das coisas muito antes das outras pessoas. João deveria gravar sempre, cada vez mais. Mas sei que há outras coisas para fazer. Eu também não gravo com mais freqüência porque tenho que trocar o pneu do carro, afinar o piano e mandar cortar a árvore que está caindo no jardim".

(Na festa de quatro anos da filha de Tom, a grande atração foi Danilo Caymmi, padrinho da menina, promovendo uma hilariante sátira à ópera *Carmem*, em que ele fez o papel de Carmem. Arrancou muitas gargalhadas da criançada e dos adultos também.).

Na agenda de Tom Jobim, havia a conclusão da música *Querida*, feita especialmente para a telenovela *O dono do mundo*, de Gilberto Braga. Para abril de 1991, uma pequena temporada no Imperator, a bonita e ampla casa de espetáculos do Méier. Havia também um plano nunca executado de formar com Alberico Campana, proprietário da Churrascaria Plataforma, uma sociedade para explorar a criação de trutas num sítio situado na estrada Teresópolis-Friburgo. Quanto ao seu cotidiano de freqüentador de bares e restaurantes, dois episódios daquela época. Vendo o governador Leonel Brizola almoçando na Plataforma, arriscou uma brincadeira: "Quando é que seremos presos novamente?". Brizola não respondeu e fez uma cara de quem não gostou nem um pouco da pergunta. O outro episódio ocorreu no Arataca, onde Tom contemplou o garçom Carlinhos (Carlos Antônio dos Santos) com um cheque de Cr$ 7 mil e sugeriu que ele não o descontasse, pois havia lido no jornal que os ingleses guardavam os cheques de Charles Chaplin e, depois da morte dele, trataram de vendê-los por quantias imensas. Carlinhos seguiu a orientação e guardou o cheque, mas se recusou a vendê-lo depois da morte de Tom.

Uma nova temporada de shows, como aquela no Imperator, era sempre motivo para novas entrevistas. Sua única preocupação em relação ao show era de que não tinha "a menor intimidade com o Méier". Em outra entrevista, contou que, em 1968, um amigo norte-americano, percebendo seu interesse pela fauna e pela flora, disse que ele era "um ecólogo". Confessou: "Tive que ir ao dicionário para saber o que era isso". A morte foi um dos temas da entrevista concedida a *O Globo*, quando citou Carlos Fuentes, um dos seus escritores prediletos: "A única vantagem que o guerreiro leva sobre os homens comuns é a de saber que vai morrer". Acrescentou: "Os dias estão sempre contados. Mas não tenho tempo para pensar nisso. Sou feliz, apesar da lida incessante. Como diz o ditado latino, a arte é longa e a vida é breve". Quis saber como era o piano do Imperator, um interesse que serviu de pretexto para repetir uma piada sempre repetida antes de cada show: "Meu problema é de piano". Ficou feliz quando soube que o Imperator colocaria no palco um Bösendorfer, "o melhor piano do mundo". Quanto ao show, foi uma temporada de casa cheia e de boas críticas. Em *O Dia*, Maria Helena Dutra, depois de classificá-lo de "um monumento", contou que, "no terceiro bis, sozinho em seu piano, Tom Jobim interpretou *Luísa*. Era o complemento ideal para o melhor espetáculo que já o vi fazer junto aos seus familiares acompanhantes". No *Jornal do Brasil*, Pedro Tinoco não fez por menos: "Depois do *Samba do avião*, a platéia, seduzida, parecia ouvir as ondas quebrarem entre as ruas 24 de Maio e Amaro Cavalcante".

Menos de um mês depois, uma apresentação no Riocentro, integrando uma série de espetáculos de música brasileira denominada *Rio Show Festival*, ao lado da família Caymmi, com exceção de Dori, que estava nos Estados Unidos. Recebido por Dorival Caymmi no palco com um beijo na mão, Tom Jobim acompanhou-o ao piano nas músicas *Das rosas*, *Saudade da Bahia* e *Maracangalha*. Acompanhou também Nana Caymmi em *Saia do meu caminho* e *Só louco*, apresentando-se depois com a Nova Banda. O público presente foi calculado em oito mil pessoas. Depois do show, diante dos jornalistas, Tom e Caymmi tentaram lembrar-se desde quando se conheciam. Tom achou, inicialmente, que fora em 1949, corrigindo logo para 1952, quando o viu sentado numa das mesas da calçada do velho Bar Simpatia, na Avenida Rio Branco. Dorival Caymmi, porém, confessou que conheceu pessoalmente o amigo somente em 1956, durante a temporada de *Orfeu da Conceição*.

Em maio, Antonio Carlos Jobim ingressou no Hall of fame da American Academy of Popular Music e lançou a edição em inglês do livro *Jardim Botânico do*

Rio de Janeiro, dele e do fotógrafo Zeca Araújo. Se alguém tivesse ainda alguma dúvida sobre a sua projeção internacional, acabaria com ela ao ler a entrevista do presidente dos Estados Unidos, George Bush, a Flávia Sekles, da revista *Veja*. Disse Bush: "Para atrair investimentos domésticos e externos, os países precisam oferecer uma projeção apropriada àqueles que criam e inovam, seja um novo disco de Antonio Carlos Jobim, seja um programa de computador do Canadá, da Argentina ou mesmo dos Estados Unidos".

No dia 27 de junho, mais um estréia no Canecão e, portanto, mais entrevistas, para seu desespero, pois acabara sendo advertido na rua por um motorista que parara o carro ao lado dele, no sinal:

– Não agüento mais ver a tua cara nos jornais.

– Eu também – concordou.

Afinal, as entrevistas eram fundamentais para a divulgação do show. E ele precisava de um bom público, pois, como sempre dizia, "quando o sujeito faz muito show, é sinal de que está precisando de dinheiro". Assim, submeteu-se, entre outras coisas, às curiosidades da seção "O Astro na Intimidade", do jornal *O Dia*:

"Sucesso – É perigoso. Todo mundo quer, mas, quando ele chega, se quer colocar óculos escuros para fugir do assédio.

Personalidade – Carlos Drummond de Andrade.

Boa companhia – Paulo Mendes Campos [que morreria poucos dias depois da entrevista].

Mulher charmosa – Isabel Ribeiro, que tem uma boca incrível [Tom a viu na Plataforma e ficou literalmente deslumbrado], Luma de Oliveira, Ticiane [filha de Heloísa Pinheiro, a 'garota de Ipanema'] e Gal Costa, que é a melhor cantora do Brasil.

Cantor e cantora – Gal Costa, João Gilberto, Chico, Caetano e Gil.

Poeta – Fernando Pessoa, Carlos Drummond e Eliot.

Um beijo – Para João Gilberto.

Prato predileto – Frango grelhado com panachê de legumes.

Maior defeito – Ser perecível, mortal.

Provérbio – A arte é longa e a vida é breve.

Depois do show no Canecão, a primeira viagem de Tom Jobim ao Nordeste do Brasil para duas apresentações, nos dias 19 e 20 de julho, no Teatro Guararapes, em Recife. Antes da viagem, porém, teve de responder a uma pergunta de *O Globo*: que fim levou a Universidade Livre de Música? Segundo o jornal, ela não funcionou em 21 meses de existência e tudo indicava que a iniciativa "não passou de um ensaio de orquestra". Tom defendeu-se: "Tenho ido muito a Nova York. É verdade que sou o Magnífico Reitor, mas acho que esse não é um cargo para aparecer. Reitor que aparece muito leva pedrada, não é? Mas ninguém pode acusar-me de marajá. Não recebo nada pelo cargo. Gostaria de ir a São Paulo para ver como está a Universidade, mas estou indo para Pernambuco fazer meu show. Ultimamente, estou fazendo muitos shows". Em Recife, hospedou-se no Hotel Recife Palace, de onde praticamente saiu apenas para as duas apresentações, apesar dos inúmeros convites para conhecer a cidade e arredores. O casal de arquitetos pernambucanos Acácio Gil Borsoy e Janete Costa, amigos dele e moradores de uma belíssima casa em Olinda, chegaram a arranjar uma lancha para um passeio pelo litoral, mas Tom não apareceu. "Nunca vi uma cara de decepção tão impressionante quando a do dono da lancha, quando ele nos viu saltar do ônibus sem Tom Jobim. Parecia que ia morrer", contou Danilo Caymmi. O governador de Pernambuco, Joaquim Francisco, entrou em contato com Gilda Matoso revelando a intenção de oferecer um lanche a Tom Jobim no palácio. Gilda foi franca: "Ele não vai, governador". E o lanche foi cancelado. Mas nada impediu que ele exaltasse as belezas de Recife nas entrevistas que concederia depois.

Desde o lançamento do songbook em disco de Noel Rosa, pela Lumiar, do qual participou interpretando brilhantemente *Três apitos* e *João Ninguém*, Tom Jobim alimentava o sonho de gravar um CD apenas com músicas de Noel. Tinha até o título: *Tom visita Noel*. "Quase todo compositor brasileiro é discípulo de Noel. Ele era um gênio", disse a Almir Chediak, que ficou muito animado com a idéia, até porque viria em seguida, o disco *Tom visita Ary Barroso*. Infelizmente, foi mais um sonho não-realizado por Tom Jobim. Mas havia outros compromissos. Tom criara a melodia de um samba em homenagem à Mangueira e queria que Chico Buarque escrevesse a letra. Mas Chico passou boa parte de 1991 em seu apartamento de Paris, escrevendo o romance *Estorvo*. Voltou para o Rio e, estranhamente, Tom não falou com ele sobre o projeto. Mas havia prazos a cumprir, pois José Maria Monteiro e Osvaldo Martins haviam elaborado um projeto de arrecadação de recursos para a Estação Primeira, a fim de que ela não precisasse recorrer a "patronos", geralmente bicheiros, como ocorria com várias outras escolas de samba. No seu planejamento, estava incluída a venda de um disco, com o título de *No Tom da Mangueira*, produzido por Hermínio Belo de Carvalho, que desejava ocupar a primeira faixa exatamente com o samba de Tom e Chico. O disco integraria um *kit*, do qual fariam parte também camisetas desenhadas por Ziraldo e um vídeo reproduzindo um show de Tom Jobim na quadra da Mangueira.

O show foi realizado no dia 5 de novembro, diante de um público calculado em duas mil pessoas, todas elas moradoras do Morro de Mangueira, conforme fora decidido pelos promotores do evento e o próprio Tom Jobim. Ele trajava um terno cinza-chumbo, camisa amarela, gravata colorida e chapéu de palha. Alguém o viu colocar um comprimido de Isordil debaixo da língua ao entrar na quadra, tão nervoso estava. Mas o show foi um sucesso. Segundo Márcia Cezimbra, do *Jornal do Brasil*, "o casamento da bossa nova com o partido alto foi perfeito". Neuma Gonçalves ficou emocionada com tudo aquilo: "Tom é igualzinho à Mangueira. Tem um carisma que ninguém segura. Ele me beijou como se eu fosse da família dele". Zica, viúva do compositor Cartola, afirmou: "O povo da Mangueira já tem ele no coração". Além de Tom e da Nova Banda, o show contou ainda com a participação das cantoras mangueirenses Beth Carvalho e Alcione. Na oportunidade, foi apresentado o samba-enredo para 1992, composto pelo trio Hélio Turco, Alvinho e Jurandir ("ele é o maior poeta vivo do país. E uma cara simpático", saudou o veterano Hélio Turco, o compositor com maior número de sambas-enredo para a Estação Primeira). Eis a letra do samba:

Mangueira vai deixar saudade
Quando o carnaval chegar ao fim
Quero me perder na fantasia
Que invade os poemas de Jobim

Amanheceu
O Rio canta de alegria
Aconteceu
A mais linda sinfonia

O sol já despontou na serra
Dourando o seu corpo sedutor
O mar beija a garota de Ipanema
A musa de um sonhador

É carnaval
É a doce ilusão
É promessa de vida no meu coração

Vem, vem amar a liberdade
Vem cantar e sorrir
Ver um mundo melhor
Vem, meu coração está em festa
Eu sou a Mangueira em Tom maior
Salve o samba de terreiro
Salve o Rio de Janeiro
Seus recantos naturais

Faltava a letra do samba de Tom Jobim homenageando a Mangueira. José Maria Monteiro e Osvaldo Martins pediram ao autor destas linhas entrar em contato com Chico Buarque de Holanda, já que Tom não falava com ele. "Meu pai fazia certa cerimônia com Chico", observou Paulinho Jobim. O contato foi feito e Chico ficou indignado:

– Diz ao Tom para ele ir à merda, deixar de frescura e telefonar pra mim.

Tom telefonou para Chico Buarque que, preocupado com o prazo muito apertado, telefonou para Hermínio Belo de Carvalho pedindo algumas dicas sobre a Mangueira para entrar no samba. Uma das dicas, pelo menos, a alusão ao Pendura-Saia, uma das regiões do complexo de Mangueira, foi aproveitada na letra. O samba entrou no disco interpretado pelos seus autores. E teve outras gravações, mas aquela foi a única com a participação de Tom e Chico. O disco ficou muito bonito, com sambas de exalação à Mangueira e com a participação de nomes como Cartola, Clementina de Jesus, Herivelto Martins, Beth Carvalho, Alcione, Ivan Lins, Ney Matogrosso e vários outros. Sem dúvida, contribuiu muito para o sucesso de vendas do *kit* da Mangueira, sem esquecer, é claro, a participação de vendedoras improvisadas como as veteranas sambistas Neuma e Zica, que impressionaram a dupla José Maria Monteiro e Osvaldo Martins nos contatos com os grandes empresários de São Paulo. Quando entraram no escritório de Antônio Ermírio de Morais, o maior empresário do Brasil, Neuma Gonçalves foi logo conquistando a sua simpatia com frases como esta: "Puxa! O senhor é muito mais bonito e mais jovem do que parece na televisão". Quem adquirisse 200 *kits* era contemplado com o título de "benfeitor da Mangueira" e ainda ganhava o troféu Cartola de Ouro.

Em dezembro, Tom foi convocado pelo jornal *O Globo* para intervir numa questão envolvendo a empresária Lúcia Sweet e o cantor João Gilberto, que fora processado por ela por não ter feito um show no Teatro Municipal do Rio de Janeiro, para o qual estava contratado. Além de processar João Gilberto, Lúcia pretendia escrever um livro sobre ele, tendo como fonte os telefonemas de um para o outro, todos gravados por ela. Nos tais telefonemas, segundo a empresária, João teria afirmado que "não agüenta mais Chico Buarque de Holanda e Tom Jobim". Disse este a *O Globo*: "Eu e João temos um trabalho junto de muitos anos. Sou fã dele. Será que é possível alguém estragar tudo isso apenas com uma penada? Quero estar morto quando isso acontecer. Acho que algumas pessoas deveriam gastar seu tempo em coisas mais úteis. Gravar telefonemas é uma coisa muito feia. E o que é maligno não me interessa".

Também em dezembro de 1991 foi lançada a campanha publicitária da Brahma com Tom Jobim e Vinicius de Moraes. Dias depois, a *Folha de S. Paulo* divulgava a informação de que a Antártica tinham em seu arquivo uma declaração de Tom Jobim, prestada ao jornal *Estado de Minas* um ano antes, exigindo cerveja Antártica para comparecer a um programa de televisão. No programa, o compositor apareceu tomando uma Bavária, da Antártica. Procurado pela *Folha*, o diretor de marketing da Brahma menosprezou a denúncia do concorrente: "Tudo bem. Ele agora bebe Brahma".

Quanto Antonio Carlos Jobim ganhou para fazer a propaganda da Brahma? A detestável pergunta era inevitável, mas ele respondeu de bom humor, fazendo as contas, sem deixar de exagerar nos números: "Bebo desde os 15 anos de idade 30 chopes por dia. Em 50 anos, portanto, 547 chopes que, ao preço de hoje,

Cr$ 750,00 por chope, dariam Cr$ 410.625.000,00, ou seja, 450 mil dólares. Recebi menos do que isso". Foi uma fase em que seu telefone não parava de tocar, pois os jornalistas de todo o país queriam o seu depoimento não só sobre a campanha da Brahma como também sobre a sua participação no desfile da Escola de Samba Estação Primeira de Mangueira. Ele não saía de perto do aparelho, apesar das reclamações de Ana Jobim, que chegava a colocar em dúvida o seu tão decantado ódio ao telefone, pois, quase sempre, era ele que atendia os telefonemas. Naquele fim de ano, os jornalistas também quiseram saber por que ele, que tanto dissera que jamais assinaria um manifesto ou abaixo-assinado, incorporara seu nome a um manifesto de solidariedade a Oscar Niemeyer, envolvido numa polêmica com o prefeito carioca César Maia em torno de uma obra a ser feita no Sambódromo (um projeto de Niemeyer), que descaracterizaria o trabalho do grande arquiteto. "Se o manifesto é a favor de Oscar Niemeyer, nem quero saber do que se trata", justificou. E não escapou do repórter do jornal *O Dia* que, às vésperas do Ano Novo, estava interessado numa fórmula de combate à ressaca: "O jeito é deixar o tempo passar para digerir o álcool. Não adianta remédio nenhum. A melhor maneira é evitá-la, bebendo com moderação. Na minha fase áurea, bebia de 20 a 30 chopes por dia. Hoje, estou apenas com meia dúzia e raramente tomo bebidas destiladas", respondeu.

Chegou o carnaval de 1992. Tom Jobim vestiu o terno branco, botou o chapéu na cabeça e foi para o Sambódromo, onde a Mangueira o esperava aumentada de uma ala – a dos amigos de Tom Jobim – e um carro alegórico ocupado por Ana Jobim, Simone, Paula, Beth e Olívia Byington, todas elas fantasiadas de borboleta. Tom estava tenso, mas brincou ao ser abordado pelos jornalistas: "Nunca vim ao desfile. Estou preocupado com esse negócio de carro alegórico. Dizem que ele atravessa fios de alta tensão e tenho medo de morrer eletrocutado". Mas o que ocorreu, na verdade, foi que ele foi aplaudido do início ao fim do desfile. Uma consagração popular. "Aquela gente toda me saudando, o povo brasileiro é maravilhoso. Esta homenagem foi a melhor coisa do mundo. Foi como se eu tivesse conquistado o Prêmio Nobel da Paz", disse ele no final do desfile. Mas um diretor advertiu-o de que a escola deveria ser uma das primeiras colocadas e teria e desfilar novamente no sábado seguinte. "Desfilar outra vez? Que tragédia!", disse ele brincando, sem saber que a brincadeira seria motivo de uma imensa intriga tentando incompatibilizá-lo com a Mangueira. O "Informe JB", do *Jornal do Brasil*, reproduziu assim a fala do compositor: "Tom diz que torcia para a escola não ganhar para não ser obrigado a desfilar novamente. A Mangueira, com toda razão, não gostou". (A escola chegou em sexto lugar. Não teria de desfilar no sábado). Para acabar com a intrigalhada, foi promovido um almoço na Plataforma com a presença do compositor e de toda a diretoria da escola. Tom estava enfurecido: "Não adianta a imprensa botar o povo contra Tom Jobim, porque o povo não é bobo. O povo não é bobo!", esbravejou. Terminado o almoço, Percival Pires, diretor de carnaval da escola enterrou definitivamente a fofoca: "A nação mangueirense não aceita como verdadeiros os boatos publicados nos jornais. Tom é nosso amigo e jamais torceria pela nossa derrota. Estamos aqui para dizer a Tom Jobim que, agora, ele tem a nossa morada, a Mangueira. O amor entre nós é para a vida inteira".

Um belíssimo lançamento com a obra de Tom, em abril de 1992, foi o disco *Todos os tons*, com o extraordinário violonista Rafael Rabelo. "Tudo o que Rafael faz é sensacional. Ele é um gênio do violão, um cometa musical, desses que só aparecem uma vez a cada século", disse o compositor à repórter Márcia Cezimbra, da *Revista do CD*. Numa outra entrevista, afirmou que "a técnica de Rafael tocar é limpa. Ele é fabuloso". Tom, que tocou piano na faixa *Garoto*, e Paulinho Jobim participaram ativamente do disco colaborando nos arranjos com Rafael. Presentes também os violões de Baden Powell e do guitarrista espanhol Paco de Lucia. Falando sobre o disco, Rafael Rabelo afirmou que "a música de Tom é popular na forma, mas na técnica de composição e harmonização é erudita. Tom é um arquiteto musical".

O disco saiu numa fase em que a família Jobim acompanhava com angústia o estado de saúde de Helena, vítima de um grave acidente de automóvel quando descia do sítio de Poço Fundo para o Rio de Janeiro. Permaneceu durante 15 dias no CTI do Hospital das Clínicas de Teresópolis. Mas, honrado o compromisso assumido anteriormente, Tom voltou a apresentar-se com a Nova Banda no Hipódromo da Gávea, cujo Espaço Cultural fora inaugurado pelo mesmo Tom Jobim, sendo fechado logo depois em decorrência do chamado Plano Collor, por meio do qual o governo federal se apropriou de todas as poupanças depositadas na rede bancária. Quanto a Helena Jobim, foi submetida a várias cirurgias até recuperar inteiramente a saúde. Em 1996, lançaria pela Editora Nova Fronteira um bonito livro sobre o irmão intitulado *Antonio Carlos Jobim, um homem iluminado.*

Em junho de 1992, com o Rio de Janeiro mobilizado para receber mais de 100 chefes de Estado para a chamada Eco 92, ou Rio 92, foi promovido um espetáculo no estádio de remo da Lagoa Rodrigo Freitas com a presença de Tom Jobim, Gal Costa, Arthur Moreira Lima, a orquestra do Teatro Municipal e as atrações internacionais Plácido Domingo, Winton Marsalis, John Dimen e a menina violinista coreana Sarah Chang. No espetáculo – perturbado por uma ventania que fez voar partituras e chapas de zinco do telhado do estádio – Plácido Domingo cantou *Forever green*, a música que Tom e Paulinho Jobim tinham acabado de compor na noite anterior.

A partir de julho, shows no exterior com a Nova Banda. O primeiro, denominado *Toots Brasil*, em Los Angeles, reuniu os brasileiros Tom Jobim, Dori Caymmi, Ivan Lins e Oscar Castro Neves em torno do grande gaitista Toots Thielemans. O compromisso seguinte ocorreu em setembro, na Exposição Internacional de Sevilha. Nem esta belíssima cidade espanhola Tom foi capaz de manifestar qualquer interesse em conhecer. E olha que o empresário brasileiro Olavo Monteiro de Carvalho colocou à sua disposição um automóvel dirigido por um motorista brasileiro que não escondia a sua decepção por conduzir, todos os dias, Ana Jobim e Gilda Matoso, e nunca Antonio Carlos Jobim, que saía do hotel apenas para apresentar-se no auditório de La Cartuja e para comprar um *jambom* nas redondezas e comer no apartamento.

Depois, Lisboa. Sua passagem pela cidade foi aberta por uma entrevista coletiva em que criticou o presidente Fernando Collor, afastado por um *impeachment*, acusado de corrupção: "É difícil viver num país em que não se conhece *the colour of money*, apenas *the money of Collor*". Depois, a apresentação em pleno Mosteiro dos Jerônimos, uma construção de 1502, portanto dois aos depois do descobrimento do Brasil, diante de um público calculado em cinco mil pessoas, entre as quais o próprio presidente de Portugal, Mário Soares, o escritor Jorge Amado e o ministro português das Relações Exteriores, João de Deus Pinheiro. "Foi o mais bonito concerto que vi de Tom Jobim", assegurou Gilda Matoso. A Editora Index aproveitou a oportunidade para lançar em Lisboa, com a presença do compositor, um livro sobre a Floresta da Tijuca, com fotos de Ana Jobim e de Joãozinho de Orleans e Bragança e texto de Tom.

Após o lançamento do livro, Ana e Gilda viveram o momento de maior tensão durante a viagem. É que o embaixador brasileiro em Portugal, Luís Felipe Lampreia, que se empenhara muito para que o show fosse feito no Mosteiro dos Jerônimos, resolveu oferecer um jantar a Tom Jobim, em sua casa, após o lançamento do livro. A iniciativa de Lampreia foi comunicada a Gilda por um diplomata, a quem ela apelou para pedir desculpas ao embaixador, pois Tom estava muito casado e preferia descansar no hotel. Que o jantar fosse cancelado, enfim. Tomou essa atitude à revelia do compositor, pois sabia muito bem que ele detestava reuniões formais, e um jantar oferecido por um embaixador tem tudo para ser marcado pela formalidade. Mas o diplomata não transmitiu o recado de Gilda a Lampreia e o jantar foi mantido. No dia do lançamento do livro, encontrou debaixo da porta do seu apartamento, no hotel, o convite: "O embaixador da República Federativa do Brasil convida para a recepção etc". Consultou Ana:

– E agora? Se a gente falar com Tom, ele vai se irritar.

– É melhor não falar nada. Depois, a gente vê como resolve – aconselhou Ana.

O nervosismo das duas aumentou durante o lançamento do livro, quando Tom perguntou ao embaixador da mulher dele.

– Ficou em casa cuidando dos preparativos.

Mesmo sem ter entendido a resposta, não fez novas perguntas.

Na saída, Lampreia ofereceu seu automóvel para levar Tom, Ana e Gilda.

– Que simpático! O próprio embaixador vai nos levar! – saudou.

Segundo Gilda Matoso, ela e Ana tiveram de resistir muito para não serem acometidas de um ataque nervoso de risos, dentro do carro. Quando atravessaram um bosque, Tom fez alguns comentários sobre as plantas, levando o embaixador a anunciar:

– Quando chegar lá em casa, você vai ver que o jardim tem uma grande variedade de plantas. Você vai gostar.

– Na sua casa? – espantou-se

– É, Tom, o jantar – arriscou Ana.

– É, Tom, o jantar – repetiu Gilda.

– Ah, sim, o jantar! – exclamou Tom Jobim com a cara de quem não estava entendendo nada.

Na chegada, Lampreia foi o primeiro a sair do carro e foi conversar com a esposa. Tom segurou Ana pelo braço e perguntou:

– Que jantar é este?

Ouviu uma rápida explicação, sendo imediatamente conduzido para o interior da casa. Felizmente foi uma reunião extremamente agradável, em que Tom se divertiu muito conversando com o humorista português Raul Solnado e teve o ego massageado pelos elogios do ministro João de Deus Pinheiro, para quem o compositor brasileiro era "um papa".

Dias felizes em Portugal, aborrecimentos no Brasil. Na volta, soube que o presidente da Ordem dos Advogados do Rio de Janeiro, Sérgio Sveiter, pretendia processá-lo por causa de uma entrevista que concedera antes da viagem, em que repetiu frases tantas vezes ditas anteriormente, mas que, tudo indica, não eram conhecidas por Sveiter. Dissera ele que "o Brasil é um país de cabeça para baixo, onde os rios correm ao contrário, o advogado é ladrão, o médico é assassino e o cientista é louco". Das categorias profissionais citadas, apenas os cientistas não se pronunciaram. O presidente da OAB queria saber "se Tom Jobim foi infeliz ao tentar fazer ironia ou se ele acredita mesmo no que diz e quis difamar a categoria". Tom compareceu à sede da Ordem, onde se defendeu: "Meu pai não era ladrão, meu avô não era ladrão e ambos eram advogados". Quanto aos médicos, apenas um, Rafael Pinto Bravo, pronunciou-se, por meio de carta ao *Jornal do Brasil*: "Como médico, com milhares de pacientes atendidos em 20 anos de profissão, entre eles o senhor Jobim, não me consta tê-lo assassinado, nem que qualquer outro colega brasileiro o tenha feito. Ao contrário, está bem vivo e falando bobagens".

A Brahma promoveu, no dia 7 de dezembro, no Teatro Municipal do Rio de Janeiro, um dos mais esperados espetáculos de música popular brasileira, reunindo Tom Jobim e João Gilberto. No dia anterior, João foi à casa de Tom e ensaiaram até alas horas da noite. A Brahma por sua vez, cuidou de todos os detalhes para que o *Show número 1* fosse um modelo de perfeição. O cenário de Daniela Thomas não poderia ter sido melhor. Até o estacionamento para os automóveis dos 1.600 convidados recebeu um tratamento especial. Mas o show foi prejudicado por dois detalhes. O primeiro foi o sistema de som, que falhou pela primeira vez quando o diretor de marketing da Brahma se dirigia ao público para falar do orgulho da empresa pela promoção daquela noite. Depois, o piano de Tom enfrentou vários problemas de microfonia. E, como se tudo isso não bastasse, as caixas de som pareciam explodir com um ruído ensurdecedor, assustando a platéia e o próprio João Gilberto, que tratou de proteger os ouvidos com as mãos. O segundo detalhe ficou por conta da cantora Astrud Gilberto, que invadiu o palco sendo recebida alegremente por João. Pegou o microfone e falou da sua emoção de pisar pela primeira vez um palco do Rio de Janeiro. O público pediu para ela cantar, Tom e João chegaram a dar os primeiros acordes de *Garota de Ipanema*, mas ela recusou por causa de "problemas contratuais". Em seguida, nos bastidores, acertou com os dirigentes da Brahma um cachê de 10 mil dólares e, finalmente, cantou (mal) *Garota de Ipanema*. Escrevendo sobre aquela noite, o crítico Tárik de Souza observou que "rolou o baixo Astrud". No dia 16, o espetáculo foi repetido em São Paulo, com o Palace inteiramente lotado (Airton Sena estava na platéia) e, felizmente, tudo correu bem, apesar de uma gripe que deixou Jobim meio fanhoso e da suspeita de João Gilberto de que algum sabotador enchera o palco de tachinhas. No dia 22, foi a vez da Ópera de Arame, em Curitiba, cuja prefeitura dividiu o patrocínio do espetáculo com a Brahma. Também correu tudo bem. Tom Jobim dedicou uma das suas músicas ao prefeito Jaime Lerner: "Ao nosso querido Jaime, pela tentativa de salvar o meio ambiente".

O ano de 1993 chegou sem a perspectiva de viagem ao exterior, pelo menos a curto prazo. Portanto, uma bela temporada de bate-papo regado a cerveja na Plataforma, no Arataca e na Universidade do Chope. No fim de janeiro, Tom gravou a sua participação na campanha contra a Aids, promovida pela Sociedade Viva Cazuza, que contou com 11 artistas do Rio e 10 de São Paulo. No dia 10 de fevereiro, teve início a gravação do vídeo *Quatro Antônios e um Jobim*, dirigido por Dodô Brandão, com argumento e roteiro de Paulo Roberto Abrantes. O vídeo pretendia reproduzir uma conversa de Tom com Antônio Calado, Antônio Cândido e Antônio Houaiss, coordenada pela jornalista Zuenir Ventura, que faria as perguntas e escolheria os temas a serem abordados. O encontro, reproduzido também em livro, foi realizado no Museu Chácara do Céu, uma instituição dirigida por Vera Alencar, a organizadora do arquivo de Tom, e que abriga boa parte do acervo de obras de arte do empresário Raimundo Castro

Maia. Antes da gravação, os quatro deliciavam-se com as obras de Picasso, Monet, Dali etc., quando um garçom da Universidade do Chope apareceu com uma bandeja de tulipas de chope.

– Ivan! Você aqui? – surpreendeu-se Tom, segurando em seguida a cabeça do garçom e sapecando-lhe um beijo na testa. O primeiro brinde dos quatro intelectuais com chope foi dedicado a Ivan.

De vez em quando, Tom Jobim afastava-se do seu "Triângulo das Bermudas". No dia 17 de abril, por exemplo, um repórter de *O Dia* encontrou-o almoçando no elegante restaurante Antiquarius. Segundo o jornalista, ele tomou duas doses de uísque, comeu uma salada e, depois, um arroz com frutos do mar à moda dos Cascais. De sobremesa, mamão-papaia. Conta: Cr$ 1,364 milhão. "Lá em casa a empregada está chamando milhão de mil. O governo tem de cortar os zeros porque os miseráveis estão pensando que são milionários", disse ele ao jornalista.

Por falar em milhões, Tom descobriu que o contínuo da Jobim Music – editora musical criada em 1991 e que já começou controlando a maioria das músicas do compositor – surrupiara mais de Cr$ 100 milhões em cheques que deveriam ser depositados. Era um jovem de 17 anos que, ao ser descoberto, sumiu não só da Jobim Music como da casa dos pais. Tom deu queixa à policia e entendeu finalmente por que o gerente do banco tanto telefonava para ele comunicando que a sua conta estava no vermelho. Ele se espantava, mas atribuía tudo à inflação. Chegou a pedir dinheiro emprestado para cobrir a conta bancária. "Por que você não fazia cheques nominais ou, pelo menos, cruzados?", quis saber o delegado. "Eu tinha confiança no rapaz e nunca imaginei que ele faria uma coisa dessas. O pior é que ele não roubou para comer, já que os pais têm casa própria, carro, televisão, tudo. Ele roubou por roubar", respondeu.

Em junho, Tom fez uma rápida viagem a Portugal a fim de receber o título de Doutor Honoris Causa da Universidade Nova Lisboa das mãos do presidente português Mário Soares. Era uma cerimônia anual destinada a homenagear personalidades do mundo inteiro. Em 1993, além de Tom, receberam o título o químico inglês Derek Parton, Prêmio Nobel de 1969, e o musicólogo norte-americano Robert Stevenson. Depois de percorrer as instalações da universidade, ao lado dos demais agraciados, todos devidamente togados ("faltou só o chapéu, pois, pois", brincou), Tom foi saudado pelo professor Luís Archer, citando trechos de sua biografia e ressaltando a projeção mundial de sua obra. Comentando o discurso, o compositor observou que foi abordado apenas "o lado popular" da sua obra, lembrando que era também detentor de outros títulos, como o de Doutor Honoris Causa da Universidade do Estado do Rio de Janeiro, de cavaleiro e comendador da Ordem do Rio Branco e a comenda da Legião de Honra francesa. Confessou-se feliz por Mário Soares ter concordado em ser o seu padrinho na cerimônia ("aceitei o convite por amor ao Brasil e à música popular brasileira", disse o presidente português) e disse sentir-se unido a Portugal. "Meu sangue português vem de pai e mãe e os nossos povos estão unidos pela cultura, pela poesia e pela língua", pontificou.

As homenagens não paravam. Em setembro, o Free Jazz Festival, no Rio e São Paulo, foi chamado de "Tributo a Antonio Carlos Jobim" e contou com a participação, entre outros, de Herbie Hancock (teclados), Gerry Mulligan (sax barítono), Shirley Horn (canto e piano), Alex Acuña (percussionista peruano), Ron Carter (baixo), Gal Costa, Gonçalo Rubalcaba (pianista cubano) e Harvey Mason (bateria). Oscar Castro Neves atuou como guitarrista e mestre-de-cerimônias. No dia do espetáculo, mesmo sem ser convidado, apareceu o guitarrista Pat Metheny. Beth Carter também participou, mas sem cantar músicas de Tom Jobim. "Conheço-o muito bem", disse Beth, "e sei que graças a ele muita gente como Stan Getz enriqueceu. Só não canto as suas canções porque já tem gente demais fazendo isso". O Free Jazz Festival rendeu um disco intitulado *Antonio Carlos Jobim and friends.*

Naquele mesmo setembro, Antonio Carlos Jobim foi vencido por uma velha tentação que costuma acometer tantos escritores que se dizem livre dela: aceitou o convite do escritor Marcos Vilaça para candidatar-se à vaga de Austregésilo de Ataíde, na Academia Brasileira de Letras. E olha que, poucos anos antes, ele escrevera no *Ensaio poético*, que elaborara em parceria com Ana Jobim:

Com ajuda de Maria
Vou vestir o meu fardão
Mas na minha academia
Sem chazinho e sem garçom.
Só entram Quintana, Paulinho e Carlos Drummond.

Ou seja: na academia dele só teria quem não ingressou na Academia Brasileira de Letras, a começar pelo poeta Mário Quintana, que tentou duas vezes ocupar a vaga de imortal e foi recusado pela maioria dos acadêmicos. Sem dúvida, algo vergonhoso na história da chamada Casa de Machado de Assis. Paulinho (Paulo Mendes Campos) e Carlos Drummond, porém, jamais se candidataram. Quando decidiu pela candidatura, Tom tinha apenas um adversário, Roberto Ataíde, filho de Austregésilo. "Tenho 66 anos e já estou na idade de entrar para a Academia. Conheço muita coisa do Brasil, não sei só de passarinho", disse ele ao jornal *O Globo*.

A candidatura até que não ia mal, pois já contava com o apoio dos acadêmicos Darcy Ribeiro, José Sarney e Jorge Amado, além de Marcos Vilaça. Mas surgiu um problema, o lançamento do nome Antônio Calado, seu grande amigo, pela escritora Nélida Piñon. Inicialmente, Calado hesitou: "Toda vez que morre um acadêmico, falam do meu nome. Não agüento a história daquele fardão. Ele me deixa aflito. Não consigo me imaginar saindo de casa com ele. Recebo convites amáveis, mas fico em dúvida", confessou a *O Globo*. Apesar disso a candidatura de Antônio Calado obteve imediatamente uma grande acolhida dos acadêmicos, o ânimo de Tom Jobim foi esfriando e, pouco depois, botou o terno e a gravata para comunicar a sua desistência ao presidente da Academia, Josué Montello. "Sou muito amigo do meu xará Antônio Carlos Calado. Não quero competir com ele", justificou. Montello pediu que Tom fizesse uma carta formalizando a renúncia, mas ressaltou: "Queremos os dois na Academia Brasileira de Letras, pois precisamos de valores representativos, mas é a vez de Calado. Tom terá que esperar um pouco".Tom Jobim revelou que Calado não queria a sua renúncia: "Mas como ele é um pouco mais velho do que eu, quero que ele entre primeiro. Depois, ele me empurra para dentro". Disse também que se sentia à vontade na casa: "A Academia está cheia de retrato de amigos do meu pai". Ouvido pelo *O Globo*, Antônio Calado confirmou que, se eleito, votaria em Antonio Carlos Jobim "na primeira eleição".

Em fins de 1993, Tom Jobim e a Nova Banda apresentaram-se na Academia de Tênis, em Brasília, com direito a uma esticada na casa da amiga Vera Brant, onde encontraram o então ministro da Fazenda, Fernando Henrique Cardoso, o senador Darcy Ribeiro e outros políticos. Mas o personagem que mereceu maior atenção de Tom foi o ex-deputado Nélson Jobim, com quem conversou quase a noite inteira sobre as origens da família Jobim. "Este é meu primo", dizia ele apresentando o político gaúcho aos integrantes da Nova Banda. Na volta para o Rio, o avião saiu atrasado do aeroporto de Brasília e apresentou, logo após a decolagem, seu primeiro defeito: o sistema de ar refrigerado não funcionava e o calor era imenso. Em seguida, com os passageiros submetidos a um violento cheiro de algo queimado, o aparelho fez uma curva de meia-volta, dando início a um pouso de emergência em Brasília. Em meio ao pânico, Tom Jobim, que todos sabiam ter medo de viajar de avião, tratou de conversar serenamente com o seu grupo e confessou a sua preocupação:

– Eu já vivi bastante. Se acontecer alguma coisa, lamento por vocês, que são tão jovens.

Felizmente, o avião pousou normalmente ao aeroporto de Brasília.

17

O apagar do sol

Já fazia quase um ano que João Araújo, diretor da gravadora Som Livre, negociava com Antonio Carlos Jobim a gravação de um disco. Os entendimentos não foram fáceis, porque o compositor quase sempre se revelava sem a menor disposição de conversar sobre o assunto, mesmo sabendo que a gravação do disco era o motivo principal dos encontros dos dois. João contabilizou, pelo menos, 10 encontros na Churrascaria Plataforma, sem que nada fosse resolvido.

Com uma experiência de quase 40 anos como profissional da indústria fonográfica, João Araújo sabia lidar com esse tipo de artista. Alguns anos antes, pedira a Dorival Caymmi a música que seria o tema principal da telenovela *Gabriela, cravo e canela*, da TV Globo, e encontrara a mesma dificuldade. Até que conseguiu marcar um almoço com o compositor no velho restaurante Lucas, em Copacabana. Depois de almoçarem e conversarem sobre todos os assuntos, menos sobre o principal, João Araújo foi incisivo:

– Olha, Caymmi, tenho de viajar para São Paulo agora e preciso de uma resposta sua sobre a música. A novela começou a ser gravada, Boni [José Bonifácio Sobrinho, então diretor da TV Globo] está me cobrando e eu preciso dar uma resposta a ele.

Mas o compositor não parecia preocupado.

– Você está vendo este elástico no meu pulso? Está aqui para que eu não me esquecesse desse encontro. Este elástico é francês. É muito bom. Não use nunca elásticos nacionais, porque prendem nos pêlos dos braços e machucam a gente.

Em seguida, abriu a maleta que guardava uma imensa quantidade de elásticos. E João teve de ouvir, durante quase meia hora, todas as informações sobre a diferença entre os elásticos franceses e os brasileiros. Mas Caymmi acabou compondo a música. Como sempre, uma obra-prima.

No início de 1994, Tom Jobim e João Araújo já falavam objetivamente sobre o disco. Tom manifestava até um certo entusiasmo, achando que aquele era o momento exato para a gravação. "Não podemos perder essa oportunidade. Meu nome está em evidência por causa da minha candidatura à Academia Brasileira de Letras. Já saí na primeira página umas quatro vezes. Estou bem na imprensa", disse ele a João Araújo. Em março, entrava no estúdio com os arranjos de base e vocais devidamente escritos por ele e os de corda e metais elaborados por Paulinho Jobim. O neto Daniel Jobim dividiu com o pai, Paulinho, a produção do disco.

– O disco ficou lindo. Mas, se você prestar atenção perceberá que Tom não está possuído daquela alegria dos discos anteriores – comentou Ana Jobim, em entrevista ao autor dessas linhas.

A saúde de Tom Jobim não ia nada bem. No início de 1994, o médico Roberto Hugo Costa Lima, com quem se tratava havia cerca de 15 anos, diagnosticou uma séria ameaça de gangrena nos pés, em decorrência da má circulação do sangue. O compositor também se submetia a uma série de exames pedidos pelo urologista Paulo Roberto Rodrigues para saber o que estava acontecendo com a sua bexiga, pois Tom urinara sangue. E o diagnóstico foi o pior possível: câncer na bexiga. Um tipo de câncer, por sinal, que, segundo as estatísticas, ataca mais os tabagistas do que o câncer de pulmão.

O título do disco não poderia ser outro: *Antônio Brasileiro*, uma expressão tão identificada com Tom Jobim que ninguém precisou traduzi-la quando Chico Buarque de Holanda colocou-a na primeira estrofe da sua fantástica *Paratodos*:

O meu pai era paulista
Meu avô, pernambucano
O meu bisavô, mineiro

Meu tataravô, baiano
Meu maestro soberano
Foi Antônio Brasileiro

Um psicanalista de botequim encontraria no disco alguns sinais de que havia nele qualquer coisa de despedida. Nunca tantos membros da família estiveram presentes numa gravação de Antonio Carlos Jobim. Além dos de sempre – Paulo, Beth e Ana –, agora tinha o neto Daniel, produtor aos 21 anos, e a filha Maria Luísa, de sete anos, dividindo com ele a interpretação do *Samba de Maria Luísa*. Nas primeiras sessões no estúdio, por sinal, Tom andou contrariando rispidamente as orientações de Daniel, até que ele próprio percebeu que precisava mudar. "Desculpe qualquer coisa. Não estou acostumado a receber ordens de neto", alegou. Andava irritado também – e como sempre – com os jornalistas. "Estou cansado de dar entrevistas. Não sou mais homem nem compositor. Sou entrevistado. Noutro dia, queria que eu escalasse a seleção brasileira de futebol. Mandei ligar para o Chico Buarque de Holanda", queixou-se ao *Jornal do Brasil*. Velhas paixões não poderiam estar ausentes do disco, como Dorival Caymmi (Tom cantou *Maracangalha*, com a ajuda de Danilo Caymmi, e dividiu com Dorival a interpretação da sua mais recente obra, *Maricotinha*), Radamés Gnattali, homenageado nas faixas *Meu amigo Radamés* e *Radamés y Pelé*. Pelé também era uma paixão de Tom Jobim, que não se conformava com uma certa hostilidade brasileira ao maior jogador de futebol de todos os tempos. "A imagem vitoriosa de Pelé parece que agride essa gente que não gosta de vitórias. Os brasileiros preferem Garrincha, porque ele morreu pobre", dizia. A lembrança do velho parceiro Vinicius de Moraes manifestou-se com a inclusão de *Chora, coração* (cantada por Tom e Paula Morelenbaum) e *Só dança samba*. *Chora, coração*, uma das canções da trilha sonora do filme *A casa assassinada*, de Paulo César Sarraceni, entrou no disco graças ao pesquisador Carlos Didier, o Caola, já que Tom se esquecera de uma parte da letra de Vinicius de Moraes e coube a ele reencontrá-la. Manuel Bandeira, a paixão mais antiga, fecha o disco com *Trem de ferro*, musicado por Tom a pedido da cantora Olívia Hime para um disco em que vários compositores transformaram em música algumas obras do grande poeta. Uma paixão não tão antiga, o compositor Ronaldo Bastos, teve a sua (e de Lô Borges) canção *Trem azul* traduzida para o inglês pelo próprio Tom. A música ganhou o nome de *Blue train*. "Procurei fazer uma tradução quase literal, tanto que quase escrevi *the sun in your head* para o 'sol na cabeça', mas ia ficar meio lisérgico como se fosse o sol dentro da cabeça", confessou a *O Estado de S. Paulo*. Sting, a paixão mais recente, cantou com ele *How insensitive*, a velha *Insensatez*. Numa homenagem ao autor, Sting cantou num tom abaixo daquele que estava habituado. E, evidentemente, não podia faltar a maior das paixões, a filha Maria Luísa. Nesse disco, *Querida* ganhou a sua gravação definitiva. É que eram raras as composições de Tom Jobim consideradas prontas e acabadas. Ele quase sempre descobria uma novidade harmônica cada vez que tocava uma música. Entre as suas obras, porém, poucas foram tão mexidas quanto *Querida*. Aliás, introduzir novidades em suas próprias músicas era uma mania a que ele se entregava com prazer. O baixista Tião Neto disse ao autor destas linhas que acompanhou Tom Jobim em *Garota de Ipanema* "mais de cem vezes". "E ele nunca tocou da mesma maneira", observou Tião.

No dia 8 de abril Tom e a Nova Banda estavam mais uma vez no Carnegie Hall, dessa vez para um grande espetáculo intitulado *Carnegie Hall Salutes the Jazz Masters: Verve Records at 50*, comemorativo do 50º aniversário da gravadora Verve. Durante o show, foi apresentado um filme com Astrud Gilberto e Stan Getz interpretando *Garota de Ipanema* e, em seguida, a atriz e cantora Vanessa Williams, apresentadora da noite, anunciou: "E agora o gênio que fez a fusão do jazz com o samba, produzindo a calma sensualidade da bossa nova". Recebido com muitos aplausos, Tom apresentou *Garota de Ipanema*, cantando em seguida *Insensatez* acompanhado de Pat Metheny e *Desafinado* com Joe Henderson, Charles Haden e Al Foster. No dia seguinte, estava de volta ao Carnegie Hall para um novo espetáculo promovido pela Rainforest Fundation, ao lado de Sting, Elton John e Luciano Pavarotti. Durante sua estada em Nova York, Tom foi informado por Paul Baird, executivo da BMI, de que já eram sete suas músicas com mais de um milhão de execuções nos Estados Unidos: *Garota de Ipanema* (4,2 milhões de execuções), *Meditação, Wave, Corcovado, Desafinado, Insensatez* e *Samba de uma nota só*. Os Beatles continuavam em primeiro lugar, entre os estrangeiros, com 12 músicas.

A viagem seguinte ocorreu em maio: Israel. Foi mais uma daquelas batalhas que Gilda Matoso teve de enfrentar, pois, passava ano entrava ano, os promotores israelenses pediam-lhe que contatasse Tom Jobim, mas ele não decidia nada. Bastava Gilda chegar na casa dele com a pasta azul – a pasta de trabalho – para Tom Jobim sumir pelo interior da casa e não aparecer mais. Cansada de esperar por sua volta, Gilda pedia a Tilde, empregada doméstica, que fosse chamá-lo, mas ela, devidamente instruída, respondia que Tom ou estava dormindo ou iria fazer massagem. O pessoal de Israel só não desistiu porque sabia que Gilda era do ramo e já havia levado artistas como Caetano Veloso e Ney Matogrosso. Mas com Tom Jobim a história era diferente. "Show em Israel? Deve ser interessante", era o máximo que Gilda conseguia arrancar dele, antes de deixar a casa para enfrentar os telefonemas e as mensagens de fax dos israelenses. "Aninha, me ajuda pelo amor de Deus!", apelou ela em 1994, quando, finalmente, Tom Jobim resolveu aceitar o convite.

Enquanto os integrantes da Nova Banda viajavam diretamente para Israel, Tom preferiu antecipar o embarque para desfrutar uma semana em Paris. Estava feliz e nem parecia enfrentar problemas de saúde. Freqüentou os melhores restaurantes parisienses e, ao chegar a Israel, ficou encantado com o local do show, conhecido como Piscina do Sultão, em meio às ruínas e tendo como cenário as muralhas de Jerusalém. Deu muitas entrevistas, sempre bem-humorado, cometeu uma gafe ao pedir um sanduíche de presunto ao garçom judeu e fez um show admirável, com muitos pedidos de bis. Foi o último de sua vida.

A primeira tentativa de curar-se fora da medicina convencional teve como protagonista o paranormal Thomas Green Morton, que ficara famoso em todo o país a partir do momento em que teve a cantora Baby do Brasil entre seus clientes. Empolgada com os bons resultados de sua convivência com ele, Baby passou a dar publicamente, nos palcos ou nas emissoras de televisão, o grito que aprendera com Morton: "Rá!", segundo o místico, um "cumprimento cósmico, que significa saúde, paz, força, energia, amor, união e fé". Sabe-se que Tom se encontrou com ele na Churrascaria Plataforma e foi literalmente seqüestrado, sendo conduzido para São Paulo. O compositor e cantor Gutemberg Guarabira, amigo dos dois, acabou envolvido na história. É dele o depoimento escrito especialmente para este livro:

"Recebi um telefonema de Lígia, minha amiga e mulher de Thomas Green Morton, perguntando se ele dera alguma notícia, pois estava à sua procura. Não, de nada sabia, mas daria notícias se aparecesse. Não estranhei o telefonema, pois Thomas é bastante louco para ter saído de Pouso Alegre, onde mora, e ido para São Paulo sem avisar à mulher. Mais tarde, Lígia ligou novamente e abriu o jogo: Ana Jobim procurava o marido que, na última vez em que fora visto, estava na Plataforma em companhia de Thomas. Lígia disse que a família de Tom estava preocupada porque ele estava muito doente.

Cerca de nove horas da noite, Thomas me ligou. Estava em São Paulo, na casa do famoso advogado Fábio Lucchesi, seu grande amigo, e descobrira que a pessoa 'seqüestrada' no Rio era um grande amigo meu. Avisei-o de que a família de Tom o procurava desesperadamente, mas Thomas não pareceu dar grande importância ao fato. Convidou-me para ir ao seu encontro, anotei o endereço e telefonei logo para Lígia, pedindo que ela fornecesse a notícia para Ana.

Erika, minha mulher, e eu nos arrumamos depressa e fomos ao encontro deles. Chegamos ao luxuosíssimo edifício de escritórios e, quando entramos na sala do Dr. Lucchesi, um garçom elegantemente uniformizado servia uísque a Tom, que levou um susto quando me viu, pois Thomas não dissera a ele que também era meu amigo. Mas ficou contente por me ver, embora não escondesse uma certa preocupação, pois não queria que ninguém mais soubesse da sua doença. Falei da preocupação de Ana Jobim e Tom afastou-se do grupo para telefonar reservadamente para casa. Foi aí que Thomas nos contou que, na Plataforma, havia colocado um sonífero no cafezinho de Tom, como se fosse adoçante. Ele ficou grogue e foi conduzido para o seu próprio carro e colocado no banco de trás. Segundo o bruxo, a viagem Rio-São Paulo foi feita em três horas e meia. Tom acordou somente quando o carro entrou na capital paulista. A intenção de Thomas era levá-lo para Pouso Alegre, onde pretendia cuidar do seu cliente.

Por acaso, Erika havia comprado, naquela tarde, um monte de cuecas, atendendo a uma reivindicação que há muito tempo eu fazia. Saindo de casa para pegar o elevador, lembrei que, se o maestro viajou sem bagagem, deveria estar precisando de cuecas. Levei quatro ou cinco, novinhas em folha, que foram muito bem recebidas.

Quando saímos do escritório, nem Tom Jobim nem Thomas tinham condições de dirigir o moderníssimo carro do maestro, de tão bêbados que estavam. Sobrou para mim. Assumi a direção, os dois ficaram no banco de trás fazendo uma grande algazarra e levei-os para o Maksoud Plaza, onde se hospedaram. Sei que, no dia seguinte, foram para Pouso Alegre, onde Paulinho Jobim pegou o pai e o levou de volta para o Rio de Janeiro. Disseram-me que a família dele ficou muito aborrecida com o seqüestro. E com toda a razão. Acho que aquilo estressou muito o maestro".

Thomas Green Morton não empolgou Tom Jobim, que se queixava aos mais íntimos de que "já não se fazem mais bruxos como antigamente", comparando-o evidentemente a Lourival Freitas, que morrera anos antes. Para alguns amigos e clientes, Lourival morreu de amor, pois, abandonado pela mulher pela qual se apaixonara perdidamente, foi desistindo da vida. Mesmo doente, não se tratava nem pelos seus métodos nem pelos métodos da medicina convencional. Acabou morrendo num hospital público, no bairro do Andaraí. A doença (as doenças, melhor dizendo) de Tom permaneceram como segredo de família. A própria Gilda Matoso não fazia a menor idéia da gravidade dos males que o afligiam, razão pela qual já tinha programado vários shows para 1995, entre os quais um nos Estados Unidos para o aniversário da Coca-Cola, além do Festival de Jazz de Perugia, na Itália. Na verdade, Tom não aparentava sofrer de qualquer doença séria, tanto que cumpria fielmente seu roteiro diário pelos bares, comendo e bebendo as mesmas coisas de sempre. Poucos dias depois da volta de Pouso Alegre, participou de um almoço com o prefeito César Maia, ao qual estiveram presentes os compositores João de Barro, João Nogueira, Zé Kéti, Billy Blaco, Roberto Menescal, Ronaldo Bôscoli e outros. O prefeito carioca pretendia lançar um concurso, todos os anos (e que nunca foi realizado), intitulado "Canção do Rio", para escolher as duas músicas que melhor exaltam a cidade. Aos domingos, Tom trocava a Plataforma por outro restaurante, o Satiricon. Compadeceu, certa vez, à casa da museóloga Vera Alencar para saborear um cordeiro-mamão, um dos seus pratos prediletos. Comeu bastante e bebeu vinho. No dia 12 de setembro, estava no Estúdio Impressão Digital, na Barra da Tijuca, em companhia de Paulinho Jobim, para gravar a sua participação no disco *Duets II*, de Paulinho Jobim, para gravar a sua participação no disco *Duets II*, dividindo com Frank Sinatra a interpretação de *Fly me to the moon*, de Bart Howard. O produtor norte-americano Phil Ramone chegara dos Estados Unidos com três sugestões de músicas para Tom cantar em dupla com Sinatra: além de *Fly me to the moon*, os clássicos *Come fly with me* (entregue depois a Luís Miguel) e *Moonlight in Vermont* (cuja interpretação Sinatra dividiu com Linda Ronstadt). A gravação já estava com a voz de Frank Sinatra. Tom, além de cantar, tocou piano, enquanto Paulinho Jobim entrou com o violão. O produtor Phil Ramone, que atuou como engenheiro de gravação, aproveitou a oportunidade para gravar a participação de Tom Jobim num vídeo sobre o disco para a CBS. Já que nenhum dos intérpretes dos duetos com Frank Sinatra ganhou qualquer coisa pela participação, Tom arriscou a sugestão de substituir *Fly me to the moon* por *Garota de Ipanema* (já que nada recebia como cantor, que recebesse como compositor), mas não foi possível porque, àquela altura, as músicas anteriormente selecionadas estavam com os arranjos gravados e com a voz de Sinatra. No estúdio, Tom parecia tenso e teve de repetir a sua participação muitas vezes. Mas a gravação acabou passando um clima de descontração desde a abertura da faixa, com o convite ao cantor: "Francis, let's fly".

Tom Jobim gravou a sua participação no disco *Duets II* sabendo que, dali a alguns dias, teria de viajar para os Estados Unidos, a fim de submeter-se a uma angioplastia. É claro que estava tenso, sem saber se se preocupava mais com a má circulação do sangue ou com o câncer na bexiga. Um dia, no Arataca, fez uma confidência que só seria entendida depois de sua morte: "Meu problema não é aqui em cima, não", e bateu com a mão no coração. "É aqui embaixo", disse, apalpando a bexiga. Numa conversa a dois no sítio de Poço Fundo, ele confessou a Helena: "Minhas carótidas estão quase fechadas. O perigo é alguma placa de gordura se soltar e se alojar no cérebro". Naquele dia, queixou-se de dores no peito. Fora disso, suas raras referências ao péssimo estado de sua saúde eram disfarçadas por brincadeiras. Falava muito sobre o temor de ficar paraplégico e ser esquecido por Ana Jobim ao sol do meio-dia. Poucos dias antes de viajar, brindou o amigo Eduardo Ataíde, o Susto, com uma manifestação tipicamente jobiniana:

– Se eu morrer, você vai ficar como herdeiro.

Eduardo achou estranho o seu jeito de falar e pediu para repetir:

– O que foi que você disse, Tom?

– Se eu morrer, você vai ficar com o merdeiro.

Era uma piada.

Tom permaneceu cerca de 45 dias em Nova York submetendo-se a uma série de exames, entre os quais a angioplastia, no Mount Sinai Medical Center. No dia 3 de outubro, compareceu ao consulado do Brasil para votar em Fernando Henrique Cardoso para presidente da República. "Tenho esperança de que ele dê um jeito nessa miséria. É um homem ponderado, já foi preso como comunista, tem todas essas qualidades", diria ele, mais tarde, em entrevista à *Folha de S. Paulo* publicada após a sua morte. Enquanto isso, no Rio de Janeiro, a Editora Index anunciava a conclusão de um projeto reunindo um livro de 120 páginas sobre a Mata Atlântica, com 50 fotos de Ana Jobim, além de 30 ilustrações, e texto de Tom, e um vídeo dirigido por Flávio Tambelini (produçção de Valter Moreira Salles Júnior) sobre o memso tema com a participação de Tom Jobim. *Mata Atlântica – Visão do paraíso* foi o título atribuído ao projeto. A editora aguardava a volta do compositor para marcar o lançamento no Brasil. De qualquer maneira, já estava acertado o lançamento em Londres: no dia 28 de junho de 1995 seria inaugurada uma exposição sobre a Mata Atlântica no Barbican Center e, em seguida, haveria um show de Tom Jobim no Royal Albert Hall. Por falar em livro, um editor norte-americano havia proposto a ele a publicação em inglês de suas memórias. "Me ofereceram até dinheiro. Mas como é que eu vou achar tempo? Gostaria de escrever para esclarecer as coisas. Se tiver tempo, eu faço. Mas deve ser uma coisa dolorosa", confessou na entrevista à *Folha de S. Paulo* publicada em 18 de dezembro na *Revista da Folha*.

Seu retorno ao Rio de Janeiro coincidiu com o lançamento pela Som Livre do disco *Antônio Brasileiro*. Muito bem recebido pela crítica, o disco agradou muito também pelo *release* magnificamente bem escrito por Caetano Veloso e distribuído aos jornais e programadores de rádio e televisão. Numa entrevista ao *Jornal do Brasil*, em que manifestou a sua contrariedade pela decisão da companhia aérea de mudar a rota Nova York-Rio-São Paulo para Nova York-São Paulo-Rio ("as coisas vão atrás do dinheiro"), discordou da comparação feita por Caetano Veloso do vocal da Nova Banda com a do conjunto de Sérgio Mendes: "Engraçado, eu não vejo muita parecença, não". Cláudio Uchoa, do jornal *O Globo*, achou-o "o retrato da serenidade" e que estava "visivelmente mais magro". Tom revelou que perdera 10 quilos e que não mais bebia chope nem uísque. "Agora, só vinhozinho. Não tenho mais tempo para me embebedar. Tenho muitos compromissos e obrigações".

Depois da frustrada passagem pelas mãos de Thomas Green Morton, Tom ainda tinha esperanças de encontrar nas forças sobrenaturais a cura para os seus males. Por sugestão de sua irmã Helena, esteve três vezes no Lar de Frei Luís, em Jacarepaguá, uma instituição espírita que contava com a participação de vários médicos (alguns atuando lá como enfermeiros, pois a hierarquia era estabelecida pela capacidade mediúnica de cada um) e que recebera a adesão de muitos artistas famosos da televisão, do teatro e da música, entre eles os atores Carlos Vereza, Humberto Martins, Dedé Santana, Cláudio Marzo, Cláudia Raia, Tarcísio Meira e Xuxa, além do compositor Marcos Valle e das cantoras Alcione, Joana e Sandra de Sá, todos com uma história de cura naquela casa.

Ele teria de voltar aos Estados Unidos para submeter-se a uma cirurgia para extirpar o câncer na bexiga. No Lar de Frei Luís, porém, o médium que recebia o espírito de um médico alemão chamado Frederick Von Stein sugeriu o adiamento da cirurgia. Mas, ao verificar, apesar das suas idas àquela casa, que o câncer na bexiga continuava se manifestando, preferiu seguir a orientação do médico norte-americano e voltar a Nova York para ser operado, até porque temia que, com a metástase, a doença se tornasse definitivamente incurável. Antes de viajar, concedeu quatro importantes entrevistas. A primeira delas para a *Revista de Domingo* do *JB*, feita por ninguém menos do que a cantora Leila Pinheiro, que acabara de gravar o disco *Isso é bossa nova* com seis músicas dele. "Eu contei. Vai dar para comprar um carro", brincou. Ela perguntou se ele já tivera vontade de compor com Caetano Veloso: "Tive desde quando Caetano chegou da Bahia. Mas o Caetano hoje em dia está muito ocupado. Inclusive, está com meu músico Jacques Morelenbaum o tempo todo". Gostava dos songbooks porque vão "manter essas coisas para a juventude" e falou das suas dificuldades em relação aos shows: "Eu não sou homem de palco. Acho constrangedor subir num palco sozinho, cantar e 20 mil pessoas ficarem olhando o seu sapato, a sua barriga, o seu desespero e a sua desafinação. A banda também é um esconderijo, onde você se deita com aquelas meninas". Concordava com a recomendação de Mário de Andrade, repetida ao seu modo: "Se você for medíocre, faça música brasileira; se você for mais ou menos, faça música brasileira; se você for um gênio, faça música brasileira". Leila lembrou a ele da queixa de Ronaldo Bôscoli por não ter recebido crédito na canção *Luísa* e na introdução de *Desafinado*:

"É verdade? Em *Luísa*? Em *Desafinado* é verdade. Ronaldo nunca me manifestou isso. Ele e Vinicius se degladiavam". Educação de filhos: "Nunca bati num filho meu. Mas cobro certas coisas. É preciso dar limite ao adolescente, senão ele pensa que pode tudo. Pega a motocicleta e sobe nessa pedra". Na época de entrevista, discutia-se muito a participação do Exército no combate à violência urbana em franca expansão no Rio de Janeiro: "Você tem de controlar a situação que está aí. Em caso de perigo, ou mato ou morro. Nós temos uma coisa muito hipócrita. Queremos que tudo seja bom, sem o Exército na rua, sem subir o morro. Nos Estados Unidos, quando a coisa piora, aparece a polícia e, se ela não der conta, aparece o Exército, com tanques e canhões. Mas dizer que é a favor do Exército nas ruas é antipático. Temos esta hipocrisia". Quando o assunto foi a Rio 92, uma conferência sobre a ecologia mundial, lembrou-se da visita do príncipe Charles, "esse da Lady Di", ao Amazonas: "O príncipe chegou lá, viu aquela floresta e perguntou ao governador Gilberto Mestrinho: 'Quando abre aqui a temporada de caça?'. Vai explicar a ele que aqui é proibido caçar, que nós vamos queimar e cortar a mata e que vão desaparecer todas as espécies vegetais e animais. Mas que aqui é proibido caçar". Tom andava muito irritado com a reação de certos setores da imprensa à sua posição favorável ao tombamento da Churrascaria Plataforma ameaçada de fechamento, já que o proprietário do imóvel ganhara na justiça o direito de retomá-lo para fins até então desconhecidos. Solidário com o amigo Alberico Campana, o compositor manifestou-se favorável ao tombamento da churrascaria em intervenções nas quais intercalava declarações veementes com galhofas. Criou e repetiu muito a expressão Tom Bar. Na verdade, bastaria ser um estabelecimento marcado fundamentalmente pela presença de Antonio Carlos Jobim – o brasileiro de maior projeção internacional de todos os tempos, depois de Pelé, além de ser uma das mais expressivas figuras da cidade, um carioca perfeito – para, pelo menos, admitir-se a discussão em torno do tombamento. A intolerância de certos setores da imprensa, porém, foi violenta. "O jornal diz: 'Tom Jobim protegendo a boca-livre'. Mas eu pago tudo na Plataforma", queixou-se ele a Leila Pinheiro. Estava feliz com a participação de Sting na gravação de *Insensatez*: "A gravação foi ótima. Ele é uma pessoa muito forte, tem musculatura, tem respiração, não fuma, faz ginástica até dentro do estúdio. Canta bem. Me surpreendeu que, depois de gravarmos, tenha voltado lá. Cada notinha que não havia gostado repetia a palavra para corrigir". Tom contou que, no telefonema que dera a Carlos Drummond de Andrade, nos 80 anos do poeta, perguntou se era bom envelhecer: "É uma merda", respondera Drummond. O compositor concordou: "Velho, você não se locomove bem, o corpo já não obedece com aquela presteza. Quando eu era garoto, saía daqui, subia o Corcovado, entrava no mato de São Conrado e saía no alto da Pedra da Gávea. Voltava, caía n'água, nadava do Arpoador a Copacabana. Ficar velho é chato".

As demais entrevistas – ao *Estado de S. Paulo*, à *Folha de S. Paulo* e à revista *Qualis* – só foram publicadas depois da sua morte. Ao *Estadão*, reclamou das suas atividades profissionais: "Tenho viajado muito. Na verdade, mais do que mereço. Fiz recentemente 10 países, Estados Unidos, Japão, além do último concerto em Jerusalém. Eu encaro isso como uma tarefa". Sobre a sua obra de músico, afirmou: "Dizem que um pintor que pinta bem o seu quintal está criando uma obra universal. Eu acredito nisso". E revelou que foi o crítico Leonard Feather que o aconselhou a passar as letras de suas músicas para o inglês. À revista *Qualis*, numa entrevista feita por Valter da Silva, confessou-se feliz com a notícia de que seria homenageado no Festival de Jazz de Perugia, em julho de 1995, por iniciativa de Carlos Pagnota, realizador do evento que é o maior do gênero na Europa. Soube também que a crítica italiana considerou a faixa *Fly me to the moon* a melhor do *Duets II*. Desmentiu a autoria de uma frase havia muitos anos lhe era atribuída – "a saída para o músico brasileiro é o Galeão" – e anunciou que a soprano norte-americana Kathleen Battle queria gravar músicas dele, assim como o saxofonista John Hendricka, além de a Sony internacional ter planejado um disco com suas obras executadas por uma orquestra sinfônica. O repórter observou que suas músicas retratam a alma brasileira. Tom concordou: "Muito! Muito! Aliás, Villa-Lobos tem uma música chamada *Alma brasileira*. Porque o Brasil teve de ser inventado, entende? Não existia o Brasil. Tudo aqui é importado, o relógio, o gravador. E, quando não é importado, é copiado do original que vem de fora. O café é importado, a cana-de-açúcar é importada, o eucalipto é importado, os carros são importados, nós somos importados. Os índios são importados, vieram da Polinésia, com os zigomas salientes, a plica mongólica, a zarabatana. Aqui você não tem animais de presépio". E o que Tom esperava do futuro? "Descansar, comprar uma bengala, uns óculos novos para ver as moças de uma distância oficial".

Chegou o dia da volta para os Estados Unidos. O que o preocupava, de fato, era o câncer na bexiga, razão pela qual nem quis aguardar o prazo regulamentar de três meses para saber se a angioplastia dera certo. Na véspera da viagem, cumpriu a velha rotina matutina comprando jornais na banca em frente à Farmácia Piauí, no Leblon, tomando café com pão-canoa na Padaria Rio-Lisboa e comprando flores para Ana na Flora Nossa Senhora de Fátima, onde se despediu da florista Guiomar Ribeiro: "Vou ter de viajar para os Estados Unidos, mas é coisa rápida. No máximo, um mês". Na saída encontrou com o poeta Tiago de Melo e, como nos velhos tempos, recitou: "O que não tenho e desejo/É o que melhor me enriquece". Para não perder o hábito, almoçou na Plataforma. Pediu peixe com legumes e tomou uma garrafa de Chateau Margot. No dia seguinte, deu um passeio com Luísa, pela manhã, e permaneceu em casa, com a família. À noite, ao despedir-se no momento em que saía para o aeroporto, sussurrou para a irmã Helena: "Se Ary Barroso e Villa-Lobos morreram, eu também posso morrer".

No dia 2 de dezembro, internou-se no Mount Sinai Medical Center, em Nova York. No dia 5, pela manhã, o urologista Herber Weber, que trabalhava no hospital há 30 anos, operou a sua bexiga. À tarde Tom conversava normalmente e via televisão, deitado num sofá. Estava bem humorado. No Rio, Gilda Matoso recebeu um telefonema de Ricardo Boechat, redator da coluna "Swann", do jornal *O Globo*, querendo notícias do compositor. "Não sei. O que sei é que foi fazer mais uma angioplastia", disse Gilda. "Mas estou informado de que é negócio de câncer", rechaçou Ricardo. Realmente, até ela ignorava a existência da doença. Ricardo Boechat preferiu não publicar nada sobre o assunto. No dia 6, era bom o estado de saúde de Tom, apesar de um pouco enjoado. Mas mantinha o bom humor, embora ainda não pudesse comer. Brincou com a enfermeira pedindo que o tirasse dali e o levasse para a beira da praia. O médico Herber Weber chegou a examiná-lo e comunicou que ele estava inteiramente livre do câncer. "Doctor, I love you", saudou o paciente. No dia 7, Ana Jobim recebeu um telefonema de Cristina Ferrão, da Editora Index, e combinaram o lançamento do livro e do filme sobre a Mata Atlântica para depois do dia 20, quando Tom Jobim estaria voltando para casa. No dia 8, às oito horas da manhã, Tom sofreu uma parada cardíaca. Foi socorrido mas, duas horas depois, não resistiu a uma nova parada, segundo o Mount Sinai, provocada por embolia pulmonar.

O corpo foi levado para a Funerária Frank E. Campbell, na Rua 81, de onde sairia para ser embarcado, à noite, para o Brasil. Em menos de uma hora, a funerária estava repleta de brasileiros, apesar do frio de zero grau que castigava Nova York. No Brasil, as emissoras de rádio e televisão mudaram a sua programação e, nos dois dias seguintes, os jornais saíram com cadernos especiais. A cantora Maria Bethânia, em temporada no Canecão, cancelou o show daquela noite. Nana Caymmi, na boate People, preferiu cantar, assim como Caetano Veloso e Gilberto Gil, que se apresentavam no Palace, em São Paulo. Caetano mudou seu roteiro para cantar *Eu sei que vou te amar, Chega de saudade, A felicidade* e *Sem você*. Nesta última, a emoção era tão forte que as palavras saíam com muita dificuldade. Após os versos "Você é o que resiste ao meu desespero e à solidão/ Nada existe e o tempo é triste sem você/Meu amor, meu amor/Nunca te ausentes de mim/Para que eu viva em paz/Para que eu não sofra mais", não resistiu e chorou. Parou a música em meio aos aplausos do público. Respirou. "Vai sair. Tem de sair", disse aparentando firmeza, mas chorou novamente. Gilberto Gil entrou no palco e entregou-lhe um lenço. Na quinta tentativa, Caetano Veloso, finalmente, cantou a música inteira.

O corpo de Antonio Carlos Jobim chegou pela manhã e foi levado em carro aberto do Corpo de Bombeiros, percorrendo toda a orla da Zona Sul até o Jardim Botânico e sendo velado no Centro dos Visitantes, de onde saiu para ser sepultado no cemitério São João Batista.

Quando morreu Rui Barbosa, o *Correio da Manhã* assim definiu a perda: "Apagou-se o Sol". Algo semelhante aconteceu na música brasileira e nas mesas dos bares cariocas, naquela manhã de 8 de dezembro de 1994.

Musicografia

Título – Autor(es)	Gravadora	Tipo	Intérpretes	Ano
ACHO QUE SIM (Tom Jobim e Billy Blanco)	Odeon	LP	Elza Soares	1961
ÁGUA DE BEBER (Tom Jobim e Vinicius de Moraes)	RGE	78	Elza Laranjeira	1961
	Odeon	LP	Walter Wanderley	1961
	Odeon	LP/CD	Isaura Garcia	1961
	Philips	LP	Vinicius de Moraes	1961
	Philips	LP	Ana Lúcia	1961
	RCA Victor	LP	Erlon Chaves e sua Orquestra	1961
	Verve	LP	Tom Jobim	1963
	(Mercury)	CD		
	RGE	LP	Maysa	1963
	CBS-Entré	LP	Breno Sauer	1963
	Warner Bros.	LP	Tom Jobim	1964
	(Mercury)	CD		
	Elenco	LP	Astrud Gilberto e Tom Jobim	1965
	(Mercury)	CD		
	Columbia	LP	Charlie Byrd (violão)	1965
	RCA Victor	LP	J. J. Johnson	1965
	RCA Victor	LP	Trio 3D	1965
	Forma	LP/CD	Quarteto em Cy e Tamba Trio	1966
	RGE	LP	Zimbo Trio	1966
	Forma	LP	Rosinha de Valença	1966
	London	LP	Neco (violão)	1966
	RCA Victor	LP	Conjunto Jovem Brasa	1966

Título – Autor(es)	Gravadora	Tipo	Intérpretes	Ano
	Capitol	LP	Wanda Sá	1966
	Philips	LP	Os Gatos	1967
	Fermata	LP	Sérgio Mendes e Brasil 66	1968
	Philips	LP	Tamba Trio	1968
	A&M	LP	Herb Alpert e Sérgio Mendes	1968
	Reprise	LP/CD	Frank Sinatra e Tom Jobim	1971
	Pablo	LP	Ella Fitzgerald	1971
	Som Livre	LP/CD	Tom Jobim e Vinicius de Moraes	1977
	RCA Victor	LP/CD	Milton Banana Trio	1980
	Pablo Today	LP/CD	Ella Fitzgerald	1981
	RCA Victor	LP	Maria Creuza	1982
	Philips	LP/CD	Nara Leão	1986
	Polydor	LP	Astrud Gilberto com James Last	1986
	FAMA	LP	Fogueira Três	1986
	Verve	CD	Tom Jobim	1988
	Warner Bros.	CD	Al Jarreau	1991
	NANÃ	CD	Quarteto em Cy	1992
	Lumiar	CD	Os Cariocas	1993
	JVC	CD	Salena Jones	1994
	Mercury	CD	Belchior	1995
	Columbia	CD	Josee Koning e Dori Caymmi	1995
	Polygram	CD	Lee Ritenour e Dave Grusin	1997
ÁGUAS DE MARÇO (Tom Jobim)	Philips	LP/CD	Elis Regina	1972
	London	LP	Meireles e sua Orquestra	1972
	Odeon	LP	Milton Banana Trio	1972
	Odeon	LP	Peri Ribeiro e Leny Andrade	1972
	Pasquim	C	Tom Jobim	1972
	CBS	LP	Stan Getz, João Gilberto e Miúcha	1972
	MCA	LP	Tom Jobim	1973
	(Mercury)	CD		
	Polydor	LP	João Gilberto	1973
	(Verve)	CD		
	MIT	LP	Orq. Dirigida por Erlon Chaves	1973
	Odeon	LP	Alvarado	1973
	Philips	LP/CD	Elis Regina e Tom Jobim	1974
	Continental	LP	Titulares do Ritmo	1974

Título – Autor(es)	Gravadora	Tipo	Intérpretes	Ano
	BELL	LP	Sérgio Mendes	1974
	(A&M)	CD		
	CBS	LP	Art Garfunkel	1975
	Philips	LP/CD	Nara Leão	1976
	Odeon	LP	Luís Carlos Vinhas	1977
	Philips	LP	George Moustaki	1977
	Copacabana	LP	Orq. Dirigida por Guerra Peixe	1978
	MUSE	LP	Mark Murphy	1978
	CID	LP	Orquestra de estúdio	1978
	CBS	LP	Geraldo Azevedo	1979
	RCA Victor	LP/CD	Milton Banana Trio	1980
	Concord	LP	Tsuyoshi Yamamoto (piano)	1981
	Fontana	LP	Paul Mauriat e Erlon Chaves	1982
	CBS	LP	Stan Getz	1984
	Philips	LP	Nara Leão	1986
	Som Livre	LP	Tom Jobim, Chico Buarque e Caetano Veloso	1986
	Coca-Cola	LP	Gilson Peranzetta e Arthur Maia	1986
	Sábia	LP	Tom Jobim e Nova Banda	1987
	(BMG)	CD		
	Verve	CD	Tom Jobim	1988
	Amazonas	CD	Nova Banda e Danilo Caymmi	1989
	EMI-Odeon	CD	Joyce	1989
	Philips	CD	Banda do Jacaré	1990
	Som Livre	CD	Os Cariocas	1990
	CBS	CD	Wanda Sá e Peri Ribeiro	1992
	Arista	CD	Dionne Warwick	1994
	Compact CI.	CD	Brazilian Tropical Orchestra	1995
	Lumiar	CD	Leny Andrade e Cristóvão Bastos	1995
	Philips	CD	Trio Esperança	1995
	Columbia	CD	Josee Koning e Dori Caymmi	1995
	Lumiar	CD	Joyce	1996
	Polygram	CD	Al Jarreau e Oleta Adams	1997
	Polygram	CD	Ney Matogrosso	1997
AI QUEM ME DERA	RGE	LP	Quarteto em Cy	1981
(Tom Jobim e Marino Pinto)	Philips	LP	Tom Jobim e Edu Lobo	1981

Título – Autor(es)	Gravadora	Tipo	Intérpretes	Ano
	Dubas	CD	Família Roitman	1995
ALTRO ADDIO (UN) (Tom Jobim, Vinicius de Moraes e Sergio Bardotti)	Warner Bros.	LP	Ornela Vanoni, Vinicius de Moraes e Toquinho	1991
AMOR EM PAZ (Tom Jobim e Vinicius de Moraes)	Copacabana	LP	Marisa	1960
	CBS	LP	Sexteto Prestige	
	Odeon	LP/CD	João Gilberto	1961
	Atlantic	LP	Herbie Mann e Tom Jobim	1962
	RGE	LP	Elza Laranjeira	1962
	Capitol	LP	Cannonball Adderley e Sexteto Bossa Rio	1962
	Odeon	LP	Orquestra Violinos de Ouro	1962
	Verve (Mercury)	LP CD	Tom Jobim	1963
	Philips	LP	Os Cariocas	1963
	Reprise	LP	Jon Hendricks	1963
	Musidisc	LP	Breno Sauer	1963
	Forma (Philips)	LP CD	Eumir Deodato	1964
	Philips	LP	Sérgio Mendes e Bossa Trio	1964
	Polydor	LP	Geraldo Vespar	1964
	Columbia	LP	Charlie Byrd	1964
	Philips	LP	Tamba Trio	1964
	RCA Victor	LP	Trio 3D	1964
	RCA Victor	LP	Os Poligonais	1964
	World Pacific	LP	Clare Fischer (piano e órgão)	1964
	Elenco (Mercury)	LP CD	Astrud Gilberto e Tom Jobim	1965
	Philips	LP	Cannonball Adderley	1965
	Pacific Jazz	LP	Bud Shank, Rosinha de Valença, João Donato	1965
	Odeon	LP	Peri Ribeiro e Leny Andrade	1965
	RCA Victor	LP	Mirzo Barroso	1965
	Elenco	LP	Sílvia Telles	1965
	RCA Victor	LP	Vic Damone	1966
	RCA Victor	LP	Perry Como & The Ray	1966

Título – Autor(es)	Gravadora	Tipo	Intérpretes	Ano
	Capitol	LP	Charles Singers	1966
	Reprise	LP/CD	Wanda Sá	1967
	RGE	LP	Frank Sinatra	1967
	Milestone	LP	Zimbo Trio	1967
	Prestige	LP	Joe Henderson	1967
	RGE	LP	Pat Martino	1968
	Reprise	LP	Agostinho dos Santos	1968
	Philips	LP	Morgana King	1968
	Capitol	LP	Wes Montgomery	1970
	Polydor	LP	Sérgio Mendes	1972
	RCA	LP	Nara Leão	1973
	Camden	LP	Áurea Martins	1974
	Pablo	LP	Ella Fitzgerald e Joe Pass (violão)	1975
	Festival	LP	Baden Powell e Stephane Grappelli	1975
	Est. Eldorado	LP	Manfredo Fest	
	Milestone	LP	McCoy Tyner	1977
	Gateway		Hal Gordon & Hollywood Jazz Quintet	1977
	Odeon	LP	Dick Farney e Claudete Soares	1978
	Pablo	LP	Milt Jackson	
	Copacabana	LP	Elizeth Cardoso	1978
	Muse	LP	Bill Hardman	1979
	Liberty	LP	Bill Perkins	1980
	Un Deux	LP	Steve Heuben	1980
	Red Record	LP	Ronnie Matthews	1980
	RCA	LP/CD	Milton Banana Trio	
	RGE	LP	Raul de Souza	1986
	Songs	LP	Joyce	1987
	CBS	LP/CD	César Camargo	1988
	Philips	CD	Leila Pinheiro	1989
	Mercury	CD	Sílvia Telles	1992
	Lumiar	CD	Hélio Delmiro e Adriana Calcanhoto	1993
	JVC	CD	Salena Jones	1994
	Verve	CD	Hoe Henderson	1995
	Lumiar	CD	Toninho Horta	1996
AMOR SEM ADEUS	Odeon	LP	Dick Farney	1960
(Tom Jobim e Luís Bonfá)	Odeon	LP	Luís Bonfá e Norma Suely	1960

Título – Autor(es)	Gravadora	Tipo	Intérpretes	Ano
	Philips	LP	Sílvia Telles	1961
	London	LP	Dick Farney	1974
	EMI	LP	Dick Farney	1978
ANA LUÍSA	MCA	LP	Tom Jobim	1973
(Tom Jobim)	(Mercury)	CD		
	Philips	LP	Zimbo Trio	1974
	Philips	LP/CD	MPB-4	1975
	Project3	LP	Urbie Green (trombone)	1975
	RCA Victor	LP/CD	Lúcio Alves	1975
	Philips	LP	Sérgio Endrigo	1977
	RCA Victor	LP/CD	Wilson Simonal	1979
	Coca-Cola	LP	Gilson Peranzzetta e Arthur Maia	1986
	Lumiar	CD	Leny Andrade e Cristóvão Bastos	1995
	Lumiar	CD	Cláudio Nucci e Mário Adnet	1995
ANDAM DIZENDO (Tom Jobim e Vinicius de Moraes)	RGE	LP	Elza Laranjeira	1962
ANDORINHA	CTI	LP	Tom Jobim	1970
(Tom Jobim)	Lumiar	CD	Marcos Rezende e Cristóvão Bastos	1995
ÂNGELA	Warner Bros.	LP/CD	Tom Jobim	1970
(Tom Jobim)	Philips			
	Lumiar	LP	Tom Jobim e Edu Lobo	1981
		CD	Leny Andrade e Cristóvão Bastos	1995
	Lumiar	CD	João Bosco	1996
ANOS DOURADOS	RCA Victor	LP/CD	Maria Bethânia	1986
(Tom Jobim e	Som Livre	LP	Tom Jobim	1986
Chico Buarque)	Verve	LP	Tom Jobim e a Nova Banda	1987
	Som Livre	CD	Emílio Santiago	1988
	Som Livre	LP	Grupo Chovendo na Roseira	1988
	Chesky	CD	Ana Caram	1989
	CBS	LP/CD	Olívia Byington	1990
	CBS	CD	João Carlos Assis Brasil	1990
	RCA	CD	Five Tracks	1991
	Som Livre	CD	Copatrio	1991
	CBS	CD	Verônica Sabino	1992
	Warner Bros.	CD	Roberto Menescal	1992

Título – Autor(es)	Gravadora	Tipo	Intérpretes	Ano
	RCA	CD	Rafael Rabelo	1993
	Compact CI.	CD	Brazilian Tropical Orchestra	1995
	Columbia	CD	Josee Koning e Dori Caymmi	1995
	Lumiar	CD	Danilo Caymmi	1996
	Polygram	CD	Quarteto em Cy & MPB-4	1997
ANTIGUA	A&M	LP/CD	Tom Jobim	1967
(Tom Jobim)	EPM	CD	Juarez Moreira	1995
	Lumiar	CD	Quarteto Livre	1995
ARQUITETURA DE	Warner Bros.	LP/CD	Tom Jobim	1976
MORAR (Tom Jobim)	Lumiar	CD	L. Braga e Cia. de Cordas	1995
ATAQUE DOS JAGUNÇOS (Tom Jobim)	RCA Victor	LP/CD	Orquestra dirigida por Oscar Castro Neves	1983
AULA DE MATEMÁTICA	Polydor	LP	Carlos José	1958
(Tom Jobim e Marino Pinto)	Odeon	LP	Sílvia Telles	1958
	RGE	78	Elza Laranjeira	1959
	Copacabana	LP	Elizeth Cardoso	1959
	Audio Fidelity	LP	Oscar Castro e sua Orquestra	1963
	Philips	LP	Márcia	1968
	RCA Victor	LP/CD	Tom Jobim e Miúcha	1979
	Som Livre	LP	Grupo Chovendo na Roseira	1988
BAGZÁLIA	Som Livre	LP	Tom Jobim e Orquestra	1985
(Tom Jobim e Chico Buarque)	Lumiar	CD	Paulo Bellinati e N. Ayres	1995
BATE-BOCA (Tom Jobim e Chico Buarque)	Polygram	CD	Quarteto em Cy & MPB-4	1997
BATIDINHA	A&M	LP/CD	Tom Jobim	1967
(Tom Jobim)	Lumiar	CD	R. Menescal e C. Malta	1995
BEBEL	Verve	LP	Tom Jobim e Nova Banda	1987
(Tom Jobim)	Warner Bros.	CD	Os Cariocas	1992
	Compact CI.	CD	Brazilian Tropical Orchestra	1995
BLUE TRAIN (TREM AZUL) (Lô Borges, Ronaldo Bastos e Tom Jobim)	Gl. Columbia	CD	Tom Jobim	1994
BLUSA VERMELHA	A&M	LP/CD	Tom Jobim	1967
(Tom Jobim)	Lumiar	CD	R. Silveira e Ed Mota	1995

Título – Autor(es)	Gravadora	Tipo	Intérpretes	Ano
BONITA (Tom Jobim)	Warner Bros.	LP	Tom Jobim	1964
	Warner Bros. (DSCD)	LP CD	Tom Jobim	1965
	Elenco	LP	Conjunto Roberto Menescal	1966
	Reprise	LP	Frank Sinatra	1969
	Philips	LP/CD	Maysa	1970
	Polydor	LP	Nara Leão	1970
	Quartin	LP	Victor Assis Brasil	1970
	Continental	LP	Osmar Milito	1974
	Est. Eldorado	LP	Manfredo Fest (piano)	1979
	Philips	LP/CD	Elis Regina	1979
	RCA Victor (Pablo)	LP/CD	Sarah Vaughan	1980
	Pablo Today	LP/CD	Ella Fitzgerald	1981
	Est. Eldorado	LP	Araken Peixoto	1986
	Songs	LP	Joyce	1987
	Camerati	CD	Paula Morelenbaum	1992
	JVC	CD	Salena Jones e Paulo Jobim	1994
	Velas	CD	Vânia Bastos	1995
	Lumiar	CD	Zélia Duncan e Victor Biglione	1996
	Polygram	CD	Dave Grusin	1997
BORZEGUIM (Tom Jobim)	RGE	LP	Quarteto em Cy	1981
	Philips	LP/CD	Gal Costa	1982
	Verve	LP	Tom Jobim e a Nova Banda	1987
	Amazonas	CD	Nova Banda	1989
	Compact CI.	CD	Brazilian Tropical Orchestra	1995
	Lumiar	CD	Sérgio Ricardo e Leonardo Braga	1996
BOTO (Tom Jobim e Jararaca)	Warner Bros.	LP/CD	Tom Jobim e Miúcha	1976
	Philips	LP/CD	Elis Regina	1978
	CID	LP	Orquestra de estúdio	1978
	Amazonas	CD	Nova Banda	1989
	Lumiar	CD	Edu Lobo e Leandro Braga	1996
BRASÍLIA, SINFONIA DA ALVORADA (Tom Jobim e Vinicius de Moraes)	Columbia	LP	Orquestra regida por Tom Jobim com Vinicius de Moraes recitando e coro	1961

Título – Autor(es)	Gravadora	Tipo	Intérpretes	Ano
BRIGAS NUNCA MAIS (Tom Jobim e Vinicius de Moraes)	Polydor	LP	Dalva de Andrade	1959
	Odeon	LP/CD	João Gilberto	1959
	Odeon	LP	Marlene	1959
	Odeon	78	Mário Genári Filho	1959
	Odeon	LP	Valter	1959
	Festa	LP	Vadico e seu Conjunto	1959
	Copacabana	LP	Moacir Silva e seu Conjunto	1959
	RCA Victor	LP	Maurílio e seu Conjunto	1959
	Hi-Fi Musidisc	LP	Pierre Kolman	1959
	Sinter	LP	José Menezes e Quinteto OK	1959
	Polydor	LP	Jota Cláudio e Pepe Cabral	1959
	Polydor	LP	Gerson Flincas e sua Orquestra	1959
	Sinter	LP	Vera Lúcia	1959
	Sinter	LP	Sexteto Plaza	1959
	Sinter	LP	Lira de Xopotó	1959
	RGE	LP	Paulinho Nogueira	1960
	RCA Victor	LP	Sacha Rublin	1960
	Odeon	LP	Norberto Baudauf	1960
	CBS	LP	C. Rubem	
	RCA Victor	LP	Orquestra RCA Victor	1961
	Mocambo	LP	Zacarias Filho (solo de garrafas)	1961
	CBS Entré	LP	Breno Sauer	1963
	Chantecler	LP	Paulo Barreiros	1963
	RCA Victor	LP	José Ricardo	1969
	Philips	LP/CD	Tom Jobim e Elis Regina	1974
	RCA Victor	LP/CD	Milton Banana Trio	1980
	Clack	LP	Mozart Terra	1980
	Vento do Raio	LP	Guilherme Rodrigues Quarteto	1983
	Som Livre	CD	Raul Mascarenhas	1990
	Som Livre	CD	Leila Pinheiro	1991
	Lumiar	CD	Joyce	1996
CAI A TARDE (Tom Jobim)	Festa	LP	Lenita Bruno	1959
CARLA, MEU AMOR (Tom Jobim)	Odeon	LP	Sílvia Telles	1958
	CBS	LP	Maysa	1961
	CBS	LP	Elis e Maysa	1964

Título – Autor(es)	Gravadora	Tipo	Intérpretes	Ano
	CBS	LP	Cynara e Cybele	1968
	Odeon	LP	Alaíde Costa e Oscar Castro Neves	1973
CAMINHO DA MATA (Tom Jobim)	RCA Victor	LP/CD	Tom Jobim e Gal Costa	1983
CAMINHO DE PEDRA	Festa	LP	Elizeth Cardoso	1958
(Tom Jobim e	Forma	LP/CD	Quarteto em Cy	1965
Vinicius de Moraes)	RCA Victor	LP	Luiz Gonzaga	1971
	Concord	LP/CD	Antônio Carlos Barbosa Lima	1982
	Lumiar	CD	Joyce e Hélio Delmiro	1973
CAMINHOS CRUZADOS	Odeon	LP	Sílvia Telles	1958
(Tom Jobim e	RGE	LP	Maysa	1958
Newton Mendonça)	Copacabana	LP	Marisa	1960
	Warner Bros.	LP/CD	João Gilberto	1977
	RCA Victor	LP	Maria Marta	1979
	RGE	LP	Quarteto em Cy	1981
	RCA Victor	LP/CD	Maria Creuza	1981
	Philips	LP	Nara Leão	1984
	Philips	LP	Ventura Six	1990
	Warner Bros.	CD	Nouvelle Cuisine	1991
	EMI-Odeon	CD	Leila Pinheiro	1995
	Luminar	CD	Rosa Passos	1996
CANÇÃO DA ETERNA				
DESPEDIDA	Polydor	LP	Carlos Augusto	1959
(Tom Jobim e	RCA Victor	LP	Orlando Silva	1962
Vinicius de Moraes)				
CANÇÃO DO	Festa	LP	Elizeth Cardoso	1958
AMOR DEMAIS	Festa	LP	Lenita Bruno	1959
(Tom Jobim e	Columbia	LP	Charlie Byrd	1963
Vinicius de Moraes)	MIS	LP	Elizeth Cardoso	1977
	SAbiá	LP	Paula Morelenbaum e Tom Jobim	1987
	(BMG)	CD		
	Camerati	CD	Paula Morelenbaum e Tom Jobim	1992
	Som Livre	CD	Eugênia Melo e Castro e E. Gismonti	1995
	Lumiar	CD	Itamara Koorax	1996

Título - Autor(es)	Gravadora	Tipo	Intérpretes	Ano
CANÇÃO EM MODO	RGE	LP	Elza Laranjeira	1962
MENOR	Forma	LP/CD	Dulce Nunes	1965
(Tom Jobim e	CID	LP	Nana Caymmi	1975
Vinicius de Moraes)	Sabiá	LP	Tom Jobim	1987
	(BMG)	CD		
	Lumiar	CD	Paula Morelenbaum, Jacques Morelenbaum e Daniel Jobim	1996
	Polygram	CD	Ney Matogrosso	1997
CANTA, CANTA MAIS	Festa	LP	Lenita Bruno	1959
(Tom Jobim e	Odeon	LP/CD	Sílvia Telles	1959
Vinicius de Moraes)	RGE	LP	Elza Laranjeira	1962
	Elenco	LP	Sílvia Telles e Tamba Trio	1966
	Warner Bros.	LP/CD	Tom Jobim	1980
	Raio	LP	Aline	1982
	Concord	LP/CD	Carlos Barbosa Lima	1982
	Sabiá (BMG)	LP/CD	Elizabeth Jobim e Paula Morelenbaum	1987
	CBS	LP/CD	Olívia Byington	1990
	CBS	CD	João Carlos Assis Brasil	1990
	Virgin	CD	Sharon Isbin	1991
	Som Livre	CD	Eugênia Melo e Castro e Tom Jobim	1995
	Lumiar	CD	Olívia Byington	1996
CAPITÃO BACARDI	A&M	LP/CD	Tom Jobim	1967
(Tom Jobim)	Lumiar	CD	Ricardo Silveira e Mauro Senise	1995
	Polygram	CD	Eric Marienthal, Dave Grusin e Lee Ritenour	1997
CARIBE	A&M	LP/CD	Tom Jobim	1970
(Tom Jobim)	Lumiar	CD	Paulo Jobim e J. Morelenbaum	1995
CARTA DO TOM (Tom Jobim)	Som Livre	LP/CD	Tom Jobim	1977
CASÓRIO (Tom Jobim)	RCA Victor	LP	Gal Costa e Tom Jobim	1983
CAVALEIRO MONGE (Tom Jobim e Fernando Pessoa)	Som Livre	LP	Tom Jobim	1985
CERTO CAPITÃO				

Título - Autor(es)	Gravadora	Tipo	Intérpretes	Ano
RODRIGO (UM) (Tom Jobim e Ronaldo Bôscoli)	Som Livre	LP	Tom Jobim, Kleiton e Kledir	1985
CHANSON POUR MICHELLE (Tom Jobim)	Som Livre	LP	Tom Jobim	1985
	Lumiar	CD	Sebastião Tapajós	1995
CHANSONG (Tom Jobim)	Verve	LP	Tom Jobim e a Nova Banda	1987
	Verve	CD	Joyce	1991
	Lumiar	CD	Os Cariocas	1996
CHEGA DE SAUDADE (Tom Jobim e Vinicius de Moraes)	Odeon	78	João Gilberto	1958
	Festa	LP	Elizeth Cardoso	1958
	Copacabana	LP	Marisa	1958
	RCA Victor	LP	Nelsinho (trompete)	1958
	Odeon	LP	Osvaldo Borba e sua Orquestra	1958
	RGE	78	Agostinho dos Santos	1958
	Odeon	45	Roberto Paiva	1958
	Odeon	LP/CD	João Gilberto	1959
	Columbia	78	Os Cariocas	1959
	RCA Victor	LP	Trio Nagô	1959
	Continental	LP	Severino Araújo e sua Orquestra Tabajara	1959
	Festa	LP	Vadico e seu Conjunto	1959
	Copacabana	45	Abel Ferreira	1959
	Odeon	LP	Sexteto Rex	1959
	Odeon	LP	Zezinho	1959
	Odeon	LP	Hector Lagna Fietta	1959
	Polydor	LP	Orquestra Irmãos Araújo	1959
	Continental	LP	Risadinha	1959
	Rádio	LP	Valdir Calmon e seu Conjunto	1959
	Prestige	LP	Sexteto Prestige	1959
	Sinter	LP	Lira de Xopotó	1959
	Sinter	LP	Sandoval Dias e seu Conjunto	1959
	Sinter	LP	Pedroca e seu Conjunto	1959
	RCA Victor	LP	Fafá Lemos	1959
	Chantecler	LP	José Orlando	1959
	Hi-Fi Musidisc	LP	Turma da Bossa	1959

Título – Autor(es)	Gravadora	Tipo	Intérpretes	Ano
	Hi-Fi Musidisc	LP	Orquestra Panamericana	1959
	Odeon	LP	Aloysio de Oliveira	1960
	Odeon	LP	Banda do Corpo de Bombeiros	1960
	Imperial	LP	Ivan Casanova	1960
	Plaza	LP	Os Saxambistas Brasileiros	1960
	CBS	LP	Thelma	
	CBS	LP	Só Orquestra	
	Reprise	LP	Shorty Rogers and His Giants	1961
	Columbia	LP	Sérgio Murilo	1961
	Philips	LP	Osvaldo Borba e sua Orquestra	1961
	RCA Victor	LP	Ases do Ritmo	1961
	Musicolor	LP	Trio Penumbra	1961
	Philips	LP	Dizzy Gillespie	1962
	Columbia	LP	The Paul Winter Sextet	1962
	Audio Fidelity	LP	Lalo Schinfrin	1962
	Verve	LP	Stan Getz	1962
	Riverside	LP	Charlie Byrd (Violão)	1962
	Columbia	LP	Paul Winter	1962
	Mercury	LP	Quincy Jones	1962
	CBS	LP	Sylvio Mazzuca	1962
	Verve	LP	Tom Jobim	1962
	(Mercury)	CD		
	RCA Victor	LP	Jacó do Bandolim	1963
	Reprise	LP	Jon Hendricks	1963
	Polydor	LP	Banda dos Fuzileiros Navais	1963
	Polydor	LP	Orquestra Arco-Íris	1963
	CBS	LP	Gallo	1963
	CBS	LP	Carlos Cruz	1963
	Musiplay	LP	Sexteto Guanabara	1963
	SBA	LP	Cid Gray	1963
	Audio Fidelity	LP	Oscar Castro Neves e sua Orquestra	1963
	Philips	LP	Dizzi Gillespie	1963
	CBS	LP	Astor	1964
	Impulse	LP	Louis Bellson	1966
	MIS	LP	Jacó do Bandolim e Zimbo Trio	1968
	Parlophone		Geraldo Vespar	1969
	Polydor	LP	Nara Leão	1970

Título – Autor(es)	Gravadora	Tipo	Intérpretes	Ano
	Odeon	LP	Dóris Monteiro e Miltinho	1970
	Tropicana	LP	Bill Bell (saxofone)	1970
	RGE	LP	Maria Creuza	1972
	RGE	LP	Maria Creuza, Toquinho e Vinicius de Moraes	1972
	Odeon	LP	Cláudia	1973
	CID	LP	George Brass (piano)	
	Som Livre	LP	Copinha	1975
	Continental	LP	Aquarius	1976
	Som Livre	LP/CD	Tom Jobim, Vinicius, Miúcha e Toquinho	1977
	Compacabana	LP	Orquestra dirigida por Guerra Peixe	1978
	RCA P G	LP/CD	Milton Banana Trio	1978
	RCA Victor	LP/CD	Milton Banana Trio	1980
	MPS	LP	The Hi-Lo's	1980
	Famous Door	LP	Bill Watrous	1980
	Warner Bros.	LP/CD	João Gilberto e Bebel Gilberto	1980
	CID	LP	Ivanildo (saxofone)	1981
	CBS	LP	Sérgio Murilo	1981
	Concord	LP	Los Angeles 4	1982
	Concord	LP	Laurindo de Almeida	1982
	Continental	LP	Peri Ribeiro e Luís Eça (piano)	1985
	Sahara	LP	Errol Parker	1985
	RCA Victor	LP	Beth Carvalho	1986
	Philips	LP/CD	Nara Leão	1986
	Songs	LP/CD	Joyce	1987
	Sabiá	LP	Tom Jobim e a Nova Banda	1987
	CBS	CD	MPB-4	1988
	Verve	CD	Tom Jobim	1988
	CBS	LP/CD	Os Cariocas	1989
	RCA	CD	Five Tracks	1991
	CBS	LP/CD	Wanda Sá e Peri Ribeiro	1992
	NANÃ	CD	Quarteto em Cy	1992
	Som Livre	CD	Emílio Santiago	1992
	Lumiar	CD	Tom Jobim	1993
	EMI-Odeon	CD	Leila Pinheiro	1994
	Columbia	CD	Josee Koning e Dori Caymmi	1995

Título – Autor(es)	Gravadora	Tipo	Intérpretes	Ano
	Verve	CD	Joe Henderson	1995
	Lumiar	CD	Daniela Mercury e Guinga	1996
CHEGADA DOS RETIRANTES	RCA Victor	LP/CD	Orquestra dirigida por Oscar Castro Neves	1983
CHILDREN'S GAMES (Tom Jobim)	CTI	LP	Tom Jobim	1970
	GRP	CD	Lee Ritenour	1991
	CBS	CD	Claude Bolling	1993
	Polygram	CD	Alan Pasqua e Ernie Watts	1997
CHORA CORAÇÃO (Tom Jobim e Vinicius de Moraes)	MCA (Mercury)	LP CD	Tom Jobim	1973
	RCA Victor	LP	Maria Creuza	1982
	Lumiar	CD	Edu Lodo e Gilson Peranzzetta	1993
	Gl. Columbia	CD	Tom Jobim e Paula Morelenbaum	1994
	Som Livre	CD	Eugênia Melo e Castro	1995
CHORO (Tom Jobim	CTI	LP	Tom Jobim	1970
	Est. Eldorado	LP	Paulo César Gomes	1983
	Coca-Cola	LP	Gilson Peranzzetta e Artur Maia	1986
	Lumiar	CD	Luiz Avelar	1995
CHOVENDO NA ROSEIRA (Tom Jobim)	CTI	LP	Tom Jobim	1970
	Som Livre	LP	Osmar Milito	1971
	Odeon	LP	Luís Eça e Quinteto Villa-Lobos	1972
	CBS	LP	Stan Getz, João Gilberto e Miúcha	1972
	MPS	LP	Singers Unlimited & Oscar Peterson	1973
	Philips	LP/CD	Elis Regina e Tom Jobim	1974
	Copacabana	LP	Orquestra dirigida por Guerra Peixe	1978
	CID	LP	Orquestra de estúdio	1978
	Clark	LP	Banda Bandeirantes	1979
	Warner Bros.	LP/CD	Tom Jobim	1980
	RCA Victor	LP/CD	Milton Banana Trio	1980
	RCA Victor	LP	Sarah Vaughan	1980
	Philips	LP	Edu Lobo	1981
	Philips	LP	Elis Regina	1982
	Libertas	LP	Radamés Gnatalli (piano)	1985
	Concord	LP	C. Barbosa Lima e Sharon Isbin	1987
	Som Livre	LP	Grupo Chovendo na Roseira	1988
	Amazonas	CD	Nova Banda	1989

Título – Autor(es)	Gravadora	Tipo	Intérpretes	Ano
	Camerati	CD	Anima	1994
	Compact Cl.	CD	Brazilian Tropical Orchestra	1995
	Lumiar	CD	Luiz Avelar	1995
	Columbia	CD	Josee Koning e Dori Caymmi	1995
	Lumiar	CD	Hermeto Pascoal e Jane Duboc	1996
CHUVA CAIU (A)	Continental	78	Luís Bonfá	1956
(Tom Jobim e Luís Bonfá)	Copacabana	78	Ângela Maria	1956
	Odeon	LP	Orquestra Violinos de Ouro	1962
CIDADÃO DA GÁVEA (Tom Jobim e Vinicius de Moraes)	Som Livre	LP	Paulo de Moraes S. Dantas	1980
COFFEE DELIGHT (Tom Jobim)	Odeon	LP	Léo Peracchi	1958
COISAS DO DIA (*da Sinfonia do Rio de Janeiro*) (Tom Jobim e Billy Blanco)	Odeon	LP	Peri Ribeiro e Leny Andrade	1965
CORCOVADO	Columbia	LP	Lana Bittencourt	1960
(Tom Jobim)	Odeon	LP/CD	João Gilberto	1960
	Philips	LP/CD	Sílvia Telles	1960
	Odeon	LP	Isaura Garcia	1960
	CBS	LP	Lafayette	
	Copacabana	LP	Moacir Silva e seu Conjunto	1961
	Musicolor	LP	Trio Penumbra	1961
	RGE	LP	Elza Laranjeira	1962
	Philips	LP	Luís Reis (piano)	1962
	Capitol	LP	Cannonball Adderley & Bossa Rio Sextet	1962
	Columbia	LP	Miles Davis	1962
	Odeon	LP	Walter Wanderley	1962
	RCA Victor	LP	Orlando Silveira e seu Conjunto	1962
	Verve (Mercury)	LP CD	Tom Jobim	1963
	Philips	LP	Orquestra dirigida por Carlos Monteiro de Souza	1963
	Philips	LP	Portinho e sua Orquestra	1963
	Columbia	LP	Charlie Byrd	1963

Título – Autor(es)	Gravadora	Tipo	Intérpretes	Ano
	RCA Victor	LP	Conjunto Jazz Bossa Nova	1963
	Discovery	LP	Jack Wilson	1963
	RCA Victor	LP	Delora Bueno	1963
	CBS-Entré	LP	Tito Madi	1963
	CBS	LP	Astor	1963
	CBS	LP	Carlos Poyares	1963
	CBS	LP	Neco	1963
	Copacabana	C	Altamiro Carrilho (flauta)	1963
	Musidisc	LP	Trio Surdina	1963
	Musiplay	LP	Hélio Mendes	1963
	Nilser	LP	Bossa Nova Modern Quartet	1963
	Elenco	LP	Lennie Dale	1964
	Verve	LP/CD	Stan Getz, João Gilberto e Astrud Gilberto	1964
	Forma (Philips)	LP CD	Eumir Deodato	1964
	Philips	LP	Sérgio Mendes & Bossa Rio	1964
	Fantasy	LP	Vince Guaraldi	1964
	Verve	LP	The Stan Getz Quartet e Astrud Gilberto	1964
	Imperial	LP	Roberto Menescal	1964
	World Pacific	LP	Clare Fischer (piano e órgão)	1964
	Philips	LP	Cannonball Adderley	1965
	S.T.E.G.	LP	Peruzzi e sua Orquestra	1965
	Capitol	LP	Nancy Wilson	1965
	London	LP	The Ipanema Orchestra	1965
	Mainstream	LP	Morgana King	1965
	Som Maior	LP	Sambossa 5	1965
	RCA Victor	LP	Vic Damone	1966
	RCA Victor	LP	Perry Como & Ray Charles Singers	1966
	Verve	LP	Oscar Peterson Trio	1966
	Odeon	LP	Johnny Mathis	1966
	Verve	LP	Roy Kral e Jackie Cain	1966
	Capitol	LP	Wanda Sá	1966
	Reprise	LP/CD	Frank Sinatra	1967
	RCA Victor	LP	Mário Castro Neves e seu Conjunto	1967
	Musidisc	LP	Nanai e seu Conjunto	1967

Título – Autor(es)	Gravadora	Tipo	Intérpretes	Ano
	Premier	LP	Paulinho Nogueira	1967
	London	LP	Engelbert Humperdinck	1967
	RCA	LP	Nélson Gonçalves	1968
	London	LP	Stanley Black e sua Orquestra	1968
	Philips	LP	Tamba Trio	1968
	Parlophone	LP	Geraldo Vespar	1968
	Capitol	LP	The Lettermen	1968
	Capitol	LP	Sérgio Mendes	1968
	A&M	LP	Chris Montez	1969
	RCA	LP	Os Showpignons	1969
	Polydor	LP	Nara Leão	1970
	Masterplay	LP	Julinho	1970
	Stash	LP	Dandarnelle	1970
	Glendale	LP	Anita O'Day	1970
	Halcyon	LP	Teddy Wilson e Marian McPartland	1970
	Stylo	LP	Edson Machado	1970
	London	LP	Los Muchucambos	1970
	Festival	LP	Baden Powell	1971
	Milestone	LP	Phill Upchurch	1972
	CRS	LP	Walter Wanderley	1973
	Philips	LP/CD	Elis Regina e Tom Jobim	1974
	Ensayo	LP	Tete Montoliu (piano)	1974
	MPS	LP	Frank Rosolino & Cont Candoli	1975
	Evento	LP	Lee Ritenour e Oscasr Castro Neves	1975
	Odeon	LP	Les Reed	1976
	RGE	LP	Maria Creuza	1977
	Philips	LP	O Quarteto	1977
	Som Livre	LP/CD	Tom Jobim	1977
	Copacabana	LP	Orquestra dirigida por Guerra Peixe	1978
	Black & Blue	LP	Harold Ashby	1978
	Pablo	LP	Joe Pass e Paulinho da Costa	1979
	Elektra	LP/CD	Elis Regina e Hermeto Pascoal	1979
	CLAM	LP	Zimbo Trio e Sonny Stitt	1979
	Som Livre	LP	Billy Ekstine	1979
	Warner Bros.	LP/CD	Tom Jobim	1980
	RCA Victor	LP/CD	Miton Banana Trio	1980
	MPS	LP	The Singers Unlimited	1980

Título – Autor(es)	Gravadora	Tipo	Intérpretes	Ano
	Pausa	LP	Oscar Peterson	1980
	MPS	LP	The Hi-Lo's	1980
	Pablo Today	LP/CD	Ella Fitzgerald	1981
	Concord	LP/CD	Antônio Carlos Barbosa Lima	1982
	Petrobrás	LP	Coral dos empregados da Petrobrás	1983
	Capitol	LP	Laurindo de Almeida	1984
	Libertas	LP	Radamés Gnattalli (piano)	1985
	Polydor	LP	Connie Francis	1986
	Coca-Cola	LP	Gilson Peranzzetta e Artur Maia	1986
	Fama	LP	Banda do Corpo de Bombeiro	1986
	Dacapo	LP	Alberto Coronel	1986
	Fama	LP	Fogueira Três	1986
	Philips	LP/CD	Nara Leão	1986
	Songs	LP	Joyce	1987
	CBS	CD	Nara Leão	1988
	Verve	CD	Tom Jobim e Gal Costa	1988
	Philips	CD	Leila Pinheiro	1989
	Philips	CD	João Gilberto	1990
	RCA	CD	Five Tracks	1991
	Som Livre	CD	Copatrio	1991
	CBS	CD	Wanda Sá e Peri Ribeiro	1992
	Verve	CD	Laura Fygi	1994
	Verve	CD	Astrud Gilberto	1994
	JVC	CD	Salena Jones	1994
	Arista	CD	Dionne Warwick	1994
	Compact Cl.	CD	Brazilian Tropical Orchestra	1995
	EPM	CD	Juarez Monteiro	1995
	Lumiar	CD	Leny Andrade e Cristóvão Bastos	1995
	Columbia	CD	Josee Koning e Dori Caymmi	1995
	Lumiar	CD	Toquinho	1996
	RCA	CD	Henry Mancini	1996
	Verve	CD	Stan Getz	1996
CORRENTEZA	Odeon	LP	Luís Cláudio	1973
(Tom Jobim e Luís Bonfá)	Warner Bros.	LP/CD	Tom Jobim	1976
	Philips	C	Miúcha	1975
	Philips	LP/CD	Boca Livre	1978
	Som Livre	LP	Grupo Chovendo na Roseira	1988

Título – Autor(es)	Gravadora	Tipo	Intérpretes	Ano
	Amazonas	CD	Nova Banda	1989
	Velas	CD	Vânia Bastos	1995
	Columbia	CD	Josee Koning e Dori Caymmi	1995
	Omagatoki	CD	Joyce e Toninho Horta	1995
	Epic	CD	Djavan	1996
	Lumiar	CD	Edu Lobo	1996
DE VOCÊ EU GOSTO	Odeon	LP/CD	Sílvia Telles	1959
(Tom Jobim e	Philips	LP	Márcia	1968
Aloysio de Oliveira)	Odeon	LP/CD	Dick Farney e Claudete Soares	1976
	RCA Victor	LP	Maria Creuza	1979
DEMAIS	Odeon	LP/CD	Sílvia Telles	1959
(Tom Jobim e	Odeon	LP	Peri Ribeiro	1965
Aloysio de Oliveira)	Copacabana	LP	Elizeth Cardoso	1966
	RCA Victor	LP/CD	Maysa	1966
	Polydor	LP	Nara Leão	1970
	Odeon	LP	Dóris Monteiro e Miltinho	1970
	Philips	LP	Maysa	1971
	(Mercury)	CD		
	London	LP	Tito Madi	1973
	Odeon	LP	Márcia	1973
	Odeon	LP	José Milton	1977
	Odeon	LP/CD	Dick Farney e Claudete Soares	1977
	Imagem	LP	Roberto Tostes Martins	1978
	CBS	LP	Cláudia Telles	1979
	RCA Victor	LP/CD	Milton Banana Trio	1980
	EMI-Odeon	CD	Marília Pêra	1990
	CBS	CD	Verônica Sabino	1992
	Som Livre	CD	Emílio Santiago	1992
	Philips	CD	Ângela Rô Rô	1993
	RCA	CD	Fagner	1993
	Philips	CD	Rita de Cássia	1994
	Lumiar	CD	João Nogueira	1996
DERRADEIRA	RGE	LP	Elza Laranjeira	1962
PRIMAVERA	Forma	LP/CD	Dulce Nunes	1965
(Tom Jobim e	Elenco	LP	Nana Caymmi	1967
Vinicius de Moraes)	(Mercury)	CD		

Título – Autor(es)	Gravadora	Tipo	Intérpretes	Ano
	Philips	LP	Nara Leão	1967
	MIS	LP	Elizeth Cardoso	1968
	EMI	LP	Nana Caymmi	1985
	Sabiá (BMG)	LP CD	Paula Morelenbaum e Tom Jobim (piano)	1987
	Imagem	CD	Itamara Koorax	1993
	Lumiar	CD	Egberto Gismonti e Joyce	1993
	Som Livre	CD	Eugênia Melo e Castro	1995
	Velas	CD	Vânia Bastos	1995
DESAFINADO (Tom Jobim e Newton Mendonça)	Odeon	78	João Gilberto	1958
	RCA Victor	LP	Zaccarias e sua Orquestra	1959
	Odeon	78	Ney e sua Orquestra	1959
	Odeon	LP/CD	João Gilberto	1959
	Columbia	LP	Britinho e Octeto Columbia	1959
	RCA Victor	LP	Maurílio e seu Conjunto	1959
	Polydor	LP	Jota Claúdio e Pepe Cabral	1959
	Copacabana	LP	Carminha Mascarenhas	1960
	Plaza	LP	Os Saxambistas Brasileiros	1960
	CBS	LP	Thelma	
	Odeon	LP	Geraldo Miranda	1961
	Musicolor	LP	Trio Penumbra	1961
	Roulette	LP	Lalo Schifrin	1962
	Verve	LP	Stan Getz e Charlie Byrd	1962
	RGE	LP	Agostinho dos Santos	1962
	Columbia	LP	André Kostelanetz e sua Orquestra	1962
	Mercury	LP	Quincy Jones e sua Orquestra	1962
	Capitol	LP	Laurindo de Almeida	1962
	Impulse	LP	Coleman Hawkins	1962
	Riverside	LP	Charlie Byrd	1962
	Philips	LP	Dizzy Gillespie	1962
	London	LP	Edmundo Ros	1962
	Odeon	C	Glória Lasso	1962
	Odeon	C	Franck Pourcel e sua Orquestra	1962
	Liberty	LP	Sy Zentner	1962
	Verve (Mercury)	LP CD	Tom Jobim	1963

Título – Autor(es)	Gravadora	Tipo	Intérpretes	Ano
	Philips	LP	Os Cariocas	1963
	Liberty	78	Julie London	1963
	Philips	LP	Orquestra dirigida por Carlos Monteiro de Souza	1963
	Audio Fidelity	LP	Oscar Castro Neves e sua Orquestra	1963
	Philips	LP	Portinho e sua Orquestra	1963
	Epic	LP	Buddy Grecco	1963
	RCA Victor	LP	Lamberd, Hendricks e Bavan	1963
	RCA Victor	LP	Sexteto Jazz Moderno	1963
	Odeon	C	Conjunto Boa Bossa	1963
	Odeon	LP	Richard Anthony	1963
	Odeon	LP	Orquestra Brasil Moderno	1963
	Imperial	LP	Carioca e sua Orquestra	1963
	Polydor	LP	Banda dos Fuzileiros Navais	1963
	Chantecler	LP	Turquinho e seu Conjunto	1963
	Copacabana	C	Altamiro Carrilho	1963
	Musiplay	LP	Ritmistas da Bossa	1963
	CBS	LP	Carlos Poyares	1963
	Chantecler	LP	Turquinho e seu Conjunto	1963
	Materplay	LP	Julinho	1963
	Verve	LP/CD	Stan Getz, João Gilberto e Tom Jobim	1964
	Atlantic	LP	João Gilberto	1964
	Elenco	LP	Roberto Menescal e seu Conjunto	1964
	World Pacific	LP	Clare Fischer	1964
	CBS-Entré	LP	Sérgio Murilo	1964
	CBS	LP	Astor e sua Orquestra	1964
	Philips (A&M)	LP CD	Sérgio Mendes & Bossa Rio	1964
	Farroupilha	LP	Pedrinho Mattar	1964
	Parlophone	C	Os Bossinhas	1964
	Odeon	LP	Lírio Panicalli e sua Orquestra	1964
	RGE	LP	Wanda Sá	1964
	Warner Bros.	C	Tom Jobim	1965
	Warner Bros. (DSCD)	LP CD	Tom Jobim	1965
	Philips	LP	Rio 65 Trio	1965
	London	LP	The Ipanema Orchestra	1965

Título – Autor(es)	Gravadora	Tipo	Intérpretes	Ano
	MGM	LP	Marty Manning e sua Orquestra	1965
	Atlantic	LP	Herbie Mann	1965
	Capitol	LP	George Shearing	1965
	London	LP	Meirelles e sua Orquestra	1967
	Philips	LP	Tamba Trio	1968
	Premier	LP	Paulinho Nogueira	1968
	RCA Victor	LP	Arthur Fiedler & Boston Pops Orchestra	1968
	Polydor	LP/CD	Nara Leão	1970
	Barclay	LP	Sivuca	1970
	Tropicana	LP	Bill Bell	1970
	London	LP	Os Três Morais	1971
	Telefunken	LP	Klaus Wunderlich (órgãos)	1972
	Philips	LP/CD	Gal Costa	1973
	Ensayo	LP	Tete Montolio (piano)	1974
	Festival	LP	Baden Powell e Stephanie Grappelli	1974
	Tapecar - Soma	LP	Alaíde Costa	1975
	Odeon	LP	Les Reed	1975
	CRS	LP	Walter Wanderley	1975
	Xanadu	LP	Charles McPherson	1976
	Philips	LP	O Quarteto	1977
	Copacabana	LP	Orquestra dirigida por Guerra Peixe	1978
	CID	LP	Orquestra de estúdio	1978
	Galaxy	LP	Art Pepper	1979
	RCA	LP/CD	Milton Banana Trio	1980
	Warner Bros.	LP/CD	Tom Jobim	1980
	Warner Bros.	LP	João Gilberto	1980
	Pablo Today	LP/CD	Ella Fitzgerald	1981
	CBS	LP	Sérgio Murilo	1981
	Concord	LP/CD	Antônio Carlos Barbosa Lima	1982
	Muse	LP	Mark Murphy	1983
	Warner Bros.	LP	João Gilberto	1986
	Philips	LP	Nara Leão	1986
	Polydor	mc	Max Greger	1986
	Polydor	LP	Connie Francis	1986
	Songs	LP	Joyce	1987

Título – Autor(es)	Gravadora	Tipo	Intérpretes	Ano
	Sabiá	LP	Tom Jobim e Nova Banda	1987
	(BMG)	CD		
	Verve	CD	Tom Jobim	1988
	Philips	CD	João Gilberto	1990
	RCA	CD	Five Tracks	1991
	CBS	CD	Julio Iglesias	1991
	CBS	CD	Lester Lanin	1991
	CBS	CD	Wanda Sá e Peri Ribeiro	1992
	NANÃ	CD	Quarteto em Cy	1992
	Verve	CD	Tom Jobim e Joe Henderson	1993
	JVC	CD	Salena Jones	1994
	Philips	CD	R. Guerra, Helena V. e Lena D'A	1994
	Tinitus	CD	Musica Ligeira	1994
	Verve	CD	Stan Getz	1994
	Warner Bros.	VHS	Stan Getz	1994
	Compact Cl.	CD	Brazilian Tropical Orchestra	1995
	EMI-Odeon	CD	Leila Pinheiro	1995
	EPM	CD	Juarez Moreira	1995
	Lumiar	CD	Leny Andrade e Marco Perreira	1996
	Lumiar	CD	Hermeto Pascoal	1996
DESCENDO O MORRO *(da sinfonia do Rio de Janeiro)* (Tom Jobim e Billy Blanco)	Continental	78	Jorge Goulart	1957
	RGE	LP	Mr. Samba e seus Skindôs Rítmicos	1962
DEUS E O DIABO NA TERRA DO SOL (Tom Jobim)	CTI	LP	Tom Jobim	1970
	Lumiar	CD	Mário Sève e C. Borges	1995
DIA QUE VOCÊ GOSTAR DE MIM (O) (Tom Jobim)	Est. Eldorado	LP	Roberto Sion	1986
DIÁLOGO	A&M	LP/CD	Tom Jobim	1967
	Lumiar	CD	Sivuca e V. Santos	1995
DINDI (Tom Jobim e Aloysio de Oliveira)	Odeon	LP/CD	Sílvia Telles	1959
	Columbia	LP	Conjunto Farroupilha	1959
	RGE	LP	Maysa	1960
	Odeon	LP	Chiquinho (acordeão)	1960

Título – Autor(es)	Gravadora	Tipo	Intérpretes	Ano
	Philips	LP/CD	Sílvia Telles	1960
	Imperial	LP	Lord Astor	1960
	Philips	LP	Lúcio Alves	1960
	RCA Victor	LP/CD	Alaíde Costa	1960
	Copacabana	LP	Valdir Calmon e seu Conjunto	1960
	RCA Victor	45	Alaíde Costa	1960
	Philips	LP	Ribamar (piano)	1961
	RCA Victor	LP	Erlon Chaves e sua Orquestra	1961
	Odeon	LP	Chiquinho (acordeão)	1961
	Columbia	LP	Charlie Byrd	1963
	Polydor	LP	Banda dos Fuzileiros Navais	1963
	Warner Bros.	LP	Tom Jobim	1964
	(Mercury)	CD		
	Odeon	LP	Geraldo Vespar	1965
	Elenco	LP	Astrud Gilberto e Tom Jobim	1965
	(Mercury)	CD		
	Odeon	LP	Elza Soares	1965
	Forma	LP	Ana Margarida	1965
	Mocambo	LP	Mina	1965
	Saba	LP	Sílvia Telles e Rosinha de Valença (violão)	1966
	Elenco	LP	Sílvia Telles e Tamba Trio	1966
	RCA Victor	LP	Perry Como & The Ray Charles Singers	1966
	Reprise	LP/CD	Frank Sinatra	1967
	SBA	LP	Agostinho dos Santos	1967
	Odeon	LP	Lírio Panicali e sua Orquestra	1968
	A&M	LP	Claudine Longet	1968
	Parlophone	LP	Geraldo Vespar	1969
	Odeon	LP	Caçulinha (acordeão)	1969
	Reprise	LP	Morgana King	1969
	Quartin	LP	Víctor Assis Brasil	1970
	Elenco	LP	Márcia	1970
	Codil - Ritmos	LP	Roberto Nunes	1970
	A&M	LP	Pete Jolly	1971
	CBS	LP	Cláudia Telles	1971
	Milestone	LP	Flora Purim	1973

Título – Autor(es)	Gravadora	Tipo	Intérpretes	Ano
	Odeon	LP	Geraldo Vespar	1974
	Nucleus	LP	Lenita Bruno	1976
	Concord	LP	Los Angeles Four	1976
	RGE	LP	Maria Creuza	1977
	Continental	LP	Agostinho dos Santos	1978
	Est. Eldorado	LP	Paulo Roberto do Espírito Santo (piano)	1978
	Imagem	LP	Roberto Tostes Martins	1978
	Som Livre	LP	Billy Eckistine	1979
	Concord	LP	Jackie Caine E Roy Kral	1979
	CBS	LP	Willie Bobo	1979
	Warner Bros.	LP/CD	Tom Jobim	1980
	RCA Victor	LP/CD	Milton Banana Trio	1980
	RCA Victor	LP	Sarah Vaughan	1980
	(Pablo)	CD		
	B. do Brasil	LP	Fernando Gallo	1980
	Pablo Today	LP/CD	Ella Fitzgerald	1981
	Pablo	LP	Zoot Sims	1982
	POP	LP	Reuben Ristrom	1983
	Philips	LP	Agostinho dos Santos e Sílvia Telles	1983
	Pointer	LP	Leny Andrade	1985
	Som Livre	LP	Grupo Chovendo na Roseira	1988
	Verve	CD	Tom Jobim e Gal Costa	1988
	Philips	CD	Caetano Veloso	1990
	Som Livre	CD	Copa Trio	1991
	CBS	LP/CD	Dóris Monteiro e Tito Madi	1992
	NANÃ	CD	Quarteto em Cy	1992
	CBS	CD	Gal Costa	1993
	RCA	CD	Fagner	1993
	JVC	CD	Salena Jones e Paulo Jobim	1994
	Verve	CD	Laura Fygi	1994
	Compact Cl.	CD	Brazilian Tropical Orchestra	1995
	Mercury	CD	Maysa	1995
	Velas	CD	Vânia Bastos	1995
	Omagatoki	CD	Joyce e Toninho Horta	1995
	Lumiar	CD	Jards Macalé	1996

Título – Autor(es)	Gravadora	Tipo	Intérpretes	Ano
	Polygram	CD	El DeBarge e Art Port	1997
DINHEIRO EM PENCA (Tom Jobim e Cacaso)	RCA Victor	LP	Tom Jobim, Miúcha e Chico Buarque	1979
DISCUSSÃO (Tom Jobim e Newton Mendonça)	RCA Victor	78	Sônia Dutra	1958
	RGE	LP	Maysa	1958
	Odeon	LP/CD	Sílvia Telles	1959
	Odeon	LP/CD	João Gilberto	1960
	Copacabana	LP	Carminha Mascarenhas	1960
	Philips	LP	Vera Lúcia	1960
	RCA Vioctor	LP/CD	Alaíde Costa	1960
	Odeon	LP	Orlando Silveira	1961
	Odeon	LP	Carolina Cardoso de Menezes	1962
	RCA Victor	LP	Conjunto de Jazz Bossa Nova	1963
	CBS-Entré	LP	Breno Sauer	1963
	Saba	LP	Sílvia Telles	1966
	Odeon	LP	Wilson Simonal	1967
	Festival	LP	Baden Powell	
	RCA Victor	LP	Milton Banana Trio	1980
	CBS	LP	Sílvia Telles	1992
	EMI-Odeon	CD	Leila Pinheiro	1995
	RCA	CD	Milton Banana Trio	1995
	Lumiar	CD	Wanda Sá e Roberto Menescal	1996
DOMINGO SINCOPADO (Tom Jobim)	Continental	78	Edu da Gaita	1956
DOUBLE RAINBOW (Tom Jobim e Gene Lees)	BELL	LP	Sérgio Mendes	1974
	(A&M)	CD		
	RCA	LP	Sarah Vaughan	1980
	(Pablo)	CD		
É PRECISO DIZER ADEUS (Tom Jobim e Vinicius de Moraes)	Odeon	LP	Sílvia Telles	1958
	RCA Victor	78	Sônia Dutra	1958
	RGE	LP	Maysa	1958
	Odeon	LP	Orlando Silveira	1961
	Elenco	LP	Astrud Gilberto e Tom Jobim	1965
	(Mercury)	CD		
	Odeon	LP	Wilson Simonal	1967

Título – Autor(es)	Gravadora	Tipo	Intérpretes	Ano
	Philips	LP	Márcia	1968
	Festival	LP	Baden Powell	1971
	Continental	LP	Célia	1972
	Odeon	LP	Dick Farney e Claudete Soares	1976
	RCA Victor	LP/CD	Miúcha e Tom Jobim (piano)	1977
	RCA Victor	LP/CD	Milton Banana Trio	1980
	Philips	LP	Tom Jobim e Edu Lobo	1981
	(Mercury)	CD		
	Lumiar	CD	Tom Jobim e Gal Costa	1993
EL LOBO (Tom Jobim)	CTI	LP	Tom Jobim	1970
ELA É CARIOCA (Tom Jobim e Vinicius de Moraes)	Odeon	LP/CD	Marcos Valle	1963
	Philips	LP	Sérgio Mendes & Bossa Trio	1964
	Warner Bros.	LP	Tom Jobim	1964
	(Mercury)	CD		
	Forma	LP	Eumir Deodato	1964
	(Philips)	CD		
	Philips	LP	Os Cariocas	1964
	Odeon	LP	Eumir Deodato	1964
	Fermata	LP	Hector Costiça	1964
	Odeon	LP	Wilson Simonal	1964
	Elenco	LP	Rosinha de Valença	1965
	Capitol	LP	Wanda Sá	1965
	Elenco	LP	Lúcio Alves	1965
	Odeon	LP	Milton Banana Trio	1965
	Polydor	C	Luís Claúdio	
	Atlantic	LP	Herbie Mann	1966
	Fontana	LP	Tamba Trio	1967
	Philips	LP/CD	João Gilberto	1970
	RCA	LP/CD	Milton Banana Trio	1980
	Pablo	LP/CD	Ella Fitzgerald	1981
	Fama	LP	Fogueira Três	1986
	Songs	LP	Joyce	1987
	Philips	CD	Nara Leão	1987
	CBS	CD	Leny Andrade	1988
	Som Livre	LP	Grupo Chovendo na Roseira	1988

Título – Autor(es)	Gravadora	Tipo	Intérpretes	Ano
	Phjlips	CD	Leila Pinheiro	1989
	Philips	CD	Banda do Jacaré	1990
	Som Livre	CD	Os Cariocas	1990
	Lumiar	CD	Be Happy e Nico Assunção	1993
	Warner Bros.	CD	Wilson Simonal	1994
	EMI-Odeon	CD	Leila Pinheiro	1995
	Omagatoki	CD	Joyce e Toninho Horta	1995
	Verve	CD	Astrud Gilberto	1996
ENGANO (Tom Jobim e Luís Bonfá)	Columbia	LP	Charlie Byrd	1964
ESPELHO DAS ÁGUAS (Tom Jobim)	CBS	LP/CD	Simone	1981
ESPERANÇA PERDIDA	Warner Bros.	C	Tom Jobim	1965
(Tom Jobim e Billy Blanco)	Warner Bros. (DSCD)	LP CD	Tom Jobim	1965
	RCA Victor	LP	João Donato	1965
	Philips	LP/CD	João Gilberto	1970
	Odeon	LP	Luís Claúdio	1975
	Lumiar	CD	Jane Duboc	1996
ESQUECENDO VOCÊ	Odeon	LP/CD	Sílvia Telles	1959
(Tom Jobim)	Chantecler	LP	Ana Lúcia	1959
	Odeon	78	Dick Farney	1960
	Odeon	78	Sérgio Ricardo	1960
	Philips	LP	Vera Lúcia	1960
	RCA Victor	LP/CD	Alaíde Costa	1960
	Copacabana	LP	Marisa	1960
	Odeon	LP	Chiquinho (acordeão)	1961
	Odeon	LP	Peri Ribeiro	1962
	Odeon	LP	Taiguara	1969
	Odeon	LP	Dóris Monteiro e Miltinho	1970
	London	LP	Tito Madi	1971
	Som Livre	CD	Irene Singery	1989
	Philips	CD	Hebe Camargo	1994
	Lumiar	CD	Leny Andrade e Cristóvão Bastos	1995

Título – Autor(es)	Gravadora	Tipo	Intérpretes	Ano
	Lumiar	CD	Marisa Gata Mansa	1996
ESTAMOS AÍ (Tom Jobim e Chico Buarque)	Som Livre	LP/CD	Tom Jobim, Vinicius, Miúcha e Toquinho	1977
ESTE SEU OLHAR (Tom Jobim)	Columbia	78	Luís Cláudio	1959
	Continental	78	Roberto Amaral	1959
	Sinter	78	Vera Lúcia	1959
	Odeon	78/CD	Dick Farney	1959
	Odeon	LP	Walter Wanderley	1959
	Copacabana	LP	Morgana	1959
	Sinter	LP	José Menezes e o Quinteto OK	1959
	Copacabana	LP	Moacir Silva e seu Conjunto	1959
	Polydor	LP	Gerson Flikas e sua Orquestra	1959
	RGE	C	Cid Gray	1959
	Columbia	LP	Lana Bittencourt	1960
	Philips	LP	Orquestra Brasileira de Dança	1960
	Hi-Fi Variety	LP	Casé (sax alto)	1960
	Continental	LP	Lauro Paiva e seu Conjunto	1960
	Odeon	LP	Norberto Badauf	1960
	Imperial	LP	Lord Astro	1960
	CBS	LP	Al Brito	
	CBS	LP	Os Cariocas	
	CBS	LP	Só Orquestra	
	Odeon	LP/CD	João Gilberto	1961
	Odeon	LP	Orlando Silveira	1961
	Internacional	LP	Orquestra Continental do Jaú	1961
	RGE	LP	Dick Farney	1961
	Musicolor	LP	Trio Penumbra	1961
	Odeon	LP	Carolina Cardoso de Menezes (piano)	1962
	RCA Victor	LP	Luís Arruda Paes e sua Orquestra	1962
	Philips	LP	Sílvia Telles e Lúcio Alves	1963
	Philips	LP	Orquestra dirigida por Carlos Monteiro de Souza	1963
	Columbia	LP	Charlie Byrd	1963
	Chantecler	LP	Paulo Barreiros (violão)	1963
	CBS	LP	Sílvia Telles e Lúcio Alves	1963
	CBS	LP	Marisa Barros	1963

Título – Autor(es)	Gravadora	Tipo	Intérpretes	Ano
	RGE	LP	Dick Farney	1968
	CBS	LP	The G-9 Group	1968
	RCA Victor	LP	José Ricardo e Marília Barbosa	1969
	Polydor	LP	Nara Leão	1970
	Odeon	LP	Dóris Monteiro e Miltinho	1970
	London	LP	Dick Farney	1972
	Odeon	LP	Dick Farney e Claudete Soares	1976
	Fontana	LP	Sílvia Telles	1979
	RCA Victor	LP/CD	Milton Banana Trio	1980
	Odeon	LP	Dick Farney	1980
	Philips	LP	Agostinho dos Santos e Sílvia Telles	1983
	Philips	LP/CD	Nara Leão	1984
	Discoban	LP	Dick Farney	1987
	Som Livre	CD	Emílio Santiago	1990
	Som Livre	CD	Copatrio	1991
	Som Livre	CD	Verônica Sabino	1991
	CBS	CD	Wanda Sá e Peri Ribeiro	1992
	Compact Cl.	CD	Brazilian Tropical Orchestra	1995
	EMI-Odeon	CD	Leila Pinheiro	1995
	Lumiar	CD	Leny Andrade e Cristóvão Bastos	1995
	Mercury	CD	Netinho	1995
	Omagatoki	CD	Joyce e Toninho Horta	1995
	Lumiar	CD	Marcos Valle	1996
ESTRADA BRANCA	Festa	LP	Elizeth Cardoso	1958
(Tom Jobim e	Festa	LP	Lenita Bruno	1959
Vinicius de Moraes)	RCA Victor	LP/CD	Alaíde Costa	1959
	Forma	LP	Dulce Nunes	1965
	MIS	LP	Elizeth Cardoso	1968
	Reprise	LP	Frank Sinatra e Tom Jobim	1971
	Odeon	LP	Luís Cardoso	1973
	Odeon	LP	Paulo Gracindo	1975
	Copacabana	LP	Peri Ribeiro	1979
	Warner Bros.	LP/CD	Tom Jobim	1980
	RCA Victor	LP/CD	Milton Banana Trio	1980
	Est. Eldorado	LP	Guilherme Vergueiro	1980
	Concord	LP/CD	Antônio Carlos Barbosa Lima	1982
	Est. Eldorado	LP	Eliana Farias (piano)	1983

Título – Autor(es)	Gravadora	Tipo	Intérpretes	Ano
	SBK	LP	Joyce	1988
	Lumiar	CD	Ney Matogrosso e L. Avelar	1993
	Velas	CD	Vânia Bastos	1995
	Verve	CD	Joe Henderson	1995
ESTRADA DO SOL (Tom Jobim e Dolores Duran)	Polydor	LP	Agostinho dos Santos	1958
	Mocambo	LP	Maria Helena Raposo	1958
	Odeon	LP	Sílvia Telles	1958
	Copacabana	LP	Agnaldo Rayol	1958
	Odeon	LP/CD	Lúcio Alves	1959
	Festa	LP	Mozart (trompete)	1959
	Continental	LP	Severino Araújo e sua Orquestra Tabajara	1959
	Odeon	LP	Leo Peracchi e sua Orquestra	1959
	Odeon	LP	Zezinho	1959
	Odeon	LP	Chepsel	1959
	Polydor	LP	Orquestra Irmãos Araújo	1959
	Copacabana	LP	Marisa	1960
	Odeon	LP	Chiquinho (acordeão)	1960
	Philips	LP	Sílvia Telles	1961
	Fontana	LP	Sílvia Telles	1961
	Premier	LP	Agostinho dos Santos	1962
	Odeon	LP	Trio Irakitan	1964
	Warner Bros. (DSCD)	LP CD	Tom Jobim	1965
	Philips	LP	Claudete Soares e Taiguara	1966
	Continental	LP	Isaura Garcia	1969
	Polydor	LP	Nara Leão	1970
	Philips	LP/CD	Elis Regina	1971
	RGE	LP	Maria Creuza, Toquinho e Vinicius de Moraes	1972
	Continental	LP	Agostinho dos Santos	1973
	RCA	LP	Os Incríveis	1973
	Odeon	LP	Clara Nunes	1974
	CID	LP	Orquestra de estúdio	1978
	Philips	LP/CD	Gal Costa	1979
	Warner Bros.	LP/CD	Tom Jobim	1980
	Philips	LP	Paul Mauriat e sua Orquestra	1980

Título – Autor(es)	Gravadora	Tipo	Intérpretes	Ano
	RCA	LP/CD	Milton Banana Trio	1980
	Philips	LP	Agostinho Santos e Sílvia Telles	1983
	Est. Eldorado	LP	Paulo César Gomes	1985
	Coca-Cola	LP	Gilson Peranzzetta e Artur Maia	1986
	Sabiá	LP	Tom Jobim e a Nova Banda	1987
	(BMG)	CD		
	Concord	LP	C. Barbosa Lima e Sharon Isbin	1987
	Som Livre	LP	Grupo Chovendo na Roseira	1988
	Amazonas	CD	Nova Banda	1989
	CBS	LP	Milton Nascimento	1991
	Som Livre	CD	Canto Quatro	1991
	Omagatoki	CD	Joyce e Toninho Horta	1995
	Lumiar	CD	Beth Carvalho	1996
EU E O MEU AMOR (da peça Orfeu da Conceição) (Tom Jobim e Vinicius de Moraes)	Odeon	LP	Roberto Paiva e Tom Jobim	1956
EU NÃO EXISTO SEM VOCÊ (Tom Jobim e Vinicius de Moraes	Sinter	78	Vanja Orico	1957
	Festa	LP	Elizeth Cardoso	1958
	Polydor	LP	Carlos José	1958
	Polydor	LP/CD	Agostinho dos Santos	1958
	Continental	78	Bill Farr	1958
	RGE	78	Maysa	1958
	Columbia	78	Dóris Monteiro	1958
	Odeon	78/CD	Lúcio Alves e Sílvia Telles	1958
	Sinter	LP	Sexteto Plaza	1958
	Copacabana	LP	Carminha Mascarenhas	1958
	Copacabana	LP	Agnaldo Rayol	1958
	Festa	LP	Lenita Bruno	1959
	Odeon	78	Dupla Mara e Cota	1959
	Odeon	LP	Leo Perachi e sua Orquestra	1959
	Odeon	LP	Hector Lagna Fietta	1959
	Odeon	LP	Irani	1959
	Sinter	LP	Lira de Xopotó	1959
	Hi-Fi Musidisc	LP	Orquestra Românticos de Cuba	1959
	Polydor	LP	Lucas	1959

Título – Autor(es)	Gravadora	Tipo	Intérpretes	Ano
	CBS	LP	Só Orquestra	
	CBS	LP	Gileno	
	Philips	LP	Francisco José	1962
	RCA Victor	LP	Orquestra RCA Victor Brasileira	1963
	CBS	LP	Trio Los Panchos	1964
	SBA	LP	Coral Romântico	1967
	RCA Victor	LP	Três do Rio	1968
	Odeon	LP	Roberto Audi	1969
	Elenco	LP	Márcia	1970
	RCA Victor	LP	Carlos Galhardo	1970
	Tapecar	LP	Alaíde Costa	1975
	Som Livre	LP	Elizeth Cardoso	1981
	EMI Odeon	LP	Ângela Maria e Cauby Peixoto	1982
	Polydor	LP	Astrud Gilberto com James Last	1986
	Sabiá	LP	Ana Jobim e Tom Jobim	1987
	(BMG)	CD		
	CBS	LP	Dóris Monteiro	1989
	Som Livre	CD	Maria Creuza	1989
	Lumiar	CD	Nana Caymmi	1993
	Som Livre	CD	Emílio Santiago	1993
	Velas	CD	Vânia Bastos	1995
EU PRECISO DE VOCÊ	Polydor	LP	Dalva de Andrade	1959
(Tom Jobim e	Odeon	LP	Norma Bengell	1959
Aloysio de Oliveira)	Odeon	78	Sílvia Telles	1959
	Odeon	LP	Bola Sete (violão)	1960
	Philips	LP	Sandoval Dias e seu Conjunto	1960
	Odeon	LP	Astor Silva e Luiz Eça	1961
	Warner Bros.	LP	Lindolfo Gaya	1963
	Philips	LP	Sílvia Telles	1963
	Elenco	LP	Sílvia Telles	1963
	Fermata	LP	Pedrinho Matar	1964
	Philips	LP	Marlene	1977
	Philips	LP	Nara Leão	1984
	Lumiar	CD	Verônica Sabino	1996
EU SEI QUE VOU	Festa	LP	Lenita Bruno	1959
TE AMAR	Polydor	LP	Dalva de Andrade	1959

Título – Autor(es)	Gravadora	Tipo	Intérpretes	Ano
(Tom Jobim e	RGE	LP	Maysa	1959
Vinicius de Moraes)	RGE	LP/CD	Agostinho dos Santos	1959
	Continental	78	Albertinho Fortuna	1959
	RGE	78	Elza Laranjeira	1959
	RGE	LP	Elza Laranjeira	1959
	Columbia	78	Zezé Gonzaga	1959
	Odeon	78	Mara e Cota	1959
	Odeon	78/CD	Sílvia Telles	1959
	Odeon	78	Osni Silva	1959
	Odeon	LP	Luís Arruda Paes e sua Orquestra	1959
	Odeon	LP	Gregório Barros	1959
	Odeon	45	Ubirajara	1959
	Odeon	LP	Norma Bengell	1959
	Odeon	LP	Raul de Barros	1959
	Hi-Fi Musidisc	LP	Pierre Kolman	1959
	Arpege	LP	Valdir Calmon e seu Conjunto	1959
	Copacabana	LP	Moacir Silva e seu Conjunto	1959
	Copacabana	LP	Betinho	1959
	Sinter	LP	Lira de Xopotó	1959
	Sinter	LP	Os Vocalistas Modernos	1959
	Sinter	LP	José Menezes e o Quinteto OK	1959
	RCA Victor	LP	Scarambone e seu Conjunto	1959
	Polydor	LP	Don Pacheco	1959
	Festa	LP	Mozart (trompete)	1959
	Columbia	LP	Sílvio Mazzuca e sua Orquestra	1959
	Radio	LP	Lucas	1959
	Odeon	LP	Norberto Baudauf	1960
	Odeon	LP	Chiquinho (acordeão)	1960
	Imperial	LP	Lord Astor	1960
	RCA Victor	LP	Sacha Rubin (piano)	1960
	Copacabana	LP	Valdir Calmon e seu Conjunto	1960
	CBS	LP	Paulinho	
	CBS	LP	Breno Sauer	
	RCA Victor	LP/CD	Nelson Gonçalves	1961
	Philips	LP	Pepito e sua Cha Cha Chapas	1962
	Philips	LP	Francisco José	1962
	Philips	LP	Walter Wanderley	1964

Título – Autor(es)	Gravadora	Tipo	Intérpretes	Ano
	Odeon	LP	Orquestra e Coro Odeon	1964
	Odeon	LP	Altemar Dutra	1965
	Philips	LP/CD	Elis Regina e Jair Rodrigues	1967
	Codil-Ritmos	LP	Roberto Nunes (violão)	1970
	Festival	LP	Baden Powell	1972
	London	LP	Tito Madi	1972
	(EMI)	CD		
	RGE	LP	Maria Creuza, Toquinho e Vinicius de Moraes	1972
	Philips	LP	Quarteto em Cy	1974
	(Mercury)	CD		
	Tapecar - Soma	LP	Lúcio Alves	1975
	Odeon	LP	Isaura Garcia	1976
	Philips	LP/CD	Caetano Veloso	1978
	RCA	LP/CD	Milton Banana Trio	1980
	CBS	LP	Orquestra e Coral Bacarelli	1981
	Est. Eldorado	LP	Pietro Maranca	1982
	Som Livre	LP	Nana Caymmi	1984
	Bemol	LP	Waldir Silva	1984
	Sabiá	LP	Tom Jobim	1987
	(BMG)	CD		
	CBS	LP/CD	Simone	1987
	CBS	LP	Zezé Gonzaga	1988
	SBK	LP	Joyce	1988
	Som Livre	CD	Emílio Santiago	1988
	CBS	CD	Joyce	1989
	Som Livre	CD	Maria Creusa	1989
	Som Livre	CD	Copatrio	1991
	CBS	LP/CD	Nana Caymmi	1992
	NANÃ	CD	Quarteto em Cy	1992
	CBS	CD	Gal Costa	1993
	lumiar	CD	Ângela RôRô e Antônio Adolfo	1993
	Philips	CD	Tom Jobim	1993
	RCA	CD	Fagner	1993
	RCA	CD	Adilson Ramos	1993
	Warner Bros.	CD	Sílvia Telles	1994
	Compact Cl.	CD	Brazilian Tropical Orchestra	1995

Título – Autor(es)	Gravadora	Tipo	Intérpretes	Ano
	Jazzmania	CD	Wagner Tiso	1995
	Som Livre	CD	Eugênia Melo e Castro	1995
	Velas	CD	Vânia Bastos	1995
	Warner Bros.	CD	Milton Nascimento	1995
	Lumiar	CD	Dori Caymmi	1996
EU TE AMO	Philips	LP/CD	Chico Buarque, Telma Costa	1980
(Tom Jobim e			e Tom Jobim	
Chico Buarque)	RCA Victor	LP/CD	Joanna	1981
	Philips	LP/CD	Tom Jobim, Chico Buarque e	1982
			Telma Costa (em espanhol)	
	Som Livre	LP	Leny Andrade	1984
	Som Livre	LP	Grupo Chovendo na Roseira	1988
	Lumiar	CD	Djavan	1996
	Polygram	CD	Quarteto em Cy & MPB-4	1997
FALANDO DE AMOR	Warner Bros.	LP/CD	Ney Matogrosso	1979
(Tom Jobim)	RCA Victor	LP/CD	Tom Jobim e Miúcha	1979
	Warner Bros.	LP/CD	Tom Jobim	1980
	Clack	LP	Mozart Terra	1980
	Coca-Cola	LP	Gilson Peranzzetta e Artur Maia	1986
	Sabiá	LP	Simone Caymmi e Danilo Caymmi	1987
			com Tom Jobim e a Nova Banda	
	(BMG)	CD		
	RCA	CD	Nelson Gonçalves	1989
	Lumiar	CD	Zé Luiz Mazziotti, Maurício Carrilho	1996
			e Arismar do Espírito Santo	
	Polygram	CD	Quarteto em Cy & MPB-4	1997
FAVELA	Verve	LP	Tom Jobim	1963
(Tom Jobim e	(Mercury)	CD		
Vinicius de Moraes)	Warner Bros.	LP	Tom Jobim	1964
	(Mercury)	CD		
	Polygram	CD	Lee Ritenour e Eric Marienthal	1997
FAZ UMA SEMANA				
(Tom Jobim e J. B. Stockles)	Sinter	78	Ernani Filho	1953
FELICIDADE (A)	RGE	LP/CD	Agostinho dos Santos	1959
(Tom Jobim e	RGE	LP	Maysa	1959
Vinicius de Moraes)	Columbia	78	Zezé Gonzaga	1959

Título – Autor(es)	Gravadora	Tipo	Intérpretes	Ano
	Columbia	LP	Conjunto Farroupilha	1959
	Continental	78	Luely Figueiró	1959
	Continental	78	Severino Araújo e sua Orquestra Tabajara	1959
	Continental	78	Chiquinho (acordeão)	1959
	RGE	78	Agostinho dos Santos	1959
	Odeon	LP/CD	Sílvia Telles	1959
	Odeon	78	João Gilberto	1959
	Odeon	78	Zezinho	1959
	Odeon	78	Miguel Caló	1959
	Odeon	45	Ubirajara	1959
	Polydor	LP	Maciel (trombone)	1959
	Sinter	LP	Sexteto Plaza	1959
	Polydor	LP	Carlos Augusto	1959
	Continental	LP	Duda e seu Conjunto	1959
	Continental	LP	Renato Oliveira e sua Orquestra	1959
	RGE	LP	Pocho e eu Conjunto	1959
	Sinter	LP	Lira de Xopotó	1959
	Copacabana	LP	Moacir Silva e seu Conjunto	1959
	Sinter	LP	José Menezes e o Quinteto OK	1959
	RCA Victor	LP	Scarambone e seu Conjunto	1959
	Festa	LP	Copinmha e seu Conjunto	1959
	Festa	LP	Mozart (trompete)	1959
	Columbia	LP	Sílvio Mazzuca e sua Orquestra	1959
	RCA Victor	LP	Cauby Peixoto	1960
	Odeon	LP	Steve Bernard e seu Conjunto	1960
	Odeon	LP	Luís Bandeira com Radamés Gnattali e seu Sexteto	1960
	Imperial	LP	Mário Gennari Filho	1960
	Imperial	LP	Carioca	1960
	Odeon	45	Maby Daniel	1960
	Odeon	LP	Radamés Gnattali e Luiz Bandeira	1960
	Odeon	LP	Luís Arruda Paes e sua Orquestra	1960
	Philips	LP	Sandoval Dias e seu Conjunto	1960
	Carnaval	78	Harivelto Martins e sua Escola	1960
	RCA Victor	LP	Sacha Rubin (piano)	1960
	Chantecler	LP	Guerra Peixe e sua Orquestra	1960

Título – Autor(es)	Gravadora	Tipo	Intérpretes	Ano
	Plaza	LP	Orquestra Rio de Janeiro	1960
	Columbia	LP	Lana Bittencourt	1960
	Columbia	LP	Breno Sauer	1960
	CBS	LP	C. Rubem	
	CBS	LP	Paulinho	
	Philips	LP	Osvaldo Corba e sua Orquestra	1961
	Musicolor	LP	Trio Penumbra	1961
	Audio Fidelity	LP	Jo Basile	1961
	Premier	LP	Helena de Lima	1962
	Atlantic	LP	Leo Wright	1962
	Copacabana	LP	Moacir Silva e seu Conjunto	1962
	Odeon	LP	Orquestra de Ouro	1962
	Audio Fidelity	LP	João Gilberto e Miltinho	1963
	Audio Fidelity	LP	Agostinho dos Santos	1963
	Verve	LP	Bobby Brookmeyer (trombone)	1963
	Roulette	LP	Willie Bobo	1963
	Polydor	LP	Banda dos Fuzileiros Navais	1963
	CBS-Entré	LP	Breno Sauer	1963
	Imperial	LP	Carioca	1963
	Riverside	LP	Charlie Byrd	1963
	Warner Bros.	LP	Tom Jobim	1964
	(Mercury)	CD		
	Philips	LP/CD	Elis Regina e Jair Rodrigues	1965
	Columbia	LP	Charlie Byrd	1965
	Odeon	LP	Peri Ribeiro e Leny Andrade	1965
	Polydor	C	Darcy Villa Verde	1965
	London	LP	Neco (violão)	1966
	Odeon	LP	Tito Madi	1966
	Prestige	LP	Eddie Daniels	1967
	RCA Victor	LP	Sambistas do Asfalto	1967
	SBA	LP	Coral Romântico	1967
	Odeon	LP	Lírio Panicali	1968
	Festival	LP	Jean Sablon	1969
	London	LP	Agostinho dos Santos	1970
	Odeon	LP/CD	Milton Nascimento	1970
	Odeon	LP	Dóris Monteiro e Miltinho	1970
	Fontana	LP	MPB-4	1970

Título – Autor(es)	Gravadora	Tipo	Intérpretes	Ano
	(Philips)	CD		
	Codil-Ritmos	LP	Roberto Nunes	1970
	CBS	LP	Os Coroas	1970
	Telefunken	LP	Klaus Wunderlich	1972
	RGE	LP	Maria Creuza, Toquinho e Vinicius de Moraes	1972
	Continental	LP	Agostinho dos Santos	1973
	Tapecar-Soma	LP	Lúcio Alves	1975
	Steeple Chase	LP	Niels, Hennin Orsted e Pedersen	1975
	CBS	LP	Orquestra Serenata	1976
	EMI-Odeon	LP	Joel Nascimento (bandolim)	1978
	Inner City	LP	Laurindo de Almeida	1978
	CID	LP	Orquestra de Estúdio	1978
	RCA Pure Gold	LP	Milton Banana Trio	1978
	RCA Victor	LP	Milton Nascimento	1979
	RCA Victor	LP	Milton Banana Trio	1979
	Clark	LP	Mozart Terra (piano)	1980
	Pablo Today	LP/CD	Ella Fitzgerald	1981
	Ariola	LP		
	RCA Victor	LP/CD	Toquinho	1981
	CID	LP	Maria Creuza	1981
	Warner Bros.	LP	Ivanildo (saxofone)	1981
	Philips	LP/CD	João Gilberto	1986
	Songs	LP		
	Sabiá	LP	Nara Leão	1986
	(BMG)	CD	Joyce	1987
	Concord	LP	Danilo Caymmi, Tom Jobim e a Nova Banda	1987
	CBS	CD	C. Barbosa Lima e Sharon Isbin	1987
	EMI_Odeon	CD	João Bosco	1988
	Philips	CD	Marisa Monte	1991
	Warner Bros.	CD	Toquinho	1991
	NANÃ	CD	Tom Zé	1991
	Lumiar	CD	Quarteto em Cy	1992
	Philips	CD	Ivan Lins	1993
	Verve	CD	César Camargo Mariano	1993
	EPM	CD	Astrud Gilberto	1994

Título – Autor(es)	Gravadora	Tipo	Intérpretes	Ano
	Philips	CD	Juarez Moreira	1995
	Columbia	CD	Trio Esperança	1995
	Verve	CD	Josee Koning e Dori Caymmi	1995
	Verve	CD	Joe Henderson	1995
			Astrud Gilberto	1996
	Lumiar	CD	Mônica Salmaso e Paulo Bellinatti	1996
FLOR DO MATO (Tom Jobim)	Independente	LP	Galo Preto	1981
FOI A NOITE (Tom Jobim e Newtom Mendonça)	Odeon	78	Sílvia Telles	1956
	CBS-Entré	LP	Cauby Peixoto	1956
	Odeon	78	Osni Silva	1956
	Continental	LP	Helena de Lima	1956
	Odeon	LP/CD	Sílvia Telles	1957
	Copacabana	LP	Almir Ribeiro	1957
	Continental	LP	Tito Madi	1957
	Continental	LP	Radamés Gnattali	1958
	Polydor	LP	Carlos José	1958
	Polydor	LP	Agostinho dos Santos	1958
	Odeon	LP	Isaura Garcia	1958
	Odeon	LP	Luís Arruda Paes e sua Orquestra	1959
	Arpège	LP	Conjunto Raffa's	1959
	Odeon	LP	Radamés Gnattali e Aída Gnatalli (pianos)	1960
	Copacabana	LP	Ernani Filho	1960
	Beverly	LP	Conjunto Nostalgia	1960
	CBS	LP	Britinho	
	CBS	LP	Só Orquestra	
	Odeon	LP	Sérgio Ricardo	1961
	RGE	LP	Mr. Samba e seus Skindôs Rítmicos	1962
	Odeon	LP	Paulo Alencar	1963
	Elenco	LP	Bud Shank, Rosinha de Valença e J. Donato	1965
	Odeon	LP	Dóris Monteiro e Miltinho	1970
	Elenco	LP	Márcia	1970
	RGE	LP	Maria Creuza	1972
	Continental	LP	Agostinho dos Santos	1973
	Tapecar	LP	Lúcio Alves	1975

Título – Autor(es)	Gravadora	Tipo	Intérpretes	Ano
	Musidisc Soma	LP	Turma da Gafieira	1975
	RCA Victor	LP/CD	Milton Banana Trio	1980
	Clack	LP	Mozart Terra	1980
	Lumiar	CD	Fátima Guedes e Marco Pereira	1996
FOREVER GREEN (Tom Jobim e Paulo Jobim)	Gl. Columbia	CD	Tom Jobim	1994
FOTOGRAFIA	Odeon	LP/CD	Sílvia Telles	1959
(Tom Jobim)	Columbia	LP	Lana Bittencourt	1960
	Elenco	LP	Dick Farney	1965
	(Philips)	CD		
	Warner Bros.	C	Tom Jobim	1965
	(Mercury)	CD		
	Warner Bros.	LP	Tom Jobim	1965
	(DSCD)	CD		
	Elenco	LP	Astrud Gilberto e Tom Jobim	1965
	(Mercury)	CD		
	Elenco	LP	Sílvia Telles e Tamba Trio	1966
	Elenco	LP	Dick Farney (piano)	1968
	Philips	LP/CD	Elis Regina	1970
	Polydor	LP	Nara Leão	1970
	(Mercury)	CD		
	Odeon	LP	Dóris Monteiro e Miltinho	1970
	Odeon	LP	Luís Carlos Vinhas	1970
	Odeon	LP	Wilson Simonal	1971
	London	LP	Dick Farney	1973
	Philips	LP/CD	Elis Regina e Tom Jobim	1974
	Odeon	LP	Dick Farney e Claudete Soares	1976
	Philips	LP	Nara Leão e Tom Jobim	1977
	SAV	LP	Sávio Araújo	1980
	Pablo Today	LP/CD	Ella Fitzgerald	1981
	Som Livre	CD	Irene Singery	1989
	CBS	CD	Rosana	1993
	Lumiar	CD	Leny Andrade e Cristóvão Bastos	1995
	Verve	CD	Joe Henderson	1995
	Lumiar	CD	Carlos Lyra	1996

Título – Autor(es)	Gravadora	Tipo	Intérpretes	Ano
FRASE PERDIDA (Tom Jobim e Marino Pinto	Odeon	78	Ernani Filho	1957
FREVO (Tom Jobim e Vinicius de Moraes)	Odeon	78	João Gilberto	1959
	Sinter	LP	Lira de Xopotó	1959
	RGE	78	Orquestra e Coro RGE	1960
	Odeon	LP	Hebe Camargo	1967
	Elenco	LP	Quarteto em Cy	1968
	Philips	LP/CD	Elis Regina	1970
	Philips	LP	Chico Buarque	1972
	Philips	LP	Marlene	1977
	Philips	LP	Tom Jobim	1981
	Philips	CD	Chico Buarque	1986
	Verve	CD	Astrud Gilberto	1994
	Omagatoki	CD	Joyce e Toninho Horta	1995
	Verve	CD	Astrud Gilberto	1996
FREVO DE ORFEU (Tom Jobim e Vinicius de Moraes)	Lumiar	CD	Garganta Profunda e Roberto Gnattali	1996
GABRIELA (Tom Jobim)	Concord	LP	Antônio Carlos Barbosa Lima e Sharon Isbin	1987
	Compact Cl.	CD	Brazilian Tropical Orchestra	1995
	Lumiar	CD	Márcio Faraco	1996
GAROTA DE IPANEMA (Tom Jobim e Vinicius de Moraes)	Verve (Mercury)	LP CD	Tom Jobim	1963
	Philips	LP/CD	Os Cariocas	1963
	Philips	LP	Tamba Trio	1963
	Mocambo	LP	Claudete Soares	1963
	Odeon	C	Conjunto Boa Bossa	1963
	Odeon (EMI)	LP CD	Peri Ribeiro	1963
	Columbia	LP	Charlie Byrd	1963
	RGE	LP	Manfredo Fest	1963
	Atlantic	LP	Herbie Mann	1963
	Odeon	LP	Orquestra Brasil Moderno	1963
	Odeon	LP	Walter Wanderley	1963

Título – Autor(es)	Gravadora	Tipo	Intérpretes	Ano
	RCA Victor	LP	José Menezes e os Velhinhos	1963
			Transviados	1963
	Chantecler	LP	Geraldo Trio	1963
	Chantecler	LP	Biriba Boys	1963
	Chantecler	LP	Francisco Morais e sua Orquestra	1963
	Copacabana	LP	Francineth e Moacir Silva	1963
	Copacabana	LP	Black Boys	1963
	Copacabana	C	Lenita Bruno	1963
	Continental	LP	Zé Maria (órgão)	1963
	CBS	LP	Marisa Barros	1963
	Elenco	LP	Baden Powell	1963
	Elenco	LP	Sérgio Mendes, Art Farmer e Tom Jobim	1964
	CBS	LP	Thelma	1964
	MGM	LP	Stan Getz, Astrud Gilberto e João Gilberto	1964
	Verve	LP/CD	Stan Getz, Astrud Gilberto,	1964
			João Gilberto e Tom Jobim	1964
	Forma	LP	Eumir Deodato (piano)	1964
	(Philips)	CD		
	Elenco	LP	Roberto Menescal e seu Conjunto	1964
	RGE	LP	Zimbo Trio	1964
	World Pacific	LP	Clare Fischer (piano e órgão)	1964
	CBS	LP	Astor e sua Orquestra	1964
	Odeon	LP	Lírio Panicali e sua Orquestra	1964
	Philips	LP	Sérgio Mendes & Bossa Rio	1964
	Capitol	LP	Laurindo de Almeida	1964
	Capitol	LP	Nat King Cole	1964
	Nilser	LP	The Bossa-Nova Modern Quartet	1964
	Capitol	LP	Peggy Lee	1964
	Imperial	LP	Roberto Menescal	1964
	Odeon	LP	Wilson Simonal	1964
	Odeon	LP	Trio Irakitan	1964
	Aero Space	LP	Ray Anthony e sua Orquestra	1964
	Philips	LP	Moacir Peixoto	1964
	OWS	LP	Herbie Mann	1964
	RCA Victor	LP	Espósito e sua Orquestra	1964

Título – Autor(es)	Gravadora	Tipo	Intérpretes	Ano
	RCA Victor	LP	Trio 3-D	1964
	CBS	LP	Os Ipanemas	1964
	CBS	LP	Sílvio Mazzuca e sua Orquestra	1964
	Mercury	LP	Sarah Vaughan	1964
	RGE	LP	Zimbo Trio (grav. ao vivo)	1964
	Musidisc	LP	The Ray Charles Singers	1965
	S.T.E.G.	LP	Peruzzi e sua Orquestra	1965
	DOT	LP	Billy Vaughan e sua Orquestra	1965
	Odeon	LP/CD	Milton Banana Trio	1965
	Odeon	LP	Peri Ribeiro e Leny Andrade	1965
	Parlophone	C	Os Bossinhas	1965
	London	LP	The Ipanema Orchestra	1965
	Odeon	LP	Mário Gennari Filho (acordeão)	1965
	RCA Victor	LP	Cauby Peixoto	1965
	RCA Victor	LP	Embalo Trio	1965
	Elenco	LP	Orquestra dirigida por Lindolfo Gaya	1965
	RCA Victor	LP	Vic Damone	1966
	London	LP	Stanley Black e sua Orquestra	1966
	Barclay	LP	Baden Powell	1966
	(Philips)	CD		
	Contemporary	LP	Hampton Hawes Trio	1966
	Verve	LP	Walter Wanderley	1966
	RCA Victor	LP/CD	Stan Getz	1966
	London	LP	Los Muchucambos	1966
	RCA Victor	LP	Gary Burton	1966
	Reprise	LP/CD	Frank Sinatra e Tom Jobim	1967
	London	LP	Meireles e sua Orquestra	1967
	RCA Victor	LP	The Brass Ring	1967
	Musidisc	LP	Nanai e seu Conjunto	1967
	Premier	LP	Paulinho Nogueira	1967
	Verve	LP	Oscar Peterson Trio	1967
	Fontana	LP	Orquestra de estúdio	1967
	MPS	LP	Baden Powell	1967
	Joker	LP	Louis Armstrong	1967
	Philips	LP	Tamba Trio	1968
	MPS	LP	Errol Garner	1968
	RGE	LP	Zimbo Trio	1968

Título – Autor(es)	Gravadora	Tipo	Intérpretes	Ano
	Odeon	LP	Lírio Panicali e sua Orquestra	1968
	A&M	LP	Herb Alpert	1968
	Odeon	LP	Elza Soares	1968
	Odeon	LP	The Royal Grand Orchestra	1968
	Capitol	LP	Nancy Wilson	1968
	Affinity	LP	Ruby Braff e Reb Norvo	1969
	A&M	LP/CD	Tom Jobim	1970
	Abril Cultura	LP	Dick Farney	1970
	Polydor	LP	Nara Leão	1970
	Codil Ritmos	LP	Roberto Nunes (violão)	1970
	Project 3	LP	Enoch Light & The Light Brigade	1970
	Glendale	LP	Anita O'Day	1970
	Prestige	LP	Jack McDuff	1970
	Decca	LP	Ted Heath e sua Orquestra	1970
	Outstanding	LP	Paul Smith	1970
	Pablo	LP	Ella Fitzgerald	1971
	Atlantic	LP	Gary Burton	1971
	Barclay	LP	Baden Powell	1973
	A&M	LP	Sérgio Mendes	1973
	Muse	LP	Al Cohn e Zoot Sims	1973
	Onyx	LP	Flip Philips	1973
	Vanguard	LP	Stephane Grappelli	1973
	Ensayo	LP	Tete Montoliu	1974
	Chiaroscuro	LP	Earl Hines (piano)	1974
	Tapecar-Soma	LP	Lúcio Alves e Alaíde Costa	1975
	Telefunken	LP	Klauss Wunderlich (órgão)	1975
	Odeon	LP	Geraldo Vespar	1975
	Odeon	LP	Golden Sax	1975
	Fantasy	LP	Vince Guaraldi e Bola Sete	1975
	CBS	LP	Telma	1975
	Polyfar	LP	Stan Getz e João Gilberto	1975
	CBS	LP	Orquestra Serenata	1976
	RGE	LP	Maria Creuza	1977
	Pablo	LP	Zoot Sims	1977
	Som Livre	LP/CD	Tom Jobim e Vinicius de Moraes	1977
	Copacabana	LP	Orquestra dirigida por Guerra Peixe	1978
	Imagem	LP	Roberto Tostes Martins	1978

Título – Autor(es)	Gravadora	Tipo	Intérpretes	Ano
	EMI-Odeon	LP/CD	Lúcio Alves	1978
	Flying fish	LP	Ira Sullivan	1978
	Gatteway	LP	Harold Betters	1978
	CID	LP	Orquestra de estúdio	1978
	CBS	LP	Percy Faith e sua Orquestra	1978
	Copacabana	LP	Peri Ribeiro	1979
	Elektra	LP/CD	Elis Regina e Hermeto Pascoal	1979
	Warner Bros.	LP/CD	Tom Jobim	1980
	RCA Victor	LP/CD	Milton Banana Trio	1980
	Polydor	LP	Metalúrgica Dragão de Ipanema	1980
	Pablo Today	LP/CD	Ella Fitzgerald	1981
	RGE	LP	Pedrinho Mattar (piano)	1981
	Melodia	LP	Victor Misail	1981
	RCA Victor	LP	Maria Creuza	1982
	Concord	LP	Herb Ellis	1982
	Áudio Fidelity	LP	Astrud Gilberto	1982
	Rizo	LP	Marco Rizo	1982
	London	LP	Caterina Valente	1982
	CID	LP	Sexto Sentido	1984
	RCA Victor	LP	Espósito e sua Orquestra	1984
	Imagem	LP	Clebanoff	1985
	Polydor	LP	Connie Francis	1986
	Fama	LP	Banda do Corpo de Bombeiros	1986
	WB	LP	João Gilberto	1986
	Fama	LP	Fogueira Três	1986
	Philips	LP/CD	Nara Leão	1986
	Songs	LP	Joyce	1987
	Sabiá	LP	Tom Jobim e a Nova Banda	1987
	(BMG)	CD		
	CBS	LP	Nicolas de Angelis	1988
	CBS	LP	Joyce	1988
	CBS	CD	Leny Andrade	1988
	Philips	CD	Marina	1989
	RCA	CD	Dick Farney	1989
	Philips	CD	João Gilberto	1990
	Philips	CD	Banda do Jacaré	1990
	Warner Bros.	CD	Pepeu Gomes	1990

Título – Autor(es)	Gravadora	Tipo	Intérpretes	Ano
	RCA	CD	Five Tracks	1991
	Vitória Régia	LP	Tim Maia	1991
	Philips	CD	John Williams & The Boston Pops	1991
	CBS	CD	Wanda Sá e Peri Ribeiro	1992
	Warner Bros.	CD	Tim Maia	1992
	Lumiar	CD	Cássia Eller e N. Faria	1993
	RCA	CD	Rafael Rabelo	1993
	CBS	LP	Richard Clayderman	1993
	JVC	CD	Salena Jones e Tom Jobim	1994
	Philips	CD	Leila Pinheiro	1994
	Warner Bros.	CD	Wilson Simonal	1994
	Warner Bros.	VHS	Stan Getz	1994
	Compact Cl.	CD	Brazilian Tropical Orchestra	1995
	EMI-Odeon	CD	Leila Pinheiro	1995
	Philips	CD	Trio Esperança	1995
	Warner Bros.	CD	Maria Mariana	1996
	Lumiar	CD	Leila Pinheiro e Roberto Menescal	1996
	Polygram	CD	Al Jarreau e Oleta Adams	1997
GAROTO	Odeon	LP	Bené Nunes	1959
(Tom Jobim)	Fontana	LP	Rafael Rabelo	1982
	Concord	LP	C. Barbosa Lima e Sharon Isbin	1987
	RCA	CD	Rafael Rabelo e Tom Jobim	1993
	EPM	CD	Juarez Moreira	1995
GRACIOSO				
(Tom Jobim)	Fontana	LP	Rafael Rabelo	1982
GRANDE AMOR (O)	Odeon	LP	Mário Reis	1960
(Tom Jobim e	Verve	LP/CD	João Gilberto, Stan Getz e Tom Jobim	1964
Vinicius de Moraes)	Verve	LP	Walter Wanderley	1966
	Elenco	LP	MPB-4	1967
	Verve	LP	Stan Getz (grav. ao vivo)	1967
	Verve	LP	Stan Getz	1987
	Verve	CD	Lou Levy	1996
	Lumiar	CD	Olívia Hime	1996
HOMEM (O)	Warner Bros.	LC/CD	Tom Jobim	1976
(de Brasília Sinfonia	Lumiar	CD	L. Braga e Cello Ensemble	1995
da Alvorada)				
(Tom Jobim e				

Título – Autor(es)	Gravadora	Tipo	Intérpretes	Ano
Vinicius de Moraes)				
I WAS JUST ONE MORE FOR YOU (Tom Jobim, Billy Blanco e Ray Gilbert)	JVC	CD	Salena Jones e Tom Jobim	1994
IF YOU EVER COME TO ME (Tom Jobim e Ray Gilbert)	Reprise	LP/CD	Frank Sinatra e Tom Jobim	1967
ILHÉUS (Tom Jobim)	RCA Victor	LP/CD	Orquestra dirigida por Oscar Castro Neves	1983
IMAGINA	CBS	LP/CD	Djavan e Olívia Byington	1983
(Tom Jobim e Chico Buarque)	Sabiá	LP	Tom Jobim (piano) e Paula Morelenbaum	1987
	(BMG)	CD		
	Camerati	CD	Tetê Espíndola e Arrigo Barnabé	1993
	CID	CD	Quarteto em Cy	1994
	Lumiar	CD	Ed Mota, Leandro Braga e Beth Bruno	1996
	Polygram	CD	Quarteto em Cy & MPB-4	1997
INCERTEZA	RCA Victor	LP	Herondy Bueno	1971
(Tom Jobim e Newton Mendonça)	Sinter	78	Maurici Moura	1953
INSENSATEZ	CBS	LP	Thelma	
(Tom Jobim e	CBS	LP	Lafayette	
Vinicius de Moraes)	Odeon	LP/CD	João Gilberto	1961
	Atlantic	LP	Herbie Mann e Tom Jobim	1962
	Columbia	LP	The Paul Winter Sextet	1962
	Riverside	LP	Charlie Byrd	1962
	Verve	LP	Tom Jobim	1963
	(Mercury)	CD		
	Verve	LP/CD	Stan Getz e Luis Bonfá	1963
	Chantecler	LP	Wilson Miranda	1963
	Copacabana	LP	Moacyr Silva e seu Conjunto	1963
	Odeon	LP	Orquestra Brasil Moderno	1963
	Farroupilha	LP	Os Farroupilhas	1963
	RCA Victor	LP	Jorginho	1963
	Forma	LP	Eumir Deodato (piano)	1964
	(Philips)	CD		

Título – Autor(es)	Gravadora	Tipo	Intérpretes	Ano
	Philips	LP	Os Cariocas	1964
	Fermata	LP	Hector Costita	1964
	Chantecler	LP	Renato Perez	1964
	World Pacifc	LP	Clare Fischer (piano e órgão)	1964
	Odeon	LP	Peggy Lee	1964
	Som Maior	LP	Alaíde Costa	1964
	Elenco	LP	Astrud Gilberto e Tom Jobim	1965
	(Mercury)	CD		
	Columbia	LP	Charlie Byrd	1965
	Philips	LP	Sílvia Telles	1965
	(Mercury)	CD		
	RCA Victor	LP	J.J. Johnson	1965
	London	LP	The Ipanema Orchestra	1965
	RCA Victor	LP	João Donato	1965
	RCA Victor	LP	Vic Damone	1966
	RCA Victor	LP	PerryComo & The Ray Charles Singers	1966
	Columbia	LP/CD	Tony Benett	1966
	London	LP	Neco (violão)	1966
	Verve	LP	Wes Montgomery	1966
	CBS	LP	Andy Williams	1966
	Elenco	LP	Dick Farney (piano)	1967
	(Philips)	CD		
	Reprise	LP/CD	Frank Sinatra	1967
	Mercury	LP	Oscar Peterson	1967
	MGM	LP	Lalo Schifrin	1968
	Capitol	LP	Nancy Wilson	1968
	Odeon	LP	Lírio Panicali	1968
	A & M	LP	Claudine Longet	1968
	Imperial	LP	Carlito	1968
	Jasmine	LP	Ahmad Jamal	1968
	CRS	LP	Walter Wanderley	1968
	London	LP	Lindolfo Gaya e sua Orquestra	1969
	Philips	LP	Mina	1969
	Philips	LP	Elis Regina	1969
	World Pacific	LP	Craig Hundley	1969
	RCA Victor	LP	Nelson Gonçalves	1970
	Polydor	LP	Nara Leão	1970

Título – Autor(es)	Gravadora	Tipo	Intérpretes	Ano
	Storyville	LP	Karin Krog e Dexter Gordon	1970
	London	LP	Los Machucambos	1970
	Zyzzie	LP	Brett Hornby	1970
	Reprise	LP	Morgana King	1970
	RGE	LP	Maria Creuza	1972
	Muse	LP	Pat Martino	1972
	RCA	LP	Áurea Martins	1972
	Camden	LP	Flora Purim	1973
	Milestone	LP	Norman Simmons	1976
	Spotlite	LP	O Quarteto	1977
	Philips	LP	Orquestra dirigida por Guerra Peixe	1978
	Copacabana	LP	Laurindo de Almeida (violão)	1978
	Inner City	LP	Don Burrows	1978
	Cherry Pie	LP	Ron Odrich	1978
	Classic Jazz	LP	Orquestra de estúdio	1978
	CID	LP	Dexter Gordon	1978
	CBS	LP	Billy Eckstine	1979
	Som Livre	LP	Helen Merrill	1979
	Inner City	LP	Milton Banana Trio	1980
	RCA Victor	CD		
		LP	Charlie Byrd e Bud Shank	1980
	Concord	LP	Ella Fitzgerald	1981
	Pablo Today	CD		
	CBS	LP	Tonny Bennett	1982
	Warner Bros.	CD	José Carreras	1982
	Concord	LP	Scott Hamilton (sax tenor)	1983
	Concord Jazz	LP	George Shearing	1985
	Coca-Cola	LP	Gilson Peranzzetta e Artur Maia	1986
	Songs	LP	Joyce	1987
	CBS	CD	Nara Leão	1988
	Som Livre	CD	Irene Singery	1989
	Maracujazz	LP	Marcos Resende	1990
	CBS	LP/CD	Nana Caymmi	1992
	CBS	CD	Wanda Sá e Peri Ribeiro	1992
	Lumiar	CD	Roberto Menescal e C. Fernando	1993
	Verve	CD	Tom Jobim e Pat Metheny	1993
	Gl. Columbia	CD	Tom Jobim e Sting	1994

Título – Autor(es)	Gravadora	Tipo	Intérpretes	Ano
	JVC	CD	Salena Jones	1994
	Philips	CD	R. Guerra, Helena V. e Lena D'A	1994
	Arista	CD	Dionne Warwick	1994
	Verve	CD	Laura Fygi	1994
	Warner Bros.	CD	Earl Klugh	1994
	Compact Cl.	CD	Brazilian Tropical Orchestra	1995
	Verve	CD	The Rosenberg Trio	1995
	Windham Hill	CD	Liz Story e J. D. Bartolo	1995
INÚTIL PAISAGEM	RGE	LP	Tenório Júnior	1963
(Tom Jobim e	Warner Bros.	LP	Tom Jobim	1964
Aloysio de Oliveira)	(Mercury)	CD		
	Elenco	LP	Trio Sérgio Mendes	1964
	(Mercury)	CD		
	Forma	LP	Eumir Deodato	1964
	(Philips)	CD		
	RGE	LP	Zimbo Trio	1964
	Forma	LP	Luís Carlos Vinhas	1964
	Odeon	LP	Wilson Simonal	1964
	Chantecler	LP	Wilson Miranda	1964
	Philips	LP	Rosana Toledo	1964
	RGE	LP	Wanda Sá	1964
	Fontana	LP	Os Cariocas	1964
	RCA Victor	LP	Raulzinho	1964
	Philips	LP	Os Cariocas	1965
	Farroupilha	LP	Pedrinho Mattar Trio	1965
	RGE	LP	Paulinho Nogueira	1965
	Continental	LP	Som 4	1965
	Odeon	LP	Milton Banana Trio	1965
	Polydor	LP	Tita	1965
	Elenco	LP	Dick Farney	1965
	(Philips)	CD		
	Elenco	LP/CD	Tom Jobim, Nana e Dorival Caymmi	1965
	Elenco	LP	Quarteto em Cy	1966
	(Mercury)	CD		
	Continental	LP	Erlon Chaves e sua Orquestra Sacha	1966
	London	LP	Orquestra Namorados do	1966
	RCA Victor	LP	Caribe	1966

Título – Autor(es)	Gravadora	Tipo	Intérpretes	Ano
	Reprise	LP	Frank Sinatra	1967
	Elenco	LP	Dick Farney (piano)	
	Reprise	LP	Morgana King	1969
	Philips	LP/CD	Elis Regina e Tom Jobim	1974
	EMI	LP	Dick Farney	1976
	Vanguard	LP	Dob Mover	1978
	RCA Victor	LP/CD	Milton Banana Trio	1980
	Codil-Ritmos	LP	Roberto Nunes	1980
	Pablo Today	LP/CD	Ella Fitzgerald	1981
	Sabiá (BMG)	LP CD	Miúcha Adnet e Tom Jobim (piano)	1987
	Omagatoki	CD	Joyce e Toninho Horta	1995
	Lumiar	CD	MPB-4	1996
IO SO CHE TI AMERO (Tom Jobim, Vinicius de Moraes e Sergio Bardotti)	Warner Bros.	LP	Ornela Vanoni, Vinicius de Moraes e Toquinho	1991
ISTO EU NÃO FAÇO NÃO (Tom Jobim)	Odeon	LP	Mário Reis	1960
	RCA Victor	LP	Cristina	1974
JANELAS ABERTAS (Tom Jobim e Vinicius de Moraes)	Festa	LP	Elizeth Cardoso	1958
	Odeon	LP/CD	Sílvia Telles	1959
	Odeon	78	Jandira Gonçalves	1960
	Polydor	78	Banda dos Fuzileiros Navais	1963
	Som Livre	LP	Grupo Chovendo na Roseira	1988
	CBS	CD	Elizeth Cardoso e Rafael Rabelo	1991
	Lumiar	CD	Tom Jobim e Gal Costa	1993
JARDIM ABANDONADO (O) (Tom Jobim)	MCA (Mercury)	LP/CD	Tom Jobim	1973
LAMENTO (Tom Jobim e Vinicius de Moraes)	Polygram	CD	Ernie Watts e Christian McBride	1997
LAMENTO NO MORRO (Tom Jobim e Vinicius de Moraes)	Odeon	LP	Roberto Paiva e Tom Jobim	1956
	Continental	LP	Bené Nunes	1958
	Continental	LP	Ted Moreno	1960
	Philips	LP	Vinicius de Moraes	1961
	Philips	LP	Lúcio Alves	1961

Título – Autor(es)	Gravadora	Tipo	Intérpretes	Ano
	Odeon	LP	Luís Bonfá	1962
	Odeon	LP	Coral de Ouro Preto	1962
	A&M	LP/CD	Tom Jobim	1967
	Fontana	LP	Nara Leão	1967
	Parlophone	LP	Geraldo Vespar	1969
	Continental	LP	Agostinho dos Santos	1973
	EMI-Odeon	LP	Dóris Monteiro	1977
	RGE	LP	Maria Creuza	1977
	Equipe	LP	Paulo Moura Quarteto	1977
	Mercury	CD	MPB-4	1995
	Lumiar	CD	Amélia Rabelo	1996
LATIN MANHATTAN (Tom Jobim)	Odeon	LP	Léo Peracchi	1958
LÍGIA (Tom Jobim)	CBS	LP	Stan Getz e João Gilberto	1972
	Philips	LP/CD	Chico Buarque	1974
	Odeon	LP	João Dias	1975
	RCA Victor	LP/CD	Lúcio Alves	1975
	RCA Victor	LP	Edson Frederico	1975
	Warner Bros.	LP/CD	Tom Jobim	1976
	London	LP	Tito Madi	1976
	CID	LP	Orquestra de estúdio	1978
	RCA Victor	LP/CD	Wilson Simonal	1979
	RCA Victor	LP/CD	Milton Banana Trio	1980
	CBS	LP/CD	Stan Getz	1987
	Som Livre	LP	Grupo Chovendo na Roseira	1988
	CBS	LP/CD	Simone	1989
	CBS	CD	Léo Jaime	1989
	Som Livre	CD	Copatrio	1991
	Lumiar	CD	Leny Andrade e Cristóvão Bastos	1995
	Columbia	CD	Josee Koning e Dori Caymmi	1995
	Omagatoki	CD	Joyce e Toninho Horta	1995
	Verve	CD	Joe Henderson	1995
	Lumiar	CD	Leny Andrade e Cristóvão Bastos	1996
LUAR E BATUCADA (Tom Jobim e Newton Mendonça)	Odeon	LP	Sílvia Telles	1957
	Copacabana	LP	Ernâni Filho	1960

Título – Autor(es)	Gravadora	Tipo	Intérpretes	Ano
LUCIANA (Tom Jobim e Vinicius de Moraes)	Festa	LP	Elizeth Cardoso	1958
	CBS	LP	Cynara e Cybele	1968
	Pablo	LP	Joe Pass e Paulinho da Costa	1979
	Philips	LP	Tom Jobim	1981
	Lumiar	CD	Dominguinhos	1997
LUIZA (Tom Jobim)	Som Livre	LP	Tom Jobim	1981
	Som Livre	LP	Cauby Peixoto	1981
	Philips	LP/CD	Tom Jobim e Edu Lobo	1981
	RCA Victor	LP	José Briamonte (piano)	1982
	RCA Victor	LP	Altemar Dutra	1982
	Est. Eldorado	LP	Antonio Bruno (piano)	1985
	Verve	LP	Tom Jobim e a Nova Banda	1987
	Concord	LP	C. Barbosa Lima e Sharon Isbin	1987
	CBS	LP/CD	Simone	1989
	Caju	CD	Paulo Moura e Rafael Rabelo	1992
	Warner Bros.	CD	Os Cariocas	1992
	Imagem	CD	Itamara Koorax	1993
	Philips	CD	Zizi Possi	1993
	RCA	CD	Rafael Rabelo	1993
	Camerati	CD	Oficina de Cordas	1994
	Compact Cl.	CD	Brazilian Tropical Orchestra	1995
	Lumiar	CD	Leny Andrade e Cristóvão Bastos	1995
	Velas	CD	Vânia Bastos	1995
	Lumiar	CD	Chico Buarque	1996
MÁGOAS (Tom Jobim e Marino Pinto)	Odeon	LP	Sílvia Telles	1958
	Philips	LP	Nara Leão	1984
MAR (O) (da Sinfonia do Rio de Janeiro") (Tom Jobim e Billy Blanco)	Odeon	LP	Carlos José	1959
MARIA DA GRAÇA (Tom Jobim e Vinicius de Moraes)	Odeon	78	Roberto Paiva	1958
MARIA É DIA (Tom Jobim, Paulo Jobim e Ronaldo Bastos)	RGE	LP	Quarteto em Cy	1981

Título – Autor(es)	Gravadora	Tipo	Intérpretes	Ano
MARINA DEL REY	Warner Bros.	LP/CD	Tom Jobim	1980
(Tom Jobim)	Lumiar	CD	R. Leão e N. Ornelas	1995
MATITA PERÊ	MCA	LP	Tom Jobim	1973
(Tom Jobim e	(Mercury)	CD		
Paulo César Pinheiro)	Odeon	LP	Paulo César Pinheiro	1980
	Amazonas	CD	Nova Banda e Paulo Jobim	1989
MEDITAÇÃO	Odeon	LP	Isaura Garcia	1959
(Tom Jobim e	RGE	LP	Maysa	1960
Newton Mendonça)	Philips	LP	Conjunto de Oscar Castro Neves	1960
	Odeon	45	Conjunto Bossa Nova	1960
	Odeon	LP/CD	João Gilberto	1960
	RCA Victor	LP	Neusa Maria	1960
	Odeon	LP	Walter Wanderley e seu Conjunto	1960
	Copacabana	LP	Carminha Mascarenhas	1960
	Plaza	LP	Os Saxambistas Brasileiros	1960
	Hi-Fi Variety	LP	Casé	1960
	Continental	78	Luely Figueiró	1960
	Copacabana	78	Cláudio Miranda	1960
	Philips	LP	Vera Lúcia	1960
	Philips	LP	Sandoval Dias e seu Conjunto	1960
	Philips	LP	Sônia Delfino	1960
	Philips	LP	Conjunto de Oscar Castro Neves	1960
	RCA Victor	LP	Fats Elpídio	1960
	RCA Victor	LP	Fafá Lemos	1960
	Copacabana	LP	Elizeth Cardoso	1960
	RCA Victor	45	Alaíde Costa	1960
	Chantecler	LP	Marcos e seu Conjunto	1960
	Imperial	LP	Mário Gennari Filho	1960
	CBS	LP	Thelma	
	CBS	LP	Breno Sauer	
	CBS	LP	Sexteto Prestige	
	CBS	LP	Lafayette	
	RCA Victor	LP	Orquestra RCA Victor	1961
	Master	LP	Os Sete Velhinhos	1961
	RCA Victor	LP	Robledo e seu Conjunto	1961
	Odeon	LP	Astor Silva e Luiz Eça	1961
	Verve	LP	Cal Tjader	1962

Título – Autor(es)	Gravadora	Tipo	Intérpretes	Ano
	Riverside	LP	Charlie Byrd	1962
	Odeon	LP	Carolina Cardoso de Menezes	1962
	Odeon	LP	Orquestra Violinos de Ouro	1962
	Verve	LP	Tom Jobim	1963
	(Mercury)	CD		
	Philips	LP	Portinho e sua Orquestra	1963
	Premier	LP	Simonetti e sua Orquestra	1963
	Capitol	LP	Laurindo de Almeida	1963
	RCA Victor	LP	Conjunto Jazz Bossa Nova	1963
	Capitol	LP	Ray Anthony e sua Orquestra	1963
	Odeon	LP	Orquestra Metais de Ouro	1963
	Odeon	C	Conjunto Boa Bossa	1963
	RGE	C	Dick Farney	1963
	RCA Victor	LP	Conjunto de Boite Ambassador	1963
	Chantecler	LP	Turquinho e seu Conjunto	1963
	Forma	LP	Eumir Deodato	1964
	(Philips)	CD		
	CBS	LP	Astor e sua Orquestra	1964
	Atlalntic	LP	Herbie Mann	1965
	Elenco	LP	Astrud Gilberto e Tom Jobim	1965
	(Mercury)	CD		
	Odeon	LP	Mário Gennari Filho	1965
	London	LP	The Ipanema Orchestra	1965
	RCA Victor	LP	Vic Damone	1966
	RCA Victor	LP	Perry Como & The Ray Charles Singers	1966
	London	LP	Neco (violão)	1966
	Epic	LP	Paul Horn	1966
	CBS	LP	Andy Williams	1966
	Reprise	LP	Frank Sinatra	1967
	Mercury	LP	Oscar Peterson	1967
	SBA	LP	Cid Gray	1967
	MCA	LP	Freddy Martin e sua Orquestra	1968
	MCA	LP	Lenny Dee	1968
	Odeon	LP	Lírio Panicali e sua Orquestra	1968
	RCA Victor	LP	Henry Mancini e sua Orquestra	1969
	Prestige	LP	Dexter Gordon	1969

Título – Autor(es)	Gravadora	Tipo	Intérpretes	Ano
	CRS	LP	Walter Wanderley	1969
	Polydor (Mercury)	LP CD	Nara Leão	1970
	Codil-Ritmos	LP	Roberto Nunes (violão)	1970
	Pausa	LP	Joe Pass	1970
	CRS	LP	Anita O'Day	1970
	Tropicana	LP	Bill Bell '	1970
	Liberty	LP	Bill Perkins	1971
	Liberty	LP	Felix Slatkin	1971
	CBS	LP	Dionysio	1971
	Outstanding	LP	Paul Smith	1972
	Mainstream	LP	Morgana King	1972
	World Artist	LP	Walter Zuber Armstrong	1973
	Festival	LP	Baden Powell	1974
	Ensayo	LP	Tete Montoliu (piano)	1974
	Festival	LP	Baden Powell e Stephane Grappelli	1974
	Classic Jazz	LP	Eddie Davis	1975
	Odeon	LP	David Whitaker	1976
	Timeless	LP	George Coleman & Tete Montoliu	1977
	Concord	LP	Rosemary Clooney	1980
	Concord	LP	Marian McPortland	1980
	RCA	LP/CD	Milton Banana Trio	1980
	Philips	LP/CD	Nara Leão	1986
	Polydor	LP	Connie Francis	1986
	Songs	LP	Joyce	1987
	CBS	CD	Emílio Santiago	1988
	Philips	CD	Leila Pinheiro	1989
	Chesky	CD	Ana Caram	1989
	CBS	LP	Olívia Byington	1989
	Vitória Régia	LP	Tim Maia	1991
	CBS	CD	Wanda Sá e Peri Ribeiro	1992
	Philips	CD	Rosa Maria	1992
	JVC	CD	Salena Jones	1994
	Lumiar	CD	Zé Renato	1996
MENINOS, EU VI (Tom Jobim e Chico Buarque)	CBS Polygram	LP/CD CD	Djavan e Olívia Byington Quarteto em Cy e MPB-4	1983 1997

Título – Autor(es)	Gravadora	Tipo	Intérpretes	Ano
MEU MUNDO É VOCÊ (Tom Jobim e Aloysio de Oliveira)	Fontana	LP	Dick Farney	1983
MEU AMIGO RADAMÉS	Gl. Columbia	CD	Tom Jobim	1994
(Tom Jobim)	Lumiar	CD	L. Braga e O Trio	1995
MILAGRE E PALHAÇOS (Tom Jobim)	MCA (Mercury)	LP CD	Tom Jobim	1973
MODINHA	Festa	LP	Elizeth Cardoso	1958
(Tom Jobim e	Philips	LP/CD	Elis Regina e Tom Jobim	1974
Vinicius de Moraes)	RCA Victor	LP/CD	Nana Caymmi	1977
	Warner Bros.	LP/CD	Tom Jobim	1980
	Philips	LP	Elis Regina	1982
	Concord	LP/CD	Antônio Carlos Barbosa Lima	1982
	Sabiá (BMG)	LP CD	Danilo Caymmi e Tom Jobim (piano)	1987
	Som Livre (Philips)	LP CD	Ney Matogrosso e Rafael Rabelo	1990
	CBS	CD	Elizeth Cardoso e Rafael Rabelo	1991
	Lumiar	CD	Hermeto Pascoal e Jane Duboc	1993
	RCA	CD	Rafael Rabelo	1993
	Velas	CD	Zizi Possi	1994
	Som Livre	CD	Eugênia Melo e Castro e Egberto Gismonti	1995
	Verve	CD	Joe Henderson	1995
MOJAVE	A&M	LP/CD	Tom Jobim	1967
(Tom Jobim)	EPM	CD	Juarez Moreira	1995
	Lumiar	CD	Antônio Adolfo e S. Trombone	1995
	Polygram	CD	The Yellowjackets e Lee Ritenour	1997
MONTANHA, O SOL, O MAR (A) (Tom Jobim e Billy Blanco)	CBS	LP	Lana Bittencourt	1961
MONÓLOGO DE ORFEU (da peça Orfeu da Conceição) (Tom Jobim e Vinicius de Moraes)	Odeon	LP/CD	Tom Jobim e Vinicius de Moraes	1956

Título – Autor(es)	Gravadora	Tipo	Intérpretes	Ano
MOONLIGHT DAIQUIRI (Tom Jobim)	Odeon	LP	Léo Peracchi	1958
MORRO (O)	Continental	78	Nora Ney	1955
(da Sinfonia do Rio de Janeiro) (Tom Jobim e Billy Blanco)	RGE	LP/CD	Agostinho dos Santos	1959
MORRO NÃO TEM VEZ (O)	Verve	LP	Tom Jobim	1963
(Tom Jobim e	Verve	LP/CD	Stan Getz e Luiz Bonfá	1963
Vinicius de Moraes)	Polydor	LP	João Donato	1963
	Philips	LP	Paulo Roberto	1963
	Philips	LP	Corisco e seus Sambaloucos	1963
	Philips	LP	Jair Rodrigues	1963
	Warner Bros.	LP	Tom Jobim	1965
	Elenco	LP	Trio Sérgio Mendes	1964
	Forma	LP	Eumir Deodato	1964
	(Philips)	CD		
	Audio Fidelity	LP	Sambalanço Trio	1964
	Som Maior	LP	André Penazzi	1964
	Elenco	LP	Lennie Dale	1965
	Odeon	LP	Leny Andrade	1965
	Philips	LP/CD	Elis Regina e Jair Rodrigues	1965
	Elenco	LP	Astrud Gilberto e Tom Jobim	1965
	(Mercury)	CD		
	Capitol	LP	Wanda Sá	1965
	Fontana	LP	Jair Rodrigues	1965
	Som Maior	LP	Som Três	1965
	London	LP	Tempo Trio	1965
	Odeon	LP	Wilson Simonal	1965
	Philips	LP	Tamba Trio	1965
	RCA Victor	LP	Sambossa 5	1966
	Elenco	LP	Sílvia Telles	1966
	London	LP	Neco (violão)	1967
	Odeon	LP	Wilson Simonal e Som Três	1967
	Philips	LP	Tamba Trio	1968
	A&M	LP	Tamba 4	1968
	Crescendo	LP	Lex Baxter e sua Orquestra	1975
	CID	LP	Orquestra de estúdio	1978

Título – Autor(es)	Gravadora	Tipo	Intérpretes	Ano
	Fontana	LP	Sílvia Telles	1979
	RCA	LP/CD	Milton Banana Trio	1980
	Pablo Today	LP/CD	Ella Fitzgerald	1981
	CID	LP	Ivanildo (saxofone)	1981
	RCA Victor	LP	Phil Woods	1986
	Vitória Régia	LP	Tim Maia	1991
	Lumiar	CD	Jards Macalé	1993
	Warner Bros.	CD	Wilson Simonal	1994
	JVC	CD	Salena Jones	1994
MULHER SEMPRE MULHER (Tom Jobim e Vinicius de Moraes)	Odeon	LP	Roberto Paiva	1956
	RGE	LP	Vinicius de Moraes	1969
NA HORA DO ADEUS (Tom Jobim e Vinicius de Moraes)	Odeon	LP	Zezinho	1960
NOME DE MULHER (UM) (Tom Jobim e Vinicius de Moraes)	Odeon	LP	Coro	1957
	Imperial	LP	Guanabara Boys	1960
	RCA	CD	Lúcio Alves	1994
NOSSO AMOR (O) (Tom Jobim e Vinicius de Moraes)	Continental	78	Luerly Figueiró	1959
	Polydor	78	Diana Montez	1959
	Momo	78	Marlene	1959
	Odeon	78	João Gilberto	1959
	Polydor	LP	Maciel (trombone)	1959
	Sinter	LP	Lira de Xopotó	1959
	Copacabana	LP	Moacir Silva e seu Conjunto	1959
	RCA Victor	LP	Sacha Rubin (piano)	1960
	RCA Victor	LP	Nelsinho (trombone)	1960
	CBS	LP	Sidney	1962
	Philips	LP	Corisco e seus Sambaloucos	1963
	Odeon	LP	Maria Bethânia	1969
	Pablo	LP	Ella Fitzgerald	1971
	Continental	LP	Agostinho dos Santos	1973
	CBS	CD	João Bosco	1988
	Lumiar	CD	Beth Carvalho	1993
	Philips	CD	César Camargo Mariano	1993

Título – Autor(es)	Gravadora	Tipo	Intérpretes	Ano
	Warner Bros.	CD	Zezé Mota	1994
NUVENS DOURADAS (Tom Jobim)	MCA (Mercury)	LP CD	Tom Jobim	1973
	EMI	LP	Meireles e sua Orquestra	1973
	EPM	CD	Juarez Moreira	1995
	Lumiar	CD	L. Braga e Zé Nogueira	1995
O QUE TINHA DE SER (Tom Jobim)	Odeon	LP/CD	Sílvia Telles	1959
	Sinter	78	Vera Lúcia	1959
	Chantecler	LP	Ana Lúcia	1959
	RGE	78	Dorinha Freitas	1961
	Forma	LP/CD	Ana Margarida	1965
	Odeon	LP/CD	Maria Bethânia	1968
	Odeon	LP	Marta Mendonça	1971
	RCA Camden	LP	Áurea Martins	1972
	Philips	LP/CD	Elis Regina e Tom Jobim	1974
	RCA Victor	LP	Maria Creuza	1974
	RCA Victor	LP	Carlos José	1975
	Philips	LP	Maria Bethânia	1978
	Est. Eldorado	LP	Marina Brandão	1983
	Philips	CD	Maria Bethânia e Caetano Veloso	1989
	Caju	CD	Baden Powell	1991
	Lumiar	CD	R. Arruda e J. Collins	1993
	EMI-Odeon	CD	Marina Lima	1995
	Som Livre	CD	Eugênia Melo e Castro	1995
O QUE VAI SER DE MIM (Tom Jobim)	Continental	LP	Nora Ney	1955
OFICINA (Tom Jobim)	Som Livre	LP	Cauby Peixoto	1980
	Lumiar	CD	Guadalupe	1996
OLHA, MARIA (Tom Jobim, Vinicius de Moraes e Chico Buarque)	CTI-Records	LP	Tom Jobim	1970
	RCA Victor	LP	Henry Mancini e sua Orquestra	1970
	Philips	LP/CD	Chico Buarque e Tom Jobim	1971
	Odeon	LP	Quinteto Villa-Lobos e Luís Eça	1972
	Microfon	LP	Atilio Stampone	1973
	RCA Victor	LP/CD	Tamba Trio	1975

Título – Autor(es)	Gravadora	Tipo	Intérpretes	Ano
	Philips	LP	Luís Eça	1976
	Philips	LP	Emílio Santiago	1976
	Copacabana	LP	Orquestra dirigida por Guerra Peixe	1978
	Warner Bros.	LP/CD	Tom Jobim	1980
	Concord	LP/CD	Antônio Carlos Barbosa Lima	1982
	Coca-Cola	LP	Gilson Peranzzetta e Artur Maia	1986
	Lumiar	CD	Sérgio Ricardo	1993
	Velas	CD	Vânia Bastos	1995
	Lumiar	CD	Ed Mota e Leandro Braga	1996
	Polygram	CD	Quarteto em Cy & MPB-4	1997
OLHA PRO CÉU (Tom Jobim)	Columbia	LP	Lana Bittencourt	1960
	A&M	LP/CD	Tom Jobim	1967
	Est. Eldorado	LP	Paulo César Gomes	1983
	Lumiar	CD	Leny Andrade e Cristóvão Bastos	1995
	Lumiar	CD	João Donato	1995
	Lumiar	CD	Leny Andrade e Cristóvão Bastos	1996
ORFEU DA CONCEIÇÃO (Overture) (da peça Orfeu da Conceição) (Tom Jobim e Vinicius de Moraes)	Odeon	LP	Tom Jobim e Vinicius de Moraes	1956
ORIGENS (do filme Gabriela) (Tom Jobim)	RCA Victor	LP/CD	Gal Costa	1983
OUTRA VEZ (Tom Jobim)	Continental	78	Dick Farney	1954
	Festa	LP	Elizeth Cardoso	1958
	RGE	LP	Maysa	1959
	Odeon	LP/CD	João Gilberto	1960
	Columbia	LP	Lana Bittencourt	1960
	CBS	LP	Telma	
	Copacabana	LP	Moacir Silva e seu Conjunto	1961
	Philips (A&M)	LP CD	Sérgio Mendes (piano)	1962
	Riverside	LP	Charlie Byrd	1962
	RGE	LP	Manfredo Fest	1962
	Audio Fidelity	LP	João Gilberto e Milton Banana	1963

Título – Autor(es)	Gravadora	Tipo	Intérpretes	Ano
	Audio Fidelity	LP	Oscar Castro Neves e sua Orquestra	1963
	Fantasy	LP	Vince Guaraldi (piano)	1963
	Polydor	LP	João Donato	1963
	Warner Bros.	LP	Tom Jobim	1965
	(DSCD)	CD		
	Philips	LP/CD	Elis Regina	1968
	Polydor	LP	Nara Leão	1970
	Stylo	LP	Edson Machado	1970
	Copacabana	LP	Elizeth Cardoso	1977
	Philips	LP/CD	Nara Leão	1984
	C BS	LP/CD	Nana Caymmi	1992
	Lumiar	CD	Leny Andrade e Cristóvão Bastos	1995
	Omagatoki	CD		1995
	Lumiar	CD	Joyce e Toninho Horta	1996
			Adriana Calcanhoto	
PASSARIM	Som Livre	LP	Tom Jobim e Orquestra	1985
(O Tempo e o Vento)	Verve	LP	Tom Jobim e a Nova Banda	1987
(Tom Jobim)	Amazonas	CD	Nova Banda e Paulo Jobim	1989
	RCA	CD	Rafael Rabelo	1993
	Compact Cl.	CD	Brazilian Tropical Orchestra	1995
	EPM	CD	Juarez Moreira	1995
	Verve	CD	Joe Henderson	1995
	Lumiar	CD	Be Happy e Jaime Alem	1996
PATO PRETO	Amazonas	CD	Nova Banda	1989
(Tom Jobim)	Gl. Columbia	CD	Tom Jobim	1994
	Columbia	CD	Josee Koning e Dori Caymmi	1995
	Lumiar	CD	Paulo Jobim e Simone Guimarães	1996
	Polygram	CD	Ney Matogrosso	1997
PAULO VÔO LIVRE (A LENDA DOS HOMENS-ASA) (Tom Jobim)	Lumiar	CD	D. Jobim e Franklin	1995
PÉ GRANDE (Tom Jobim, Paulo Soledade e Armando Cavalcanti)	Odeon	LP	Raul de Barros e seu Conjunto	1956

Título – Autor(es)	Gravadora	Tipo	Intérpretes	Ano
PELOS CAMINHOS DA VIDA (Tom Jobim e Vinicius de Moraes)	RGE	LP	Maysa	1959
PENSANDO EM VOCÊ (Tom Jobim)	Sinter	78	Ernani Filho	1953
PENSANDO NA VIDA (Tom Jobim)	RCA Victor	LP/CD	Orquestra dirigida por Oscar Castro Neves	1983
PERDIDO NOS TEUS OLHOS (Tom Jobim e Newton Mendonça)	RCA Victor	45	Dick Farney	1959
PIANO NA MANGUEIRA (Tom Jobim e Chico Buarque)	Camerati	CD	Paula Morelenbaum e Tom Jobim	1992
	Gl. Columbia	CD	Tom Jobim	1994
	Arista	CD	Dionne Warwick	1994
	RCA	CD	Chico Buarque	1995
	Columbia	CD	Josee Koning e Dori Caymmi	1995
	Lumiar	CD	Quarteto em Cy	1996
	Polygram	CD	Quarteto em Cy e MPB-4	1997
POIS É (Dedicação) (Tom Jobim e Chico Buarque)	Philips	LP/CD	Chico Buarque	1970
	Polydor	LP	Nara Leão	1970
	Philips	LP/CD	Elis Regina e Tom Jobim	1974
	CID	LP	Nana Caymmi	1977
	Philips	LP/CD	Gal Costa	1978
	Philips	LP	Tom Jobim	1981
	Est. Eldorado	LP	Roberto Sion e Nelson Aires	1983
	RCA	CD	Rafael Rabelo	1993
	Lumiar	CD	Francis Hime	1996
	Polygram	CD	Quarteto em Cy & MPB-4	1997
POR CAUSA DE VOCÊ (Tom Jobim e Dolores Duran)	Odeon	LP/CD	Sílvia Telles	1957
	Copacabana	LP	Dolores Duran	1958
	Continental	LP	Bené Nunes	1958
	Polydor	LP	Agostinho dos Santos	1958
	Copacabana	LP	Elizeth Cardoso	1958
	Continental	78	Helena de Lima	1958

Título – Autor(es)	Gravadora	Tipo	Intérpretes	Ano
	Copacabana	LP	Leny Eversong	1958
	RGE	LP	Maysa	1958
	Columbia	LP	Conjunto Farroupilha	1958
	RCA Victor	LP	Nelsinho (trombone)	1958
	Sinter	LP	Paulo Moura e sua Orquestra	1958
	Continental	78	Vera Lúcia	1958
	Odeon	LP	Roberto Luna	1958
	Odeon	LP	Norberto Baudauf	1958
	Odeon	LP	Gaúcho	1958
	Odeon	LP	Walter e Mozart	1958
	Sinter	LP	Sexteto Plaza	1958
	Columbia	LP	Luisinho e seu Conjunto	1958
	Copacabana	LP	Valdir Calmon e seu Conjunto	1958
	Continental	78	Dorival (sax alto)	1959
	Odeon	LP	Léo Peracchi e sua Orquestra	1959
	Odeon	LP	Luis Arruda Paes e sua Orquestra	1959
	Rádio	LP	Sexteto Geraldo	1959
	Sinter	LP	Sandoval Dias e seu Conjunto	1959
	Polydor	LP	Tito Romero	1959
	Odeon	LP/CD	Lúcio Alves	1960
	Copacabana	LP	Marisa	1960
	Philips	LP/CD	Sílvia Telles	1960
	Beverly	LP	Conjunto Nostalgia	1960
	CBS	LP	Sexteto Prestige	
	RGE	LP	Mr. Samba e seus Skindôs Rítmicos	1962
	Philips	LP	Francisco José	1962
	Philips	LP	Walter Wanderley e Portinho	1964
	Som	LP	Angela Maria	1964
	Warner Bros.	C	Tom Jobim	1965
	Warner Bros.	LP	Tom Jobim	1965
	(DSCD)	CD		
	Odeon	LP	Elza Soares e Miltinho	1969
	Continental	LP	Isaura Garcia	1969
	Philips	LP	Quarteto em Cy	1970
	Codil-Ritmos	LP	Roberto Nunes	1970
	Reprise	LP/CD	Frank Sinatra & Tom Jobim (piano)	1971
	Philips	LP	Claudete Soares	1971

Título – Autor(es)	Gravadora	Tipo	Intérpretes	Ano
	CBS	LP/CD	Baden Powell	1972
	London	LP	Tito Madi	1972
	(EMI)	CD		
	RGE	LP	Maria Creuza, Toquinho e Vinicius de Moraes	1972
	Trova	LP	Nana Caymmi	1973
	Odeon	LP	Clara Nunes e Paulo Gracindo	1974
	Soma	LP	Maria Creuza	1975
	Odeon	LP	Marisa	1976
	Odeon	LP	Isaura Garcia	1976
	RCA Victor	LP	Altemar Dutra	1976
	Philips	LP	Caetano Veloso	1976
	CID	LP	Nana Caymmi	
	Odeon	LP	Agnaldo Timóteo	1977
	Pablo Today	LP	Ella Fitzgerald	1981
	CBS	LP	Orquestra e Coral Bacarelli	1981
	RGE	LP	Raul Mascarenhas	1982
	Philips	LP	Nara Leão	1984
	Continental	LP	Peri Ribeiro e Luis Eça	1985
	Barclay	LP	Trio Irakitan	1985
	Fontana	LP	Claudete Soares	1986
	Sabiá	LP	Paula Morelenbaum e Tom Jobim (piano)	1987
	(BMG)	CD		
	CBS	LP/CD	Baden Powell e Dick Farney	1988
	Philips	LP	Wagner Tiso	1991
	CBS	LP/CD	Dóris Monteiro e Tito Madi	1992
	Som Livre	CD	Watuzi	1993
	Warner Bros.	CD	Verônica Sabino	1993
	Philips	CD	Rita de Cássia	1994
	Jazzmania	CD	Wagner Tiso	1995
	Mercury	CD	Maysa	1995
	Lumiar	CD	Tito Madi	1996
POR TODA A MINHA VIDA (Tom Jobim e Vinicius de Moraes)	RGE	78	Maysa	1959
	Odeon	LP	Carlos José	1959
	Festa	LP	Lenita Bruno	1959
	RGE	LP	Elza Laranjeira	1962

Título – Autor(es)	Gravadora	Tipo	Intérpretes	Ano
	Warner Bros.	LP	Tom Jobim	1964
	(Mercury)	CD		
	Polydor	LP	Nara Leão	1970
	Philips	LP/CD	Elis Regina e Tom Jobim	1974
	EMI	LP/CD	Nana Caymmi	1983
	CBS	LP/CD	Olívia Byington	1990
	CBS	CD	João Carlos Assis Brasil	1990
	NANÃ	CD	Quarteto em Cy	1992
	Lumiar	CD	J. e Paula Morelenbaum	1993
	Philips	CD	Selma Reis	1994
	Philips	CD	César Camargo Mariano	1994
	MZA	CD	Selma Reis	1995
	Som Livre	CD	Eugênia Melo e Castro	1995
PRA MODE CHATEAR	Philips	LP	Nara Leão	1984
(Tom Jobim)	Philips	LP	Xuxa	1985
	Som Livre	LP	Grupo Chovendo na Roseira	1988
PRA NÃO SOFRER	RCA Victor	LP	Jorginho (flauta)	1963
(Tom Jobim)				
PRAIAS DESERTAS	Festa	LP	Elizeth Cardoso	1958
(Tom Jobim)	RGE	LP	Maysa	1958
	Festa	LP	Lenita Bruno	1959
	Copacabana	LP	Agnaldo Rayol	1959
	Columbia	LP	Charlie Byrd	1963
	Philips	LP/CD	Maysa	1970
	Philips	LP/CD	MPB-4	1975
	Lumiar	CD	Leny Andrade e Cristóvão Bastos	1995
	Velas	CD	Vânia Bastos	1995
	Lumiar	CD	Nana Caymmi	1996
PROMESSAS	Som Livre	LP	Fafá de Belém	1983
(Tom Jobim)				
PULANDO CARNIÇA	RCA Victor	LP/CD	Orquestra dirigida por Oscar	1983
(Tom Jobim)			Castro Neves	
QUEBRA-PEDRA	CTI	LP	Tom Jobim	1970
(Tom Jobim)	Columbia	LP	Santana	
	Concord	LP	Laurindo de Almeida e Charlie Byrd	1980
	Concord	LP/CD	Antônio Carlos Barbosa Lima	1982

Título – Autor(es)	Gravadora	Tipo	Intérpretes	Ano
	Som Livre	CD	Victor Biglione	1989
QUEDA (A) (Tom Jobim)	Fontana	LP	Orquestra de estúdio	1967
QUERIDA (Tom Jobim)	Som Livre	CD	Tom Jobim	1991
	Gl. Columbia	CD	Tom Jobim	1994
	Lumiar	CD	Miúcha	1996
RADAMÉS Y PELÉ Gl. (Tom Jobim)	Columbia	CD	Tom Jobim	1994
	Lumiar	CD	M. Pereira e Cristóvão Bastos	1995
RANCHO NAS NUVENS (Tom Jobim)	MCA (Mercury)	LP CD	Tom Jobim	1973
	Lumiar	CD	Rildo Hora e Nó em Pingo d'Agua	1995
REMEMBER (Tom Jobim)	A&M	LP CD	Tom Jobim	1970
	Lumiar	CD	N. Faria e Nico Assumpção	1995
RETRATO EM BRANCO E PRETO (Tom Jobim e Chico Buarque)	Warner Bros.	LP	Tom Jobim	
	MIS	LP	Tom Jobim e Quarteto 004	1968
	Codil	LP	Tom Jobim e Quarteto 004	1968
	RGE	LP	Chico Buarque	1968
	Philips	LP	Quarteto em Cy	1968
	London	LP	Neco (violão)	1968
	Odeon	LP	Milton Banana Trio	1968
	Odeon	LP	Luís Cláudio	1968
	CBS	LP	The G-9 Group	1968
	Fontana	LP	Quarteto em Cy	1968
	Polydor	LP	Nara Leão	1970
	Fontana (Philips)	LP CD	MPB-4	1970
	CBS	LP	Stan Getz e João Gilberto	1972
	Odeon	LP	Alaíde Costa e Oscar Castro Neves	1973
	Philips	LP/CD	Elis Regina e Tom Jobim	1974
	Odeon	LP	João Dias	1975
	Warner Bros.	LP/CD	João Gilberto	1977
	Warner Bros.	LP	João Gilberto	1980
	Philips	LP	Chico Buarque	1981
	Fontana	LP	Elis Regina	1983
	Est. Eldorado	LP	Antônio Bruno	1985

Título – Autor(es)	Gravadora	Tipo	Intérpretes	Ano
	Warner Bros.	LP	João Gilberto	1986
	Songs	LP	Joyce	1986
	Sabiá	LP	Tom Jobim e a Nova Banda	1987
	(BMG)	CD		
	RCA	CD	Milton Banana Trio	1989
	RCA	CD	Chet Baker	1989
	Velas	LP	Fátima Guedes	1989
	Som Livre	LP	Ney Matogrosso e Rafael Rabelo	1990
	(Philips)	CD		
	RCA	CD	Rafael Rabelo	1993
	Som Livre	CD	Emílio Santigo	1993
	Private	CD	Toots Thielemans	1993
	Camerati	CD	Oficina de Cordas	1994
	Dubas	CD	C. Fernando e Toninho Horto	1994
	Arista	CD	Dionne Warwick	1994
	Compact Cl.	CD	Brazilian Tropical Orchestra	1995
	Velas	CD	Vânia Bastos	1995
	Verve	CD	Joe Henderson	1995
	Lumiar	CD	Ney Matogrosso e Wagner Tiso	1996
	Polygram	CD	Quarteto em Cy & MPB-4	1997
RIO DA MINHA ALDEIA (O) (Tom Jobim e Fernando Pessoa)	Som Livre	LP	Tom Jobim	1985
ROCKANÁLIA (Tom Jobim)	A&M	LP/CD	Tom Jobim	1970
	Lumiar	CD	Victor Biglione e Léo Gandelman	1995
RODRIGO, MEU CAPITÃO (Tom Jobim e Ronaldo Bastos)	Som Livre	LP	Zé Renato e Tom Jobim	1985
SABIÁ (Tom Jobim e Chico Buarque)	CBS	LP	Cynara e Cybele	1968
	Codil	LP	Maria José	1968
	Philips	C	MPB-4	1968
	Odeon	LP/CD	Clara Nunes	1968
	London	LP	Neco (violão)	1968
	Reprise	LP	Frank Sinatra	1969

Título – Autor(es)	Gravadora	Tipo	Intérpretes	Ano
	CTI	LP	Tom Jobim	1970
	Polydor	LP	Nara Leão	1970
	Codil-Ritmos	LP	Roberto Nunes	1970
	Philips	LP	Chico Buarque	1971
	MUSE	LP	Cedar Walton & Hank Mobley	1972
	Philips	LP	Maria Lúcia Godoy	1979
	Philips	LP/CD	Quarteto em Cy	1979
	Warner Bros.	LP/CD	Tom Jobim	1980
	Elektra	LP/CD	Elis Regina	1980
	Muse	LP	Cedar Walton e Abbey Lincoln	1980
	Fama	LP	Banda do Corpo de Bombeiros	1986
	CBS	LP/CD	César Camargo Mariano	1986
	Sabiá	LP	Tom Jobim e a Nova Banda	1987
	(BMG)	CD	Tom Jobim	
	Verve	CD	Nova Banda	1988
	Amazonas	CD	Vários	1989
	Warner Bros.	CD	Itamara Koorax	1992
	Imagem	CD	Vânia Bastos	199:3
	Velas	CD	Eduardo Dusek e Leandro	1995
	Lumiar	CD	Braga	1996
	Polygram	CD	Quarteto em Cy e MPB-4	1997
SAMBA DE MARIA	Gl. Columbia	CD	Tom Jobim e Maria Luiza Jobim	1994
LUIZA (Tom Jobim)	Lumiar	CD	Maria Luiza Jobim e Daniel Jobim	1996
SAMBA DE UMA	Columbia	LP	Conjunto Farroupilha	1959
NOTA SÓ	Odeon	LP/CD	João Gilberto	1960
(Tom Jobim e	Philips	LP/CD	Sílvia Telles	1960
Newton Mendonça)	Odeon	LP/CD	Walter Wanderley e seu Conjunto	1960
	Continental	LP	Radamés Gnattali, sua Orquestra e Coro	1960
	RGE	LP	Paulinho Nogueira	1960
	Copacabana	LP	Carminha Mascarenhas	1960
	Philips	LP	Sandoval Dias e seu Conjunto	1960
	Philips	LP	Vocalistas Modernos	1960
	RCA Victor	LP	Fats Elpídio	1960
	RCA Victor	LP	Fafá Lemos	1960
	Plaza	LP	Os Saxambistas Brasileiros	1960

Título – Autor(es)	Gravadora	Tipo	Intérpretes	Ano
	CBS	LP	Telma	
	CBS	LP	Lafayette	
	Reprise	LP	Shorty Rogers & Giants	1961
	RCA Victor	LP	Leny Andrade	1961
	RCA Victor	LP	Orquestra RCA Victor	1961
	Philips	LP	Osvaldo Barbosa e sua Orquestra	1961
	Capitol	LP	Laurindo de Almeida (solo de cavaquinho)	1961
	Epic	LP	Curtis Fuller	1961
	Odeon	LP	Sambistas da Guanabara	1961
	Odeon	LP	Geraldo Miranda	1961
	Master	LP	Os Sete Velhinhos	1961
	Philips	LP	Lira de Xopotó	1961
	Musicolor	LP	Trio Penumbra	1961
	Riverside	LP	Charlie Byrd	1962
	Verve	LP	Stan Getz & Charlie Byrd	1962
	Impulse	LP/CD	The Coleman Hawkins Sextet	1962
	Audio Fidelity	LP	Lalo Schifrin	1962
	Verve	LP	Stan Getz (sax tenor) e Gary McFarland	1962
	Odeon	LP	Coral de Ouro Preto	1962
	Mercury	LP	Quincy Jones	1962
	London	LP	Caterina Valente	1962
	London	LP	Edmundo Ros	1962
	Odeon	LP	June Christy	1962
	Musiplay	LP	Ritmistas da Bossa	1962
	Atlantic	LP	Tom Jobim e Herbie Mann	1962
	Philips	LP	Dizzy Gillespie	1963
	Philips	LP	Os Cariocas	1963
	Audio Fidelity	LP	Sexteto de Sérgio Mendes	1963
	Verve	LP	Tom Jobim	1963
	(Mercury)	CD		
	Philips	LP	Orquestra dirigida por Carlos Monteiro de Souza	1963
	Audio Fidelity	LP	Oscar Castro Neves e sua Orquestra	1963
	RGE	LP	Simonetti e sua Orquestra	1963
	Philips	LP	Samba Trio	1963
	Reprise	LP	Barney Kessel	1963

Título – Autor(es)	Gravadora	Tipo	Intérpretes	Ano
	RCA Victor	LP	Lambert, Hendricks e Bavan	1963
	RCA	LP	Sexteto de Jazz Moderno	1963
	Capitol	LP	Peggy Lee	1963
	Imperial	LP	Carioca	1963
	Odeon	C	Conjunto Boa Bossa	1963
	Odeon	LP	Orquestra Brasil Moderno	1963
	Odeon	LP	6ª Caravana	1963
	Copacabana	C	Altamiro Carrilho	1963
	Polydor	LP	Banda Fuzileiros Navais	1963
	Jazz Groove	LP	Erroll Garner (piano)	1963
	Chantecler	LP	Turquinho e seu Conjunto	1963
	Forma	LP	Eumir Deodato	1964
	(Philips)	CD		
	Elenco	LP	Baden Powell e Jimmy Pratt	1964
	(Mercury)	CD		
	Atlantic	LP	Laurindo de Almeida & Modern Jazz Quartet	1964
	Verve	LP	Stan Getz (sax tenor) e Astrud Gilberto	1964
	RCA	LP	Chet Atkins	1964
	RCA Victor	LP	Trio 3D	1964
	CBS	LP	Astor	1964
	Master Play	LP	Juarez Araújo	1964
	World Pacific	LP	Clare Fischer (piano e órgão)	1964
	Capitol		Wanda Sá	1965
	Capitol	LP	George Shearing	1965
	Columbia	LP	Charlie Byrd	1965
	London	LP	The Ipanema Orchestra	1965
	SBA	LP	Cid Gray	1965
	SBA	LP	Don Júnior	1965
	Elenco	LP	Baden Powell	1967
	Fermata	LP	Sérgio Mendes & Brasil 66	1967
	Scepter	LP	Count Basie e sua Orquestra	1967
	United Artists	LP	Herbie Mann	1967
	Berandol	LP	Michael Kleniec	1967
	A&M	LP	Herb Alpert e Sérgio Mendes	1968
	Polydor	LP	Nara Leão	1970
	Barclay	LP	Sivuca	1970

Título – Autor(es)	Gravadora	Tipo	Intérpretes	Ano
	Tropicana	LP	Bill Bell (saxofone)	1970
	Codil	LP	Roberto Nunes	1970
	Reprise	LP/CD	Frank Sinatra	1971
	Muse	LP	Al Cohn e Zoot Sims	1973
	Bell	LP	Michel Legrand e sua Orquestra	1974
	Ensayo	LP	Tete Montoliu	1974
	Festival	LP	Baden Powell e Stephane Grappelli	1974
	Som Livre	LP	Copinha	1975
	Odeon	LP	Geraldo Vespar	1975
	CBS	LP	Telma	1975
	Fontana	LP	Baden Powell	1975
	Telefunken	LP	Klauss Wunderlich	1976
	Pablo	LP	Ella Fitzgerald	1976
	Pablo	LP	Ella Fitzgerald	1977
	América	LP	Getúlio dos Santos (assovio)	1978
	Imagem	LP	Roberto Tostes Martins	1978
	EMI-Odeon	LP	Celeste	1979
	Warner Bros.	LP/CD	Tom Jobim	1980
	RCA Victor	LP/CD	Milton Banana Trio	1980
	BBG	LP	Al Jarreau	1980
	Pablo Today	LP/CD	Ella Fitzgerald	1981
	Concord	LP/CD	Antônio Carlos Barbosa Lima	1982
	Fama	LP	Banda do Corpo de Bombeiros	1986
	Philips	LP/CD	Nara Leão	1986
	Songs	LP	Joyce	1987
	Sabiá	LP	Tom Jobim e a Nova Banda	1987
	(BMG)	CD		
	CBS	CD	Quarteto em Cy	1988
	CBS	LP	Percy Faith	1988
	Verve	CD	Tom Jobim	1988
	CBS	CD	Wanda Sá e Peri Ribeiro	1992
	NANÃ	CD	Quarteto em Cy	1992
	CBS	CD	Peri Ribeiro	1993
	RCA	CD	Rafael Rabelo	1993
	Private	CD	Toots Thielemans	1993
	JVC	CD	Salena Jones	1994
	RCA	CD	Johnny Alf e Leny Andrade	1994

Título – Autor(es)	Gravadora	Tipo	Intérpretes	Ano
	Warner Bros.	CD	Earl Klugh	1994
	Warner Bros.	CD	Herbie Mann	1994
	Perfil Mus.	CD	Leny Andrade e Romero Lubambo	1994
	Compact Cl.	CD	Brazilian Tropical Orchestra	1995
	Philips	CD	Trio Esperança	1995
	Columbia	CD	Josee Koning e Dori Caymmi	1995
	Lumiar	CD	Morais Moreira	1996
SAMBA DO AVIÃO (Tom Jobim)	RGE	LP	Elza Laranjeira	1962
	RCA Victor	LP	Cauby Peixoto	1962
	Philips	LP	Os Cariocas	1963
	Columbia	LP	Charlie Byrd	1963
	Odeon	LP	Orquestra Brasil Moderno	1963
	Odeon	LP	Walter Wanderley	1963
	RCA Victor	LP	Sílvio Viana (órgão)	1963
	RCA Victor	LP	Aurino (sax tenor)	1963
	Continental	LP	Zé Maria (órgão)	1963
	Elenco	LP	Baden Powell	1963
	(Mercury)	CD		
	Mocambo	LP	Claudete Soares	1963
	Warner Bros.	LP	Tom Jobim	1964
	(Mercury)	CD		
	Forma	LP	Eumir Deodato	1964
	(Philips)	CD		
	CBS	LP	Astor e sua Orquestra	1964
	Odeon	LP	Wilson Simonal	1964
	CBS	LP	Sílvio Mazzucca e sua Orquestra	1964
	RCA Victor	LP	Wilson Simonal	1964
	RCA Victor	LP	Raulzinho	1964
	Pacific Jazz	LP	Bud Shank, Rosinha de Valença e J. Donato	1965
	Odeon	LP	Milton Banana Trio	1965
	Odeon	LP	Mário Gennari Filho	1965
	RCA Victor	LP	Embalo Trio	1965
	CBS-Entré	LP	Mozart e sua Orquestra	1965
	Polydor	LP	Leny Andrade	1965
	Elenco	LP	Orquestra dirigida por Lindolfo Gaya e coro de Delfino Filho	1965

Título – Autor(es)	Gravadora	Tipo	Intérpretes	Ano
	Verve	LP	Walter Wanderley	
	Elenco	LP	Sílvia Telles	1965
	(Mercury)	CD		
	London	LP	Sacha	1966
	SBA	LP	Don Júnior	1966
	London	LP	Neco (violão)	1967
	Parlophone	LP	Carlos Monteiro de Souza e seu Conjunto	1968
	Codil-Ritmos	LP	Roberto Nunes	1970
	Festival	LP	Baden Powell	1973
	RCA Victor	LP/CD	Tom Jobim e Miúcha	1977
	Philips	LP	Gilberto Gil	1978
	Copacabana	LP	Peri Ribeiro	1979
	Concord	LP	Jackie Cain e Roy Kral	1979
	RCA	LP/CD	Milton Banana Trio	1980
	Pablo Today	LP	Ella Fitzgerald	1981
	Barclay	LP	Marçal	1985
	Philips	LP/CD	Nara Leão	1986
	Sabiá	LP	Tom Jobim, Danilo Caymmi e a Nova Banda	1987
	(BMG)	CD		
	Som Livre	LP	Grupo Chovendo na Roseira	1988
	Warner Bros.	LP	Os Mulheres Negras	1988
	Verve	CD	Tom Jobim e Danilo Caymmi	1988
	Som Livre	CD	Os Cariocas	1990
	Som Livre	CD	Leila Pinheiro e Os Cariocas	1991
	Som Livre	CD	MPB-4	1991
	RCA	CD	Rafael Rabelo	1993
	JVC	CD	Salena Jones e Paulo Jobim	1994
	Warner Bros.	CD	Gilberto Gil	1994
	Warner Bros.	CD	Wilson Simonal	1994
	EMI-Odeon	CD	Leila Pinheiro	1995
	EMI-Odeon	CD	Marina Lima	1995
	Lumiar	CD	Leny Andrade e Cristóvão Bastos	1995
	Lumiar	CD	Alaíde Costa	1996

Título – Autor(es)	Gravadora	Tipo	Intérpretes	Ano
SAMBA NÃO É BRINQUEDO (Tom Jobim e Luis Bonfá)	Continental	78	Dora Lopes	1956
SAMBA TORTO (Tom Jobim e Aloysio de Oliveira)	Philips	LP/CD	Sílvia Telles	1960
	Philips	LP	Vocalistas Modernos	1960
	Columbia	LP	Charlie Byrd	1963
	Warner Bros.	LP	Orquestra dirigida por Lindolfo Gaya	1963
	Elenco	LP	Roberto Menescal e seu Conjunto	1964
	Elenco	LP	Quarteto em Cy	1966
	Som Livre	LP	Grupo Chovendo na Roseira	1988
	Lumiar	CD	Garganta Profunda	1996
SAMBINHA BOSSA NOVA (Tom Jobim)	A&M	LP	Tom Jobim	1970
SAUDADE DO BRASIL (Tom Jobim)	Fantasy	LP	Bill Evans	1974
	Warner Bros.	LP/CD	Tom Jobim	1976
	Lumiar	CD	Nelson Ayres, Paulo Bellinati e Marcelo Jaffé	1996
SE É POR FALTA DE ADEUS (Tom Jobim e Dolores Duran)	Continental	78	Dóris Monteiro	1955
	Odeon	78	Dick Farney	1959
	London	LP	Dick Farney	1974
	Tapecar-Soma	LP	Dóris Monteiro	1975
	Lumiar	CD	Áurea Martins	1996
SE TODOS FOSSEM IGUAIS A VOCÊ (Tom Jobim e Vinicius de Moraes)	Odeon	LP/CD	Roberto Paiva e Tom Jobim	1956
	Continental	78	Tito Madi	1957
	Odeon	LP/CD	Sílvia Telles	1957
	Odeon	78	Roberto Luna	1957
	Continental	LP	Bené Nunes	1958
	Polydor	LP/CD	Agostinho dos Santos	1958
	Copacabana	LP	Almir Ribeiro	1958
	Copacabana	LP	Elizeth Cardoso	1958
	Mocambo	LP	Maria Helena Raposo	1958
	RGE	LP	Maysa	1958
	Odeon	LP	Roberto Inglês e sua Orquestra	1958
	Odeon	LP	Norberto Baudauf	1958

Título – Autor(es)	Gravadora	Tipo	Intérpretes	Ano
	Odeon	LP	Gaúcho	1958
	Polydor	LP	Norma Sueli	1958
	Columbia	LP	Lana Bittencourt	1958
	Odeon	LP	Steve Bernard	1958
	Odeon	LP/CD	Lúcio Alves	1959
	Polydor	78	Orquestra dirigida por Alexandre Gnattali	1959
	Odeon	LP	Léo Peracchi e sua Orquestra	1959
	Sinter	LP	Lira de Xopotó	1959
	RCA Victor	LP	Vicente Celestino	1959
	Rádio	LP	Sexteto Geraldo	1959
	Odeon	LP	Chiquinho (acordeão)	1960
	RGE	LP	Miltinho & Conjunto Djalma Ferreira	1960
	Odeon	LP/CD	Banda do Corpo de Bombeiros	1960
	Som	LP	Ângela Maria	1960
	Columbia	LP	Charlie Byrd	1963
	Warner Bros. (DSCD)	LP CD	Tom Jobim	1965
	Odeon	LP	Wilson Simonal	1965
	Columbia	LP	Herb Elis e Charlie Byrd	1965
	RCA Victor	LP	Vic Damone	1966
	Odeon	LP/CD	Maria Bethânia	1968
	Odeon	LP	Roberto Audi	1969
	RCA Victor	LP	José Ricardo	1969
	Philips	LP	Elis Regina e Luiz Carlos Miele	1970
	Project 3	LP	Enoch Light & The Light Brigade	1970
	Reprise	LP/CD	Frank Sinatra	1971
	CBS	LP	Dionysio	1971
	Odeon	LP	Cauby Peixoto	1972
	CBS	LP	Baden Powell	1972
	RGE	LP	Maria Creuza, Toquinho e Vinicius de Moraes	1972
	Continental	LP	Agostinho dos Santos	1973
	CBS	LP	Sílvio Caldas	1974
	Tapecar-Soma	LP	Lúcio Alves	1975
	Philips	LP	Quarteto em Cy	1975

Título – Autor(es)	Gravadora	Tipo	Intérpretes	Ano
	(Mercury)	CD		
	Marcus Pereira	LP	José Tobias	1976
	Som Livre	LP/CD	Tom Jobim, Miúcha, Vinicius e Toquinho	1977
	RCA Victor (Marshall)	LP CD	Sarah Vaughan	1978
	Copacabana	LP	Orquestra dirigida por Guerra Peixe	1978
	Atlantic	LP	Baden Powell	1979
	MPS	LP	The Singers Unlimited	1979
	Warner Bros.	LP/CD	Tom Jobim	1980
	RCA Victor	LP/CD	Milton Banana Trio	1980
	Atlantic	LP	Baden Powell	1980
	EMI-Odeon	LP	Fernando Gallo	1980
	Som da Gente	LP	Dick Farney	1981
	Som Livre	LP	Elizeth Cardoso	1981
	CBS	LP	Orquestra e Coral Bacarelli	1981
	Elektra	LP	Bobby Short	1982
	Som Livre	LP	Olívia Byington	1983
	Muse	LP	Mark Murphy	1983
	Polyfar	LP	Djalma	1983
	ARCA	LP	Elizeth Cardoso	1986
	CBS	LP	Baden Powell e Dick Farney	1988
	EMI-Odeon	CD	Nana Caymmi e Wagner Tiso	1989
	Som Livre	CD	Maria Creuza	1989
	Som Livre	CD	Copatrio	1991
	CBS	LP/CD	Dóris Monteiro e Tito Madi	1992
	CBS	CD	Richard Clayderman	1992
	Lumiar	CD	Simone e Wagner Tiso	1993
	Som Livre	CD	Emílio Santiago	1993
	Compact Cl.	CD	Brazilian Tropical Orchestra	1995
	Som Livre	CD	Watuzi	1995
SEM VOCÊ (Tom Jobim e Vinicius de Moraes)	Festa	LP	Lenita Bruno	1959
	Odeon	LP/CD	Sílvia Telles	1959
	Polydor	LP	Carlos Augusto	1959
	RCA Victor	LP/CD	Alaíde Costa	1961
	RGE	LP	Elza Laranjeira	1962
	CBS	LP	Marisa Bastos	1962

Título – Autor(es)	Gravadora	Tipo	Intérpretes	Ano
	Odeon	C	Dalva de Andrade	1962
	Mocambo	LP	Claudete Soares	1963
	Elenco	LP/CD	Tom Jobim e Nana Caymmi	1965
	Elenco	LP	Márcia	1970
	Copacabana	LP	Elizeth Cardoso	1978
	Copacabana	LP	Peri Ribeiro	1979
	Som Livre	LP	Elizeth Cardoso	1981
	Lumiar	CD	Tom Jobim e Chico Buarque	1993
	Columbia	CD	Josee Koning e Dori Caymmi	1995
	Omagatoki	CD	Joyce e Toninho Horta	1995
	Lumiar	CD	Maria Bethânia	1996
	Polygram	CD	Ney Matogrosso	1997
SENHORA DONA BIBIANA (Tom Jobim e Ronaldo Bastos)	Som Livre	LP	Zé Renato e Tom Jobim	1985
SINFONIA DO RIO DE JANEIRO (Tom Jobim e Billy Blanco)	Continental	LP	Diversos intérpretes com Radamés Gnattali, sua Orquestra e Quinteto Continental	1954
	Continental	LP	Diversos intérpretes com orquestra dirigida por Radamés Gnattali	1960
	RCA Victor	LP	Lana Bittencourt e Haroldo de Almeida	1965
SÓ DANÇO SAMBA (Tom Jobim e Vinicius de Moraes)	Odeon	LP	Elza Soares	1962
	RGE	LP	Elza Laranjeira	1962
	Masterplay	LP	Juarez Araújo	1962
	Verve (Mercury)	LP CD	Tom Jobim	1963
	Philips	LP/CD	Os Cariocas	1963
	Philips	LP	Tamba Trio	1963
	Philips	LP	Orquestra dirigida por Carlos Monteiro de Souza	1963
	Odeon	LP/CD	Trio Irakitan	1963
	Columbia	LP	Charlye Byrd	1963
	Verve	LP/CD	Stan Getz e Luis Bonfá	1963
	Battle	LP	João Meirelles	1963

Título – Autor(es)	Gravadora	Tipo	Intérpretes	Ano
	Odeon	LP	Walter Wanderley	1963
	Odeon	C	Conjunto Boa Bossa	1963
	Philips	LP	Corisco e seus Sambaloucos	1963
	RCA Víctor	LP	Sílvio Viana	1963
	RCA Victor	LP	Espósito e sua Orquestra	1963
	Continental	LP	Zé Maria (órgão)	1963
	CBS	LP	Ronaldo	1963
	Musiplay	LP	Ritmistas da Bossa	1963
	Polydor	LP	João Donato	1963
	Elenco	LP	Trio Sérgio Mendes	1964
	Verve	LP/CD	João Gilbeto, Stan Getz e Tom Jobim	1964
	Elenco	LP	Roberto Menescal e seu Conjunto	1964
	CBS	LP	Astor e sua Orquestra	1964
	Impulse	LP	Milt Jackson	1964
	Polydor	LP	Stellinha Egg	1964
	Imperial	LP	Roberto Menescal	1964
	Chantecler	LP	Os Modernístas	1964
	CBS	LP	Orquestra dirigida por Alexandre Gnattali	1964
	World Pacific	LP	Clare Fischer (piano e órgão)	1964
	Columbia	LP	Herb Ellis e Charlie Byrd	1965
	RCA Victor	LP	Embalo Trio	1965
	SBA	LP	Don Júnior	1966
	RCA Victor	LP	Conjunto Jovem Brasa	1966
	Pablo Live	LP	Ella Fitzgerald	1966
	Capitol	LP	Wanda Sá	1966
	A&M	LP	Sérgio Mendes & Brasil 66.	1968
	Philips	LP	Tamba Trio	1968
	Ensayo	LP	Tete Montoliu	1974
	Polyfar	LP	Stan Getz e João Gilberto	1975
	RCA Victor	LP/CD	Milton Banana Trio	1980
	Famous Door	LP	George Masso	1981
	RCA Victor	LP/CD	Tamba Trio	1982
	Independente	LP	Orlando e Patrícia	1983
	Est. Eldorado	LP	Paulo César Gomes	1985
	Lumiar	CD	Morais Moreira	1993
	Gl. Columbia	CD	Tom Jobim	1994

Título – Autor(es)	Gravadora	Tipo	Intérpretes	Ano
	Perfil Mus.	CD	Leny Andrade e Romero Lubambo	1994
	Columbia	CD	Josee Koning e Dori Caymmi	1995
	Omagatoki	CD	Joyce e Toninho Horta	1995
	Lumiar	CD	João Donato	1996
SÓ EM TEUS BRAÇOS	Odeon	LP/CD	Sílvia Telles	1959
(Tom Jobim)	Philips	LP	Conjunto de Oscar Castro Neves	1960
	Odeon	LP/CD	João Gilberto	1960
	Columbia	LP	Lana Bittencourt	1960
	Odeon	LP/CD	Isaura Garcia	1961
	Odeon	LP	Carolina Cardoso de Menezes	1962
	Philips	LP		
Conjunto Melódico Norberto Baudauf		1962		
	CBS	LP	Sílvia Telles e Lúcio Alves	1964
	RCA Victor	LP	José Ricardo e Marília Barbosa	1969
	RCA Victor	LP/CD	Milton Banana Trio	1980
	Som Livre	LP	Fafá de Belém	1983
	Som Livre	CD	Verônica Sabino	1991
	CBS	CD	Wanda Sá e Peri Ribeiro	1992
	Compact Cl.	CD	Brazilian Tropical Orchestra	1995
	Omagatoki	CD	Joyce e Toninho Horta	1995
	Lumiar	CD	Paulinho Moska	1996
SÓ SAUDADE	Odeon	78	Cláudia Morena	1956
(Tom Jobim e	Copacabana	LP	Ernâni Filho	1960
Newton Mendonça)	Audio Fidelity	LP	Bossa Três	1963
	Odeon	LP	Wilson Simonal	1964
	Odeon	LP	Peri Ribeiro e Leny Andrade	1965
	Odeon	LP	Marisa	1974
	Lumiar	CD	Leny Andrade e Cristóvão Bastos	1996
SÓ TINHA DE SER	Warner Bros.	LP	Tom Jobím	1964
COM VOCE	(Mercury)	CD		
(Tom Jobim e	Elenco	LP	Trio Sérgio Mendes	1964
Aloysio de Oliveira)	(Mercury)	CD		
	Forma	LP	Eumir Deodato	1964
	(Philips)	CD		
	Philips	LP	Os Cariocas	1964
	Odeon	LP/CD	Eumir Deodato	1964

Título – Autor(es)	Gravadora	Tipo	Intérpretes	Ano
	RGE	LP	Paulinho Nogueira	1964
	RGE	LP	Toquinho (violão)	1964
	Chantecler	LP	Wilson Miranda	1964
	Philips	LP	Rosana Toledo	1964
	Elenco	LP/CD	Roberto Menescal e seu Conjunto	1965
	Elenco	LP/CD	Tom Jobim	1965
	Elenco	LP	Astrud Gilberto e Tom Jobim	1965
	(Mercury)	CD		
	Philips	LP	Tamba Trio	1965
	Odeon	LP	Milton Banana Trio	1965
	Odeon	LP	Peri Ribeiro e Leny Andrade	1965
	Odeon	LP	Wilson Simonal	1965
	Odeon	LP	Sílvio César	1965
	RCA Victor	LP	Trio 3D	1965
	RCA Victor	LP	José Menezes e os Velhinhos Transviados	1965
	RCA Victor	LP	Embalo Trio	1965
	Polydor	LP	Tita	1965
	Elenco	LP	Tamba Trio	1966
	RGE	LP	Zimbo Trio	1967
	London	LP	Neco (violão)	1967
	RCA Victor	LP	Vitor Hugo	1969
	Quartin	LP	Victor Assis Brasil (sax alto)	1970
	Philips	LP/CD	Elis Regina e Tom Jobim	1974
	CID	LP	Orquestra de estúdio	1978
	RCA Victor	LP/CD	Milton Banana Trio	1980
	Pablo Today	LP/CD	Ella Fitzgerald	1981
	CBS	CD	Wanda Sá e Peri Ribeiro	1992
	Philips	CD	Elis Regina	1992
	Lumiar	CD	Nana Caymmi e Danilo Caymmi	1996
SOLIDÃO (Tom Jobim)	Continental	LP	Nora Ney	1954
	Odeon	LP	Dick Farney	1959
	RGE	LP	Mr. Samba e seus Skindôs Rítmicos	1962
	London	LP	Dick Farney	1974
	Philips	LP/CD	Caetano Veloso	1986
	Lumiar	CD	Zezé Gonzaga e Maurício Carrilho	1996

Título – Autor(es)	Gravadora	Tipo	Intérpretes	Ano
SOMEWHERE IN THE HILLS (Tom Jobim e Ray Gilbert)	JVC	CD	Salena Jones	1994
SONETO DA SEPARAÇÃO (Tom Jobim e Vinicius de Moraes)	Festa	LP	Lenita Bruno	1959
	Forma	LP	Dulce Nunes	1965
	Philips	LP/CD	Elis Regina e Tom Jobim	1974
	Philips (Mercury)	LP CD	Tom Jobim e Vinicius de Moraes	1977
	Philips	LP	Nara Leão	1984
	Lumiar	CD	Paulo Jobim e Olívia Byington	1993
	Som Livre	CD	Eugênia Melo e Castro	1995
SONHO DESFEITO (Tom Jobim e Marino Pinto)	Continental	78	Bill Farr	1956
STONE FLOWER (Tom Jobim)	CTI	LP	Tom Jobim	1970
	Columbia	LP/CD	Santana	1972
	Concord	LP	Laurindo de Almeida e Charlie Byrd	1980
	Lumiar	CD	Egberto Gismonti	1995
	Polygram	CD	Herbie Hancock, Paulinho da Costa e Steve Tavaglione	1997
SUCEDEU ASSIM (Tom Jobim e Marino Pinto)	Sinter	78	Vanja Orico	1957
	Odeon	LP/CD	Sílvia Telles	1957
	Odeon	78	Ernani Filho	1957
	Polydor	78	Agostinho dos Santos	1958
	Polydor	LP	K-Ximbinho	1958
	Odeon	LP	Norma Bengell	1959
	Odeon	LP	Chiquinho (acordeão)	1960
	CBS	LP	Só Orquestra	
	Odeon	LP	Dalva de Andrade	1964
	Odeon	LP	Clara Nunes	1968
	London	LP	Tito Madi	1971
	Sabiá (BMG)	LP CD	Tom Jobim	1987
SUE ANN (Tom Jobim)	A&M	LP/CD	Tom Jobim	1970
	Lumiar	CD	M. Adnet e P. Guimarães	1995

Título – Autor(es)	Gravadora	Tipo	Intérpretes	Ano
SURFBOARD	Warner Bros.	LP	Tom Jobim	1964
(Tom Jobim)	(Mercury)	CD		
	Warner Bros.	LP	Tom Jobim	1965
	(DSCD)	CD		
	Elenco	LP	Conjunto Roberto Menescal	1966
	Fontana	LP	Orquestra de estúdio	1967
	A&M	LP	Walter Wanderley	1969
	Odeon	LP	Luiz Carlos Vinhas	1970
	Philips	LP	Nelson Riddle e sua Orquestra	1973
	Gl. Columbia	CD	Tom Jobim	1994
	EPM	CD	Juarez Moreira	1995
	Lumiar	CD	Gilson Peranzzetta e Márcio Montarroyos	1995
TAKATANGA	A&M	LP/CD	Tom Jobim	1970
(Tom Jobim)	Lumiar	CD	M. Boffa e Raul Mascarenhas	1995
TEMA DE AMOR	RCA Victor	LP/CD	Gal Costa e Tom Jobim	1983
DE GABRIELA	Barclay	LP	MPB-4	1984
(Tom Jobim)	(Mercury)	CD		
	Philips	LP	Paul Mauriat	1984
	Fontana	LP	Gal Costa	1985
	Coca-Cola	LP	Gílson Peranzzetta e Artur Maia	1986
	Verve	LP	Tom Jobim e a Nova Banda	1987
	Som Livre	LP	Grupo Chovendo na Roseira	1988
	Polygram	CD	Ney Matogrosso	1997
TEMA JAZZ	A&M	LP/CD	Tom Jobím	1970
(Tom Jobim)	EPM	CD	Juarez Moreira	1995
	Lumiar	CD	Hermeto Pascoal e Osmar Milito	1995
TEMA PARA ANA (Tom Jobim)	Lumiar	CD	Tom Jobim	1995
TEMPO DO MAR	MCA	LP	Tom Jobim	1973
(Tom Jobim)	(Mercury)	CD		
	Lumiar	CD	L. Braga e Quinteto Villa-Lobos	1995
TERESA DA PRAIA	Continental	78	Dick Farney e Lúcio Alves	1954
(Tom Jobim e	Odeon	LP	Oscar Ferreira	1 963
Billy Blanco)	RGE	C	Dick Farney e Rui Fernando	1963
	London	LP	Dick Farney e Lúcio Alves	1972

Título – Autor(es)	Gravadora	Tipo	Intérpretes	Ano
	Discoban	LP	Dick Farney	1987
	Som Livre	CD	Emílio Santiago	1995
	Lumiar	CD	João Nogueira e Sérgio Ricardo	1996
TERESA MEU AMOR (Tom Jobim)	CTI	LP	Tom Jobim	1970
	Som Livre	LP	Edson Frederico	1984
	Lumiar	CD	U. Rocha e T. Cardoso	1995
TEU CASTIGO (Tom Jobim e Newton Mendonça)	Odeon	78	Dalva de Oliveira	1956
THIS HAPPY MADNESS (Tom Jobim, Vinicius de de Moraes e Ray Gilbert)	Reprise	LP/CD	Frank Sínatra e Tom Jobim	1971
TIDE (Tom Jobim)	A&M	LP/CD	Tom Jobim	1970
	Lumiar	CD	J. R. Bertrami	1995
TREM DE FERRO (Tom Jobim e Manuel Bandeira)	Continental (Leblon)	LP CD	Olívía Hime	1986
	Gl. Columbia	CD	Tom Jobim	1994
TREM PARA CODISBURGO (Tom Jobim)	MCA (Mercury)	LP CD	Tom Jobim	1973
TRISTE (Tom Jobim)	A&M	LP/CD	Tom Jobim	1967
	A&M	LP/CD	Sérgio Mendes & Brasil 66	1968
	Capitol	LP	Caldera	1970
	Codil-Ritmos	LP	Roberto Nunes	1970
	Reprise	LP/CD	Frank Sinatra e Tom Jobim	1971
	Festival	LP	Baden Powell	1973
	MCA	LP	Xavier Cugat e sua Orquestra	1973
	Philips	LP/CD	Elis Regina e Tom Jobim	1974
	MPS	LP	Oscar Peterson	1975
	Improv	LP	Charlie Byrd	1976
	Warner Bros.	LP	João Gilberto	1977
	Alamo	LP	Tommy Whittle	1977
	Concord Jazz	LP	Charlie Byrd	1977
	RCA Victor (Marshall)	LP CD	Sarah Vaughan	1978
	Est. Eldorado	LP	Moacir Peixoto (piano)	1979

Título – Autor(es)	Gravadora	Tipo	Intérpretes	Ano
	Est. Eldorado	LP	Manfredo Fest	1979
	Emi-Odeon	LP	Celeste	1979
	Warner Bros.	LP/CD	Tom Jobim	1980
	Concord	LP	Tânia Maria	1980
	Concord	LP	Herb Ellis e Remo Palmieri	1980
	HEP	LP	Buddy de Franco	1980
	RCA	LP/CD	Milton Banana Trio	1980
	Pablo Today	LP/CD	Ella Fitzgerald	1981
	Palo Alto	LP	Teery Gibbs e Buddy de Franco	1981
	Independente	LP	Sávio Araújo	1983
	Som Livre	LP	Elis Regina (grav. em 1976)	1984
	Visom	LP	Jorge Degas e Marcelo Salazar	1987
	CBS	CD	Emílio Santiago	1988
	Emi-Odeon	CD	Joyce	1989
	Som Livre	CD	Leila Pinheiro	1991
	Verve	CD	Laura Fygi	1994
	EPM	CD	Juarez Moreira	1995
	Verve	CD	Joe Henderson	1995
	Lumiar	CD	Johnny Alf	1996
TWO KITES (Tom Jobim)	Warner Bros. Verve Lumiar	LP/CD CD CD	Tom Jobim Tom Jobim Rosa Maria	1980 1988 1996
VALSA DO AMOR DE NÓS DOIS (Tom Jobim e Vinicius de Moraes)	RGE	LP	Elza Laranjeira	1962
VALSA PORTO DAS CAIXAS (Tom Jobim)	RCA Victor Warner Bros. (Mercury)	LP LP CD	Orlando Silveira e seu Conjunto Tom Jobim	1962 1964
VELHO RIACHO (Tom Jobim)	RCA Victor	LP	Orlando Silveira e seu Conjunto	1962
VEM VIVER AO MEU LADO (Tom Jobim e Alcides Fernandes)	Odeon	78	Gilda Barros	1956
VIDA BELA				

Título – Autor(es)	Gravadora	Tipo	Intérpretes	Ano
(PRAIA BRANCA) (Tom Jobim e Vinicius de Moraes)	Festa	LP	Elizeth Cardoso	1958
VIOLEIRA (A) (Tom Jobim e Chico Buarque)	CBS	LP	Elba Ramalho	1983
	Lumiar	CD	Elba Ramalho	1996
	Polygram	CD	Quarteto em Cy & MPB-4	1997
VIVO SONHANDO (Tom Jobim)	Verve	LP	Tom Jobim	1963
	(Mercury)	CD		
	Odeon	LP/CD	Marcos Valle	1963
	Verve	LP/CD	Stan Getz, João Gilbeto e Tom Jobim	1964
	Forma	LP	Eumir Deodato	1964
	(Philips)	CD		
	RGE	LP	Zimbo Trio	1964
	Philips	LP	Os Cariocas	1964
	Fermata	LP	Hector Costita	1964
	Philips	LP	Dom Um	1964
	RGE	LP	Wanda Sá	1964
	Elenco	LP	Sérgio Mendes, Phil Woods e Tom Jobim	1964
	(Mercury)	CD		
	Elenco	LP	Astrud Gilberto e Tom Jobim	1965
	(Mercury)	CD		
	Odeon	LP	Peri Ribeiro e Leny Andrade	1965
	Imperial	LP	Balanço Trio	1965
	Polydor	LP	Leny Andrade	1965
	Forma	LP	Bossatrês	1965
	Elenco	LP	Dick Farney	1965
	(Philips)	CD		
	London	LP	The Ipanema Orchestra	1965
	Capitol	LP	Wanda Sá	1966
	Rosemblit	LP	Claudete Soares	1968
	Polyfar	LP	Stan Getz e João Gilberto	1975
	Copacabana	LP	Peri Ribeiro	1979
	Som Livre	LP	Billy Eckstine	1979
	Fontana	LP	Sílvia Telles	1979
	Warner Bros.	LP/CD	Tom Jobim	1980
	Philips	LP	Sarah Vaughan	1980

Título – Autor(es)	Gravadora	Tipo	Intérpretes	Ano
	(Pablo)	CD		
	Pablo Today	LP/CD	Ella Fitzgerald	1981
	CBS	CD	Emílio Santiago	1988
	Emi-Odeon	CD	Joyce	1989
	Som Livre	CD	Leila Pinheiro	1991
	Lumiar	CD	Leny Andrade e Cristóvão Bastos	1995
	Omagatoki	CD	Joyce e Toninho Horta	1995
	Verve	CD	Joe Henderson	1995
	Lumiar	CD	Peri Ribeiro	1996
VOCÊ VAI VER	Warner Bros.	LP/CD	Tom Jobim	1980
(Tom Jobim e	Som Livre	CD	Irene Singery	1989
Ana Jobim)	Lumiar	CD	Leny Andrade e Cristóvão Bastos	1995
	Lumiar	CD	Emílio Santiago	1996
WAVE (VOU TE	CBS	LP	Lafayette	
CONTAR)	A&M	LP/CD	Tom Jobim	1967
(Tom Jobim)	Codil	LP	Tom Jobim e Quarteto 004	1968
	MIS	LP	Tom Jobim e Quarteto 004	1968
	MIS	LP	Septeto de Paulo Moura	1968
	Philips	LP/CD	Elis Regina	1968
	Capitol	LP	Nancy Wilson	1968
	Odeon	LP	Caçulinha (Acordeão)	1968
	London	LP	Luís Loy	1968
	Parlophone	LP	Wilson das Neves e seu Conjunto	1968
	A&M	LP/CD	Sérgio Mendes	1968
	Odeon	LP	Doris Monteiro	1969
	Parlophone	LP	Geraldo Vespar	1969
	Imperial	LP	Balanço Trio	1969
	London	C	Nelsinho (Trombone)	1969
	Philips	LP	Elis Regina	1969
	RCA	LP	Os Showpignons	1969
	Elenco	LP	Luiz Eça	1970
	(Mercury)	CD		
	Codil Ritmos	LP	Roberto Nunes	1970
	Fontana	LP	Elis Regina & Toots Thielemans	
	Quartin	LP	Victor Assis Brasil	1970
	A&M	LP	The Sandpipers	1970
	Odeon	LP	Luis Carlos Vinhas	1970

Título – Autor(es)	Gravadora	Tipo	Intérpretes	Ano
	Fantasy	LP	Charlie Byrd (Violão)	1970
	Jazzum	LP	Barney Kessel e Red Mitchell	1970
	CRS	LP	Walter Wanderley	1970
	Tropicana	LP	Samba 5	1970
	CBS	LP	Johnny Mathis	1970
	Reprise	LP/CD	Frank Sinatra	1971
	CBS	LP	Percy Faith e sua Orquestra	1971
	Columbia	LP	Tony Bennett	1971
	Emily	LP	Anita O'Day	1971
	RCA Victor	LP	Buddy Rich e William Reichbach	1972
	MPS	LP	Oscar Peterson	1972
	Inner City	LP	Kenny Drew, Niels Osted Pedersen	1973
	MCA	LP	Xavier Cugat e sua Orquestra	1973
	Codil-Ritmos	LP	Som Nove	1973
	Pausa	LP	Art Van Damme & Singers Unlimited	1974
	Ensayo	LP	Tete Montoliu	1974
	Evento	LP	Lee Ritenour e Oscar Castro Neves	1974
	Odeon	LP	Geraldo Vespar	1975
	Milestone	LP	McCoy Tyner	1975
	A&M	LP	Paul Desmond	1975
	Inner City	LP	Dexter Gordon	1975
	Pablo	LP	Elia Fitzgerald	1975
	Pablo	LP	Milr Jackson, Joe Pass e Ray Brown	1975
	MCA	LP	Ahmad Jamal	1975
	Columbia	LP	Tony Benett (ao vivo)	
	London	LP	Joel Nascimento (Bandolim)	1976
	Inner City	LP	Edie Davis	1976
	Livia	LP	Luis Stewart	1976
	Pablo	LP	Eddie Davis	1976
	Nucleus	LP	Lenita Bruno	1976
	Outstanding	LP	Paul Smith	1976
	Warner Bros.	LP	João Gilberto	1977
	Xanadu	1,P	Earl Coleman	1977
	Pablo	LP	Benny Carter	1977
	Arista	LP	Stephane Grappelli (Violino)	1977
	Muse	LP	Walter Bishop Jr.	1977
	Som Livre	LP/CD	Tom Jobim	1977

Título – Autor(es)	Gravadora	Tipo	Intérpretes	Ano
	Blue Note	LP	Stanley Turrentine	1977
	Pablo	LP	Joe Pass e Paulinho Costa	1978
	Inner City	LP	The Great jazz Trio	1978
	MPS	LP	Super Sax	1978
	Prestige	LP	Ahmad Jamal	1978
	JTC	LP	Martin Taylor & Ike Isaacs	1979
	Pablo	LP	Oscar Peterson	1979
	Concord	LP	Herb Ellis	1979
	Concord	LP	Lorraine Feather	1979
	Inner City	LP	Helen Merrill	1979
	Warner Bros.	LP/CD	Tom Jobim	1980
	Progrressive	LP	Dorothy Donegan	1980
	Storyville	LP	Jesper Thilo Quartet	1980
	Bee Hive	LP	Jonny Hartman	1980
	RCA	LP/CD	Milton Banana Trío	1980
	Pablo Today	LP/CD	Ella Fitzgerald	1981
	RGE	LP	Raul Mascarenhas (Piano)	1982
	Concord	LP	Woody Herman	1983
	Ballad	LP	Dick Haymes	1983
	Nilva	LP	Junior Mance	1983
	Pablo	LP	Joe Pass e J. J. Johnson	1 983
	Philips	LP/CD	Nara Leão	1984
	Empathy	LP	Cecil Payne	1985
	Fama	LP	Fogueira Três	1986
	Philips	LP	Nara Leão	1986
	Coca-Cola	LP	Gilson Peranzzetta e Artur Maia	1986
	Songs	LP	Joyce	1987
	Sabiá	LP	Tom Jobim e a Nova Banda	1987
	(BMG)	CD		
	CBS	CD	Guilherme Arantes	1988
	Verve	CD	Tom Jobim e Gal Costa	1988
	Philips	CD	Banda do Jacaré	1990
	Som Livre	CD	Os Cariocas	1990
	RCA	CD	Five Tracks	1991
	Som Livre	CD	Copatrio	1991
	Vitória Régia	LP	Tim Maia	1991
	Som Livre	CD	Emílio Santiago	1992

Título – Autor(es)	Gravadora	Tipo	Intérpretes	Ano
	Warner Bros.	CD	Tim Maia	1992
	Philips	CD	Elba Ramalho	1993
	RCA	CD	Os Cariocas	1994
	Arista	CD	Dionne Warwick	1994
	EPM	CD	Juarez Moreira	1995
	Lumiar	CD	Leny Andrade e Cristóvão Bastos	1995
	Lumiar	CD	Lenine	1996
ZÍNGARO (Tom Jobim)	Warner Bros. (DSCD)	LP CD	Tom Jobim	1965

Discografia

1954 – *SINFONIA DO RIO DE JANEIRO* (Continental)

1. *Abertura* (Antonio Carlos Jobim/Billy Blanco)
2. *Hino ao sol* (Antonio Carlos Jobim/Billy Blanco)
3. *Coisas do dia* (Antonio Carlos Jobim/Billy Blanco)
4. *Matei-me no trabalho* (Antonio Carlos Jobim/Billy Blanco)
5. *Zona Sul* (Antonio Carlos Jobim/Billy Blanco)
6. *Arpoador* (Antonio Carlos Jobim/Billy Blanco)
7. *Noites do Rio* (Antonio Carlos Jobim/Billy Blanco)
8. *O mar* (Antonio Carlos Jobim/Billy Blanco)
9. *A montanha* (Antonio Carlos Jobim/Billy Blanco)
10. *O morro* (Antonio Carlos Jobim/Billy Blanco)
11. *Descendo o morro* (Antonio Carlos Jobim/Billy Blanco)
12. *O samba de amanhã* (Antonio Carlos Jobim/Billy Blanco)

1956 – *ORFEU DA CONCEIÇÃO* (Odeon)

1. *Orfeu da Conceição – Ouverture* (Antonio Carlos Jobim/Vinicius de Moraes)
2. *Monólogo de Orfeu* (Antonio Carlos Jobim/Vinicius de Moraes)
3. *Um nome de mulher* (Antonio Carlos Jobim/Vinicius de Moraes)
4. *Se todos fossem iguais a você* (Antonio Carlos Jobim/Vinicius de Moraes)
5. *Mulher sempre mulher* (Antonio Carlos Jobim/Vinicius de Moraes)
6. *Eu e o meu amor* (Antonio Carlos Jobim/Vinicius de Moraes)
7. *Lamento no morro* (Antonio Carlos Jobim/Vinicius de Moraes)

1957 – *O PEQUENO PRÍNCIPE* (Festa)

1. *O Pequeno Príncipe* (Antonio Carlos Jobim)

1957 – *CARÍCIA* – *Silvia Telles* (Odeon)

1. *Por causa de você* (Antonio Carlos Jobim/Dolores Duran) c/**Antonio Carlos Jobim e sua orquestra**
2. *Sucedeu assim* (Marino Pinto/Antonio Carlos Jobim)
3. *Tu e eu* (Altamiro Carrilho/Armando Nunes)
4. *Se todos fossem iguais a você* (Antonio Carlos Jobim/Vinicius de Moraes)
5. *Canção da volta* (Ismael Netto/Antonio Maria)
6. *Chove lá fora* (Tito Madi) c/**Léo Peracchi e sua Orquestra**
7. *Duas contas* (Garoto)
8. *Foi a noite* (Antonio Carlos Jobim/Newton Mendonça) **c/ Tom Jobim e sua orquestra**

1958 – *CANÇÃO DO AMOR DEMAIS* – *Elizeth Cardoso* (Festa)

1. *Chega de saudade* (Antonio Carlos Jobim/Vinicius de Moraes)
2. *Serenata do adeus* (Vinicius de Moraes)
3. *As praias desertas* (Antonio Carlos Jobim/Vinicius de Moraes)
4. *Caminho de pedra* (Antonio Carlos Jobim/Vinicius de Moraes)
5. *Luciana* (Antonio Carlos Jobim/Vinicius de Moraes)
6. *Janelas abertas* (Antonio Carlos Jobim/Vinicius de Moraes)
7. *Eu não existo sem você* (Antonio Carlos Jobim/Vinicius de Moraes)
8. *Outra vez* (Antonio Carlos Jobim/Vinicius de Moraes)
9. *Medo de amar* (Vinicius de Moraes)
10. *Estrada branca* (Antonio Carlos Jobim/Vinicius de Moraes)
11. *Vida bela* (Praia branca) (Antonio Carlos Jobim/Vinicius de Moraes)
12. *Modinha* (Antonio Carlos Jobim/Vinicius de Moraes)
13. *Canção do amor demais* (Antonio Carlos Jobim/Vinicius de Moraes)

1958 – *SILVIA* – *Silvia Telles* (Odeon)

1. *Cala meu amor* (Antonio Carlos Jobim/Vinicius de Moraes)
2. *É preciso dizer adeus* (Antonio Carlos Jobim/Vinicius de Moraes)
3. *Mágoa* (Antonio Carlos Jobim/Marino Pinto)
4. *Caminhos cruzados* (Antonio Carlos Jobim/Newton Mendonça)
5. *Amargura* (Radamés Gnatalli/Alberto Ribeiro)
6. *Segredo* (Fernando César)
7. *Quero-te assim* (Tito Madi)
8. *Neste mesmo lugar* (Klecius Caldas/A. Cavalcante)
9. *Estrada do sol* (Antonio Carlos Jobim/Dolores Duran)
10. *Aula de matemática* (Antonio Carlos Jobim/Marino Pinto)
11. *Suas mãos* (Antonio Maria/Pernambuco)
12. *Bom dia tristeza* (Adoniran Barbosa/Vinicius de Moraes)

1959 – *AMOR DE GENTE MOÇA* – *Silvia Telles* (Odeon)

1. *Dindi* (Antonio Carlos Jobim/Aloysio de Oliveira/Ray Gilbert)
2. *De você eu gosto* (Antonio Carlos Jobim/Aloysio de Oliveira)
3. *Discussão* (Antonio Carlos Jobim/Newton Mendonça)
4. *Sem você* (Antonio Carlos Jobim/Vinicius de Moraes)
5. *Fotografia* (Antonio Carlos Jobim)
6. *Janelas abertas* (Antonio Carlos Jobim/Vinicius de Moraes)
7. *Demais* (Antonio Carlos Jobim/Aloysio de Oliveira)
8. *O que tinha de ser* (Antonio Carlos Jobim/Vinicius de Moraes)
9. *A felicidade* (Antonio Carlos Jobim/Vinicius de Moraes)
10. *Canta, canta mais* (Antonio Carlos Jobim/Vinicius de Moraes)
11. *Só em teus braços* (Antonio Carlos Jobim)
12. *Esquecendo você* (Antonio Carlos Jobim)

1959 – *CHEGA DE SAUDADE* – *João Gilberto* (Odeon)

1. *Chega de saudade* (Antonio Carlos Jobim/Vinicius de Moraes)
2. *Lobo bobo* (Carlos Lyra/Ronaldo Bôscoli)
3. *Brigas nunca mais* (Antonio Carlos Jobim/Vinicius de Moraes)
4. *Ho-bá-lá-lá* (João Gilberto)
5. *Saudade fez um samba* (Carlos Lyra/Ronaldo Bôscoli)
6. *Maria ninguém* (Carlos Lyra)
7. *Desafinado* (Antonio Carlos Jobim/Newton Mendonça)
8. *Rosa morena* (Dorival Caymmi)
9. *Morena boca de ouro* (Ary Barroso)
10. *Bim bom* (João Gilberto)
11. *Aos pés da cruz* (Marino Pinto/Zé Gonçalves)
12. *É luxo só* (Ary Barroso/Luiz Peixoto)

1959 – *POR TODA A MINHA VIDA* – *Lenita Bruno* (Festa)

1. *Por toda a minha vida* (Antonio Carlos Jobim/Vinicius de Moraes)
2. *Serenata do adeus* (Vinicius de Moraes)
3. *Estrada branca* (Antonio Carlos Jobim/Vinicius de Moraes)
4. *Soneto de separação* (Antonio Carlos Jobim/Vinicius de Moraes)
5. *Valsa de Orfeu* (Vinicius de Moraes)
6. *Canção do amor demais* (Antonio Carlos Jobim/Vinicius de Moraes)
7. *As praias desertas* (Antonio Carlos Jobim/Vinicius de Moraes)
8. *Eu sei que vou te amar* (Antonio Carlos Jobim/Vinicius de Moraes)
9. *Canta, canta mais* (Antonio Carlos Jobim/Vinicius de Moraes)
10. *Modinha* (Antonio Carlos Jobim/Vinicius de Moraes)

11. *Cai a tarde* (Antonio Carlos Jobim)
12. *Sem você* (Antonio Carlos Jobim/Vinicius de Moraes)
13. *Eu não existo sem você* (Antonio Carlos Jobim/Vinicius de Moraes)

1960 – *BRASÍLIA – Sinfonia da Alvorada* (Columbia)

1. *O planalto deserto* (Antonio Carlos Jobim/Vinicius de Moraes)
2. *O homem* (Antonio Carlos Jobim/Vinicius de Moraes)
3. *A chegada dos candangos* (Antonio Carlos Jobim/Vinicius de Moraes)
4. *O trabalho e a construção* (Antonio Carlos Jobim/Vinicius de Moraes)
5. *Coral* (Antonio Carlos Jobim/Vinicius de Moraes)

1960 – *O AMOR, O SORRISO E A FLOR – João Gilberto* (Odeon)

1. *Samba de uma nota só* (Antonio Carlos Jobim/Newton Mendonça)
2. *Doralice* (A. Almeida/Dorival Caymmi)
3. *Só em teus braços* (Antonio Carlos Jobim)
4. *Trêvo de quatro folhas* (M. Dixon/H. Woods/versão de Nilo Sergio)
5. *Se é tarde me perdôa* (Carlos Lyra/Ronaldo Bôscoli)
6. *Um abraço no Bonfá* (João Gilberto)
7. *Meditação* (Antonio Carlos Jobim/Newton Mendonça)
8. *O pato* (Jaime Silva/Neuza Teixeira)
9. *Corcovado* (Antonio Carlos Jobim)
10. *Discussão* (Antonio Carlos Jobim/Newton Mendonça)
11. *Amor certinho* (Roberto Guimarães)
12. *Outra vez* (Antonio Carlos Jobim)

1961 – *JOÃO GILBERTO – João Gilberto* (Odeon)

1. *Samba da minha terra* (Dorival Caymmi)
2. *O barquinho* (Roberto Menescal/Ronaldo Bôscoli)
3. *Bolinha de papel* (Geraldo Pereira)
4. *Saudade da Bahia* (Dorival Caymmi)
5. *A primeira vez* (Bide/Marçal)
6. *Amor em paz* (Antonio Carlos Jobim/Vinicius de Moraes)
7. *Você e eu* (Carlos Lyra/Vinicius de Moraes)
8. *Trem de ferro* (Lauro Maia)
9. *Coisa mais linda* (Carlos Lyra/Vinicius de Moraes)
10. *Presente de Natal* (Nelcy Noronha)
11. *Insensatez* (Antonio Carlos Jobim/Vinicius de Moraes)
12. *Este seu olhar* (Antonio Carlos Jobim)

1962 – *BOSSA NOVA COM HERBIE MANN* (Atlantic/Fermata)

1. *Deve ser amor (It must be love)* (Baden Powell/Vinicius de Moraes)
2. *Menina feia* (Oscar Castro Neves/Luverci Fiorini)
3. *Amor em paz* (Antonio Carlos Jobim/Vinicius de Moraes) **(Tom Jobim, piano)**
4. *Você e eu* (Carlos Lyra/Vinicius de Moraes)
5. *One note samba (Samba de uma nota só)* (Antonio Carlos Jobim/Newton Mendonça) **(Tom Jobim, piano e voz)**
6. *Blues walk* (Clifford Brown)
7. *Consolação* (Baden Powell/Vinicius de Moraes)
8. *Bossa velha (Old Bossa)* (Herbie Mann)

1963 – *GETZ/GILBERTO – Stan Getz, João Gilberto e Antonio Carlos Jobim* (Verve)

1. *The girl from Ipanema* (Antonio Carlos Jobim/Vinicius de Moraes/Norman Gimbel)
2. *Doralice* (A. Almeida/Dorival Caymmi)
3. *Pra machucar meu coração* (Ary Barroso)
4. *Desafinado* (Antonio Carlos Jobim/Newton Mendonça)
5. *Corcovado* (Antonio Carlos Jobim)
6. *Só danço samba* (Antonio Carlos Jobim/Vinicius de Moraes)
7. *O grande amor* (Antonio Carlos Jobim/Vinicius de Moraes)
8. *Vivo sonhando* (Antonio Carlos Jobim)

1963 – *THE COMPOSER OF DESAFINADO PLAYS* (Verve)

1. *The girl from Ipanema* (Antonio Carlos Jobim/Vinicius de Moraes/Norman Gimbel)
2. *Amor em paz* (Antonio Carlos Jobim/Vinicius de Moraes)
3. *Água de beber* (Antonio Carlos Jobim/Vinicius de Moraes)
4. *Dreamer* (Antonio Carlos Jobim e Gene Lees)
5. *Favela* (O morro não tem vez) (Antonio Carlos Jobim/Vinicius de Moraes)
6. *Insensatez* (Antonio Carlos Jobim/Vinicius de Moraes)
7. *Corcovado* (Antonio Carlos Jobim)
8. *One note samba* (Antonio Carlos Jobim/Newton Mendonça)
9. *Meditation* (Antonio Carlos Jobim/Newton Mendonça/Norman Gimbel)
10. *Jazz'n samba* (Antonio Carlos Jobim)
11. *Chega de saudade* (Antonio Carlos Jobim/Vinicius de Moraes)
12. *Desafinado* (Antonio Carlos Jobim/Newton Mendonça)

1964 – *THE WONDERFUL WORLD OF ANTONIO CARLOS JOBIM* (Warner)

1. *Ela é carioca* (Antonio Carlos Jobim/Vinicius de Moraes)
2. *Água de beber* (Antonio Carlos Jobim/Vinicius de Moraes)

3. *Surfboard* (Antonio Carlos Jobim)
4. *Useless landscape* (Antonio Carlos Jobim/Aloysio de Oliveira/Ray Gilbert)
5. *Só tinha de ser com você* (Antonio Carlos Jobim/Aloysio de Oliveira)
6. *A felicidade* (Antonio Carlos Jobim/Vinicius de Moraes)
7. *Bonita* (Antonio Carlos Jobim/Gene Lees/Ray Gilbert)
8. *O morro não tem vez* (Antonio Carlos Jobim/Vinicius de Moraes)
9. *Valsa do Porto das Caixas* (Antonio Carlos Jobim)
10. *Samba do avião* (Antonio Carlos Jobim)
11. *Por toda a minha vida* (Antonio Carlos Jobim/Vinicius de Moraes)
12. *Dindi* (Antonio Carlos Jobim/Aloysio de Oliveira/Ray Gilbert)

1964 – *SERGIO MENDES & BOSSA RIO – Sérgio Mendes e Bossa Rio* (Philips)

1. *Ela é carioca* (Antonio Carlos Jobim/Vinicius de Moraes)
2. *O amor em paz* (Antonio Carlos Jobim/Vinicius de Moraes)
3. *Coisa nº 2* (Moacir Santos)
4. *Desafinado* (Antonio Carlos Jobim/Newton Mendonça)
5. *Primitivo* (Sergio Mendes)
6. *Nãnã* (Moacir Santos)
7. *Corcovado* (Antonio Carlos Jobim)
8. *Nôa Nôa* (Sergio Mendes)
9. *Garota de Ipanema* (Antonio Carlos Jobim/Vinicius de Moraes)
10. *Neurótico* (Paschoal Meirelles)

1964 – *WANDA VAGAMENTE – Wanda Sá* (RGE)

1. *Adriana* (Roberto Menescal)
2. *E vem o sol* (Marcos Valle/Paulo Sergio Valle)
3. *Encontro* (Wanda Sá/Nelson Motta)
4. *Só me fez bem* (Edu Lobo/Vinicius de Moraes)
5. *Mar azul* (Francis Hime/João Vitório Maciel)
6. *Também quem mandou* (Carlos Lyra/Vinicius de Moraes)
7. *Tristeza de nós dois* (Durval Ferreira/Mauricio Einhorn/Bebeto)
8. *Vivo sonhando* (Antonio Carlos Jobim)
9. *Sem mais adeus* (Francis Hime/Vinicius de Moraes)
10. *Inútil paisagem* (Antonio Carlos Jobim/Aloysio de Oliveira)
11. *Tristeza de amar* (Luiz Roberto Oliveira/Geraldo Vandré)
12. *Vagamente* (Roberto Menescal/Ronaldo Bôscoli)
13. *So nice (Samba de Verão)* (Marcos Valle/Paulo Sergio Valle/Norman Gimbel)

14. *Quiet nights of quiet stars (Corcovado)* (Antonio Carlos Jobim)
15. *To say goodbye (Pra dizer adeus)* (Edu Lobo/Torquato Neto/Lani Hall)

1965 – *A CERTAIN MR. JOBIM* (Warner)

1. *Bonita* (Antonio Carlos Jobim/Gene Lees/Ray Gilbert)
2. *Se todos fossem iguais a você* (Antonio Carlos Jobim/Vinicius de Moraes)
3. *Off-key (Desafinado)* (Antonio Carlos Jobim/Newton Mendonça/Gene Lees)
4. *Photograph (Fotografia)* (Antonio Carlos Jobim/Ray Gilbert)
5. *Surfboard* (Antonio Carlos Jobim)
6. *Once again (Outra vez)* (Antonio Carlos Jobim)
7. *I was just one more for you (Esperança perdida)* (Antonio Carlos Jobim/Billy Blanco/Ray Gilbert)
8. *Estrada do sol* (Antonio Carlos Jobim/Dolores Duran)
9. *Don't ever go away (Por causa de você)* (Antonio Carlos Jobim/Dolores Duran/Ray Gilbert)
10. *Zíngaro* (Antonio Carlos Jobim)

1965 – *CAYMMI VISITA TOM – Família Caymmi e Antonio Carlos Jobim* (Elenco)

1. *...das Rosas* (Dorival Caymmi)
2. *Só tinha de ser com você* (Antonio Carlos Jobim/Aloysio de Oliveira)
3. *Inútil paisagem* (Antonio Carlos Jobim)
4. *Vai de vez* (Roberto Menescal/Lula Freire)
5. *Saudades da Bahia* (Dorival Caymmi)
6. *Tristeza de nós dois* (Durval Ferreira/Bebeto/Mauricio Einhorn)
7. *Berimbau* (Baden Powell/Vinicius de Moraes)
8. *Sem você* (Antonio Carlos Jobim/Vinicius de Moraes)
9. *Canção da noiva* (Dorival Caymmi)

1965 – *JACKSON WILSON PLAYS BRAZILIAN MANCINI – Jackson Wilson, Roy Ayers, Chico Batera, Sebastião Neto e Tony Brazil (pseudônimo de Antonio Carlos Jobim, ao violão)* (Vault)

1. *Blue satin* (Henry Mancini)
2. *Days of wine and roses* (Henry Mancini)
3. *Sally's tomato* (Henry Mancini)
4. *Softly* (Henry Mancini)
5. *Lujon* (Henry Mancini)
6. *Mr. Lucky* (Henry Mancini)
7. *Breakfast at Tiffany's* (Henry Mancini)

8. *Dear heart* (Henry Mancini)
9. *Night flower* (Henry Mancini)

1965 – *THE ASTRUD GILBERTO ALBUM* – *Astrud Gilberto e Antonio Carlos Jobim* (Elenco)

1. *Once I loved* (Antonio Carlos Jobim/Vinicius de Moraes/Ray Gilbert)
2. *Água de beber* (Antonio Carlos Jobim/Vinicius de Moraes)
3. *Meditation* (Antonio Carlos Jobim/Norman Gimbell)
4. *And roses and roses* (Dorival Caymmi/Ray Gilbert)
5. *O morro (Não tem vez)* (Antonio Carlos Jobim/Vinicius de Moraes)
6. *How insensitive* (Antonio Carlos Jobim/Norman Gimbell)
7. *Dindi* (Antonio Carlos Jobim/Aloysio de Oliveira/Ray Gilbert)
8. *Photograph* (Antonio Carlos Jobim)
9. *Dreamer* (Antonio Carlos Jobim/Gene Lees)
10. *Só tinha de ser com você* (Antonio Carlos Jobim/Aloysio de Oliveira)
11. *All that's left is to say goodbye* (Antonio Carlos Jobim/Vinicius de Moraes/Ray Gilbert)

1966 – *THE MUSIC OF MR. JOBIM* – *Silvia Telles* (Elenco)

1. *Useless landscape (Inútil paisagem)* (Antonio Carlos Jobim/Aloysio de Oliveira)
2. *Dreamer (Vivo sonhando)* (Antonio Carlos Jobim)
3. *Samba torto* (Antonio Carlos Jobim/Aloysio de Oliveira)
4. *Once I loved (Amor em paz)* (Antonio Carlos Jobim/Vinicius de Moraes)
5. *And roses and roses (... Das rosas)* (Dorival Caymmi)
6. *Eu preciso de você* (Antonio Carlos Jobim/Aloysio de Oliveira)
7. *All that's left is to say goodbye (Eu preciso dizer adeus)* (Antonio Carlos Jobim/Vinicius de Moraes)
8. *Samba de uma nota só* (Newton Mendonça/Antonio Carlos Jobim)
9. *Quiet nights (Corcovado)* (Antonio Carlos Jobim)
10. *Bonita* (Antonio Carlos Jobim)
11. *Dindi* (Antonio Carlos Jobim/Aloysio de Oliveira)
12. *Insensitive (Insensatez)* (Antonio Carlos Jobim/Vinicius de Moraes)

1967 – *FRANCIS ALBERT SINATRA & ANTONIO CARLOS JOBIM* – *Frank Sinatra e Antonio Carlos Jobim* (Verve)

1. *The girl from Ipanema (Garota de Ipanema)* (Antonio Carlos Jobim/Vinicius de Moraes/Norman Gimbel)
2. *Dindi* (Antonio Carlos Jobim/Aloysio de Oliveira/Ray Gilbert)
3. *Change partners* (Irving Berlin)
4. *Quiet nights of quiet stars (Corcovado)* (Antonio Carlos Jobim/Gene Lees)

5. *Meditation (Meditação)* (Antonio Carlos Jobim/Newton Mendonça/Norman Gimbel)
6. *If you never come to me* (Antonio Carlos Jobim/Aloysio de Oliveira/Ray Gilbert)
7. *How insensitive* (Antonio Carlos Jobim/Vinicius de Moraes/Norman Gimbel)
8. *I concentrate on you* (Cole Porter)
9. *Baubles, bangles and beads* (Wright/Forrest)
10. *Once I loved (O amor em paz)* (Antonio Carlos Jobim/Vinicius de Moraes/Ray Gilbert)

1967 – *WAVE* (A&M)

1. *Wave* (Antonio Carlos Jobim)
2. *The red blouse* (Antonio Carlos Jobim)
3. *Look to the sky* (Antonio Carlos Jobim)
4. *Batidinha* (Antonio Carlos Jobim)
5. *Triste* (Antonio Carlos Jobim)
6. *Mojave* (Antonio Carlos Jobim)
7. *Diálogo* (Antonio Carlos Jobim)
8. *Lamento* (Antonio Carlos Jobim/Vinicius de Moraes)
9. *Antigua* (Antonio Carlos Jobim)
10. *Capitain Bacardi* (Antonio Carlos Jobim)

1970 – *STONE FLOWER* (CTI Records)

1. *Tereza my love* (Antonio Carlos Jobim)
2. *Children's games (Chovendo na Roseira)* (Antonio Carlos Jobim)
3. *Choro* (Antonio Carlos Jobim)
4. *Brazil* (Aquarela do Brasil – Ary Barroso)
5. *Stone flower* (Antonio Carlos Jobim)
6. *Amparo (Olha Maria)* (Antonio Carlos Jobim)
7. *Andorinha* (Antonio Carlos Jobim)
8. *God and the devil in the land of the sun* (Antonio Carlos Jobim)
9. *Sabiá* (Antonio Carlos Jobim/Chico Buarque/Norman Gimbel)

1970 – *TIDE* (CTI Records)

1. *The girl from Ipanema* (Antonio Carlos Jobim/Vinicius de Moraes/Norman Gimbel)
2. *Carinhoso* (Pixinguinha/João de Barro)
3. *Tema jazz* (Antonio Carlos Jobim)
4. *Sue Ann* (Antonio Carlos Jobim)
5. *Remember* (Antonio Carlos Jobim)
6. *Tide* (Antonio Carlos Jobim)
7. *Takatanga* (Antonio Carlos Jobim)

8. *Caribe* (Antonio Carlos Jobim)
9. *Rockanalia* (Antonio Carlos Jobim)

1970 – *THE ADVENTURERS (Trilha sonora original) – Antonio Carlos Jobim e Eumir Deodato* (Paramount)

1. *Main title* (Antonio Carlos Jobim)
2. *Children's games* (Antonio Carlos Jobim)
3. *Rome Montage* (Antonio Carlos Jobim)
4. *Bolero* (Antonio Carlos Jobim)
5. *Dax rides* (Antonio Carlos Jobim)
6. *Dax & Amparo* (love theme) (Antonio Carlos Jobim)
7. *Corteguay* (Eumir Deodato)
8. *Search for Amparo* (Antonio Carlos Jobim)
9. *That old black magic* (Johnny Mercer / Harold Arlen)
10. *Bitter Victory* (Antonio Carlos Jobim)
11. *El Lobo's band* (Eumir Deodato)
12. *A bed of flowers for Sue Ann* (Antonio Carlos Jobim)

1971 – *SINATRA & COMPANY – Frank Sinatra e Antonio Carlos Jobim* (Warner)

1. *Drinking water (Água de Beber)* (Antonio Carlos Jobim/Vinicius de Moraes/ Norman Gimbel)
2. *Someone to light up my life (Se todos fossem iguais a você)* (Antonio Carlos Jobim/ Vinicius de Moraes/Gene Lees)
3. *Triste* (Antonio Carlos Jobim)
4. *Don't ever go away (Por causa de você)* (Antonio Carlos Jobim/Dolores Duran/Ray Gilbert)
5. *This happy madness (Estrada Branca)* (Antonio Carlos Jobim/Vinicius de Moraes/Gene Lees)
6. *Wave* (Antonio Carlos Jobim)
7. *One note samba* (Antonio Carlos Jobim/Newton Mendonça)
8. *I will drink the wine* (Paul Ryan)
9. *Close to you* (Hal David/Burt Bacharach)
10. *Sunrise in the morning* (Paul Ryan)
11. *Bein' green* (Joe Raposo)
12. *My sweet lady* (John Denver)
13. *Leaving on a jet plane* (John Denver)
14. *Lady day* (Bob Gaudio/Jake Holmes)

1972 – *DISCO DE BOLSO – O TOM DE TOM JOBIM E O TAL DE JOÃO BOSCO – Antonio Carlos Jobim e João Bosco* (Zen Editora)

1. *Águas de março* (Antonio Carlos Jobim)
2. *Agnus sei* (João Bosco/Aldir Blanc)

1973 – *MATITA PERÊ* (Philips)

1. *Águas de março* (Antonio Carlos Jobim)
2. *Ana Luiza* (Antonio Carlos Jobim)
3. *Matita Perê* (Antonio Carlos Jobim/Paulo César Pinheiro)
4. *Tempo do mar* (Antonio Carlos Jobim)
5. *The Mantiqueira Range* (Antonio Carlos Jobim/Paulo Cesar Pinheiro/Antonio Carlos Jobim)
6. *Crônica da casa assassinada* (Antonio Carlos Jobim/Vinicius de Moraes)
7. *Rancho nas nuvens* (Antonio Carlos Jobim)
8. *Nuvens douradas* (Antonio Carlos Jobim)

1974 – *ELIS & TOM – Elis Regina e Antonio Carlos Jobim* (Philips/Trama – edição especial 2004)

1. *Águas de março* (Antonio Carlos Jobim)
2. *Pois é* (Antonio Carlos Jobim/Chico Buarque)
3. *Só tinha de ser com você* (Antonio Carlos Jobim/Aloysio de Oliveira)
4. *Modinha* (Antonio Carlos Jobim/Vinicius de Moraes)
5. *Triste* (Antonio Carlos Jobim)
6. *Corcovado* (Antonio Carlos Jobim)
7. *O que tinha de ser* (Antonio Carlos Jobim/Vinicius de Moraes)
8. *Retrato em branco e preto* (Antonio Carlos Jobim/Chico Buarque)
9. *Brigas nunca mais* (Antonio Carlos Jobim/Vinicius de Moraes)
10. *Por toda a minha vida* (Antonio Carlos Jobim/Vinicius de Moraes)
11. *Fotografia* (Antonio Carlos Jobim)
12. *Soneto de separação* (Antonio Carlos Jobim/Vinicius de Moraes)
13. *Chovendo na roseira* (Antonio Carlos Jobim)
14. *Inútil paisagem* (Antonio Carlos Jobim/Aloysio de Oliveira)
15. *Fotografia (bônus da edição especial)*
16. *Bonita (bônus da edição especial)* (Antonio Carlos Jobim)

1975 – *URUBU* (Warner)

1. *Boto (Porpoise)* (Antonio Carlos Jobim/Jararaca)
2. *Lígia* (Antonio Carlos Jobim)
3. *Correnteza (The stream)* (Antonio Carlos Jobim/Luiz Bonfá)

4. *Angela* (Antonio Carlos Jobim)
5. *Saudade do Brasil* (Antonio Carlos Jobim)
6. *Valse* (Paulo Jobim)
7. *Arquitetura de morar (Architecture to live)* (Antonio Carlos Jobim)
8. *O homem (Man)* (Antonio Carlos Jobim/Vinicius de Moraes)

1977 – *O SOM BRASILEIRO DE SARAH VAUGHAN – Sarah Vaughan* (RCA)

1. *Bridges* (Milton Nascimento/Fernando Brant/Gene Lees)
2. *If you went away* (Marcos Valle/Paulo Sérgio Valle/Ray Gilbert)
3. *Triste* (Antonio Carlos Jobim) – **Antonio Carlos Jobim, piano**
4. *The day it rained* (Durval Ferreira/Pedro Camargo/Ray Gilbert)
5. *A little tear* (Eumir Deodato/Paulo Sérgio Valle/Ray Gilbert)
6. *Courage* (Milton Nascimento/P. Williams)
7. *Roses and roses* (D.Caymmi/Ray Gilbert)
8. *Someone to light up my life* (Antonio Carlos Jobim/Vinicius de Moraes) – **Antonio Carlos Jobim, piano**
9. *I live to love you* (Luverci Fiorini/Oscar Castro Neves/Ray Gilbert)

1977 – *MIUCHA & ANTONIO CARLOS JOBIM – Vol. I* (RCA Victor)

1. *Maninha* (Chico Buarque)
2. *Olhos nos olhos* (Chico Buarque)
3. *Samba do avião* (Antonio Carlos Jobim)
4. *É preciso dizer adeus* (Antonio Carlos Jobim/Vinicius de Moraes)
5. *Vai levando* (Chico Buarque/Caetano Veloso)
6. *Tiro cruzado* (Nelson Angelo/Marcio Borges)
7. *Sei lá* (Toquinho/Vinicius de Moraes)
8. *Pela luz dos olhos teus* (Vinicius de Moraes)
9. *Choro de nada* (Eduardo Souto Neto/Geraldo Carneiro)
10. *Comigo é assim* (Luiz Bittencourt/José Menezes)
11. *Na batucada da vida* (Ary Barroso/Luiz Peixoto)
12. *Saia do caminho* (Custódio Mesquita/Evaldo Ruy)

1977 – *TOM, VINICIUS, TOQUINHO, MIUCHA – gravado ao vivo no Canecão, Rio de Janeiro* (Som Livre)

1. *Estamos aí/Dia da criação* (Vinicius de Moraes)/*Tarde em Itapuã* (Toquinho/Vinicius de Moraes)
2. *Carta ao Tom* (Toquinho/Vinicius de Moraes)/*Carta do Tom* (Chico Buarque/Antonio Carlos Jobim)
3. *Corcovado* (Antonio Carlos Jobim/Vinicius de Moraes)

4. *Wave* (Antonio Carlos Jobim)
5. *Pela luz dos olhos teus* (Vinicius de Moraes)
6. *Saia do caminho* (Antonio Carlos Jobim/Vinicius de Moraes)
7. *Samba pra Vinicius/Vai levando* (Chico Buarque/Caetano Veloso)
8. *Água de beber/Garota de Ipanema/Sei lá* (Toquinho/Vinicius de Moraes)
9. *Minha namorada* (Carlos Lyra/Vinicius de Moraes)
10. *Chega de saudade/Se todos fossem iguais a você* (Antonio Carlos Jobim/Vinicius de Moraes)

1979 – *MIUCHA & TOM JOBIM – Vol. II* (RCA Victor)

1. *Turma do funil* (No Baixo Leblon – Milton de Nascimento/Oliveira/Mirabeau/Urgel de Castro – adaptação: Antonio Carlos Jobim/Chico Buarque)
2. *Triste alegria* (Miúcha)
3. *Sublime tortura* (Bororó)
4. *Madrugada* (Candinho/Marino Pinto)
5. *Samba do carioca* (Carlos Lyra/Vinicius de Moraes)
6. *Falando de amor* (Antonio Carlos Jobim)
7. *Nó cego* (Toquinho/Cacaso)
8. *Dinheiro em penca* (Antonio Carlos Jobim/Cacaso)

1980 – *TERRA BRASILIS* (Warner)

Disco 1

1. *Dreamer (Vivo sonhando)* (Antonio Carlos Jobim/Gene Lees)
2. *Canta, canta mais (Sing more)* (Antonio Carlos Jobim/Vinicius de Moraes)
3. *Olha Maria (Amparo)* (Antonio Carlos Jobim/Chico Buarque/Vinicius de Moraes)
4. *One note samba (Samba de uma nota só)* (Antonio Carlos Jobim/Newton Mendonça)
5. *Dindi* (Antonio Carlos Jobim/Aloysio de Oliveira/Ray Gilbert)
6. *Quiet nights of quiet stars (Corcovado)* (Antonio Carlos Jobim/Gene Lees)
7. *Marina del Rey* (Antonio Carlos Jobim)
8. *Desafinado (Off key)* (Antonio Carlos Jobim/Newton Mendonça)
9. *Você vai ver (You'll see)*
10. *Estrada do sol (Road to the sun)* (Antonio Carlos Jobim/Dolores Duran)

Disco 2

1. *The girl from Ipanema (Garota de Ipanema)* (Antonio Carlos Jobim/Vinicius de Moraes/Norman Gimbel)
2. *Double rainbow (Chovendo na roseira)* (Antonio Carlos Jobim/Gene Lees)
3. *Triste* (Antonio Carlos Jobim/Vinicius de Moraes)
4. *Wave (Onda)* (Antonio Carlos Jobim)

5. *Someone to light up my life (Se todos fossem iguais a você)* (Antonio Carlos Jobim/ Vinicius de Moraes/Gene Lees)
6. *Falando de amor (Speaking of love)* (Antonio Carlos Jobim)
7. *Two kites* (Antonio Carlos Jobim)
8. *Modinha (Serenade)* (Antonio Carlos Jobim/Vinicius de Moraes)
9. *Sabiá (Song of the sabiá)* (Antonio Carlos Jobim/Chico Buarque/Norman Gimbel)
10. *Estrada branca (This happy madness)* (Antonio Carlos Jobim/Vinicius de Moraes)

1981 – *EDU & TOM – Edu Lobo e Antonio Carlos Jobim* (Polygram)

1. *Ai quem me dera* (Antonio Carlos Jobim/Marino Pinto)
2. *Pra dizer adeus* (Edu Lobo/Torquato Neto)
3. *Chovendo na roseira* (Antonio Carlos Jobim)
4. *Moto-contínuo* (Edu Lobo/Chico Buarque)
5. *Angela* (Antonio Carlos Jobim)
6. *Luiza* (Antonio Carlos Jobim)
7. *Canção do amanhecer* (Edu Lobo/Vinicius de Moraes)
8. *Vento bravo* (Edu Lobo/Paulo César Pinheiro)
9. *É preciso dizer adeus* (Antonio Carlos Jobim/Vinicius de Moraes)
10. *Canto triste* (Edu Lobo/Vinicius de Moraes)

1983 – *GABRIELA (Trilha sonora original)* (RCA)

1. *Chegada dos retirantes* (Antonio Carlos Jobim)
2. *Tema de amor de Gabriela* (Antonio Carlos Jobim)
3. *Pulando carniça* (Antonio Carlos Jobim)
4. *Pensando na vida* (Antonio Carlos Jobim)
5. *Casório* (Antonio Carlos Jobim)
6. *Origens* (Antonio Carlos Jobim)
7. *Ataque dos jagunços* (Antonio Carlos Jobim)
8. *Caminho da mata* (Antonio Carlos Jobim)
9. *Ilhéus* (Antonio Carlos Jobim/Vinicius de Moraes)
10. *Tema de amor de Gabriela (versão completa)* (Antonio Carlos Jobim)

1985 – *O TEMPO E O VENTO* (Som Livre)

1. *Introdução* (Antonio Carlos Jobim)
2. *O tempo e o vento (Passarim)* (Antonio Carlos Jobim/Paulo Jobim)
3. *Chanson pour Michelle* (Antonio Carlos Jobim)
4. *Rodrigo, meu capitão* (Antonio Carlos Jobim/Ronaldo Bastos)
5. *Um certo capitão Rodrigo* (Antonio Carlos Jobim)
6. *Minuano* (Sadi Cardoso)

7. *O tempo e o vento* (Passarim)
8. *Bangzália* (Antonio Carlos Jobim)
9. *Senhora dona Bibiana* (Antonio Carlos Jobim/Ronaldo Bastos)
10. *Querência – Boi Barroso* (Domínio Público – adaptação de Tasso Bangel)
11. *O tempo e o vento* (Passarim)

1986 - GAROTA DE IPANEMA, Nara Leão (Polygram)

1. O barquinho (Roberto Menescal/Ronaldo Bôscoli)
2. Garota de Ipanema (Antonio Carlos Jobim/Vinicius de Moraes)
3. Berimbau (Baden Powell/Vinicius de Moraes)
4. Desafinado (Newton Mendonça/Antonio Carlos Jobim)
5. Wave (Antonio Carlos Jobim)
6. Corcovado (Antonio Carlos Jobim)
7. Águas de março (Antonio Carlos Jobim)
8. A felicidade (Antonio Carlos Jobim/Vinicius de Moraes)
9. Manhã de carnaval (Antônio Maria/Luiz Bonfá)
10. Chega de saudade (Antonio Carlos Jobim/Vinicius de Moraes)
11. Meditação (Newton Mendonça/Antonio Carlos Jobim)
12. Samba de uma nota só (Newton Mendonça/Antonio Carlos Jobim)
13. Água de beber (Newton Mendonça/Antonio Carlos Jobim)
14. Você e eu (Carlos Lyra/Vinicius de Moraes)
15. Samba do avião (Antonio Carlos Jobim/Vinicius de Moraes)
16. O que será (Chico Buarque)

1987 – *PASSARIM* (Polygram)

1. *Passarim* (Antonio Carlos Jobim/Paulo Jobim)
2. *Bebel* (Antonio Carlos Jobim)
3. *Borzeguim* (Antonio Carlos Jobim)
4. *Anos dourados* (Antonio Carlos Jobim/Chico Buarque)
5. *Isabella* (Paulo Jobim/Gil Goldstein)
6. *Fascinatin' rhythm* (George & Ira Gershwin)
7. *Chansong* (Antonio Carlos Jobim)
8. *Samba do Soho* (Paulo Jobim/Ronaldo Bastos)
9. *Luiza* (Antonio Carlos Jobim)
10. *Brasil nativo* (Danilo Caymmi/Paulo Cesar Pinheiro)
11. *Gabriela* (Antonio Carlos Jobim)

1987 – *TOM JOBIM INÉDITO* (BMG)

CD 1

1. *Wave (Vou te contar)* (Antonio Carlos Jobim)
2. *Chega de saudade* (Antonio Carlos Jobim/Vinicius de Moraes)
3. *Sabiá* (Antonio Carlos Jobim/Chico Buarque/Norman Gimbel)
4. *Samba do avião* (Antonio Carlos Jobim)
5. *Garota de Ipanema* (Antonio Carlos Jobim/Vinicius de Moraes)
6. *Retrato em branco e preto* (Antonio Carlos Jobim/Chico Buarque)
7. *Modinha (Seresta nº 5)* (Heitor Villa-Lobos/Manuel Bandeira)
8. *Modinha* (Antonio Carlos Jobim/Vinicius de Moraes)
9. *Canta, canta mais* (Antonio Carlos Jobim/Vinicius de Moraes)
10. *Eu não existo sem você* (Antonio Carlos Jobim/Vinicius de Moraes)
11. *Por causa de você* (Antonio Carlos Jobim/Dolores Duran)
12. *Sucedeu assim* (Antonio Carlos Jobim/Marino Pinto)

CD 2

1. *Imagina (Valsa sentimental)* (Antonio Carlos Jobim/Chico Buarque)
2. *Eu sei que vou te amar* (Antonio Carlos Jobim/Vinicius de Moraes)
3. *Canção do amor demais* (Antonio Carlos Jobim/Vinicius de Moraes)
4. *Falando de amor* (Antonio Carlos Jobim)
5. *Inútil paisagem* (Antonio Carlos Jobim/Aloysio de Oliveira)
6. *Derradeira primavera* (Antonio Carlos Jobim/Vinicius de Moraes)
7. *Canção em modo menor* (Antonio Carlos Jobim/Vinicius de Moraes)
8. *Estrada do sol* (Antonio Carlos Jobim/Dolores Duran)
9. *Águas de março* (Antonio Carlos Jobim)
10. *Samba de uma nota só* (Antonio Carlos Jobim/Newton Mendonça)
11. *Desafinado* (Antonio Carlos Jobim/Newton Mendonça)
12. *A felicidade* (Antonio Carlos Jobim/Vinicius de Moraes)

1994 – *ANTONIO BRASILEIRO* (Columbia)

1. *Só danço samba* (Antonio Carlos Jobim/Vinicius de Moraes)
2. *Piano na Mangueira* (Antonio Carlos Jobim/Chico Buarque)
3. *How insensitive (Insensatez)* (Antonio Carlos Jobim/Vinicius de Moraes/Norman Gimbel)
4. *Querida* (Antonio Carlos Jobim)
5. *Surfboard* (Antonio Carlos Jobim)
6. *Samba de Maria Luiza* (Antonio Carlos Jobim)
7. *Forever green* (Antonio Carlos Jobim/Paulo Jobim)
8. *Maracangalha* (Dorival Caymmi)

9. *Maricotinha* (Dorival Caymmi)
10. *Pato preto* (Antonio Carlos Jobim)
11. *Meu amigo Radamés* (Antonio Carlos Jobim)
12. *Blue Train (Trem Azul)* (Lô Borges/Ronaldo Bastos/Antonio Carlos Jobim)
13. *Radamés y Pelé* (Antonio Carlos Jobim)
14. *Chora coração* (Antonio Carlos Jobim/Vinicius de Moraes)
15. *Trem de ferro* (Lauro Maia)

1995 – *ANTONIO CARLOS JOBIM: COMPOSER* (Warner)
1. *Ela é carioca* (Antonio Carlos Jobim/Vinicius de Moraes)
2. *Água de beber* (Antonio Carlos Jobim/Vinicius de Moraes)
3. *Surfboard* (Antonio Carlos Jobim)
4. *Useless landscape (Inútil paisagem)* (Antonio Carlos Jobim/Aloysio de Oliveira/Ray Gilbert)
5. *Só tinha de ser com você* (Antonio Carlos Jobim/Aloysio de Oliveira)
6. *A felicidade* (Antonio Carlos Jobim/Vinicius de Moraes)
7. *Bonita* (Antonio Carlos Jobim/Gene Lees/Ray Gilbert)
8. *O morro não tem vez (Favela)* (Antonio Carlos Jobim/Vinicius de Moraes)
9. *Valsa do Porto das Caixas* (Antonio Carlos Jobim)
10. *Samba do avião* (Antonio Carlos Jobim)
11. *Por toda a minha vida* (Antonio Carlos Jobim/Vinicius de Moraes)
12. *Dindi* (Antonio Carlos Jobim/Aloysio de Oliveira/Ray Gilbert)
13. *Hurry up and love me (Eu preciso de você)* (Antonio Carlos Jobim/Aloysio de Oliveira/Ray Gilbert)
14. *Pardon my English (Samba torto)* (Antonio Carlos Jobim/Aloysio de Oliveira)
15. *Bonita* (Antonio Carlos Jobim/Gene Lees/Ray Gilbert)
16. *Se todos fossem iguais a você (Someone to light up my life)* (Antonio Carlos Jobim/Vinicius de Moraes)
17. *Off-key (Desafinado)* (Antonio Carlos Jobim/Newton Mendonça/Gene Lees)
18. *Photograph* (Antonio Carlos Jobim/Ray Gilbert)
19. *Surfboard* (Antonio Carlos Jobim)
20. *Outra vez (Once again)* (Antonio Carlos Jobim)
21. *I was just one more for you (Esperança Perdida)* (Antonio Carlos Jobim/Billy Blanco/Ray Gilbert)
22. *Estrada do sol (Road To The Sun)* (Antonio Carlos Jobim/Dolores Duran)
23. *Zíngaro* (Antonio Carlos Jobim)
24. *Esperança perdida (I was just one more for you)* (Antonio Carlos Jobim/Billy Blanco)
25. *Fotografia (Photograph)* (Antonio Carlos Jobim)

26. *Por causa de você (Don't ever go away)* (Antonio Carlos Jobim/Dolores Duran)
27. *Desafinado (Off-Key)* (Antonio Carlos Jobim/Newton Mendonça)

1995 – VÂNIA BASTOS E CORDAS – CANÇÕES DE TOM JOBIM – Vânia Bastos (Velas)

1. Eu sei que vou te amar (Antonio Carlos Jobim/Vinicius de Moraes)
2. Bonita (Antonio Carlos Jobim)
3. Dindi (Antonio Carlos Jobim/Aloysio de Oliveira)
4. Luiza (Antonio Carlos Jobim)
5. As praias desertas (Antonio Carlos Jobim)
6. Derradeira primavera (Antonio Carlos Jobim/Vinicius de Moraes)
7. Eu não existo sem você (Antonio Carlos Jobim/Vinicius de Moraes)
8. Olha Maria (Chico Buarque/Antonio Carlos Jobim/Vinicius de Moraes)
9. Correnteza (Antonio Carlos Jobim/Luiz Bonfá)
10. Retrato em branco e preto (Chico Buarque/Antonio Carlos Jobim)
11. Estrada branca (Antonio Carlos Jobim/Vinicius de Moraes)
12. Sabiá (Chico Buarque/Antonio Carlos Jobim)

1999 – GAL COSTA CANTA TOM JOBIM AO VIVO – Gal Costa (BMG)

1. Fotografia (Antonio Carlos Jobim)
2. Por causa de você (Dolores Duran/Antonio Carlos Jobim)
3. Garota de Ipanema (Antonio Carlos Jobim/Vinicius de Moraes)
4. Derradeira primavera (Antonio Carlos Jobim/Vinicius de Moraes)
5. Wave (Antonio Carlos Jobim)
6. Estrada do sol (Dolores Duran/Antonio Carlos Jobim)
7. Brigas nunca mais (Antonio Carlos Jobim/Vinicius de Moraes)
8. Piano na Mangueira (Chico Buarque/Antonio Carlos Jobim)
9. Esquecendo você (Antonio Carlos Jobim/Vinicius de Moraes)
10. Se todos fossem iguais a você (Antonio Carlos Jobim/Vinicius de Moraes)
11. Chega de saudade (Antonio Carlos Jobim/Vinicius de Moraes)
12. Samba do avião (Antonio Carlos Jobim)
13. Anos dourados (Chico Buarque/Antonio Carlos Jobim)
14. Desafinado (Newton Mendonça/Antonio Carlos Jobim)
15. Corcovado (Antonio Carlos Jobim)
16. Lígia (Antonio Carlos Jobim)
17. Tema de amor de Gabriela (Antonio Carlos Jobim)
18. Janelas abertas (Antonio Carlos Jobim/Vinicius de Moraes)
19. Bonita (Ray Gilbert/Antonio Carlos Jobim)
20. Triste (Antonio Carlos Jobim)

21. *Chovendo na roseira (Antonio Carlos Jobim)*
22. *Falando de amor (Antonio Carlos Jobim)*
23. *A felicidade (Antonio Carlos Jobim/Vinicius de Moraes)*
24. *Frevo (Antonio Carlos Jobim/Vinicius de Moraes)*

2000 – *TOM CANTA VINICIUS* (Universal)

1. *Soneto de separação* (Antonio Carlos Jobim/Vinicius de Moraes)
2. *Valsa de Eurídice* (Vinicius de Moraes)
3. *Serenata do adeus* (Vinicius de Moraes)
4. *Medo de amar* (Vinicius de Moraes)
5. *Insensatez* (Antonio Carlos Jobim/Vinicius de Moraes)
6. *Poética* (Vinicius de Moraes)
7. *Eu não existo sem você* (Antonio Carlos Jobim/Vinicius de Moraes)
8. *Derradeira primavera* (Antonio Carlos Jobim/Vinicius de Moraes)
9. *Modinha* (Antonio Carlos Jobim/Vinicius de Moraes)
10. *Eu sei que vou te amar* (Antonio Carlos Jobim/Vinicius de Moraes)
11. *Carta ao Tom/Carta do Tom* (Toquinho/Vinicius de Moraes – Antonio Carlos Jobim/Chico Buarque)
12. *A felicidade* (Antonio Carlos Jobim/Vinicius de Moraes)
13. *Você e eu* (Vinicius de Moraes)
14. *Samba do carioca* (Vinicius de Moraes)
15. *Ela é carioca* (Antonio Carlos Jobim/Vinicius de Moraes)
16. *Garota de Ipanema* (Antonio Carlos Jobim/Vinicius de Moraes)
17. *Pela luz dos olhos teus* (Vinicius de Moraes)

Índice Onomástico

A

B

C

D

E

F

G

H

I

J

M

N

O

P

Q

R

S

U

V

W

X

Y

Z

Bibliografia

BLANCO, Billy. *Tirando de letra e música*. Rio de Janeiro, Editora Record, 1996.

CASTRO, Ruy. *Chega de saudade*. São Paulo, Companhia das Letras, 1990.

CEZIMBRA, Márcia; CALLADO, Tessy & SOUZA, Tárik de. *Tons sobre Tom*. Rio de Janeiro, Editora Revan, 1995.

ECHEVERRIA, Regina. *Furacão Elis*. Rio de Janeiro, Nórdica/Círculo do Livro, 1985.

JOBIM, Helena. *Antônio Carlos Jobim, um homem iluminado*. Rio de Janeiro, Editora Nova Fronteira, 1996.

JOBIM, Tom e Ana. *Ensaio poético*. Rio de Janeiro, Passaredo/Record, 1988.

LISBOA, Luis Carlos. *A vida de Tom Jobim*. Rio de Janeiro, Editora Rio Cultura/Faculdades Integradas Estácio de Sá, 1983.

RICARDO, Sérgio. *Quem quebrou meu violão*. Rio de Janeiro, Editora Record, 1991.

VENTURA, Zuenir; MARTINS, Marília & ABRANTES, Paulo Roberto. *3 Antônios 1 Jobim*. Rio de Janeiro, Relume Dumará, 1993.